Heinz-Gert Papenheim, Joachim Baltes
Susanne Dern, Ingo Palsherm

# Verwaltungsrecht für die soziale Praxis

Ein Handbuch für Sozialberufe

© 2015 **Fachhochschulverlag**
DER VERLAG FÜR ANGEWANDTE WISSENSCHAFTEN

**Heinz-Gert Papenheim, Joachim Baltes,**
**Susanne Dern, Ingo Palsherm**
**Verwaltungsrecht**
**für die soziale Praxis**
Ein Handbuch für Sozialberufe

25. Auflage, Stand: 1. Februar 2015

Seit der 24. Auflage sind verantwortlich:
- Joachim Baltes für die Kapitel B, C, D, M, N, O;
- Susanne Dern für die Kapitel A, E, F, G;
- Ingo Palsherm für die Kapitel H, I, J, K, L.



ISBN: 978-3-943787-47-4

DTP:
Sarah Kalck

Druck und Bindung:
TZ-Verlag & Print GmbH
64380 Roßdorf

Preis:
20,– € (zuzüglich Portokosten)

Bestellungen:
Fachhochschulverlag.
DER VERLAG FÜR ANGEWANDTE WISSENSCHAFTEN E.K.

Kleiststraße 10, Gebäude 1
60318 Frankfurt am Main

Telefon (0 69) 15 33–28 20
Telefax (0 69) 15 33–28 40
bestellung@fhverlag.de
http://www.fhverlag.de

Bibliografische Information der Deutschen Nationalbibliothek:
Die Deutsche Nationalbibliothek verzeichnet diese
Publikation in der Deutschen Nationalbibliografie;
detaillierte bibliografische Daten sind im Internet
über http://dnb.d-nb.de abrufbar.

# VORWORT

Verwaltungsrecht für die soziale Praxis?

Ja, braucht es denn dafür so ein dickes Buch? Und dann noch diese trockene Materie! Man muss schon eine große Ausnahme sein, um daran Spaß zu haben.

Vielleicht haben Sie ähnliche Einwände schon einmal gehört oder es sogar selbst gedacht. Wenn man dann etwas genauer hinschaut, differenziert sich die Sachlage jedoch deutlich. Vieles lässt sich als – zum Teil seit Generationen von Studierenden tradiertes – Vorurteil entlarven:

- Das Recht bezweckt Erhalt und Zusammenhalt der Gesellschaft, indem widerstreitende Interessen ausgeglichen werden. Folgerichtig stellt es Regeln für das menschliche Miteinander auf. Es behandelt mit anderen Worten den menschlichen Alltag. Wer hätte je gedacht, dass man das für theoretisch und knochentrocken halten kann?

- Das Recht ist sicherlich kein »einfaches Fach«, was auch immer das sein mag. Ohne eine gute Portion an Lerneinsatz – und »dicke Bücher« – kommt man nicht aus. Es wird aber auch nicht überraschen, dass man für die Rechtsanwendung nicht jedes kleine Detail (auswendig) kennen muss. Viel wichtiger ist es, die Grundstrukturen zu verstehen, damit man bei der Einzelfall-Arbeit mit Hilfe des Gesetzes eine Lösung findet. Um die demnach notwendige Struktur-Kenntnis zu vermitteln, stellen wir die für das Sozialverwaltungsrecht wichtigen Paragraphen vor und geben zahlreiche Beispiele aus der Sozialen Arbeit, die den Lernenden das Verständnis und Praktikerinnen/Praktikern Sicherheit bei der im Alltagsfall gefundenen Lösung bringen. Aus Gründen der praktischen Verwertbarkeit unseres Buches orientieren wir uns dabei an der obergerichtlichen Rechtsprechung – und weisen nötigenfalls auch auf kritische Gesichtspunkte der Gerichtspraxis hin. Dieser »kombinierte Ansatz« macht das Werk zwar etwas umfangreicher, führt aber vielfach dazu, dass Leserinnen und Leser mit dem Buch über das Studium hinaus seit Jahren auch in der Praxis arbeiten. Diese Treue freut uns besonders.

- Das führt uns zu einer weiteren Erkenntnis über das »theoretische Recht«: Es ist ein üblicher Befund, dass »junge« Berufstätige in den zunehmend häufigeren Befragungen von Absolventinnen und Absolventen der Soziale Arbeit-Studiengänge das Fach Recht als den Studieninhalt benennen, den sie am häufigsten in der praktischen Arbeit benötigen. Warum also nicht frühzeitig mit diesem Buch beginnen und sich »fit für den Beruf« machen?

Im Grunde ist dem, was der Begründer dieses Werkes, Heinz-Gert Papenheim, ausführte, nichts mehr hinzuzufügen: »... Verwaltungs- und Verwaltungsrechtskenntnisse [sind] unabdingbar ... Soziale Arbeit, die sich auf zwischenmenschliche Beziehungsarbeit beschränkt, wird ihrem Auftrag nicht gerecht. Als Katalysator staatlicher Sozialpolitik hat sie das soziale Umfeld mitzugestalten. Nur so kann sie insbesondere sozial Schwache unterstützen.«

Köln, Fulda, Nürnberg

Joachim Baltes, Susanne Dern, Ingo Palsherm

## INHALT

## ABKÜRZUNGEN

| | |
|---|---|
| a. A. | anderer Ansicht |
| a. a. O. | am angegebenen Ort |
| Abs. | Absatz |
| AEUV | Vertrag über die Arbeitsweise der Europäischen Union |
| AFG | Arbeitsförderungsgesetz |
| AG | Aktiengesellschaft |
| AGG | Allgemeines Gleichbehandlungsgesetz |
| AGJ | Arbeitsgemeinschaft für Jugendhilfe |
| AHP | Anhaltspunkte für die ärztliche Gutachtertätigkeit im sozialen Entschädigungsrecht und nach dem Schwerbehindertenrecht |
| Alg II | Arbeitslosengeld II |
| ANBA | Amtliche Nachrichten der Bundesagentur für Arbeit |
| Anm | Anmerkung |
| AO | Abgabenordnung |
| AOK | Allgemeine Ortskrankenkasse |
| AP | Arbeitsrechtliche Praxis, Nachschlagewerk des Bundesarbeitsgerichts |
| ArbG | Arbeitsgericht |
| ArbGG | Arbeitsgerichtsgesetz |
| ArchsozArb | Archiv für Wissenschaft und Praxis der sozialen Arbeit |
| Art. | Artikel |
| ASD | Allgemeiner Sozialdienst |
| AsylVfG | Asylverfahrensgesetz |
| AufenthaltG | Aufenthaltsgesetz |
| AVR | Arbeitsvertragsrichtlinien |
| AWO | Arbeiterwohlfahrt |
| AZG | Allgemeines Zuständigkeitsgesetz |
| BA | Bundesagentur für Arbeit |
| BAföG | Bundesausbildungsförderungsgesetz |
| BAG | Bundesarbeitsgericht |
| BAG FW | Bundesarbeitsgemeinschaft der freien Wohlfahrtspflege |
| BAGE | Entscheidungen des BAG |
| BAMF | Bundesamt für Migration und Flüchtlinge |
| BArbBl | Bundesarbeitsblatt |
| BAT | Bundesangestelltentarifvertrag |
| BauGB | Baugesetzbuch |
| Bay | Bayern |
| BayVBl. | Bayerisches Verwaltungsblatt |
| BB | Der Betriebsberater |
| Bbg | Brandenburg |
| BBiG | Berufsbildungsgesetz |
| BDO | Bundesdisziplinarordnung |
| BDSG | Bundesdatenschutzgesetz |
| BeamtStG | Beamtenstatusgesetz |
| BEEG | Bundeselterngeld- und Elternzeitgesetz |
| BerHG | Beratungshilfegesetz |
| Berl | Berlin |
| BFH | Bundesfinanzhof |
| BFM | Bundesfinanzministerium |
| BFStrG | Bundesfernstraßengesetz |
| BGB | Bürgerliches Gesetzbuch |
| BGBl | Bundesgesetzblatt |
| BGG | Behindertengleichstellungsgesetz |
| BGH | Bundesgerichtshof |
| BGHZ | Entscheidungen des BGH in Zivilsachen |
| BKGG | Bundeskindergeldgesetz |
| BKiSchG | Bundeskinderschutzgesetz |
| BImSchG | Bundesimmissionsschutzgesetz |
| BMAS | Bundesministerium für Arbeit und Soziales |
| BMF | Bundesministerium der Finanzen |
| BMFSFJ | Bundesministerium für Familie, Senioren, Frauen und Jugend |
| BPolG | Bundespolizeigesetz |
| BR-Drs | Bundesratsdrucksache |
| BRRG | Beamtenrechtsrahmengesetz |
| BSG | Bundessozialgericht |
| BSGE | Entscheidungen des BSG |
| BSHG | Bundessozialhilfegesetz |
| BStBl | Bundessteuerblatt |
| BT-Drs. | Bundestagsdrucksache |
| BVerfG | Bundesverfassungsgericht |
| BVerfGE | Entscheidungen des BVerfG |
| BVerfGG | Gesetz über das BVerfG |
| BVerwG | Bundesverwaltungsgericht |
| BVerwGE | Entscheidungen des BVerwG |
| BVG | Bundesversorgungsgesetz |

| | |
|---|---|
| BW | Baden-Württemberg |
| BZRG | Bundeszentralregistergesetz |
| can. | Canon |
| C.I.C. | Codex Iuris Canonici |
| DCV | Deutscher Caritasverband |
| DJT | Deutscher Juristentag |
| DÖV | Die öffentliche Verwaltung |
| DPWV | Der Paritätische Gesamtverband |
| DRK | Deutsches Rotes Kreuz |
| DSG-EKD | Datenschutzgesetz der Evangelischen Kirche in Deutschland |
| DSVO | Verordnung zur Durchführung des Kirchengesetzes über den Datenschutz der EKD |
| DVO | Durchführungsverordnung |
| DW | Diakonisches Werk der EKD |
| EFA | Europäisches Fürsorgeabkommen |
| EFRE | Europäische Fonds für regionale Entwicklung |
| EGMR | Europäischer Gerichtshof für Menschenrechte |
| EGovG | Gesetz zur Förderung der elektronischen Verwaltung |
| EKD | Evangelische Kirche in Deutschland |
| EMRK | Europäische Konvention zum Schutze der Menschenrechte und Grundfreiheiten |
| EP | Europäisches Parlament |
| ESF | Europäische Sozialfonds |
| ESZB | Europäisches System der Zentralbanken |
| EU | Europäische Union |
| EuGH | Gerichtshof der Europäischen Union |
| EuGRZ | Europäische Grundrechte (Zeitschrift) |
| EuRH | Europäischer Rechnungshof |
| EUV | Vertrag über die Europäische Union |
| EuZW | Europäische Zeitschrift für Wirtschaftsrecht |
| e.V. | eingetragener Verein |
| EZB | Europäische Zentralbank |
| FamFG | Gesetz über das Verfahren in Familiensachen und in den Angelegenheiten der freiwilligen Gerichtsbarkeit |
| FamRZ | Zeitschrift für das gesamte Familienrecht |
| FG | Finanzgericht |
| FGO | Finanzgerichtsordnung |
| GenFKonv | Genfer Flüchtlingskonvention |
| GG | Grundgesetz |
| GKG | Gerichtskostengesetz |
| GmbH | Gesellschaft mit beschränkter Haftung |
| GO | Gemeindeordnung |
| GS | Großer Senat |
| GVBl | Gesetz- und Verordnungsblatt |
| GVG | Gerichtsverfassungsgesetz |
| Hess | Hessen |
| HeimG | Heimgesetz |
| h.M. | herrschende Meinung |
| HRG | Hochschulrahmengesetz |
| Hrsg | Herausgeber |
| IDAS | Informationsdienst für ambulante Sozialarbeit (hrsg. vom Diakonischen Werk der EKD) |
| IFG | Informationsfreiheitsgesetz |
| IfSG | Infektionsschutzgesetz |
| IFSW | International Federation of Social Workers |
| Info also | Informationen zum Arbeitslosen- und Sozialhilferecht |
| JGG | Jugendgerichtsgesetz |
| JÖSchG | Gesetz zum Schutz der Jugend in der Öffentlichkeit |
| JuS | Juristische Schulung |
| JVEG | Justizvergütungs- und -entschädigungsgesetz |
| JWG | Jugendwohlfahrtsgesetz |
| KDO | Anordnung über den kirchlichen Datenschutz |
| KGSt | Kommunale Gemeinschaftsstelle für Verwaltungsvereinfachung (umbenannt: »für Verwaltungsmanagement«) |
| KJHG | Kinder- und Jugendhilfegesetz |
| KK | Kasseler Kommentar |

| | |
|---|---|
| KKG | Gesetz zur Kooperation und Information im Kinderschutz |
| KreisO | Kreisordnung |
| LAG | Landesarbeitsgericht |
| LBG | Landesbeamtengesetz |
| LfD | Landesdatenschutzbeauftragter |
| LG | Landgericht |
| LKV | Landes- und Kommunalverwaltung |
| LOG | Landesorganisationsgesetz |
| LSA | Land Sachsen-Anhalt |
| LSG | Landessozialgericht |
| LVA | Landesversicherungsanstalt |
| MBl | Ministerialblatt |
| m.w.N. | mit weiteren Nachweisen |
| MuSchG | Mutterschutzgesetz |
| NDV | Nachrichtendienst des Deutschen Vereins für öffentliche und private Fürsorge |
| NJW | Neue Juristische Wochenschrift |
| NKF | Neues kommunales Finanzmanagement |
| NP | Neue Praxis |
| NPM | New Public Management |
| NRW/NW | Nordrhein-Westfalen |
| NSM | Neues Steuerungsmodell |
| NVwZ (-RR) | Neue Zeitschrift für Verwaltungsrecht (Rechtsprechungs-Report) |
| NZA | Neue Zeitschrift für Arbeitsrecht |
| NZS | Neue Zeitschrift für Sozialrecht |
| OBG | Ordnungsbehördengesetz |
| OEG | Opferentschädigungsgesetz |
| ÖPNV | Öffentlicher Personennahverkehr |
| OLG | Oberlandesgericht |
| OT | Haus der offenen Tür |
| OVG | Oberverwaltungsgericht |
| OWiG | Gesetz über Ordnungswidrigkeiten |
| PKH | Prozesskostenhilfe |
| PKHFV | Prozesskostenhilfeformularverordnung |
| PolG | Polizeigesetz |
| PPP | Public Private Partnership |
| PsychKG | Gesetz über Hilfen und Schutzmaßnahmen für psychisch Kranke |
| PVS | Politische Vierteljahresschrift |
| Rn. | Randnummer |
| RsDE | Beiträge zum Recht der sozialen Dienste und Einrichtungen |
| RVG | Gesetz über die Vergütung der Rechtsanwältinnen und Rechtsanwälte |
| Rz. | Randziffer |
| SozA/SozP | Sozialarbeit/Sozialpädagogik oder Sozialarbeiter(innen), Sozialpädagog(inn)en |
| SG | Sozialgericht |
| SGb | Die Sozialgerichtsbarkeit |
| SGB I–XII | Sozialgesetzbuch Erstes bis Zwölftes Buch |
| SGG | Sozialgerichtsgesetz |
| SH | Schleswig-Holstein |
| SJE | Sammlung jugendrechtlicher Entscheidungen |
| SOG | Gesetz über die öffentliche Sicherheit und Ordnung |
| SRa | SOZIALRECHT aktuell, Zeitschrift für Sozialberatung |
| StGB | Strafgesetzbuch |
| StORMG | Gesetz zur Stärkung der Rechte von Opfern sexuellen Missbrauchs |
| StPO | Strafprozessordnung |
| StrEG | Gesetz über die Entschädigung für Strafverfolgungsmaßnahmen |
| StrWG NRW | Straßen- und Wegegesetz des Landes NRW |
| StVO | Straßenverkehrsordnung |
| StVollzG | Gesetz über den Vollzug der Freiheitsstrafe und der freiheitsentziehenden Maßregeln der Besserung und Sicherung |
| TdL | Tarifgemeinschaft deutscher Länder |
| Thür | Thüringen |
| TKG | Telekommunikationsgesetz |
| TVG | Tarifvertragsgesetz |

TVöD Tarifvertrag für den öffentlichen Dienst
TzBfG Gesetz über Teilzeitarbeit und befristete Arbeitsverträge

UStG Umsatzsteuergesetz

VA Verwaltungsakt
VereinsG Gesetz zur Regelung des öffentlichen Vereinsrechts
VerfGH Verfassungsgerichtshof
VersG Versammlungsgesetz
VersMedV Versorgungsmedizin-Verordnung
VersR Versicherungsrecht
VG Verwaltungsgericht
VGH Verwaltungsgerichtshof
VKA Vereinigung kommunaler Arbeitgeberverbände
VOB Vergabe- und Vertragsordnung für Bauleistungen
VOF Vergabeordnung für freiberufliche Leistungen
VOL Vergabe- und Vertragsordnung für Leistungen (außer Bauleistungen)
VV Verwaltungsvorschrift
VwGO Verwaltungsgerichtsordnung
VwVfG Verwaltungsverfahrensgesetz
VwVG Verwaltungsvollstreckungsgesetz
VwZG Verwaltungszustellungsgesetz

WBVG Wohn- und Betreuungsvertragsgesetz
WoGG Wohngeldgesetz
WRV (Weimarer) Verfassung des Deutschen Reichs
WzS Wege zur Sozialversicherung

ZAR Zeitschrift für Ausländerrecht
ZfF Zeitschrift für das Fürsorgewesen
ZfJ Zeitschrift für Jugendrecht
ZfSH/SGB Zeitschrift für Sozialhilfe und Sozialgesetzbuch
ZMV Die Mitarbeitervertretung
ZPO Zivilprozessordnung
ZRP Zeitschrift für Rechtspolitik
ZWSt Zentralwohlfahrtsstelle der Juden in Deutschland

# A Sozialarbeit/Sozialpädagogik im demokratischen Rechts- und Sozialstaat



## 1 Sozialarbeit/Sozialpädagogik und öffentliche Verwaltung

»Soziale Arbeit als Beruf fördert den sozialen Wandel und die Lösung von Problemen in zwischenmenschlichen Beziehungen, und sie befähigt die Menschen, in freier Entscheidung ihr Leben besser zu gestalten. Gestützt auf wissenschaftliche Erkenntnisse über menschliches Verhalten und soziale Systeme greift soziale Arbeit dort ein, wo Menschen mit ihrer Umwelt in Interaktion treten. Grundlagen der Sozialen Arbeit sind die Prinzipien der Menschenrechte und der sozialen Gerechtigkeit.«
(International Federation of Social Workers – IFSW)

Soziale Arbeit

Soziale Arbeit, die sich auf zwischenmenschliche Beziehungsarbeit beschränkt, wird ihrem beruflichen Auftrag nicht mehr gerecht. Soziale Arbeit steht heute vor der Herausforderung, nicht nur auf innerpsychische Vorgänge einzuwirken, sondern das soziale Umfeld, kulturelle Besonderheiten und rechtliche Schutznormen einzubeziehen. Auf dieser Grundlage hat sie

Individuelle Selbständigkeit

- das Selbstvertrauen der Menschen in die eigenen inneren und äußeren Ressourcen zu stärken und in Problemsituationen Lösungen zu entwickeln, die sie befähigen, eigenverantwortlich und gemeinschaftsbezogen zu handeln;

Grundsicherung

- die materielle Existenz der Menschen zu sichern;

Soziokulturelle Teilhabe

- die Integration der Menschen in die Gesellschaft zu erhalten bzw. zu stärken und soziale Ausgrenzung zu verhindern.

Art. 1 Abs. 1 GG in Verbindung mit dem Sozialstaatsprinzip des Art. 20 Abs. 1 GG garantiert ein Grundrecht auf Gewährleistung eines menschenwürdigen Existenzminimums (vgl. BVerfG, 9.2.2010 – 1 BvR 1/09 zu Alg II) und begründet diesen Anspruch als Menschenrecht. Das sog. soziokulturelle Existenzminimum umfasst sowohl die physische Existenz des Menschen als auch die Sicherung der Möglichkeit zur Pflege zwischenmenschlicher Beziehungen und ein Mindestmaß an Teilhabe am gesellschaftlichen, kulturellen und politischen Leben. Das Grundrecht steht deutschen und ausländischen Staatsangehörigen, die sich in der Bundesrepublik Deutschland aufhalten, gleichermaßen zu (BVerfG, 18.7.2012 – 1 BvL 10/10, 1 BvL 2/11 zum Asylbewerberleistungsgesetz).

## 2 Verfassungsrechtliche Grundlagen der Sozialordnung

Achtung und Schutz der Menschenwürde

Oberstes Staatsziel der Bundesrepublik ist die Achtung und der Schutz der Menschenwürde. »Sie zu achten und zu schützen ist Verpflichtung aller staatlichen Gewalt« (Art. 1 Abs. 1 GG).
Der Staat und die staatliche Hoheitsgewalt haben also keinen Eigenwert. Der Staat dient nicht einer bestimmten Ideologie. Er hat die einzige Aufgabe, dem Menschen in der Gemeinschaft ein menschenwürdiges Leben in Freiheit und Verantwortung gegenüber den Mitmenschen zu ermöglichen.

Besondere Bedeutung in der Verfassungsordnung haben
- die **Grundrechte**,
- das **Rechtsstaatsprinzip**,
- das **Prinzip der Gewaltenteilung**,
- das **Sozialstaatsprinzip**.

Grundlagen der Verfassungsordnung

Das Grundgesetz versucht, durch die Garantie von Grundrechten, das Rechtsstaatsprinzip und das Prinzip der Gewaltenteilung die Gefahr einer Ohnmacht des Menschen gegen staatliche Übermacht zu begrenzen und auf diese Weise den Freiheitsraum des einzelnen Menschen und dessen Entfaltungsmöglichkeiten zu sichern. Das Sozialstaatsprinzip verpflichtet den Staat, für soziale Gerechtigkeit zu sorgen.

Zentrale Grundrechte und Prinzipien des Grundgesetzes

**Würde des Menschen (Artikel 1 GG)**
»DIE WÜRDE DES MENSCHEN IST UNANTASTBAR.
SIE ZU ACHTEN UND ZU SCHÜTZEN IST
VERPFLICHTUNG ALLER STAATLICHEN GEWALT.«

| | | | |
|---|---|---|---|
| Freie Entfaltung | Gleichheit vor dem Gesetz | Gewissensfreiheit | Meinungsfreiheit |
| Schutz von Ehe und Familie | Versammlungsfreiheit | Vereinigungsfreiheit | Brief-, Post-, Fernmeldegeheimnis |
| Freizügigkeit | Berufsfreiheit | Unverletzlichkeit der Wohnung | Eigentumsgarantie |
| Schutz vor Ausbürgerung | Asylrecht | Petitionsrecht | Rechtsschutzgarantie |

| Rechtsstaat | Sozialstaat |
|---|---|
| Vorrang von Verfassung und Gesetz. Garantie des effektiven Rechtsschutzes. Rechtssicherheit. Vertrauensschutz. Rechtsschutz in angemessener Zeit. Gebot eines fairen Verfahrens. | Verwirklichung sozialer Gerechtigkeit. Verwirklichung sozialer Sicherheit. Sicherung der Mindestvoraussetzungen eines menschenwürdigen Lebens. Chancengleichheit. |

## 2.1 Achtung und Schutz der Menschenwürde als oberstes Staatsziel

»Die Würde des Menschen ist der oberste Wert im grundrechtlichen Wertsystem und gehört zu den tragenden Konstitutionsprinzipien. Alle staatliche Gewalt hat sie zu achten und zu schützen (Art. 1 Abs. 1 GG). Dem Menschen kommt in der Gemeinschaft ein sozialer Wert- und Achtungsanspruch zu; deshalb widerspricht es der menschlichen Würde, den Menschen zum bloßen Objekt des Staates zu machen oder ihn einer Behandlung auszusetzen, die seine Subjektqualität prinzipiell in Frage stellt.« (BVerfG, 21.6.1977 – 1 BvL 14/76).

»Jeder besitzt sie, ohne Rücksicht auf seine Eigenschaften, seine Leistungen und seinen sozialen Status. Sie ist auch dem eigen, der aufgrund seines körperlichen oder geistigen Zustands nicht sinnhaft handeln kann. Selbst durch ›unwürdiges‹ Verhalten geht sie nicht verloren. Sie kann keinem Menschen genommen werden. Verletzbar ist aber der Achtungsanspruch, der sich aus ihr ergibt.« (BVerfG, 20.10.1992 – 1 BvR 698/89).

»Nach dem Menschenbild des Grundgesetzes ist das Individuum indessen auch gemeinschaftsbezogen und gemeinschaftsgebunden.... Deshalb muss es die Maßnahmen hinnehmen, die im überwiegenden Interesse der Allgemeinheit unter strikter Einhaltung des Verhältnismäßigkeitsgebots getroffen werden, solange sie nicht den unantastbaren Bereich privater Lebensgestaltung betreffen.« (BVerfG, 19.7.1972 – 2 BvL 7/71 und 17.1.1979 – 1 BvR 241/77).

Schutz der Autonomie

Jede staatliche Stelle und jede im öffentlichen Dienst tätige Person ist verpflichtet, die Fähigkeit des Menschen zu eigenverantwortlicher Entscheidung über sein Verhalten und die ihn betreffenden Angelegenheiten zu achten, zu sichern und zu fördern. Der Wille eines Menschen darf nicht allein deshalb unbeachtet bleiben, weil er »von durchschnittlichen Präferenzen abweicht oder aus der Außensicht unvernünftig erscheint« (BVerfG, 23.3.2011 – 2 BvR 882/09).

Schutz der Menschenwürde

Jeder Mensch hat – unabhängig von etwaigen gesellschaftswidrigen Handlungen oder Einstellungen – Anspruch gegen jeden Träger staatlicher Gewalt in der Bundesrepublik, dass seine Menschenwürde geachtet und geschützt und seine Grundrechte gewahrt werden (Art. 1–20 GG; BVerfG, 19.2.2008 – 1 BvR 1807/07).
Art. 1 verpflichtet nicht nur zur Achtung, sondern auch zum Schutz der Menschenwürde. Er verbietet staatliche Eingriffe und begründet staatliche Schutzpflichten gegenüber nichtstaatlichen Personen und Stellen:

Schutz der Persönlichkeit

- Jeder hat Anspruch auf Achtung und Schutz seiner Persönlichkeit: Er hat das Grundrecht auf informationelle Selbstbestimmung und auf Schutz der Intim-, Privat- und Vertrauenssphäre (→ S. 211 – S. 292).

Beispiel

Der SozA/SozP darf ihm anvertraute persönliche Daten des Klienten ohne dessen Einwilligung grundsätzlich nicht in der Teambesprechung mit Kollegen erörtern (→ S. 240); denn das informationelle Selbstbestimmungsrecht und die personale Würde des Klienten verbieten es, ihm »die Rolle eines bloßen Objekts zuzuweisen« (BVerfG, 18.11.2004 – 1 BvR 2315/04 zum Arzt-Patientenverhältnis).

Recht auf Existenzminimum

- Jeder hat Anspruch auf Gewährleistung eines menschenwürdigen Existenzminimums; allerdings nur auf diejenigen Mittel, die zur Aufrechterhaltung eines menschenwürdigen Daseins unbedingt erforderlich sind.

Physische Existenz

Der Anspruch gewährleistet die physische Existenz des Menschen, also Nahrung, Kleidung, Hausrat, Unterkunft, Heizung, Hygiene und Gesundheit.

Teilhabe am gesellschaftlichen Leben

Darüber hinaus auch diejenigen materiellen Voraussetzungen, die für ein Mindestmaß an Teilhabe am gesellschaftlichen, kulturellen und politischen Leben unerlässlich sind. Denn der Mensch als Person existiert notwendig in sozialen Bezügen.

Keine schrankenlose Freiheit

Dem Menschen wird durch das Grundgesetz keine schrankenlose Freiheit garantiert; denn das Zusammenleben vieler Menschen führt ständig zu Situationen, in denen die Freiheit des einen mit der Freiheit des anderen Menschen oder mit dem öffentlichen Interesse in Konflikt gerät. Es ist Aufgabe des staatlichen Gesetzgebers, für Konfliktfälle rechtliche Regelungen zu schaffen.

Beispiel

Durch Gesetz wird bestimmt, dass Eltern die elterliche Sorge entzogen werden kann, wenn dies zur Abwendung einer erheblichen Gefährdung des Kindes erforderlich ist (§ 1666 BGB).

Grundsatz der Verhältnismäßigkeit

Der Gesetzgeber muss sich auf Eingriffe beschränken, die nicht mehr als unbedingt erforderlich in die Freiheitsräume der Bürger/-innen eingreifen (BVerfG, 23.3.2011 – 2 BvR 882/09; → S. 114 ff.).

## 2.2 Die Bundesrepublik als demokratischer und sozialer Rechtsstaat

Zur Sicherung eines menschenwürdigen Lebens, der Selbstbestimmung und Freiheit, aber auch zum Schutz des Menschen vor einer Selbstgefährdung und einer Gefährdung durch andere hat das Grundgesetz bestimmt, dass die Bundesrepublik ein demokratischer und sozialer Bundesstaat sein soll (Art. 20 Abs. 1 GG).

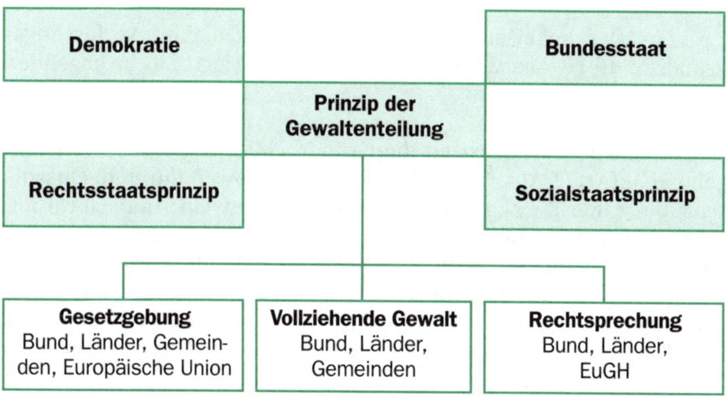


Demokratie

Alle Staatsgewalt geht vom Volke aus. Sie wird auf Bundesebene vom Volk durch Wahl der Volksvertreter/-innen im Parlament ausgeübt. Die Länder- und Kommunalverfassungen sehen z. T. vor, dass die Wähler/-innen über Einzelfragen unmittelbar entscheiden, z. B. durch Volks- bzw. Bürgerbegehren und -entscheid.

Prinzip der Gewaltenteilung und Gewaltenhemmung

Die Staatsgewalt wird horizontal geteilt und durch besondere Organe der Gesetzgebung, der vollziehenden Gewalt (Verwaltung) und der Rechtsprechung ausgeübt. Diese besonderen Organe sollen sich gegenseitig hemmen und in Balance halten. Einen »demokratischen Zentralismus« gibt es nicht.

- Die **Volksvertretungen** (Parlamente) haben die Verwaltung zu kontrollieren.
- Die **Verfassungsgerichte** können verfassungswidrige Verwaltungsmaßnahmen und verfassungswidrige Gesetze aufheben.
- Die **Verwaltungs-, Sozial- und Finanzgerichte** können gesetzwidrige Verwaltungsmaßnahmen aufheben, dürfen aber nicht in die Handlungsspielräume der Verwaltung eingreifen.

Bundesstaat

Die Staatsgewalt wird auch vertikal zwischen **Bund, Ländern und Gemeinden** geteilt (Art. 28 GG). Dadurch werden einerseits Bürgernähe und die Berücksichtigung regionaler Besonderheiten möglich. Andererseits entsteht dadurch eine Vielzahl von Zuständigkeiten und Behörden, die die Rechtsverfolgung erschwert.

Europäische Union

Staatliche Hoheitsrechte werden auch von der Europäischen Union ausgeübt (Art. 25 GG; → S. 87 ff.).

### 2.2.1 Rechtsstaatsprinzip

Das Rechtsstaatsprinzip ist ein allgemeiner Verfassungsgrundsatz (§ 20 Abs. 3 GG). Es wird konkretisiert u.a. in folgenden Verfassungsgrundsätzen:

Bindung der Staatsorgane an Gesetz und Recht

Alle staatliche Gewalt ist an die Grundrechte, an Gesetz und Recht gebunden (Art. 1 Abs. 3, Art. 20 Abs. 3 GG). Soweit durch Rechtsvorschriften Eingriffe zugelassen werden, besteht ein Analogieverbot, Gesetzeslücken dürfen nicht durch entsprechende Rechtsanwendung geschlossen werden (BVerfG, 14.8.1996 – 2 BvR 2088/93).
Der Bundeskanzler, die Minister, die Behördenchefs, die Polizei und alle Angehörigen des öffentlichen Dienstes haben Entscheidungs- und Handlungsbefugnis nur insoweit, als sie ihnen durch Verfassung oder Gesetz zuerkannt sind.

Recht auf effektiven Rechtsschutz

Dem Bürger wird zur Durchsetzung seiner Rechte gegenüber den Staatsorganen effektiver Rechtsschutz durch unabhängige Gerichte garantiert (Art. 19 Abs. 4 GG). Auf Klagen hin haben die Gerichte immer wieder Maßnahmen von Verwaltungsbehörden aufgehoben, die sich über die durch die Verfassungsordnung gezogenen Grenzen hinweggesetzt haben (→ S. 461 ff.).
Der Bürger hat Anspruch auf ein faires Verfahren. Strittige Rechtsverhältnisse müssen in angemessener Zeit geklärt sein (BVerfG, 20.9.2007 – 1 BvR 775/07).

Rechtssicherheit ist ein Erfordernis des Rechtsstaats. Rechtssicherheit bedeutet, dass der Bürger die ihm gegenüber möglichen staatlichen Eingriffe voraussehen und sich dementsprechend einrichten kann. Rechtssicherheit bedeutet für den Bürger in erster Linie Vertrauensschutz (BVerfG, 7.12.2010 – 1 BvR 2628/07).

Rechtssicherheit

Vertrauensschutz

Gesetze müssen inhaltlich so klar und bestimmt sein, dass der Betroffene die Rechtslage erkennen und die ausführende Verwaltung für ihr Verhalten steuernde und begrenzende Handlungsmaßstäbe ableiten kann (BVerfG, 16.6.2009 – 2 BvR 902/06).

Gebot der Normenklarheit und Bestimmtheit

Aus der Bindung der Staatsorgane an das Recht folgt für den Menschen, dass er nicht der Macht und Willkür der Staatsorgane unterworfen ist. Er ist nicht Untertan, sondern Bürger mit eigenen Rechten.

Bürger statt Untertan

Er hat Anspruch auf Sozialleistungen, wenn er die gesetzlichen Anspruchsvoraussetzungen erfüllt (§ 38 SGB I).

Anspruch auf Sozialleistungen

Für die soziale Praxis sind einige höchstrichterliche Entscheidungen, die sich auf das Rechtsstaatsprinzip stützen, von grundsätzlicher Bedeutung:

Entscheidigungen zum Rechtsstaatsprinzip

- Der Staat hat nicht das Recht, einen erwachsenen Menschen zu bessern und zu erziehen; denn die Freiheit der Person nach Art. 2 Abs. 2 GG darf nur aus wichtigen Gründen unter Beachtung des Grundsatzes der Verhältnismäßigkeit eingeschränkt werden, z. B. bei erheblicher Selbst- oder Fremdgefährdung (BGH, 13.1.2010 – XII ZB 248/09). Bei weniger gewichtiger Gefährdung muss eine zwangsweise Unterbringung in einer geschlossenen Einrichtung unterbleiben (BVerfG, 7.10.1981 – 2 BvR 1194/80).

Kein Recht des Staates auf Zwangserziehung Erwachsener

- In allen öffentlichen Einrichtungen und Anstalten (z. B. Justizvollzugsanstalt, Landeskrankenhaus für psychisch Kranke, Altenheim, Kinderheim, Jugendschutzstelle, Schule) hat der Träger die Grundrechte der Menschen zu wahren, die sich in der Einrichtung aufhalten.
  Die körperliche Misshandlung ist untersagt. Eine Briefzensur ist grundsätzlich unzulässig. Die Informationsfreiheit und das Recht auf freie Meinungsäußerung ist zu gewährleisten (Art. 2, 5, 10, 17 GG; BVerfG, 14.3.1972 – 2 BvR 41/71); denn eine Einschränkung der Grundrechte ist nur gemäß Art. 19 GG und nur durch ausdrückliche gesetzliche Regelung zulässig (BVerfG, 31.5.2006 – 2 BvR 1673/04).

Kein Sonderrecht in besonderen Einrichtungen

Zulässig ist die Briefzensur im Strafvollzug, weil das Briefgeheimnis durch §§ 28 – 31 in Verbindung mit § 196 StVollzG eingeschränkt ist. Unzulässig ist aber die Briefzensur in Einrichtungen der Jugendhilfe; denn es gibt keine gesetzliche Vorschrift, die für den Bereich der Jugendhilfe das Briefgeheimnis einschränkt.

Beispiele

Zulässig sind lediglich Maßnahmen, die nicht in die subjektiven Rechte der Bewohner eingreifen (zur Abgrenzung → S. 358 ff.).

### 2.2.2 Sozialstaatsprinzip

Beispiele

Eine alleinerziehende, geringfügig beschäftigte Frau erhält Elterngeld, Unterhaltsvorschuss, Kindergeld und Wohngeld.
Einem schwerbehinderten Menschen wird eine Beihilfe von 2.000 Euro und ein zinsloses Darlehen in Höhe von 5.000 Euro gewährt, damit er sich einen PKW beschaffen kann.
Das Jobcenter zahlt einem Arbeitslosen monatlich 800 Euro Alg II.
Eine Studentin der Sozialpädagogik, die sonst ihr Studium nicht finanzieren könnte, erhält monatlich 500 Euro BAföG.
Das Jugendamt bringt zwei Kinder in einer Jugendhilfeeinrichtung unter und zahlt dafür monatlich 6.000 Euro.

Sozialstaatsprinzip bindet Gesetzgebung, Verwaltung und Rechtsprechung

Das Sozialstaatsprinzip ist von der Gesetzgebung, der Verwaltung und der Rechtsprechung des Bundes und der Länder zu beachten (Artikel 20 GG). Es verpflichtet den Staat, für soziale Gerechtigkeit auf der Grundlage der Achtung der Menschenwürde und des Rechtsstaatsprinzips zu sorgen. Dies erfordert eine Sozialordnung, in der z. B. eine entmündigende Totalversorgung der Menschen ausgeschlossen und soziale Sicherheit durch angemessene Rechtsansprüche gewährleistet wird.

Sozialstaat = Staatsziel

Das Sozialstaatsprinzip ist eine Staatszielbestimmung. Das bedeutet, dass die staatlichen Organe in ihrer gesamten Tätigkeit dieses Ziel zu beachten haben. Jedoch kann der einzelne Bürger aus dem Sozialstaatsprinzip nur in wenigen Fällen Ansprüche auf konkrete soziale Leistungen ableiten (BVerfG, 17.10.2007 – 2 BvR 1095/05).
Von der Verwaltung ist das Sozialstaatsprinzip als Verfassungsgrundsatz bei jeder Verwaltungshandlung zu beachten. Es stellt eine bindende Auslegungsregel dar und ist insbesondere bei der Auslegung von unbestimmten Rechtsbegriffen und bei der Ausfüllung von Ermessensvorschriften zu berücksichtigen (→ S. 129 ff.).

Konkretisierung

Der Gesetzgeber hat in Erfüllung seiner Verpflichtung aus dem Sozialstaatsprinzip eine Vielzahl von Gesetzen erlassen:

durch Sozialgesetzbuch

- Er hat im Sozialgesetzbuch zahlreiche soziale Rechte auf staatliche Leistungen begründet, die der Existenzsicherung dienen (Grundsicherung, Sozialhilfe), Chancengleichheit schaffen sollen (Ausbildungsförderung) oder z. B. auf Hilfe für kranke, behinderte und alte Menschen ausgerichtet sind (Leistungen der gesetzlichen Kranken-, Renten-, Pflege- und Unfallversicherung, Leistungen zur Eingliederung behinderter Menschen).

durch Arbeitsrecht

- Im Arbeitsrecht werden Arbeitnehmer/-innen allgemein gegen Kündigungen durch das Kündigungsschutzgesetz geschützt. Dem Schutz besonders gefährdeter Arbeitnehmer/-innen dienen das Mutterschutzgesetz, das Jugendarbeitschutzgesetz und die Vorschriften zum Schutz schwerbehinderter Arbeitnehmer im SGB IX. Gegen gesundheitsgefährdende Arbeitsbedingungen schützt das Arbeitsschutzgesetz.

- Im Wohnungsrecht werden Einkommensschwache z.B. durch Wohngeld, Wohnungsbaudarlehen, Berechtigung zum Bezug einer Sozialwohnung usw. unterstützt. Mieter werden durch Regelungen über die Einschränkung des Rechts des Vermieters zur Kündigung bzw. Mietpreiserhöhung sozial abgesichert.

durch Wohnungsrecht

- Durch Beratungshilfe (→ S. 226 f.) und Prozesskostenhilfe (→ S. 478) wird Menschen mit geringem Einkommen Rechtsschutz ermöglicht.

durch Beratungs-/ Prozesskostenhilfe

- In anderen Rechtsbereichen hat der Gesetzgeber auf unterschiedliche Weise soziale Gesichtspunkte berücksichtigt, z.B. in der Steuergesetzgebung durch die Steuerfreiheit des Existenzminimums, Ausbildungsfreibeträge, Freibeträge für behinderte Menschen, Steuerbegünstigung der Spenden an Träger der freien Wohlfahrtspflege und an gemeinnützige Stiftungen.

durch Steuerrecht

Das Bundesverfassungsgericht, das Bundesverwaltungsgericht und der Bundesgerichtshof haben aus dem Sozialstaatsprinzip u.a. die Verpflichtung der staatlichen Organe abgeleitet,

Konkretisierung durch die Rechtsprechung

- jedem Menschen einen Anspruch auf staatliche Hilfe zukommen zu lassen, um so die »Mindestvoraussetzungen eines menschenwürdiges Daseins« durch die Gewährung von Sozialleistungen in Höhe des Existenzminimums zu sichern (→ S. 15 f.) Hat der Bürger selbsterzieltes Einkommen, darf es bis zur Höhe des Existenzminimums nicht durch Steuern oder andere öffentliche Abgaben entzogen werden (BVerfG, 10.11.1998 – 2 BvL 42/93);

Anspruch auf menschenwürdiges Dasein

- für eine gerechte Sozialordnung zu sorgen (BVerfG, 30.6.2009 – 2 BvR 2/08; auch im Rahmen der EU: BVerfG, 30.6.2009 – 2 BvR 2/08);

Gerechte Sozialordnung

- für einen Ausgleich der sozialen Gegensätze zu sorgen und staatliche Hilfe Einzelnen oder Gruppen zu gewähren, die aufgrund ihrer persönlichen Lebensumstände oder gesellschaftlicher Benachteiligung an ihrer persönlichen oder sozialen Entfaltung gehindert sind (BVerfG, 17.10.2007 – 2 BvR 1095/05);

Ausgleich der sozialen Gegensätze

- dem Hilfeempfänger die Teilnahme am Leben in der Gemeinschaft (§ 9 SGB I) zu ermöglichen und eine soziale Ausgrenzung des Hilfebedürftigen zu vermeiden, die dann besteht, wenn es ihm nicht möglich ist, in der Umgebung von Nichthilfeempfängern ähnlich wie diese zu leben (BVerwGE 92, 6);

Teilhabe am Leben in der Gemeinschaft

- Chancengleichheit zu schaffen durch das Angebot von Kindergarten-, Studien- und Berufsausbildungsplätzen und dadurch soziale Unterschiede auszugleichen bzw. zu mildern (BVerfG, 10.3.1998 – 1 BvR 178/97);

Chancengleichheit in (Aus-)Bildung

- Sozialschwachen »zur Erlangung und Wahrung der ihnen vom Gesetz zugedachten Rechte nach Kräften beizustehen«; denn im sozialen

Beistandspflicht

Rechtsstaat sind die »Amtsinhaber« nicht nur Vollstrecker staatlichen Willens und Diener des Staates, sondern zugleich auch »Helfer des Bürgers« (BGH, 5.4.1965, NJW 1965, 1227; OLG Celle, SRa 1999, 27).

Verantwortung des deutschen Gesetzgebers im Rahmen der EU

Auch im Rahmen der Europäischen Union müssen die sozialpolitisch wesentlichen Entscheidungen in eigener Verantwortung von den deutschen Gesetzgebungsorganen getroffen werden. Insbesondere bleibt die Existenzsicherung des Einzelnen als Staatsaufgabe, die nicht nur im Sozialstaatsprinzip, sondern auch in Art. 1 Abs. 1 GG begründet ist, weiterhin primäre Aufgabe der Mitgliedstaaten. Allerdings ist eine Koordinierung und allmähliche Angleichung nicht ausgeschlossen (BVerfG, 30.6.2009 – 2 BvE 2/08).

## 3 Gesetzesvollzug durch die öffentliche Verwaltung

Die öffentliche Verwaltung hat im Rechts- und Sozialstaat die Aufgabe, die Gesetze zu vollziehen. Sie kann diese Aufgaben von Privaten durchführen lassen, soweit dies gesetzlich zulässig ist (→ S. 51 f.).

### 3.1 Daseinsvorsorge und Soziale Sicherung

Die öffentliche Verwaltung bietet den Menschen in der BRD eine Vielzahl von Leistungen, Hilfen und Förderungsmöglichkeiten an.
Im Arbeitsfeld der SozA/SozP wird es kaum Menschen geben, die ohne Inanspruchnahme einer oder mehrerer dieser Leistungen menschenwürdig leben können. Die Tätigkeit der öffentlichen Verwaltung dient u.a. der

Energieversorgung

- Sicherung der Versorgung mit Wasser, Wärme, Energie (→ S. 71 ff.);

Kommunikation und Mobilität

- Förderung der Kommunikation und Mobilität durch Straßenbau, Personenbeförderung im Nah- und Fernverkehr, Briefverkehr, Telefon, Rundfunk, Fernsehen;

Materielle Existenz

- Sicherung der materiellen Grundlagen der Existenz durch Gewährung von Grundsicherung bzw. Sozialhilfe, Sicherung der Wohnung etwa durch Wohngeld oder sozialen Wohnungsbau, Arbeitsförderung;

Soziale Sicherung

- sozialen Sicherung durch Kranken-, Unfall-, Renten-, Pflegeversicherung, Sicherung vor und bei Arbeitslosigkeit sowie sozialen Förderung durch Kindergeld, Kinderzuschlag, Hilfe für körperlich, geistig oder seelisch behinderte Menschen, Jugendhilfe;

Erziehung/ Bildung

- Entwicklungs- und Bildungsförderung durch Errichtung und Förderung von Kindertagesstätten, Schulen, Hochschulen, Arbeits- und Ausbildungsförderung, außerschulische Jugend- und Erwachsenenbildung, Berufsbildung, Kultur- und Sporteinrichtungen.

## 3.2 Behördliche Schutzmaßnahmen und Eingriffe

Die öffentliche Verwaltung trifft auch zahlreiche Maßnahmen, die Menschen vor Selbst- oder Fremdgefährdung schützen oder das Gemeinwohl sichern sollen.

- Identitätsfeststellung, Platzverweis, Aufenthaltsverbot, Wohnungsverweisung, Ingewahrsamnahme, Durchsuchung;

polizeiliche Maßnahmen

- Beratung, Behandlung, Unterbringung in einem Krankenhaus;

Maßnahmen für psychisch Kranke

- Inobhutnahme von Minderjährigen, Heimaufsicht.

Jugendhilferechtliche Maßnahmen

Nicht behandelt werden hier staatliche Eingriffe, die nicht von der öffentlichen Verwaltung, sondern von Gerichten angeordnet werden, z. B. Verurteilung durch Strafgericht nach StGB und StPO; Anordnung der Untersuchungshaft (§ 112 StPO); Abschiebungshaft (§ 62 AufenthaltG); Sorgerechtsentzug durch das Familiengericht (§ 1666 BGB); Wohnungsbetretungsverbot (§ 1 Gewaltschutzgesetz); Unterbringung psychisch Kranker aufgrund länderrechtlicher Vorschriften (PsychKG, Unterbringungsgesetze).

# 4 Sozialer Rechtsstaat in der Krise

Beispiele

Von Jobcentern werden Anträge auf Grundsicherung für Arbeitsuchende nicht angenommen oder wochenlang nicht bearbeitet, Mehrbedarfe nicht anerkannt, Erstausstattungen nicht bewilligt, Heizungskosten nur teilweise übernommen, Antragstellerinnen werden mit abfälligen Kommentaren bedacht oder beschimpft (Zusammenstellung von Scheibe: SRa 2011, 90).

Idee und Wirklichkeit

Die Bindung der staatlichen Organe an das Rechtsstaats- und das Sozialstaatsprinzip hat nicht bewirkt, dass alle Menschen in der BRD sozial gesichert sind und menschenwürdig behandelt werden. Vielmehr klaffen Verfassungsidee und soziale Wirklichkeit für immer mehr Menschen weit auseinander.

Symptome der Krise

Menschen, die wegen Arbeitslosigkeit, Krankheit, Behinderung, Wohnungslosigkeit, Überschuldung, Schwierigkeiten bei der Erziehung der Kinder oder in der Partnerbeziehung auf staatliche Hilfen angewiesen sind, erleben die Kluft zwischen Verfassungsanspruch und praktischer Umsetzung tagtäglich.

In einer freiheitlichen Demokratie entscheiden die vom Volk gewählten Vertreter/-innen im Bundestag, in den Länder- und in den Kommunalparlamenten darüber, welche Steuern erhoben werden, welche Subventionen gewährt werden, welcher Anteil des Staatseinkommens auf soziale Leistungen entfallen und welche sozialen Leistungen in welcher Höhe gewährt werden sollen.

Politische Priorität der Kostendämpfung

Das Interesse der Politik auf Bundes-, Landes- und kommunaler Ebene ist seit Jahren auf Kostendämpfung im Sozial- und Jugendhilfebereich (ausgenommen Kindertagesbetreuung) gerichtet, obwohl diese beiden Bereiche nur einen geringen Anteil des Sozialbudgets ausmachen. Auf die Jugendhilfe entfielen im Jahr 2011 mit 27,3 Mrd. Euro rund 3,4 %, auf die Grundsicherung für Arbeitsuchende mit 41,5 Mrd. Euro ca. 5,2 % des Sozialbudgets.

Unter Verstoß gegen die Bindung der Verwaltung an das Recht werden seitens der Träger gesetzlich vorgeschriebene Sozialleistungen nicht erbracht.

Beispiel

Die Sozialdezernentin einer rheinischen Großstadt erklärt in einem Fernsehinterview: »Selbstverständlich ist erforderlich, dass die Jugendzentren weiterhin ihre wichtige Arbeit im bisherigen Umfang fortsetzen. Aber wer soll das bezahlen? Ich denke, dass sie sich an Industrieunternehmen wenden oder andere Geldquellen erschließen sollten«.

Ohne Rücksicht auf die Gesamtverantwortung des öffentlichen Trägers für eine bedarfsdeckende Jugendhilfe werden die Mittel für die Jugendhilfe nicht kunden-, bedarfsorientiert und qualitätssichernd budgetiert, sondern – ohne Bedarfsfeststellung im Rahmen der gesetzlich vorgeschriebene Jugendhilfeplanung – bewusst nicht bedarfsdeckend festgesetzt (vgl. BVerwG, 17.7.2009 – 5 C 25.08).

Unzureichendes, unqualifiziertes Personal in prekären Arbeitsverhältnissen

Viele Sozialleistungsträger stellen das für eine fachlich qualifizierte soziale Arbeit notwendige Personal nicht ein, sondern begründen prekäre Arbeits- und Dienstverhältnisse.
Befristete Arbeitsverträge, geringfügige Beschäftigung, Honorarverträge verbunden mit einer vergleichsweise zu niedrigen Vergütung gefährden die personelle Kontinuität und die Einhaltung fachlicher Standards.

Beispiel

Eine 25-jährige Studentin der Sozialpädagogik im 4. Semester wird vom Jugendamt als Familienhelferin in einer Familie eingesetzt, in der u.a. Partner-, Erziehungs- und finanzielle Probleme zu lösen sind.

Unbekanntes und kompliziertes Recht

Viele Gesetze sind den Berechtigten ganz oder teilweise nicht bekannt. Das Sozialleistungsrecht ist für die meisten Menschen nicht verständlich und selbst für Juristen kaum noch überschaubar. Im Sozialrecht, Ausländerrecht, Asylrecht, Polizeirecht kennen sich nur noch Spezialisten aus.
Unkenntnis bzw. Unsicherheit und Angst vor der Behörde führen dazu, dass viele Anspruchsberechtigte ihre Rechte nicht geltend machen und dass die Menschen, die von rechtswidrigen staatlichen Maßnahmen betroffen sind, ihre Rechtsschutzmöglichkeiten nicht wahrnehmen.

Unzureichende Information und Vorenthaltung von Leistungen

Sozialleistungsträger, insbesondere die Kommunen als Träger der Sozial- und Jugendhilfe, klären die Bevölkerung trotz gesetzlicher Verpflichtung (vgl. §§ 13 ff. SGB I) über die sozialen Rechte nicht umfassend auf. Die Beratung der Anspruchsberechtigten ist oft unvollständig, manchmal unfreundlich und sogar diskriminierend (Spindler, Kritische Justiz, 2010, 163; Scheibe: SRa 2011, 90).

Angst vor Diskriminierung und Bürokratie

Viele Menschen haben Angst, sich an eine Behörde zu wenden und ihr Recht zu verlangen. Sie befürchten, durch die Inanspruchnahme von Sozialleistungen diskriminiert oder von der Behörde bei nächster Gelegenheit in anderer Weise »bestraft« zu werden, wenn sie ihre Rechte durchsetzen würden. Deshalb erfahren SozA/SozP freier Träger immer wieder, dass Leistungsberechtigte selbst dann nicht bereit sind, sich gegen rechtswidriges Behördenhandeln zu wehren, wenn ihnen kostenlose Beratung und Vertretung zugesichert werden (Scheibe: SRa 2011, 90).

Rechtsschutz durch Gerichte?

Verwaltungs-, Sozial- und Finanzgerichte sowie das Bundesverfassungsgericht haben immer wieder rechtswidrige Maßnahmen der Verwaltungsbehörden aufgehoben und verfassungs- oder gesetzeswidrige Vorschriften für unwirksam erklärt. Jedoch dauern zahlreiche Verfahren, u. a. wegen der personellen Unterbesetzung der Gerichte und der für Behörden risikolosen Ausschöpfung aller Instanzen so lange, dass die vom Gesetz gewollte Wirkung von Sozialleistungen nicht eintritt.

Beispiel

Die Bundesregierung stellte fest: Es kommt immer wieder vor, dass Verfahren, insbesondere in Familiensachen, in Haftsachen und im Bereich der Finanzgerichte, der Verwaltungsgerichte und der Sozialgerichte unverhältnismäßig lange dauern und der Bürger dadurch in seinen Rechten aus Artikel 19 Abs. 4 des Grundgesetzes (GG) sowie Artikel 6 Abs. 1 EMRK verletzt ist (BT-Drs. 16/7655) (→ S. 320).

Auch bleiben manche berechtigten Klagen erfolglos, wenn Richter aus den abstrakten und inhaltlich oft unbestimmten Rechtsnormen Entscheidungen ableiten, die von ihren subjektiven Wertungen und Interessen beeinflusst sind. Andere sind blind für die sozialen Folgen ihrer Entscheidungen, weil sie andere Lebensgrundlagen als die Menschen haben, über deren Rechte und Pflichten sie entscheiden.
Die individuelle psychosoziale Problematik und deren Folgen, die aus Armut, Arbeitslosigkeit, Trennung, Krankheit, Behinderung usw. entstehen können, werden nicht von allen Richtern wahrgenommen und berücksichtigt.

Beispiel

Ein Amtsgericht und ein Landgericht wiesen eine 88-jährige schwer hör- und sehbehinderte Frau ab, die von ihrem Augenarzt eine schriftliche Diagnose verlangt hatte, weil sie die mündlich erteilte wegen ihrer Behinderung nicht verstanden hatte.
Das BVerfG stellte fest, die Entscheidungen der Richter seien unter keinem denkbaren Aspekt rechtlich vertretbar. Die Rechtslage werde in krasser Weise verkannt. Daher dränge sich der Schluss auf, dass die Entscheidungen auf sachfremden Erwägungen beruhten (BVerfG, 18.11.2004 – 1 BvR 2315/04).

## 5 Soziale Arbeit in der Verwaltungsorganisation

Verschlechterte Handlungsbedingen für SozA/SozP

»Im Kontext von ... Deregulierung und Sozialabbau-Politik verschlechtern sich nicht nur die Lebensbedingungen vieler Menschen, sondern auch die Handlungsbedingungen für soziale Arbeit.« Diese ist heute bestrebt, »sich den gesamtgesellschaftlichen Entwicklungstendenzen anzupassen und (sich) den ihr gesetzten, immer enger werdenden Rahmenbedingungen anzupassen.« (Zander in: Butterwegge (Hrsg.) Kinderarmut in Deutschland)

Soziale Arbeit, lange Zeit überwiegend auf Integration ausgerichtet, steht vor der neuen Situation, dass typische Adressatengruppen wie förderbedürftige Jugendliche, Arbeitslose, Alleinerziehende deutlich gewachsen, gleichzeitig aber bisherige Integrationsmöglichkeiten immer mehr weggebrochen sind.

### 5.1 Arbeitgeber/Dienstgeber der SozA/SozP

Beispiel

»Es besteht ... ein weiter fachlicher Konsens, dass zu den Mindeststandards einer sozialpädagogischen Familienhilfe ... neben einer Festanstellung der Fachkräfte ausreichende Möglichkeiten der Fortbildung, kollegialen Beratung und Supervision gehören. Familienhilfe auf Honorarbasis ist nach den Untersuchungen des Deutschen Jugendinstituts – von Ausnahmefällen und Übergangssituationen abgesehen – in der Regel nicht geeignet, den Rechtsanspruch zu erfüllen« (Bundesregierung, BT-Drs. 13/9095, S. 4).

Öffentliche Arbeitgeber

Die wichtigsten öffentlichen Arbeitgeber sind die Kommunen mit ihren Jugend-, Sozial- und Gesundheitsämtern und den zugeordneten Einrichtungen. Die Bundesländer beschäftigen SozA/SozP in der Justiz z. B. als Bewährungshelfer, Gerichtshelfer, in Strafvollzugsanstalten und in Landeskrankenhäusern.

Freie Träger

Große Bedeutung als Anstellungsträger haben auch die freigemeinnützigen Träger der Jugend-, Sozial- und Gesundheitshilfe.
Die öffentlichen und die freigemeinnützigen Arbeitgeber boten bisher recht ähnliche Arbeitsbedingungen auf der Grundlage bzw. in Anlehnung an den BAT an, der schon keine angemessene Vergütung garantierte (dazu schon 11. KiJuBericht, 89 ff.) und inzwischen vom TVöD abgelöst ist, der insgesamt eine Absenkung der Vergütung bewirkte.

Gewerbliche Träger

Gewerbliche Träger haben gegenüber Arbeitgebern, die an Tarife oder kirchliche Regelungen gebunden sind, Wettbewerbsvorteile, weil sie ihren Mitarbeitern erheblich niedrigere Vergütungen zahlen können. Das zwingt auch freie gemeinnützige Träger, die mit gewerblichen Trägern konkurrieren, u. U. zum Lohndumping. Häufig setzen staatliche Sozialleistungsträger ihre Finanzmacht ein, um das Vergütungsniveau der freien Träger möglichst weit abzusenken. Das ist rechtswidrig (§ 74 Abs. 5 SGB VIII).

»Der Träger der freien Jugendhilfe ist ... durch die Förderung in die Lage zu versetzen, die Maßnahme mit demselben Ausstattungsniveau, der gleichen Eingruppierung und Entlohnung der Mitarbeiter und mit derselben Sachausstattung durchführen zu können wie der Träger der öffentlichen Jugendhilfe« (BVerwG, 17.7.2009 – 5 C 25.08).

Abschied vom Normalarbeitsverhältnis

Soziale Arbeit wurde in der Regel aufgrund eines unbefristeten Vollzeitarbeitsvertrags geleistet. Dieser wird zunehmend von befristeten Verträgen, Teilzeitarbeit, sozial ungesicherter geringfügiger Beschäftigung, Beschäftigung auf Honorarbasis, Einsatz von Unqualifizierten usw. abgelöst. Diese veränderte Einstellungs- und Finanzierungspraxis lässt festangestellte SozA/SozP bis zum Erreichen der Altersgrenze auf inadäquaten Stellen verharren. Die Sozialleistungsträger leisten dadurch einen weiteren Beitrag zum Sozial- und Qualitätsabbau.

## 5.2 Fachkräftegebot

Beispiel

Die Landesdatenschutzbeauftragte NRW beanstandet die Auffassung eines Jugendamts, bei der Entscheidung über erzieherische Hilfen müssten auch wirtschaftliche Überlegungen einbezogen und deshalb Mitarbeiter der wirtschaftlichen Jugendhilfe beteiligt werden (15. Tätigkeitsbericht, www.ldi-nrw.de).

Das SGB VIII – Kinder- und Jugendhilfe und das SGB XII – Sozialhilfe sind von Fachkräften durchzuführen (§ 72 SGB VIII; § 6 SGB XII). Die gesetzlichen Regelungen machen unmissverständlich klar, dass Rechts-, Verwaltungskenntnisse und Fertigkeiten, die üblicherweise zur Wahrnehmung von Verwaltungsaufgaben ausreichen, im Rahmen der Jugend- und Sozialhilfe durch fachliche Standards ergänzt werden müssen, die auf sozialwissenschaftlichen, sozialpädagogischen und sozialarbeiterischen Erkenntnissen und Erfahrungen beruhen und vom zuständigen Träger verantwortet werden müssen (Kunkel/Nonninger in: LPK-SGB VIII, 2014, § 72 Rn. 2 m. w. N.).

Entscheidungsvorrang der Fachkräfte

Daraus folgt, dass Maßnahmen und Entscheidungen der Jugend- und Sozialämter in sozialen oder pädagogischen Fragen von Fachkräften gemäß den fachlichen Standards zu treffen sind. Eine fachliche Kontrolle durch Nicht-Fachkräfte ist deshalb ebenso ausgeschlossen wie ein Veto-, Letztentscheidungs- oder Mitberatungsrecht von Nicht-Fachkräften (siehe § 36 Abs. 2 Satz 1 SGB VIII). Eine Rechtsaufsicht ist zulässig, muss aber berücksichtigen, dass den Fachkräften in der Regel ein Beurteilungsspielraum zusteht (→ S. 133).

Normcharakter der fachlichen Standards

Die fachlichen Standards der sozialen Arbeit haben demnach nicht nur den Charakter von berufsinternen Absprachen, sondern sind zugleich rechtlich verbindliche Handlungsnormen für die öffentlichen Träger der Sozial- und Jugendhilfe und deren Fachkräfte.

Unterschiedliche Standards

Das Gesetz lässt unterschiedliche Standards nicht nur zu, sondern verpflichtet die Jugendhilfe und die Sozialhilfe zu einer Vielfalt von Inhalten, Methoden und Arbeitsformen, weil sonst in einer pluralen Gesellschaft eine wirksame, nach Problemlagen differenzierte und auf den Einzelfall bezogene Hilfe wirksam nicht geleistet werden kann (§§ 3 Abs. 1, 9, 80 SGB VIII; § 9 SGB XII).
Aus diesem Grunde beruhen die Standards der verschiedenen öffentlichen und freien Träger zwar auf der gemeinsamen Basis des Grundgesetzes: Achtung der Würde des Menschen, Anerkennung des Selbstbestimmungsrechts und Schutz vor seelischer und körperlicher Gefährdung (siehe Berufsbild der SozA/SozP: www.dbsh.de). Jedoch müssen die Träger, um wirksame Hilfe leisten zu können, in Einzelheiten voneinander abweichende fachliche Standards entwickeln, um z. B. Spezifika aufgrund Alter, Geschlecht, Religion, Migrationsgeschichte oder auch regionaler Besonderheiten gerecht werden zu können.

### 5.3 Weisungsrecht in der sozialen Arbeit

SozA/SozP sind entweder als Angestellte, Beamte, Praktikanten oder freie Mitarbeiter in der öffentlichen Verwaltung oder im Dienst freier Träger tätig. Sie unterliegen nach § 106 GewO dem Weisungsrecht des Arbeitgebers.

In vielen Ämtern, nicht selten auch bei freien Trägern, wird undifferenziert daran festgehalten, dass der Arbeitgeber bzw. der Vorgesetzte durch Weisung und Kontrolle der Mitarbeiter bestimmt, ob und wie Sozialarbeit und Sozialpädagogik praktiziert wird.

Für die soziale Arbeit, die sich auf psychosoziale oder pädagogische Prozesse bezieht, ist dieses Modell ungeeignet, weil fachliche Kontrollen oder sogar Weisungen durch einen am Prozess nicht beteiligten Außenstehenden die Wirksamkeit der Hilfe gefährden bzw. ausschließen können (Urban, NDV 1999, 54, 56). Die Steuerung durch Weisungen und die ständige Kontrolle der Mitarbeiter sind kostenaufwändig und wenig effektiv, weil sie nicht die Qualität der Arbeit verbessern, sondern demotivierend wirken, zur inneren Kündigung führen und Burn-out-Prozesse fördern.

#### 5.3.1 Grenzen des Weisungsrechts

Beispiel

»Wird ein Bescheid von Mitarbeiterinnen als rechtswidrig beurteilt und die Klientin ermuntert, gegen diesen Bescheid Widerspruch einzulegen, handelt es sich um ein Vergehen gegen den Dienstherrn.« (Auszug aus einem Schreiben einer Kommune an die SozA/SozP im ASD)

Weisungen und Kontrollen des Arbeitgebers dürfen sich nicht auf die Arbeit in höchstpersönlichen Vertrauensbeziehungen erstrecken (→ S. 229 ff.). Sie müssen sich auf die Rahmenbedingungen der Arbeit beschränken (z. B. Zuweisung eines Aufgabengebiets, Übertragung einzelner Fälle, fachliche Rahmenkonzeption und Standards). Die Steuerung des Verhaltens der Mitarbeiter und die Sicherung der Qualität erfolgen grundsätzlich nicht mehr durch Einzelweisung, sondern in Formen der Kooperation und Partizipation wie z. B. Beratung, Praxisbegleitung, Zielvereinbarung, Ermöglichung von Fortbildung (§ 6 Abs. 2 SGB XII).

Grenzen des Weisungsrechts

Eine Folgepflicht des Mitarbeiters besteht u. a. nicht bei Weisungen des Dienstgebers,

- die mit dem **Berufsbild nicht vereinbar** sind.

Beispiel

Die Weisung an eine Sozialpädagogin, aggressive Kinder zur Beruhigung in einen dunklen Raum einzusperren, ist mit sozialpädagogischer Ethik und dem Berufsbild der Sozialpädagogik nicht vereinbar;

- die **gesetzwidrig** sind.

Beispiel

Rechtswidrig ist die Weisung, entgegen § 14 SGB I Ratsuchende nicht umfassend über ihre Ansprüche auf Sozialleistungen zu informieren;

- durch deren Befolgung der **Mitarbeiter sich strafbar macht**.

Beispiele

Eine Sozialarbeiterin macht sich nach § 201 StGB wegen Verletzung des Briefgeheimnisses strafbar, wenn sie auf Aufforderung ihrer Abteilungsleiterin einwilligt, dass alle an sie persönlich gerichteten Schreiben von der Poststelle geöffnet und der Abteilungsleiterin vorgelegt werden. Die Abteilungsleiterin macht sich wegen Anstiftung strafbar.
Die Weisung, den Vorgesetzten sofort zu informieren, wenn ein Klient im Beratungsgespräch einen Leistungsbetrug einräumt, dürfen SozA/SozP nicht befolgen. Sie machen sich strafbar, wenn sie den Abteilungsleiter informieren, ohne im Sinne des § 203 StGB dazu befugt zu sein (→ S. 242).

Widerspruchsfreiheit der Rechtsordnung

Diese Regeln beruhen auf dem Grundsatz der Widerspruchsfreiheit der Rechtsordnung (= Einheit der Rechtsordnung). Hiernach kann eine Handlung, die nach einem Gesetz rechtmäßig ist, nicht nach einem anderen Gesetz rechtswidrig sein (BVerfG, 2.7.2001 – 1 BvR 2049/00).
Für die soziale Praxis lässt sich daraus u. a. ableiten, dass SozA/SozP, die Ratsuchende gemäß den gesetzlichen Vorschriften, z. B. in §§ 14, 15 SGB I; § 11 SGB XII, im Rahmen ihrer Beratung pflichtgemäß auf die Rechtswidrigkeit von Entscheidungen und Rechtsschutzmöglichkeiten hinweisen, von ihrem Arbeitgeber weder mit Drohungen unter Druck gesetzt noch sanktioniert werden dürfen. Nach Auffassung des LAG Mainz ist es Arbeitnehmern zumutbar, sich unzulässigen Anordnungen zu widersetzen, weil der »rechtstreue« Arbeitnehmer angesichts des materiellen Arbeitsrechts (§ 626 BGB; § 1 KSchG; § 273 BGB; § 612a BGB) keine rechtlichen Nachteile etwa in Form einer Kündigung befürchten müsse (LAG Mainz, 26.1.2010 – 3 Sa 497/09). Leider sieht die Realität aber manchmal anders aus.

### 5.3.2 Grundrechte des Arbeitnehmers

Mittelbare Drittwirkung der Grundrechte

Die Grundrechte gelten zwar nicht unmittelbar im Arbeitsrecht. Jedoch ist anerkannt, dass sie auf das Arbeitsverhältnis einwirken und bei der Ausübung des Weisungsrechts einbezogen werden müssen. Das Allgemeine Gleichbehandlungsgesetz schützt vor Diskriminierungen im Arbeitsverhältnis.

Gewissensfreiheit

Je nach den Umständen können Weisungen unverbindlich sein, die gegen die Gewissensfreiheit des Arbeitnehmers verstoßen (BVerwG, 16.12.2008 – 2 B 46.06).

Meinungsfreiheit

Das Grundrecht auf Meinungsfreiheit gemäß Art. 5 GG erstreckt sich auf Inhalt und Form der Äußerung und schließt deshalb polemische und verletzende Äußerungen gegenüber dem Arbeitgeber und Vorgesetzten ein. Lediglich die Formalbeleidigung und die Schmähkritik sind aus dem Schutzbereich des Grundrechts ausgenommen (zur Abgrenzung: BVerfG, 5.12.2008 – 1 BvR 1318/07: »Dummschwätzer«).

Beteiligung des Arbeitnehmers an Strafverfahren gegen den Arbeitgeber

Das BVerfG vertritt die Auffassung, dass ein Arbeitnehmer grundsätzlich keine arbeitsrechtlichen Nachteile erleiden dürfe, wenn er staatsbürgerliche Rechte ausübt, beispielsweise als Zeuge gegen seinen Arbeitgeber aussagt (BVerfG, 2.7.2001 – 1 BvR 2049/00).

> »Die Wahrnehmung staatsbürgerlicher Rechte im Strafverfahren kann – soweit nicht wissentlich unwahre oder leichtfertig falsche Angaben gemacht werden – im Regelfall ... nicht als Grund für zivilrechtliche Nachteile dienen, die im Hinblick auf bestehende Pflichten und Rechte des Bürgers im Rahmen der Strafverfolgung grundsätzlich unzulässig sind. ... Eine zivilrechtliche Entscheidung, die dieses verkennt oder missachtet, verletzt den betroffenen Bürger in seinem Grundrecht aus Art. 2 Abs. 1 GG in Verbindung mit dem Rechtsstaatsprinzip.«

Das BAG hat allerdings verlangt, dass ein Sozialarbeiter wegen der arbeitsvertraglichen Rücksichtnahmepflicht zunächst eine innerbetriebliche Klärung versucht, bevor er Strafanzeige gegen den Einrichtungsleiter wegen Beantragung von Fördermitteln für ein nicht durchgeführtes Seminar erstattet (BAG, 3.7.2003 – 2 AZR 235/02).

## 5.4 Doppeltes Mandat

Beispiel

»Herrn A. fehlt es am rechten Maß zwischen der notwendigen parteilichen Fürsorglichkeit und andererseits der institutionellen Loyalität, ... zwischen Menschlichkeit und Wirtschaftlichkeit«.
(Aus einem Schriftsatz, in dem ein kommunales Personalamt die Entlassung eines wegen seiner Freundlichkeit und seines Engagements bei den Betroffenen beliebten Sozialarbeiters zu begründen sucht).

SozA/SozP handeln im Rahmen der sozialstaatlichen Aufgaben des Staates als Berater, Helfer oder Anwalt der Menschen in schwierigen Lebenssituationen. Sie sind – anders als Polizisten und andere Verwaltungsangestellten – nicht Garanten der rechtsstaatlichen Ordnung (so schon BVerfG, 24.5.1977 – 2 BvR 988/75).
Sie erkennen, dass Menschen nicht bzw. nicht allein aufgrund individuellen Fehlverhaltens in Schwierigkeiten geraten, sondern dass oft gesellschaftliche Bedingungen Probleme auslösen (z. B. unzureichende Ausbildung, unverschuldete Arbeitslosigkeit, prekäre Arbeitsverhältnisse) oder dass Menschen durch rechtswidrige bzw. fachlich unqualifizierte Behördenentscheidungen, durch unzureichende Verwaltungs- oder Rechtsvorschriften in Situationen gebracht werden, denen sie nicht gewachsen sind.

Nicht selten geraten SozA/SozP dann in ein Spannungsfeld unterschiedlicher Erwartungen und dadurch in Konfliktsituationen:

Mandat des Arbeitgebers

- Der Arbeitgeber erwartet vom SozA/SozP die Befolgung seiner allgemeinen und besonderen Weisungen. Er erwartet lückenlose Information über die geleistete Arbeit und damit auch über die Situation und Probleme der Menschen, die Rat und Hilfe vom SozA/SozP erwarten.

Mandat des betroffenen Menschen

- Der Mensch, der wegen falscher Behördenentscheidungen oder unzureichender Verwaltungs-/Rechtsvorschriften in Schwierigkeiten geraten ist, erwartet vom SozA/SozP, dass dieser gegen die Behörde vorgeht und sich für eine soziale, rechtmäßige Lösung einsetzt.

## 5.5 Haftung der SozA/SozP

Beispiele

Bei einem Ausflug auf einen Bauernhof zünden einige Kinder die Scheune an, während die begleitenden Erzieherinnen gerade Kaffee trinken. Der Sachschaden beträgt 160.000 Euro.
Gegen eine Sozialarbeiterin im ASD wird ein Strafverfahren wegen fahrlässiger Tötung eingeleitet, nachdem Eltern in ihrem Bezirk ihr Kind verhungern ließen.

### 5.5.1 Arbeitsrechtliche Haftung

SozA/SozP sind aufgrund des Arbeitsverhältnisses verpflichtet, sorgfältig zu arbeiten, die für ihren Arbeitsbereich geltenden Rechts- und Verwaltungsvorschriften zu beachten und den Arbeitgeber und Dritte vor Schäden zu bewahren.

Rechtmäßige Weisung

Der Mitarbeiter, der einer rechtmäßigen Weisung nicht folgt, verletzt eine Haupt- oder eine Nebenpflicht aus dem Dienstvertrag. Es steht im Ermessen des Arbeitgebers, ob und wie er auf die pflichtwidrige Handlung des Mitarbeiters reagiert.

Rechtswidrige Weisung

Befolgt ein Mitarbeiter eine Weisung nicht, weil er diese für rechtswidrig und unverbindlich hält, geht er das Risiko ein, dass er sich irrt, seine Arbeitspflicht verletzt, eine Abmahnung erhält und das Arbeitsverhältnis gefährdet. Er kann diese Risiken vermeiden, indem er z. B. die Arbeitnehmervertretung um Vermittlung und Klärung bittet. Ergibt sich dadurch keine Klärung, hat er die Möglichkeit, die angewiesene Tätigkeit unter Vorbehalt auszuführen und gleichzeitig das Arbeitsgericht anzurufen mit dem Antrag festzustellen, dass die Weisung des Dienstgebers rechtswidrig ist.

Beispiel

Auf die Klage des Psychologen einer Beratungsstelle stellte das Bundesarbeitsgericht fest, dass der Arbeitgeber nicht berechtigt sei, die vom Psychologen gewählten Telefonnummern zu speichern (BAG, 13.1.1987 – 1 AZR 267/85).

Verstoßen Mitarbeiter gegen arbeitsvertragliche Pflichten, stehen dem Arbeitgeber insbesondere folgende Reaktionsmöglichkeiten zu:

Gespräch

- Das Gespräch mit dem Mitarbeiter kann das Ziel haben, zu klären, ob eine Pflicht verletzt ist und wie der Konflikt gelöst werden kann, z. B. durch Einschalten eines Datenschutzbeauftragten als sachkundigen Dritten.

Verweis

- Der Verweis soll dem Mitarbeiter deutlich machen, dass der Arbeitgeber die Pflichtverletzung des Mitarbeiters missbilligt.

Abmahnung

- Durch die Abmahnung beanstandet der Arbeitgeber das pflichtwidrige Verhalten des Mitarbeiters und droht für den Wiederholungsfall die Änderung bzw. die Beendigung des Arbeitsverhältnisses an.

Ordentliche oder außerordentliche Kündigung

- Die Kündigung kommt nur als letzte Möglichkeit in Betracht. Die verhaltensbedingte Kündigung setzt in der Regel eine Abmahnung voraus.

### 5.5.2 Vermögensrechtliche Haftung

Ist dem Arbeitgeber durch eine schuldhafte Dienstpflichtverletzung ein Schaden entstanden, so müssen SozA/SozP **im öffentlichen Dienst** bzw. bei der **Caritas** den Schaden nur ersetzen, wenn sie grob fahrlässig oder vorsätzlich gehandelt haben (§ 3 Abs. 6 TVöD; § 5 Abs. 5 AVR-Caritas). SozA/SozP **anderer Träger** haften nach den Grundsätzen der Arbeitnehmerhaftung (BAG, 27.9.1994 – GS 1/89).

Grobe Fahrlässigkeit ist z. B. bei einem besonders rücksichtslosen, leichtsinnigen oder verantwortungslosen Verhalten gegeben. Auch bei grober Fahrlässigkeit ist der Arbeitnehmer aber nicht stets zum Ersatz des gesamten Schadens verpflichtet: Die Haftung ist auf den zumutbaren Betrag beschränkt, wenn z. B. die dem Arbeitnehmer übertragene Verantwortung in keinem Verhältnis zu dem ihm gewährten Gehalt steht und der zu ersetzende Schaden die Existenz des Arbeitnehmers gefährdet. Je nach den Umständen wird ein Betrag von z. B. drei oder zwölf Bruttomonatsgehältern zugemutet (BAG, 28.10.2010 – 8 AZR 418). Das für SozA/SozP bestehende finanzielle Haftungsrisiko ist überschaubar. Sie haften allerdings in unbeschränkter Höhe, wenn der Schaden bei einer Handlung eintritt, die nicht den dienstlichen Aufgaben zuzurechnen ist (BAG, 18.4.2002 – 8 AZR 348/01).

Beispiel

Bei unbefugter Nutzung des Internets verursacht ein Mitarbeiter durch Einfangen eines Computervirus Schäden in Höhe von 250.000 Euro.

### 5.5.3 Strafrechtliche Haftung – Garantenstellung

Beispiel

Eine Sozialarbeiterin, in deren Arbeitsfeld ein Kind verhungert ist, wurde vom Amtsgericht wegen fahrlässiger Tötung unter Vorbehalt einer Verurteilung zu einer Geldstrafe von 180 Tagessätzen zu 80,- DM verwarnt. Das Landgericht stellte das Verfahren schließlich wegen fehlenden öffentlichen Interesses ein (dokumentiert in: Mörsberger/Restemeier, S. 19 ff.).

Einige Strafverfahren gegen SozA/SozP haben bundesweit Aufsehen und nachhaltige Unsicherheit unter SozA/SozP ausgelöst, weil in den Urteilen und in der Diskussion über diese Urteile fragwürdige Ansichten zum beruflichen Handeln vertreten wurden. Der neue § 8a SGB VIII hat 2005 für die Jugendhilfe eine neue Rechtslage geschaffen (→ S. 34).

Begehungsdelikte

SozA/SozP können zu Geld- oder Freiheitsstrafe verurteilt werden, wenn sie gegen Strafvorschriften verstoßen, z. B. gegen die Vorschriften über die Schweigepflicht (§ 203 StGB), den Sozialdatenschutz (§ 83 SGB X), über die Förderung sexueller Handlungen Minderjähriger (§ 180 StGB) und über die Bestechlichkeit (§§ 331, 332 StGB). Gegen diese Vorschriften wird in der Regel durch aktives Handeln verstoßen. Die Zahl der Strafverfahren gegen SozA/SozP wegen Verletzung dieser Vorschriften ist sehr niedrig.

Unterlassungsdelikte

Straftaten können nicht nur durch menschliches Handeln, sondern auch durch Unterlassen begangen werden. Es gibt zwei Arten von Unterlassungsdelikten:

Echte Unterlassungsdelikte

- Echte Unterlassungsdelikte sind Straftaten, die durch Unterlassen einer vom Strafrecht geforderten Tätigkeit begangen werden. Es wird nicht vorausgesetzt, dass die Unterlassung einen Schaden verursacht hat.

  Beispiele

  Nichtanzeige geplanter schwerer Straftaten (§ 138 StGB; → S. 243); unterlassene Hilfeleistung (§ 323c StGB).

Unechte Unterlassungsdelikte

- Unechte Unterlassungsdelikte sind Straftaten, bei denen die tatbestandliche Voraussetzung (z. B. Körperverletzung, Tod, Eigentumsverletzung) in der Regel durch aktives Tun eintritt. Bei diesen kann auch derjenige strafbar sein, der es unterlässt, die Rechtsgutsverletzung abzuwenden, obwohl er rechtlich dazu verpflichtet ist (Garant: § 13 StGB).

Beispiel

Eine Sozialarbeiterin erkennt nicht, dass ein Kind extrem untergewichtig ist; sie unterlässt es, die erforderlichen Hilfsmaßnahmen einzuleiten. Stirbt das Kind infolge Unterernährung, kann sie wegen fahrlässiger Tötung verurteilt werden (§ 222 StGB).

Garantenstellung

Eine Garantenstellung kann sich nach der Rechtsprechung der Strafgerichte aus besonderen Schutzpflichten für bestimmte Rechtsgüter oder aus der Verantwortlichkeit für bestimmte Gefahrenquellen ergeben aus (BGH, 3.1.2002 – 4 StR 289/01):

- **besonderen Rechtsvorschriften** gegenüber Ehegatten, Verwandten, Verlobten, Betreuten (§§ 1353, 1626, 1631, 1793, 1800 BGB);
- anderen **Lebens- oder Gefahrengemeinschaften**, die Gewähr für gegenseitige Hilfe und Fürsorge in typischen Gefahrenlagen einschließen (eheähnliche Lebensgemeinschaft, Bergsteigergruppe);
- **freiwilliger Übernahme von Schutz- oder Beistandspflichten** (ärztliche Behandlung, Babysitten, Krankenpflege, Aufsicht über Dritte);
- der **Stellung als Amtsträger**, wobei es nach überwiegender Ansicht auf die Art der Dienstpflicht und den übertragenen Aufgabenkreis ankommt (Beamte der Schutzpolizei haben die Pflicht zum Schutz der Rechtsgüter des einzelnen in ihrem Verantwortungsbereich, aber strittig);
- **pflichtwidrigem gefährdendem Vorverhalten** (Heroinverkäufer gegenüber Konsumenten, wenn dieser in Lebensgefahr gerät).

Garantenstellung von SozA/SozP

Der Inhalt der Schutzpflichten, die aus der Garantenstellung abzuleiten sind, ergibt sich aus dem Rechtsverhältnis, das zwischen dem Garanten und dem Verletzten besteht.

Schutzpflichten des Jugendamts

Schutzpflichten der SozA/SozP im Jugendamt gegenüber Kindern und Jugendlichen beruhen auf dem Jugendhilferechtsverhältnis. Dieses entsteht, wenn gewichtige Anhaltspunkte für die Gefährdung des Wohls eines Kindes oder Jugendlichen bekannt werden (§ 8a Abs. 1 SGB VIII).

des freien Trägers

Schutzpflichten freier Träger beruhen auf dem Vertrag des freien Trägers mit den Personensorgeberechtigten.
SozA/SozP erfüllen ihre Garantenpflichten, wenn sie unter Beachtung der Verfahrensregelungen in § 8a Abs. 1 SGB VIII (Gefährdungsbeur-

teilung durch mehrere Fachkräfte, evtl. Einbeziehung der Personensorgeberechtigten und des Kindes oder Jugendlichen) im Einzelfall eine Entscheidung für oder gegen die Anrufung des Gerichts herbeiführen.
Sie verletzen ihre Garantenpflichten, wenn sie z. B. die Situation eines gefährdeten Kindes nicht vollständig aufklären, eine Auszehrung übersehen oder wenn sie trotz gewichtiger Anhaltspunkte für die Gefährdung eines Kindes eine Gefährdungseinschätzung nicht veranlassen.

Beurteilungsspielraum des Jugendamts

Die Entscheidung darüber, ob »gewichtige Anhaltspunkte für eine Gefährdung« vorliegen und ob der Versuch einer anderen Hilfe zur Abwendung der Gefahr verantwortet werden kann, trifft das Jugendamt. Es hat insoweit einen »weiten« Beurteilungsspielraum, der nicht vom Gericht ausgefüllt werden darf (EGMR, NJW 2001, 2315; Kunkel in: LPK-SGB VIII, 2014, § 8a Rn. 40 und 91 m. w. N.). Er ist fachlich sozialwissenschaftlich/sozialarbeiterisch auszufüllen; denn das SGB VIII ist nach dem Willen des Gesetzgebers von Fachkräften durchzuführen (§ 72 und § 8a Abs. 1 SGB VIII).
Staatsanwälte und Richter sind keine Fachkräfte im Sinne des § 72 SGB VIII, weil sie nicht über pädagogische und psychosoziale Fachkenntnisse verfügen. Daraus folgt, dass die Gerichte nicht zu einer vollständigen Überprüfung der Entscheidung des Jugendamts in der Lage sind. Jedoch sind sie verpflichtet zu überprüfen, ob das Jugendamt/die Fachkraft beispielsweise Anhaltspunkte für eine Kindesgefährdung übersehen hat bzw. falsch eingeschätzt hat (zum zulässigen Umfang der Überprüfung → S. 133). Kommt es in der Folge zu einem Verfahren nach § 1666 BGB, in dem das Familiengericht eine Entscheidung über die elterliche Sorge wegen eventueller Kindeswohlgefährdung zu treffen hat, hat das Gericht eine eigenständige Amtsermittlungspflicht, es ist in seiner Entscheidung nicht an die Feststellungen des Jugendamtes gebunden. Ob öffentliche Hilfen erfolgversprechend sind, muss das Familiengericht letztlich in eigener Verantwortung beurteilen. Es muss sein Verfahren so gestalten, dass es selbst möglichst zuverlässig die Grundlage einer am Kindeswohl orientierten Entscheidung erkennen kann. Die hierbei maßgebliche Frage, ob der Gefahr für die Kinder nicht auf andere Weise als durch Trennung von den Eltern, auch nicht durch öffentliche Hilfen, begegnet werden kann (§ 1666a Abs. 1 Satz 1 BGB), betrifft eine verfassungsrechtlich zentrale Tatbestandsvoraussetzung und muss darum vom Familiengericht von Amts wegen aufgeklärt werden (vgl. BVerfG, 24.3.2014 – 1 BvR 160/14).

Anrufung des Gerichts

Das Jugendamt hat das Familiengericht nach § 8a Abs. 2 SGB VIII anzurufen bzw. zu informieren, wenn dies zur Abwendung einer Gefährdung des Kindes erforderlich ist. Die Mitarbeiter/-innen des Jugendamts sind aufgrund ihres Arbeitsverhältnisses verpflichtet, diese gesetzliche Verpflichtung zu beachten.
Freie Träger haben, soweit keine akute Gefährdung vorliegt, zunächst das Jugendamt zu informieren.

Die Mitarbeiter/-innen sind demnach Garanten des Kindeswohls. Sie sind aber weder berechtigt noch verpflichtet, in jedem Falle einer Gefährdung des Kindes die Anrufung des Gericht zu veranlassen, um Eingriffe in das Elternrecht zu ermöglichen; denn Jugendhilfemaßnahmen haben auch bei Gefährdung des Kindes Vorrang vor gerichtlichen Eingriffen in die Personensorge (§ 8a Abs. 1 Satz 3 SGB VIII). Die Anrufung des Gerichts mit dem Ziel eines Eingriffs in das Elternrecht ist somit nur zulässig, wenn sie als erforderlich und geeignet erscheint, die Gefährdung des Kindes abzuwehren.

Erforderlichkeit der Anrufung

Erforderlich ist die Anrufung, wenn andere Versuche bereits fehlgeschlagen sind oder erkennbar ist, dass jeder weitere Versuch auf freiwilliger Basis angesichts akuter Gefährdung nach Abwägung aller Aspekte als zu riskant erscheint.

Geeignetheit der Anrufung

Die Anrufung ist geeignet, das Wohl des Kindes zu sichern, wenn zu erwarten ist, dass das Familiengericht die notwendigen Maßnahmen rechtzeitig ergreifen wird. Ausnahmsweise kann es geboten sein, Polizei bzw. Staatsanwaltschaft (parallel) zu informieren (§ 8a Abs. 3 SGB VIII).

Erweiterte Garantenstellung

Aus dem Jugendhilferechtsverhältnis ergibt sich, dass der Träger des Jugendamts (Stadt, Kreis) zum Schutz des Kindes verpflichtet ist. Deshalb ist nicht nur die für den Einzelfall zuständige Fachkraft Garant. Garanten sind auch die Personen, die in der Organisation des Trägers zu verantworten haben, dass fachlich nicht ausreichend Qualifizierte in Multiproblemfamilien eingesetzt werden oder wenn SozA/SozP so mit Aufgaben belastet werden, dass sie diese nicht bewältigen können.

Garanten sind die Mitglieder des Teams/Gremiums, das über das Vorgehen und mögliche Hilfen im Einzelfall entscheidet. Sie verletzen ihre Garantenpflicht beispielsweise, wenn sie aus fiskalischen Erwägungen die sofortige Herausnahme eines Kindes aus der Familie ablehnen, obwohl die Gefährdungsbeurteilung ergab, dass diese zum Schutz des Kindes geboten ist. Legt der Mitarbeiter der wirtschaftlichen Jugendhilfe sein Veto ein, trägt er auch die Verantwortung.

Ferner verletzen Jugendamtsleiter, Kämmerer, Sozialdezernenten, die Mitglieder des Kommunalparlaments, Bürgermeister und Landräte ihre Garantenpflicht, wenn notwendige Fremdunterbringungen unterbleiben bzw. vorzeitig abgebrochen werden mit der Begründung, es seien keine Mittel zur Deckung des Bedarfs vorhanden; denn alle Mitarbeiter des Jugendamts und die politisch Verantwortlichen sind verpflichtet, darauf hinzuwirken, dass das Jugendamt seiner gesetzlichen Gesamtverantwortung gerecht wird (§ 79 SGB VIII).

Garantenstellung freier Träger

Für Mitarbeiter freier Träger gelten diese Grundsätze zwar nicht unmittelbar aufgrund der Regelung in § 8a Abs. 1 SGB VIII. Freie Träger sind aber aufgrund ihrer vertraglichen Vereinbarungen mit den Personensorgeberechtigten über Hilfen zur Erziehung in gleicher Weise zum Schutz des Kindes verpflichtet.

Zudem soll durch die Vereinbarungen der Jugendämter mit freien Trägern gemäß § 8a Abs. 4 SGB VIII sichergestellt werden, dass die freien Träger bei Anhaltspunkten für eine Kindeswohlgefährdung fachlich angemessen vorgehen (Beteiligung mehrerer Fachkräfte, Hinzuziehung einer einschlägig erfahrenen Fachkraft).
Der freie Träger hat aber die strafrechtliche Schweigepflicht seiner SozA/SozP zu beachten (BAG, 13.1.1987 – 1 AZR 267/85). Er darf ihnen keine zusätzlichen Informationspflichten auferlegen: Die persönliche Schweigepflicht der SozA/SozP wird somit durch die Regelung in § 8a SGB VIII nicht eingeschränkt (→ S. 236 ff.).
Garanten sind auch Vorstandsmitglieder und Geschäftsführer der freien Träger, wenn sie Aufgaben übernehmen, obwohl diese von der öffentlichen Hand nur in so geringem Maße finanziert werden, dass eine verantwortbare Qualität nicht erreichbar ist.

Dienstanweisung

Jedes Jugendamt und jeder freie Träger sollte – sofern nicht schon geschehen – durch Dienstanweisung festlegen, wie bei Fällen, in denen das Kindeswohl gefährdet ist, gemäß § 8a SGB VIII zu verfahren ist.

Dokumentation

SozA/SozP sollten zu ihrer eigenen Sicherung stets darauf bestehen, dass die Gefährdungsbeurteilungen, die sie erstellen, schriftlich dokumentiert werden.
Zu § 8a SGB VIII finden sich zahlreiche Informationen im Internet, beispielsweise unter www.kindesschutz.de.

## Anhang: Sozialarbeitsrelevante Straftatbestände

Aus dem Strafgesetzbuch

**Falsche uneidliche Aussage und Meineid**
§ 153 Falsche uneidliche Aussage
§ 154 Meineid

**Sexueller Missbrauch**
§ 174a Sexueller Missbrauch Kranker und Hilfsbedürftiger in Einrichtungen
§ 174c Sexueller Missbrauch unter Ausnutzung eines Beratungs-, Behandlungs- oder Betreuungsverhältnisses

**Verletzung des persönlichen Lebens und Geheimbereichs**
§ 201 Verletzung der Vertraulichkeit des Wortes
§ 202 Verletzung des Briefgeheimnisses
§ 203 Verletzung von Privatgeheimnissen
§ 202a Ausspähen von Daten
§ 303a Datenveränderung

**Straftaten gegen das Leben**
§ 222 Fahrlässige Tötung (durch Unterlassen)

**Körperverletzung**
§§ 223–230 Körperverletzung, Misshandlung von Schutzbefohlenen, Körperverletzung mit Todesfolge

**Begünstigung und Hehlerei**
§§ 257–258 Begünstigung, Straf-, Strafvollstreckungsvereitelung, Hehlerei

Aus dem Sozialgesetzbuch

**SGB VIII §§ 104 – 105 Bußgeld- und Strafvorschriften**
Ordnungswidrig bzw. strafbar ist es, ohne die erforderliche Erlaubnis ein Kind oder einen Jugendlichen zu betreuen oder ihm Unterkunft zu gewähren.

**SGB X § 85 Bußgeldvorschriften**
Strafbar ist die unbefugte Speicherung, Veränderung oder Übermittlung von Sozialdaten (auch aus Akten) sowie das unbefugte Abrufen oder sonstige Beschaffen von Sozialdaten aus Dateien.

# B Gesetzgebung und Verwaltung



## 1 Einleitung

Beispiel

Das BVerfG erklärt es für verfassungswidrig, dass der Gesetzgeber im SGB II keinen zusätzlichen Leistungsanspruch für einen durch die Regelsätze nicht zu deckenden unabweisbaren, laufenden, nicht nur einmaligen, besonderen Bedarf eingeräumt hat. Es verpflichtet die Leistungsträger zur sofortigen Gewährung und den Gesetzgeber zur Schaffung einer gesetzlichen Anspruchsgrundlage (BVerfG, 9.2. 2010 – 1 BvL 1/09; siehe jetzt § 21 Abs. 6 SGB II).

Steter Wandel

Bund und Länder arbeiten unter dem Leitbild des aktivierenden Staates an einer umfassenden Reform der Staatsorganisation mit den Schwerpunkten: Modernes Verwaltungsmanagement, Bürokratieabbau und E-Government (z. B. E-Governement-Gesetz, BGBl I 2013, 2749). Ziel der Reform ist die Verbesserung der Effektivität, auch durch eine entsprechende Personalentwicklung, und eine Dienstleistungsorientierung.

Deshalb sollten SozA/SozP in möglichst großem Umfang die Reformprozesse mitgestalten.

Verantwortung für SozA/SozP

SozA/SozP sind aus ihrem beruflichen Selbstverständnis, aber auch als Angehörige eines Staats, der auf Mündigkeit und Teilnahme seiner Bürger an der politischen Willensbildung baut, stets zu einer Prüfung verpflichtet, ob Rechtsvorschriften, Maßnahmen von Behörden oder Gerichtsentscheidungen mit den Zielen des Grundgesetzes vereinbar sind, das den Menschen u.a. ein menschenwürdiges Leben in einem sozialen Rechtsstaat ermöglichen will.

Mitwirkung ...

Führt z.B. eine Regelung zu Eingriffen in Rechtspositionen oder erscheint eine gerichtliche Entscheidung als unannehmbar, kann durch Petition, Resolution, Demonstration, durch Information der Presse, durch Mitwirkung in Fach- und Berufsverbänden, in Gewerkschaften, in politischen Parteien, durch Bürgerbegehren und Bürgerentscheid oder durch Rechtsbehelfe, Klageerhebung und Einlegung von Rechtsmitteln gegen ungünstige Gerichtsentscheidungen versucht werden, eine Änderung für die Betroffenen herbeizuführen.

setzt Kenntnis voraus

Damit die Kritik an Gesetzen, die Beschwerden gegen Maßnahmen von Behörden und andere Meinungsäußerungen die zuständigen staatlichen Stellen erreichen, ist ein Grundwissen über die Verteilung der Zuständigkeiten und der Stellung der verschiedenen staatlichen Träger in der Staatsorganisation erforderlich.

Gewaltenteilung

In der Bundesrepublik sind der Bund und die Länder Träger der Staatsgewalt (Gesetzgebung, vollziehende Gewalt und Rechtsprechung). Die Verteilung der Zuständigkeiten regelt das Grundgesetz (Artikel 70 ff.). Staatsrechtlich gehören die Gemeinden zu den Ländern, denn der föderative Aufbau der Bundesrepublik kennt nur zwei staatliche Ebenen: den Bund und die Länder.

## 2 Die Gesetzgebung

Die Gesetzgebungszuständigkeit liegt überwiegend beim Bund (Art. 70 ff. GG). Die Länder haben durch die Föderalismusreform I (BGBl I 2006, 2034) neue Regelungskompetenzen, z.B. im Versammlungsrecht erhalten (Art. 125a GG). Die Föderalismusreform II hat u.a. die Schuldenbremse für Bund und Länder eingeführt (BGBl I 2009, 2248).

### 2.1 Die Zuständigkeit des Bundes

Ausschließliche Gesetzgebung des Bundes

Der Bund hat in einigen Bereichen das Recht zur ausschließlichen Gesetzgebung, z.B. für das Staatsangehörigkeits- und Auslieferungsrecht (Art. 73 Nr. 2 und 3 GG).

Konkurrierende Gesetzgebung zwischen Bund und Ländern

Das Ausländerrecht, das Recht der öffentlichen Fürsorge und das Arbeitsrecht gehören zum Bereich der konkurrierenden Gesetzgebung. In diesem Bereich haben die Länder die Befugnis zur Gesetzgebung, solange und soweit der Bund von seinem Gesetzgebungsrecht keinen Gebrauch gemacht hat (Art. 72 und 74 GG).

Der Bund kann aber Gesetze u. a. zum Ausländerrecht und zum Recht der öffentlichen Fürsorge nur erlassen, wenn und soweit die Herstellung gleichwertiger Lebensverhältnisse oder die Wahrung der Rechts- und Wirtschaftseinheit eine bundeseinheitliche Regelung erfordert (Art. 72 Abs. 2 GG).
Bisher hat der Bund sehr viele Gesetze in den genannten Bereichen erlassen, so dass es auch entsprechend wenige Ländergesetze gibt, z. B. Landeserziehungsgeldgesetze, Arbeitnehmerweiterbildungsgesetze, Sonderurlaubsgesetze für Jugendleiter.

## 2.2 Die Zuständigkeit der Länder

Schwerpunkte der Gesetzgebungszuständigkeit der Länder sind: Schul-, Hochschul-, Bildungs- und Weiterbildungsrecht, Polizei- und Ordnungsrecht, Versammlungsrecht, Recht der Unterbringung psychisch Kranker, Heimrecht, Strafvollzugsrecht und das Recht der Organisation der Landesverwaltung mit Einschluss des Kommunalrechts (Art. 70 GG).

Sozialleistungsbereich

Im Sozialleistungsbereich haben die Länder wegen des Vorrangs des Bundesgesetzgebers nur die Möglichkeit zur Ausfüllung von Lücken bzw. zu ergänzenden Regelungen (Landesblindengesetze und Landespflegegeldgesetze, Landesausbildungsförderungsgesetze).
Soweit die Länder Bundesgesetze auszuführen haben, regeln sie durch Ausführungsgesetze, welche Landesbehörden die Gesetze auszuführen haben (Art. 84 Abs. 1 GG).

## 2.3 Die Zuständigkeit der Europäischen Union

Die Mitgliedsstaaten der Europäischen Union, zu denen die Bundesrepublik Deutschland gehört, haben in begrenztem Umfang Hoheitsrechte auf die Organe der Europäischen Union übertragen (Art. 23 GG). Diese Organe können Rechtsvorschriften erlassen, die nur für die Mitgliedstaaten gelten und von diesen in nationales Recht umgesetzt werden müssen, und solche, die unmittelbare Wirkung für die in den Mitgliedstaaten lebenden Menschen und Organisationen haben.

Beispiel

Die Richtlinie EWG Nr. 93/104 zur Arbeitszeit zwingt den deutschen Gesetzgeber und die Tarifvertragsparteien, jede dienstlich verlangte Anwesenheit am Arbeitsplatz als Arbeitszeit zu bewerten (EuGH, 4.7.2006 – C – 212/04; BVerwG, 26.7.2012 – 2 C 70.11 zu Ausgleichsansprüchen für Zuvielarbeit bei Feuerwehrbeamten).

## 2.4 Übersicht über praxisbedeutsame Vorschriften des öffentlichen Rechts

**Recht der Europäischen Union**

Vertrag über die Europäische Union;
Vertrag über die Arbeitsweise der Europäischen Union

**Europäische Konvention zum Schutz der Menschenrechte und Grundfreiheiten**

**Staats- und Verfassungsrecht**

Grundgesetz und Landesverfassungen
Einigungsvertrag

**Organisationsrecht**

Landesverwaltungs- und Organisationsgesetze
Kommunalrecht (Gemeindeordnungen, Kreisordnungen)

**Allgemeines Verwaltungsrecht**

Bundes- und Landesverwaltungsverfahrensgesetze
Bundes- und Landesdatenschutzgesetze
Bundes- und Landesverwaltungszustellungsgesetze
Bundes- und Landesverwaltungsvollstreckungsgesetze

**Sozialleistungsrecht**

Sozialgesetzbuch: Grundsicherung, Arbeitsförderung, Sozialversicherung, Versorgung bei Gesundheitsschäden, Kindergeld, Wohngeld, Kinder- und Jugendhilfe, Sozialhilfe, Ausbildungsförderung, Eingliederung behinderter Menschen, Pflegeversicherung.
Sonstiges Sozialrecht: Elterngeld, Opferentschädigung, Lastenausgleichsrecht, Blindengeld-, Ausbildungsförderungsgesetze (L)*

**Gesundheitsrecht**

Recht der Gesundheitsverwaltung (L), Infektionsschutzgesetz,
Recht der Unterbringung psychisch Kranker (L)

* L = Länder

| |
|---|
| **Wohnungsrecht**<br><br>Wohnraumförderungsgesetz, Wohnungsbindungsgesetz |
| **Bildungsrecht**<br><br>Schulpflichtgesetze (L)*, Schulverwaltungsgesetze (L), Gesetze über Hochschulzulassung und Hochschulabschlüsse, Hochschulgesetze (L), Jugendbildungsgesetze (L), Weiterbildungsgesetze (L) |
| **Polizeirecht**<br><br>Bundespolizeigesetz, Polizeigesetze (L), Ordnungsbehördengesetze (L), Bundesversammlungsgesetz, Versammlungsgesetze (L) |
| **Ausländerrecht**<br><br>Aufenthaltsgesetz, Freizügigkeitsgesetz/EU, Asylverfahrensgesetz, Asylbewerberleistungsgesetz, Assoziierungsabkommen mit der Türkei |
| **Steuerrecht**<br><br>Abgabenordnung, Einkommensteuer-, Körperschaftssteuer-, Gewerbesteuer-, Umsatzsteuergesetz |
| **Gerichtsverfassungs- und Gerichtsverfahrensrecht**<br><br>Verwaltungsgerichtsordnung, Verwaltungsverfahrensgesetz, Sozialgerichtsgesetz, Zivilprozessordnung, Arbeitsgerichtsgesetz, Strafprozessordnung, Gerichtskostengesetz |

* L = Länder

## 3 Die vollziehende Gewalt (Öffentliche Verwaltung)

Aufgabe der vollziehenden Gewalt, d.h. der öffentlichen Verwaltung, ist es, die Gesetze auszuführen. Gesetzgebungs- und Ausführungskompetenz decken sich aber nicht; denn dem Bund ist im Grundgesetz nur die Ausführung weniger Gesetze vorbehalten. Aufgabe

Die meisten Bundesgesetze werden von den Ländern ausgeführt.

**Aufbau und Gliederung der Staatsverwaltung**

| Bundesverwaltung | | Landesverwaltung NRW | |
|---|---|---|---|
| **Unmittelbare Bundesverwaltung** | **Mittelbare Bundesverwaltung** | **Unmittelbare Landesverwaltung** | **Mittelbare Landesverwaltung** |
| **Oberste Bundesbehörden** Bundesministerien | **Körperschaften** Bundesagentur für Arbeit | **Oberste Landesbehörden** Landesministerien | **Körperschaften** Kommunen |
| **Obere Bundesbehörden** Bundesamt für Migration und Flüchtlinge | **Anstalten** Bundesbank Bundesanstalt für Arbeitsschutz | **Obere Landesbehörden** Landesbeauftragter für den Maßregelvollzug | **Anstalten** Sparkassen Gemeindeprüfungsanstalt |
| **Bundesmittelbehörden** Bundesfinanzdirektionen | **Stiftungen** Behindertes Kind Mutter und Kind | **Landesmittelbehörden** Bezirksregierungen Oberfinanzdirektionen | **Stiftungen** Stiftung für Wohlfahrtspflege NRW |
| **Untere Bundesbehörden** Hauptzollämter | | **Untere Landesbehörden** Schulamt Kreispolizeibehörde | |

## 3.1 Die Bundesverwaltung

Bundeseigene Verwaltung

In bundeseigener Verwaltung mit eigenem Verwaltungsunterbau werden wenige Aufgaben erfüllt, u. a. der Auswärtige Dienst, die Bundeswehr (Art. 87-87f GG).

Bundesunmittelbare Körperschaften

Zur Bundesverwaltung gehören als bundesunmittelbare Körperschaften des öffentlichen Rechts auch die Träger der Sozialversicherung, deren Zuständigkeitsbereich sich über das Gebiet eines Landes hinaus erstreckt, z.B. viele Berufsgenossenschaften, Deutsche Rentenversicherung Bund, Ersatzkassen (Art. 87 Abs. 2 GG).

Schließlich sind durch Bundesgesetz gemäß Art. 87 Abs. 3 GG errichtet:

Bundesoberbehörden

- selbständige Bundesoberbehörden, z. B. Bundeskriminalamt, Bundesamt für Verfassungsschutz, Bundesamt für Familie und zivilgesellschaftliche Aufgaben, Bundesprüfstelle für jugendgefährdende Medien;

- bundesunmittelbare Körperschaften, Anstalten und Stiftungen des öffentlichen Rechts, z.B. die Bundesagentur für Arbeit, die das SGB II (teilweise), das SGB III und das Kindergeldgesetz ausführt; die Stiftung Mutter und Kind, die schwangeren Frauen finanzielle Leistungen gewährt.

Weitere juristische Personen

## 3.2 Die Landesverwaltung

Die Länder führen nicht nur die Landesgesetze, sondern grundsätzlich auch alle Bundesgesetze als eigene Angelegenheit aus (Art. 83, 84 GG).

Ausführung von Landes- und Bundesgesetzen

Führen die Länder Bundesgesetze als eigene Angelegenheit aus, regeln sie die Einrichtung der Behörden und das Verwaltungsverfahren in Ausführungsgesetzen. Wenn Bundesgesetze etwas anderes bestimmen, können die Länder davon abweichen, es sei denn, dass ein besonderes Bedürfnis nach bundesstaatlicher Regelung besteht (Art. 84 Abs. 1 GG; Übergangsregelung in Art. 125b GG).

Landeseigenverwaltung

Ein Land kann von §§ 69, 70 SGB VIII abweichen, die u. a. die Einrichtung von Jugendämtern und Jugendhilfeausschüssen vorschreiben.

Beispiel

Die Bundesregierung kann durch allgemeine Weisungen die Ausführung des Gesetzes beeinflussen, durch Einzelweisung nur in besonderen, durch Gesetz geregelten Fällen (Art. 84 Abs. 2 und 5 GG).

Die Bundesregierung kann eine Gemeinde nicht anweisen, ein Jugendzentrum einzurichten.
Schließt ein Kreis eine Erziehungsberatungsstelle, so steht der Bundesregierung nicht das Recht zur Beanstandung zu (§ 79 SGB VIII).

Beispiele

Ist ein Bundesgesetz im Auftrag des Bundes auszuführen, kann der Bund auch die Einrichtung der Behörden durch die Länder anordnen (Art. 85 GG). Zur Bundesauftragsverwaltung gehört z.B. die Ausführung von Geldleistungsgesetzen, deren Ausgaben der Bund mindestens zur Hälfte trägt, insbesondere BAföG, BEEG, OEG, WoGG.

Bundesauftragsverwaltung

Nach §§ 40a–41 BAföG haben die Länder Ämter bzw. Landesämter für Ausbildungsförderung zu errichten. Für Auszubildende, die eine Hochschule besuchen, sind diese Ämter bei den staatlichen Hochschulen oder den Studentenwerken einzurichten.

Beispiel

Eine zusammenfassende Übersicht über die Behörden, die zum Vollzug der Sozialleistungsgesetze verpflichtet sind, enthalten die §§ 18–29 SGB I. Die zuständigen Leistungsträger sind jeweils in Absatz 2 genannt (siehe Übersicht → S. 210).

Ausführung der Sozialleistungsgesetze

Aufsicht des Bundes bei Landeseigenverwaltung

Bei der Ausführung der Bundesgesetze unterliegen die Länder der Aufsicht des Bundes durch die Bundesregierung. Die Bundesaufsicht ist auf die Rechtmäßigkeit beschränkt, wenn die Länder die Gesetze als eigene Angelegenheit ausführen (Art. 84 Abs. 3 GG).

Aufsicht des Bundes bei Bundesauftragsverwaltung

Wird ein Gesetz vom Land im Auftrag des Bundes ausgeführt, erstreckt sich die Aufsicht nicht nur auf die Rechtmäßigkeit, sondern auch auf die Zweckmäßigkeit und kann durch allgemeine und Einzelweisungen ausgeübt werden (Art. 85 Abs. 4 GG). Es ist jeweils im Gesetz festgelegt, ob und in welchem Umfang es im Auftrag des Bundes von den Ländern ausgeführt wird.

Beispiel

Für das BAföG legt § 39 fest, dass es im Auftrag des Bundes von den Ländern auszuführen ist. Ausgenommen sind die Verwaltung und Einziehung der Darlehen, die dem Bundesverwaltungsamt vorbehalten werden.
In der Allgemeinen Verwaltungsvorschrift zum BAföG bestimmt der Bund, wie die Länder das Gesetz anzuwenden haben (www.bafoeg.bmbf.de).

## 3.3 Formen der Staatsverwaltung

Beispiel

Der Arbeitslose A. erhält niedriges Arbeitslosengeld I von der Agentur für Arbeit (mittelbare Bundesverwaltung – §§ 136 ff. SGB III). Da wegen Nichtzahlung der Miete die Räumung seiner Wohnung bevorsteht, beantragt er die Übernahme der Mietrückstände beim Jobcenter der Stadt (mittelbare Landesverwaltung – § 22 Abs. 8 SGB II).
Nachdem sein Antrag abgelehnt worden ist, gerät er so in Verzweiflung, dass er eine Überdosis eines Schlafmittels einnimmt. Von Nachbarn informierte Polizisten (meist unmittelbare Landesverwaltung) bringen den Bewusstlosen in ein Landeskrankenhaus (Einrichtung des Landes). Dort stirbt A. Da der Sohn des A. ebenfalls arbeitslos ist und die Bestattungskosten nicht tragen kann, übernimmt das Sozialamt (§§ 97, 98 SGB XII) die Kosten in Höhe des preisgünstigsten Angebots.

Bund und Länder vollziehen Gesetze entweder durch eigene rechtlich unselbständige Verwaltungseinheiten (unmittelbare Staatsverwaltung) oder durch rechtlich selbständige Verwaltungseinheiten (mittelbare Staatsverwaltung). Die folgende Darstellung beschränkt sich auf die Landesverwaltung, weil diese für die Arbeit der SozA/SozP weitaus größere Bedeutung hat als die Bundesverwaltung.

### 3.3.1 Die unmittelbare Landesverwaltung

Beispiel

Ein Sozialarbeiter, dem mehrere wohnungslose Männer berichteten, sie seien von Polizisten geschlagen und getreten worden, ist von der Kreispolizeibehörde mit seiner Beschwerde abgewiesen worden. Er überlegt, an welche höhere Stelle er sich wenden kann, um zukünftig Übergriffe zu verhindern.

Die unmittelbare Landesverwaltung hat – wie die Bundesverwaltung – einen hierarchischen, meist dreistufigen Aufbau:

Hierarchischer Aufbau in 3 Stufen

Zur obersten Stufe gehören die obersten Landesbehörden (Landesminister, Landesregierung, Ministerpräsident) und die oberen Landesbehörden, d h. die Behörden, die einer obersten Landesbehörde unmittelbar unterstehen und für das gesamte Land zuständig sind.

Oberste und obere Landesbehörden

Landesumweltamt, Landeskriminalamt.

Beispiele

Den obersten Landesbehörden können unselbständige Einrichtungen zugeordnet sein.

Landeszentralen für politische Bildung, Fachhochschulen für öffentliche Verwaltung.

Beispiele

Die Behörden der mittleren Stufe, Bezirksregierungen – vorhanden in Baden Württemberg, Bayern, Hessen, Nordrhein-Westfalen, Sachsen – sind nur für einen Teil des Landes zuständig. Sie entlasten die Landesministerien von ihren Verwaltungsaufgaben, indem sie die Aufgabenbereiche auf der mittleren Stufe bündeln (z.B. Polizei-, Bau-, Schulwesen, Wohlfahrtspflege, Wirtschaft, Verkehr, Kommunalaufsicht).

Landesmittelbehörden

Auf der unteren Stufe besteht keine der Bezirksregierung in der Mittelstufe vergleichbare staatliche Behörde mit umfassender Zuständigkeit.
Staatliche Aufgaben werden in beschränktem Umfang von unteren Landesbehörden mit besonderer fachlicher Zuständigkeit erfüllt, z.B. von Schulämtern, Finanzämtern, Kreispolizeibehörden.

Untere Landesbehörden

Im Übrigen werden im örtlichen Bereich der Landkreise/Kreise die Staatsaufgaben von dem Landratsamt bzw. Landrat wahrgenommen. Dieser ist insoweit Organ der unmittelbaren Landesverwaltung, während er z. B. bei der Durchführung von Kreistagsbeschlüssen Organ der Selbstverwaltungskörperschaft des Kreises ist.

Landkreise

Die Bürgermeister der kreisfreien Städte sind demgegenüber nicht Organ der unmittelbaren Landesverwaltung. Gleichwohl verpflichten zahlreiche Gesetze des Bundes bzw. der Länder die kreisfreien Städte zur Durchführung staatlicher Aufgaben, insbesondere zur Durchführung von Gesetzen, z. B. SGB II, SGB VIII, SGB XII, AufenthG.

Bürgermeister

Im Gesetz zur Ausführung des Kinder- und Jugendhilfegesetzes NRW ist u.a. bestimmt, welche Gemeinden Jugendämter errichten dürfen, welche Aufgaben die Jugendämter und die Landesjugendämter wahrnehmen und unter welchen Voraussetzungen Pflegeerlaubnisse erteilt werden dürfen.

Beispiel

Aufsicht

Innerhalb der unmittelbaren Landesverwaltung unterliegen die jeweils nachgeordneten Behörden und Einrichtungen der Dienst- und Fachaufsicht:

Beispiel

Die Kreispolizeibehörde steht als untere Landesbehörde unter der Dienst- und Fachaufsicht der Bezirksregierung. Diese unterliegt der Dienst- und Fachaufsicht des Innenministeriums.

Dienstaufsicht

Die Dienstaufsicht erstreckt sich auf den Aufbau, die innere Ordnung, die allgemeine Geschäftsführung und die Personalangelegenheiten der Behörde und umfasst ein unbeschränktes Aufsichts- und Weisungsrecht gegenüber den nachgeordneten Stellen, z. B. § 12 Landesorganisationsgesetz NRW.

Fachaufsicht

Die Fachaufsicht erstreckt sich auf die rechtmäßige und zweckmäßige Wahrnehmung der Aufgaben. Die Fachaufsichtsbehörden können sich unterrichten, unbeschränkt Weisungen erteilen und – allerdings nur bei Gefahr im Verzuge oder auf Grund besonderer gesetzlicher Ermächtigung – die Befugnisse der nachgeordneten Behörden selbst ausüben, z. B. § 13 Abs. 3 Landesorganisationsgesetz NRW.
Eine Nachordnung in diesem Sinne besteht aber nicht zwischen der unmittelbaren Landesverwaltung und den Trägern der mittelbaren Staatsverwaltung. Diese unterliegen nur einer eingeschränkten Kontrolle.

### 3.3.2 Die mittelbare Landesverwaltung

Die mittelbare Landesverwaltung wird ausgeübt durch:

- juristische Personen des öffentlichen Rechts in der Rechtsform von Körperschaften, Anstalten und Stiftungen des öffentlichen Rechts;
- juristische Personen des privaten Rechts in der Rechtsform von Aktiengesellschaften, Gesellschaften mit beschränkter Haftung bzw. Genossenschaften.

  Alle diese juristischen Personen erfüllen Aufgaben der öffentlichen Verwaltung. Sie sind aus der allgemeinen Verwaltung ausgegliedert, um eine größere Bürgernähe (Gemeinde), eine fachliche Spezialisierung (Allgemeine Ortskrankenkasse, Fachhochschule) bzw. größere wirtschaftliche Beweglichkeit (AG, GmbH) zu erreichen.

Juristische Personen des öffentlichen Rechts

Juristische Personen des öffentlichen Rechts gibt es in Form von

- Körperschaften,
- Anstalten und
- Stiftungen.

Körperschaften des öffentlichen Rechts

Körperschaften sind mitgliedschaftlich organisierte Verwaltungseinheiten, z. B. die Gemeinden, die Kreise, die gesetzlichen Krankenkassen. Den Mitgliedern steht nach Maßgabe des einschlägigen Gesetzes ein mehr oder weniger weitgehendes Selbstverwaltungsrecht zu, das in der Regel durch Organe ausgeübt wird.

Personalkörperschaften

Personalkörperschaften haben einen sachlich beschränkten Aufgabenbereich, der sich aus dem jeweiligen Gesetz ergibt. Personalkörperschaften erfüllen:

- soziale und politische Aufgaben; z. B. Allgemeine Ortskrankenkassen, Rentenversicherungsträger, Studierendenschaften als rechtsfähige Gliedkörperschaften (§ 53 HG NRW);
- berufsständische Aufgaben, z. B. Rechtsanwalts-, Ärzte-, Industrie- und Handelskammern, Kammern für Psychologische Psychotherapeuten und Kinder- und Jugendlichenpsychotherapeuten;
- wissenschaftliche Aufgaben, z. B. staatliche Hochschulen.

Gebietskörperschaften

Die Gemeinden, Kreise und sonstigen Gemeindeverbände (Kommunen) sind Gebietskörperschaften. Diese sind grundsätzlich für alle Angelegenheiten der örtlichen Gemeinschaft zuständig.
Zur Wahrnehmung von Aufgaben, die über die Leistungskraft der Kommunen hinausgehen, bestehen in NRW die Landschaftsverbände und in Bayern und Rheinland-Pfalz Bezirke, denen die kreisfreien Städte und Kreise angehören.
Sie nehmen z. B. Aufgaben in der Sozial-, Jugend-, Behindertenhilfe wahr.
Die Landschaftsverbände in NRW erfüllen gemäß § 5 Landschaftsverbandsordnung u. a. die Aufgaben des Landesjugendamts, des überörtlichen Trägers der Sozialhilfe, des Landesbetreuungsamts und des Integrationsamts.

Anstalten

Anstalten sind Verwaltungseinheiten mit einem Bestand an sachlichen Mitteln und Personal. Sie haben keine Mitglieder, sondern Benutzer, und müssen deshalb kein durch Wahlen legitimiertes Repräsentativorgan haben. Stattdessen ist oft ein Kuratorium, Beirat aus Vertretern der Verwaltung, Politik, Öffentlichkeit und der Benutzer vorgesehen. Notwendig ist aber ein Vertretungsorgan, z. B. ein Vorstand.

Selbständige Anstalten

Rechtlich selbständige Anstalten sind Stadt-, Kreissparkassen, Rundfunkanstalten.

Unselbständige Anstalten

Die einem rechtlich selbständigen Verwaltungsträger zugeordneten unselbständigen Anstalten haben für die Praxis der SozA/SozP überragende Bedeutung; denn insbesondere im Bereich der Kommunen wird soziale Arbeit überwiegend von Fachkräften in Einrichtungen mit zweckentsprechender Ausstattung geleistet.

Beispiele

Rechtlich nicht selbständige Anstalten sind z. B. städtische Kindertagesstätten, Jugendzentren, Flüchtlingsheime, Schulen, Bürgerhäuser, Theater.

Die rechtlich unselbständigen Anstalten werden als reine Regiebetriebe geführt, d. h. die Verwaltung setzt einen Leiter ein, der in vollem Umfang weisungsgebunden und zur zweckentsprechenden Verwaltung der Anstalt verpflichtet ist.

In vielen Kommunen sind derartige Regiebetriebe (z. B. Kinderheime, Altenheime, Krankenanstalten, Theater) in Eigenbetriebe bzw. Eigengesellschaften mit größerer Selbständigkeit überführt bzw. umgewandelt worden.

Stiftungen

Stiftungen sind Verwaltungseinheiten zur Verwaltung eines bestimmten Vermögens für einen bestimmten Zweck.

Beispiele

Die Stiftung des Landes NRW für Wohlfahrtspflege verwaltet Spielbankerlöse zur Förderung sozialer Einrichtungen und Maßnahmen.
Die Bundesstiftung »Mutter und Kind« gewährt Schwangeren ergänzende Hilfen.

Nur Rechtsaufsicht

Anders als die nachgeordneten Behörden der unmittelbaren Staatsverwaltung, die einer umfassenden Dienst- und Fachaufsicht unterworfen sind, unterliegen die verschiedenen Träger der mittelbaren Staatsverwaltung grundsätzlich nur der Rechtsaufsicht einer staatlichen Aufsichtsbehörde.

Keine Zweckmäßigkeitskontrolle

Die staatliche Aufsichtsbehörde kann nur dann eingreifen, wenn der Träger der mittelbaren Staatsverwaltung Rechtsvorschriften verletzt, nicht aber, wenn er einen gesetzlich vorgesehenen Ermessensspielraum nicht seinem Zweck entsprechend ausfüllt; denn eine Zweckmäßigkeitskontrolle ist unzulässig.

Beispiel

Die Bezirksregierung kann eine Stadt nicht anweisen, den Haushaltsansatz für die Jugendhilfe zu erhöhen. Sie kann aber eingreifen, wenn die Stadt das Jugendamt auflöst.

Juristische Personen des privaten Rechts

Die öffentliche Verwaltung kann staatliche Aufgaben nicht nur durch öffentlich-rechtliches Verwaltungshandeln, sondern auch durch natürliche oder juristische Personen des Privatrechts, die sie selbst errichtet bzw. beherrscht, erfüllen lassen.
Besonders verbreitet sind von der jeweiligen Kommune kapitalmäßig beherrschte:

- Strom-, Gas-, Wasserunternehmen in der Rechtsform einer AG oder GmbH;
- Wohnungsbauunternehmen in der Rechtsform gemeinnütziger Kapitalgesellschaften bzw. Genossenschaften mit Aufgaben im sozialen Wohnungsbau sowie der städtebaulichen Sanierung;
- Verkehrsunternehmen in der Rechtsform einer GmbH oder AG für den öffentlichen Personennahverkehr.

Zur Umstrukturierung der Verwaltung im Rahmen des Neuen Steuerungsmodells sind nicht selten unselbständige Anstalten und Regiebetriebe in juristische Personen des Privatrechts umgewandelt worden.

Beispiele

Stadtkultur GmbH als Träger städtischer Kultureinrichtungen.
Stadtbäder AG als Träger der städtischen Bäder.

Rechtlich problematisch ist die Übertragung von Teilbereichen der Jugendhilfe auf juristische Personen des privaten Rechts, an denen die Kommune maßgeblich beteiligt ist, weil dadurch dem Jugendamt, das nach der gesetzlichen Regelung die Gesamtverantwortung für die Jugendhilfe trägt, zumindest Teilverantwortlichkeiten entzogen werden.

Beispiel

Jugendhilfe GmbH als Träger der städtischen Jugendzentren.

Zur verfassungs- und verwaltungsrechtlichen Problematik der Ausgliederung aus der Behördenorganisation (→ S. 72).

## 4 Erfüllung staatlicher Aufgaben durch Private

Die öffentliche Verwaltung darf Privatpersonen und private Organisationen im Rahmen der gesetzlichen Vorschriften an der Erfüllung staatlicher Aufgaben beteiligen. Dies geschieht in der Jugendhilfe, in der Sozialhilfe und im Gesundheitswesen in erheblichem Umfang.

Beleihung

Privatpersonen, Vereine und Gesellschaften privaten Rechts können, soweit ein Gesetz dies zulässt, von der öffentlichen Verwaltung durch Verwaltungsakt oder kooperationsrechtlichen Vertrag hoheitliche Befugnisse übertragen werden. Die Beliehenen üben die übertragenen Befugnisse selbständig im eigenen Namen aus, unterliegen dabei aber zumindest der Rechtmäßigkeitskontrolle durch die beleihende Behörde gemäß der einschlägigen gesetzlichen Regelung.

Beispiele

Der Versammlungsleiter einer öffentlichen Versammlung in einem geschlossenen Raum hat die hoheitliche Befugnis, Teilnehmer, welche die Versammlung grob stören, von der Versammlung auszuschließen (§ 11 Versammlungsgesetz).
Der staatliche, d.h. vom Wissenschaftsministerium auf Vorschlag der Hochschule bestätigte Prüfungsausschuss einer privaten Hochschule hat die hoheitliche Befugnis, staatlich anerkannte Prüfungen durchzuführen und die staatliche Anerkennung als Sozialarbeiter/Sozialpädagogin auszusprechen (BVerfG, 14.11.1969 – 1 BvL 24/64, NJW 1970, 275).

Rechtsverhältnis zwischen Beliehenem und Verwaltung

Durch die Beleihung wird ein verwaltungsrechtliches Schuldverhältnis zwischen dem Verwaltungsträger und dem Beliehenen begründet (BGH, 15.5.1997 – III ZR 250/95, NJW 1998, 298). Der Beliehene ist hinsichtlich der übertragenen hoheitlichen Befugnisse Teil der öffentlichen Verwaltung und deshalb beispielsweise zu bürgernahem und bürgerfreundlichem Verhalten verpflichtet (OVG Koblenz, 9.8.1989 – 6 A 57/89, NJW 1990, 465).

Rechtsverhältnis zwischen Beliehenem und Bürger

Die Rechtbeziehungen des Beliehenen zu den Bürgern, für die er tätig wird, unterliegen grundsätzlich dem Privatrecht (Verwaltungsprivatrecht → S. 146).

Haftung

Bei schuldhafter Verletzung der durch die Beleihung übertragenen Amtspflicht haftet die beleihende Behörde auf Schadensersatz wegen Amtspflichtverletzung gemäß § 839 BGB/Art. 34 GG. Sie hat Anspruch auf Ersatz der Aufwendungen gegen den Beliehenen, wenn der Schaden infolge vorsätzlicher oder grob fahrlässiger Verletzung des verwaltungsrechtlichen Schuldverhältnisses entstanden ist.

Beispiel

Der als Einsatzstelle anerkannte Träger ist ersatzpflichtig, wenn ein Freiwilliger sich bei einem Sturz von einer ungesicherten Leiter, die ihm vom Träger zur Verfügung gestellt wurde, eine Querschnittslähmung zuzieht (BGH, 15.5.1997 – III ZR 250/95, NJW 1998, 298).

Verwaltungshelfer

Träger öffentlicher Verwaltung können Privatpersonen mit Hilfsfunktionen im Rahmen der Erfüllung von Verwaltungsaufgaben betrauen.

Beispiele

Schülerlotsen (OLG Köln, 19.1.1968 – 2 U 11/67, NJW 1968, 655).
Eltern, die bei einem Ausflug eine Kita-Gruppe begleiten.
Jugendliche, die in einem Städtischen Jugendzentrum den Getränkeausschank übernehmen.

Übernimmt der Verwaltungshelfer öffentlich-rechtliche Aufgaben, ist er Behörde im Sinne des Verwaltungsverfahrensrechts und »Beamter« im Sinne des § 839 BGB.

Haftung

Der öffentliche Träger haftet auf Schadensersatz nur, wenn er bei der Auswahl und der Beaufsichtigung des Verwaltungshelfers seine Sorgfaltspflicht oder wenn der Verwaltungshelfer Amtspflichten gegenüber Dritten verletzt hat und deshalb ein Schaden eintritt (§ 839 BGB/Art. 34 GG). Ist der Verwaltungshelfer ein selbständiger privater Unternehmer, haftet er selbst für jedes Verschulden (BGH, 14.10.2004 – III ZR 169/04, NJW 2005, 286).

Freie Träger

Die Wahrnehmung öffentlicher Aufgaben durch freie Träger der Jugend- und der Sozialhilfe unterliegt besonderen verfassungsrechtlichen und gesetzlichen Vorschriften, die auf → S. 154 dargestellt werden.
Freie Träger sind keine Verwaltungshelfer, wenn sie in Zusammenarbeit mit öffentlichen Trägern Aufgaben der Jugend- oder Sozialhilfe wahrnehmen. Das gilt auch, wenn sie Zuwendungen oder Leistungsentgelte erhalten (BGH, 23.2.2006 – III ZR 164/05, NJW 2006, 1121).

# C Die kommunale Selbstverwaltung



## 1 Bedeutung und Rechtsstellung der Gemeinden

Im Alltag sind es vor allem die Gemeinden, die gegenüber dem Bürger Leistungen erbringen und das menschliche Zusammenleben im Rahmen der Leistungs- und Ordnungsverwaltung sichern. Außerdem sind Gemeinden wichtige Arbeitgeber für SozA/SozP.

Beispiele

Die Gemeinden, Städte und Kreise leisten Kinder- und Jugendhilfe sowie Sozialhilfe.
Sie fördern den Wohnungsbau durch Private.
Sie unterhalten allgemein- und berufsbildende Schulen und Volkshochschulen, Kindergärten, Kinderheime, Jugendzentren, Werkstätten für behinderte Menschen, Krankenhäuser, Altenheime.
Sie bieten ihren Einwohnern Spielplätze, Sportstätten, Grünanlagen, Bibliotheken, Museen, Theater, Friedhöfe.

Viele Sozialarbeiter/Sozialpädagoginnen sind Angestellte oder Beamte einer Gemeinde, einer Stadt oder eines Kreises.
Viele andere werden von freien Trägern der Sozial- und Jugendhilfe aufgrund von Zuwendungen oder Kostenerstattungen der Kommunen beschäftigt.

Garantie der kommunalen Selbstverwaltung

Art. 28 Abs. 2 Satz 1 GG gewährleistet den Gemeinden das Recht, alle Angelegenheiten der örtlichen Gemeinschaft im Rahmen der Gesetze in eigener Verantwortung zu regeln. Die Gewährleistung kommunaler Selbstverwaltung sichert den Gemeinden einen grundsätzlich alle Angelegenheiten der örtlichen Gemeinschaft umfassenden Aufgabenbereich sowie die Befugnis zu eigenverantwortlicher Führung der Geschäfte in diesem Bereich (BVerfG, 19.11.2002 – 2 BvR 329/97).
Die verfassungsrechtliche Garantie des Art. 28 Abs. 2 GG bedeutet:

- die Existenz von Gemeinden und Gemeindeverbänden als eigenständige Verwaltungsebenen;
- die Allzuständigkeit der Gemeinden für Angelegenheiten der örtlichen Gemeinschaft;
- die Eigenverantwortlichkeit bei der Aufgabenerfüllung.

Auf europäischer Ebene wird die kommunale Selbstverwaltung durch Art. 4 Abs. 2 Satz 1 EUV (Achtung der regionalen und lokalen Selbstverwaltung) anerkannt.
Die Rechtsgrundlagen der kommunalen Selbstverwaltung gestalten die Länder durch ihre Kommunalgesetze, z. B. durch Gemeindeordnungen oder Kommunalverfassungen.

Einbettung der Selbstverwaltung in die Staatsverwaltung

Das Grundgesetz gibt den zweistufigen Staatsaufbau in Bund und Ländern vor; die Erfüllung der öffentlichen Aufgaben wird aber auf drei Ebenen verteilt:

- Bund;
- Länder;
- kommunale Selbstverwaltung.

Die Träger der kommunalen Selbstverwaltung sind der Landesebene zuzurechnen.

Bürger oder Einwohner?

Die Rechtsstellung der Menschen, die im Gemeindegebiet leben, hängt davon ab, ob sie Bürger oder Einwohner sind.
Bürger ist, wer zu den Gemeindewahlen wahlberechtigt ist. Wahlberechtigt ist, wer mindestens 16, in einigen Bundesländern mindestens 18 Jahre alt und Deutscher im Sinne des Art. 116 GG oder Unions-

Bürger eines anderen Mitgliedsstaates der EU ist (Art. 20 AEUV, Übersicht in www.wahlrecht.de).
Einwohner ist, wer in der Gemeinde wohnt. Er hat ein Recht auf Benutzung der öffentlichen Einrichtungen der Gemeinde (vgl. z.B. § 8 Abs. 2 GO NRW). Einwohner sind auch Kinder und Jugendliche, die das Wahlalter noch nicht erreicht haben, und Ausländer, die nicht Unions-Bürger sind.

Mitwirkung der Bürger

Auf der Ebene der Kommune war die politische Mitwirkung lange Zeit auf die Wahl der Gemeindevertretung und des Bürgermeisters beschränkt. In den Gemeindeordnungen sind die Möglichkeiten der Mitwirkung erweitert worden. Sie reichen von der Informations- und Diskussionsmöglichkeit in einer Bürger-/Einwohnerversammlung bis zum Einwohnerantrag, Bürgerbegehren und der Aufhebung eines Ratsbeschlusses durch Bürgerentscheid. Für die Voraussetzungen dieser Mitwirkung, die Zahl der erforderlichen Unterschriften, zulässige Inhalte usw. gelten in den Bundesländern unterschiedliche Regelungen (www.buergergesellschaft.de).

Beispiele

Gegen den Beschluss des Rats, die Anteile der Stadt an einer Gesellschaft, die über 42.000 Mietwohnungen verfügt, an einen Interessenten zu verkaufen, wird ein Bürgerbegehren eingeleitet. Nachdem 60.000 Bürger das Begehren unterschrieben haben, hebt der Rat seinen Beschluss auf.
160.000 Unterschriften bringen eine Landesregierung dazu, die Kürzung von Mitteln für die Jugendförderung zu einem erheblichen Teil zurückzunehmen.

Mitwirkung von Kindern und Jugendlichen

Kinder und Jugendliche sind entsprechend ihrem Entwicklungsstand an allen sie betreffenden Entscheidungen der öffentlichen Jugendhilfe zu beteiligen (§ 8 Abs. 1 Satz 1 SGB VIII; UN-Kinderrechtskonvention).

Die Beteiligung kann in verschiedenen Formen erfolgen: Kinderbüros, Kinder- und Jugendparlamente, Jugendgemeinderäte, Kinder- und Jugendforen (www.unicef.de). Bei der Planung bzw. Schließung oder Einschränkung von Einrichtungen sind die betroffenen Jugendlichen zumindest anzuhören.
Wer mindestens 14 Jahre alt ist, kann in NRW beantragen, dass der Rat über eine bestimmte Angelegenheit, für die er gesetzlich zuständig ist, berät und entscheidet (§ 25 GO NRW).

Mitwirkung ausländischer Einwohner

Ausländische Einwohner können in NRW einen Integrationsrat wählen (zwingend in Gemeinden, in denen mindestens 5000 ausländische Einwohner ihre Hauptwohnung haben). Anstelle des Integrationsrats kann durch Beschluss des Rates ein beratender Ausschuss (Integrationsausschuss) gebildet werden. Integrationsrat bzw. Integrationsausschuss können sich mit allen Angelegenheiten der Gemeinden beschäftigen, nicht nur mit ausländerspezifischen Problemen (§ 27 GO NRW).

## 2 Der Kernbereich des Selbstverwaltungsrechts

Allzuständigkeit

Aus der Verfassungsgarantie der Allzuständigkeit für die Angelegenheiten der örtlichen Gemeinschaft im Rahmen der Gesetze (Art. 28 Abs. 2 GG) werden die folgenden öffentlich-rechtlichen Hoheitsrechte abgeleitet. Die Kommunen sind verpflichtet, diese Rechte auszuüben, dürfen also z. B. nicht auf eine Sozialplanung verzichten.

- **Gebiets- und Verwaltungshoheit** = die Befugnis, öffentliche Gewalt auf ihrem Gebiet auszuüben.

Beispiel

Eine Gemeinde – Ordnungsamt – fordert eine Prostituierte auf, den Sperrbezirk zu verlassen.

- **Organisationshoheit** = die eingeschränkte Befugnis zur Organisation der Gemeindeverwaltung (BVerfG, 26. 10. 1994 – 2 BvR 445/91).

Beispiel

Die Gemeinde ersetzt die traditionelle Ämterstruktur der Verwaltung durch eine Fachbereichsstruktur.

- **Personalhoheit** = die Befugnis, Arbeits- und Beamtenverhältnisse zu begründen und zu beenden.

Beispiel

Eine Gemeinde stellt eine Sozialarbeiterin ein.

- **Planungshoheit** = die Befugnis, das Gemeindegebiet zu gestalten und zukünftige Aufgaben zu planen.

Beispiel

Die kommunale Sozialplanung wird als Fachplanung auf ältere Menschen, Jugendliche, behinderte Menschen, Ausländer ausgerichtet.

- **Rechtssetzungshoheit** = die Befugnis, Rechtssätze für den örtlichen Bereich zu erlassen.

Beispiele

In der Hauptsatzung wird der Hauptausschuss ermächtigt, bestimmte Angelegenheiten selbst zu entscheiden. In der Satzung für das Jugendamt wird dem Jugendhilfeausschuss die Verteilung der im Haushaltsplan bereitgestellten Mittel zur Förderung der freien Jugendhilfe übertragen.

- **Finanzhoheit** = die Befugnis zu einer selbständigen Haushaltsführung durch einen Haushaltsplan und zur selbständigen Festsetzung der Höhe bestimmter Steuern und deren Erhebung.

Beispiele

Eine Gemeinde erhöht den Hebesatz für die Gewerbesteuer und die Grundsteuer, um ihre Einnahmesituation zu verbessern.
Im Haushaltsplan werden 100.000 Euro angesetzt, die den Wohlfahrtsverbänden als Zuschuss zu den allgemeinen Verwaltungskosten gewährt werden sollen.

## 3 Die Aufgaben der Gemeinden

Eigene Aufgaben

Die Gemeinden nehmen einerseits Aufgaben wahr, die sie selbst auswählen und bei denen das Selbstbestimmungsrecht sehr weit geht.

Übertragene Aufgaben

Sie müssen aber auch vom Land übertragene Aufgaben durchführen, für die unterschiedlich starke staatliche Vorgaben bestehen.
Der Bund darf Gemeinden keine Aufgaben übertragen (Art. 84 Abs. 1 Satz 7 und Art. 85 Abs. 1 Satz 2 GG). Die Länder können ihre Kommunen durch Landesgesetze verpflichten, Bundes- und Ländergesetze auszuführen. Die Gemeinden sind bei der Durchführung von Bundesgesetzen, die das Land im Auftrag des Bundes ausführt (Art. 85 GG), an die Weisungen der Aufsichtsbehörden gebunden. Das gilt auch für Einzelweisungen (§ 16 LOG NRW).

Finanzierung

Die Unterscheidung der einzelnen Aufgabentypen hat Bedeutung für die Finanzierung, da bei den Aufgaben im übertragenen Wirkungskreis das Land den Gemeinden evtl. auch die Mittel zur Aufgabenerfüllung bereitstellen muss. Für SozA/SozP ist es bedeutsam zu wissen, ob mangels staatlicher Vorgaben auf Gemeindeebene ein bestimmtes Ziel, z. B. durch nachhaltigen Einsatz, erreichbar ist oder ob die Gemeinde an staatliche Vorgaben gebunden ist, auf die sich der SozA/SozP berufen kann.

**Schaubild: Aufgabenwahrnehmung durch Gemeinden**

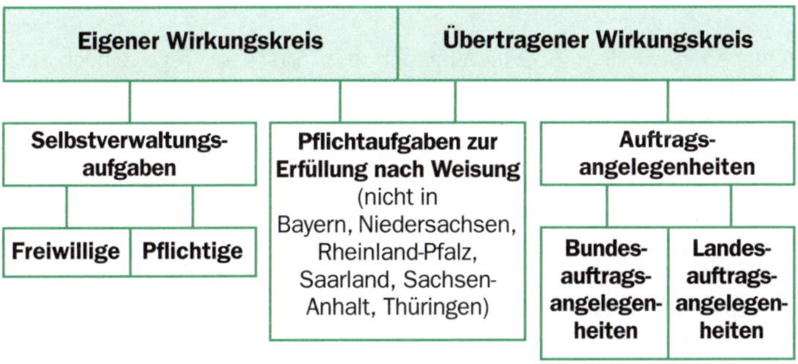


### 3.1 Selbstverwaltungsaufgaben

Freiwillige Aufgaben

Unter Selbstverwaltungsaufgaben versteht man die Aufgaben, zu deren Wahrnehmung die Gemeinde nicht verpflichtet ist und für die deshalb keine inhaltlichen Vorgaben durch staatliche Rechtsvorschriften bestehen. Im Zeichen kommunaler Finanznot wird dieser Bereich verstärkt zu Sparanstrengungen herangezogen, obgleich viele kommunale Einrichtungen für die Einwohner besonders notwendig sind.

Beispiele

Errichtung und Unterhaltung von Badeanstalten und Sportplätzen, Bibliotheken, Museen und Theatern.
Förderung der Vereine, Initiativen und Bürgerhäuser.
Förderung des Wohnungsbaus.
Wirtschaftsförderung.

Staatliche Haushaltskontrolle

Im Rahmen der freiwilligen Selbstverwaltungsaufgaben kann das Land nur eingreifen, wenn die Gemeinde ihre finanziellen Möglichkeiten überschreitet. Dann kann die staatliche Aufsichtsbehörde die Genehmigung des Haushaltsplans versagen.

Lenkung am »Goldenen Zügel«

Das Land kann sich stärkere Einflussnahme auf den Eigenbereich der Gemeinde verschaffen, indem es zweckgebundene Finanzzuweisungen gewährt und diese mit zahlreichen Auflagen versieht.

Beispiele

Zuweisungen an Gemeinden zum Programm »Kein Kind ohne Mahlzeit«, zur präventiven HIV- und AIDS-Beratung, zur Verbraucherberatung.
Sport- und Bildungspauschale (NRW).

Pflichtaufgaben

Pflichtaufgaben der Selbstverwaltung sind Aufgaben, die der Gemeinde durch Gesetz übertragen werden.
Als Träger der Jugendhilfe hat die Gemeinde die Gesamtverantwortung für die Jugendhilfe (§ 69 SGB VIII). Zur Wahrnehmung dieser Verantwortung ist sie gesetzlich verpflichtet. Freiwillige Aufgaben kennt das SGB VIII nicht.

Beispiele

Aufgaben nach dem SGB II, Aufgaben des örtlichen Trägers nach dem SGB XII, des Jugendamtes nach dem SGB VIII, Auskunft über soziale Rechte und Pflichten.

Die Gemeinde kann nicht über das »Ob«, sondern nur über das »Wie« entscheiden, wenn und soweit die gesetzlichen Vorschriften einen derartigen Spielraum vorsehen.

Beispiele

Leistungen nach dem SGB XII sind weitgehend durch staatliches Recht der Höhe nach festgelegt (Regelsätze, Mehrbedarf).
Jugendämter haben nach dem SGB VIII einen Beurteilungsspielraum bei der Entscheidung über Hilfen zur Erziehung (strittig) und einen Ermessensspielraum hinsichtlich der Errichtung von Einrichtungen (→ S. 133).

Finanzierung

Die Gemeinde finanziert die Ausgaben in diesem Bereich grundsätzlich selbst, im sozialen Bereich insbesondere die Ausgaben für Kinder- und Jugendhilfe und Sozialhilfe. Die Ausgaben für die Grundsicherung für ältere und nicht mehr arbeitsfähige Bürger übernimmt der Bund bis zum Jahre 2015.

Das Land kann durch zweckgebundene Finanzzuweisungen bestimmte Vorhaben fördern und dadurch einen Anreiz bieten, gesetzlich vorgesehene Maßnahmen durchzuführen, von denen die Gemeinden aus finanziellen Gründen abgesehen hatten.

Das Land gewährt Zuweisungen zur Förderung der Jugendarbeit, zu Betriebskosten der Tageseinrichtungen für Kinder, zu Hilfen für Wohnungslose.

Beispiel

Die Gemeinde unterliegt bei der Erfüllung der Selbstverwaltungsaufgaben nur der allgemeinen Aufsicht = Rechtsaufsicht durch die staatliche Aufsichtsbehörde. Die Aufsicht über kreisangehörige Gemeinden wird vom Landrat/Landratsamt und über kreisfreie Gemeinden von der Bezirksregierung wahrgenommen.
Die Kommunalaufsicht hat die Gemeinden in ihren Rechten zu schützen, damit Entschlusskraft und Verantwortungsfreude der Gemeinde nicht beeinträchtigt werden. Sie ist keine Vormundschaft über die Gemeinden. Sie hat z.B. sicherzustellen, dass das SGB VIII und das SGB XII korrekt durchgeführt werden, soll aber nur in äußersten Fällen in die Selbstverwaltung eingreifen. Die Zweckmäßigkeit des kommunalen Verwaltungshandelns darf sie nicht überprüfen (BVerfG, 21.6.1988 – 2 BvR 602/83).
In der Praxis hat sich die Kommunalaufsicht weitgehend auf die Einhaltung des Haushaltsrechts beschränkt.
Zulässig wären jedenfalls Maßnahmen der Kommunalaufsicht gegen die zahlreichen Gemeinden, die z.B. keine qualifizierte Jugendhilfeplanung durchführen oder durch Budgetierung der Mittel für die Jugendhilfe die Rechtsansprüche der Berechtigten bzw. der freien Träger gesetzwidrig beschneiden. Zulässig wären auch Maßnahmen gegen eine Auflösung oder Aufsplitterung des Jugendamts sowie gegen eine Einschränkung der gesetzlich festgelegten Befugnisse des Jugendhilfeausschusses.
Es ist aber nicht bekannt geworden, dass die Kommunalaufsicht gegen derartige weitverbreitete gesetzwidrige Maßnahmen eingeschritten ist.

Aufsicht über Kommunen

## 3.2 Auftragsangelegenheiten

Auftragsangelegenheiten sind öffentliche Aufgaben des Staates, die dieser den Gemeinden im Interesse der Verwaltungsvereinfachung durch Gesetz zur Ausführung überträgt. Auftragsangelegenheiten können sowohl auf Bundesrecht als auch auf Landesrecht beruhen.

Für Bundesrecht: Aufgaben nach dem BAföG (§ 39 Abs. 1 BAföG); Aufgaben der Versicherungsämter nach SGB IV; Aufgaben der Standesämter nach dem Personenstandsgesetz.
Auftragsangelegenheiten kraft Landesrecht gibt es beispielsweise in NRW nicht mehr.

Beispiele

Bei der Durchführung von Auftragsangelegenheiten stehen die Gemeinden unter der Fachaufsicht des Staates, d.h. die staatliche Behörde kann durch allgemeine Weisungen (Verwaltungsvorschriften) oder durch Einzelweisung in die Gemeindeverwaltung eingreifen.

Staatliche Fachaufsicht

Allgemeine Verwaltungsvorschrift zum Personenstandsgesetz.

Beispiel

### 3.3 Pflichtaufgaben zur Erfüllung nach Weisung

Pflichtaufgaben zur Erfüllung nach Weisung nehmen eine Mittelstellung zwischen den Selbstverwaltungs- und Auftragsangelegenheiten ein. Es handelt sich dabei um Aufgaben, bei denen das Interesse des Staates an der richtigen und vollständigen Durchführung der Aufgabe wegen ihres gleichzeitig überörtlichen Charakters und wegen der Notwendigkeit überörtlich gleichmäßiger Handhabung so entscheidend ist, dass der Gesetzgeber es für erforderlich hält, die Durchführung nach Art und Umfang durch Weisungen sicherzustellen (z.B. § 2 GO BW, § 3 GO Bbg, § 4 GO Hess, § 3 GO NRW, § 2 GO Sachsen, § 3 GO SH).

Beispiele

Für NRW: Aufgaben nach dem PsychKG; nach dem Ordnungsbehördengesetz; nach dem Gesetz über den Feuerschutz; für ausländische Flüchtlinge nach dem Flüchtlingsaufnahmegesetz; für Asylbewerber nach dem Ausführungsgesetz zum Asylbewerberleistungsgesetz.

Staatliche Sonderaufsicht

Die Gemeinden unterliegen bei der Durchführung der Pflichtaufgaben zur Erfüllung nach Weisung der Sonderaufsicht, die über das allgemeine Aufsichtsrecht (Rechtsaufsicht) hinausgeht, aber nicht die Fachaufsicht (Rechtmäßigkeits- und Zweckmäßigkeitskontrolle) – wie bei Auftragsangelegenheiten – umfasst. Es besteht zwar ein Weisungsrecht der Aufsichtsbehörden, das aber in seinem Umfang jeweils gesetzlich festgelegt ist.

## 4 Die Gemeindeverfassung

Gemeindevertretung

Die wichtigste Form der politischen Beteiligung auf Gemeindeebene bilden die Wahlen zum Gemeinderat bzw. die Wahl des Bürgermeisters. Bis auf Kleinstgemeinden (dort Gemeindeversammlung, Art. 28 Abs. 1 Satz 4 GG) gibt es in allen Gemeinden in der Bundesrepublik Deutschland eine Vertretung (Gemeinderat, Stadtverordnetenversammlung o.ä. genannt), die aus Wahlen hervorgeht (Art. 28 Abs. 1 Satz 2 GG).

Aufgaben des Vertretungsorgans

Der Rat der Gemeinde ist für alle Angelegenheiten der Gemeindeverwaltung zuständig (z.B. § 41 GO NRW) und bestimmt als zentrales Leitungsorgan die Grundlinien der politischen Gestaltung auf der gemeindlichen Ebene.
Die kommunalen Vertretungskörperschaften bilden zu ihrer Entlastung Ausschüsse, die bestimmte Angelegenheiten vorbereiten oder sogar beschließen können.

Beispiele

Haupt-, Finanz-, Sozial-, Rechnungsprüfungsausschuss.
Dem Jugendhilfeausschuss kommt eine Sonderstellung zu, weil seine Zusammensetzung und seine Aufgaben durch § 71 SGB VIII gesetzlich festgelegt sind.

Rechtssetzungsbefugnis

Die Gemeindevertretung ist als demokratisch gewähltes Beschlussgremium auch zum Erlass von Rechtsvorschriften in Form von Satzungen befugt.

Beispiele

Satzung über die Benutzung der Kindertagesstätten, der Übergangsheime, der Sportstätten, der kulturellen Einrichtungen; Hauptsatzung; Satzung für das Jugendamt; Haushaltssatzung; Satzungen über Gewerbe-, Hunde-, Vergnügungssteuer; Bebauungspläne.

Das Gesetz kann dem Vertretungsorgan auch die Befugnis zum Erlass von Rechtsverordnungen eingeräumen.

Beispiel

Der Rat der Gemeinde kann zur Abwehr von Gefahren für die öffentliche Sicherheit und Ordnung ordnungsbehördliche Verordnungen erlassen (§ 27 OBG NRW).

Vollzugsorgan

Die Ausführung wie auch die Vorbereitung der Beschlüsse des Gemeinderats obliegt dem Vollzugsorgan, z. B. dem Bürgermeister. Der Bürgermeister erledigt zudem die Angelegenheiten, die zu den »Geschäften der laufenden Verwaltung« gehören. Darunter versteht man alle Angelegenheiten, die mehr oder weniger regelmäßig vorkommen und außerdem nach Umfang der Verwaltungs- und Finanzkraft der jeweiligen Gemeinde eine sachlich verhältnismäßig geringe Bedeutung haben.

Beispiele

Zur laufenden Verwaltung gehören die Bewilligung von Hilfe zum Lebensunterhalt und die Fremdunterbringung eines Kindes, nicht aber die Planung und Einrichtung von kommunalen Einrichtungen wie Kindertagesstätten, Jugendzentren, Altenheimen, Bewilligung von Bau- und Betriebskostenzuschüssen für Einrichtungen freier Träger.

Gemeindeverfassungstypen

In den 90er-Jahren haben die Länder ihre Kommunalverfassungen reformiert. Wesentlicher Anstoß war die Erkenntnis, die Bürger stärker in die örtlichen Aufgaben einzubinden.
Ein Element direkter örtlicher Demokratie ist die unmittelbare Wahl des Bürgermeisters durch die Bürger.
Die Stellung des Bürgermeisters ist in den einzelnen Gemeindeordnungen unterschiedlich geregelt. In allen Flächenländern ist die Direktwahl des Bürgermeisters vorgesehen. Zum Teil können Bürgermeister vor Ablauf ihrer Amtszeit abgewählt werden (z.B. § 66 GO NRW). In einigen Ländern ist der Bürgermeister zugleich Vorsitzender des Gemeinderats, z.B. in Baden-Württemberg, Bayern, Nordrhein-Westfalen, Rheinland-Pfalz, Saarland, Sachsen.
Besonderheiten bestehen in Gemeinden mit ehrenamtlichen Bürgermeistern und in den Stadtstaaten (Berlin, Freie Hansestadt Bremen, Freie und Hansestadt Hamburg).

Untergliederung der Gemeinde

Im Interesse der Bürgernähe der Verwaltung und der Stärkung der eigenverantwortlichen Teilnahme der Bürgerschaft am kommunalen

Geschehen sehen die deutschen Gemeindeordnungen innerhalb des Gebiets der Gemeinde weitere Untergliederungen vor.
Im Wesentlichen sind es zwei Organisationsmodelle: Einteilung in Stadtbezirke und Ortschaften oder Einteilung in Ortsbezirke. Die Grenzen für solche Untergliederungen sind in der verfassungsrechtlich festgelegten Konstruktion der Einheitsgemeinde zu sehen. Daraus folgt, dass die Übertragung von Zuständigkeiten in den Gemeinden nur zulässig ist, soweit die Legitimationskette zum Gemeindevolk nicht unterbrochen ist (SHVerfG, 26.2.2010 – LVerfG 1/09).

Weitere kommunale Organe und Einrichtungen

Ortsbeiräte mit dem Ortsbürgermeister als Vorsitzendem werden durch die jeweilige Ortschaftsverfassung geregelt (§§ 45 ff. GO Thür). Ihre Aufgabe liegt u.a. in der Beratung der örtlichen Verwaltung in Angelegenheiten der Ortschaft (§ 87 GO LSA).
Eine Sonderstellung nehmen die Beauftragtenstellen für thematisch bestimmte Querschnittsaufgaben ein. Beispiele sind die Gleichstellungsbeauftragte (§ 5 GO NRW) und der Behindertenbeauftragte (§ 74b GO LSA). Ihre Interessenvertretung ist sowohl auf den Gemeinderat wie auf die Verwaltungsspitze ausgerichtet.

## 5 Die Gemeindeverwaltung

### 5.1 Verwaltungs- und Vollzugsorgane

Für die Vorbereitung und Durchführung der Entscheidungen der Gemeindevertretung, für die Erledigung der laufenden Verwaltungsangelegenheiten und für die gesetzliche Vertretung der Gemeinde ist nach den Gemeindeordnungen der meisten Länder der Bürgermeister und in Hessen der Magistrat zuständig.

Leitung

Der Bürgermeister bzw. Magistrat ist Leiter der Verwaltung, zur Leitung und Beaufsichtigung der Verwaltung und zur Regelung der Geschäftsverteilung verpflichtet.

Personalhoheit

Außerdem ist er Dienstvorgesetzter aller Beamten, Angestellten und Arbeiter. Er nimmt die Ernennungen, Beförderungen und Entlassungen vor, soweit der Rat sich nicht bestimmte Befugnisse vorbehalten hat.

Organisationshoheit

Im Übrigen kann die Gemeinde die Organisation der Gemeindeverwaltung weitgehend selbst bestimmen. Ihre Organisationshoheit ist nur durch wenige gesetzliche Vorschriften eingeschränkt, z.B. durch die Regelung in § 70 SGB VIII, die jeden örtlichen Träger der Jugendhilfe verpflichtet, ein zweigliedriges Jugendamt zu errichten.
Die Gemeinden haben zunehmend kommunale Aufgaben auf Eigenbetriebe und Eigengesellschaften zur selbständigen Erledigung übertragen.

## 5.2 Bürokratisch-hierarchisches Modell

Seit den 50er-Jahren entsprach die Organisation der kommunalen Verwaltungen in ihrer Grundstruktur in den alten Bundesländern meist den Empfehlungen der »Kommunalen Gemeinschaftsstelle für Verwaltungsvereinfachung« (KGSt), jetzt »Kommunale Gemeinschaftsstelle für Verwaltungsmanagement«, einer von Kommunen finanzierten Einrichtung mit Sitz in Köln.

KGSt

Die KGSt hatte empfohlen, die Vielzahl der Aufgaben der Kommune zu gliedern, Aufgabengruppen zu bilden, z.B. Jugend, Soziales, Gesundheit, Sport, und diese je nach Größe oder Gewichtung bestimmten Dezernaten, Ämtern oder Abteilungen eines Amtes zuzuordnen.

Fachliche Gliederung

Außerdem wurden Querschnittsämter vorgeschlagen, die im Rahmen ihrer Zuständigkeit an der Erfüllung der Aufgaben der Fachämter zu beteiligen waren. Querschnittsämter waren z.B. die Kämmerei, das Personalamt, das Rechtsamt und das Bauamt.
Dies konnte dazu führen, dass an einem Projekt zahlreiche Ämter zu beteiligen waren.

Querschnittsämter

Stand der Bau eines städtischen Kindergartens an, waren außer dem Jugendamt z.B. das Liegenschaftsamt für die Grundstücksbeschaffung, das Hochbauamt für die Bauplanung und Bauausführung, das Personalamt für die Auswahl und Einstellung der Erzieherinnen, das Rechtsamt in allen Rechtsfragen und die Kämmerei für alle Finanzierungsfragen zuständig.

Beispiel

Zahlreiche Kommunen sind den Empfehlungen der KGSt weitgehend gefolgt. Deshalb entsprach die Verwaltungsgliederung meist diesen Empfehlungen.

Kennzeichen und zugleich Schwächen der bürokratisch-hierarchischen Organisations- und Steuerungsform sind ihre unzureichende Effektivität in Zielerreichung und Wirksamkeit und ungenügende Effizienz, die sich in mangelnder Ausnutzung der Ressourcen und einem zu hohen Aufwand für die Erreichung der Ziele zeigt.

Schwächen

### Schaubild: Bürokratisch-hierarchisches Modell

| Kennzeichen | Schwächen |
|---|---|
| **Zentralisierung der Verantwortung.** Der Rat beschließt den Haushaltsplan mit vielen Detailanweisungen. Die Verwaltungsspitze trägt die Gesamtverantwortung für die Ausführung. | Überlastung und Überforderung der politischen Führung durch Detailentscheidungen für alle Verwaltungsbereiche. |

| Kennzeichen | Schwächen |
|---|---|
| **Strikt hierarchische Organisation mit vielen Hierarchieebenen.** | Lange, zeitaufwändige Dienstwege/ Doppelbearbeitung.<br>Fachfremde Entscheidungen (»organisierte Unverantwortlichkeit«). |
| **Führung der Mitarbeiter durch Weisung und Kontrolle.** | Autoritäre Führung untergräbt das Verantwortungsbewusstsein der Mitarbeiter, führt zur inneren Kündigung und fördert Burnout-Effekte. |
| **Trennung von Fach- und Ressourcenverantwortung.**<br>Aufgaben werden durch Fachämter erfüllt.<br>Für die erforderlichen Ressourcen sind fachfremde Querschnittsämter zuständig (Kämmerei, Personalamt, Rechtsamt, Liegenschaftsamt, Bauamt). | Lange, zeitaufwändige Dienstwege und hoher Kooperationsaufwand.<br>Kosten einzelner Leistungen sind nicht transparent.<br>Querschnittsämter können fachlich notwendige Maßnahmen beeinflussen bzw. verhindern. |
| **Inputorientierung.**<br>Ausgaben werden durch die einschlägigen Gesetze und den Haushaltsplan gesteuert. | Keine Orientierung am Bedarf und den Wünschen der Bürger.<br>Keine Kontrolle der Qualität der Leistungen. |

## 5.3 Das Neue Steuerungsmodell (NSM)

### 5.3.1 Euphorie und Ernüchterung

Beispiel

Bei einem Besuch der niederländischen Stadt Tilburg haben Vertreter der KGSt ca. 45 Jahre nach Inkrafttreten des Grundgesetzes festgestellt, dass Verwaltungen bürgerfreundlich gestaltet werden können.

Verwaltung als Dienstleistungsunternehmen

Das von der KGSt im Jahre 1993 vorgeschlagene Neue Steuerungsmodell (NSM) sollte die Kommunalverwaltung in ein Dienstleistungsunternehmen verwandeln. Wichtigstes Ziel war die Verbesserung der Effizienz der Verwaltung, Bürgerorientierung das zweitwichtigste (KGStInfo 16/2005, S. 9). Versprochen wurde die Quadratur des Kreises, nämlich Qualitätsverbesserung bei gleichzeitiger Kosteneinsparung (KGSt, Das Neue Steuerungsmodell, 1993; www.kgst.de), die insbesondere durch die Übernahme betriebswirtschaftlicher Managementtechniken erreicht werden sollte.
Das NSM übernahm auch Elemente des New Public Management (NPM), das auf wirtschaftsliberalen Vorstellungen beruhte und als wesentliches Ziel die Privatisierung staatlicher Aufgaben verfolgte.

**Schaubild: Neues Steuerungsmodell**

| Ziele | Chancen und Risiken |
|---|---|
| **Output-Orientierung**<br>Die zur Erfüllung der Verwaltungsaufgaben erforderlichen Dienstleistungen (= Produkte) werden genau beschrieben.<br>Dem Produkt sind seine Kosten zuzuordnen.<br>Wirtschaftlichkeit und Wirksamkeit werden durch Qualitätsmanagement, Controlling, Benchmarking gesichert. | Kostentransparenz durch Beschreibung der Produkte und Ermittlung der Produktkosten.<br>Fehlen anerkannter Kriterien für die Prüfung der Wirtschaftlichkeit und Wirksamkeit sozialer Arbeit. |
| **Kundenorientierung**<br>Verwaltung soll von Grund auf einfacher, schneller, effizienter, wirksamer und damit bürgerfreundlicher werden. | Zahlreiche Verwaltungsvorgänge können für den Bürger einfacher gestaltet werden. |
| **Marktorientierung**<br>Entwicklung von Wettbewerbsinstrumenten zur Steigerung des Kostenbewusstseins, der Flexibilität und Qualität der Leistungserbringung (Ausschreibung von Leistungen, Vergabeverfahren). | Verbesserung der Qualität bei gleichzeitiger Kostensenkung.<br>Verwaltung definiert unzureichende fachliche Standards und tendiert zur billigsten Leistung (Lohndumping der freien Träger). |
| **Dezentralisierung der Verantwortung**<br>Die politische Spitze beschränkt sich auf die Festsetzung des Budgets für die Fachbereiche und die Klärung von Grundsatzfragen. | Stärkung der Eigenverantwortung der Verwaltung, der Fachbereiche und Mitarbeiter.<br>Leichtere Beeinflussung des Fachbereichs durch Interessengruppen (Fachbereichsegoismen). |
| **Abbau von Hierarchien**<br>Abbau von Führungsebenen, z. B. der Amtsleiter- oder der Abteilungsleiterebene, dadurch Wegfall von Ämtern und Bildung von Fachbereichen, in denen die Aufgaben mehrerer Ämter zusammengefasst sind. | Verkürzung der Dienstwege.<br>Stärkung der Verantwortung der Sachbearbeiter.<br>Konzentration der Führungskräfte auf Leitungsaufgaben statt Doppelbearbeitung.<br>Wegfall von Aufstiegsmöglichkeiten bei gestiegener Verantwortung.<br>Arbeitsverdichtung, Stress, Mobbing. |
| **Zusammenfassung von Fach- und Ressourcenverantwortung im Fachbereich**<br>Die Querschnittsämter fallen weg. Dem Fachbereich werden Haushaltsmittel zur eigenverantwortlichen Erledigung seiner Aufgaben zugewiesen = Budgetierung. | Selbständige Aufgabenerledigung im Fachbereich.<br>Keine Gefährdung der Fachlichkeit durch Querschnittsämter.<br>Gefahr der Nichterfüllung von Rechtsansprüchen der Betroffenen bei Festsetzung eines unzureichenden Budgets. |

Dezentralisierung der Ressourcenverantwortung

Durch Einführung von Arbeitsgruppen mit Ergebnis- und Ressourcenverantwortung wird Arbeitnehmern die Gesamtverantwortung für Teilaufgaben übertragen. Die Integration der teilautonomen Arbeitsgruppen erfolgt nicht wie in der bürokratischen Kontrollhierarchie durch Dienstaufsicht und Weisung, sondern über vertragliche Zielvereinbarungen, in denen die Zuständigkeiten und die Ressourcen (Budget) sowie die zu erreichenden Ziele und Ergebnisse festgehalten werden (Kontraktmanagement). Die bisher für die Kontrolle zuständige Führungsebene kann entfallen (Abbau von Hierarchien).

Querschnittsämter wie die Kämmerei, das Rechtsamt, das Personalamt werden aufgelöst und ihre Aufgaben den Fachbereichen übertragen, um Verwaltungswege einzusparen und eine bessere Fachlichkeit zu gewährleisten.

Kostentransparenz

Das Produkt war/ist ist ein Kernbegriff im NSM. Gemeint ist damit eine Leistung oder eine Gruppe von Leistungen, die von Stellen innerhalb oder außerhalb der Verwaltung (Leistungsberechtigter, freier Träger) benötigt werden.

Doppik – Neues kommunales Finanzmanagement (NKF)

Die im NSM angestrebte Kostentransparenz führte auch zu einer Reform des Haushaltsrechts.
Anders als die in der Privatwirtschaft übliche doppelte Buchführung umfasst die in einigen Bundesländern bereits praktizierte, in anderen geplante Doppik drei Elemente:

- Ergebnisplan und Ergebnisrechnung: Der Ergebnisplan erfasst alle Aufwendungen und Erträge sowie den gesamten Ressourcenverbrauch (Abschreibungen und Rückstellungen, z.B. für Altersversorgung);
- Finanzplan und Finanzrechnung: Der Finanzplan stellt den Finanzbedarf und die Refinanzierung, z.B. durch Kreditaufnahmen, dar;
- Vermögensrechnung: Auf der Aktivseite werden das Vermögen und auf der Passivseite das Eigenkapital sowie die Schulden ausgewiesen (Bilanz).

Doppik ermöglicht, das Jahresergebnis auf zwei Arten zu ermitteln: durch den Vergleich von Ertrag und Aufwand in der Ergebnisrechnung und durch den Vergleich der Anfangs- und Schlussbestände in der Vermögensrechnung.
Der gesamte Ressourcenverbrauch einer Periode soll regelmäßig durch Erträge derselben Periode gedeckt werden, um intergenerative Gerechtigkeit zu verwirklichen. (www.kgst.de/themenfelder/finanzmanagement/; für NRW: www.neues-kommunales-Finanzmanagement.de).

**Schaubild: Verwaltungsgliederung bei Teilumsetzung des NSM**

| **Bürgermeister** | **Allgemeiner Vertreter Stadtdirektor** | **Stadtmanagement**<br>■ Büro Bürgermeister und Rat<br>■ Rechnungsprüfung<br>■ Recht |
|---|---|---|

**Fachbereich Steuerungs- und Servicedienst**
mit den Abteilungen
- Organisation, Technik, Logistik
- Personal
- Stadtmarketing und Statistik
- Finanzverwaltung
- Kasse
- Steuern und Abgaben

| **Fachbereich Bürgerangelegenheiten, öffentliche Sicherheit und Ordnung** | **Fachbereich Bildung, Freizeit und Kultur** | **Fachbereich Familie und Wohnen** | **Fachbereich Planen, Bauen und Umwelt** |
|---|---|---|---|
| mit den Abteilungen<br>■ Allgemeine Ordnung und Straßenverkehr<br>■ Bürgeramt, Renten<br>■ Personenstandswesen<br>■ Feuerwehr und Rettungsdienst | mit den Abteilungen<br>■ Schulen<br>■ Denkmalschutz<br>■ Volkshochschule<br>■ Kultur, Freizeit, Sport<br><br>und den Einrichtungen<br>■ Musikschule<br>■ Museum | mit den Abteilungen<br>■ Soziales<br>■ Kinder- und Jugendförderung,<br>■ Amtsvormundschaften<br>■ Soziale Dienste<br>■ Wohnen<br><br>und den Einrichtungen<br>■ Abenteuerspielplatz<br>■ Kindertageseinrichtungen | mit den Abteilungen<br>■ Zentrale Bauangelegenheiten<br>■ Planung und Bauordnung<br>■ Liegenschaften und Verkehrsplanung<br>■ Hochbau<br>■ Verkehrsinfrastruktur |

Es gibt keine Dezernate und keine Ämter mehr.
Ämter werden zu Abteilungen und Fachbereichen zugeordnet.
Die Fachbereiche verwalten ihre Finanzbudgets selbst.

Ernüchterung

Nach einer anfänglich verbreiteten Euphorie für NSM (Janssen, ZfJ 1996, 654, 663) ist Ernüchterung und Stagnation eingetreten. Selbst die KGSt hat schon früh erkannt, dass »Etikettenschwindel« betrieben wurde, d. h. Änderungen als »Neues Steuerungsmodell« bezeichnet werden, die nur das Ziel der Leistungskürzung verfolgen (Eichmann, Forum Jugendhilfe, 1996, 41).

Kritik

Eine nach mehr als 10 Jahren auf einer breiten Datenbasis erstellte Zwischenbilanz kommt zu dem Ergebnis, dass der Modernisierungsprozess weitgehend gescheitert ist: Die meisten Kommunen haben nur einige Elemente des Modells übernommen, u. a. weil es wegen

der mit der Modernisierung verbundenen Mehrkosten insgesamt kaum nachhaltige Einsparungen bewirkt, Fachbereichsegoismen fördert und von den meisten Mitarbeitern, die den Modernisierungsprozess als Personalabbau und Abbau von Aufstiegschancen erleben, abgelehnt wird. Soweit Kommunen Elemente übernommen haben, bestehe eine Tendenz zur Re-Hierarchisierung und Re-Zentralisierung (Bogumil u.a., 2007 PVS Sonderheft 37/2006, S. 151-184).
Schwerwiegend ist auch die Kritik, dass der »Rückbau des Staates« die private Erstellung und Erfüllung von Aufgaben »Privatisierung« einseitig begünstigt. Die Reduktion des Bürgers zum schlichten Kunden sei ein undemokratischer Rückschritt. Betriebswirtschaftliche Modelle seien ungeeignet, weil sich staatliches Handeln am Gemeinwohl zu orientieren habe, während in der Privatwirtschaft die Gewinnmaximierung angestrebt würde.
Inzwischen sind ein bedeutsamer Bewusstseinswandel und eine Umorientierung eingetreten.

Beispiel

Die kommunalen Spitzenverbände haben in einer gemeinsamen Publikation die Kommunen aufgefordert, die Verantwortung für eine umfassende Daseinsvorsorge zu behalten bzw. wieder zu übernehmen, weil die Menschen auf umfassende Angebote zur Daseinsvorsorge in den Städten, gerade auch in Zeiten der Krise vertrauen (www.dstgb.de/dstgb/Home/Schwerpunkte/Konzessionsverträge).

Zahlreiche Gemeinden sind dieser Aufforderung durch Neugründungen von Stadtwerken bzw. Vereinbarung eines kommunalen Energieverbundes bereits gefolgt. Seit 2007 sind mehrere Dutzend neue Stadtwerke gegründet worden (Böckler impuls Nr. 9, 22.5.2013, S. 7). Auch auf dem Wohnungsmarkt ist die Privatisierungseuphorie – über eine Million Wohnungen kommunaler Wohnungsunternehmen wurden von 2004 bis 2007 an Finanzinvestoren verkauft – in Ernüchterung umgeschlagen (Heinze, 43 ff.).

### 5.3.2 NSM in der sozialen Arbeit?

Output-Orientierung?

Die Wirkung des Verwaltungshandelns, das auf bestimmte Ziele bezogen ist, soll durch Qualitätsmanagement optimiert werden. Die Ziele werden in Zielvereinbarungen festgehalten. Das unmittelbar zu erzielende Ergebnis ist der »output« (z.B. Schaffung eines Kindergartenplatzes). Er ist zu unterscheiden von den mittel- oder langfristig eintretenden Wirkungen = »outcome« (Nachhaltige Förderung der Entwicklung des Kindes im Kindergarten).

Betriebswirtschaftliche Orientierung?

Die Anforderung, »von der Wirtschaft zu lernen«, hat z.B. in der Jugendhilfe durch Import von Qualitätsmanagement zu einer umfassenderen und intensivierten Managementorientierung in der sozialen Arbeit geführt. In der sozialen Arbeit geht es aber überwiegend nicht um objektiv quantifizierbare Verwaltungsleistungen, sondern um Prozesse in pädagogischen oder anderen personalen Beziehungen. Sie sollen auf die Persönlichkeit wirken, was nur schwer messbar ist.

Aus diesem Grunde werden die Jugendhilfeträger nicht zu der in der Betriebswirtschaft erforderlichen »Qualitätssicherung«, sondern zur »Qualitätsentwicklung« verpflichtet (§ 78a SGB VIII; Merchel, ArchsozArb 2005, 38; zu den qualitativen Herausforderungen in der Jugendhilfe 14. KJHG-Bericht, 30.1.2013, BT-Drs. 17/12200, 387).

Kundenorientierung?

Das Konzept der Kundenorientierung hat Fortschritte insbesondere in Bereichen der Kommunalverwaltung bewirkt, bei denen im Rahmen des geltenden Rechts Verbesserungen für den Bürger möglich waren, z. B. durch Einrichtung von Bürgerämtern als Anlaufstelle, Verkürzung von Bearbeitungszeiten, Formularabruf und Antragstellung per E-Mail. Die Bezeichnung als Kunde mag die Servicebereitschaft der kommunalen Beschäftigten erhöhen. Aber der Adressat z. B. einer Ausweisungsverfügung wird sich nicht als »Kunde« sehen, sondern erwartet zu Recht, dass er nach den gesetzlichen Regeln unter Beachtung der Rechtsprechung behandelt wird.
Für die soziale Arbeit stellte eine Orientierung an den Wünschen und Bedürfnissen des Menschen aber keine Neuerung dar; denn nicht nur nach dem beruflichen Selbstverständnis, sondern aufgrund ausdrücklicher Regelung besteht die gesetzliche Pflicht, Leistungen gemäß der Wahl und den Wünschen der Leistungsberechtigten zu erbringen (§ 33 SGB I; § 5 SGB VIII; § 9 Abs. 2 SGB XII).
Außerdem sind in weiten Bereichen des Sozialleistungsrechts die Leistungen durch Gesetz weitgehend festgelegt, z. B. Regelsätze in der Sozialhilfe, so dass insoweit kein Raum für Kundenorientierung bleibt. Wenn es um Maßnahmen geht, die gegen den Willen der Betroffenen durchgeführt werden, z. B. Verhängung einer Sperrzeit nach § 159 SGB III, ist eine Berücksichtigung entgegenstehender Wünsche ausgeschlossen.

Marktorientierung durch Wettbewerb?

Die Marktorientierung sollte durch Übernahme von betriebswirtschaftlichen Methoden aus der Privatwirtschaft erfolgen. Jedoch ist eine Marktorientierung in den Handlungsfeldern der sozialen Arbeit nur in sehr begrenztem Umfang möglich und zulässig; denn hier stehen sich nicht freie Nachfrager (Kunden) und freie Anbieter gegenüber. So bestimmen z. B. die Träger der öffentlichen Jugendhilfe und nicht die Leistungsberechtigten die Qualitätsstandards der Hilfen zur Erziehung (Zacher, Zur Marktillusion in der Sozialwirtschaft, RsDE 58,1 ff.). Im übrigen ist darauf hinzuweisen, dass der Wettbewerb in der Sozialwirtschaft gerade nicht frei, sondern gesteuert ist. Die Steuerung erfolgt durch den Staat und durch andere politische Akteure (Wallrabenstein, ArchsozArb 2009, 36).

Produktorientierung?

Produkte sollten genau beschrieben und ihre Produktionskosten ermittelt werden.
Die Übertragung des aus der Auto-Industrie übernommenen betriebswirtschaftlichen Produkt-Begriffes auf personenbezogene pädagogische oder psychosoziale Prozesse, bei denen die Zielerreichung und der dafür erforderliche Aufwand nicht nur von Arbeitseinsatz und -qualität der Mitarbeiter, sondern von vielen anderen Faktoren

abhängig ist, insbesondere von der Person, der die Arbeit gilt, ist aus sozialwissenschaftlicher Sicht als »primitives Wirklichkeitsmodell« abgelehnt worden (Strunk, NDV, 1999, 299, Fn 61).

Kostensteuerung durch Controlling und Benchmarking?

Die Steuerung der Kosten erfolgt im NSM durch periodische Überprüfung der Wirtschaftlichkeit, der Zielgenauigkeit und der Qualität der Dienstleistung. Controlling ist allerdings nicht mit der in bürokratisch/autoritären Organisationen durchgeführten Kontrolle der Mitarbeiter im Rahmen der Dienstaufsicht gleichzusetzen.
Kennzahlen sind ein bedeutendes Instrument des Controlling. Sie sollen die wichtigsten Ergebnisse und Inhalte herausfiltern, um den erreichten Stand deutlich zu machen und daraus Konsequenzen abzuleiten.

Beispiel

Aufgrund der Fallzahlen und der Kosten der Hilfen zur Erziehung lässt sich der künftige Bedarf schätzen.

Kennzahlen?

Kennzahlen ermöglichen Kosten- und Leistungsvergleiche mit anderen Verwaltungen, insbesondere solchen, die kostengünstiger und leistungsfähiger sind. Sie haben das Ziel, die Maßnahmen zu erkennen, die am ehesten geeignet sind, das Niveau der Vergleichsverwaltungen zu erreichen oder zu überbieten (Benchmarking).
Kennzahlen, Standards und Ressourcen enthalten wichtige Informationen. Was aber eine Kommune mit den eingesetzten Finanzmitteln erreicht, kann mit den klassischen Produktinformationen und Kennzahlen häufig nicht abschließend beurteilt werden. Deshalb sind wirkungsorientierte Bewertungsverfahren zu entwickeln.

Beispiel

Die kommunale Altenhilfe in einer Stadt bestand darin, dass freien Trägern Pauschalzuschüsse gewährt wurden, für die Verwendungsnachweise zu erbringen waren. Die Verwendungsnachweise wurden geprüft. Ein weitergehendes Controlling gab es nicht.
Im Rahmen des NSM hat die Stadt ein Leitbild der kommunalen Altenhilfe entwickelt und daraus abgeleitet, welche Wirkungen die Zuschüsse haben müssten (Output). Daraus kann ein wirkungsorientiertes Bewertungs- und Finanzierungsverfahren erarbeitet werden (KGSt-Info 16/2005, S. 5; zur Messbarkeit und Wirksamkeit von Familienpolitik, die lange Zeit an einem tradierten Familienbild festhielt, Ott, ArchsozArb 2009, 82).

Fachlich und rechtlich unvertretbar ist die Praxis mancher Jugend- und Sozialämter, Kennzahlen anderer Ämter ohne Berücksichtigung der unterschiedlichen Bevölkerungs- und Sozialstruktur für den eigenen Bereich verbindlich zu machen (kritisch Spindler, ZfF 2001, 145).

Kostensteuerung durch Budgetierung?

Durch Budgetierung von Haushaltsmitteln können Rechtsansprüche der Bürger nicht eingeschränkt oder ausgeschlossen werden. Deshalb waren und sind Weisungen rechtswidrig, die SozA/SozP dazu bringen sollen, unter Hinweis auf das unzureichende Budget die Bewilligung von Leistungen abzulehnen, auf die ein Rechtsanspruch besteht.
Dies gilt auch, wenn ein öffentlicher Träger für ambulante Hilfen zur Erziehung nicht ein produkt-, sondern ein sozialraumorientiertes Bud-

get einführen will, das auf einer systematischen Jugendhilfe- und Sozialplanung und einer differenzierten Bedarfsanalyse basiert (KGSt Bericht 12/1998). Die Sozialraumorientierung ist zwar ein geeigneter fachlicher Ansatz (11. Kinder- und Jugendbericht; NDV, 2008, 377; Wasel, NDV, 2010, 25). Jedoch kann die Umsetzung rechtlich problematisch sein. Rechtlich unzulässig sind:

- Sozialraumbudgets, die so bemessen sind, dass die individuellen Rechtsansprüche auf Hilfen zur Erziehung nicht erfüllt werden können;
- Vereinbarungen öffentlicher Träger mit einem oder mehreren freien Trägern, dass diese beispielsweise 90 % der ambulanten und teilstationären Hilfen in einem Bezirk erbringen sollen, weil dadurch u. a. das Wunsch- und Wahlrecht der Leistungsberechtigten und das Grundrecht der anderen Träger auf Berufsausübungsfreiheit verletzt wird (OVG Niedersachsen, 13.3.2006 – 4 ME 1/06, NVwZ-RR 2006, 618).

## 5.4 Kommunale Beteiligungsunternehmen

Beispiele

»In der kommunalen Immobilien-Aktiengesellschaft ist der Aufsichtsrat ein bunt zusammen gewürfelter Haufen aus Stadträten der verschiedenen Parteien und Arbeitnehmervertretern« (zitiert nach einer Pressemitteilung).

Der Stadtrat beschließt die Gründung einer Stiftung mit einem Kapital von 50 Millionen Euro. Die Stiftung soll u. a. Jugendhilfeprojekte fördern. Über die Vergabe entscheidet der Stiftungsrat. Der Jugendhilfeausschuss ist nicht beteiligt.

Gemeinden können ihre Aufgaben auch durch ausgegliederte Organisationseinheiten, privatrechtlich organisierte Beteiligungsunternehmen oder Privatunternehmen erfüllen. Die Fähigkeit, privatrechtlich tätig zu werden, gehört zum Wesensgehalt der kommunalen Selbstverwaltung (Vogelsang, Rz. 391).

Grenzen

Allerdings sind die Grenzen bei der Privatisierung kommunaler Aufgaben zu beachten. Aus der Garantie der kommunalen Selbstverwaltung folgt, dass eine Gemeinde im Interesse einer wirksamen Wahrnehmung der Angelegenheiten der örtlichen Gemeinschaft nicht ihre gemeinwohlorientierten Handlungsspielräume aufgeben darf. Eine vollständige Übertragung von Aufgaben besonderer sozialer, kultureller und traditioneller Prägung an Dritte ist nur zulässig, wenn die Gemeinde sich Einwirkungsmöglichkeiten vorbehält (BVerwG, 27.5.2009 – 8 C 10.08).

Ursachen

Die neoliberale Staatskritik, das NSM und der Kostendruck, haben zur Entwicklung neuer Finanzierungsmodelle (z. B. PPP = Public Private Partnership; »sale-and-lease-back«, dazu Reinhardt, LKV 2005, 333) und einer Flut von Neugründungen von Beteiligungsunternehmen geführt. Davon ist auch die kommunale Jugend-, Sozial- und Gesundheitsverwaltung erfasst worden.

Außerdem drängt das EU-Recht, das die Wettbewerbsfreiheit auf alle Leistungen ausdehnen will, die gegen Entgelt erbracht werden, zur

Entkommunalisierung bisheriger Leistungsbereiche, gerade auch bei der Daseinsvorsorge. Noch nicht vollständig geklärt ist, ob und inwieweit soziale Dienstleistungen in diese Entwicklungen einbezogen werden. Gegenläufig hat u.a. die Finanzmarktkrise Tendenzen zur Rekommunalisierung ausgelöst (Heinze, 41).

Rechtsform: Eigenbetrieb

Rechtlich unselbständige Eigenbetriebe sind aus der allgemeinen Verwaltung ausgegliederte Sondervermögen unter eigener Leitung. Sie agieren in dem durch das Landeskommunalrecht gesetzten Rahmen weitgehend selbständig. Sie sind Bestandteil der öffentlichen Verwaltung und unterliegen allen öffentlich-rechtlichen Bindungen

Beispiele

Eine Stadt errichtet den Eigenbetrieb »Alten- und Pflegeheime« und den Eigenbetrieb »Kinder- und Wohngruppen«.

Anstalt des öffentlichen Rechts

Als weitere öffentlich-rechtliche Organisationsform kommt zunehmend die rechtsfähige Anstalt des öffentlichen Rechts in Betracht (§ 114a GO NRW; Art. 89 GO Bay). Ziel der Gesetzgebung war es, die Flexibilität privatrechtlicher Organisationsformen wie der der GmbH mit den Steuerungspflichten der Gemeinde zu verbinden. Der Anstalt können öffentlich-rechtliche Handlungsbefugnisse eingeräumt werden (z. B. Satzungsgebung einschließlich Anschluss- und Benutzungszwang, § 114a Abs. 3 GO NRW).

Eigengesellschaft, Eigengenossenschaft

Kommunale Eigengesellschaften, -genossenschaften sind rechtlich selbständige Träger in den Rechtsformen des Privatrechts (Genossenschaft, Gesellschaft mit beschränkter Haftung, Aktiengesellschaft, Stiftung), die von der Gemeinde zur Erfüllung öffentlicher Aufgaben errichtet werden.

Beispiele

Eine Gemeinde gründet eine Beschäftigungsförderungs-GmbH.
Städtische Wohnungsbau-Genossenschaften und Aktiengesellschaften vermieten mit öffentlichen Mitteln finanzierte Wohnungen.
Aufgaben des öffentlichen Personennahverkehrs (ÖPNV) und der Versorgung mit Wasser und Energie werden von städtischen Aktiengesellschaften übernommen.

Zulässigkeit wirtschaftlicher Betätigung

Der Begriff der wirtschaftlichen Betätigung der Gemeinde umfasst Aktivitäten, die auch von Privaten mit der Absicht der Gewinnerzielung betrieben werden können. Zulässig ist die wirtschaftliche Betätigung der Gemeinden nur in Wahrnehmung öffentlicher Aufgaben, z. B. der Daseinsvorsorge (§§ 107, 107a GO NRW).

Beispiele

Wasser-, Elektrizitätswerke, Wohnungsgesellschaft, Verkehrs-AG.

Das Betreiben bestimmter öffentlicher Einrichtungen, die auch von Privaten betrieben werden können, gilt nicht als wirtschaftliche Betätigung, z. B. Krankenhäuser, Bestattungseinrichtungen, Senioren- und Behindertenheime, Kitas, Frauenhäuser. Die Grenzen für eine wirtschaftliche Betätigung der Gemeinde sind in den landesrechtlichen Vorschriften unterschiedlich bestimmt (Mann in: Tettinger u.a., Rz. 291 ff.).

Die Ausgliederung großer Aufgabenbereiche aus der kommunalen Verwaltung ist durchweg ohne die erforderlichen Sicherungen erfolgt, d.h. ohne präzisen Leistungsauftrag, ohne ausreichende kommunale Steuerung, ohne Beteiligungscontrolling, ohne Kontrolle der Vorstände/Geschäftsführer durch kompetente Mandatsträger. Dies führt zu unzureichenden wirtschaftlichen Ergebnissen und beeinträchtigt die Gestaltungsmöglichkeiten der Kommune (http://www.kgst.de/).

Problematik kommunaler Beteiligungsunternehmen

Aus rechtsstaatlich-demokratischer Sicht ist bedenklich, dass der bisher schon kaum zu durchschauende Dschungel an Zuständigkeiten weiter verdichtet wird und dass die Rechtsschutzmöglichkeiten der Bürger teilweise ungeklärt sind.
Zwar ist anerkannt, dass die Kommune sich durch die »Flucht ins Privatrecht« nicht von den öffentlich-rechtlichen Bindungen, z. B. an die Grundrechte und verfassungsrechtliche Grundsätze, lösen kann und deshalb Rechtsansprüche des Einzelnen zu erfüllen hat. Unklar ist oft, in welchen Verfahren der Bürger seine Rechtsansprüche gegenüber kommunalen Beteiligungsgesellschaften privaten Rechts realisieren kann.

Beeinträchtigung des Bürgerrechtsschutzes

Kommunale Beteiligungsunternehmen können selbst darüber entscheiden, welche Arbeitsbedingungen sie ihren Arbeitnehmern einräumen. Treten sie nicht in einen kommunalen Arbeitgeberverband ein oder treten sie aus (Tarifflucht), besteht keine Tarifbindung. In diesem Falle können sie z. B. das tarifliche Lohnniveau des TVöD zum Nachteil der Arbeitnehmer unterschreiten.

Tarifflucht zum Nachteil der Arbeitnehmer

Die »Sozialbetriebe der Stadt K.«, die 1200 Mitarbeiter beschäftigen, treten aus dem Kommunalen Arbeitgeberverband aus, »um sich gegen private Konkurrenz zu behaupten«.

Beispiel

## 5.5 Die Finanzen der Kommunen

### 5.5.1 Die Einnahmen

Die Länder dürfen den Gemeinden und Gemeindeverbänden durch Gesetz oder aufgrund eines Gesetzes neue öffentliche Aufgaben nur dann übertragen, wenn sie dabei Bestimmungen über die Deckung der Kosten treffen. Führen diese Ausgaben zu einer Mehrbelastung der Kommunen, so ist dafür ein entsprechender finanzieller Ausgleich zu schaffen. Dieses Konnexitätsprinzip ist in allen Länderverfassungen verankert (Art. 83 BayVerf; Art. 78 Abs. 3 NRWVerf).
In der Praxis kommen die Länder ihrer Kostentragungspflicht nur sehr ungenügend nach und bringen so die Gemeinden in finanzielle Nöte. Da die staatlichen Zuwendungen oft nur einen kleinen Teil der entsprechenden Verwaltungskosten decken, wird die kommunale »Fremdverwaltung« auch als billigste Form der Staatsverwaltung bezeichnet (Ullrich in: Vogelsang, Rz. 56 f.).

Konnexitätsprinzip

**Einnahmearten**

Die Finanzmittel, die zur Finanzierung der Aufgaben erforderlich sind, erhalten die Kommunen u. a. aus:

| | | | | |
|---|---|---|---|---|
| Steuern | Gebühren, Entgelte, Beiträge | Zuweisungen von Bund und Land | Einnahmen aus Verkauf, Vermietung | Aufnahme von Krediten |

**Steuern**

Der Staat ist verpflichtet, den Gemeinden eine finanzielle Mindestausstattung in dem Umfang zu gewährleisten, dass sie ihre Funktionen erfüllen können (BVerwG, 31.1.2013 – 8 C 1.12; HessStGH, 21.5.2013 – P.St. 2361).

Die Gemeinden haben das Recht, grundsätzlich selbst darüber zu entscheiden, für welche zulässigen Zwecke welche Mittel in welcher Höhe verwendet werden. Das stellt sicher, dass den Kommunen das eigene Wirtschaften mit Einnahmen und Ausgaben nicht aus der Hand genommen wird (BVerfG, 15.11.1993 – 2 BvR 1199/91; einschränkend für finanzschwache Gemeinden: BVerwG, 27.10.2010 – 8 C 43.09).

**Grund-/ Gewerbesteuer**

Das Aufkommen aus der Grund- und der Gewerbesteuer steht den Gemeinden zu (Art. 106 Abs. 6 GG). Sie haben das Recht, die Hebesätze festzusetzen und können dadurch die Höhe ihrer Einnahmen bestimmen.

Die Erhöhung der Grundsteuer bewirkt eine allgemeine Erhöhung der Mieten.

**Verbrauchs-/ Aufwandssteuern**

Die Kommunen haben ferner gemäß Art. 105, 106 GG das Recht, örtliche Verbrauchs- und Aufwandssteuern nach Maßgabe der Landesgesetzgebung zu erheben, z. B. Getränkesteuer, Vergnügungssteuer, Kultur- und Tourismusförderabgabe für Übernachtungen = Bettensteuer, Hundesteuer, Jagd- und Fischereisteuer, Zweitwohnungssteuer.

**Zuweisungen**

Gemeinden erhalten einen Anteil am Gesamtaufkommen der Gemeinschaftssteuern (Einkommens-, Körperschafts-, Umsatzsteuer) als allgemeine Zuweisung (Art. 106 Abs. 7 GG) und zweckgebundene Zuweisungen für bestimmte Vorhaben.

**Gebühren**

Gebühren erheben die Gemeinden für Verwaltungshandlungen, z. B. für Beglaubigung, Einbürgerung, und für die Benutzung öffentlicher Einrichtungen, z. B. Benutzung der Stadtbibliothek.

**Beiträge**

Beiträge sind einmalige Zahlungen, z. B. Erschließungsbeiträge für Grundstücke.

**Entgelte**

Entgelte sind Gegenleistungen des Bürgers für Dienstleistungen, z. B. für die Pflege im Altenheim oder die Kindergartenbetreuung.

**Privatrechtliche Einnahmen**

Aus dem Verkauf, der Vermietung und der Verpachtung von Grundstücken und Gesellschaftsanteilen erzielen die Gemeinden Einnahmen.

Der Stadtrat beschließt den Verkauf der städtischen Wohnungsgesellschaft, Eigentümerin von mehr als 40.000 Wohnungen, um aus dem Verkaufserlös u. a. den Bau eines Museums und eines Fußballstadions zu finanzieren. Beispiel

Gemeinden dürfen Kredite nur aufnehmen zur Finanzierung von Investitionen, Investitionsförderungsmaßnahmen und zur Umschuldung. Aufnahme von Krediten

### 5.5.2 Die Finanznot

Die Ausgaben der Kommunen für soziale Leistungen sind von rd. 26 Milliarden Euro in 1999 auf 47 Milliarden Euro in 2013 gestiegen (www.destatis.de) Beispiel

Die Kommunen befinden sich seit vielen Jahren in einer schwierigen Finanzlage. Sie leiden unter den angespannten Bedingungen ihrer Haushalte und befinden sich z.T. sogar im Rahmen der Haushaltssicherung unter Kommunalaufsicht. Einerseits können die Kommunen ihre Einnahmen nicht beliebig erhöhen. Andererseits werden ihre Ausgaben zu mehr als 80 % durch staatliche Gesetze bestimmt. Bund und Länder sind aufgefordert, für eine finanziell auskömmliche Ausstattung der Kommunen zu sorgen.
Angesichts ihrer Finanznot schränken Kommunen ihre Leistungen ein, unterlassen notwendige Investitionen, verschulden sich weiter und verkaufen ihr Vermögen.

Die Stadt Dresden verkaufte 48.000 Wohnungen an den US-Finanzinvestor Fortress. Mit dem Kauferlös von 1,7 Milliarden Euro baut sie ihre Schulden ab und führt zusätzlich ca. 250 Millionen dem Haushalt zu. Beispiel

Im Bereich der Jugendhilfe wurden Kostensenkungen u.a. durch Kürzung von Zuwendungen, durch Budgetierung der Mittel, durch Abbau von Stellen, durch Arbeitsverdichtung, durch Ausschreibung von Leistungen und Vergabe an den billigsten Anbieter (Lohndumping) zu erreichen versucht. Einschränkungen in der Jugendhilfe
Auch die aus fachlicher Sicht positiv zu bewertende Sozialraumorientierung kann dazu missbraucht werden, die Budgets für Jugendhilfeleistungen zu deckeln und es dem im Sozialraum tätigen freien Träger/Trägerverbund zu überlassen, die Rechtsansprüche der Leistungsberechtigten »abzuwickeln« (OVG Hamburg, 10.11.2004 – 4 Bs 388/04).

»In unserer Stadt wird das Kinder- und Jugendhilfegesetz nicht mehr angewandt« (Vertrauliche Mitteilung eines leitenden Mitarbeiters des Jugendamts an einen der Verfasser dieses Buches). Beispiel

Eine gegenläufige Entwicklung hat die gesetzliche Konkretisierung der Schutzpflicht des Jugendamtes in § 8a SGB VIII ausgelöst: Nicht zuletzt aus Angst vor Skandalen und öffentlicher Kritik sind Kommunen eher bereit, das Personal der Jugendämter für »Frühe Hilfen« und Überwachungsmaßnahmen beim Vorliegen von Anhaltspunkten für eine Kin- Ausnahme: Kindeswohlgefährdung

desgefährdung aufzustocken und frühe Hilfen zur Erziehung einzusetzen. Die Jugendämter in Deutschland führten im Jahr 2013 knapp 116.000 Verfahren zur Einschätzung des Kindeswohls durch. Das waren 8,5 % mehr als bei der im Jahr 2012 erstmals durchgeführten Erhebung über Verfahren nach § 8a Abs.1 SGB VIII (www.destatis.de).

Barrieren auf dem Weg zur Grundsicherung und zur Sozialhilfe

Im Bereich der SGB II-Leistungen und der Sozialhilfe verfolgen Kommunen nach wie vor unterschiedliche Strategien mit dem Ziel, den Leistungsberechtigten den Zugang zu den Leistungen unter Verstoß gegen § 17 Abs. 1 SGB I zu erschweren.
Verbreitet ist die Praxis, sich für unzuständig zu erklären oder einen Antrag zunächst einmal abzulehnen, womit alle Anspruchsberechtigten ausgeschaltet werden, die ihre Rechtsschutzmöglichkeiten nicht kennen bzw. nicht wagen, diese wahrzunehmen. Hinweise auf bestehende Ansprüche werden trotz Beratungspflicht nicht gegeben.

## 6 Die Landkreise/Kreise

In NRW und Schleswig-Holstein lautet die Bezeichnung Kreis, in den übrigen Ländern Landkreis. Landkreise und Kreise sind Gemeindeverbände mit dem Recht der Selbstverwaltung.

Wahrnehmung überörtlicher Aufgaben

Sie erfüllen in dieser Eigenschaft eigene Kommunalaufgaben, d.h. überörtliche Aufgaben, die über die finanzielle und verwaltungstechnische Leistungskraft der einzelnen Gemeinden hinausgehen.

staatlicher Aufgaben

Außerdem nehmen sie als unterste Stufe der staatlichen Verwaltung auch staatliche Verwaltungsaufgaben wahr.

### 6.1 Organe

Die Kreise/Landkreise haben als Organ den:
- Kreistag;
- Kreisausschuss/Kreisrat;
- Landrat.

Kreistag

Der Kreistag ist die unmittelbar vom Volk gewählte Vertretungskörperschaft. Ihm sind Entscheidungen von grundsätzlicher Bedeutung vorbehalten, wie Erlass, Änderung und Aufhebung von Kreissatzungen, die Feststellung des Haushaltsplanes, Entscheidung über die Übernahme neuer Kreisaufgaben und die Vermögensverwaltung. In der Regel ist dem Kreistag ein abschließender Katalog von Aufgaben zugewiesen.

Kreisausschuss/ Kreisrat

Mit Ausnahme von Baden-Württemberg, Sachsen und Schleswig-Holstein gibt es in allen Ländern einen Kreisausschuss. Der Kreisausschuss bereitet die Beschlüsse des Kreistages vor und entscheidet an seiner Stelle, soweit das Gesetz oder der Kreistag dies bestimmen. In

Hessen ist der Kreisausschuss die kollegiale Verwaltungsbehörde des Kreises.

Landrat

Das dem Bürgermeister vergleichbare Organ des Kreises ist der Landrat, der zusammen mit dem Kreistag von den Bürgern der den Kreis bildenden kreisangehörigen Gemeinden gewählt wird.
Der Landrat repräsentiert und vertritt den Kreis und führt den Vorsitz im Kreistag/Kreisausschuss.
Er ist gleichzeitig Leiter der Kreisverwaltung und damit Dienstvorgesetzter aller Mitarbeiter der Kreisverwaltung.
Zusätzlich und getrennt von den Aufgaben der Selbstverwaltung nimmt er die Aufgaben der unteren staatlichen Verwaltungsbehörde in eigener Verantwortung wahr.

## 6.2 Aufgaben

Die gesetzlichen Aufgaben des Kreises werden durch Landesrecht bestimmt (Kreisordnung und ergänzende Vorschriften).
Wie bei den Gemeinden sind Aufgaben im Rahmen der Selbstverwaltung wahrzunehmen. Zusätzlich haben die Kreisbehörden staatliche Aufgaben zu erledigen.

Selbstverwaltungsaufgaben

Die im Rahmen der Selbstverwaltung wahrzunehmenden Aufgaben entsprechen den Aufgaben der Gemeinden.

Freiwillige Aufgaben

Bei den freiwilligen Aufgaben übernimmt der Kreis Aufgaben, die die Verwaltungs- und Finanzkraft der einzelnen kreisangehörigen Gemeinden übersteigen oder die eine größere Fläche als die einer einzelnen kreisangehörigen Gemeinde voraussetzen.

Beispiele

Volkshochschulen, Museen, Alten- und Kinderheime, Krankenhäuser, Abwässer- und Müllbeseitigung, öffentlicher Personennahverkehr, Energie- und Wasserversorgung, Verbesserung der regionalen Wirtschaftsstruktur.

Pflichtige Aufgaben

Dem Kreis sind durch Bundes- oder Landesrecht zur Wahrnehmung in Selbstverwaltung übertragen:
- Aufgaben des örtlichen Trägers der Sozialhilfe;
- Aufgaben des örtlichen Trägers der Jugendhilfe;
- Bau und Unterhaltung der Kreisstraßen;
- Bau und Unterhaltung der berufsbildenden Schulen und der Sonderschulen;
- Abfallentsorgung.

Sonderregelungen Sozialhilfe

Landesrecht kann bestimmen, dass der Kreis kreisangehörige Gemeinden zur Durchführung von Sozialhilfeaufgaben heranziehen und ihnen dabei Weisungen erteilen darf (§ 99 Abs. 1 SGB XII).

Jugendhilfe

Landesrecht kann auch zulassen, dass kreisangehörige Gemeinden eigene Jugendämter errichten und dadurch die Zuständigkeit des Kreisjugendamts für ihren Bereich ausschließen (§ 69 Abs. 2 SGB VIII; kritisch zu Mini-Jugendämtern in NRW: Schindler in: LPK-SGB VIII, § 3 Rn. 6; ebenfalls der 14. KJHG-Bericht, BT-Drs. 17/12200, 390 f.).

Pflichtaufgaben der Selbstverwaltung nach Weisung

Als Pflichtaufgaben zur Erfüllung nach Weisung nimmt der Kreis in NRW wahr:
- Aufgaben des Gesundheitsamtes;
- Aufgaben der Kreisordnungsbehörde;
- Träger des Rettungsdienstes und Träger des Katastrophenschutzes;
- Aufgaben im Zivil- und Feuerschutz;
- Aufgaben der Baugenehmigungsbehörde;
- Aufgaben der unteren Landschaftsbehörde,
- Lebensmittelüberwachung.

Auftragsangelegenheiten

Zu den bundesstaatlichen Auftragsangelegenheiten, die im Rahmen der Selbstverwaltung wahrzunehmen sind, gehören z. B.:
- Aufgaben der Ausländerbehörde;
- Staatsangehörigkeits- und Personenstandsangelegenheiten;
- Mitwirkung bei der Durchführung der Bundestags- und Landtagswahl.

Staatliche Aufgaben des Landrats

Der Landrat bzw. das Landratsamt wird von den Ländern – in unterschiedlicher Weise – auch für die Erledigung staatlicher Aufgaben in Anspruch genommen.
Das Gebiet des Kreises bildet zugleich den Bezirk der unteren staatlichen Verwaltungsbehörde.
Die Behörden des Kreises (Landrat, Landratsamt) haben also eine Doppelfunktion. Sie erledigen:
- im Rahmen der Selbstverwaltung die freiwilligen und die übertragenen Aufgaben;
- in rechtlicher Trennung von der Selbstverwaltung die staatlichen Aufgaben der unteren staatlichen Verwaltungsbehörde, z. B. die Kommunalaufsicht über die kreisangehörigen Gemeinden, die Aufgaben der Kreispolizeibehörde.

Die Doppelfunktion darf nicht zu einer Vermischung der Aufgaben führen. Insbesondere sind die datenschutzrechtlichen Vorschriften zu beachten.

Beispiel

Ist ein Landrat in seiner Eigenschaft als Organ der Selbstverwaltung Dienstvorgesetzter der Mitarbeiter des Kreisjugendamts und gleichzeitig staatlicher Vertreter der Kreispolizeibehörde, darf er die Mitarbeiter des Jugendamts nicht anweisen, ihm die Namen aller drogengefährdeten Jugendlichen zu nennen, wenn er meint, dadurch könne die Arbeit der Polizei gefördert werden; denn die Datenschutzvorschriften des SGB I, SGB VIII und SGB X lassen eine derartige Übermittlung nicht zu.

## 7 Kommunale Verbundverwaltung

Die komplizierten und für eine einzelne Gemeinde oft nicht erfüllbaren Verwaltungsaufgaben haben zur Entwicklung von verschiedenen Formen der Kooperation geführt, die z. T. gesetzlich geregelt sind, z. T. auch frei vereinbart werden können.

Interkommunale Gemeinschaftsarbeit

Nach den Landesgesetzen über kommunale Gemeinschaftsarbeit können Gemeinden, Gemeindeverbände und andere juristische Personen des öffentlichen Rechts zur Wahrnehmung von gemeinsamen Aufgaben:
- Arbeitsgemeinschaften gründen;
- Zweckverbände bilden oder
- öffentlich-rechtliche Vereinbarungen schließen.

Zweckverband

Eine wichtige Form ist der Zweckverband, eine Körperschaft des öffentlichen Rechts, der entweder unmittelbar durch Gesetz oder durch freiwillige Vereinbarung (Freiverband) oder durch aufsichtsbehördliche Anordnung als sog. Pflichtverband errichtet wird (Mann in: Tettinger u.a., Rn. 30).

Beispiele

Schulverbände; Verkehrsverbünde; Landeswohlfahrtsverband Hessen; Kommunaler Sozialverband Sachsen; Kommunalverband für Jugend und Soziales Baden-Württemberg; Planungsverbände nach § 205 BauGB als Frei- oder Pflichtverbände; Stadt-Umland Verbände, z.B. Regionalverband Frankfurt-Main; Datenverarbeitungsverbände (Oebecke, NVwZ 2010, 665).

Die öffentlich-rechtliche Zusammenarbeit der Kommunen kann auch in anderen Formen mit eigener Rechtsfähigkeit erfolgen, die je nach Bundesland unterschiedlich ausgestaltet sind.

Juristische Personen des Privatrechts

Neben diesen Formen des öffentlichen Rechts können Gemeinden auch von den Gestaltungsmöglichkeiten des Privatrechts Gebrauch machen und z. B. die gemeinsame Trägerschaft für ein Krankenhaus in einer Krankenhaus-GmbH übernehmen.

Verwaltungsgemeinschaften

Die Verwaltungsgemeinschaft stellt die stärkste Form der kommunalen Zusammenarbeit dar. In ihr sind mehrere, vorwiegend kleinere, kreisangehörige Gemeinden zusammengefasst, um gemeinsam eine höhere Leistungs- und Verwaltungskraft zu erreichen:
- Gemeindeverband, Zweckgemeinde;
- Amt;
- Samtgemeinde;
- Verbandsgemeinde;
- Verwaltungsgemeinschaft.

Die Verwaltungsgemeinschaft ist von den Landesgesetzgebern unterschiedlich in mehreren Varianten ausgestaltet worden, wobei die Gemeinden in einigen Ländern zwischen mehreren Ausgestaltungsformen wählen können. Den Regelfall bildet die Verwaltungsgemeinschaft mit eigener Rechtspersönlichkeit und eigenständigem Verwaltungsapparat (Kost/Wehling (Hrsg), Kommunalpolitik in den deutschen Ländern, 2010).

## 8 Höhere Kommunalverbände

Trotz der erheblichen Verwaltungskraft der Kreise und der kreisfreien Städte gibt es Verwaltungsaufgaben, die von ihnen je für sich nicht befriedigend bewältigt werden können. In den meisten Ländern werden solche öffentlichen Angelegenheiten direkt vom Land verwaltet. Aber es gibt auch andere, kommunalfreundlichere Möglichkeiten:

Bezirke in Bayern

In Bayern sind für die Erledigung dieser Aufgaben sieben Bezirke zuständig, die die historischen Landesteile erfassen und mit den (Bezirks-)Regierungen verbunden sind (www.bay-bezirke.de).

Landschaftsverbände in NRW

In Nordrhein-Westfalen übernehmen die Landschaftsverbände Westfalen-Lippe und Rheinland zahlreiche Aufgaben (http://www.lwl.org/ und www.lvr.de).

Kommunal- und Regionalverbände in BW

In Baden-Württemberg bestehen der Kommunalverband für Jugend und Soziales (www.kvjs.de) und 11 Regionalverbände, die vor allem für die Regionalplanung zuständig sind.

Bezirksverband Pfalz

Der Bezirksverband Pfalz erfüllt Aufgaben u. a. in den Bereichen Bildung, Kultur, Gesundheit (www.bv-pfalz.de)

### 8.1 Organisation

Organisation und Aufgaben der höheren Gemeindeverbände unterscheiden sich erheblich voneinander.

Bayern und Rheinland-Pfalz

In Bayern und Rheinland-Pfalz sind sie unmittelbare Gebietskörperschaften und Gemeindeverbände, da ihre Mitglieder in der Verbandsvertretung (Bezirkstag) unmittelbar vom Volk gewählt werden.

Nordrhein-Westfalen

In Nordrhein-Westfalen wird die Verbandsvertretung durch die Repräsentativorgane der dem Verband angehörenden Gebietskörperschaften gebildet und heißt Landschaftsversammlung. Sie hat die Entscheidung über alle wichtigen, in den Kompetenzbereich des Verbandes fallenden Angelegenheiten zu treffen und wählt einen Verbandsvorsteher, der hauptberuflich als Wahlbeamter für acht Jahre ernannt wird und den Titel Direktor des Landschaftsverbandes führt.

## 8.2 Aufgaben der Bezirke in Bayern

Die sieben Bezirke in Bayern sind zuständig für folgende Aufgaben:
- Förderung der Kultur;
- Wahrnehmung der Aufgaben des überörtlichen Trägers der Sozialhilfe;
- Förderung der Bezirksjugendringe;
- Errichtung und Unterhaltung von Sonderschulen;
- Errichtung und Unterhaltung von Einrichtungen für Psychiatrie und Neurologie;
- Errichtung und Unterhaltung von Einrichtungen für Suchtkranke;
- Errichtung und Unterhaltung von Einrichtungen zur Eingliederung behinderter Menschen.

## 8.3 Aufgaben der Landschaftsverbände in NRW

Die Landschaftsverbände in NRW sind u.a. für folgende Angelegenheiten zuständig (§ 5 Landschaftsverbandsordnung, www.lvr.de bzw. http://www.lwl.org/):

Landesjugendamt

Der Landschaftsverband nimmt die Aufgaben des Landesjugendamtes nach dem SGB VIII wahr (§§ 69 ff. SGB VIII; § 8 AG-SGB VIII NRW). In dieser Eigenschaft führt er die Heimaufsicht als Pflichtaufgabe zur Erfüllung nach Weisung durch (§ 15 AG- SGB VIII NRW).
Ein Weisungsrecht gegenüber den Jugendämtern steht ihm grundsätzlich nicht zu. Er kann lediglich durch Empfehlungen auf eine Vereinheitlichung und Verbesserung der Arbeit der Jugendämter hinwirken.
Das Landesjugendamt besteht aus dem Landesjugendhilfeausschuss und der Verwaltung des Landesjugendamtes. Der Landesjugendhilfeausschuss beschließt im Rahmen der von der Landschaftsversammlung für das Landesjugendamt erlassenen Satzung über die von ihr bereitgestellten Mittel.

Beispiele

Bewilligung von Zuschüssen für den Bau von Einrichtungen der Jugendpflege, von Kindergärten, Erziehungs-, Jugend- und Eheberatungsstellen, von Wohngemeinschaften für schwer erziehbare Jugendliche.
Festsetzung eines Pflegesatzes für die Aufnahme eines Heimkindes in eine Pflegefamilie.

Überörtlicher Träger der Sozialhilfe

Die Landschaftsverbände sind überörtliche Träger der Sozialhilfe und in dieser Eigenschaft nach § 97 Abs. 2 und 3 SGB XII zuständig. Darüber hinaus sind sie verpflichtet, zur Weiterentwicklung von Maßnahmen der Sozialhilfe durch Schaffung oder Förderung der erforderlichen Einrichtungen beizutragen (§ 97 Abs. 5 SGB XII).

Beispiele

Bewilligung der Kosten eines PKW für eine behinderte Studentin.
Förderung einer Modelleinrichtung für Suchtkranke.

Landesbetreuungsamt

Die Landschaftsverbände entscheiden als Landesbetreuungsämter über die Anerkennung von rechtsfähigen Vereinen als Betreuungsverein (§ 1 Abs. 2 nwLandesbetreuungsgesetz).
Die Landschaftsverbände sind überörtliche Träger der Kriegsopferfürsorge und nehmen die Aufgaben des Integrationsamts nach § 102 SGB IX wahr. Sie befassen sich mit der Erhebung und Verwendung der Ausgleichsabgabe, dem Kündigungsschutz und der begleitenden Hilfe im Arbeitsleben.

## 9 Stadtstaaten

In den Stadtstaaten Berlin, Freie und Hansestadt Hamburg und Freie Hansestadt Bremen gibt es keine Trennung zwischen staatlichen und gemeindlichen Aufgaben. Berlin und Hamburg sind zugleich Stadt und Einheitsgemeinde. In Bremen hat die Stadt Bremerhaven eine eigenständige Kommunalverwaltung.

Berlin

In Berlin besteht die Verwaltung aus dem vom Abgeordnetenhaus gewählten Senat mit dem Regierenden Bürgermeister an der Spitze und den Bezirksverwaltungen.
Die Bezirke sind keine eigenständigen Gemeinden, haben aber eigene Organe (Bezirksverordnetenversammlung, Bezirksämter) und ein Selbstverwaltungsrecht für bezirkseigene Angelegenheiten. Berlin kennt keine Trennung von staatlicher und gemeindlicher Ebene (BVerwG, 10.10.2012 – 9 A 10.11).
Gliederung und Aufgaben der Berliner Verwaltung ergeben sich aus dem Allgemeinen Zuständigkeitsgesetz (AZG).

Hamburg

In der Freien und Hansestadt Hamburg ist die Landesregierung der von der Bürgerschaft gewählte Senat. Die gesamtstädtischen Verwaltungsaufgaben werden durch Senatskommissionen und Senatsämter wahrgenommen, bei denen kollegiale Deputationen aus je 15 ehrenamtlichen, von der Bürgerschaft gewählten Bürgern unter Vorsitz des Senators bestehen.
Hamburg ist in sieben Bezirke gegliedert, in denen jeweils ein Bezirksamt unter der Leitung eines Bezirksamtsleiter dezentrale Verwaltungsaufgaben wahrnimmt, z. B. im Sozial-, Gesundheits-, Bau-, Melde-, Wohnungswesen. Jeder Bezirk hat zur Beratung und Mitwirkung an der Verwaltung jeweils eine Bezirksversammlung.
Gliederung und Aufgaben der Bezirke ergeben sich aus dem Bezirksverwaltungsgesetz.

Bremen

In der Freien Hansestadt Bremen sind die Stadtgemeinden, Bremen und Bremerhaven zu unterscheiden.
Die Landesregierung des bremischen Staates, die auch den größten Anteil an der Verwaltung der Stadtgemeinde Bremen hat, ist der von der Bürgerschaft gewählte Senat.

Für einzelne Kompetenzbereiche können Deputationen aus Vertretern des Senats und der Abgeordneten aus der Bürgerschaft gebildet werden.
Organe der Stadtgemeinde sind die aus den stadtbremischen Abgeordneten der bremischen Bürgerschaft bestehende »Stadtbürgerschaft« und der bremische Senat.
Die Verwaltung der Stadtgemeinde Bremen ist teilweise auf Ortsämter dekonzentriert.

# D Bindung der Verwaltung an Recht und Gesetz

## 1 Recht als Grundlage des Verwaltungshandelns

Beispiel

Die Sozialarbeiterin im ASD und die Sozialarbeiterin in der Sozialberatungsstelle eines freien Trägers sind verpflichtet, eine schwangere, plötzlich arbeitslos gewordene Frau auf deren Wunsch über alle Rechtsschutzmöglichkeiten und die Ansprüche zu informieren, die ihr und ihrem Kind vor und nach der Geburt zustehen.
Dazu gehören u. a. Klage gegen die Kündigung, Ansprüche auf Arbeitsentgelt, Unterhalt, Unterhaltsvorschuss, Arbeitslosengeld I, Kindergeld, Kinderzuschlag, Mehrbedarfe nach § 21 SGB II, Elterngeld, Erstausstattung bei Schwangerschaft und für die Wohnung nach § 24 Abs. 3 SGB II, Wohngeld. Besitzt die Frau nicht die deutsche Staatsangehörigkeit und ist sie HIV-infiziert, ist auch über ausländerrechtliche Probleme und gesundheitliche Hilfen zu beraten.

### 1.1 Rechtspflicht zur Kenntnis der Rechtsquellen

Bindung der öffentlichen Verwaltung an Gesetz und Recht

Die öffentliche Verwaltung ist an Recht und Gesetz gebunden (Art. 20 Abs. 3 GG). Das Recht bildet deshalb die Grundlage für das Verwaltungshandeln und setzt der Verwaltung auch Grenzen (zum Grundsatz der Gesetzmäßigkeit der Verwaltung → S. 112).

Pflicht der SozA/SozP zur Beachtung der Rechtsvorschriften

SozA/SozP im öffentlichen Dienst und im Dienst freier Träger sind arbeitsrechtlich verpflichtet, die für ihren Bereich geltenden Rechts- und Verwaltungsvorschriften zu beachten (§§ 33 ff. BeamtStG; § 4 AVR-Caritas; § 2 AVR-Diakonie).
Wer als SozA/SozP rechtliche Hilfmöglichkeiten ungenutzt lässt, weil er sie nicht kennt oder nicht durchsetzen kann oder will, wird seiner beruflichen Verantwortung nicht gerecht. Ihm ist vorzuwerfen, dass er notwendige Hilfe den betroffenen Menschen nicht verschafft und dadurch deren Probleme ungelöst lässt oder sogar verstärkt.
Je nach der Art der übernommenen Aufgabe können sehr unterschiedliche Rechtskenntnisse und Fertigkeiten erforderlich sein.

Beispiele

Für die Leiterin einer städtischen Kita sind bedeutsam u. a. Jugendhilferecht, Kindertagesbetreuungsgesetz, Verwaltungsvorschriften über die Heimaufsicht, Infektionsschutzgesetz, Dienstanweisung für Kitas.
Der Sozialarbeiter im ASD benötigt u.a. Kenntnisse des Sozialhilfe- und Jugendhilferechts, des Rechts der Arbeitsförderung und der Grundsicherung, Grundkenntnisse des sonstigen Sozialleistungsrechts, z. B. des Krankenversicherungs- und Behindertenrechts, und des Eingriffsrechts, z. B. des Ausländerrechts und des Rechts der Unterbringung psychisch Kranker.

Entsteht einem Ratsuchenden ein Schaden, weil der SozA/SozP ihn nicht richtig oder unvollständig informiert hat, ist der öffentliche Arbeitgeber nach § 839 BGB/Art. 34 GG und der private Arbeitgeber nach § 276/278 BGB zum Ersatz verpflichtet.

Rechtspflicht des Arbeitgebers zur Information über und Fortbildung im Recht

Der Pflicht der SozA/SozP entspricht die Pflicht des Arbeitgebers, den SozA/SozP die notwendigen Gesetzestexte zur Verfügung zu stellen, über Änderungen und Fortentwicklungen des Rechts durch neue Vorschriften und Gerichtsentscheidungen fortlaufend zu informieren, z. B. durch Fachzeitschriften, PC mit entsprechender Software oder Abrufmöglichkeit (OLG Koblenz, 17.7.2002 – 1 U 1588/01, NVwZ 2003, 168; BGH, 13.3.2008 – III ZR 165/07).
Der Arbeitgeber verletzt seine Informationspflicht, wenn er es unterlässt, die Arbeitnehmer umfassend in neue, für den Arbeitsbereich bedeutsame Gesetze und andere Rechtsvorschriften einzuführen.

## 1.2 Rangordnung der Rechtsquellen

Für die Beantwortung jeder Rechtsfrage sind sämtliche einschlägigen Rechtsvorschriften zu beachten, wobei mit der rangniedrigsten und meist konkretesten zu beginnen ist. Nur wenn diese kein oder nicht das gewünschte Ergebnis bringt, sind die ranghöheren Vorschriften zu prüfen; dann geht das ranghöhere Recht dem rangniedrigeren vor.
Der Vorrang des ranghöheren Rechts verpflichtet dazu, die rangniedere Norm möglichst so auszulegen ist, dass sie nicht gegen die höhere verstößt. Die Feststellung der Verfassungswidrigkeit eines Gesetzes ist den für Verfassungsstreitigkeiten zuständigen Gerichten vorbehalten (Art. 100 GG).

Im Verhältnis von Bundesrecht zu Landesrecht gilt der Grundsatz »Bundesrecht bricht Landesrecht« (Art. 31 GG). Jedoch ist hierbei vorausgesetzt, dass es sich um Bundesrecht handelt, für das der Bund die Gesetzgebungskompetenz hat.

| Rangordnung | Beispiel: Sozialhilferecht |
|---|---|
| **Recht der Europäischen Union** | Art. 23 GG, Art. 151 ff. Vertrag über die Arbeitsweise der Kommission |
| **Grundgesetz** | Artikel 1 GG |
| **Bundesgesetz** | SGB XII – Sozialhilfe |
| **Bundesrechtsverordnung** | z.B. Eingliederungshilfe-Verordnung |
| **Landesverfassung** | z.B. Artikel 7 der Verfassung des Freistaates Sachsen |
| **Landesgesetz** | Ausführungsgesetz zum SGB XII |
| **Landesrechtsverordnung** | Verordnung über abweichende Höhe der Regelsätze |
| **Kommunales Recht** | z.B. abweichende Regelsätze in München |

Rang und Bedeutung der verschiedenen Arten der Rechtsvorschriften werden in den folgenden Abschnitten dargestellt.

## 1.3 Organisation und Recht der Europäischen Union (EU)

Die Bundesrepublik wirkt »zur Verwirklichung eines vereinten Europas bei der Entwicklung der Europäischen Union mit«. Der Bund kann Hoheitsrechte auf die EU übertragen (Art. 23 GG). Soweit der EU Zuständigkeiten eingeräumt werden, hat das EU-Recht Vorrang vor dem Recht der Bundesrepublik.

Vorrang

Rechtliche Grundlage der Europäischen Union sind zwei völkerrechtliche Verträge, die die EU-Mitgliedstaaten miteinander geschlossen haben: der Vertrag über die Europäische Union (EUV), und der Vertrag über die Arbeitsweise der Europäischen Union (AEUV), der die Grundrechte-Charta einschließt (Art. 6 AEUV). Sie enthalten die Vereinbarung der Mitgliedstaaten, die EU zu schaffen, ihr eine Rechtspersönlichkeit (Art. 47 EUV) zu geben und ihren Organen Hoheitsrechte und Gesetzgebungskompetenzen zu übertragen (Europäisches Primärrecht).

Grundlagen der Europäischen Union

Die Union verfügt nur über die Kompetenzen, die ihr die Mitgliedsstaaten übertragen haben (Art. 4 Abs. 1, Art. 5 Abs. 2 Satz 2 EUV). Die Kernbereiche der Sozial- und Gesundheitspolitik bleiben in der Kompetenz der Mitgliedstaaten. Die Union ist zuständig in Fragen der Beschäftigungspolitik (Art. 145 ff. AEUV), der Verbesserung der Lebens- und Arbeitsbedingungen (Art. 151 ff. AEUV), der beruflichen

Zuständigkeiten

Bildung (Art. 165 AEUV), des Gesundheitswesens (Art. 168 AEUV), des Verbraucherschutzes (Art. 169 AEUV) und des Europäischen Sozialfonds (Art. 162 AEUV).

Subsidiaritätsprinzip

Soweit die Union nicht ausschließlich zuständig ist, darf sie in dem Bereich »geteilter Zuständigkeit« ihre Kompetenz nur ausüben, sofern die Ziele nicht regional oder lokal, sondern auf Unionsebene besser zu verwirklichen sind.

Flankiert wird der Subsidiaritätsgrundsatz durch den Grundsatz der Verhältnismäßigkeit (Art. 5 EUV).

Das BVerfG will EU-Recht nur beanstanden, wenn »das kompetenzwidrige Handeln der Unionsgewalt offensichtlich ist«, bzw. wenn der »unantastbare Kerngehalt des Grundgesetzes« berührt wird (BVerfG, 6.7.2010 – 2 BvR 2661/06; 24.4.2013 – 1 BvR 1215/07). Erstmals in seiner Geschichte hat das BVerfG den EuGH angerufen. Der EuGH soll prüfen, ob die EZB mit ihrem Beschluss zum unbegrenzten Ankauf von Staatsanleihen gegen EU-Recht verstoßen hat (BVerfG, 14.1.2014 – 2 BvR 2728/13 und weitere).

Ziele der Europäischen Union

Das ursprüngliche Ziel, einen gemeinschaftlichen europäischen Binnenmarkt, frei von nationalen Zöllen und anderen gesetzlichen Beschränkungen, zu schaffen, sollte auf der Grundlage von den vier Grundfreiheiten verwirklicht werden, die einen grundrechtsähnlichen Charakter haben (Art. 26 AEUV):

- **Warenverkehrsfreiheit** (Art. 28 ff. AEUV).
  = Verbot von Zöllen, Ein- und Ausfuhrbeschränkungen und anderen Handelsbeschränkungen;
- **Personenverkehrsfreiheit** (Art. 45 ff. AEUV; §§ 49 AEUV).
  = Freizügigkeit der Arbeitnehmer, Freiheit der Ausübung selbständiger Erwerbstätigkeit und Gründung und Leitung von Unternehmen;
- **Dienstleistungsfreiheit** (Art. 56 ff. AEUV).
  = Freiheit der Ausübung einer selbständigen gewerblichen, kaufmännischen, handwerklichen, freiberuflichen Tätigkeit;
- **Kapitalverkehrsfreiheit** (Art. 63 ff. AEUV).
  = Verbot der Beschränkung des freien Kapitalverkehrs.

Die Freiheiten beruhen auf der neoliberalen Überzeugung, dass der weitgehende Ausschluss sozialstaatlicher Steuerung der Märkte allein Wirtschaftswachstum und soziale Gerechtigkeit garantieren kann.

Inzwischen ist die Zielsetzung der Union erheblich erweitert worden (Art. 3 EUV): Sie

- **bekämpft soziale Ausgrenzung** und **Diskriminierungen**;
- **fördert soziale Gerechtigkeit** und **sozialen Schutz**;
- **fördert** die **Gleichstellung von Frauen und Männern**;
- **fördert** die **Solidarität zwischen den Generationen** und
- **fördert** den **Schutz der Rechte des Kindes**.

Gemeinsame Grundwerte

Die rein ökonomisch ausgerichteten Grundfreiheiten sollen an gemeinsame Grundwerte gebunden werden (Art. 2 EUV):

Die Werte, auf die sich die Union gründet, sind die Achtung der Menschenwürde, Freiheit, Demokratie, Gleichheit, Rechtsstaatlichkeit und die Wahrung der Menschenrechte einschließlich der Rechte von Personen, die Minderheiten angehören. Diese Werte sind allen Mitgliedsstaaten in einer Gesellschaft gemeinsam, die sich durch Pluralismus, Nichtdiskriminierung, Toleranz, Gerechtigkeit, Solidarität und die Gleichheit von Frauen und Männern auszeichnet.

7 Organe

Der politische Wille der Europäischen Union wird von sieben Organen gebildet, geäußert und rechtlich vollzogen. Diese Organe sind in Artikel 13 des EU-Vertrags genannt:

Europäischer Rat

- Der Europäische Rat ist das oberste Entscheidungsgremium der Union und legt die allgemeinen politischen Ziele für die Entwicklung fest. Er setzt sich aus den Staats- und Regierungschefs der Mitgliedsstaaten sowie dem Präsidenten des Europäischen Rats und dem Präsidenten der Kommission zusammen (Art. 15 EUV).

Rat

- Der Rat der Europäischen Union (Ministerrat) besitzt Entscheidungs- und Rechtsetzungsbefugnis (Art. 16 EUV).

Europäische Kommission

- Die Europäische Kommission ist vorschlagendes und ausführendes Organ und somit die »Regierung« der Union (Art. 17 EUV).
  Sie hat u.a. folgende Aufgaben: Fortentwicklung des Gemeinschaftsrechts, insbesondere durch die Einreichung von Vorschlägen, die Überwachung der Einhaltung des Gemeinschaftsrechts durch die Mitgliedsstaaten und Ausspruch von Disziplinarmaßnahmen bzw. Durchsetzung des Rechts vor dem Europäischen Gerichtshof, die Pflege der Außenbeziehungen, Verwaltung der Europäischen Fonds.

Europäisches Parlament

- Das Europäische Parlament (EP) Das Europäische Parlament wird gemeinsam mit dem Rat als Gesetzgeber tätig und übt gemeinsam mit ihm die Haushaltsbefugnisse aus (Art. 14 EUV).

Gerichtshof der Europäischen Union

- Der Gerichtshof der Europäischen Union (EuGH) entscheidet gemäß Art. 19 Abs. 3 EUV über Nichtigkeitsklagen gegen Rechtsakte von Gemeinschaftsorganen, über Vertragsverletzungsverfahren gegen einen Mitgliedstaat und über die Vorlagen von Gerichten der Mitgliedstaaten, wenn in einem Rechtsstreit die Entscheidung von der Auslegung oder Gültigkeit von Gemeinschaftsrechtsakten abhängt (www.curia.europa.eu).

Beispiele

Der EuGH stellte fest, dass entgegen der deutschen Rechtsmeinung Arbeitsbereitschaft zur Arbeitszeit gehört (EuGH, 9.9.2003 – C-151/02, NJW 2003, 2971).
Abschiebungshaft ist in speziellen Hafteinrichtungen zu vollziehen (EuGH, 17.7.2014 – C-473/13). Dies gilt auch, wenn die abzuschiebende Person einwilligt, in einer gewöhnlichen Haftanstalt mit gewöhnlichen Strafgefangenen untergebracht zu werden, weil sie dort Kontakte zu ihren Landsleuten bekommt (EuGH, 17.7.2014 – C-474/13).

Jede natürliche oder juristische Person kann Klage gegen eine Verordnung oder einen Beschluss erheben, wenn sie individuell und unmittelbar betroffen ist (Art. 263 AEUV).

Beispiel

Erfolgreich war die Klage einer Arbeitnehmerin, die vom Arbeitgeber wegen ihres behinderten Kindes aus dem Arbeitsverhältnis gedrängt worden war (EuGH, 17.7.2008 – C-303/06).

Europäische Zentralbank

- Nach Art. 282 Abs.1 AEUV bilden die Europäische Zentralbank (EZB) und die nationalen Zentralbanken das Europäische System der Zentralbanken (ESZB) mit dem vorrangigen Ziel, die Preisstabilität zu gewährleisten (Art. 228 Abs. 2 Satz 2 AEUV).

Europäischer Rechnungshof

- Der Europäische Rechnungshof (EuRH) wacht über die Finanzen der EU (Art. 285 Abs.1 AEUV). Der EuRH prüft, ob alle Einnahmen und Ausgaben der Gemeinschaft und der von ihr geschaffenen Institutionen rechtmäßig sind.

**Schaubild: Die sieben EU-Organe**

**Das »Institutionelle Dreieck«**

| **Europäischer Rat** | **Europäisches Parlament** | **Rat** | **Europäische Kommission** |
|---|---|---|---|
| Staats- oder Regierungschefs aller Mitgliedsstaaten, der Präsident der Kommission und der Präsident des Europäischen Rates | höchstens 751 Abgeordnete | Fachminister aller Mitgliedsstaaten in verschiedenen Zusammensetzungen | 28 Kommissare |

**Gesetzgeber der EU und Haushaltsbehörde**

| **Gerichtshof der Europäischen Union** | **Europäischer Rechnungshof** | **Europäische Zentralbank** |
|---|---|---|
| 1 Richter je Mitgliedsstaat | 1 Mitglied je EU-Staat | Direktorium 6 Mitglieder |

Recht der EU

Im Unionsrecht existiert ein ähnlicher Stufenbau der Rechtsnormen wie im innerstaatlichen Recht.
Unmittelbar anwendbar sind solche Vertragsbestimmungen, die keiner weiteren Umsetzung bedürfen:

Verordnungen

- Verordnungen enthalten allgemein und unmittelbar geltendes Recht, d.h. sie begründen Rechte und Pflichten für die von ihrem Geltungsbereich erfassten Personen (Art. 288 AEUV).

Beispiel

Die Verordnung (EG) Nr. 2201/2003 regelt die internationale Zuständigkeit der Gerichte innerhalb der europäischen Gemeinschaft in Ehe- und Kindschaftssachen.

- Richtlinien verpflichten die Mitgliedsstaaten, zur Erreichung bestimmter Ziele den Inhalt der Richtlinie innerhalb einer bestimmten Frist in nationales Recht umzusetzen (Art. 288 AEUV; zur Vergaberichtlinie → S. 184). — Richtlinien

  Beispiele: Vier Antidiskriminierungs-Richtlinien sind durch das Allgemeine Gleichbehandlungsgesetz (AGG) in deutsches Recht umgesetzt worden.
  Die Richtlinie 2004/38/EG über das Recht der Unionsbürger und ihrer Familienangehörigen, sich im Hoheitsgebiet aller Mitgliedstaaten frei zu bewegen und aufzuhalten, ist durch das Freizügigkeitsgesetz/EU in deutsches Recht umgesetzt worden.

  Geltungskraft: Schon vor Ablauf der Umsetzungsfrist der Richtlinien müssen staatliche Regelungen und Gerichte die allgemeinen Grundsätze und die Grundrechte, insbesondere den allgemeinen Grundsatz der Gleichheit und Nichtdiskriminierung beachten (EuGH, 17.1.2008 – C-246/06).
  Setzt ein Mitgliedsstaat eine Richtlinie nicht innerhalb der festgelegten Frist in eigenes Recht um, so müssen alle staatlichen Stellen die Richtlinie wie unmittelbar geltendes staatliches Recht beachten. Verstößt die nationalstaatliche Umsetzung gegen eine unmissverständliche Richtlinie, sind staatliche Stellen nicht an das staatliche Recht, sondern an die Richtlinie gebunden (EuGH, 4.7.2006 – C-212/04).
  Der einzelne Bürger, der Opfer der Nichtumsetzung einer Richtlinie geworden ist, kann gegen den säumigen Staat Haftungsklage wegen Verstoßes gegen Art. 288 AEUV erheben (EuGH, 30.9.2003 – C-224/01; Kammergericht Berlin, 6.2.2009 – 9 U 10/08).

- Empfehlungen und Stellungnahmen (Art. 288 AEUV) haben keine bindende Rechtswirkung (Soft Law). Sie beziehen sich meist auf Bereiche, in denen die EU nur über eingeschränkte Kompetenzen verfügt, z. B. in der Gesundheits- und Sozialpolitik (Art. 151 ff. AEUV). — Empfehlungen/ Stellungnahmen

  Beispiel: »Europa 2020« mit der Leitinitiative »Agenda für neue Kompetenzen und neue Beschäftigungsmöglichkeiten«.

- Entscheidungen der Organe der Gemeinschaften mit unmittelbarer Rechtswirkung für die Beteiligten können z. B. zum Wettbewerbsrecht ergehen. — Entscheidungen

Wachsende Bedeutung des EU-Rechts: Der Einfluss der Rechtsvorschriften der EU auf das deutsche Sozial- und Arbeitsrecht und die Soziale Arbeit ist ständig gewachsen. Die Rechtsprechung des EuGH hat dazu wesentlich beigetragen.

Beispiele: Die jahrzehntelange, nach dem Verständnis deutscher Gewerkschaften, Arbeitgeber und Arbeitsrichter sachlich gerechtfertigte Benachteiligung = Diskriminierung von teilzeit- und geringfügig beschäftigten Frauen hat der EuGH unter Berufung auf Art. 157 AEUV für europarechtswidrig erklärt (EuGH, 9.9.1999 – C-281/97; umgesetzt in §§ 2-4 TzBfG).
Das Recht der Arbeitnehmer auf Freizügigkeit verbietet nach Art. 45 ff. AEUV jede auf der Staatsangehörigkeit beruhende unterschiedliche Behandlung der Arbeitnehmer in der Gemeinschaft in Bezug auf Beschäftigung, Entlohnung und sonstige Arbeitsbedingungen (Art. 45 Abs. 2 AEUV).

Die VO 883/2004 EU und die Durchführungsverordnung 987/2009 EU gebieten die Beseitigung von Nachteilen im Bereich der Sozialen Sicherheit, im Sozialversicherungs-, Arbeitsförderungs- und Kindergeldrecht. Das Prinzip der Gleichbehandlung aller Unionsbürger ist in Art. 5 der VO verankert.

Freizügigkeit und Sozialleistungen

In Rechtsvorschriften und Gerichtsentscheidungen wird das Freizügigkeitsgebot auf sozialrechtliche Leistungsansprüche angewendet. Geldleistungen dürfen nicht gekürzt werden, weil der Leistungsberechtigte in einem anderen Mitgliedstaat als der zuständige Leistungsträger wohnt (Art. 7 VO (EG) 883/2004: Leistungsexportprinzip).

Beispiele

Ein italienischer Arbeitnehmer, der in Deutschland arbeitet, hat für seine nach Deutschland nachgezogene Frau und Kinder Anspruch auf Hilfe zum Lebensunterhalt nach der Grundsicherung für Arbeitsuchende (BSG, 19.10.2010 – B 14 AS 23/10 R; 25.10.2012 – B 14 AS 138/11 R; LSG Mainz, 21.8.2012 – L 3 AS 250/12 B ER).
Anspruch auf Kindergeld nach dem BKGG hat ein ausländischer Arbeitnehmer, dessen Kind in einem anderen Mitgliedstaat wohnt.
Anspruch auf Leistungen der gesetzlichen Krankenversicherung bestehen auch in einem anderen Mitgliedstaat.
Anspruch auf Ausbildungsförderung haben Studenten, die in einem anderen EU-Land studieren (EuGH, 24.10.2013 – C-220/12 und C-275/12).

Ziele künftiger europäischer Sozialpolitik

»Europa 2020« ist die Wachstumsstrategie der EU für das kommende Jahrzehnt.
In der Leitinitiative »Agenda für neue Kompetenzen und neue Beschäftigungsmöglichkeiten« sind fünf Ziele festgelegt, wobei jeder Mitgliedstaat für jeden dieser Bereiche seine eigenen nationalen Ziele festlegt:

- **Beschäftigung**: 75 % der 20- bis 64-Jährigen sollen in Arbeit stehen.
- **Forschung, Entwicklung und Innovation**: 3 % des Bruttoinlandsproduktes sollen für öffentliche und private Investitionen aufgewendet werden.
- **Klimawandel und Energie**: Verringerung der Treibhausgasemissionen um 20 % gegenüber 1990; Erhöhung des Anteils erneuerbarer Energien auf 20 %; Steigerung der Energieeffizienz um 20 %.
- **Bildung**: Senkung der Schulabbrecherquote auf unter 10 %; Steigerung des Anteils der 30- bis 34-Jährigen mit abgeschlossener Hochschulbildung auf über 40 %.
- **Armut und soziale Ausgrenzung**: Die Zahl der von Armut und sozialer Ausgrenzung betroffenen oder bedrohten Menschen soll um mindestens 20 Millionen gesenkt werden (http://ec.europa.eu/europe2020).

Instrumente europäischer Sozialpolitik

Die EU verfügt über verschiedene Strukturfonds, aus denen finanzielle Hilfen zur Beseitigung der strukturellen wirtschaftlichen und sozialen Probleme gewährt werden:

ESF

- Der **Europäische Sozialfonds** (ESF) ist das wichtigste Finanzinstrument zur Umsetzung der strategischen beschäftigungspolitischen

Ziele in konkrete Maßnahmen (www.esf.de). Er soll die Beschäftigungsmöglichkeiten der Arbeitnehmer verbessern und damit zur Hebung der Lebenshaltung beitragen (Art. 162 AEUV).
Für Deutschland wurden aus dem ESF von 2007 bis 2013 insgesamt 9,38 Milliarden Euro bereitgestellt. Damit sollten Bundesregierung und die Länder dabei unterstützt werden, die Ziele der Europäischen Beschäftigungsstrategie zu erreichen. Die Bundesregierung hat zur Erreichung der Ziele ein eigenes Programm entwickelt – »das Operationelle Programm des Bundes für den Europäischen Sozialfonds«.
Die Kommission hat 2011 ihre Überlegungen für die Förderperiode 2014–2020 vorgestellt, z.B. zur Bekämpfung der Jugendarbeitslosigkeit (http://ec.europa.eu/esf/main.jsp?catId=62&langId=de).
- Der **Europäische Fonds für regionale Entwicklung** (EFRE) fördert Maßnahmen zur Beseitigung der Ungleichgewichte zwischen Regionen oder sozialen Gruppen. 16,1 Milliarden Euro werden u.a. eingesetzt zur Förderung von Infrastrukturinvestitionen, Forschung, Innovation, Umweltschutz und Risikoverhütung.

EFRE

Problematisch für Wohlfahrtsverbände und Sozialleistungsträger ist das europäische Wettbewerbsrecht (Art. 101 ff. AEUV). Es verbietet u.a. dem Staat die Begünstigung bestimmter Unternehmen durch Beihilfen gleich welcher Art, soweit sie den Handel zwischen Mitgliedsstaaten beeinträchtigen, weil dies mit dem Gemeinsamen Markt unvereinbar ist (Art. 107 ff. AEUV).
Ein Unternehmen ist nach der EuGH-Rechtsprechung jeder Träger, unabhängig von Rechtsform und Finanzierung, der eine wirtschaftliche Tätigkeit ausübt. Wirtschaftliche Tätigkeit ist jede Tätigkeit, die darin besteht, Güter oder Dienstleistungen auf einem bestimmten Markt anzubieten, auch wenn kein Gewinn erzielt werden soll (EuGH, 19.6.2014 – C-574/12).
Ausgenommen sind nur »Unternehmen, die mit Dienstleistungen von allgemeinem wirtschaftlichen Interesse« betraut sind (Art. 14 und 106 Abs. 2 AEUV).

Geltung des EU-Wettbewerbsrechts für Freie Träger?

Zahlreiche Fragen sind nicht geklärt, z.B. die Frage, ob öffentliche Zuwendungen als europarechtswidrige Beihilfen einzuordnen sind (Kunkel/Kepert in: LPK-SGB VIII, § 74 Rn. 53 ff.).

Offene Fragen

## 1.4 Grund- und Menschenrechte in Europa

Der Grundrechtsschutz in der EU wird durch ein komplexes Nebeneinander dreier verschiedener Grundrechtssysteme gewährleistet:
- Die **Europäische Menschenrechtskonvention (EMRK)**;
- die Rechtsvorschriften der EU, namentlich die **Charta der Grundrechte** (Art. 6 EUV), und
- das **Grundgesetz für die Bundesrepublik Deutschland**.

3 Grundrechtssysteme

Drei Gerichte dienen dem Schutz des Bürgers vor staatlicher oder supranationaler Gewalt:

- Auf der deutschen Ebene nehmen das **BVerfG** und die **Landesverfassungsgerichte** den Grundrechtsschutz wahr.
- Auf der Ebene der EU ist es der **Gerichtshof der Europäischen Union (EUGH)**.
- Auf der Ebene der Menschenrechtskonvention ist es der **Europäische Gerichtshof für Menschenrechte (EGMR)**.

Die EMRK und die Rechtsprechung des EGMR besitzen verfassungsrechtliche Bedeutung, indem sie die Auslegung der Grundrechte und die rechtsstaatlichen Grundsätze des Grundgesetzes beeinflussen (ständige Rechtsprechung des BVerfG, z.B. Verfassungswidrigkeit der Regelungen zur Sicherungsverwahrung, BVerfG, 4.5.2011 – 2 BvR 2365/09; siehe Gesetz zur bundesrechtlichen Umsetzung des Abstandsgebotes im Recht der Sicherungsverwahrung, BGBl I 2012, 2425).

Ungeschriebene Rechtsgrundsätze

Teil des Unionsrechts bleiben die in der EMRK gewährleisteten Menschenrechte und Grundfreiheiten, wie sie sich aus den gemeinsamen Verfassungsüberlieferungen der Mitgliedsstaaten ergeben (Art. 6 Abs. 3 EUV).

Charta der Grundrechte

Die Charta der Grundrechte der Europäischen Union vom 7.12.2000 ist gleichrangig mit dem Lissabon-Vertrag (Art. 6 Abs. 1 EUV) und gilt für die Organe und die Behörden der EU sowie für die Mitgliedstaaten beim Erlass von Maßnahmen aufgrund Unionsrechts (zur Auslegung und Anwendung: Huber, NJW 2011, 2385).

EMRK

Einen gerichtlich durchsetzbaren Schutz bietet die Europäische Menschenrechtskonvention, zu deren Einhaltung die Mitgliedsstaaten des Europarats / der EU verpflichtet sind (www.coe.int).

Rechtsschutz des EGMR

Jeder, der sich in seinen Menschenrechten verletzt fühlt, kann – allerdings erst nach Erschöpfung des innerstaatlichen Rechtswegs – mit der Individualbeschwerde den Europäischen Gerichtshof für Menschenrechte in Straßburg anrufen. Es kommt immer wieder vor, dass Menschen, die bei deutschen Gerichten abgewiesen wurden, beim EGMR Erfolg haben. Er stellt ggf. durch Urteil fest, dass die EMRK verletzt ist und ob der Staat eine Entschädigung zu zahlen hat. Das Urteil bindet den Konventionsstaat.

Beispiele

Die Androhung von Folter gegen einen mutmaßlichen Kindesentführer durch die Polizei verstößt gegen Art. 3 EMRK – Verbot unmenschlicher und erniedrigender Behandlung – (EGMR, 1.6.2010 – Nr. 22978/ 05).

Die vierstündige präventive Ingewahrsamnahme eines gewaltbereiten Fußballhooligans im Vorfeld eines Fußballspiels ist gerechtfertigt, wenn der begründete Verdacht besteht, dass der Hooligan dabei war, eine Schlägerei mit rivalisierenden Fußballfans zu organisieren (EGMR, 7.3.2013 – Nr. 15598/08).

Entzug der elterlichen Sorge ohne ausreichende Tatsachenaufklärung: Im Hinblick auf die schwerwiegenden Auswirkungen, die die vollständige Entziehung der elterlichen Sorge der Beschwerdeführer auf die Familie insgesamt hatte, sprach der EGMR als Wiedergutmachung für materielle und immaterielle

Schäden sowie als Ersatz für Kosten und Auslagen Entschädigungen von insgesamt fast 54.000 € zu (EGMR, 14.3.2013 – Nr. 18734/09 und 9424/11).
Die Unterbringung eines Häftlings in einer Sicherheitszelle ohne Bekleidung verstößt gegen Art. 3 EMRK – Verbot unmenschlicher und erniedrigender Behandlung – (EGMR, 7.7.2011 – Nr. 2099/05)

Alle staatlichen Organe, auch Gerichte, sind an Entscheidungen des EGMR gebunden und verpflichtet, einen konventionsgemäßen Zustand herzustellen (BVerfG, 10.06.2005 – 1 BvR 2790/04; siehe: www.bmj.de/egmr)

## 2 Grundrechtsfunktionen und -dimensionen

### 2.1 Grundrechte als bindendes Recht

Die Grundrechte sind nicht nur Programmsätze oder Gesetzesaufträge, sondern verleihen dem Einzelnen gegenüber dem Staat durchsetzbare Rechte (Art. 1 Abs. 3 GG). Das gilt entsprechend für die in der Europäischen Menschenrechtskonvention festgelegten Menschenrechte (BVerfG, 10.5.2007 – 2 BvR 304/07).

Grundrechte binden jede Verwaltung

Die öffentliche Verwaltung ist als vollziehende Gewalt verpflichtet, bei jeder Verwaltungshandlung die Grundrechte zu beachten. Daraus folgt, dass auch alle Angehörigen der Verwaltung an die Grundrechte gebunden sind. Sie dürfen eine Rechtsvorschrift nicht nach dem bloßen Wortlaut anwenden, sondern müssen stets prüfen, ob die beabsichtigte Maßnahme zu einem nicht vertretbaren Eingriff in Grundrechte führt. Das hat besondere Bedeutung, wenn für einen Sachverhalt keine gesetzlichen oder sonstigen Regelungen vorhanden sind, bzw. wenn Vorschriften unbestimmte Rechtsbegriffe oder Ermessensspielräume enthalten.

### 2.2 Grundrechte als Freiheitsrechte

Grundrechte sind nach ihrer Geschichte und ihrem heutigen Inhalt in erster Linie individuelle Rechte. Sie sollen dem Menschen einen staatsfreien Bereich sichern, in dem er sich frei entfalten kann.
Sie dienen vorrangig dem Schutz der Freiheitssphäre gegen Eingriffe des Staates und sichern zusätzlich Voraussetzungen und Möglichkeiten einer freien Mitwirkung und Mitgestaltung im Gemeinwesen (BVerfG, 27.2.2008 – 1 BvR 370/07).

Beispiele

Ein Asylbewerber, dem verboten wird, Besuch in der Sammelunterkunft zu empfangen, wird in der persönlichen Freiheit beeinträchtigt (Art. 2 Abs. 1 GG).
Die Durchsuchung der Räume einer Drogenberatungsstelle eines freien Trägers greift in dessen Grundrecht nach Art. 13 GG ein (BVerfG, 24.5.1977 – 2 BvR 988/75).

## 2.3 Grundrechte als Anspruchsnormen?

Grundrechte sind als Anspruchsnormen bisher nur vereinzelt anerkannt worden.

Grundrecht auf materielles Existenzminimum

Das BVerfG hat aus Art. 1 Abs. 1 GG den Anspruch auf die Mittel abgeleitet, »die zur Aufrechterhaltung eines menschenwürdigen Lebens unbedingt erforderlich sind«. Dazu gehöre auch ein Mindestmaß der Teilhabe am gesellschaftlichen, kulturellen und politischen Leben. Der notwendige Bedarf sei vom Gesetzgeber in einem realitätsgerechten Verfahren zu ermitteln (BVerfG, 9.2.2010 – 1 BvL 1/09).

Die Leistungen zur Sicherung des Lebensunterhalts nach dem SGB II sind derzeit noch verfassungsgemäß. Das BVerfG lässt aber erkennen, dass der Gesetzgeber zukünftig zu einigen Nachbesserungen verpflichtet ist, insbesondere bei Bedarfen für Haushaltsstrom, Mobilität und existenznotwenigen, langlebigen und kostspieligen Wirtschaftsgütern, wie z.B. Kühlschränken, Waschmaschinen (BVerfG, 23.7.2014 – 1 BvL 10/12 und weitere.)

Anspruch auf Entfaltung der Grundrechte

Das BVerfG hat in ständiger Rechtsprechung zwar den staatlichen Gesetzgeber verpflichtet, den Grundrechten soweit wie möglich zur Entfaltung zu verhelfen. Inwieweit daraus konkrete Leistungsansprüche auf aktive Förderung der Grundrechtsverwirklichung abzuleiten sind, z.B. auf Schaffung von Ausbildungs-, Arbeitsplätzen, Wohnraum, ist weitgehend ungeklärt.

Beispiel

Jedoch hat das BVerfG entschieden, dass die Gerichte sich schützend und fördernd vor die Grundrechte des Einzelnen stellen müssen. Dies gilt besonders, wenn es um die Wahrung der Würde des Menschen geht (BVerfG, 25.2. 2009 – 1 BvR 120/09). Es hob das Urteil eines Sozialgerichts auf, das eine einstweilige Anordnung auf Bewilligung eines speziellen Elektrorollstuhls samt elektronischer Mundsteuerung abgelehnt hatte. Diesen hatte eine schwerstpflegebedürftige Frau beantragt, die nur über einen Sprachcomputer kommunizieren konnte.

Der soziale Rechtsstaat muss gewährleisten, dass die Grundrechte auch verwirklicht und möglichst weitgehend entfaltet werden.

Grundrechte als wertentscheidende Grundsatznormen

Deshalb hat die Verwaltung bei jeder Ermessensentscheidung und bei der Auslegung unbestimmter Rechtsbegriffe (→ S. 130) die in den Grundrechten zum Ausdruck kommende Wertordnung zu berücksichtigen. Daraus kann sich für sie eine Handlungspflicht und für den Bürger ein Leistungsanspruch ergeben.

Beispiele

Ein Strafgefangener hat Anspruch auf Verlegung in eine heimatnahe Strafvollzugsanstalt aufgrund seines Grundrechts auf Resozialisierung; denn die Aufrechterhaltung familiärer Beziehungen ist für das Ziel der Resozialisierung wichtig (BVerfG, 19.4.2006 – 2 BvR 818/05).

Die Erstattung von Fahrtkosten für den Besuch des Kindes nach Scheidung darf wegen Art. 6 Abs. 2 GG nicht generell auf einen Wochenendbesuch im Monat begrenzt werden (BVerfG, 25.10. 1994 – 1 BvR 1197/93).
Flugkosten zum viermaligen Besuch des Kindes in den USA während eines Jahres sind gemäß § 21 Abs. 6 SGB II zu erstatten (LSG Mainz, 24.11.2010 – L 1 SO 133/10 B ER).

Grundrechte als Verbürgung der Teilhabe an staatlichen Leistungen?

Das BVerfG leitet aus dem Sozialstaatsprinzip die Verpflichtung des Staates ab, die Grundrechte nicht nur als Freiheitsrechte zu verstehen, sondern auch als Verbürgung der Teilhabe an den staatlichen Leistungen, die erst die Ausübung der Grundrechte ermöglichen.

Beispiele

Bei Art. 12 GG handelt es sich um ein Teilhaberecht. Es sichert den Zugang zu existierenden Einrichtungen der Berufsbildung, begründet aber kein Recht auf Schaffung neuer Kapazitäten (BVerfG, 18.7.1992 – 1 BvL 32/70).
Ein Grundrecht auf Arbeit hat das BVerfG verneint (BVerfG, 24.4.1991 – 1 BvR 1341/90).

Grundrechte als institutionelle Gewährleistungen

Verfassungsbestimmungen können auch institutionelle Garantien enthalten. Diese schützen den Kernbereich, die typischen hergebrachten Strukturen eines rechtlich geregelten Komplexes von Rechtsnormen. Derartige institutionelle Gewährleistungen bestehen z. B. für Ehe und Familie nach Art. 6 GG und für Eigentum und Erbrecht nach Art. 14 GG. Sie verpflichten den Staat, störende Eingriffe in das geschützte Rechtsinstitut zu unterlassen und notwendige Maßnahmen zur Erhaltung und zum Schutz des Instituts zu treffen.

Beispiele

Aus der Gewährleistung der Ehe wurde u. a. abgeleitet das Recht der Ehepartner von Strafgefangenen auf Besuch in der Strafanstalt (BVerfG, 12.3.2008 – 2 BvR 2219/06).
Ausländische Ehepartner von Deutschen haben ein Recht auf Aufenthaltserlaubnis nach § 2 AufenthaltG, einen stärkeren Schutz gegen Ausweisung und Anspruch auf Einbürgerung gemäß § 9 Staatsangehörigkeitsgesetz.

Rechtsschutz

Verstoßen Maßnahmen der Verwaltung gegen die Grundrechte, können die Betroffenen dagegen gerichtlich vorgehen. Nach dem normalen Instanzenweg bleibt ihnen als besondere Rechtsschutzmöglichkeit die Verfassungsbeschwerde.

Vorläufiger Rechtsschutz?

Je schwerer die Belastungen des Bürgers wiegen, die mit der Versagung vorläufigen Rechtsschutzes verbunden sind, umso weniger darf das Interesse an einer vorläufigen Regelung oder Sicherung der geltend gemachten Rechtsposition zurückgestellt werden. Selbst wenn die Leistungsvoraussetzungen nicht vollständig nachgewiesen sind, sind die Gerichte aus Art. 1 Abs. 1 GG in Verbindung mit dem Sozialstaatsprinzip verpflichtet, einen Anspruch auf die Mindestvoraussetzungen für ein menschenwürdiges Dasein zuzusprechen.

### 2.4 Drittwirkung der Grundrechte

Keine unmittelbare Geltung für Private

Die Frage, ob die Grundrechte nicht nur die Träger der Staatsgewalt, sondern auch die Inhaber gesellschaftlicher Machtpositionen wie z. B. Arbeitgeber, Vermieter, Eltern unmittelbar binden, wird überwiegend verneint (siehe Art. 1 Abs. 3 GG).

Aber Grundrechte beeinflussen Gesetzesauslegung

Jedoch gilt die in den Grundrechtsnormen enthaltene objektive Wertordnung als verfassungsrechtliche Grundentscheidung für alle Bereiche des Rechts und wirkt deshalb auch auf das Privatrecht ein. Diese Einwirkung geschieht insbesondere dadurch, dass bei der Auslegung der unbestimmten Rechtsbegriffe und Generalklauseln des Privatrechts – z. B. in §§ 138, 241 Abs. 2, 823, 826, 1004 BGB – die Wertentscheidungen der Grundrechte zu beachten sind.

Beispiele

Das BVerfG hat entschieden, das durch Art. 1 und 2 GG geschützte Recht auf Achtung der Würde und der freien Entfaltung der Persönlichkeit (gegenüber staatlichen Stellen) sei im Privatrechtsverkehr als allgemeines Persönlichkeitsrecht zu beachten. Deshalb genieße es den gleichen Schutz wie die in § 823 Abs. 1 BGB genannten Rechtsgüter (BVerfG, 29.7.2003 – 1 BvR 1964/00).
Bei einer erheblichen Verletzung ist auch ein Ersatz für Nichtvermögensschaden zu leisten, wenn die Beeinträchtigung nicht auf andere Weise ausgeglichen werden kann (BVerfG, 25.08.2005 – 1 BvR 2165/00).
Das BAG hat aus dem Persönlichkeitsrecht ein Recht des Arbeitnehmers auf Beschäftigung abgeleitet: es sei nicht zumutbar, womöglich jahrelang sein Gehalt in Empfang zu nehmen, ohne sich betätigen zu können (ständige Rechtsprechung, BAG, 27.2.1985 – GS 1/84).

## 3 Einzelne Grundrechte

Bedeutung für SozA/SozP

Für die Praxis der SozA/SozP sind die in Art. 1 – 19 GG garantierten Grundrechte und die grundrechtsgleichen Rechte aus Art. 33 Abs. 1–3, Art. 38 Abs. 1, Art. 101 Abs. 1, Art. 103 und Art. 104 GG von großer Bedeutung.

### 3.1 Grundrecht auf freie Entfaltung der Persönlichkeit

Allgemeines Freiheitsrecht

Das Grundrecht auf freie Entfaltung der Persönlichkeit nach Art. 2 Abs. 1 GG ist das allgemeine Freiheitsrecht, während in Art. 4 ff. GG besondere Freiheitsrechte garantiert werden. Art. 2 Abs. 1 GG schützt die Handlungsfreiheit in umfassenden Sinne: Jeder darf tun oder unterlassen, was er will.

Grenzen

Grenzen ergeben sich lediglich aus den Rechten anderer und der »verfassungsmäßigen Ordnung«. Zur verfassungsmäßigen Ordnung gehören alle verfassungsmäßigen Rechtsvorschriften. Daraus folgt einerseits, dass die Handlungsfreiheit nur im Rahmen des geltenden Rechts besteht, und andererseits, dass staatliche Stellen die Frei-

Kein Eingriff ohne Rechtsgrundlage

heitssphäre des Einzelnen nur einschränken dürfen, wenn eine Rechtsvorschrift dies gestattet.

Beispiele

Durch Gesetze sind die Schulpflicht, die Steuerpflicht, die Pflicht zur Anzeige geplanter schwerer Straftaten (§ 138 StGB) begründet.

Bestimmtheitsgebot

Ohne rechtliche Grundlage sind Behörden nicht zu Maßnahmen befugt, die in die Freiheitssphäre eines Menschen, eines Vereins oder einer sonstigen Vereinigung eingreifen bzw. diesen Pflichten auferlegen. Rechtsvorschriften, die der Verwaltung eine Aufgabe zuweisen, können keine staatlichen Eingriffe rechtfertigen; denn die Freiheit beschränkende Rechtsvorschrift muss ausreichend deutlich bestimmt sein.

Beispiel

Nur die öffentlichen Träger der Sozialhilfe sind zur Zusammenarbeit mit freien Trägern verpflichtet (§ 4 Abs. 1 SGB VIII; § 5 Abs. 2 SGB XII). Eine Befugnis der Behörde, von freien Trägern Informationen über Klienten zu verlangen, lässt sich aus der Vorschrift nicht ableiten.

Auch kann ein Eingriff, der scheinbar einer Rechtsvorschrift entspricht, gegen den Grundsatz der Verhältnismäßigkeit verstoßen und deshalb unzulässig sein.

## 3.2 Allgemeines Persönlichkeitsrecht

Das allgemeine Persönlichkeitsrecht beruht auf Art. 2 Abs. 1 i.V.m. Art. 1 Abs. 1 GG. Aus ihm wird u.a. das Recht auf Achtung der Intimsphäre und auf informationelle Selbstbestimmung abgeleitet.

Beispiele

Zur Unantastbarkeit der Menschenwürde gehört die Anerkennung eines absolut geschützten Kernbereichs privater Lebensgestaltung. In diesen Bereich darf die akustische Überwachung von Wohnraum zu Zwecken der Strafverfolgung nicht eingreifen (BVerfG, 3.3.2004 – 1 BvR 2378/98).
Selbstgespräche und Tagebuchaufzeichnungen sind grundsätzlich unantastbar (BGH, 27.6.2013 – 3 StR 435/12).
Eine fast lückenlose Observation eines entlassenen Sicherungsverwahrten über mehr als zwei Jahre durch die Polizei stellt einen schwerwiegenden Grundrechtseingriff dar. Das Recht auf freie Entfaltung der Persönlichkeit und die Menschenwürde sichern jedem Einzelnen einen autonomen Bereich privater Lebensgestaltung (BVerfG, 8.11.2012 – 2 BvR 1874/12).

Dem allgemeinen Persönlichkeitsrecht kommt in der Sozialen Arbeit zentrale Bedeutung zu. Es schützt fachliche Standards für den Umgang mit Klienten. Zu den Ausgestaltungen und Wirkungen dieses Rechts und seiner Bedeutung für den Schutz des professionell gebotenen Vertrauensverhältnisses wird auf Kapitel F 2.2 (→ S. 211 ff.) verwiesen.

### 3.3 Grundrecht auf Leben und körperliche Unversehrtheit

Das Grundrecht auf Leben und körperliche Unversehrtheit gemäß Art. 2 Abs. 2 GG verbietet körperliche Züchtigung und Anwendung körperlicher Gewalt sowie sonstige Eingriffe in die körperliche Unversehrtheit durch staatliche Stellen.

Beispiele

Das Grundrecht schützt auch gegen staatlich verordnete medizinische Eingriffe (z.B. Zwangssterilisation, Zwangsabtreibung, Organentnahme ohne Einwilligung). Das BVerfG hat entschieden, dass es an einer gesetzlichen Grundlage für eine betreuungsrechtliche ärztliche Zwangsbehandlung fehlt (BVerfG, 23.3.2011 – 2 BvR 882/09). Der Gesetzgeber hat in § 1906 BGB mit Geltung ab 26.2.2013 eine Regelung zur stationären Unterbringung und zu ärztlichen Eingriffen Betreuter geschaffen.
Das Grundrecht auf Leben wird durch die Zwangsräumung einer Wohnung beeinträchtigt, wenn der Mieter schwerstkrank oder suizidgefährdet ist (BVerfG, 21.11.2012 – 2 BvR 1858/12).
Folter, auch Rettungsfolter, ist stets unzulässig (BVerfG, 14.12.2004 – 2 BvR 1249/04, NJW 2005, 656).
Der Sozialleistungsträger darf nicht verlangen, dass sich der Leistungsempfänger einer schmerzhaften und risikoreichen Operation unterzieht, um zukünftig die Leistungen einstellen zu können (§ 65 Abs. 2 SGB I).

Schutz von Kindern und Frauen

Aus Art. 2 Abs. 2 GG ergeben sich Schutzpflichten des Staates, Kinder und Frauen vor Misshandlungen zu schützen, z.B. durch familien-, jugend- und polizeirechtliche Regelungen, flankierende sozial- und familienpolitische Maßnahmen und strafrechtliche Sanktionen (§ 1666 BGB; § 8a SGB VIII; Gewaltschutzgesetz).

### 3.4 Grundrecht auf Freiheit der Person

Die Freiheitsentziehung ist der schwerste Eingriff in das Grundrecht auf Freiheit der Person aus § 2 Abs. 1 GG.
Sie setzt grundsätzlich eine richterliche Entscheidung voraus.

Einschränkungen

Einschränkungen des Grundrechts gemäß Art. 2 Abs. 2 Satz 2 und Art. 104 GG sind in verschiedenen Gesetzen vorgesehen, u.a. bei der Unterbringung psychisch Kranker, bei Freiheit beschränkenden Maßnahmen, bei Inobhutnahme nach §§ 42 f. SGB VIII und bei ausländerrechtlichen und polizeilichen Maßnahmen (zu Schutzpflichten und Persönlichkeitsrechten in Alten- und Pflegeheimen: BGH, 28.4.2005 – III ZR 399/04, 14.7.2005 – III ZR 391/04).
Stets ist bei Eingriffen der Grundsatz der Verhältnismäßigkeit zu beachten.

Beispiele

Unzulässig ist es, einen Ausländer in Abschiebungshaft zu halten, wenn eine Abschiebung nicht möglich ist (OLG München, 30.9.2005 – 34 Wx 078/05).
Bildet die Polizei einen »Kessel«, muss sie dafür sorgen, dass die Eingekesselten ausreichend versorgt und vor Gesundheitsschäden geschützt werden (OLG Hamburg, 12.1.2007 – 1 U 85/06).

Geldentschädigung für Demonstranten, die stundenlang rechtswidrig im Gefangenenbus ohne Zugang zu Toiletten eingesperrt wurden (BVerfG, 11.11.2009 – 1 BvR 2853/08).

## 3.5 Allgemeiner Gleichheitssatz

Der allgemeine Gleichheitssatz des Art. 3 Abs. 1 GG enthält einen allgemein geltenden Verfassungsgrundsatz. Er will sicherstellen, dass Personen bei rechtlich und tatsächlich vergleichbaren Sachverhalten gleich behandelt werden.

Willkürverbot

Der Gleichheitssatz ist verletzt, wenn der Staat eine Gruppe von Normadressaten im Vergleich zu anderen Normadressaten ungleich behandelt, obwohl zwischen beiden Gruppen keine Unterschiede von solchem Gewicht bestehen, dass sie die ungleiche Behandlung rechtfertigen könnten (BVerfG, 6.4.2011 – 1 BvR 1765/09).

Das Willkürverbot ist verletzt, wenn ein Gericht sich die erforderlichen Rechtskenntnisse zu spät (hier nach der mündlichen Verhandlung) verschafft und deshalb »sehenden Auges« ein auf schweren, nicht nachvollziehbaren Rechtsanwendungsfehlern beruhendes Urteil fällt (BVerfG 28.7.2014 – 1 BvR 1925/13).

Der Gleichheitsgrundsatz verbietet auch der Verwaltung jedes willkürliche Verhalten, d.h. die nicht durch sachliche Unterscheidungen gerechtfertigte Ungleichbehandlung gleicher und Gleichbehandlung ungleicher Tatbestände. Er verlangt umso strengere Beachtung, je stärker sich die Ungleichbehandlung von Personen oder Sachverhalten auf die Ausübung grundrechtlich geschützter Freiheiten auswirken kann.

Beispiele

Die Versagung von Beratungshilfe verstößt gegen den Grundsatz der Rechtsschutzgleichheit, wenn ein finanziell besser Gestellter in vergleichbarer Situation einen Rechtsanwalt mit der Wahrnehmung seiner Rechte beauftragt hätte (BVerfG, 9.11.2010 – 1 BvR 787/10).

Die Versagung des bayerischen Landeserziehungsgelds für Nicht-EU-Bürger verstößt gegen Art. 3 GG, weil die Anknüpfung an die Staatsangehörigkeit kein hinreichender Sachgrund für die Differenzierung ist. Das Anliegen des bayerischen Gesetzgebers, Eltern durch die Gewährung von Erziehungsgeld die persönliche Betreuung ihres Kindes zu ermöglichen und dadurch die frühkindliche Entwicklung zu fördern, kommt bei Ausländern und ihren Kinder auf gleiche Weise zum Tragen wie bei Deutschen. Der verfassungsrechtliche Schutz der Familie aus Art. 6 GG ist nicht auf Deutsche beschränkt (BVerfG, 7.2.2012 – 1 BvL 14/07).

Es war sachlich nicht gerechtfertigt, wegen einmaligen Cannabiskonsums eines Kraftfahrers die Einholung eines tief in den Persönlichkeitsbereich eingreifenden medizinisch-psychologischen Gutachtens (MPU) anzuordnen, während bei alkoholauffälligen Kraftfahrern ein derartiges Gutachten erst »nach wiederholten Verkehrszuwiderhandlungen unter Alkoholeinfluss« eingeholt wurde (BVerfG, 24.6.1993 – 1 BvR 689/92; Anordnung einer MPU beim Radfahren unter Alkoholeinfluss, BVerwG, 20.6.2013 – 3 B 102.12).

Einschränkung des Ermessens

Der Gleichheitssatz hat besondere Bedeutung bei Ermessensentscheidungen. Er kann den Entscheidungsspielraum der Verwaltung einschränken.

Beispiele

Ein sachlicher Grund für eine Ungleichbehandlung ist gegeben, wenn z. B. aus einem im Haushaltsplan vorgesehenen Betrag für Altenerholung eine Reihe von Antragstellern Zuwendungen erhalten haben, andere aber keine Zuwendung erhalten, weil der Betrag verbraucht ist (BVerwG, 17.7.2009 – 5 C 25.08).

OVG Münster, 18.8.1989 – 5 A 814/88, NJW 1990, 1684: zum Ausschluss kleiner Organisationen mit geringem Leistungsvermögen.

OVG Lüneburg, 18.7.2002 – 7 LB 3835/01, NJW 2003, 531: kein Vorrang von »alt und bewährt«.

Sachlich gerechtfertigt kann es auch sein, dass der Haushaltsplan für Maßnahmen, die in den vergangenen Jahren gefördert worden sind, wegen schwieriger Finanzlage oder weil andere Maßnahmen förderungswürdiger erscheinen, keine Mittel mehr vorsieht. Bei einer Kürzung muss gleichmäßig gekürzt werden.

Kein Anspruch auf Gleichbehandlung im Unrecht

Aus dem Gleichheitsgrundsatz kann nicht abgeleitet werden, dass eine Behörde, die durch pflichtwidriges Verhalten einen oder mehrere Beteiligte begünstigt hat, in gleicher Weise auch in Zukunft rechtswidrig verfährt (BVerfG, 12.09.2007 – 2 BvR 1413/06).

Gleichberechtigung von Männern und Frauen

Außer einem Diskriminierungsverbot enthält der spezielle Gleichheitssatz des Art. 3 Abs. 2 GG einen grundgesetzlichen Auftrag zur rechtlichen Gleichstellung von Mann und Frau und zum sozialen Ausgleich geschlechtsspezifischer Benachteiligungen.

Der Gesetzgeber trägt diesem in vielfältiger Hinsicht Rechnung:

Beispiele

Quotenregelungen bei der Einstellung im öffentlichen Dienst, durch Schutzvorschriften im Mutterschutzgesetz.

Elterngeld und Elternzeit.

Berücksichtigung von Kindererziehungszeiten bei der Rente.

EuGH

Der Grundsatz der Gleichbehandlung von Männern und Frauen im Arbeitsrecht wird insbesondere durch das europäische Recht und den EuGH gesichert.

Beispiele

Der EuGH hält auch eine Bevorzugung von Frauen bei gleicher Qualifikation für europarechtskonform, wenn in behördlichen Beschäftigungsbereichen weniger Frauen als Männer beschäftigt sind, sofern im Einzelfall nicht in der Person eines Mitbewerbers liegende Gründe überwiegen (EuGH, 11.11.1997 – C-409/95, NJW 1997, 3429).

An das Geschlecht anknüpfende differenzierende Regelungen sind mit Art. 3 Abs. 3 GG nur vereinbar, soweit sie zur Lösung von Problemen, die ihrer Natur nach nur entweder bei Männern oder bei Frauen auftreten können, zwingend erforderlich sind (BVerfG, 28.1.1992 – 1 BvR 1025/82).

Beispiel

Eine Regelung, die Beihilfen zur Anschaffung einer Perücke für Männer nur bis zum 30. Geburtstag, für Frauen aber ohne Altersbegrenzung vorsieht, benachteiligt Männer (BVerwG, 31.1.2002 – 1 C 1.01, NJW 2002, 2045).

Diskriminierungsverbote nach Art. 3 Abs. 3 GG

Art. 3 Abs. 3 GG verbietet jede Benachteiligung und Bevorzugung wegen
- des Geschlechts;
- der Abstammung;
- der Sprache;
- der Heimat und Herkunft;
- der politischen oder religiösen Anschauungen;
- einer Behinderung oder
- der sexuellen Identität.

Beispiele

Polizeirechtliche Kontrollen nach Hautfarbe verstoßen gegen das Diskriminierungsverbot (OVG Koblenz, 29.10.2012 – 7 A 105/12.OVG).
Zur sexuellen Identität siehe www.meingeschlecht.de, Ein Portal für Inter* Trans* und Genderqueere Jugendliche.

Konkretisiert wird das Diskriminierungsverbot im Allgemeinen Gleichbehandlungsgesetz, das insbesondere vor Benachteiligung im Arbeitsverhältnis und im Zivilrechtsverkehr schützt. Hinzuweisen ist auf die Antidiskriminierungsstelle des Bundes (http://www.antidiskriminierungsstelle.de/DE/Home/home_node.html).

Beispiele

Die Aufforderung eines Arbeitgebers, eine ausländische Arbeitnehmerin solle an einem Deutschkurs teilnehmen, verstößt nicht gegen das Allgemeine Gleichbehandlungsgesetz: BAG, 22.6.2011 – 8 AZR 48/10.
Geldentschädigung nach verweigertem Diskobesuch wegen der Hautfarbe: OLG Stuttgart, 12.12.2011 – 10 V 106/11.
Der Vermieter einer Villa für Hochzeiten darf gleichgeschlechtliche Paare nicht durch die Ablehnung der Vermietung benachteiligen: Amtsgericht Köln, 17.6.2014 – 147 C 68/14, NJW–Spezial 2014, 642.

Das Diskriminierungsverbot schließt die Ungleichbehandlung von Ausländern im AufenthaltG und in anderen Gesetzen nicht aus. Jedoch darf ihre Menschenwürde nicht beeinträchtigt werden. Deshalb haben auch Asylbewerber Anspruch auf ein menschenwürdiges Existenzminimum (BVerfG, 18.7.2012 – 1 BvL 10/10).

Teilhabe behinderter Menschen

Sozial- und arbeitsrechtliche Vorschriften zur Förderung der Teilhabe behinderter Menschen sind im SGB IX zusammengefasst. Im Rahmen der gesundheitlichen Eignungsprüfung hat der Dienstherr auch dem Verbot der Benachteiligung behinderter Menschen aus Art. 3 Abs. 2 GG Rechnung zu tragen und kann deshalb eine schwerbehinderte Polizistin mit einer seltenen Herzerkrankung nicht dauerhaft von jeglicher Beförderungsmöglichkeit ausschließen (BVerfG, 10.12.2008 – 2 BvR 2571/07).

### 3.6 Schutz von Ehe und Familie

Institutionelle Garantie

Ehe und Familie stehen unter dem besonderen Schutz des Staates (Art 6 GG)

Sozialrecht

Die institutionelle Garantie von Ehe und Familie wirkt sich insbesondere im Sozialrecht in vielfältiger Weise aus, z. B. in Gewährung von Kindergeld und Kinderzuschlag, Unterhaltsvorschuss, Ausbildungsförderung, Regelbedarfe nach SGB II.
Besonders geschützt werden Schwangere und Mütter (Art. 6 Abs. 4 GG) im Arbeitsrecht durch das Mutterschutzgesetz mit Beschäftigungsverboten, Entgeltsicherung und Kündigungsschutz sowie im Sozialrecht, z. B. Leistungen der Mutterschaftshilfe, Elternzeit und Elterngeld, Kinderkrankengeld, Mutter-Kind-Kuren.

Ausländerrecht

Bei Ausländern bewirkt der Schutz von Ehe und Familie u. a. einen Anspruch auf Nachzug von Familienangehörigen und einen verstärkten Schutz gegen Ausweisung und Abschiebung (BVerfG, 9.1.2009 – 2 BvR 1064/08; VGH Bayern, 26.3.2014 – 10 ZB 12.780).

Sorge für Kinder

Pflege und Erziehung sind das »natürliche Recht« der Eltern. Sie werden dabei grundsätzlich nicht vom Staat überwacht. Der Staat geht davon aus, dass die Eltern die Interessen des Kindes am besten wahrnehmen (BVerfG, 29.1.2010 – 1 BvR 374/09; zur Beschneidung von Knaben § 1631d BGB, BGBl 2012 I, 2749).

»Wächteramt« des Staates

Die staatlichen Maßnahmen zugunsten gefährdeter Kinder sind insbesondere in den Vorschriften des BGB und im SGB VIII geregelt. Nach dem Grundsatz der Verhältnismäßigkeit haben Maßnahmen, die Eltern bei der Erziehung unterstützen, Vorrang vor Maßnahmen, die in das Erziehungsrecht eingreifen (§ 8a SGB VIII, § 1666 BGB; zur Garantenpflicht der SozA/SozP siehe → S. 33 ff.).

Neue Partnerschafts- und Familienformen

Die eingetragene Lebenspartnerschaft gleichgeschlechtlicher Personen wird nicht in gleichem Maße wie die Ehe geschützt, aber zunehmend gleichgestellt.

Beispiele

Sukzessivadoption durch gleichgeschlechtliche Lebenspartner: BVerfG, 19.2.2013 – 1 BvL 1/11.
Zur verfassungswidrigen Ungleichbehandlung beim Ehegattensplitting: BVerfG, 7.5.2013 – 2 BvR 909/06.

Nicht verheiratete Partner könnten in privatrechtlichen Verträgen alle für sie bedeutsamen Regelungen aus dem Eherecht übernehmen. Nicht verheiratete Eltern werden in Beziehung zu ihren Kindern zunehmend Verheirateten gleichgestellt.

Beispiel

Der generelle Ausschluss des Vaters von der Sorge für sein nichteheliches Kind verstößt gegen das grundgesetzlich geschützte Elternrecht des Vaters (BVerfG, 21.7.2010 – 1 BvR 420/09; neue Gesetzeslage seit 19.5.2013 durch das Gesetz zur Reform der elterlichen Sorge nicht miteinander verheirateter Eltern, BGBl I, 795).

## 3.7 Schutz der Versammlungsfreiheit

Die Versammlungsfreiheit wird in Art. 8 GG garantiert.

Beispiele

Das kapitalismuskritische Blockupy-Bündnis teilt der Stadt Frankfurt am Main mit, es werde eine Versammlung auf dem W. Platz mit ca. 20.000 Teilnehmern veranstalten. Motto: »Widerstand im Herzen des europäischen Krisenregimes«. Der anschließende Protestzug soll ins Bankenviertel zur EZB über die Straßen N. und W. geführt werden. Die Stadt bestimmt aus Sicherheitsgründen eine andere Streckenführung.
Das Blockupy-Bündnis beabsichtigt, auf dem Gelände des Flughafens gegen die Abschiebung von Asylbewerbern zu demonstrieren. Die Flughafengesellschaft Fraport verbietet auf Grund ihres zivilrechtlichen Hausrechts die Demonstration auf dem Flughafengelände wegen Störung des Flughafenbetriebs.

Demokratische Tradition

Die kollektive Meinungsbildung und Meinungskundgabe sind unverzichtbarer Teil des demokratischen Rechtsstaats, und zwar auch als Mittel, Staat und Gesellschaft zu verändern.

Träger des Grundrechts

Träger des Grundrechts sind Deutsche. Nicht-EU-Ausländer können sich auf Art. 2 Abs. 1 GG, EU-Ausländer auf Art. 12 Charta der Grundrechte der EU berufen (Michael/Morlok, 168).

Schutz des Versammlungsortes

Die Bürger entscheiden über den Ort, den Zeitpunkt und den Inhalt der Versammlung (BVerfG, 14.5.1985 – 1 BvR 233/81, NJW 1985, 2395). Sie werden z.B. für die Kundgebung und den Demonstrationszug Orte und Einrichtungen (z.B. Bankenviertel, Flughafen) auswählen, wo sie ihr Anliegen am wirksamsten zur Geltung bringen können. Die Versammlungsfreiheit verschafft damit allerdings kein Zutrittsrecht zu beliebigen Orten, sondern nur zu den Orten, wo ein allgemeiner öffentlicher Verkehr eröffnet ist. Dies gilt für Straßen und Plätze, aber auch außerhalb des öffentlichen Straßenraums, wo öffentlicher Verkehr eröffnet ist und Orte allgemeiner Kommunikation entstehen, z.B. Einkaufszentren, Bahnhöfe, Teile von Flughäfen (BVerfG, 22.2.2011 – 1 BvR 699/06).
Das BVerfG hat die unmittelbare Grundrechtsbindung der Flughafengesellschaft, die mehrheitlich von öffentlicher Hand beherrscht wird, über Art. 1 Abs. 3 GG bejaht. Fraport darf deshalb ihr zivilrechtliches Hausrecht nur so ausüben, wie es staatliche Stellen unter Beachtung der Grundrechte können. Das uneingeschränkte Hausverbot verstößt gegen die Versammlungsfreiheit (BVerfG, 22.2.2011 – 1 BvR 699/06; BGH, 1.3.2013 – V ZR 14/12).

Einschränkungen durch Versammlungsgesetz

Für Versammlungen unter freiem Himmel (Art. 8 Abs. 2 GG) beschränkt das Versammlungsgesetz (VersG) die Versammlungsfreiheit. Es geht als Spezialgesetz dem allgemeinen Polizeirecht vor (BVerfG, 10.12.2010 – 1 BvR 1402/06). Das Versammlungsgesetz gilt als Bundesrecht nach Art. 125a GG weiter, soweit nicht Landesgesetze erlassen worden sind, z.B. in Bayern, Niedersachsen, Sachsen.

Anmeldung

Eine öffentliche Versammlung unter freiem Himmel ist 48 Stunden vor Ankündigung der Versammlung anzumelden (§ 14 VersG). Versammlungen bedürfen aber wegen der Bedeutung der Versammlungsfreiheit keiner Erlaubnis.
Die Anmeldung ist bei der sog. Spontanversammlung, deren Zweck die sofortige Zusammenkunft verlangt, verzichtbar. Bei der sog. Eilversammlung, deren Zweck die baldige Zusammenkunft verlangt, ist die Anmeldefrist verkürzt (BVerfG, 23.10.1991 – 1 BvR 850/88, NJW 1992, 890).

Auflagen

Die Versammlungsbehörde kann gemäß § 15 VersG eine Versammlung verbieten oder die Durchführung der Versammlung von Auflagen (= beschränkende Verfügungen = selbständiger Verwaltungsakt, BVerfG, 25.10.2007 – 1 BvR 943/02, NVwZ 2008, 671) abhängig machen, wenn die öffentliche Sicherheit oder Ordnung unmittelbar gefährdet ist. Eine unmittelbare Gefährdung setzt eine Sachlage voraus, die bei ungehindertem Geschehensablauf mit hoher Wahrscheinlichkeit zentrale Rechtsgüter, wie z.B. Leben, Freiheit, Gesundheit, Ehre, Eigentum schädigen wird (BVerfG, 31.1.2008 – 1 BvR 2156/02). Die Behörde muss in der Gefahrprognose konkrete Anhaltspunkte benennen, bloße Verdachtsmomente reichen nicht aus (BVerfG, 20.12.2012 – 1 BvR 2794/10, NVwZ 2013, 570).

Pflicht zur Zusammenarbeit

Der Schutzauftrag des Art. 8 GG verpflichtet die Versammlungsbehörde, mit dem Veranstalter der Versammlung zu klären, wie die Durchführung der Versammlung gesichert werden kann, ohne Rechtsgüter anderer zu gefährden. Je mehr der Veranstalter zu vertrauensbildenden Maßnahmen bereit ist, desto höher wächst die Schwelle für behördliches Eingreifen wegen Gefährdung der öffentlichen Sicherheit und Ordnung (BVerfG, 15.5.1985 – 1 BvR 233, 341/81). Die Weigerung des Anmelders, an einem Kooperationsgespräch teilzunehmen, darf nicht nachteilig gewertet werden (BVerfG, 22.12.2006 – 1 BvQ 41/06, NVwZ 2007, 574).

Beispiele

Plant ein Veranstalter mehrere Versammlungen an einem Tag mit mehrstündigen Blockade- und Besetzungsmaßnahmen von Gebäuden und Verkehrsanlagen und erklärt, für ihn sei es unerheblich, ob die Aktionen legal oder illegal sind, ist die Behörde berechtigt, die geplanten Versammlungen zu verbieten. Das sog. Vollverbot ist rechtmäßig (VGH Kassel, 16.5.2012 – 8 B 1150/12).
Rechtswidrig war die Verfügung gegen Blockupy, die Streckenführung des Demonstrationswegs zu verändern, weil die Behörde eine unmittelbare Gefährdung nicht nachweisen konnte (VGH Kassel, 29.5.2013 – 2 B 1274/139). Die Versammlung durfte auf einem Teil des Flughafens durchgeführt werden, allerdings nur mit 200 Teilnehmern wegen Beeinträchtigung des Flughafenbetriebs (VGH Kassel, 30.5.2013 – 2 B 1287/13).
Rechtmäßig war die zeitliche Verlegung einer Demonstration der NPD vom 27.1.2012 (Tag des Gedenkens der Opfer des NS-Regimes) auf den 28.1.2012 (BVerfG, 27.1.2012 – 1 BvQ 4/12; auch der Gedenktag kommt für eine Demonstration in Betracht, wenn die Versammlung nicht dem Gedenken des Holocaust zuwiderläuft, BVerwG, 26.2.2014 – 6 C 1.13).

Rechtmäßig war die Verlegung des Ortes einer Versammlung, wenn fast über ein Jahr wöchentlich Versammlungen unmittelbar vor dem Wohnhaus ehemaliger Sexualstraftäter durchgeführt wurden und dadurch ein Vertreibungsdruck erzeugt wurde (OVG Magdeburg, 25.4.2012 – 3 M 100/12, 8.6.2012 – 3 M 292/12).

Die Auflage, dass die Teilnehmer einer Versammlung vor Beginn der Veranstaltung polizeilich durchsucht werden, bedeutet einen Eingriff in die Versammlungsfreiheit. Sie ist geeignet, einschüchternde Wirkung zu entfalten und damit potentielle Versammlungsteilnehmer von einer Teilnahme abzuhalten (BVerfG, 12.5.2010 – 1 BvR 2636/04). Dies gilt auch für das Bereithalten einer ausgefahrenen Beobachtungskamera der Polizei ohne konkreten Anlass (VG Hannover, 14.7.2014 – 10 A 226/13).

Angekündigte gewalttätige Gegendemonstrationen sind kein Grund für ein Versammlungsverbot. In solchen Fällen müssen sich die behördlichen Maßnahmen primär gegen den Störer richten (BVerfG, 12.5.2010 – 1 BvR 2636/04).

## 3.8 Schutz des Brief-, Post- und Fernmeldegeheimnisses

Das Brief-, Post- und Fernmeldegeheimnis wird durch Art. 10 GG geschützt. Das Grundrecht schützt die Vertraulichkeit der Kommunikation, indem es Dritten verbietet, Informationen, die nicht für sie bestimmt sind, zu lesen, zu hören oder sich sonst wie zu verschaffen. Für die soziale Arbeit hat es große Bedeutung; denn es sichert die ungestörte Kommunikation zwischen den Klienten und den SozA/SozP.

Briefgeheimnis

Das Briefgeheimnis wird durch § 202 StGB besonders geschützt. Danach macht sich strafbar, wer Briefe, die nicht an ihn gerichtet sind, ohne Einwilligung des Absenders öffnet.

Postgeheimnis

Das Postgeheimnis erfasst alle Dienstleistungen der Post (auch Päckchen, Pakete) und erstreckt sich nicht nur auf den Inhalt der Sendung, sondern auch auf die Übermittlung zwischen bestimmten Personen (§ 206 StGB).

Beispiel

Die Abteilungsleiterin fordert die Sozialarbeiterinnen ihrer Abteilung auf, ihr eine »Postvollmacht« zu erteilen, d.h. sich damit einverstanden zu erklären, dass die an die Sozialarbeiterinnen persönlich gerichteten Briefe geöffnet und zunächst der Abteilungsleiterin vorgelegt werden.

Fernmeldegeheimnis

Das Fernmeldegeheimnis schützt die Vertraulichkeit der mittels Telefon, Computer, Handy ausgetauschten Informationen und die näheren Umstände des Kommunikationsvorgangs (zur Vorratsdatenspeicherung BVerfG, 2.3.2010 – 1 BvR 256/08; zur Ungültigkeit der EU-Richtlinie zur Vorratsdatenspeicherung EuGH, 8.4.2014 – C-293/12 und C-594/12).

Beispiele

Das Fernmeldegeheimnis wird verletzt, wenn ein Dritter Telefongespräche mithört oder aufzeichnet. Auf den Inhalt des Gesprächs kommt es nicht an. Auch das Mithören dienstlicher Gespräche durch den Arbeitgeber ist unzulässig (BVerfG, 19.12.1991 – 1 BvR 382/85, NJW 1992, 815).

Grenzen nur durch Gesetz

Einschränkungen des Grundrechts dürfen nur auf Grund eines Gesetzes angeordnet werden (Art. 10 Abs. 2 GG).
Gesetzliche Einschränkungen sehen z.B. Strafvollzugsgesetz (§§ 29 ff.), Justizvollzugsgesetzbuch Baden-Württemberg (§ 27), die Strafprozessordnung (§ 100a f., akustische Wohnraumüberwachung gemäß § 100c StPO), die Landesgesetze über die Unterbringung psychisch Kranker (z. B. § 22 PsychKG NRW) vor.
Das SGB VIII enthält keine gesetzliche Einschränkung; eine Briefzensur aus erzieherischen Gründen ist unzulässig (BVerfG, 31.5.2006 – 2 BvR 1673/04).

Nicht durch Heimordnungen

Regelungen in Heim- und Hausordnungen sind grundsätzlich unzulässig, die Eingriffe in das Brief- und Fernmeldegeheimnis vorsehen. Sie können ausnahmsweise, insbesondere bei Kleinkindern, durch das elterliche Erziehungsrecht gedeckt sein, ansonsten aber nur, wenn dadurch eine akute und erhebliche, nicht anders abwendbare Gefahr für ein höherwertiges Rechtsgut besteht (§ 34 StGB).

## 3.9 Berufsfreiheit

Nach Art. 12 Abs. 1 Satz 1 GG haben alle Deutschen das Recht, Beruf, Arbeitsplatz und Ausbildungsstätte frei zu wählen.

Kein Recht auf Arbeit

Art. 12 GG verleiht keinen Rechtsanspruch auf Arbeit. Jedoch ist der Staat verpflichtet, das Grundrecht weitest möglich zu verwirklichen, z. B. durch Arbeitsvermittlung und Arbeitsförderung (SGB II und SGB III).

Freiheit der Berufswahl

Die Freiheit der Berufswahl gemäß Art. 12 Abs. 1 Satz 1 GG darf nur zum Schutz eines überragend wichtigen Gemeinschaftsgutes eingeschränkt werden. Je mehr sich eine Regelung auf die Berufswahl auswirkt, umso strengere Anforderungen sind an ihre Erforderlichkeit zu stellen.
Die Freiheit der Berufswahl wird tangiert, wenn Agenturen für Arbeit/Sozialämter, Geldleistungen an Arbeitslose verweigern, die es ablehnen, an solchen Qualifizierungskursen teilzunehmen bzw. Arbeitsangebote anzunehmen, die es ihnen erschweren oder unmöglich machen würden, einen dem Leistungsvermögen angemessenen Ausbildungs- bzw. Arbeitsplatz zu finden (Karmanski in: Brand, Rn. 64 zu § 159).
Werden personenbezogene Dienstleistungen, wie sie typischerweise von SozA/SozP erbracht werden, Arbeitslosen zugemutet, ergeben sich Grenzen der Zumutbarkeit aus der Art der Tätigkeit: Unzumutbar ist jede Tätigkeit, die von dem Arbeitslosen abgelehnt wird, weil er nicht erzieherisch, pflegend, sozialarbeiterisch oder in sonstiger Weise mit Menschen arbeiten kann oder will.

Beispiel

Einer Mutter mit einem zweijährigen Kind darf nicht zugemutet werden, mehrere Kinder als Tagesmutter zu übernehmen, weil die zwangsweise Verpflichtung zur Betreuung und Erziehung von Kindern ein Eingriff in die Persönlichkeitssphäre der Mutter darstellt. Außerdem widerspricht es jedweder Pädagogik, von Menschen angemessene, qualifizierte Erziehungsleistungen zu erwarten, die dazu nicht bereit sind (OVG Münster, 10.4.2000, info also 2000, 150).

Im Gegensatz zur Berufswahl kann die Berufsausübung durch Gesetz eingeschränkt werden. Für die Angehörigen sozialer Berufe ergeben sich Einschränkungen, z.B. durch das Rechtsdienstleistungsgesetz, das Psychotherapeutengesetz, gesetzliche Schweige- und Datenschutzvorschriften sowie durch Strafvorschriften.
Für freie Träger der Jugend- und Sozialhilfe stellt jede Regelung einen Eingriff in das Grundrecht dar, die bewirkt, dass eine berufliche Tätigkeit nicht in der gewünschten Weise ausgeübt werden kann.

Freiheit der Berufsausübung

Macht ein öffentlicher Träger die Gewährung von Zuwendungen davon abhängig, dass er das Recht erhält, freie Plätze in der Einrichtung zu belegen, greift er in das Grundrecht des freien Trägers ein. Der Eingriff kann bei überwiegendem öffentlichen Interesse gerechtfertigt sein (BVerfG, 17.10.2007 – 2 BvR 1095/05).

Beispiel

Arbeitszwang und Zwangsarbeit werden durch Art. 12 Abs. 2, 3 GG grundsätzlich verboten. Nach Art. 12 Abs. 3 GG ist Zwangsarbeit bei einer gerichtlich angeordneten Freiheitsentziehung nur zulässig, wenn die Vollzugsbehörden die öffentlich-rechtliche Verantwortung für die Gefangenen behalten.
Im Jugendstrafverfahren sind Weisungen bzw. Bewährungsauflagen zulässig, die begrenzt zu Arbeitsleistungen verpflichten (BVerfG, 13.1.1987 – 2 BvR 209/84).
Überwiegend wird von den Gerichten verneint, dass unzulässiger mittelbarer Zwang ausgeübt wird, wenn das Arbeitslosengeld II gemäß § 31a SGB II gekürzt wird, weil der Betroffene einen Ein-Euro-Job abgelehnt hat (dazu Berlit in: Stahlmann, Ein-Euro-Jobs, §§ 88 ff. und § 99 m.w.N.). Unzulässiger mittelbarer Zwang liegt aber jedenfalls dann vor, wenn die aufgegebene Tätigkeit unter keinem Gesichtspunkt die Eingliederung in Arbeit fördert, weil Arbeitsagenturen nur zu Maßnahmen verpflichten dürfen, die für die Eingliederung in Arbeit im Einzelfall erforderlich und zumutbar sind (§ 14 SGB II).

Arbeitszwang und Zwangsarbeit

## 3.10 Unverletzlichkeit der Wohnung

Die Wohnung ist als letztes Refugium ein Mittel zur Wahrung der Menschenwürde. Dies verlangt zwar nicht einen absoluten Schutz der Räume der Wohnung, wohl aber absoluten Schutz des Verhaltens in den Räumen, soweit es sich als individuelle Entfaltung des Kernbereichs privater Lebensgestaltung darstellt (BVerfG, 3.3.2004 – 1 BvR 2378/98).
Der Schutzbereich des Art. 13 GG umfasst außer Wohnräumen Krankenzimmer im Krankenhaus, ferner Hotelzimmer sowie Zimmer in Wohnheimen, Altenheimen und Bildungsstätten (BVerfG, 5.5.2008 – 2 BvR 1801/06; EGMR, 9.4.2009 – 19856/04).

Schutz der privaten Lebensgestaltung

Geschützte Räume

Geschützt sind auch Arbeits-, Betriebs- und Geschäftsräume freier Träger. Jedoch ist der Schutz öffentlich zugänglicher Geschäfts-, Arbeits- und Versammlungsräume freier Träger gegenüber der Polizei eingeschränkt. Außerdem bestehen nach Art. 13 Abs. 3 GG in Verbindung mit spezialgesetzlichen Vorschriften Zutrittsrechte verschiedener Behörden.

Beispiel

Unzulässig ist die Durchsuchung von Geschäftsräumen, um aus Beratungsunterlagen Rückschlüsse auf den Inhalt der Beratung von Personen zu ziehen, die einer Straftat verdächtig sind (BVerfG, 18.3.2009 – 2 BvR 1036/08).

Erforderlich zur Rechtfertigung eines Eingriffs in die Unverletzlichkeit der Wohnung zum Zwecke der Strafverfolgung ist der Verdacht, dass eine Straftat begangen wurde. Dieser Verdacht muss auf konkreten Tatsachen beruhen; vage Anhaltspunkte und bloße Vermutungen reichen nicht aus (BVerfG, 13.5.2014 – 2 BvR 9/10; 15.8.2014 – 2 BvR 969/14).

Durchsuchungen sind schwerwiegende Eingriffe in die grundrechtlich geschützte Lebenssphäre, die nur durch den Richter – bei Gefahr im Verzuge durch Staatsanwaltschaft und Polizei – auf gesetzlicher Grundlage angeordnet werden dürfen (§§ 102 ff. StPO).

Hausbesuch

Die Duldung eines Hausbesuchs gehört nicht zu den Mitwirkungspflichten nach §§ 60 ff. SGB I. Ein Hausbesuch ist allenfalls zulässig, wenn Tatsachen klärungsbedürftig sind, die nur durch den Hausbesuch geklärt werden können und wenn die Bewohner vorher über die klärungsbedürftigen Tatsachen informiert worden sind (§ 67a Abs. 1 und 3 SGB X; LSG Bayern, 11.3.2011 – L 7 AS 83/11 B ER; LSG Mainz, 2.7.2014 – L 3 AS 315/14 B ER).

Sonstige Eingriffe

Das Jugendamt darf zur Überprüfung einer Jugendhilfeeinrichtung Grundstücke und Räume betreten und die Beschäftigten befragen (§ 46 SGB VIII).
Die Heimaufsicht hat ein weitgehendes Betretungsrecht. Ausgenommen sind aber dem Hausrecht der Bewohner unterliegende Räume (§ 15 HeimG; landesrechtliche Regelungen, z.B. § 22 Abs. 3 Wohn- und Betreuungsgesetz Bremen).

Rechtsanspruch auf Verschaffung einer Wohnung?

Ein allgemeiner Rechtsanspruch auf Verschaffung einer Wohnung wird überwiegend nicht anerkannt (BVerwG, 6.9.1974 – 1 C 17.73; VGH Mannheim, 22.2.1990 – 1 S 151/90). Er besteht aber für Menschen mit besonderen sozialen Schwierigkeiten im Sinne des § 67 SGB XII, wenn diese sonst keine Wohnung erlangen könnten (Bieback in: Grube/Wahrendorf, SGB XII, § 68 Rn. 22).

## 3.11 Grundrecht auf Asyl

Im Jahre 2013 wurden 127.023 Anträge auf Anerkennung als Asylberechtigte gestellt. 2012 waren es 77.651 Anträge (Bundesamt für Migration und Flüchtlinge, www.bamf.de). Im Kontext der weltpolitischen Lage ist bei den Anträgen auf Asyl immer mit Schwankungen zu rechnen (htpp://www.proasyl.de/themen/zahlen-und-fakten/). Im Jahre 1992 wurden 303.196 Anträge auf Anerkennung als Asylberechtigte gestellt, so dass sich der Anstieg der Anträge von 2012 zu 2013 relativiert.

Das Grundrecht auf Asyl setzt eine politische Verfolgung voraus (Art. 16a Abs. 1 GG). Migranten, die aus Nichtverfolgerstaaten oder über rechtsstaatlich qualifizierte Drittstaaten einreisen, wird aber kein Asyl gewährt (Art. 16a Abs. 2 und 3 GG).

Politische Verfolgung

Eine politische Verfolgung liegt vor, wenn das Leben oder die Freiheit eines Ausländers in seinem Staat wegen seiner Rasse, Religion, Staatsangehörigkeit, seiner Zugehörigkeit zu einer bestimmten sozialen Gruppe, wegen seiner politischen Überzeugung oder wegen seines Geschlechts bedroht ist. Die Bedrohung kann vom Staat, von Parteien oder Organisationen, die den Staat oder wesentliche Teile des Staatsgebietes beherrschen, oder von nichtstaatlichen Akteuren ausgehen. Der Abschiebungsschutz ist ausgeschlossen, wenn eine inländische Fluchtalternative besteht (§ 60 Abs. 1 Satz 4 AufenthG; Genfer Flüchtlingskonvention).

Abschiebungsschutz

Von der Abschiebung eines Ausländers in einen anderen Staat ist abzusehen, wenn er dort als Angehöriger der Zivilbevölkerung einer erheblichen individuellen Gefahr für Leib oder Leben im Rahmen eines internationalen oder innerstaatlichen bewaffneten Konflikts ausgesetzt ist (§ 60 Abs. 7 Satz 1 AufenthG). Diese Regelung führt dazu, dass viele Asylbewerber, die nicht anerkannt werden, kürzere oder längere Zeit oder unbegrenzt in der BRD bleiben dürfen.

Beispiele

Nicht abgeschoben werden darf ein Ausländer, der an einer schweren Krankheit leidet, die in seinem Heimatland nicht behandelt werden kann (BVerwG, 11.9.2007 – 10 C 8.07, NVwZ 2008, 330).
Die Gefahr einer Genitalverstümmelung schließt die Abschiebung einer Frau aus (VGH Kassel, 23.3.2005 – 3 UE 3457/04.A, NVwZ-RR 2006, 504).

Kirchenasyl

Angesichts des Anstiegs der Anträge auf Anerkennung als Asylberechtigte hat auch die Bedeutung des Kirchenasyls zugenommen. Das Kirchenasyl unterscheidet sich rechtlich nicht von irgendeiner anderen privaten Unterbringung. Es gibt keine Sonderrechte für die Kirchen. Die Kirchenasylaktivisten beanspruchen aber keine Rechtsfreiheit für sich, sondern wollen durch ihr Verhalten auf die prekäre Lage der von Abschiebung Bedrohten aufmerksam machen, wenn begründete Zweifel an einer gefahrlosen Rückkehr bestehen (www.kirchenasyl.de).

Asylbewerberleistungen statt Sozialhilfe

Eine erhebliche Ungleichbehandlung, die Asylbewerber davon abhalten soll, die BRD aufzusuchen, bewirkt das Asylbewerberleistungsgesetz. Es schließt u.a. Asylbewerber und Bürgerkriegsflüchtlinge von der Sozialhilfe aus und sieht die Unterbringung in einer Gemeinschaftsunterkunft und die Deckung des sonstigen Lebensbedarfs durch Sachleistungen an der Grenze des Existenzminimums vor.
Das BVerfG hat festgestellt, dass Asylbewerber Anspruch auf ein menschenwürdiges Existenzminimum haben. Es hat den Gesetzgeber verpflichtet, unverzüglich eine Neuregelung zur Sicherung des menschenwürdigen Existenzminimums zu treffen. Bis zu deren Inkrafttreten sind Asylbewerbern im Anwendungsbereich des Asylbewerberleistungsgesetzes Geldleistungen entsprechend den Regelungen des SGB II und SGB XII zu gewähren (BVerfG, 18.7.2012 – 1 BvL 10/10; Informationen zum Ausländer- und Asylrecht: www.asyl.net). Das Gesetz zur Änderung des Asylbewerberleistungsgesetzes und des Sozialgerichtsgesetzes vom 3.12.2014 (BGBl. I, 2187) tritt im Wesentlichen zum 1.3.2015 in Kraft (Art. 3).

## 4 Verfassungsrechtliche Grundentscheidungen

= Grundlagen des Verwaltungsrechts

Neben den Grundrechten sind einige verfassungsrechtliche Grundentscheidungen für jede Verwaltungstätigkeit von solcher Bedeutung, dass sie auch allgemeine materielle Grundsätze des Verwaltungsrechts genannt werden.

### 4.1 Grundsatz der Gesetzmäßigkeit der Verwaltung

Der Grundsatz der Gesetzmäßigkeit bedeutet, dass alle Verwaltungsmaßnahmen an Recht und Gesetz gebunden sind. Dieser Grundsatz hat Verfassungsrang (Art. 20 Abs. 3 GG).
Aus ihm lassen sich zwei Grundsätze ableiten:
- der Vorbehalt des Gesetzes und
- der Vorrang des Gesetzes.

Vorbehalt des Gesetzes

Wesentlichkeitstheorie

Der Grundsatz des Vorbehalts des Gesetzes besagt, dass der Gesetzgeber alle wesentlichen Fragen, die den Bürger unmittelbar betreffen oder für die gesamte Gesellschaft von erheblicher Bedeutung sind, selbst entscheiden muss und nicht der Verwaltung zur Entscheidung überlassen darf (sog. Wesentlichkeitstheorie, BVerfG, 10.11.2009 – 1 BvR 1178/07).
Wesentliche Maßnahmen in diesem Sinne sind in erster Linie Entscheidungen, bei denen es um die Verwirklichung der Grundrechte geht, sei es bei Eingriffen oder bei Leistungen, oder bei denen es um gesamtgesellschaftliche Fragen von erheblichem politischen Gewicht geht (BVerfG, 31.5.2006 – 2 BvR 1673/04: Jugendstrafvollzug; inzwischen Zuständigkeit der Länder gemäß Art. 125a GG, z.B. Jugendstrafvollzugsgesetz NRW).

Wesentliche Maßnahmen sind nur rechtmäßig, wenn sie auf gesetzlicher Grundlage (Gesetz oder mit gesetzlicher Ermächtigung erlassene Rechtsnorm) ergehen und die Grundrechte nur im zulässigen Umfang einschränken.

Wesentliche Maßnahmen können u.a. sein:

Wesentliche Maßnahmen

- **Eingriffe in die Rechts- und Freiheitssphäre** einer natürlichen oder juristischen Person, d.h. Maßnahmen, die zu einem Tun, Dulden oder Unterlassen verpflichten bzw. ein Recht entziehen oder einschränken.

  Beispiele

  Briefzensur im Strafvollzug (BVerfG, 31.5.2006 – 2 BvR 1673/04). Schulausschluss wegen Tätlichkeit (VGH Mannheim, 28.7.2009 – 9 S 1077/09).

- **Entscheidungen über Sozialleistungen.**
  Die Begründung, Feststellung, Änderung oder Aufhebung von Rechten und Pflichten nach dem SGB sind nur zulässig, soweit ein Gesetz sie vorschreibt oder zulässt (§ 31 SGB I).

- **Regelung von Geldzuschüssen oder anderen Leistungen.**
  Verwaltungsbehörden sind ohne eine entsprechende inhaltlich bestimmte Ermächtigung durch den Gesetzgeber gemäß Art. 80 GG nicht befugt, Vorschriften darüber zu erlassen, ob, an wen und in welchem Umfang Leistungen gewährt werden.

  Beispiel

  Die Festsetzung von Zuwendungen durch Verwaltungsvorschrift ist unwirksam (BVerwG, 12.9.2013 – 5 C 33.12).

  Bei sonstigen steuerfinanzierten Subventionen soll als Rechtsgrundlage das Haushaltsgesetz bzw. die Haushaltssatzung in Verbindung mit dem Haushaltsplan ausreichen. Dies ist in der Rechtsprechung grundsätzlich akzeptiert, aber wegen des Gesetzesvorbehalts problematisch (BbgVerfG, 24.4.2012 – VfGbg 47/11).

Vorrang des Gesetzes

Aus dem Vorrang des Gesetzes ergibt sich, dass jede Verwaltungsmaßnahme mit Recht und Gesetz in Einklang stehen muss, also nicht gegen gültige Rechtssätze verstoßen darf. Deshalb haben die Verwaltung und deren Angehörige die Grundrechte, Gesetze, Rechtsverordnungen, Satzungen und ein etwaiges Gewohnheitsrecht zu beachten.

Beispiel

Rechtswidrig handelt die Bundespolizei, wenn sie einen Bürger in vorläufigen Polizeigewahrsam nimmt, um eine Gefahrprognose zu treffen. Nach § 39 BPolG ist eine konkrete Gefahr Voraussetzung für die freiheitsbeschränkende Ingewahrsamnahme. Die Entziehung der Freiheit zur Erforschung einer Gefahr sieht das Gesetz nicht vor (OLG München, 9.8.2007 – 34 Wx 031/07; zur unverhältnismäßigen Freiheitsentziehung durch die Polizei zum Zwecke der Identitätsfeststellung: BVerfG, 8.3.2011 – 1 BvR 47/05).

Bestimmtheitsgrundsatz

Gesetze müssen inhaltlich so klar und bestimmt sein, dass der Bürger die Rechtslage erkennen und die ausführende Verwaltung für ihr Verhalten steuernde und begrenzende Handlungsmaßstäbe ableiten kann. Anlass, Zweck und Grenzen des Eingriffs müssen in der Ermächtigung grundsätzlich bereichsspezifisch, präzise und normenklar festgelegt werden (BVerwG, 27.6.2013 – 3 C 7.12).

## 4.2 Grundsatz der Verhältnismäßigkeit

Beispiel

Unverhältnismäßig ist es, einen hochqualifizierten Arbeitslosen zu verpflichten, sich auf gering qualifizierte Tätigkeiten zu bewerben, wenn noch Chancen auf einen adäquaten Arbeitsplatz bestehen.

Grundlage: Rechtsstaatsprinzip

Der Grundsatz der Verhältnismäßigkeit wird aus dem Rechtsstaatsprinzip abgeleitet und hat Verfassungsrang. Er hat besondere Bedeutung bei Eingriffen in die Freiheitssphäre der Betroffenen und bei Ermessensentscheidungen, weil er die Befugnis der Verwaltung zu belastenden Maßnahmen erheblich beschränkt. Auch scheinbar durch das Gesetz gedeckte Maßnahmen und Ermessensentscheidungen sind rechtswidrig, wenn sie gegen den Grundsatz der Verhältnismäßigkeit verstoßen. Deshalb ist die Verwaltung verpflichtet, vor jeder Maßnahme sorgfältig zu prüfen, ob die Maßnahme den folgenden drei Geboten bzw. Verboten entspricht, die den Grundsatz der Verhältnismäßigkeit konkretisieren:
- das Gebot der Geeignetheit;
- das Verbot des Übermaßes und
- das Gebot der Angemessenheit.

Geeignetheitsgebot

Nur die Maßnahmen sind zulässig, die geeignet sind, den angestrebten Zweck zu erreichen.

Beispiele

Wird ein Asylbewerber in Abschiebungshaft genommen, obwohl er nicht abgeschoben werden darf, so ist diese Maßnahme nicht geeignet, den gesetzlichen Zweck, die Sicherung der Abschiebung, zu erreichen.
Einem chancenlosen Arbeitsuchenden dürfen nicht intensive Eigenbemühungen auferlegt werden.

Übermaßverbot

Kann die Verwaltung ein bestimmtes Ziel durch verschiedene Maßnahmen erreichen, so darf sie nur die auswählen, die den Betroffenen oder die Allgemeinheit am wenigsten beeinträchtigen und zur Erreichung des Ziels unerlässlich sind (sog. Erforderlichkeit).

Beispiele

Gefährdet ein psychisch Kranker weder sich noch andere, so ist eine geschlossene Unterbringung zu seiner Behandlung nicht erforderlich.
Die Duldung eines Hausbesuchs darf nicht verlangt werden, wenn die vom Sozialhilfeträger für erforderlich gehaltenen Informationen auch durch Auskunft des Betroffenen bzw. Vorlage von Belegen erlangt werden können (BSG, 19.9.2008 – B 14 AS 45/07 R).

Der Schaden, der durch eine rechtmäßige Maßnahme entsteht, darf nicht erkennbar im Missverhältnis zu dem angestrebten und erreichbaren Erfolg stehen.

Angemessenheitsgebot

Gegen das Angemessenheitsgebot verstößt die einem Alg II-Empfänger auferlegte Verpflichtung, in einem »persönlichen Aktivitätenkalender« täglich sämtliche Bewerbungsbemühungen zu dokumentieren und sich persönliche Vorstellungen vom jeweiligen Arbeitgeber mit Unterschrift und Stempel bestätigen zu lassen (LfD NRW, SRa 2006, 87).

Beispiel

Die Grenzen für den staatlichen Eingriff sind durch Abwägung der in Betracht kommenden Interessen des Betroffenen und der Interessen der Verwaltung zu ermitteln. Führt die Abwägung zu dem Ergebnis, dass die Interessen der Betroffenen im konkreten Fall ersichtlich wesentlich schwerer wiegen als diejenigen Belange, deren Wahrung die staatliche Maßnahme dient, so verletzt der Eingriff den Grundsatz der Verhältnismäßigkeit (BVerfG, 1.4.2008 – 1 BvR 1620/04).

Abwägung der Interessen

Besteht der Verdacht einer Straftat gegen einen Beratenen, ist die Durchsuchung von Beratungsunterlagen Unverdächtiger auch in Hinblick auf das Beratungsgeheimnis unverhältnismäßig (BVerfG, 18.3.2009 – 2 BvR 1036/08; 13.5.2014 – 2 BvR 9/10).

Beispiel

Die Verpflichtung der Leistungsverwaltung, bei ihren Maßnahmen dem Wunsch und der Wahl des Berechtigten zu entsprechen, ist allgemein in § 33 Satz 2 SGB I und zusätzlich in besonderen Vorschriften festgelegt (§ 2 Abs. 2–4 SGB II; § 5 SGB VIII; § 9 SGB IX; § 9 Abs. 2 SGB XII.).
Das Wunsch- und Wahlrecht wird verfassungsrechtlich durch die allgemeine Handlungsfreiheit (Art. 2 Abs. 1 GG) und den Gleichheitssatz (Art. 3 GG) geschützt (BVerwG, 21.1.2010 – 5 CN 1.09). Es ist auf die Berücksichtigung der Wünsche beschränkt, deren Erfüllung keine unverhältnismäßigen Mehrkosten verursacht. Es darf weder vom Gesetzgeber noch von der Verwaltung unverhältnismäßig eingeschränkt werden.

Wunsch- und Wahlrecht des Bürgers = Verfassungsgebot

Verfassungsrechtlich unzulässig sind deshalb Maßnahmen der Verwaltung, die dazu führen, dass dem Berechtigten keine Wahlmöglichkeit mehr bleibt, z. B. wenn die Verwaltung aufgrund einer Ausschreibung nur mit dem billigsten Anbieter eine Leistungsvereinbarung abschließt oder wenn sie einem freien Träger Gebietsschutz für den Sozialraum gewährt (OVG Berlin, 4.4.2005 – 6 S 415.04, 67).

Beispiel

Ein Wunsch- und Wahlrecht besteht nur, wenn mehrere bedarfsgerechte Leistungen zur Wahl stehen. Dementsprechend kann der Sozialleistungsträger nicht auf eine billigere Leistung verweisen, die nicht bedarfsgerecht ist.

Unzulässig ist es, einen seelisch behinderten Menschen, der die für ihn bedarfsgerechte Betreuung in einer Wohngemeinschaft wünscht, auf die kos-

Beispiel

tengünstigere stationäre Unterbringung in einem Heim für geistig behinderte Menschen zu verweisen (§ 9 SGB IX, LSG Niedersachsen-Bremen, 2.2.2009 – L 8 SO 59/08 ER).

Nicht nur im Sozialleistungsrecht, sondern in allen Rechtsbereichen hat wegen des verfassungsrechtlichen Gebots die Verwaltung bei Ermessensentscheidungen und Entscheidungen, bei denen sie einen Beurteilungsspielraum hat, dem Wunsch des Betroffenen zu entsprechen, wenn kein sachlicher Grund besteht, anders zu entscheiden.

## 5 Landesverfassungsrecht

Die Landesverfassungen sind die höchsten Rechtsnormen des jeweiligen Bundeslandes. Sie stehen aber wie alle landesrechtlichen Rechtsvorschriften im Rang unter dem Recht der EU und dem Bundesrecht (Art. 31 GG).
Große Bedeutung für die Verwaltungspraxis haben sie in den alten Bundesländern nicht erlangt.
Die Verfassungen einiger Bundesländer enthalten Regelungen, die sozialpolitische Staatsziele formulieren und dadurch das bundesverfassungsrechtliche Sozialstaatsgebot konkretisieren:

Beispiele

NRW: »Jedermann hat ein Recht auf Arbeit« (Art. 24 Verfassung des Landes NRW).
Brandenburg: »Das Land ist verpflichtet, im Rahmen seiner Kräfte durch eine Politik der Vollbeschäftigung und Arbeitsförderung für die Verwirklichung des Rechts auf Arbeit zu sorgen, welches das Recht jedes Einzelnen umfasst, seinen Lebensunterhalt durch frei gewählte Arbeit zu verdienen« (Art. 48 Abs. 1 Verfassung des Landes Brandenburg).

Einklagbare subjektive Rechte räumen diese Verfassungsvorschriften dem Einzelnen nicht ein (Kutscha, ZRP 1993, 339).

## 6 Rechtsquellen

Beispiele

Ein nach einem Wegeunfall schwerbehinderter Mensch fragt den Krankenhaussozialarbeiter, ob und welche Sozialleistungen er zukünftig beanspruchen kann, um sich und seine Familie zu unterhalten.
Ein Arbeitsloser, gegen den die Agentur für Arbeit eine Sperrzeit von 12 Wochen verhängt hat, ist damit nicht einverstanden.
Ein Sozialarbeiter, der in einem Projekt für arbeitslose Jugendliche arbeitet, erhält den Auftrag zu ermitteln, welche von den zahlreichen bestehenden Förderungsmöglichkeiten am günstigsten sind.

## 6.1 Gesetze

Rechtsgrundlage für alle wesentlichen Regelungen

Die Gesetze sind nach dem Verfassungsrecht die bedeutsamsten Rechtsvorschriften. Sie sind als Rechtsgrundlage für alle wesentlichen Fragen des Lebens in der staatlichen Gemeinschaft sowohl für Eingriffe in die Freiheitssphäre als auch für die Gewährung und Entziehung von staatlichen Leistungen erforderlich. Außerdem ist in den Verfassungen vorgesehen, dass der Bundestag bzw. die Landesparlamente bestimmte besonders bedeutsame Beschlüsse in Gesetzesform zu fassen hat. Der SozA/SozP muss also bei jedem Eingriff bzw. jeder Leistung die einschlägige gesetzliche Vorschrift auffinden und prüfen, ob diese im konkreten Fall den Eingriff rechtfertigt bzw. einen Leistungsanspruch begründet.

Beispiele

Für die Ermittlung der Sozialleistungen eines schwerbehinderten Arbeitnehmers ist zweckmäßigerweise der Katalog der Sozialleistungen in §§ 18–29 SGB I durchzuarbeiten. In Betracht kommen u. U. Leistungen der gesetzlichen Kranken-, Renten- und Unfallversicherung, Arbeitslosengeld, Kindergeld und Kinderzuschlag und evtl. ergänzende Leistungen nach dem SGB XII.
Die Agentur für Arbeit darf eine Sperrzeit nur verhängen, wenn die Voraussetzungen des § 159 SGB III erfüllt sind.

Überholte Terminologie

Der Begriff des Gesetzes ist mehrdeutig. Die überkommene Unterscheidung zwischen formellen und materiellen Gesetzen ist der sozialstaatlichen Gesetzgebung nicht angemessen, findet sich aber noch in der Literatur und Rechtsprechung und ist deshalb für das Verständnis wichtig.

Gesetze im materiellen Sinne

Gesetze im materiellen Sinne sind alle Rechtsvorschriften, die für eine unbestimmte Vielzahl von Personen (generell) zur Regelung einer unbestimmten Vielzahl von Sachverhalten (abstrakt) Rechte und Pflichten begründen.
Zu ihnen gehören die vom Parlament im Gesetzgebungsverfahren beschlossenen Rechtsvorschriften, z.B. das SGB mit seinen zwölf Büchern, das Aufenthaltsgesetz, das Asylverfahrensgesetz, die Polizeigesetze der Länder, aber auch Rechtsverordnungen und Satzungen der Selbstverwaltungsorgane.

Gesetze im formellen Sinne

Gesetze im formellen Sinne sind gleichzeitig Gesetze im materiellen Sinne, wenn sie – was meist der Fall ist – Rechte und Pflichten durch eine abstrakt-generelle Regelung begründen. Alle vom Parlament nach den Regeln des Gesetzgebungsverfahrens beschlossenen Hoheitsakte sind Gesetze im formellen Sinne.

Beispiel

Ein formelles Gesetz von besonderer Bedeutung ist das Haushaltsgesetz und der Haushaltsplan. Durch den Haushaltsplan ermächtigt das Parlament die Verwaltung, Ausgaben in der im Haushaltsplan festgesetzten Höhe für den festgelegten Zweck zu leisten, z. B. Zuschüsse für den Bau von Altentagesstätten.

Ob die Verwaltung nach pflichtgemäßem Ermessen über die Zuschussgewährung entscheiden darf, wenn das Parlament nicht bestimmt hat, welche Personen unter welchen Voraussetzungen Zuwendungen in bestimmter Höhe erhalten sollen, ist zweifelhaft; denn die im SGB geregelten Begünstigungen sollen nicht im freien Ermessen der öffentlichen Verwaltung stehen, sondern sind dazu bestimmt, den sozialen Rechtsstaat zu verwirklichen (BT-Drs. 7/868, 27).
Aus dem Gesetz über den Haushaltsplan kann einerseits ein Bürger/Verein keinen Anspruch auf einen bestimmten Zuschuss ableiten. Anderseits kann der Haushaltsplan gesetzliche Ansprüche nicht einschränken oder ausschließen (§ 3 Abs. 2 BHO und entsprechende Länderregelungen; BVerfG, 22.10.1974 – 1 BvL 3/72, NJW 1975, 254).

### 6.2 Rechtsverordnungen

Ermächtigung durch Gesetz

Der Bundes- bzw. Landesgesetzgeber kann durch ausdrückliche Gesetzesbestimmung ein Regierungs- oder Verwaltungsorgan ermächtigen, Rechtsverordnungen zu erlassen (für den Bund Art. 80 GG).

Durchführung und Ausführung von Gesetzen

Rechtsverordnungen werden zur Durchführung und Ausführung von Gesetzen erlassen. Sie konkretisieren oft Rechte und Pflichten des Bürgers und nehmen dadurch der Verwaltung die Möglichkeit, bei nicht eindeutiger Regelung im Gesetz eine den Bürger benachteiligende Auslegung zu vertreten.

Beispiel

In der Arbeitslosengeld II/Sozialgeld-Verordnung – Alg II-V sind die Berechnung von Einkommen und die Nichtberücksichtigung von Einkommen und Vermögen beim Arbeitslosengeld II/Sozialgeld geregelt.

### 6.3 Satzungen

Der Bundes- bzw. Landesgesetzgeber kann durch ausdrückliche Gesetzesbestimmung juristische Personen des öffentlichen Rechts bilden und diesen das Recht auf Selbstverwaltung sowie zum Erlass von Satzungen verleihen (z. B. Gemeinden, Kreise, Krankenkassen, Ärztekammern, Bundesagentur für Arbeit).

Begriff

Satzungen sind Rechtsvorschriften, die – wie Gesetze und Rechtsverordnungen – alle Personen im Wirkungskreis der Selbstverwaltungseinheit berechtigen und verpflichten (formell-materielle Satzung) oder organisatorische Regelungen für den Bereich der Selbstverwaltung enthalten können (formelle Satzungen).

Beispiele

Kommunale Satzungen: Der Gemeinderat beschließt die Hauptsatzung. In der Satzung für das Jugendamt bestimmt er die Zusammensetzung und die Zuständigkeit des Jugendhilfeausschusses.
In der Haushaltssatzung setzt er einen Betrag von 200.000,– Euro zur allgemeinen Förderung der freien Verbände der Jugendhilfe an.

Satzungen der Bundesagentur für Arbeit nach § 372 SGB III, z. B. Erreichbarkeits-Anordnung.

Satzungen dürfen nicht gegen geltendes Recht verstoßen: Die KiTa-Satzung einer Gemeinde darf z. B. nicht die Amtshaftung einschränken (BGH, 21.6.2007 – III ZR 177/06).

## 6.4 Fundstellen

Verkündung

Gesetze, Rechtsverordnungen und sonstige Rechtsvorschriften werden durch Verkündung in Kraft gesetzt (Art. 82 GG).

BGBl

Bundesrecht wird im Bundesgesetzblatt veröffentlicht.
Rechtsvorschriften der Bundesländer und anderer öffentlicher Träger werden im »Gesetz- und Verordnungsblatt« des jeweiligen Landes oder im »Amtsblatt« veröffentlicht.

Internetadressen

Bundesgesetze und Bundesrechtsverordnungen können gelesen werden z. B. unter www.gesetze-im-internet.de. Die Bundesministerien, die Gesetzestexte und amtliche Erläuterungen anbieten, sind erreichbar über www.bundesregierung.de.
Gesetze und Rechtsverordnungen der Länder sind über die Homepage des Landes bzw. eines Ministeriums einseh- oder abrufbar. Beispiele: www.bayern.de, www.im-nrw.de, www.sachsen.de

»Gesetze für Sozialberufe«

Eine auf die Bedürfnisse von SozA/SozP zugeschnittene Sammlung von mehr als 100 Gesetzen und Verordnungen gibt es im Fachhochschulverlag. Sie erscheint zweimal jährlich in aktualisierter Fassung.

## 6.5 Gewohnheitsrecht

Entstehung

Gewohnheitsrecht entsteht durch
- gleichmäßige und allgemeine Praxis (objektiv) und
- die Überzeugung der beteiligten Bürger von der Rechtmäßigkeit dieser Praxis (subjektiv).

Eine bestimmte Verwaltungspraxis und eine einheitliche Rechtsprechung reichen für sich allein allerdings zur Entstehung von Gewohnheitsrecht nicht aus. Auch durch wiederholtes bzw. lang dauerndes behördliches Verhalten in einem Einzelfall kann kein Gewohnheitsrecht entstehen.

Beispiel

Hat das Jugendamt ein Kind jahrelang ohne die erforderliche Pflegeerlaubnis bei Pflegeeltern belassen, so entsteht kein »Gewohnheitsrecht« der Pflegeeltern, Pflegekinder ohne Pflegeerlaubnis aufnehmen zu dürfen.

Bedeutung im Verwaltungsrecht

Das geschriebene Verwaltungsrecht erfasst viele Verwaltungstätigkeiten nicht bzw. genügt den Anforderungen des Grundgesetzes nicht. Deshalb haben die Zivil-, Verwaltungs- und Sozialgerichte zur

Ausfüllung von Regelungslücken Rechtsgrundsätze entwickelt, die inzwischen als Gewohnheitsrecht anerkannt sind.

Beispiele

Rechte/Pflichten aus dem Verwaltungs-/Sozialrechtsverhältnis.
Folgenbeseitigungsanspruch.
Herstellungsanspruch.
Aufopferungsanspruch.

Durch Gewohnheitsrecht entstehen keine Eingriffsbefugnisse der Verwaltung.

## 6.6 Verwaltungsvorschriften

Beispiele

Durch »Dienstanweisung für das Sozialamt« wird den Sachbearbeitern vorgeschrieben, wie das SGB XII anzuwenden ist.
Eine »Konzeption für die Jugendschutzstelle« regelt das Verhalten der Mitarbeiter.
Das Bundesministerium für Bildung und Forschung erlässt eine Allgemeine Verwaltungsvorschrift zum Bundesausbildungsförderungsgesetz

### 6.6.1 Begriff und Arten

Begriff

Verwaltungsvorschriften sind verwaltungsinterne Anweisungen
- der übergeordneten Behörden an nachgeordnete Behörden oder
- des Dienstvorgesetzten an unterstellte Bedienstete.

Verwaltungsvorschriften regeln die Organisation der Verwaltung. Sie befassen sich mit dem Verwaltungsverfahren oder bestimmen den Vollzug von Gesetzen.
Unzulässig und unwirksam sind Verwaltungsvorschriften, die den Kreis der Leistungsberechtigten, die Voraussetzungen und Höhe von Leistungen bestimmen sollen, weil dafür ein Gesetz erforderlich ist (§ 31 SGB I).

Bezeichnungen

Verwaltungsvorschriften heißen z. B. Richtlinie, (Rund)-Erlass, Rundverfügung, Allgemeine Verfügung, Durchführungsbestimmung, Verwaltungsverordnung, Ausführungsvorschrift, Geschäftsverteilungsplan, Dienstanweisung, Hausordnung.

Inhaltliche Unterscheidung

Nach ihrem Inhalt lassen sich Verwaltungsvorschriften unterscheiden in:

- **organisatorische** – zur Regelung des internen Dienstbetriebes

Beispiele

Dienstanweisung über die Unterschriftsbefugnis der SozA/SozP, Benutzung von Dienstfahrzeugen, Aktenführung und Sicherung der Akten vor dem Zugriff Unbefugter, Führen privater Telefongespräche.

- **norminterpretierende** – zur Auslegung von Rechtsvorschriften

Beispiele

Durchführungsanweisungen der Bundesagentur für Arbeit zum SGB II und SGB III; die Verwaltungsvorschriften zum BAföG, zum BKGG, zum Wohngeldgesetz, Richtlinien zur Abschiebungs- und Sicherungshaft.

- **normkonkretisierende** – zur inhaltlichen Ausfüllung von Rechtsvorschriften

Beispiel

In der Dienstanweisung einer Kommune wird bestimmt, dass ein alleinstehender Arbeitsuchender für die Erstausstattung der Wohnung 180 Euro erhält.

- **ermessenslenkende** – zur Ausfüllung des Ermessensspielraums

Beispiele

»Polizeigewahrsamsordnung«, »Richtlinien über die Ermessensausübung bei Entscheidungen über die Ausweisung«.

Befugnis zum Erlass

Der Erlass von Verwaltungsvorschriften bedarf keiner gesetzlichen Ermächtigung. Jeder Verwaltungsträger kann für seinen Bereich Verwaltungsvorschriften erlassen.

Grenzen

Diese dürfen aber ohne gesetzliche Ermächtigung nicht regeln, ob und in welchem Umfang Beihilfen, Zuwendungen usw. zu gewähren sind, weil es die Verwaltung sonst in der Hand hätte, Leistungen unter Ausschluss des Gesetzgebers zu bestimmen (Vorbehalt des Gesetzes: BVerwG, 17.6.2004 – 2 C 50.02).
Deshalb handelt es sich inhaltlich um Rechtsvorschriften und nicht um Verwaltungsvorschriften, wenn eine Verwaltungsbehörde abstrakt-generelle Regelungen erlässt, die rechtliche Außenwirkung gegenüber dem Bürger entfalten und auf diese Weise dessen subjektivöffentlichen Rechte unmittelbar berühren. Zum Erlass von Rechtsvorschriften sind aber Verwaltungsbehörden ohne entsprechende gesetzliche Ermächtigung nicht berechtigt.

Beispiele

Durch Verwaltungsvorschrift können einmalige Sozialleistungen nur pauschaliert werden, wenn und soweit das Gesetz es zulässt (§ 24 Abs. 3 Satz 5 SGB II).
Die Bedarfe für Unterkunft und Heizung können durch eine monatliche Pauschale gedeckt werden (§ 22a Abs. 2 SGB II).

### 6.6.2 Verwaltungsvorschriften mit Bindungswirkung

Eingeschränkte Bindung

Verwaltungsvorschriften binden die nachgeordneten Behörden/Bediensteten. Sie können grundsätzlich aber Rechte und Pflichten für den Bürger weder begründen noch einschränken. Auch die Gerichte sind nicht an sie gebunden (BVerfG, 11.8.2009 – 2 BvR 941/08, NJW 2009, 3293).

Beispiele

Die Rechtsprechung hatte die »Anhaltspunkte für die ärztliche Gutachtertätigkeit im sozialen Entschädigungsrecht und nach dem Schwerbehindertenrecht, AHP« als »antizipiertes Sachverständigengutachten« anerkannt. Die

Gerichte waren an eine Begutachtung auf der Grundlage der Anhaltspunkte grundsätzlich gebunden. Jedoch konnten sie abweichen, wenn die Begutachtung nicht dem aktuellen Stand der medizinischen Forschung entsprach (BSG, 24.4.2008 – B 9/9a SB 10/06 R).
Seit dem 1.1.2009 richtet sich die Begutachtung nach den »Versorgungsmedizinischen Grundsätzen« in der Anlage zu § 2 der Versorgungsmedizin-Verordnung (VersMedV). Es ist davon auszugehen, dass die bisherige Rechtsprechung auch auf Begutachtungen nach den »Versorgungsmedizinischen Grundsätze« weiterhin anzuwenden ist.

Bindung anderer Verwaltungsträger?

Will ein Verwaltungsträger Verwaltungsvorschriften mit Wirkung gegen einen anderen Verwaltungsträger erlassen, z.B. der Bund für die Länder, das Land für die Gemeinden, ist dafür eine gesetzliche Grundlage erforderlich (Art. 84 Abs. 2 und 85 Abs. 2 GG). Fehlt eine derartige Grundlage bindet die Verwaltungsvorschrift den anderen Verwaltungsträger nicht.

Beispiel

Die Allgemeine Verwaltungsvorschrift zum Bundesausbildungsförderungsgesetz bindet die Landesämter für Ausbildungsförderung, die Studentenwerke der Hochschulen und die Ämter für Ausbildungsförderung bei den Kommunen, weil die Länder das Gesetz im Auftrage des Bundes auszuführen haben (§ 39 BAföG; Art. 85 GG).

Anspruchsgrundlage für Bürger?

Obwohl Verwaltungsvorschriften unmittelbar nur verwaltungsintern verbindlich sind, können sie über den Gleichheitssatz (Art. 3 GG) bzw. über den Grundsatz des Vertrauensschutzes praktisch die Bedeutung von Rechtsnormen erlangen, d.h. auch für Bürger und Gerichte verbindlich werden.
Von Verwaltungsvorschriften, die Richtlinien für die Ausübung des Ermessens zum Inhalt haben und von einer Behörde ständig angewandt werden, darf diese wegen des Gleichheitssatzes nicht ohne sachlichen Grund abweichen Bei Verwaltungsvorschriften, die dem begünstigten Personenkreis bekanntgemacht worden sind, nimmt die Rechtsprechung wegen des Vertrauensgrundsatzes sogar eine Bindung vor der ersten Praktizierung an (BVerwG, 23.4.2003 – 3 C 25.02, NVwZ 2003, 1384).
Verwaltungsvorschriften zur Ausfüllung eines Ermessensspielraumes müssen eine Abweichung zulassen, soweit wesentliche Besonderheiten im konkreten Fall vorliegen (BVerwG, 11.12.2008 – 2 C 9.08). Daraus ergibt sich, dass kein Sachbearbeiter und kein SozA/SozP im Falle einer besonderen Problematik sich damit begnügen darf, auf derartige Verwaltungsvorschriften zu verweisen. Er ist vielmehr verpflichtet, auf dem Dienstwege zu versuchen, die Zustimmung des zuständigen Vorgesetzten zu einer der besonderen Problematik des Falles entsprechenden abweichenden Entscheidung zu erreichen.

Bedeutung für SozA/SozP

Für die soziale Beratungspraxis sind insbesondere die Verwaltungsvorschriften von Bedeutung, die festlegen, wie unbestimmte Rechtsbegriffe zu verstehen und Ermessensspielräume zu handhaben sind. Sie führen dazu, dass die Sachbearbeiter ihr Handeln nicht am Gesetz und an den Besonderheiten des Einzelfalls orientieren, sondern

am Gesetzesverständnis der übergeordneten Instanz, das u.U. von einseitiger Auslegung geprägt ist.
Außerdem sind Verwaltungsvorschriften häufig interpretationsfähig und werden von den Verwaltungen nicht immer richtig angewandt. Sachbearbeiter übersehen z.B. mögliche Ausnahmen, berufen sich aber auf »ihre« Vorschriften, die dem betroffenen Bürger nicht bekannt sind und wegen einer angeblichen Dienstpflicht zur Verschwiegenheit häufig nicht mitgeteilt werden. Der SozA/SozP sollte sich deshalb Kenntnis von den für seinen Arbeitsbereich wichtigen Verwaltungsvorschriften verschaffen, deren Inhalt kritisch prüfen und ratsuchende Bürger darüber informieren.

Gehorsamspflicht

Verwaltungsvorschriften, die von einer weisungsberechtigten Behörde oder einem Vorgesetzten erlassen werden, binden die Beamten, Angestellten und Praktikanten unmittelbar als dienstliche Weisung. Die Nichtbefolgung stellt grundsätzlich eine Verletzung der dienst-/arbeitsrechtlichen Pflichten dar. Deshalb geht der SozA/SozP ein Risiko ein, wenn er sie nicht befolgt. Er kann aber Klage beim Arbeitsgericht auf Feststellung erheben, dass die Weisung rechtswidrig und damit unwirksam ist.

Fachkräftegebot

Verwaltungsvorschriften zur Durchführung des SGB VIII und des SGB XII müssen beachten, dass diese Gesetze von Fachkräften durchzuführen sind, um zu gewährleisten, dass die nach fachlicher Prüfung im Einzelfall als notwendig festgestellte Jugendhilfe bzw. Sozialhilfe geleistet wird. Die fachliche Ausfüllung von unbestimmten Rechtsbegriffen und Ermessensspielräumen im Einzelfall hat das Gesetz den Fachkräften übertragen (z.B. §§ 8a und 36 Abs. 2 SGB VIII). Diese gesetzlichen Entscheidungsspielräume können durch Verwaltungsvorschriften nicht eingeschränkt werden.

Beispiel

Rechtswidrig wäre eine Verwaltungsvorschrift, die eine erzieherische Hilfe davon abhängig macht, dass die Personensorgeberechtigten darin einwilligen, dass der die Hilfe leistende freie Träger das Jugendamt über die bei der Hilfe bekannt gewordenen personenbezogenen Daten informiert.
Gesetzwidrig wäre diese Verwaltungsvorschrift, weil sie die im Gesetz genannten Anspruchsvoraussetzungen um eine weitere vermehrt. Dazu ist die Verwaltung aber nicht berechtigt. Sie darf Gesetze nicht nach ihrem Gutdünken »verbessern«.

### 6.6.3 Verwaltungsvorschriften ohne Bindungswirkung

Empfehlungen

Von den im Über-/Unterordnungsverhältnis erlassenen Verwaltungsvorschriften sind die zu unterscheiden, die bloß empfehlenden Charakter haben, weil die erlassende Behörde gegenüber der anderen Behörde nicht weisungsberechtigt ist.

Beispiel

Richtlinien eines Landesjugendamtes nach § 85 Abs. 2 Nr. 1 SGB VIII haben nur empfehlenden Charakter für die Jugendämter der Kreise und Gemeinden, weil das SGB VIII in Verbindung mit dem Landesausführungsrecht als Selbstverwaltungsangelegenheit auszuführen ist (§ 69 SGB VIII).

Die für die Jugendhilfe zuständigen Landesminister und die Bundesregierung sind zwar nicht weisungsbefugt (§§ 83 – 84 SGB VIII). Da sie aber zur Förderung von Einrichtungen und Veranstaltungen der Jugendhilfe berechtigt und verpflichtet sind, können sie über das Mittel der Finanzierung und die Festlegung fachlicher Standards erheblichen Einfluss auf die Entwicklung der Jugendhilfe nehmen und sich entsprechende Kontrollmöglichkeiten verschaffen (Landesjugendpläne, Bundesjugendplan).

Übernahme von Empfehlungen in Verwaltungsvorschriften

Nicht selten werden »Richtlinien« oder »Empfehlungen«, die von anderen nichtweisungsberechtigten Behörden, Arbeitskreisen, Arbeitsgemeinschaften, Fachvereinigungen usw. erarbeitet werden, dadurch zu verbindlichen Verwaltungsvorschriften, dass eine übergeordnete Behörde oder ein weisungsberechtigter Vorgesetzter ihre Verbindlichkeit anordnet.

Beispiel

Der Deutsche Verein hat am 1.10.2008 Empfehlungen zu Krankenkostzulagen veröffentlicht (www.deutscher-verein.de). Die öffentlichen Träger der Sozialhilfe werden durch diese Empfehlungen nicht gebunden. Jedoch kann der weisungsberechtigte Vorgesetzte anordnen, dass die Sachbearbeiter die »Empfehlungen« ganz oder teilweise als verbindliche Weisung zu beachten haben, weil ein Abweichen von den Empfehlungen eine entsprechende Fachkompetenz voraussetzt, die spätestens im sozialgerichtlichen Verfahren vom Gericht entweder einzuholen oder – im Falle eigener Sachkunde des Gerichts – darzulegen ist (BSG, 22.11.2011 – B 4 AS 138/10 R).

### 6.6.4 Bekanntmachung der Verwaltungsvorschriften

Fundstellen

Die Bekanntmachung der Verwaltungsvorschriften des Bundes zur Ausführung von Bundesgesetzen erfolgt in der Regel im Gemeinsamen Ministerialblatt und im Bundesanzeiger: www.bundesanzeiger.de
Im Internet sind zahlreiche Verwaltungsvorschriften zu finden unter www.verwaltungsvorschriften-im-internet.de
Verwaltungsvorschriften der Länder werden in Ministerialblättern, Amtsblättern usw. veröffentlicht. Diese können von jedem Bürger einzeln oder im Abonnement bezogen werden. Eine Reihe von Bundesländern stellen Verwaltungsvorschriften ihrer Ministerien ins Internet. Sie sind zu erreichen über das Justizportal des Bundes und der Länder: http://www.justiz.de
In Gemeinden, Kreisen werden die an bestimmten Verwaltungsvorschriften Interessierten oft direkt informiert, z.B. die Jugendverbände über die Richtlinien zur Jugendförderung.

Pflicht zur Bekanntmachung

Eine Verpflichtung zur Bekanntmachung von Verwaltungsvorschriften, soweit sie für den Bürger von wesentlicher Bedeutung sind, besteht für die Sozialleistungsträger nach § 13 SGB I; denn die Aufklärung im Sinne dieser Vorschrift umfasst auch die Information über die verwaltungsübliche Auslegung der Rechtsvorschrift.

Die Leistungsträger sind allerdings nicht zur Bekanntmachung des Wortlauts der Verwaltungsvorschrift verpflichtet. Sie können in Broschüren oder in Dateien zum Nachlesen bzw. Download im Internet den Inhalt der gesetzlichen Vorschriften und der einschlägigen Verwaltungsvorschriften wiedergeben.
Diese Informationen können SozA/SozP und ratsuchenden Menschen einen ersten Überblick über die jeweilige Verwaltungsvorschrift geben. Jedoch ist zu bedenken, dass der Inhalt die Regierungs- bzw. Verwaltungsmeinung unkritisch wiedergibt und deshalb nicht alle Möglichkeiten zeigt, die für die Leistungsberechtigten/Betroffenen bestehen.

Veröffentlichungsanspruch?

Das BVerwG leitet aus dem Rechtsstaatsprinzip (Art. 20 Abs. 3 GG) und der Rechtsschutzgarantie (Art. 19 Abs. 4 GG) eine Pflicht zur Veröffentlichung anspruchskonkretisierender Verwaltungsvorschriften ab, die sich unmittelbar auf die Rechte des Betroffenen auswirken können und somit Außenwirkung haben.
Die Veröffentlichung kann in dem für den Verwaltungsträger für die Veröffentlichung von Rechtsnormen vorgeschriebenen amtlichen Medium erfolgen. Ob auch eine andere Art und Weise der Bekanntmachung, z.B. durch eine unmittelbare Übergabe des Vorschriftentextes an die Betroffenen, ausreichend wäre, hat das Gericht offen gelassen. Die Aushändigung eines Merkblattes reicht auf keinen Fall aus.
Anspruchskonkretisierende Verwaltungsvorschriften, die nicht ordnungsgemäß bekanntgegeben werden, sind unwirksam (BVerwG, 25.11.2004 – 5 CN 1.03).
Dagegen hält das BVerwG ermessenslenkende Verwaltungsvorschriften, da nur verwaltungsintern steuernd, nicht für bekanntmachungsbedürftig. Das ist fraglich, weil Ermessensentscheidungen sich unmittelbar auf das Recht des Betroffenen auf ermessensfehlerfreie Ermessensentscheidung auswirken können und demgemäß auch Außenwirkung haben.

Zugang aufgrund der Informationsfreiheitsgesetze

Für die Behörden des Bundes und der meisten Bundesländer einschließlich der Kommunalverwaltungen gelten Informationsfreiheitsgesetze. Hiernach hat jeder Bürger auf Antrag freien Zugang zu den vorhandenen Informationen, z.B. zu verwaltungsinternen Weisungen zur Sozialhilfe. Ausgenommen vom Zugangsrecht sind personenbezogene Daten sowie Geschäftsgeheimnisse (§§ 5, 6 IFG Bund).

Beispiele

Dem Vorsitzenden eines Erwerbslosenvereins wird auf seinen Antrag das »Handbuch zur Sozialhilfe«, das die Sachbearbeiter einer Stadtverwaltung in NRW als Geheimsache zu hüten hatten, ausgehändigt.
Der Verein erreicht durch Klage gegen die Bundesagentur, dass sich diese im Verhandlungstermin vor dem Sozialgericht verpflichtet, sämtlich internen Weisungen im Internet zu veröffentlichen (www.tacheles-sozialhilfe.de).

Rechtsschutz

Bei Ablehnung der Information kann der Bundes-/Landesbeauftragte für Informationsfreiheit angerufen werden. Außerdem ist Widerspruch und Klage zulässig.
Die Behörden können Gebühren für die Verschaffung des Zugangs verlangen.

### 6.6.5 Sonderverordnungen

Begriff

Sonderverordnungen werden Verwaltungsvorschriften genannt, die die innere Ordnung und die Rechte und Pflichten der Bürger in Sonderrechtsverhältnissen – früher »besondere Gewaltverhältnisse« genannt – regeln (Stober I, § 25 IX).

Bezeichnungen

Die Bezeichnungen für Sonderverordnungen sind unterschiedlich: Schulordnung, Dienstordnung, Hausordnung, Benutzungsordnung.

Sonderrechtsverhältnisse

Ein Sonderrechtsverhältnis liegt vor, wenn der Bürger in besonders starkem Maße von der Verwaltung abhängig und durch ein besonderes Rechtsverhältnis oft auch räumlich in den Bereich der Verwaltung eingegliedert ist.

Beispiele

Schüler, Studenten, Beamte, Wohnungslose in Notunterkünften, Kinder in Kindertagesstätten, Jugendliche in Jugendzentren und Kinderheimen, Kranke in Krankenhäusern, alte Menschen in Altenheimen, Asylbewerber in Sammelunterkünften, Gefangene im Strafvollzug.

Der Bürger bleibt auch im Sonderrechtsverhältnis Bürger mit allen Grundrechten und sonstigen Rechten und Pflichten und wird nicht zum Objekt des Verwaltungshandelns. Alle Eingriffe in seine Rechte sind nur auf gesetzlicher Grundlage zulässig. Seine Grundrechte sind nur nach Maßgabe der Grundrechtsbestimmungen einschränkbar (BVerfG, 14.3.1972 – 2 BvR 41/71).

Beispiele

Die Überwachung des Schriftwechsels von erwachsenen Strafgefangenen ist gemäß §§ 29 ff. Strafvollzugsgesetz zulässig. Sie erfolgt »aus Gründen der Behandlung oder der Sicherheit oder Ordnung der Anstalt« (§ 29 Abs. 3 StVollzG). Sie darf deshalb nicht zu anderen Zwecken eingesetzt werden.
Die Justizvollzugsanstalt hat insbesondere das Grundrecht auf Schutz der Privatsphäre zu beachten, die u.a. auch vertrauliche Mitteilungen an Verwandte, Ehegatten und sonstige Vertrauenspersonen umfasst (Art. 2 Abs. 1 i.V.m. Art. 1 Abs. 1 GG).
Der Anstalt ist es deshalb nicht gestattet, wegen beleidigender Äußerungen über Vollzugsbeamte, die in Briefen an Gefangene von deren Vertrauenspersonen gemacht werden, Strafantrag zu stellen. Aus diesem Grund hat das BVerfG die Verurteilung einer Studentin der Rechtswissenschaft aufgehoben, die in einem an ihren inhaftierten Bruder gerichteten Brief die Vollzugsbediensteten als »Kretins« (Schwachsinnige), als »geil« und »pervers« bezeichnet und mit KZ-Aufsehern verglichen hatte (BVerfG, 26.4.1994 – 1 BvR 1689/88, NJW 1995, 1015).

Maßnahmen im Sonderrechtsverhältnis, die nicht in Rechte des Bürgers eingreifen, bedürfen keiner gesetzlichen Grundlage.

## 6.7 Einordnung von Gerichtsentscheidungen

Urteile binden nur die Parteien

Gerichte entscheiden in aller Regel einen Einzelfall. Gerichtsentscheidungen binden deshalb nur die Parteien des Rechtsstreits im Hinblick auf den entschiedenen Sachverhalt. Andere Personen, andere Behörden und Gerichte sind nicht an eine gerichtliche Entscheidung gebunden. Selbst das entscheidende Gericht kann seine Rechtsauffassung in späteren Verfahren jederzeit ändern oder aufgeben.

Bedeutung höchstrichterlicher Grundsatzentscheidungen

Trotz dieser Beschränkung der Rechtswirkung können Entscheidungen der höchsten Gerichte, z.B. des EGMR, EuGH, BVerfG, BVerwG, BSG, BGH und des BAG, eine wertvolle Hilfe bei der Auslegung von Rechtsvorschriften und der Durchsetzung von Rechtsansprüchen sein. Denn die unterinstanzlichen Gerichte und die Verwaltungsbehörden weichen nur bei kontroversen höchstrichterlichen Entscheidungen oder mit sehr gewichtigen neuen Gründen von der Rechtsprechung der höheren Instanz ab, um eine Aufhebung ihrer Entscheidungen zu vermeiden.

Gesetzeskraft von Entscheidungen des BVerfG

Gesetzeskraft, d. h. allgemeine verbindliche Wirkung für Bürger, Verwaltung und Gerichte, haben nur die Entscheidungen, durch die das BVerfG eine Vorschrift eines Gesetzes oder ein Gesetz als mit dem GG oder sonstigem Bundesrecht unvereinbar oder für nichtig erklärt (§ 31 Abs. 2 BVerfGG). Das BVerfG kann in einem solchen Fall auch Vollzugsanordnungen treffen, die Gesetzeskraft haben.

Beispiel

Das BVerfG hat Vorschriften des SGB II für verfassungswidrig erklärt und gleichzeitig angeordnet, dass ein unabweisbarer, laufender, nicht nur einmaliger besonderer Bedarf schon vor einer gesetzlichen Neuregelung gedeckt werden musste (BVerfG, 9.2.2010 – 1 BvL 1/09).

Probleme

Gerichtsentscheidungen müssen sich an den Vorgaben der geltenden Rechtsordnung orientieren und geraten daher oft in Kollision mit der gesellschaftlichen Wirklichkeit und/oder den sozialen Bedürfnissen Einzelner. Dies liegt zum Teil an den Gesetzen, zum Teil an deren Anwendung in Einzelfällen, in denen besondere Fachkenntnisse und fachliche Erfahrung gefragt wären: Richter verfügen in der Regel nicht über die sozialwissenschaftlichen Fachkenntnisse, die z.B. bei der Anwendung des Jugendrechts und des Sozialhilferechts für die Beurteilung der Situation eines Menschen und für die Auswahl der richtigen Maßnahme vom Gesetzgeber ausdrücklich vorausgesetzt werden (§ 72 SGB VIII; § 6 SGB XII).

Trotz der berechtigten Kritik an manchen gerichtlichen Entscheidungen darf aber nicht übersehen werden, dass Gerichte aller Instanzen häufig Maßnahmen der Verwaltung wegen Verstoßes gegen gesetzliche Vorschriften bzw. Verfassungsgrundsätze für rechtswidrig erklärt und damit sozial angemessene Lösungen ermöglicht und durchsetzbar gemacht haben.

Beispiel

Ein Sozialhilfeträger handelt rechtsmissbräuchlich (§ 242 BGB), wenn er an einem zu seinen Gunsten ergangenen Urteil festhält, obwohl er inzwischen Kenntnis von der Entscheidung des BVerfG hat, das ein Urteil eines LG mit fast identischer Fallkonstellation für verfassungswidrig erklärt hat. Die Rechtskraft einer materiell unrichtigen Entscheidung muss dann aber zurücktreten, wenn es mit dem Gerechtigkeitsgedanken schlechthin unvereinbar wäre, dass der Sozialhilfeträger seine formelle Rechtslage zu Lasten des Schuldners ausnutzt (BGH, 20.3.2013 – XII ZB 81/11).

Nicht selten sind auch Entscheidungen, mit denen die Gerichte – recht peinlich für SozA/SozP – die Jugend- und Sozialverwaltung in ihre verfassungsrechtlichen und gesetzlichen Grenzen gewiesen haben und darin deutlich machen, was aus fachlicher Sicht geboten ist und dass die Rechtsordnung einer vertrauenswürdigen, partnerschaftlichen Sozialarbeit nicht entgegensteht, sondern diese fordert.

Beispiel

Das OLG Hamm lehnte es ab, dem Antrag eines Jugendamtes zu entsprechen und Familienhelferinnen der Diakonie, die in einer Familie sozialpädagogische Familienhilfe geleistet hatten, als Zeuginnen in einem Verfahren wegen Sorgerechtsentzug zur Aussage zu zwingen: »Es wäre für die Eltern schlechthin unerträglich, wenn sie hinnehmen müssten, dass die Familienhelferin als Zeugin in gerichtlichen Verfahren einzelne Vorgänge aus ihrem Familienleben offenbaren müsste, etwa auch solche zum intimsten Lebensbereich gehörenden Vorgänge wie die Art und Weise der Austragung von Beziehungskonflikten der Eltern untereinander und deren Auswirkungen auf die Kinder« (OLG Hamm, 30.9.1991 – 15 W 231/91, FamRZ 1992, 201).

Informationspflicht der SozA/SozP

Die Kenntnis von Gerichtsentscheidungen kann den SozA/SozP die Möglichkeit geben, Ansprüche durchzusetzen bzw. sich gegen Eingriffe zu wehren, und so ein wirksames Gegengewicht gegen die oft gegebene Übermacht der Verwaltung zu bilden.
Ein SozA/SozP, der die Rechtsprechung in seinem Aufgabengebiet kennt und laufend in den einschlägigen Fachzeitschriften oder im Internet verfolgt, kann aufgrund dieser Information oft den Betroffenen zu ihrem Recht verhelfen und nachteilige Verwaltungsmaßnahmen verhindern bzw. deren Aufhebung erreichen.
Jeder SozA/SozP ist, wenn er in Rechtsfragen berät, wie jeder andere Berater verpflichtet, die für seinen Arbeitsbereich bedeutsame Rechtsprechung, insbesondere die höchstrichterliche Rechtsprechung zu kennen und zu verfolgen (zur Haftung eines Mietervereins: BGH, 25. 10.2006 – VIII ZR 102/06, NJW 2007, 428).

Informationspflicht der Arbeitgeber

Der Arbeitgeber hat ihm die einschlägige Rechtsprechung zugänglich zu machen.
SozA/SozP, die ihrem beruflichen Selbstverständnis gemäß sich bei der Arbeit nicht auf die vom Arbeitgeber gebotenen Möglichkeiten beschränken, sondern für die betroffenen Menschen die bestmögliche Lösung erreichen wollen, werden deshalb die Rechtsprechung verfolgen und für die betroffenen Menschen nutzen.

Information durch Fachliteratur

Einen Überblick über die Rechtsprechung bieten Kommentare, in denen die gesetzlichen Vorschriften paragraphenweise erläutert werden, sowie Lehrbücher, Leitfäden und Monografien mit systematischen Darstellungen eines Gesetzes oder Rechtsgebiets.
Über die aktuelle Rechtsprechung informieren auch Fachzeitschriften, z.B. info also, SOZIALRECHT aktuell, und die Zeitschriften der Wohlfahrts- und der Fachverbände, der Selbsthilfegruppierungen.

Urteile im Internet

Im Internet sind zunehmend Möglichkeiten vorhanden, sich kostenlos über Urteile zu informieren (z.B. www.bverfg.de; www.sozialgerichtsbarkeit.de; www.bundesverwaltungsgericht.de; www.bundesarbeitsgericht.de oder direkte Suche über eine Suchmaschine mit Angabe eines Stichworts, des Gerichts, des Entscheidungsdatums und/oder des Aktenzeichens.
Die meisten in diesem Buch genannten Gerichtsentscheidungen sind bei Angabe des Datums und des Aktenzeichens über www.dejure.org, www.lexetius.com, www.juris.de und www.beck-online.de zu finden.

## 7 Gesetzesbindung der Verwaltung

Beispiele

Ein Arbeitsloser beantragt die Zahlung von Arbeitslosengeld (§ 136 SGB III). Er hat einen durchsetzbaren Anspruch auf Bewilligung und Zahlung, wenn er die gesetzlichen Anspruchsvoraussetzungen erfüllt.
Der Student einer staatlichen Fachhochschule ist mit der Note für die Klausur im Fach »Verwaltungswissenschaft« nicht einverstanden. Er will Widerspruch einlegen, weil die Aufgabe viel schwerer gewesen sei als bei der letzten Prüfung.
Die Eltern von vier schulpflichtigen Kindern verlangen die Übernahme der Miet- und Stromschulden. Die Eltern meinen: »Wir haben Anspruch auf eine Wohnung und warmes Essen« (§ 22 Abs. 8 SGB II).

Unterschiedliche Bindung der Verwaltung

Die Bindung der Verwaltung an Rechtsvorschriften ist unterschiedlich. In der Regel wird die Verwaltung verpflichtet, in einer ganz bestimmten Weise zu handeln, z. B. einen festgelegten Geldbetrag auszuzahlen, wenn der Bürger die gesetzlichen Voraussetzungen erfüllt. Jedoch gibt es zahlreiche Vorschriften, die unklare oder mehrdeutige Begriffe verwenden, oder der Verwaltung verschiedene Handlungsmöglichkeiten einräumen. Zu unterscheiden sind:

- Unbestimmter Rechtsbegriff;
- Beurteilungsspielraum;
- Ermessensspielraum.

Für den Bürger ist die Frage der Bindung der Verwaltung von Bedeutung, weil er im Falle der Bindung die Verwaltung notfalls durch die Gerichte zwingen kann, vorschriftsgemäß zu handeln.
Dagegen hat er nur eingeschränkte Rechtsschutzmöglichkeiten, wenn die Verwaltung nicht zu einem bestimmten Handeln verpflich-

tet ist. Jedoch besteht auch in diesen Fällen eine Bindung der Verwaltung an allgemeine Grundsätze. Oft lässt sich daraus ein für die Betroffenen positives Ergebnis ableiten.

Chancen für SozA/SozP

Den SozA/SozP geben Beurteilungs- bzw. Handlungsspielräume die Chance, für Kinder, Jugendliche und Erwachsene die im Einzelfall pädagogisch/sozialarbeiterisch angemessene Lösung durchzusetzen.

Nur bei Kenntnis des Rechts

Dies setzt aber voraus, dass die SozA/SozP das für ihren Bereich geltende allgemeine und besondere Verwaltungsrecht kennen, ihre Handlungsmöglichkeiten und -grenzen innerhalb der Verwaltungshierarchie realistisch einschätzen können und insbesondere die Fähigkeit haben, ihre methodisch/pädagogische Kompetenz in das Verwaltungshandeln zu integrieren.
SozA/SozP, die diese Handlungskompetenz nicht besitzen, sind den Verwaltungsfachleuten ausgeliefert, die oft andere Wertorientierungen haben (Heinrich/Bosetzky, ArchsozArb 1993, 169).

## 7.1 Bestimmte und unbestimmte Rechtsbegriffe

Beispiel

Aus § 62 Abs. 1 EStG ergibt sich, dass eine nicht berufstätige alleinstehende Mutter Anspruch auf Kindergeld in Höhe von 184 Euro monatlich für ihr erstes Kind hat. Lehnt die Familienkasse die Zahlung ab, kann die Witwe Klage bei dem Sozialgericht erheben und die Zahlung erzwingen.

Subjektiv-öffentliches Recht

Die Bindung der zuständigen Behörde an eine Rechtsvorschrift ist am stärksten, wenn diese eindeutig ist und die Verwaltung zu einem bestimmten Verhalten gegenüber dem Bürger verpflichtet. In diesem Fall hat der Bürger ein subjektiv-öffentliches Recht darauf, dass die Behörde vorschriftsgemäß handelt. Dieses subjektiv-öffentliche Recht kann der Bürger notfalls durch Anrufung der Gerichte durchsetzen.
Oft ist nicht klar erkennbar, ob eine Rechtsvorschrift die Behörde zu einem bestimmten Verhalten gegenüber dem Bürger verpflichtet (= subjektiv-öffentliches Recht) oder ob sie der Behörde die Wahl zwischen verschiedenen Handlungsmöglichkeiten lässt (Ermessensspielraum, Beurteilungsspielraum). Ob ein Rechtssatz ein subjektiv-öffentliches Recht gewährt, muss in jedem Einzelfall im Wege der Auslegung ermittelt werden.

3 Voraussetzungen

Ein subjektiv-öffentliches Recht ist anzunehmen, wenn die auszulegende Rechtsvorschrift die folgenden drei Voraussetzungen erfüllt:

Zwingender Rechtssatz

- Die Behörde muss zu einem bestimmten Verhalten verpflichtet werden. Sie darf nicht zwischen verschiedenen Handlungsmöglichkeiten wählen.

Beispiel

Auf Hilfe zum Lebensunterhalt besteht ein Anspruch nach §§ 17, 27, 28 SGB XII. Die Behörde muss leisten.

- Die Vorschrift muss zumindest auch dem Schutz bzw. der Befriedigung von Einzelinteressen dienen, also nicht nur der Verwirklichung öffentlicher Interessen der Allgemeinheit. Diese individualschützende Funktion einer Vorschrift ergibt sich häufig bereits aus dem Wortlaut.

Individualschutzfunktion

Beispiele

Für den Sozialleistungsbereich ist in § 38 SGB I allgemein bestimmt, dass auf Sozialleistungen im Zweifel ein Anspruch besteht und Ermessensleistungen nur anzunehmen sind, wenn dies im Gesetz besonders kenntlich gemacht ist.
Anspruch auf den notwendigen Lebensunterhalt besteht nach § 39 SGB VIII, auf Ausbildungsförderung nach § 1 BAföG.
Auch mit Formulierungen wie »Erwerbsfähige Hilfsbedürftige erhalten Arbeitslosengeld II ...« (§ 19 SGB II), bzw. »Leistungen ... werden gesondert erbracht« (§ 31 SGB XII), werden Ansprüche zur Befriedigung von Einzelinteressen eingeräumt.

Allerdings ist Vorsicht geboten; denn trotz des klaren Wortlauts »Jeder junge Mensch hat ein Recht auf Förderung seiner Entwicklung ...« in § 1 SGB VIII besteht nach der überwiegenden Meinung kein unmittelbarer Anspruch des jungen Menschen, weil der Leistungsinhalt nicht hinreichend konkretisiert und der Verpflichtete nicht genannt ist (Kunkel in: LPK-SGB VIII, § 1 Rn. 3 ff. m. w. N.) Jedoch kann sich aus anderen Vorschriften ein Anspruch auf Jugendhilfe ergeben, z. B. aus § 27 SGB VIII.

- Schließlich muss die Rechtsvorschrift dem einzelnen die Rechtsmacht zur Durchsetzung seiner Einzelinteressen gegenüber der Behörde verleihen. Diese dritte Voraussetzung ist oft nicht problematisch, weil durch Art. 19 Abs. 4 GG jedem Betroffenen garantiert ist, dass er seine subjektiv-öffentlichen Rechte notfalls gerichtlich durchsetzen kann (zu Rechtsansprüchen im SGB VIII: Wabnitz, 2004).

Möglichkeit der Rechtsdurchsetzung

Unbestimmte Rechtsbegriffe

Unbestimmte Rechtsbegriffe liegen vor, wenn zur Beschreibung der Voraussetzungen bzw. der Rechtsfolge in der Rechtsvorschrift Begriffe gebraucht werden, die nicht eindeutig sind (Stober I, § 31 Rn. 8 ff). Derartige unbestimmte Rechtsbegriffe finden sich im Grundgesetz, im Sozialrecht, Ausländer-, Polizei- und Ordnungsrecht:

Beispiele

»Würde des Menschen« in Art 1 GG und § 1 SGB XII.
»Wohl des Kindes« in § 8a SGB VIII.
»Notwendiger Lebensunterhalt« in § 27 SGB XII.
»Beeinträchtigung der öffentlichen Sicherheit und Ordnung« in § 55 AufenthG.

Bei unbestimmten Rechtsbegriffen hat die Verwaltung nicht die Möglichkeit, nach ihrem Ermessen zu handeln. Sie unterliegt insoweit der gerichtlichen Kontrolle. Deshalb bestimmen letztlich die Gerichte, wie ein unbestimmter Rechtsbegriff zu verstehen ist. Bei fehlender Sachkunde müssen sie Sachverständige hinzuziehen.

Bedeutung für SozA/SozP

Unbestimmte Rechtsbegriffe beziehen sich im Jugend- und Sozialrecht oft auf Menschen, die erzieherische oder psychosoziale Probleme haben und in ihrer Entwicklung gefördert werden bzw. Hilfe zur Selbsthilfe erhalten sollen.

Fachkräftegebot

Da Verwaltungsfachkräfte nicht über die Qualifikation zur pädagogischen bzw. psychosozialen Arbeit verfügen, hat der Gesetzgeber die Jugend- und die Sozialämter verpflichtet, für die Erfüllung ihrer Aufgaben Fachkräfte einzusetzen, die eine ihren Aufgaben entsprechende Ausbildung erhalten haben bzw. über besondere Erfahrungen in der sozialen Arbeit verfügen (§ 72 SGB VIII; § 6 SGB XII). Er macht dadurch deutlich, dass eine dem Gesetz entsprechende Auslegung und richtige Anwendung im konkreten Fall Fachkenntnisse aus einer interdisziplinär angelegten sozialpädagogischen bzw. sozialarbeiterischen Ausbildung voraussetzt, über die z.B. Verwaltungsfachkräfte und Juristen nicht verfügen (zur Auslegung von Rechtsbegriffen in der sozialen Arbeit: Maas, 22 ff., 38 ff.).

Beispiel

Bei Gutachten, die vom Jugendamt nach § 50 SGB VIII vor einer Entscheidung des Familiengerichts über die elterliche Sorge nach Scheidung der Eltern zu erstellen sind, hat der zuständige SozA/SozP gemäß seiner fachlichen Kompetenz die Tatsachen zu ermitteln und diagnostisch/prognostisch zu bewerten, die für das »Wohl des Kindes« bedeutsam sind.

Aufgrund der gesetzlichen Regelung haben bei Anwendung unbestimmter Rechtsbegriffe die fachlich begründeten Ansichten der SozA/SozP Vorrang vor den Meinungen von Vorgesetzten, die nicht einschlägig ausgebildet sind (Nonninger in: LPK-SGB VIII, § 72).

Beispiel

Die Entscheidung darüber, ob und welche erzieherischen Hilfen für ein verhaltensauffälliges Kind erforderlich sind, treffen in einer Hilfeplankonferenz nach § 36 SGB VIII mehrere Fachkräfte. Gesetzwidrig ist es deshalb, dass in manchen Jugendämtern die Abteilung wirtschaftliche Jugendhilfe als Kontrollinstanz der SozA/SozP angelegt ist und entgegen dem Gesetz die pädagogischen und psychosozialen Wertungen der SozA/SozP durch eigene ersetzt.

Rechtsschutz

Ist der Betroffene der Ansicht, dass die Verwaltung den unbestimmten Rechtsbegriff nicht richtig angewandt hat und er dadurch in seinen Rechten verletzt ist, kann er von der Behörde Schadensersatz verlangen bzw. Widerspruch gegen die belastende Maßnahme einlegen.
Hat er damit keinen Erfolg, kann er eine gerichtliche Überprüfung des Verwaltungshandelns erzwingen. Die Gerichte sind zu einer vollständigen Nachprüfung in rechtlicher und tatsächlicher Hinsicht verpflichtet und an Feststellungen und Wertungen der Verwaltungsbehörde nicht gebunden (BVerfG, 31.5.2011 – 1 BvR 857/07).

Beispiel

Lehnt das Sozialamt Leistungen für einen Fernsehapparat ab, weil er nicht zur Erstausstattung für die Wohnung im Sinne von § 24 Abs. 3 SGB II gehöre, kann die Betroffene den ablehnenden Bescheid und den gleichlautenden Widerspruchsbescheid durch Klage anfechten. Die Sozialgerichte müssen dann prüfen, ob der unbestimmte Rechtsbegriff »Erstausstattung für die Wohnung einschließlich Haushaltsgeräten« die Kosten für einen Fernsehapparat umfasst (verneint vom BSG, 24.2.2011 – B 14 AS 75/10 R).

Beurteilungsspielraum der Verwaltung

Ein Beurteilungsspielraum besteht für die Verwaltung bei unbestimmten Rechtsbegriffen, wenn deren Anwendung erfordert:

- die Wertung eines nicht wiederholbaren oder sehr komplexen Sachverhalts (Prüfungsleistung, Eignung einer Person).

  Beispiel

  Eine Studentin der Sozialpädagogik hält die Bewertung ihrer Diplomarbeit mit »gut« für zu schlecht. Sie will sich wehren;

- eine prognostische Entscheidung über künftige Risiken. Die Besonderheit dieses Spielraums besteht in der vorausschauenden Einschätzung einer unklaren Situation (Einschätzungsprärogative).

  Beispiel

  Anerkannt sind Beurteilungsspielräume hinsichtlich der Bewertung von Schriften, Filmen etc., z.B. durch die Bundesprüfstelle für jugendgefährdende Medien, ehemals die Bundesprüfstelle für jugendgefährdende Schriften (BVerwG, 26.11.1992 – 7 C 22.92, NVwZ 1993, 675).

Das BVerfG will Beurteilungsspielräume nur »unter ganz besonderen Voraussetzungen« zulassen, weil die eingeschränkte gerichtliche Nachprüfungsmöglichkeit den grundrechtlich gewährleisteten Rechtsschutz der Betroffenen aushöhlen würde (BVerfG, 31.5.2011 – 1 BvR 857/07; zur Sorgerechtsentziehung BVerfG, 19.11.2014 – 1 BvR 1178/14).

Psychosozialer Beurteilungsspielraum

In der sozialen Arbeit stehen immer wieder Prognosen an, die hohe Unsicherheiten aufweisen, weil das Verhalten von Menschen in Not- und Konfliktlagen letztlich nicht vorhersehbar ist.

Beispiel

Anrufung des Gerichts bei Gefährdung des Kindes (§ 8a SGB VIII; dazu Bringewat in: LPK-SGB VIII, § 8a Rn. 90).
Entscheidung über die geeignete und notwendige Hilfe zur Erziehung bzw. Hilfe zur Eingliederung (§§ 27, 35a SGB VIII).

Für die zahlreichen Vorschriften des Jugend- und Sozialhilferechts, in denen pädagogische und sozialarbeiterische Beurteilungen und Prognosen verlangt werden, die eine hohe Komplexität und Dynamik aufweisen, wird ein derartiger Beurteilungsspielraum inzwischen allgemein anerkannt. Denn bei der Entscheidung über die Notwendigkeit und Geeignetheit der Hilfe handelt es sich um das Ergebnis eines kooperativen pädagogischen Entscheidungsprozesses unter Mitwirkung des Kindes und mehrerer Fachkräfte, welches nicht den Anspruch objektiver Richtigkeit erhebt. Dies schließt eine vollständige Überprüfung psychosozialer Prognoseentscheidungen durch insoweit nicht fachkundige Richter aus (BVerwG, 24.6.1999 – 5 C 24.98, NVwZ 2000, 325; EGMR, 13.7.2000 – 25735/94; OVG NRW, 19.5.2014 – 12 B 344/14; Kunkel/Kepert in: LPK-SGB VIII, § 27 Rn. 13).

Umfang der gerichtlichen Überprüfung

Besteht ein Beurteilungsspielraum, darf ein Gericht die Entscheidung der Verwaltung nur eingeschränkt daraufhin überprüfen, ob die Behörde

- von einem vollständigen und richtigen Sachverhalt ausgegangen ist.

Beispiel

Der Sozialarbeiter erkennt nicht, dass ein Kind unterernährt ist;

- die Verfahrensvorschriften eingehalten hat.

Beispiel

Nach § 8a Abs. 1 und nach § 36 Abs. 2 SGB VIII müssen Fachkräfte zusammenwirken;

- die Leistungsadressaten in umfassender Weise beteiligt worden sind.

Beispiel

Eltern und Kinder müssen in größtmöglichem Umfang angehört und in die Entscheidungsfindung einbezogen werden;

- die einschlägigen Rechtsvorschriften zutreffend ausgelegt hat;

- sich von sachfremden Überlegungen hat leiten lassen.

Beispiel

Kostengesichtspunkte dürfen die erforderliche Maßnahme nicht ausschließen;

- den Gleichheitssatz, den Grundsatz der Verhältnismäßigkeit und andere Verfassungsgrundsätze beachtet hat (BVerfG, 10.12.2009 – 1 BvR 3151/07).

Die Behörden müssen sich im Rahmen des zur Verfügung stehenden Beurteilungsspielraums mit der Situation des Beteiligten im Einzelnen auseinandersetzen und die Vorschriften richtig anwenden. Eine sorgfältige Dokumentation des Entscheidungsprozesses ist deshalb geboten.

Beurteilungsspielraum bei Prüfungsentscheidungen

Gerichte haben Prüfern einen Bewertungsspielraum zuzuerkennen, soweit es um prüfungsspezifische Wertungen geht, weil ihnen die komplexen Erfahrungen der Prüfer nicht nachvollziehbar vermittelt werden können. Jedoch muss eine gerichtliche Kontrolle gewährleistet bleiben (BVerfG, 17.4.1991 – 1 BvR 419/81, NJW 1991, 2005; BVerwG, 24.2.1993 – 6 C 35.92, NVwZ 1993, 681).

Rechtsfehler

Gegen eine Prüfungsentscheidung bzw. dienstliche Beurteilung kann sich der Betroffene nach dieser Rechtsprechung mit Aussicht auf Erfolg nur wehren, wenn einer der folgenden Rechtsfehler vorliegt:

- **Es wurde gegen Verfahrensvorschriften für die Prüfung verstoßen.**

  Beispiel: Prüfungsaufgaben sind unverständlich, missverständlich oder mehrdeutig formuliert (BVerfG, 17.4.1991 – 1 BvR 1529/84, 1 BvR 138/87: Multiple-Choice-Prüfung).

- **Die Prüfer sind von einem nicht zutreffenden oder unvollständigen Sachverhalt ausgegangen.**

  Beispiel: Bei der Korrektur der Prüfungsarbeit wurde eine Seite der Lösung übersehen (BVerwG, 12.11.1997 – 6 C 11.96).

- **Die Prüfer haben allgemeingültige Bewertungsmaßstäbe verletzt.**

  Beispiel: Hat ein Prüfling zu einer Frage, zu der unterschiedliche Auffassungen vertreten werden, eine vertretbare und mit gewichtigen Argumenten folgerichtig begründete Lösung vertreten, so darf diese nicht als falsch gewertet werden (BVerfG, 17.4.1991 – 1 BvR 419/81; BVerwG, 17.12.1997 – 6 B 55.97).

- **Die Prüfer haben sich von sachfremden Erwägungen leiten lassen.**

  Beispiel: Eine Abwertung wegen gehäufter sprachlicher und orthographischer Mängel beruht nicht auf einer sachfremden Erwägung, wenn »in der Berufswirklichkeit die Beherrschung der deutschen Sprache ... in Wort und Schrift« verlangt wird (VGH Mannheim, 27.1.1988 – 9 S 3018/87, NJW 1988, 2633).

- **Es wurde gegen das Prinzip der Gleichbehandlung (Chancengleichheit) oder den Grundsatz der Verhältnismäßigkeit verstoßen.**

  Beispiel: Ein Widerspruch gegen eine Bewertung hat keine Aussicht auf Erfolg, wenn der Student zur Begründung lediglich anführt, andere Prüfer seien nicht so streng, die Aufgabe im Vorjahr sei viel leichter gewesen usw.; denn die Pflicht zur Gleichbehandlung bezieht sich nur auf das konkrete Prüfungsverfahren (BVerwG, 14.7.1999 – 6 C 20.98).

## 7.2 Gesetzlich ermessensgebundene Verwaltung

Beispiele: Ein arbeitsuchender Alg II-Bezieher beantragt die Übernahme der Reparaturkosten der Waschmaschine in Höhe von 150 Euro (§ 24 SGB II).
Die Eltern eines 5-jährigen Kindes verlangen von der Gruppenleiterin im städtischen Kindergarten eine intensive Vorbereitung auf die Einschulung durch Lese- und Schreibübungen.
Einem freien Träger, der seit fünf Jahren eine Beratungsstelle für sexuell missbrauchte Jungen und Mädchen betreibt, wird der vom Jugendamt bisher gewährte Personalkostenzuschuss im laufenden Jahr um 40 % gekürzt. Das Leitungsteam überlegt, ob es durch Klage vor dem Verwaltungsgericht die Bewilligung des Zuschusses in bisheriger Höhe erzwingen kann.

Ermessensspielräume in Rechtsvorschriften

In zahlreichen Rechtsvorschriften werden die Verwaltung und damit auch die Verwaltungsangehörigen nicht zu einem bestimmten Verhalten gegenüber dem Bürger verpflichtet. Vielmehr wird der Verwaltung ein Entscheidungsspielraum (Ermessen) eingeräumt.
Andere Ermessensvorschriften räumen den Jugendämtern und den Trägern der Sozialhilfe die Möglichkeit ein, die erforderlichen Leistungen, Einrichtungen und Veranstaltungen in einer auf die örtlichen Verhältnisse und Möglichkeiten abgestimmten Weise anzubieten (§ 79 SGB VIII).

Ermessensspielräume ohne gesetzliche Grundlage

Ein Entscheidungsspielraum besteht auch, falls für verwaltungsrechtliche Rechtsbeziehungen gesetzliche Regelungen fehlen oder Regelungen lückenhaft sind. Dies trifft für viele Sonderrechtsverhältnisse zu, wie sie z. B. mit Wohnungslosen in Notwohnungen, Jugendlichen in Heimen, Asylbewerbern in Gemeinschaftsunterkünften bestehen.

Ausübung des Ermessens

Die Verwaltung kann im Rahmen des Ermessensspielraums aus mehreren Handlungsmöglichkeiten diejenige auswählen, die sie für die zweckmäßigste hält (Stober, I, § 31 IV). Sie hat also eine Wahlmöglichkeit, ist aber nicht frei; denn die Verwaltung muss die gesetzlichen Zielbestimmungen, Qualitätsstandards, die Grundrechte und Verfassungsgrundsätze beachten. Deshalb ist es missverständlich, von »freiem Ermessen« zu sprechen.

Bedeutung für SozA/SozP

Ermessensspielräume sind gerade im Jugend- und Sozialhilferecht häufig. Sie geben den SozA/SozP die Möglichkeit, aus der Vielzahl der möglichen Verhaltensweisen die im Einzelfall methodisch/pädagogisch angemessene auszuwählen. Die Fachkräfte bestimmen also aufgrund ihrer Kenntnis der Situation der Betroffenen und ihrer fachlichen Kenntnisse, was in der konkreten Situation angemessen ist.

Beispiel

Ist eine alleinerziehende, auf Sozialhilfe angewiesene Frau mit einem einjährigen Kind zur Räumung ihrer Wohnung verurteilt worden, weil sie die Miete nicht bezahlt hatte, ist nach § 36 SGB XII unter Anwendung sozialarbeiterischer Maßstäbe zu entscheiden, ob und ggfs. in welchem Umfang die Übernahme der Mietschulden durch das Sozialamt geboten ist. Die Schulden sollen übernommen werden, wenn Obdachlosigkeit droht.

Arten des Ermessens

Meist wird in der Rechtsvorschrift durch Formulierungen wie »nach pflichtgemäßem Ermessen«, »kann«, »soll«, »darf«, »in der Regel«, »ist befugt« oder durch ausdrückliche oder sich aus dem Sinn der Vorschrift ergebende Einräumung verschiedener Handlungsmöglichkeiten auf das Ermessen hingewiesen.
Der Ermessensspielraum kann sich darauf beziehen:

Entschließungsermessen

- ob die Behörde tätig wird,

Beispiele

Darlehen »können« bei vorübergehender Notlage gewährt werden (§ 38 SGB XII).
Ein Verwaltungsakt »darf ..... zurückgenommen werden« (§ 45 SGB X).
»Ein Ausländer kann ausgewiesen werden.... « (§ 55 AufenthG);

- welche von mehreren zulässigen Maßnahmen sie wählt.

Auswahlermessen Beispiele

»Der Träger der Sozialhilfe soll in der Regel Wünschen nicht entsprechen, deren Erfüllung mit unverhältnismäßigen Mehrkosten verbunden wäre« (§ 9 Abs. 2 Satz 3 SGB XII).
»Die Eingliederungsvereinbarung soll insbesondere bestimmen, ... welche Bemühungen erwerbsfähige Hilfebedürftige ... mindestens unternehmen müssen« (§ 15 Abs. 1 Satz 2 Nr. 2 SGB II).

Da den Begriffen »Erziehungsberatung«, »Soziale Gruppenarbeit«, usw. in §§ 27 ff. SGB VIII keine bestimmten Verhaltenspflichten zugeordnet werden, steht es im Ermessen des Jugendamts zu bestimmen, mit welchen Maßnahmen, Personen und Methoden die gesetzlich festgelegten Ziele erreicht werden sollen.

Kann-Vorschriften

Der Ermessensspielraum ist am größten bei Kann-Vorschriften. Hier liegt keine Bindung der Verwaltung in eine bestimmte Richtung vor. Auch Formulierungen wie »die Behörde ist berechtigt«, »befugt«, »darf« deuten auf einen weiten Spielraum hin.

Beispiel

Mietschulden »können« übernommen werden. Das Sozialamt muss aber nicht übernehmen. Es hat die Wahl zwischen Ablehnung, teilweiser oder vollständiger Übernahme als Beihilfe oder Darlehen (§ 36 Abs. 1 Satz 1 SGB XII).

Soll-Vorschriften

Bei Soll-Vorschriften (»in der Regel«, »grundsätzlich«) ist die Verwaltung nicht frei: sie muss grundsätzlich der Soll-Vorschrift folgen und darf nur bei Vorliegen besonderer Umstände davon abweichen (BVerwG, 3.12.2009 – 9 B 79.09). Diese besonderen Umstände hat sie in der Begründung der Entscheidung anzugeben und zu beweisen (§ 35 Abs. 1 Satz 3 SGB X).

Beispiel

Mietschulden »sollen« übernommen werden, wenn dies gerechtfertigt und notwendig ist und sonst Wohnungslosigkeit einzutreten droht (§ 36 Abs. 1 Satz 2 SGB XII). Eine Ablehnung der Übernahme kann gerechtfertigt sein, wenn in der Vergangenheit schon mehrmals Mietschulden übernommen wurden.

Der Wortlaut einer Vorschrift lässt allerdings nicht immer eine eindeutige Zuordnung zu. Stets ist es zweckmäßig zu prüfen, ob einschlägige Rechtsprechung oder Literatur weitere Erkenntnisse vermittelt.

Ermessensreduzierung auf Null

Der Ermessensspielraum kann in einer konkreten Situation bzw. aufgrund gleichförmiger Ermessensbetätigung so eingeschränkt sein, dass nur noch eine einzige Entscheidung rechtmäßig und jede andere Entscheidung ermessensfehlerhaft ist. In diesem Falle hat der Bürger ein subjektiv-öffentliches Recht auf diese Entscheidung.
Eine derartige »Ermessensschrumpfung auf Null« kommt bei erheblicher Gefahr für ein hohes Rechtsgut in Betracht (BSG, 18.3.2008 – B 2 U 1/07).

Beispiel

Die faktische Unbewohnbarkeit einer Wohnung infolge (drohender) Sperrung der Energie- und Wasserzufuhr steht dem Verlust der Unterkunft gleich. Deshalb hat das Jobcenter in der Regel entsprechende Schulden gemäß § 22 Abs. 8 SGB II durch ein Darlehen zu übernehmen (LSG Niedersachsen, 28.5. 2009 – L 7 AS 546/09 B ER).

Selbstbindung der Verwaltung bei gleichförmiger Ermessensbetätigung

Wendet eine Behörde eine Ermessensvorschrift in vielen Fällen gleichförmig an, so tritt dadurch eine Selbstbindung ein. Diese ist aber nur dann gegeben, wenn die Behörde nach einem bestimmten System gehandelt hat, das nach seinem Inhalt auch den Bürger begünstigt, der z. B. eine Leistung verlangt.

Beispiel

Hat ein Jugendamt das Jugendzentrum bisher Jugendabteilungen von Sportvereinen für die Durchführung von Veranstaltungen überlassen, darf sie den Antrag der Jugendabteilung eines Boxclubs grundsätzlich nicht ablehnen. Sachlich gerechtfertigt wäre evtl. eine Ablehnung, wenn bei Veranstaltungen des Boxclubs regelmäßig besonders viel Mobiliar zu Bruch ging.

bei festgelegtem Ermessen

Die Selbstbindung kann auch eintreten, wenn durch Verwaltungsvorschriften festgelegt ist, wie der Ermessensspielraum auszufüllen ist (LSG Baden-Württemberg, 21.8.2012 – L 11 R 5319/11).

mangels Gefährdung öffentlicher Interessen

Die Verwaltung kann schließlich eine im Ermessensspielraum liegende günstige Entscheidung für den Bürger nicht ablehnen, wenn diese öffentliche Interessen nicht erheblich berührt, sondern nur vorteilhaft für den Bürger ist. Wünsche und Interessen des Bürgers sind nicht nur nach § 5 SGB VIII und § 9 Abs. 2 Satz 3 SGB XII, sondern in jedem Fall zu berücksichtigen (Art. 2 Abs. 1 GG).

Subjektiv-öffentliches Recht auf fehlerfreie Ermessensbetätigung

Dem Bürger steht ein subjektiv-öffentliches Recht auf fehlerfreie Ermessensausübung zu (§ 39 SGB I); denn die Behörde hat die allgemeinen verwaltungsrechtlichen und verfassungsrechtlichen Schranken und die gesetzliche Zielbestimmung zu beachten (BSG, 6.12.2007 – B 14/7b AS 50/06 R).
Ermessensspielräume haben nur den Sinn, der Verwaltung die Lösung zu ermöglichen, die im Einzelfall der Zielbestimmung des jeweiligen Gesetzes am besten entspricht (§ 39 Abs. 1 SGB I; § 40 VwVfG).

Beispiel

Bei der Anwendung des SGB XII ist dessen Zielbestimmung, Befähigung zur Selbsthilfe, Teilnahme am Leben der Gemeinschaft und Sicherung eines menschenwürdigen Lebens, zu beachten (§ 1 SGB XII).

Ermessensfehler

Ein Ermessensfehler liegt vor, wenn die Verwaltung
- keine Ermessensentscheidung trifft = **Ermessensunterschreitung**;
- eine Entscheidung trifft, die außerhalb des Rahmens der gesetzlichen Ermächtigung liegt = **Ermessensüberschreitung**;
- dem Zweck der gesetzlichen Ermächtigung nicht entspricht = **Ermessensfehlgebrauch**).

Ermessensunterschreitung

Eine Ermessensunterschreitung besteht in dem Nichtgebrauch des Ermessens durch Nichterkennen bzw. Nichtausschöpfung des Ermessensspielraums.

Eine Sozialarbeiterin erkennt nicht, dass sie einen Ermessensspielraum hat, weil sie sich an eine Verwaltungsrichtlinie gebunden fühlt (BVerwG, 21.3.1990 – 9 B 276.89).
Die Verwaltungs- und Sozialgerichte gehen davon aus, dass die Verwaltung den Ermessensspielraum nicht ausgeschöpft hat, wenn die vorgeschriebene schriftliche Begründung einer negativen Ermessensentscheidung fehlt (BSG, 15.2.1990 – 7 RAr 28/88).

Beispiel

Eine Ermessensüberschreitung ist bei Anordnung einer von Gesetz nicht vorgesehenen Maßnahme gegeben.

Ermessensüberschreitung

Ein Sozialarbeiter hat bei einem Hausbesuch dem Empfänger von Pflegegeld angedroht, die Zahlung werde eingestellt, falls nicht binnen 14 Tagen ein ärztliches Attest eingereicht werde. Die Einstellung der Zahlung stellt eine Ermessenüberschreitung dar. Nach § 66 Abs. 3 SGB I ist vor Einstellung der Zahlung u.a. ein schriftlicher Hinweis auf die Rechtsfolge notwendig.

Beispiel

Ein Ermessensfehlgebrauch ist gegeben,

Ermessensfehlgebrauch

- wenn dem Zweck der gesetzlichen Ermächtigung nicht entsprochen wird.

  Die darlehensweise Gewährung von Sozialhilfe ist ermessensfehlerhaft, wenn der Leistungsberechtigte absehbar außerstande ist, das Darlehen zu tilgen (Gutachten 40/04 vom 8.6.2007, www.deutscher-verein.de; Weth, info also, 2007, 104);

  Beispiel

- bei unsachlichen Motiven der Behörde.

  Ein Antrag auf Übernahme von Mietschulden zur Vermeidung einer Zwangsräumung (§ 36 SGB XII) wird abgelehnt, weil der Antragsteller sich wegen beleidigender Äußerungen des zuständigen Sachbearbeiters bei dessen Vorgesetzten beschwert hatte;

  Beispiel

- bei Nichtberücksichtigung der persönlichen Verhältnisse des Berechtigten oder Verpflichteten, seines Bedarfs, seiner Leistungsfähigkeit, der örtlichen Verhältnisse, sowie der angemessenen Wünsche des Berechtigten oder Verpflichteten (§ 33 SGB I; § 5 SGB VIII).

  Wünscht eine Frau, in einem bestimmten Altenheim zu wohnen, soll das Sozialamt diesem Wunsch entsprechen, wenn die Erfüllung keine unverhältnismäßigen Mehrkosten auslöst (§ 9 Abs. 2 Satz 3 SGB XII);

  Beispiel

- bei Verstoß gegen höherrangiges Recht, z.B. gegen den Gleichheitssatz, das Rechtsstaats- und Sozialstaatsprinzip, den Grundsatz der Verhältnismäßigkeit oder gegen einzelne Grundrechte.

  Die unterschiedliche Behandlung von Strafgefangenen derart, dass nur Frauen gestattet wird, Kosmetika über das in § 22 Abs. 1 und 3 StVollzG Vorgesehene hinaus vom Eigengeld zu kaufen, ist grundsätzlich nicht mit Art. 3 Abs. 3 GG vereinbar (BVerfG, 7. 11. 2008 – 2 BvR 1870/07).

  Beispiel

Begründungsfehler

Fehlerhaft ist auch eine Ermessensentscheidung, die unzureichend begründet ist. Formelhafte Wendungen, wie etwa: »Es bestehen keine Besonderheiten« oder »die Vorschriften lassen eine günstige Entscheidung nicht zu« reichen nicht aus, weil bei derartigen »Leerformeln« nicht nachgeprüft werden kann, ob die Verwaltung von ihrem Ermessen überhaupt und ggf. in einer dem Zweck der ihr erteilten Ermächtigung entsprechenden Weise Gebrauch gemacht hat. Erforderlich ist vielmehr eine auf den Einzelfall eingehende Darlegung, dass und welche Abwägung der einander gegenüberstehenden Interessen stattgefunden hat und welchen Erwägungen dabei die tragende Bedeutung zugekommen ist.

Folge

Ein Ermessensfehler macht den Verwaltungsakt rechtswidrig (§ 39 SGB I; § 114 VwGO; § 54 Abs. 2 Satz 2 SGG).

Rechtsschutz

Eine fehlerhafte Ermessensentscheidung verletzt die Rechte des Bürgers. Sie kann mit Widerspruch/Klage angefochten werden (§§ 113, 114 VwGO; § 54 Abs. 2 SGG).

Dem größeren Freiheitsraum der Verwaltung bei Ermessensentscheidungen entspricht eine schwächere Rechtsposition des Betroffenen: Er kann die Verwaltung häufig nicht zwingen, eine bestimmte unter den verschiedenen rechtmäßigen Entscheidungen im Rahmen des Ermessens zu treffen. Er hat insoweit kein subjektiv-öffentliches Recht.

Allerdings, bei fehlerhafter Begründung, kann der Betroffene durch Widerspruch/Klage die Aufhebung der Ermessensentscheidung erreichen.

Widerspruch

Liegt die Entscheidung einer Behörde innerhalb des Ermessensspielraums, hält der betroffene Bürger sie aber für unzweckmäßig, so kann er in der Regel nach §§ 83ff. SGG bzw. §§ 68 ff. VwGO Widerspruch einlegen.

Klage?

Bleibt die Behörde bei ihrer Entscheidung, hat eine Klage gegen den ablehnenden Widerspruchsbescheid keine Erfolgschancen, weil der betroffene Bürger nicht in seinen Rechten verletzt ist (§ 54 SGG; § 42 VwGO).

Hat die Behörde den Ermessensspielraum nicht eingehalten und liegt somit ein Ermessensfehler vor, wird der Verwaltungsakt vom Gericht aufgehoben.

Bescheidungsurteil

In diesem Falle trifft aber in der Regel nicht das Gericht die vom Betroffenen gewünschte Entscheidung, sondern verpflichtet die Behörde, eine neue Ermessensentscheidung zu treffen. Nur im Falle der Ermessensschrumpfung auf Null kann das Gericht ein Verpflichtungsurteil erlassen.

# 8 Organisations- und Handlungsformen der Verwaltung

## 8.1 Bedeutung für die soziale Arbeit

Beispiele

Die Sozialpädagogin, die in einem städtischen Jugendzentrum angestellt ist, spielt mit Kindern, bespricht mit Jugendlichen deren familiäre Situation, kauft mit den von der Stadtverwaltung dafür überlassenen Mitteln Spielmaterial und mietet einen Saal für den nächsten Auftritt der Spielgruppe.
Eine Stadt ist zu 49 % an einer GmbH-Außenwerbung beteiligt. 51% der Anteile sind in privater Hand. Die GmbH mietet Werbeflächen auf den Straßenbahnen der städtischen Verkehrs-AG, auf denen mit Darstellungen von Panzerschlachten für Kriegsspiele geworben wird.
Die Stadtwerke AG sperrt einer Familie, die seit einigen Monaten keine Zahlungen mehr geleistet hat, die Strom- und Gaszufuhr.
Der Antrag eines Elternpaares auf Aufnahme des jüngsten Kindes in den kommunalen Kindergarten wird mit der Begründung abgelehnt, die Aufnahme sei pädagogisch nicht zu verantworten, weil schon die drei älteren Geschwister die Gruppenarbeit erheblich gestört hätten.

Die Träger der öffentlichen Verwaltung werden meist auf Grund von Rechtsvorschriften tätig, die staatliche Behörden verpflichten, bestimmte Aufgaben zu erfüllen. Sie sind jedoch nicht verpflichtet und auch gar nicht in der Lage, die ihnen gesetzlich auferlegten Aufgaben ausschließlich hoheitlich unter Anwendung der Vorschriften des öffentlichen Rechts zu erfüllen.

Öffentlichen oder privates Recht

In vielen Verwaltungsbereichen sind deshalb Organisations- und Handlungsformen notwendig bzw. zweckmäßig, die nicht auf dem für die Verwaltung grundsätzlich geltenden öffentlichen Recht beruhen, sondern nach Privatrecht, z. B. nach BGB, HGB, GmbH- oder Aktienrecht zu beurteilen sind.
SozA/SozP haben – je nach ihrem Tätigkeitsbereich – mit den unterschiedlichsten Verwaltungshandlungen zu tun. Die Unterscheidung, ob eine Verwaltungshandlung dem öffentlichen Recht oder dem Privatrecht unterliegt, ist von großer Bedeutung für die Praxis; denn von dieser Zuordnung hängt ab:

- welche Rechtsvorschriften der SozA/SozP zu beachten hat bzw. auf welche Rechtsvorschriften sich der vom SozA/SozP beratene Bürger berufen kann.

Beispiel

Ist einer wohnungslosen Familie von der Stadtverwaltung eine Wohnung aufgrund eines Mietvertrags nach §§ 535 ff. BGB überlassen worden, muss die Stadt die ca. dreimonatige Kündigungsfrist gemäß § 565 BGB einhalten. Erfolgt die Überlassung aufgrund eines sozialhilferechtlichen Nutzungsverhältnisses, kann die Stadt u.U. eine sofortige Räumung durchsetzen (VGH Baden-Württemberg, 8.2.1996 – 1 S 147/96);

- ob der Betroffene im Falle einer Schädigung Schadensersatz wegen Amtspflichtverletzung nach § 839 BGB, Art. 34 GG oder nach den privatrechtlichen Vorschriften über Vertragsverletzungen und unerlaubte Handlungen von dem Anstellungsträger oder gemäß § 831 BGB nur vom Bediensteten persönlich verlangen kann;

- welches Gericht zuständig ist. Das Kostenrisiko ist in Verfahren vor einem Zivilgericht sehr viel höher als in Verfahren vor einem Verwaltungs- bzw. Sozialgericht.

## 8.2 Unterscheidung von öffentlichem und privatem Recht

Für die Abgrenzung des öffentlichen vom privaten Recht sind bisher keine klaren Kriterien entwickelt worden. Die Rechtsprechung stellt auf die »Natur des Rechtsverhältnisses« ab:

Öffentliches Recht

Öffentliches Recht liegt vor, wenn der Sachverhalt von Rechtsnormen bestimmt wird, die überwiegend den Interessen der Allgemeinheit dienen oder sich nur an Hoheitsträger wenden.

Privatrecht

Privatrecht ist gegeben, wenn der Klageanspruch aus dem Privatrecht abgeleitet wird (BGH, 30.1.1997 – III ZB 110/96; BSG, 6.9.2007 – B 3 SF 1 1/07 R).

Beispiel

Private Arbeitgeber sind durch § 312 SGB III der Arbeitsagentur gegenüber verpflichtet, bei Beendigung des Arbeitsverhältnisses eine Arbeitsbescheinigung auszustellen. Weil die Arbeitsbescheinigung hiernach für die Entscheidung über das subjektiv-öffentliche Recht auf Arbeitslosengeld erforderlich ist, ergibt sich aus der »Natur der Sache«, dass der Anspruch des Arbeitnehmers auf Berichtigung der Arbeitsbescheinigung gegen den Arbeitgeber dem öffentlichen Recht zuzurechnen ist. Für die Klage auf Berichtigung sind die Sozialgerichte zuständig (BSG, 12.12.1990 – 11 R Ar 43/88).

Dagegen ist das Rechtsverhältnis, aus dem der Anspruch des Arbeitnehmers auf Ausfüllung und Erteilung der Arbeitsbescheinigung abgeleitet wird, nach Auffassung des Bundesarbeitsgerichts dem Arbeitsvertragsrecht und damit dem privaten Recht zuzuordnen. Für Klagen auf Erteilung der Arbeitsbescheinigung sind deshalb die Arbeitsgerichte zuständig (BAG, 30.8.2000 – 5 AZB 12/00).

Dem Gebiet des öffentlichen Rechts werden z.B. zugeordnet:

- die Abtretung und Pfändung von Sozialleistungsansprüchen (BSG, 23.5.1995 – 13 RJ 43/93);
- die Rückforderung zu Unrecht erbrachter Leistungen (BSG, 3.9.1986 – 9a RV 10/85; BVerwG, 3.3.2011 – 3 C 19.10);
- Verträge zwischen öffentlich-rechtlichen Leistungsträgern und privaten Leistungserbringern (§ 73 Abs. 2 SGB XI, § 69 SGB V).

Theorien

Häufig werden vorweg Theorien eingesetzt, die in manchen Fällen bereits eine Abgrenzung ermöglichen, jedoch nicht durchgängig zu angemessenen Ergebnissen führen.

Die Unterwerfungstheorie stellt darauf ab, ob ein Verhältnis von rechtlicher Überordnung (des Staates) und Unterordnung (des Bürgers) besteht. Dann liege öffentliches Recht vor. Ein Gleichordnungsverhältnis gehöre dem Privatrecht an.
Diese Theorie entspricht nicht der durch das Grundgesetz festgelegten Stellung des Bürgers; denn im sozialen Rechtsstaat hat jeder Mensch Rechte gegenüber den staatlichen Stellen. Außerdem existieren auch im Bereich des Privatrechts Über-/Unterordnungsverhältnisse, z.B. zwischen Eltern und Kindern, Arbeitgebern und Arbeitnehmern.

Unterwerfungstheorie (Subordinationstheorie)

Die Zuordnungstheorie knüpft an das Zuordnungssubjekt eines Rechtssatzes an, d.h. es wird darauf abgestellt, ob ein Träger öffentlicher Gewalt Berechtigter oder Verpflichteter ist (daher auch Subjekttheorie). Öffentliches Recht liegt hiernach vor, wenn ein Rechtssatz »nicht jedermann, sondern notwendig eben nur ein bestimmtes Organ hoheitlicher Gewalt berechtigt und verpflichtet« (Stober I, § 22 III).

Zuordnungstheorie (Sonderrechtstheorie)

Beispiele

§ 6 SGB II verpflichtet das Jobcenter, die Leistungen nach dem Gesetz zu erbringen.
Die Erfüllung der Aufgaben nach dem SGB VIII obliegt den Trägern der öffentlichen Jugendhilfe (§ 79 SGB VIII). Örtliche Träger der öffentlichen Jugendhilfe sind die Kreise und die kreisfreien Städte (§ 69 Abs. 1 SGB VIII).

Werden SozA/SozP im Rahmen der Aufgaben tätig, die staatlichen Verwaltungsträgern übertragen sind, handeln sie öffentlich-rechtlich.

Beispiele

Öffentlich-rechtlich handelt die Sozialarbeiterin im ASD, wenn sie einen behinderten Menschen berät (§ 11 SGB XII), der Erzieher im kommunalen Kinderheim, der mit den Kindern Fußball spielt, und die Sozialpädagogin in der Erziehungsberatungsstelle des Kreises.

Öffentlich-rechtlich handeln sie aber nicht, wenn sie z.B. Spielmaterial kaufen; denn für den Kauf gelten die §§ 433 ff. BGB. Diese Rechtsvorschriften gelten aber nicht nur für Hoheitsträger, sondern für alle Bürger.
Die Sonderrechtstheorie führt allerdings zu nicht zutreffenden Ergebnissen, wenn Privatpersonen öffentlich-rechtliche Pflichten auferlegt werden.
Häufig werden deshalb die einzelnen Theorie-Kriterien miteinander kombiniert, da sie verschiedene zutreffende Aspekte der Unterscheidung von öffentlichem und privatem Recht treffen (zur »Kombinationstheorie«: BVerwG, 2.5.2007 – 6 B 10.07; BSG, 26.10.2010 – B 8 AY 1/09 R).

Kombinationstheorie

## 8.3 Privatrechtliche und öffentlich-rechtliche Verwaltung

Wird die öffentliche Verwaltung auf der Grundlage des öffentlichen Rechts bzw. des privaten Rechts tätig, kann sie dies in verschiedenen Organisations- und Handlungsformen tun.

**Schaubild: Organisationsformen der Öffentlichen Verwaltung**

Unterschiedliche Organisationen

Die öffentlichen Verwaltungen können im Rahmen der für sie geltenden gesetzlichen Vorschriften Eigenbetriebe und unselbständige Anstalten einrichten, juristische Personen des öffentlichen Rechts oder des privaten Rechts errichten oder Arbeitsgemeinschaften und Verbände gründen.

Beispiele

Der Bund hat die Stiftung des öffentlichen Rechts »Mutter und Kind – Schutz des ungeborenen Lebens« errichtet.
Eine Stadt gründet einen privatrechtlichen Verein als Rechtsträger eines Bürgerzentrums, eine gGmbH als Rechtsträger der Jugendzentren, ferner ein Kommunalunternehmen (rechtsfähige Anstalt des öffentlichen Rechts in Bayern, NRW und Schleswig-Holstein) als Träger der Versorgungsbetriebe oder des Krematoriums.
Das Jugendamt bildet eine Arbeitsgemeinschaft nach § 78 SGB VIII.

Unterschiedliche Handlungsformen

Die öffentlichen Verwaltungen können im gesetzlichen Rahmen unterschiedliche Handlungsformen einsetzen, die dem öffentlichen oder dem privaten Recht zuzurechnen sind. Je nach Art der Handlungsform unterliegt die Verwaltung dabei unterschiedlich starken Bindungen an das öffentliche Recht (Reinhardt, 43).

**Schaubild: Handlungsformen der öffentlichen Verwaltung**

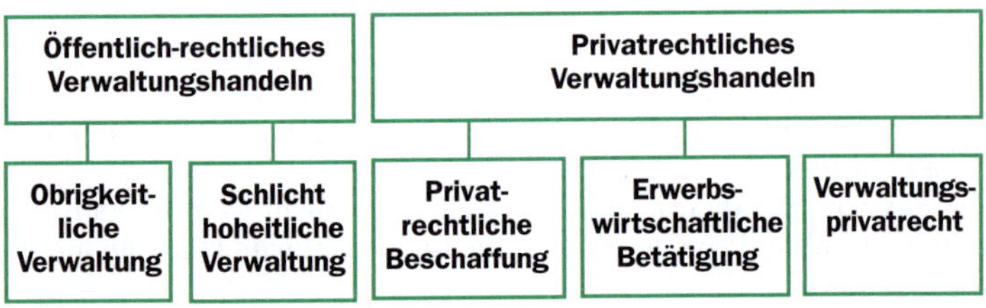


## 8.4 Öffentlich-rechtliches Verwaltungshandeln und privatrechtliches Verwaltungshandeln

Öffentlich-rechtliches Verwaltungshandeln besteht in

- Rechtsetzung: dem Erlass von Satzungen und Verwaltungsvorschriften, der Planung;
- Verwaltungsakt: dem Erlass von Verwaltungsakten, dem Abschluss von öffentlich-rechtlichen Verträgen, innerdienstlichen Anordnungen;
- Realakt: Handlungen ohne unmittelbare Rechtswirkung (auch Realakte oder schlicht hoheitliches Handeln genannt).

Innerhalb der öffentlich-rechtlichen Verwaltungstätigkeit sind die obrigkeitliche und die schlicht hoheitliche Verwaltung zu unterscheiden.

2 Formen

Mit dem aus der Zeit der Monarchie stammenden und missverständlichen Begriff »obrigkeitliche Verwaltung« werden die Verwaltungstätigkeiten bezeichnet, die nur ein Träger öffentlicher Verwaltung vornehmen kann. Der Träger obrigkeitlicher Verwaltung greift verbietend, gebietend, Zwang androhend oder anwendend in die Freiheitssphäre des Bürgers ein oder beeinflusst das Leben des Bürgers durch seine Entscheidungen über Anträge. Er tritt in diesem Bereich gegenüber dem Bürger im Verhältnis der Über- und Unterordnung auf (Stober I, § 23 Rn. 76).

Obrigkeitliche Verwaltung

Einkommenssteuerbescheid des Finanzamtes; Ausweisungsverfügung; Bewilligung und Ablehnung von Sozialleistungen; Aufforderung der Polizei an einen gewalttätigen Partner, die Wohnung zu verlassen.

Beispiele

Schlicht hoheitliche Verwaltung ist gegeben, wenn der Träger öffentlicher Verwaltung zwar öffentlich-rechtlich, aber nicht mittels Verwaltungsakt und Verwaltungszwang handelt.
Der Staat und die anderen Träger der öffentlichen Verwaltung tangieren im Bereich der schlichten Hoheitsverwaltung nicht die Rechts- und Freiheitssphäre des Bürgers, sondern informieren und warnen, erbringen Leistungen, fördern einzelne Personen oder private Organisationen finanziell und in anderer Weise.

Schlicht hoheitliche Verwaltung

Erziehungsberatung; Trennungsberatung; Pflegeberatung; methodisches und pädagogisches Handeln im Bereich der Jugendhilfe und der Sozialhilfe; Gutachtliche Stellungnahmen; Schulunterricht; Müllabfuhr.

Beispiele

Träger der öffentlichen Verwaltung sind an das Privatrecht gebunden, wenn sie privatrechtlich tätig werden. Dies ist der Fall, wenn sie:

Privatrechtliches Handeln

- Verträge abschließen (z.B. Kauf-, Miet-, Architekten-, Arbeits-, Honorar-, Kindergarten-, Altenheimverträge); Verträge
- Allgemeine Geschäfts-/Vertragsbedingungen festlegen; AGB
- privatrechtliche Erklärungen abgeben (z.B. einen Mietvertrag kündigen, einem Angestellten eine Weisung im Rahmen des Arbeitsvertrags erteilen). Willenserklärungen

Der Träger der Verwaltung handelt in diesen Fällen nicht in Ausübung staatlicher Sonderbefugnisse, sondern nimmt wie ein Privater auf der Basis der Gleichordnung am Rechtsverkehr teil. Er ist wie eine Privatperson an die Vorschriften des BGB, z. B. über Willenserklärungen, den Abschluss von Verträgen, die Kündigung gebunden. Stellt er Angestellte, Arbeiter und Praktikanten ein, gilt für ihn das allgemeine Arbeitsrecht und das Arbeitsschutzrecht.

Handeln der Staat und die anderen Träger öffentlicher Gewalt privatrechtlich, unterliegen sie grundsätzlich den gleichen Rechten und

Pflichten wie ein Bürger oder wie ein privatrechtlicher Rechtsträger.

Bindung an das öffentliche Recht

Deshalb sind auch sie an die öffentlich-rechtlichen Vorschriften gebunden, die allgemein für die konkrete Tätigkeit gelten.

Beispiel

Baut eine Stadt einen Kindergarten mit einem gefährlichen Treppengeländer und verstößt dies gegen öffentlich-rechtliche Bauvorschriften, kann das Bauordnungsamt der Stadt die Benutzung versagen.

Beschaffungsgeschäfte

Die öffentliche Verwaltung bedient sich privatrechtlicher Formen insbesondere zum Abschluss von Hilfsgeschäften zur Beschaffung der für die Aufgabenerfüllung der Verwaltung erforderlichen Mitarbeiter und Sachmittel.

Beispiele

Der Kreis kauft ein Grundstück von einem Bürger, um darauf eine Werkstatt für behinderte Menschen zu errichten.
Die Gemeinde schließt einen Zeitarbeitsvertrag mit einer Sozialpädagogin ab.

Bindung bei Vergabe

Die Vergabe von Bau-, Liefer- und Dienstleistungsverträgen unterliegt zahlreichen rechtlichen Bindungen, z. B. VOB = Vergabe- und Vertragsordnung für Bauleistungen; VOL = Vergabe- und Vertragsordnung für Leistungen; VOF = Vergabeordnung für freiberufliche Leistungen.
Außerdem ist die Verwaltung an ihre allgemeinen Grundsätze gebunden, z. B. an den Grundsatz der Sparsamkeit und Wirtschaftlichkeit.

Bindung an Grundrechte

Sobald die öffentliche Verwaltung eine Aufgabe an sich zieht, ist sie bei deren Wahrnehmung auch an die Grundrechte gebunden, unabhängig davon, in welcher Rechtsform sie handelt. Dies gilt auch, wenn sie für ihre Aufgabenwahrnehmung auf das Zivilrecht zurückgreift. Eine Flucht aus der Grundrechtsbindung in das Privatrecht mit der Folge, dass der Staat unter Freistellung von Art. 1 Abs. 3 GG als Privatrechtssubjekt zu begreifen wäre, ist der öffentlichen Verwaltung verstellt (BVerfG, 22.2.2011 – 1 BvR 699/06).

Beispiel

Gegen Art. 3 GG verstößt das Jugendamt, das den gesamten Bedarf für Kindertagesstätten und Kinderheime ausschließlich im Spielwarengeschäft eines Parteifreundes des Jugendamtsleiters deckt.

Erwerbswirtschaftliche Betätigung

Im Rahmen erwerbswirtschaftlicher Betätigung nimmt die öffentliche Verwaltung am allgemeinen Wirtschaftsleben teil, insbesondere zur Vermehrung des Vermögens der öffentlichen Hand. Sie unterliegt insoweit dem Privatrecht.

Beispiele

Eine Gemeinde vermietet Werbeflächen und die städtische Festhalle an Vereine, Jugendverbände und Parteien.
Sie beteiligt sich an Wirtschaftsunternehmen wie der Bayerischen Wasserkraftwerken AG oder der Rheinisch-Westfälischen Elektrizitätswerk AG.

Verwaltungsprivatrecht

Vor allem im Bereich der Leistungsverwaltung erfüllt heute die öffentliche Verwaltung ihre spezifischen Verwaltungsaufgaben nicht selten in Formen und mit Gestaltungsmitteln des Privatrechts. Verwaltungsprivatrecht kommt zur Anwendung, wenn ein Träger öffentlicher Verwaltung in privatrechtlichen Formen, z. B. in der Rechtsform des e.V., der GmbH, AG, Genossenschaft oder Stiftung unmittelbar zur Erfüllung öffentlicher Aufgaben tätig wird.

Aufgaben zur Grundversorgung der Bevölkerung

Aufgaben im Bereich der Grundversorgung der Bevölkerung erfüllen die regelmäßig privatrechtlich organisierten Versorgungsbetriebe durch die Lieferung von Wasser, Strom, Gas und Elektrizität, ferner die kommunalen Verkehrsbetriebe und Wohnungsgesellschaften und -genossenschaften.

Beispiel

Eine Stadt gründet einen Konzern »Stadtwerke GmbH« mit den Töchterunternehmen »Gas, Wasser- und Elektrizitätswerke AG«, »Verkehrsbetriebe AG« und »Wohnungsgesellschaft der Stadtwerke mbH«. Ihren Einfluss sichert die Stadt dadurch, dass sie die Aufsichtsräte der Unternehmen mit Ratsmitgliedern und Dezernenten besetzt und den Vorsitz im Aufsichtsrat der Konzernspitze dem Oberbürgermeister überträgt.

Aufgaben der Jugendhilfe und der Sozialhilfe

Aufgaben der Jugendhilfe und der Sozialhilfe werden zunehmend von Privatrechtsträgern erfüllt, die von Kommunen gegründet bzw. durch Finanzierungsverträge in ihrer Existenz abgesichert werden.

Beispiele

Eine »Jugendhilfe GmbH«, übernimmt 10 bisher städtische Jugendzentren und verwaltet diese weitgehend selbständig.
Ein »Bürgerzentrum e.V.« ermöglicht durch seine Satzung eine partielle Mitbestimmung der Besucher hinsichtlich Benutzung und Programm. Die Stadt verpflichtet sich zur Fehlbedarfsfinanzierung und behält sich die Entscheidung aller wichtigen Angelegenheiten mit Kostenfolgen vor.
Die Gesamtverantwortung des Jugendamts gemäß § 69 SGB VIII für eine bedarfsdeckende Jugendhilfe und die Leistungsansprüche der Berechtigten bleiben auch dann uneingeschränkt, wenn es mit einem freien Träger vereinbart, dass dieser die ambulanten Hilfen in einem Stadtbezirk übernimmt.

Bindung an Grundrechte

Die Verwaltung bleibt an die Grundrechte gebunden. Sie hat u.a. das Willkürverbot (Art. 3 GG), den Grundsatz der Verhältnismäßigkeit und den Grundsatz des rechtlichen Gehörs zu beachten (BVerfG, 22.2.2011 – 1 BvR 699/06).

Beispiel

Eine kommunale Elektrizitätswerks-AG darf die Stromlieferung im Falle des Zahlungsverzugs und vorheriger Androhung einstellen. Jedoch hat sie den Grundsatz der Verhältnismäßigkeit zu beachten (BVerfG, 30.9.1981 – 1 BvR 581/81, NJW 1982, 1511).

Bindung an Verwaltungsgrundsätze

Weitergehend hat der Bundesgerichtshof entschieden, dass im Bereich des Verwaltungsprivatrechts die Verwaltung auch wichtige Grundsätze des Verwaltungsrechts zu beachten hat. Hierzu gehören u. a.:
– der Untersuchungsgrundsatz;
– das Akteneinsichtsrecht;

- die Geheimhaltungspflichten;
- die Beratungs- und Auskunftspflicht der Behörde (BGH, 17.6.2003 – XI ZR 195/02; Stober I, § 23 Rn. 64).

Ausschreibung von Aufträgen

Bei der Vergabe von Bau-, Liefer- und Dienstleistungsaufträgen hat die öffentliche Verwaltung das Vergaberecht in §§ 97 ff. GWB zu beachten, wenn bestimmte Schwellenwerte überschritten werden. Zur Anwendung des Vergaberechts auf Dienstleistungen freier Träger → S. 184.

Zuständigkeit der ordentlichen Gerichte

Es ist nahezu unstreitig, dass für Streitigkeiten auf Sachgebieten, für die das Verwaltungsprivatrecht gilt, der Zivilrechtsweg nach § 13 GVG gegeben ist, obwohl es um die Erledigung von Verwaltungsaufgaben geht (BGH, 23.9.1969 – VI R 19/68, NJW 1969, 2195; BVerwG, 2.5.2007 – 6 B 10.07).
Das ist u.a. deshalb bedenklich, weil bei Klagen bei vor den Zivilgerichten hohe Gerichtskosten und evtl. Anwaltskosten für die Betroffenen anfallen, während Gerichtskosten von Verwaltungsgerichten in verschiedenen sozialen Angelegenheiten nicht erhoben werden (§ 188 VwGO).

## 8.5 Zwei-Stufen-Lehre

Die Träger der öffentlichen Verwaltung sind nicht verpflichtet, in einer Angelegenheit auf den verschiedenen Handlungsstufen einheitlich nach öffentlichem oder privatem Recht vorzugehen (Stober I, § 22 Rn. 54).

Beispiel

Die Entscheidung über die Aufnahme eines Kindes in den kommunalen Kindergarten erfolgt durch Verwaltungsakt (erste Stufe).
Über die Betreuung des Kindes und die Zahlungspflicht der Eltern kann ein privatrechtlicher Kindergartenvertrag geschlossen werden (zweite Stufe).

Aufspaltung möglich

Nach der Zwei-Stufen-Lehre kann die Verwaltung einen Lebenssachverhalt in zwei verschiedene Vorgänge aufspalten:
Angewandt wird sie insbesondere bei
- der Gewährung von Subventionen und Zuschüssen;
- der Benutzung von kommunalen Einrichtungen.

| | |
|---|---|
| 2. Stufe | Gewährung der Leistung nach Privatrecht |
| 1. Stufe | Entscheidung über die Bewilligung der Leistung nach öffentlichem Recht |

1. Stufe

Die Bewilligung der Leistung und die Zulassung zur Benutzung sowie die Ablehnung sind stets nach öffentlichem Recht zu beurteilen; denn über das subjektiv-öffentliche Recht auf die Leistung oder auf die Zulassung zur Benutzung bzw. das subjektiv-öffentliche Recht auf ermessensfehlerfreie Entscheidung kann nur öffentlich-rechtlich entschieden werden (BVerwG, 21.7.1989 – 7 B 184.88, NJW 1990, 134).

Die Bewilligung eines Darlehens durch die Stadt an einen freien Träger zur Errichtung einer Altentagesstätte erfolgt in der ersten Stufe durch Bewilligungsbescheid = Verwaltungsakt. Beispiel

Soweit auf der zweiten Stufe Privatrecht gilt, handelt es sich stets um Verwaltungsprivatrecht; denn auch auf der zweiten Stufe wird eine unmittelbare Aufgabe öffentlicher Verwaltung erfüllt, nämlich die Durchführung des auf der ersten Stufe erlassenen Verwaltungsaktes. 2. Stufe

Auf der zweiten Stufe wird zwischen der Stadt und dem freien Träger ein privatrechtlicher Darlehensvertrag abgeschlossen, in dem u. a. Rückzahlung und Zinssatz geregelt werden. Beispiel

In der zweiten Stufe dürfen keine privatrechtlichen Gestaltungsmöglichkeiten vorgesehen werden, die öffentlich-rechtlich unzulässig sind.

Rechtswidrig ist die Vorschrift einer Kindergartenordnung, wonach die Stadt den Kindergartenvertrag jederzeit mit Monatsfrist kündigen kann; denn die Zulassung zum Kindergarten ist ein Verwaltungsakt, den die Stadt nur bei Vorliegen der gesetzlichen Voraussetzungen aufheben kann (VGH München, 10.10.2012 – 12 CE 12.2170). Diese sind in §§ 44 ff. SGB X festgelegt. Beispiel

Die beiden Stufen sind miteinander verknüpft: Verknüpfung der Stufen

- Der Bewilligungsbescheid wird unter der aufschiebenden Bedingung erlassen, dass ein Darlehensvertrag zustande kommt.
- Für den Fall der Aufhebung oder sonstigen Unwirksamkeit des Bewilligungsbescheids steht dem Darlehensgeber das Recht zur fristlosen Kündigung zu (BVerwG, 8.9.2005 – 3 C 50.04, NJW 2006, 536).

Streitigkeiten auf der ersten Stufe sind nach öffentlichem Recht zu beurteilen und werden von den Verwaltungs- bzw. den Sozialgerichten entschieden. Zuständige Gerichte

Wird die Zulassung eines ortsfremden Kindes zum Kindergartenbesuch wegen des Vorrangs einheimischer Kinder aufgehoben, so handelt es sich um eine öffentlich-rechtliche Streitigkeit. Beispiel

Für Streitigkeiten auf der zweiten Stufe ist der Zivilrechtsweg gegeben.

Hebt der Verwaltungsträger, z. B. wegen falscher Angaben bei der Antragstellung, den Bewilligungsbescheid der ersten Stufe auf und wird daraufhin der Darlehensvertrag gekündigt, so kann der Darlehensgeber durch Leistungsklage beim ordentlichen Gericht die Rückforderung des gewährten Darlehens erreichen. Die Rückforderung kann nicht durch Leistungsbescheid geltend gemacht werden (BVerwG, 8.9.2005 – 3 C 50.04). Beispiel

## E Träger der freien Jugend- und Sozialhilfe

## 1 Begriff und Selbstverständnis

Beispiele

Ein Caritasverband ist Träger von Erziehungs- und Migrationsberatungsstellen, Sozialstationen, Kindertagesstätten, Jugendzentren und Altenheimen.
Der Paritätische Wohlfahrtsverband und der Deutsche Gewerkschaftsbund fordern, unterstützt von 3.100 Fachleuten, die Bundesregierung zu einem grundlegenden arbeitsmarktpolitischen Kurswechsel auf: »Was wir aktuell erleben, ist eine Zwei-Klassen-Arbeitsmarktpolitik, die den langfristigen Zusammenhalt dieser Gesellschaft zunehmend aus den Augen verliert. Auf der Strecke bleiben dabei Langzeitarbeitslose und schwer Vermittelbare, darunter viele Menschen ohne Ausbildung, Menschen mit Behinderung oder chronischen Erkrankungen, ältere Arbeitslose oder ohnehin benachteiligte Jugendliche.« (Presseerklärung vom 2.9.2011)

»Freie Wohlfahrtspflege« ist die Gesamtheit aller sozialen Hilfen, die auf freigemeinnütziger Grundlage und in organisierter Form in der BRD geleistet werden.
Die Wohlfahrtsverbände sind überwiegend im 19. Jahrhundert entstanden, als die Industrialisierung zu einer sozialen Verelendung vieler Menschen führte. Zunächst wurden die Kirchen sozial tätig, später auch wohlhabende Bürger und Selbsthilfegruppen.
Freie Wohlfahrtspflege unterscheidet sich einerseits von gewerblichen – auf Gewinn ausgerichteten – Angeboten und andererseits von öffentlichen Trägern.

> »Bei aller Unterschiedlichkeit ihrer weltanschaulichen Grundlagen verbindet die in der Bundesarbeitsgemeinschaft kooperierenden Verbände der Freien Wohlfahrtspflege ein Wohlfahrtsverständnis, das nicht nur die Sozialpflicht des Staates sieht«.

»Den Spitzenverbänden ... ist gemeinsam, dass sie nicht nur Träger sozialer Dienste und Einrichtungen repräsentieren. Sie motivieren darüber hinaus Menschen zum Einsatz für das Gemeinwohl und verstehen sich als Anwalt für Hilfsbedürftige – dem Gedanken sozialer Gerechtigkeit folgend«.

»Die Spitzenverbände der freien Wohlfahrtspflege bekennen sich zu dem Sozialstaat der Bundesrepublik Deutschland und setzen sich für seine Weiterentwicklung unter Beachtung der diesen tragenden Prinzipien Solidarität, Subsidiarität und Personalität ein«.
(www.bagfw.de: Selbstverständnis und Aufgaben der freien Wohlfahrtspflege)

## 1.1 Bekenntnis zum Sozialstaat

Freie Wohlfahrtspflege erschöpft sich nicht in Wohlfahrtspflege nach der staatlichen Vorgabe vom »schlanken«, »aktivierenden«, »fordernden Staat«.
Für sie sind Solidarität, Subsidiarität und Personalität nach wie vor Grundlagen des Sozialstaats. Sie vertritt Interessen und Bedürfnisse von Gruppen, die sich infolge von Barrieren oder Benachteiligung nicht durchsetzen können.

## 1.2 Anwalt der Benachteiligten

Die Anwaltsfunktion der freien Wohlfahrtspflege umfasst

- die Interessenvertretung zum Wohl Benachteiligter bei Parlament, Regierung, Verwaltung und Öffentlichkeit durch Bewusstmachen sozialer Probleme, Einbringen von Fachwissen und Drängen auf politische Lösungen;
- die individuelle Hilfe in Einrichtungen und Diensten, auch für Menschen, bei denen keine Refinanzierungsmöglichkeit besteht (z. B. »Illegalisierte«);
- die persönliche Anwaltschaft bei der Wahrung und Durchsetzung der Bürger- und Menschenrechte der Betroffenen gegen staatliche Stellen.

Beispiele

Positionspapier der Bundesarbeitsgemeinschaft der Freien Wohlfahrtspflege (BAGFW) zu »Menschen in der aufenthaltsrechtlichen Illegalität in Deutschland« vom Januar 2010 mit »Mindestanforderungen an einen humanitär verantwortungsvoll handelnden Staat«.
Freie Träger beraten über Ansprüche auf Sozialleistungen sowie über Rechtsschutzmöglichkeiten gegen rechtswidrige staatliche Maßnahmen und die rechtswidrige Verweigerung staatlicher Hilfen.

## 2 Bundesarbeitsgemeinschaft der Freien Wohlfahrtspflege (BAGFW)

Die meisten Verbände der Freien Wohlfahrtspflege gehören einem der sechs Spitzenverbände an. Die sechs Spitzenverbände arbeiten in der »Bundesarbeitsgemeinschaft der Freien Wohlfahrtspflege« (www.bag-fw.de).

- **Arbeiterwohlfahrt (AWO)** – www.awo.org
- **Deutscher Caritasverband (DCV)** – www.caritas.de
- **Der Paritätische Gesamtverband (DPWV)** – www.der-paritaetische.de
- **Deutsches Rote Kreuz (DRK)** – www.drk.de
- **Diakonisches Werk der Evangelischen Kirche in Deutschland (DW)** – www.diakonie.de
- **Zentralwohlfahrtsstelle der Juden in Deutschland (ZWSt)** – www.zwst.org

Die Spitzenverbände sind föderalistisch strukturiert, d. h. ihre Gliederungen und Mitgliedsorganisationen sind überwiegend rechtlich selbständig.
Ihnen gehören Orts-, Bezirks-, Fach- und Landesverbände mit mehr als 100.500 sozialen Diensten und Einrichtungen und einem Angebot von mehr als 3,7 Millionen Plätzen an (Stand 2012).

### 2.1 Beschäftigte

In der freien Wohlfahrtspflege sind derzeit nach Schätzungen der BAGFW ca. 1,6 Millionen hauptamtlich (davon ca. 725.000 in Vollzeit und 946.000 in Teilzeit) und 2,5 – 3 Millionen ehrenamtlich tätig.
Die BAGFW führt die Zunahme der Teilzeitarbeit einerseits auf den Kostendruck im gesamten Bereich sozialer Dienstleistungen zurück, teilweise auch auf weiter gestiegene Arbeitsverdichtung. Dadurch wird Vollzeitarbeit zu einer hohen physischen und psychischen Belastung. Andererseits wird Teilzeitarbeit von vielen Beschäftigten im Sinne einer besseren Vereinbarkeit von Familie und Beruf gewünscht.

In der Jugendhilfe

Die Gesamtzahl der Einrichtungen der Kinder- und Jugendhilfe – ohne Einrichtungen der Kindertagesbetreuung – lag Ende 2010 (letzte amtliche Gesamtstatistik: destatis.de) bei ca. 29.200 Einrichtungen, unter anderem für Heimerziehung, Jugendarbeit, Frühförderung sowie Jugendzentren und Jugendräume, Familienferienstätten und Erziehungs-, Jugend- und Familienberatungsstellen.
Die Zahl der Einrichtungen in öffentlicher Trägerschaft sank im Vergleich zu 2006 um rund 1,8 %, die der freien Träger erhöhte sich um 4,8 %. Die freien Träger betreiben ca. drei Viertel der Einrichtungen (76 %, ohne Jugendhilfeverwaltungen).
Die Träger der öffentlichen Jugendhilfe verfügen – abgesehen von Jugendzentren, Kinderheimen und dem Allgemeinen Sozialdienst –

über nur wenige Jugendhilfe-Einrichtungen und Dienste und Hilfen. Insoweit wird Jugendhilfe weit überwiegend von den freien Trägern geleistet.

Selbsthilfe und alternative Gruppen

In den letzten Jahren haben zunehmend mehr Bürger Initiativ-, Selbsthilfe- oder alternative Gruppen gegründet. Dies ist eine Folge konkreter gesellschaftlicher Defizite, auf die die staatlichen Träger und auch die etablierten Träger der freien Jugend- und Sozialhilfe nicht in einer für die Betroffenen akzeptablen Weise reagiert haben.

### 2.2 Freie Träger in der öffentlichen Meinung

Die Wohlfahrtsverbände genießen in der öffentlichen Meinung einen hohen Stellenwert. Die Wohlfahrtsverbände gehören zu den Organisationen/Institutionen, denen die Bürger am meisten vertrauen.
Bei einer von der Europäische Kommission in 2010 veranlassten Umfrage erklärten 67 Prozent der Befragten in Deutschland, sie hätten eher Vertrauen in die Maßnahmen von Nicht-Regierungs-Organisationen und Wohlfahrtsverbänden zur Bekämpfung der Armut (www.de.statista.de).

## 3 Rechtsstellung der freien Träger

### 3.1 Rechtsformen freier Träger

Privatrechtlich organisiert

Die freien Träger sind regelmäßig als Zusammenschlüsse von privaten natürlichen und juristischen Personen in den Rechtsformen des Privatrechts organisiert:

- Arbeiterwohlfahrt Bezirksverband e.V. = eingetragener Verein;
- Caritasverband für die Stadt Köln e.V. = eingetragener Verein;
- Stiftung Gute Hand = Stiftung bürgerlichen Rechts;
- Jugendhilfe GmbH = Gesellschaft mit beschränkter Haftung.

Sie unterliegen als privatrechtliche Organisationen dem staatlichen Vereins-, Stiftungs- bzw. GmbH-Recht.

### 3.2 Gesetzesbindung der Tätigkeit freier Träger

Freie Träger sind als juristische Personen des Privatrechts bei ihrer Tätigkeit an die staatlichen Gesetze gebunden.

### 3.2.1 Rechtsbeziehungen zu Rat- und Hilfesuchenden

Vertraglich

Die Rechtsbeziehungen zwischen den freien Trägern und den Menschen, denen sie personenbezogene Jugendhilfe bzw. Sozialhilfeleistungen erbringen, sind rechtlich als Verträge oder als vertragsähnliche Beziehungen zu qualifizieren. Für diese gelten der verfassungsrechtlich begründete Grundsatz der Vertragsfreiheit (Art. 2 GG) und die Vorschriften des BGB über Schuldverhältnisse, insbesondere die über Verträge (§§ 305 ff. BGB) und evtl. weitere einschlägige (Schutz)Vorschriften.

Beispiele

Auf »soziale Beratungs-, Betreuungs- und Pflegeverhältnisse«, sind u.a. die Vorschriften des BGB über entsprechende Verträge anzuwenden (z.B. die §§ 611 ff. BGB über den Dienstvertrag, die §§ 535 ff. über den Mietvertrag).
Die Pflege in einem Seniorenheim der AWO erfolgt auf der Grundlage eines Heimvertrags und der Schutzvorschriften des Wohn- und Betreuungsvertragsgesetzes.

Kirchliche Träger

Kirchen und andere Religionsgesellschaften sind zwar Körperschaften des öffentlichen Rechts (Art. 140 GG in Verbindung mit Art. 137 Abs. 5 WRV). Jedoch gehören ihre Rechtsbeziehungen zu den Menschen, denen sie als freie Träger personenbezogene Dienstleistungen wie z.B. Beratung, Erziehung oder Pflege erbringen, dem privaten Recht an (→ S. 164).

Beispiel

Die Betreuung eines Kindes in dem Kindergarten einer katholischen Kirchengemeinde erfolgt auf der Grundlage eines Betreuungsvertrags.

Haftung

Rechtswidrig schuldhafte Vertragsverletzungen oder unerlaubte Handlungen der Organmitglieder des freien Trägers oder dessen Arbeitnehmer können den freien Träger zum Schadensersatz verpflichten (§§ 276, 278, 249 bzw. §§ 823, 831 BGB).

Beispiel

Eine Sozialpädagogin vergisst bei der SGB II-Beratung den Hinweis auf eine Antragstellung vor Monatsende (§ 37 SGB II).

### 3.2.2 Eingeschränkte staatliche Kontroll- und Eingriffsbefugnisse

Vorbehalt des Gesetzes

Staatliche Kontroll- und Eingriffsbefugnisse gegenüber freien Trägern können sich nur aus besonderen gesetzlichen Vorschriften ergeben; denn jeder Eingriff in die Rechtssphäre des freien Trägers, die Auferlegung von Duldungs- und Auskunftspflichten ist nur zulässig, wenn eine hinreichend klare gesetzliche Grundlage dies gestattet.

Beispiele

§§ 45 ff. SGB VIII verpflichten den Träger eines Kinderheims, eines Internats oder einer Kinderladen-Elterninitiative zu einer räumlichen und personellen Mindestausstattung der Einrichtung, zur Mitteilung verschiedener Da-

ten an das Landesjugendamt und zur Duldung von Kontrollbesuchen. Das Landesjugendamt kann die Tätigkeit der Einrichtung nach § 48 SGB VIII untersagen.
Betreibt dagegen ein freier Träger eine fachlich unqualifizierte Erziehungsberatungsstelle, stehen dem Landesjugendamt diese Möglichkeiten nicht zu, weil es kein Gesetz gibt, das die Schließung von Erziehungsberatungsstellen gestattet.
Die Polizei kann zur Abwendung einer gegenwärtigen Gefahr, zur Verfolgung von Straftaten oder zur Aufklärung des Schicksals von Vermissten und Unfallopfern von einem Krankenhaus, Pflegeheim oder einer ähnlichen Einrichtung Auskunft verlangen. Diese Einrichtungen dürfen lediglich mitteilen, ob die gesuchte Person in dem Verzeichnis der aufgenommenen Personen eingetragen ist, nicht aber, wo sich die Person derzeit aufhält oder aufgehalten hat.
Andere Einrichtungen sind zu derartigen Auskünften ohne Einwilligung des Betroffenen weder verpflichtet noch berechtigt (§ 16 Abs. 3 Melderechtsrahmengesetz; §§ 26–28 Meldegesetz NRW).

Wünscht der freie Träger Förderung oder Entgelte aus öffentlichen Mitteln, kann er eine Bewilligung bzw. Erstattung nur erreichen, wenn er dem öffentlichen Träger darlegt, dass er über die erforderlichen Voraussetzungen verfügt. Dies erfordert in der Regel umfangreiche Informationen über Konzeption, Organisation, Leistungsfähigkeit und Qualität der Arbeit (→ S. 174).

### 3.2.3 Steuer- und gebührenrechtliche Privilegierung

Voraussetzung: Gemeinnützigkeit

Die Träger, aus deren Satzung sich ergibt, dass sie ausschließlich und unmittelbar gemeinnützige, mildtätige oder kirchliche Zwecke verfolgen, sind in verschiedener Hinsicht begünstigt, wenn sie vom Finanzamt anerkannt sind und ihre tatsächliche Geschäftsführung den Satzungsbestimmungen entspricht (§§ 51 ff. Abgabenordnung).

Beispiel

Die Gemeinnützigkeit wird aberkannt, wenn die Verwaltungsaufwendungen nicht angemessen sind, d.h. wenn Spenden zu einem erheblichen Teil für die Spendenwerbung, die Werbung neuer Mitglieder und die Gehälter der Arbeitnehmer und Geschäftsführer ausgegeben wurden. Es kommt auf die Umstände des Einzelfalls an. Die Finanzverwaltung beanstandet es in der Regel nicht, wenn für die Werbung neuer Mitglieder regelmäßig nicht mehr als 10 % der Mitgliedsbeiträge verwandt werden (BFM, BStBl. I, 2000, 814; BFH, 23.9.1998 – 1 B 82/98).

Steuerrechtliche Privilegierungen

Unmittelbar begünstigt werden freigemeinnützige Träger durch Steuerbefreiung bzw. -ermäßigung. Sie werden mittelbar dadurch begünstigt, dass Dritten für Spenden, Geschenke und Erbeinsetzungen steuerrechtliche Vorteile eingeräumt werden.

Steuerfreiheit

Steuerfreiheit besteht hinsichtlich der **Körperschafts- und Gewerbesteuer**.
**Umsatzsteuerfrei** sind nach der EU-Richtlinie 77/388 Sozialleistungen, die von einer »Einrichtung mit sozialem Charakter« erbracht werden; der BFH wendet die Richtlinie unmittelbar an, weil der deutsche Gesetzgeber sie in § 4 Nr. 18 UStG nur unzureichend umgesetzt habe (BFH, 18.8.2005 – V R 71/03; Griep/Renn 2011, 111 ff.).
**Grundsteuerfreiheit** besteht für die Grundstücke, die unmittelbar zu steuerbegünstigten Zwecken genutzt werden, nicht aber für Grundstücke mit Mietwohnungen.
**Grunderwerbssteuerfreiheit** besteht nicht. Jedoch lässt sich die Verfügungsbefugnis über ein Grundstück durch entsprechende Vertragsgestaltung, z. B. durch eine nicht steuerbelastete langfristige Vermietung erreichen.
**Erbschaften und Schenkungen** zugunsten gemeinnütziger Träger sind von der Erbschafts- und Schenkungssteuer befreit.

Spenden

Vom Finanzamt anerkannte gemeinnützige Träger dürfen Spendenbestätigungen auf den vorgeschriebenen Formularen ausstellen. Steuerbegünstigt sind Spenden bis in Höhe von 20 % der Gesamteinkünfte. Der Spender kann die Spenden im Rahmen der Einkommensteuerveranlagung geltend machen.

Zulässig sind Geld-, Sach-, und Aufwandsspenden.
Der Wert der **Sachspende** richtet sich nach dem Marktwert. Gebrauchtkleidung und Gebrauchtmöbel haben oft keinen Marktwert mehr (BFH, 23.5.1989 – XR 17/85).
Aufwand für Fahrtkosten, Telefon, Büro-und Arbeitsmaterial wird als **Aufwandsspende** nur anerkannt, wenn der Spender einen Rechtsanspruch auf Vergütung hat, auf diese aber nachträglich verzichtet (BMF-Schreiben vom 7.6.1999, BStBl I, 1999, 591; dazu Menges, 2004, 108ff.).
**Vergütung für geleistete Arbeit** kann ebenfalls nur dann als Spende berücksichtigt werden, wenn ein Anspruch auf Vergütung besteht und auf diese verzichtet wird.

Vorsicht!

Wer vorsätzlich oder grob fahrlässig eine unrichtige Spendenbestätigungen ausstellt oder veranlasst, dass Zuwendungen nicht zu den in der Bestätigung angegebenen Zweck verwendet werden, haftet für die entgangene Steuer in Höhe von 30 % des zugewendeten Betrags. Dagegen darf der Spender grundsätzlich darauf vertrauen, dass eine Spendenbestätigung richtig ist (§ 10b Abs. 4 EStG).

Gebührenrechtliche Privilegierung

Von der Zahlung der Gebühren nach der Kostenordnung und in Justizverwaltungssachen sind Kirchen und freigemeinnützige Träger nach landesrechtlichen Vorschriften befreit (z. B. § 122 Justizgesetz NRW). Notare sind nach § 144 Kostenordnung zur Gebührenermäßigung verpflichtet.
Kirchen sind von Verwaltungsgebühren befreit (z. B. § 8 Abs. 1 Nr. 4 Gebührengesetz NRW).

Europarechtliche Problematik

Für deutsche staatliche Stellen und freie Träger ist noch nicht völlig geklärt, ob die steuerlichen Privilegierungen aufgrund der Gemeinnützigkeit europarechtlich als unzulässige Beihilfe anzusehen sind, was u.a. zur Folge hätte, dass die staatlichen Sozialleistungsträger beihilferechtlich überwacht werden müssten, wenn sie durch die Finanzierung von Sozialdienstleistungen ihren verfassungsrechtlichen Verpflichtungen nachkommen.

## 4 Selbstbestimmungsrecht der freien Träger

Allen freien Trägern stehen Selbstbestimmungsrechte aufgrund der Verfassung zu.
Die kirchlichen freien Träger nehmen unter den freien Trägern eine Sonderstellung ein, weil sie an dem Selbstbestimmungsrecht der Kirchen teilhaben, das u.a. durch das Grundgesetz besonders geschützt wird (→ S. 162).

### 4.1 Allgemeine Grundrechtsgarantie

Das Selbstbestimmungsrecht der nichtkirchlichen freien Träger, die den Spitzenverbänden der Arbeiterwohlfahrt, dem Paritätischen Gesamtverband oder dem Deutschen Roten Kreuz angeschlossen sind oder einem Spitzenverband nicht angehören, wird durch die allgemeine Grundrechtsgarantie der Verfassung gesichert; denn Grundrechte gelten gemäß Art. 19 Abs. 3 GG nicht nur für den einzelnen Menschen, sondern auch für Vereinigungen von Menschen in der Rechtsform der juristischen Person (eingetragener Verein, Stiftung, Gesellschaft mit beschränkter Haftung).
Alle Grundrechte, die sich auf Tätigkeiten beziehen, die auch von Personenvereinigungen ausgeübt werden können, stehen diesen zu, z.B. die Grundrechte aus Art. 2, 3, 4, 5, 12, 13, 14, 19 Abs. 3 GG (BVerfG, 17.10.2007 – 2 BvR 1095/05).
Das gilt für nichtrechtsfähige Personengruppen zumindest insoweit, wie Art. 3 GG eine Gleichbehandlung mit rechtsfähigen Vereinigungen gebietet (BVerfG, 21.2.1957 – 1 BvR 241/56).
So ist ein nichtrechtsfähiger freier Träger grundsätzlich in gleicher Weise zu fördern wie ein rechtsfähiger; denn das SGB VIII setzt für die Förderung nicht die Rechtsfähigkeit voraus. Verlangt er aber erhebliche Fördermittel, kann die zuständige Behörde dies u.U. mit der Begründung ablehnen, ein etwaiger Rückforderungsanspruch könne nicht ausreichend gesichert werden, und die Förderung vom Erwerb der Rechtsfähigkeit abhängig machen.

Soweit Selbsthilfegruppen und Initiativen in der Jugendhilfe tätig werden, haben sie grundsätzlich gleiche Rechte wie die traditionellen freien Träger (§ 4 Abs. 3 SGB VIII; § 2 Vereinsgesetz; BVerfG, 16.10.1968 – 1 BvR 241/66).

### 4.1.1 Allgemeine Handlungsfreiheit und Vereinsautonomie

Selbstbestimmungsrecht

Das Grundrecht der allgemeinen Handlungsfreiheit nach Art. 2 Abs. 1 GG gewährleistet dem freien Träger das Recht auf Verwaltung seiner Angelegenheiten und auf Übernahme und Durchführung von Aufgaben gemäß seinem Selbstverständnis.

Vereinsfreiheit

Das Grundrecht der Vereinigungsfreiheit nach Art. 9 GG schützt das Recht eines jeden Vereins, Verbands oder eines sonstigen privatrechtlichen Zusammenschlusses von Personen, sich eine eigene Ordnung zu geben, d. h. die Organisationsform zu bestimmen, Vereinsorgane zu schaffen, die Aufgaben des Vereins festzulegen, die Rechte und Pflichten der Mitglieder zu gestalten (BVerfGE, 15.6.1989 – 2 BvL 4/87).

Vereinsautonomie

Eingriffe in das Selbstbestimmungsrecht

Einschränkungen des grundrechtlich garantierten freien Betätigungsrechts sind nur durch Gesetz oder auf Grund eines Gesetzes zulässig. Gesetzliche Einschränkungen können z. B. erfolgen durch die Auferlegung von Mitteilungspflichten oder der Pflicht, der Behörde den Zutritt zur Einrichtung zu gestatten.

Das einschränkende Gesetz muss das Grundrecht unter Angabe des Artikels nennen (Art. 19 Abs. 1 GG). Es muss außerdem ausreichend bestimmt, d. h. Inhalt, Zweck und Ausmaß der gesetzlichen Eingriffsermächtigung müssen für die Betroffenen erkennbar sein (BVerfG, 27.7.2005 – 1 BvR 668/04).

Beispiel

Artikel 20 KJHG schränkt die Grundrechte der Freiheit der Person (Art. 2 Abs. 2 Satz 2 GG), der Freizügigkeit (Art. 11 GG) und der Unverletzlichkeit der Wohnung (Art. 13 GG) nach Maßgabe des SGB VIII ein. Deshalb ist die klare Regelung der Zutritts-, Frage- und Prüfrechte der zuständigen Behörde in §§ 45 – 46 SGB VIII verfassungsgemäß.
Im Umkehrschluss ergibt sich aus dieser Regelung, dass die genannten Kontrollrechte in allen anderen Einrichtungen der Jugendhilfe wegen Fehlens einer gesetzlichen Grundlage nicht bestehen (OVG Hamburg, 10.11.2004 – 4 Bs 388/04).

Weisungsfreiheit freier Träger

Der Gesetzgeber hat in § 17 Abs. 3 Satz 3 SGB I für den Sozialleistungsbereich ausdrücklich bestimmt, dass die öffentlichen Träger u.a. die Selbständigkeit der freien Träger in Zielsetzung und Durchführung ihrer Aufgaben zu achten haben (ausgedehnt auf die Organisation in § 4 SGB VIII). Daraus folgt z. B., dass der staatlichen Verwaltung grundsätzlich keine Beanstandungsrechte hinsichtlich der Arbeit eines freien Trägers zustehen, wenn diese sich in dem Rahmen hält, der durch das SGB bestimmt wird. Dies gilt grundsätzlich auch, wenn der öffentliche Träger den freien Träger finanziell fördert (→ S. 124).

Keine Rechtsgrundlage hat deshalb die immer noch und immer wieder nicht nur von öffentlichen Trägern geäußerte Meinung, finanziell geförderte freie Träger würden »im Auftrag« beispielsweise des Jugendamts tätig.

Anders: gewerbliche Träger

Die Privilegierungen gemäß § 17 Abs. 3 SGB I und in § 4 Abs. 2 SGB VIII gelten **nicht** für gewerbliche Träger (Schindler in: LPK-SGB VIII, § 4 Rn. 38 f.). Jedoch können sie sich beispielsweise auf den Gleichheitssatz und das Grundrecht auf Berufsausübungsfreiheit berufen, wenn sie von der Leistungserbringung ausgeschlossen werden (OVG Niedersachsen, 2.9.2010 – 4 LA 176/09).

### 4.1.2 Überzeugungs- und Weltanschauungsfreiheit

Das Grundrecht aus Art. 4 Abs. 1 und 2 GG ist von größter Bedeutung für die freie Tätigkeit, weil es grundsätzlich nicht einschränkbar ist. Einschränkungen müssen sich aus der Verfassung selbst ergeben. Hierzu zählen die Grundrechte Dritter sowie Gemeinschaftswerte von Verfassungsrang. Jede Einschränkung der vorbehaltlos gewährleisteten Glaubensfreiheit bedarf überdies einer hinreichend bestimmten gesetzlichen Grundlage (BVerfG, 24.9.2003 – 2 BvR 1436/02: Kopftuchurteil).

Geltung für Träger jeder Überzeugung

Das Grundrecht gilt nicht nur für religiöse Gemeinschaften, sondern garantiert die Freiheit einer jeden religiösen oder weltanschaulichen, auch antireligiösen oder indifferenten Überzeugung. Die Freiheit der Überzeugung, die diesen Trägern gewährleistet ist, schließt notwendig die Freiheit der Bestimmung über Organisation, Normsetzung, Verwaltung und die Personalhoheit ein (BVerfG, 17.10.2007 – BvR 1095/05 Rn. 85 ff.).
Daraus ergibt sich für die nichtkirchlichen Träger, die eine bestimmte Weltanschauung vertreten, ein verfassungsrechtlich gewährleistetes Selbstbestimmungsrecht, das inhaltlich – insbesondere hinsichtlich der staatlichen Eingriffsmöglichkeiten – dem kirchlichen Selbstbestimmungsrecht weitgehend entspricht (→ S. 162).

Anders: gewerbliche Träger

Gewerblichen und weltanschaulich neutralen Trägern steht es nicht zu.

### 4.1.3 Freiheit der Berufsausübung

Das Grundrecht auf freie Berufsausübung gemäß Art. 12 GG hat für freie Träger in der neueren Rechtsprechung zunehmend Bedeutung erlangt.

Keine Behinderung der Bestätigung

Das Grundrecht auf freie Berufsausübung und der Gleichheitsgrundsatz (Art. 3 GG) werden durch ein hoheitliches Handeln verletzt, das die Ausübung der Tätigkeit des freien Trägers behindert, konkurrierende Bewerber deutlich bevorzugt (BVerfG 17.10.2007 – 2 BvR 1095/05, 2306) oder entgegen § 4 Abs. 2 SGB VIII einen Vorrang der Leistungen des öffentlichen Trägers begründen soll. Verletzt wird dadurch auch der Grundsatz der Trägervielfalt (BVerfG, 4.3.2004 – 1 BvR 88/00).

Ein öffentlicher Träger will mit einem Eigenbetrieb sozialpädagogische Familienhilfe erbringen und dadurch einen freien Träger von der Leistung ausschließen (OVG NRW, 10.11.2004 – 4 Bs 388/04). Beispiel

Es wird auch verletzt, wenn Leistungsentgelte so niedrig bemessen werden, dass der freie Träger nicht in der Lage ist, das zur Aufgabenerfüllung erforderliche qualifizierte Personal anzustellen bzw. bereit zu halten. Keine Unterfinanzierung

Stundensätze müssen so bemessen werden, dass der freie Träger eine Vergütung in tariflicher Höhe zahlen und fixe Kosten für die Vorhaltung qualifizierten Personals tragen kann (BVerfG, 7.11.2001 – 1 BvR 325/94). Beispiel
In NRW sind als Richtwerte für Verwaltungsaufwand je Arbeitsstunde des gehobenen Dienstes 56 Euro und für den höheren Dienst 72 Euro, jeweils einschließlich Arbeitsplatzkosten, anzusetzen (RdErl. v. 1.7.2010, MBl. 2011, 241).

### 4.1.4 Unverletzlichkeit des räumlichen Bereichs

Das Grundrecht auf Unverletzlichkeit der Wohnung nach Artikel 13 Abs. 1 GG umfasst bei Verbänden, Vereinen und sonstigen Vereinigungen auch deren Arbeits-, Beratungs- und Veranstaltungsräume. Staatliche Behörden haben deshalb grundsätzlich nicht das Recht, die Räume der Einrichtungen freier Träger zu betreten.

Die Polizei hat nicht das Recht, einen Kindergarten zu betreten, um festzustellen, ob bei einem Kind Spuren von Misshandlungen zu erkennen sind. Beispiel

Sehr beschränkte Zutrittsrechte ergeben sich z. B. aus Art. 13 Abs. 3 GG in Verbindung mit dem SGB VIII (§§ 46, 48a), den polizeilichen Generalklauseln, dem Infektionsschutzgesetz (§§ 16, 36) und der Strafprozessordnung (§§ 102 ff.). Gesetzliche Einschränkungen

Der Polizei steht grundsätzlich nicht das Recht zu, ein Grundstück oder ein Gebäude eines freien Trägers zu betreten. Jedoch ist sie aufgrund der polizeilichen Generalklausel bzw. § 16 IfSG ohne richterliche Anordnung befugt, Wohnungen und Arbeits- und Geschäftsräume zu betreten, wenn z. B. konkrete Anhaltspunkte dafür bestehen, dass eine Wohnung sich in einem Zustand befindet, der zu übertragbaren Krankheiten führen kann (OVG Nordrhein-Westfalen, 4.11.2008 – 13 E 1290/08). Eingeschränktes behördliches Betretungsrecht

Die Polizei verstößt gegen den Grundsatz der Verhältnismäßigkeit, wenn sie ohne konkreten Verdacht in niedrigschwellige Einrichtungen freier Träger eindringt und Kontrollen durchführt (BVerfG, 24.5.1977 – 2 BvR 988/75). Beispiele
Die Polizei darf die Teestube eines kurdischen Vereins betreten, wenn zwar keine akute Gefahr besteht, aber präzise, aktuelle und dokumentierte Erkenntnisse über demnächst zu erwartende Gefahren oder Straftaten vorliegen (BVerwG, 25.8.2004 – 6 C 26.03: a. A. Mittag, NVwZ 2005, 649).

## 4.2 Selbstbestimmungsrecht der kirchlichen freien Träger

Religionsgesellschaften, d.h. insbesondere Kirchen, ist verfassungsrechtlich die Freiheit garantiert, ihre Angelegenheiten selbständig innerhalb der Schranken des für alle geltenden Gesetzes zu ordnen und zu verwalten.
Religionsgesellschaften wird auf Antrag der Status einer Körperschaft des öffentlichen Rechts verliehen, wenn sie durch ihre Verfassung und die Zahl ihrer Mitglieder die Gewähr der Dauer und der Verfassungstreue bieten (Art. 140 GG i.V.m. Art. 137 Abs. 3 und 5 WRV; zu Zeugen Jehovas: BVerwG, 1.2.2006 – 7 B 80.05).
Die Europäische Union erkennt an, dass Kirchen und weltanschauliche Gemeinschaften in den Mitgliedsstaaten einen Sonderstatus genießen. Sie pflegt mit den Kirchen und Gemeinschaften in Anerkennung ihrer Identität und ihres besonderen Beitrags einen offenen, transparenten und regelmäßigen Dialog (Art. 17 AEUV).

### 4.2.1 Geltungsbereich

Das kirchliche Selbstbestimmungsrecht erstreckt auf die organisierte Kirche und deren rechtlich selbstständige Teile (Diözese, Kirchengemeinde) sowie auf ihre caritativen/diakonischen Einrichtungen.

> »Die privatrechtlich organisierten diakonischen und karitativen Werke und Einrichtungen der Kirche haben als Mitglieder des diakonischen Werkes oder des Caritasverbandes unstreitig am kirchlichen Auftrag teil und stehen damit auch unter dem religionsverfassungsrechtlichen Schutz des kirchlichen Selbstbestimmungsrechts« (BVerfG, 17.10.2007 – 2 BvR 1095/05).

Bisher war allgemein anerkannt, dass sich die in den Rechtsformen des staatlichen Privatrechts organisierten Vereine, Verbände und Gesellschaften auf das kirchliche Selbstbestimmungsrecht berufen können, wenn sie

Bekenntnismäßige Verbindung

- bekenntnismäßig mit der Kirche verbunden sind, d.h. nach kirchlichem Selbstverständnis ihrem Zweck und ihrer Aufgabe nach berufen sind, ein Stück des Auftrages der Kirche wahrzunehmen und zu erfüllen.

Beispiel

Wahrnehmung caritativer/diakonischer Aufgaben, z.B. Beratung, Behandlung und Betreuung Hilfesuchender;

Organisatorische Verbindung

- organisatorisch mit der Kirche verbunden sind. Hierbei kommt es darauf an, ob die jeweilige Vereinigung durch ihre Satzung und deren Bestimmungen, z.B. über Geschäftsführung, Vertretung, Mitgliedschaft, kirchliche Aufsicht mit der Amtskirche verzahnt und von dieser anerkannt ist (BVerfG, 4.6.1985 – 2 BvR 1703/83).

Beispiel

In der Satzung eines Caritasverbandes ist festgelegt, dass der Vorsitzende vom Bischof bestellt wird, der Geschäftsführer nur mit Zustimmung des Bischofs eingestellt und entlassen werden darf und dass die Haushaltsführung des Verbandes der kirchlichen Aufsicht unterliegt.

Kirchenrechtlich unterliegen Verbände/Träger, die keine Aufsichts- und Eingriffsrechte kirchlicher Behörden in ihrer Satzung vorgesehen haben, nicht der bischöflichen Gesetzgebungsgewalt (Urteil der Apostolischen Signatur, des höchsten Gerichts der katholischen Kirche, 31.1.2010 – 42676/09 VT). Aufgrund dieses Urteils haben es die Deutschen Bischöfe den Verbänden freigestellt, bis Ende 2013 ihre Satzung entsprechend anzupassen (Beschluss des Verbandes der Diözesen Deutschlands vom 20.6.2011). Verbände/Träger, die ihre Satzung nicht angepasst haben, sind u.a. nicht an das kirchliche Arbeitsrecht gebunden. Sie können die Arbeitsbedingungen selbst bestimmen bzw. mit den Gewerkschaften Tarifverträge abschließen.

Ausscheren aus Kirche?

### 4.2.2 Inhalt

Das kirchliche Selbstbestimmungsrecht umfasst insbesondere die Freiheit der Bestimmung über Organisation, Normsetzung, Verwaltung und die Personalhoheit. Bei »inneren kirchlichen Angelegenheiten« sind staatliche Eingriffe ausgeschlossen, bei anderen Angelegenheiten sind sie nur bei Vorliegen »zwingender Gründe« zulässig (BVerfG, 17.10.2007 – 2 BvR 1095/05).

Grenzen staatlicher Eingriffe

Der Staat darf in den Bereich der Selbstbestimmung nach noch herrschender Auffassung grundsätzlich auch dann nicht eingreifen, wenn die kirchlichen Vereinigungen und Verbände bei der Erfüllung öffentlicher Aufgaben, z.B. der Jugendhilfe und der Sozialhilfe, mitwirken und hierfür öffentliche Mittel erhalten. Jedoch sind hier Zweifel angebracht, inwieweit noch eine »eigene« Angelegenheit vorliegt, wenn die Finanzierung überwiegend durch staatliche Mittel erfolgt. In diesen Fällen können bestimmte Vorgaben als Bedingung für die Zuwendungen zulässig sein.

Beispiel

Da die Benutzung eines Jugendheimes in Trägerschaft einer Kirchengemeinde dem kirchlichen Selbstbestimmungsrecht unterliegt, kann die Kirchengemeinde sich zwar aus freien Stücken bereit erklären, das Heim auch kirchlich nicht gebundenen Jugendlichen zu öffnen.
Sie kann aber nicht gegen ihren Willen hierzu verpflichtet werden; denn nicht die Kirchengemeinde, sondern das Jugendamt hat zu gewährleisten, dass für kirchlich nicht gebundene Jugendliche die erforderlichen Einrichtungen zur Verfügung stehen (§ 79 SGB VIII).

Zulässige Eingriffe

Jedoch sind staatliche Eingriffe in die Organisations- und Personalhoheit zulässig, wenn sie aus zwingenden Gründen geboten sind, d.h., wenn ohne sie die öffentliche Aufgabe nicht erfüllt werden kann.

Beispiel

Der staatliche Träger, der einem kirchlichen Altenheim Investitionszuschüsse gewährt hat, darf sich das Recht vorbehalten, freie Plätze zu belegen, wenn nur dadurch gewährleistet werden kann, dass die geförderten Pflegeplätze auch demjenigen Personenkreis zugute kommen, der finanziell darauf angewiesen ist (BVerfG, 17.10.2007 – 2 BvR 1095/05).

### 4.2.3 Schrankenvorbehalt

Jedermann-Prinzip

Das kirchliche Selbstbestimmungsrecht ist nach der Verfassung nur »innerhalb der Schranken der für alle geltenden Gesetze« gewährleistet.
Zu den »für alle geltenden Gesetze« gehören alle Rechtsvorschriften, die für die Kirche dieselbe Bedeutung haben wie für Jedermann.
Trifft das Gesetz die Kirche nicht wie Jedermann, sondern in ihrer Besonderheit als Kirche härter, weil ihr Selbstverständnis, insbesondere ihr geistig-religiöser Auftrag betroffen ist, dann bildet das staatliche Recht, insbesondere der Gleichheitssatz (Art. 3 GG) insoweit keine Schranke.

Beispiel

In einer kommunalen Kita ist eine religiöse Ausrichtung der Erziehung wegen des Neutralitätsgebots unzulässig. Kirchliche Einrichtungen dürfen die Erziehung religiös ausrichten.

Geltung des allgemeinen Rechts

In den Angelegenheiten, die das kirchliche Selbstbestimmungsrecht nicht erfasst, unterliegt ein kirchlicher Träger den allgemeinen gesetzlichen Vorschriften, z. B. dem Baurecht, dem Arbeitsrecht und dem Jugendhilferecht.

Beispiel

Eine kirchliche Kita muss die für Kitas allgemein geltenden Mindestanforderungen, z. B. für die Räume, das Beschäftigungsmaterial, die Ausbildung des Personals, erfüllen. Insoweit unterliegt der kirchliche Träger wie jeder andere Träger der Heimaufsicht nach §§ 45 ff. SGB VIII.

Die Verfassungsgarantie des kirchlichen Selbstbestimmungsrechts gewährleistet den Kirchen, darüber zu befinden, welche Dienste es in ihren Einrichtungen geben soll und in welchen Rechtsformen sie wahrzunehmen sind. Die Kirchen sind dabei nicht auf kirchliche Rechtsformen beschränkt, sie können sich auch der jedermann offen stehenden Privatautonomie bedienen, um Verträge abzuschließen. Wählt ein kirchlicher Träger wie ein staatlicher oder ein gewerblicher Rechtsträger für seine Beteiligung am Rechtsverkehr Rechtsformen des staatlichen Rechts, gilt die staatliche Rechtsordnung uneingeschränkt.
Auch nach kirchlichem Selbstverständnis findet das Bürgerliche Recht Anwendung, wenn eine kirchliche Einrichtung sich bei der Begründung und Gestaltung von Rechtsbeziehungen der Privatautonomie bedient und sich damit in den staatlichen Bereich des »für alle geltenden Gesetzes« begibt (can. 1290 CIC).

Beispiele

Verträge über soziale Dienstleistungen, Arbeitsverträge, Kaufverträge, Mietverträge.

Die Kirche kann im Rahmen der Privatautonomie eigene Regelungen erlassen, z. B. eine kirchliche Arbeitsrechtsregelung zur Vergütung, Arbeitszeit, Kündigung, darf dabei aber nicht gegen das zwingende staatliche Recht verstoßen. Deshalb sind kirchliche Regelungen unwirksam, die von staatlichen Arbeitsrechtsvorschriften zu Ungunsten des Mitarbeiters abweichen.

Beispiele

Unwirksam ist ein kirchliche Regelung, die den Verfall der Urlaubsansprüche bei mehrjähriger Krankheit des Arbeitnehmers vorsah (BAG, 24.3.2009 – 9 AZR 983/07).

Anzuwenden sind auf das gewählte Rechtsverhältnis außer den BGB-Vorschriften die einschlägigen zwingenden Vorschriften des staatlichen Rechts, z. B. beim Arbeitsverhältnis das Kündigungsschutz-, Mutterschutz-, Arbeitszeit- und Allgemeines Gleichbehandlungsgesetz (s. dort die Ethosklausel in § 9 AGG), der Arbeitnehmerdatenschutz nach § 32 BDSG und das Arbeitsgerichtsgesetz und beim Heimvertrag das Wohn- und Betreuungsvertragsgesetz.

Beispiel

Der Arbeitnehmer im kirchlichen Dienst kann alle Ansprüche aus dem Arbeitsverhältnis bei dem staatlichen Arbeitsgericht einklagen (BAG, 11.11.2008 – 1 AZR 646/07).

Kirchlicher Vorbehalt

Der Kirche bzw. der kirchlichen Einrichtung bleibt es im Rahmen der Privatautonomie auch vorbehalten, die verfassungsrechtlich geschützte Eigenart der kirchlichen Einrichtungen zu sichern und die Organisation der Einrichtung zu bestimmen, wenn die Erfüllung der kirchlichen Aufgaben dadurch erschwert wird, dass die kirchliche Einrichtung in ihrer Entscheidung darüber beschränkt wird, welche Dienste es bei ihr geben soll und in welchen Rechtsformen sie wahrzunehmen sind (BAG, 25.3.2009 – 7 AZR 710/07).

Tendenzpflicht

Anerkannt ist in der deutschen Rechtsprechung bisher, dass die Kirchen von ihren Arbeitnehmern die Einhaltung einer bestimmten Lebensführung erwarten dürfen (Katholische Kirche: »Grundordnung des kirchlichen Dienstes im Rahmen kirchlicher Arbeitsverhältnisse«; Evangelische Kirche: »Richtlinie über die Anforderungen der privatrechtlichen Mitarbeit«; grundlegend: BVerfG, 4.6.1985 – 2 BvR 1703/83).

Beispiel

Geht der verheiratete katholische Kirchenorganist eine außereheliche Beziehung ein, war die Pfarre nach Meinung des BAG, 16.9.1999 – 2 AZR 712/98 zur Kündigung berechtigt.
Der Europäische Gerichtshof für Menschenrechte (EGMR) hat in diesem Fall eine stärkere Berücksichtigung des Rechts auf Privatleben und Gründung einer neuen Familie verlangt und einen Verstoß gegen die EMRK festgestellt (EGMR, 23.9.2010 – 1620/03).

## 5 Verhältnis der freien Träger zu den öffentlichen Trägern

Beispiel

Das Jugendamt vereinbart mit einem freien Träger ein »Kooperationskonzept«, in dem das Jugendamt sich die Weisungsbefugnis über die vom freien Träger eingestellten Familienhelferinnen vorbehält. Das Jugendamt bestimmt durch einen Sozialarbeiter den zeitlichen und örtlichen Einsatz, die Art und Dauer der Tätigkeit und die Arbeitsabläufe, nimmt Krankmeldungen entgegen, entscheidet über Urlaubswünsche und ordnet die Teilnahme an Supervision an. Es zahlt an den freien Träger für jede tatsächlich geleistete Stunde einen festen Stundensatz, der erheblich unter dem Betrag liegt, den es für eine angestellte Familienhelferin aufwenden müsste (Auszug aus dem Sachverhalt des Urteils des BAG, 11.6.1997 – 7 AZR 487/96).

Die Frage nach dem Verhältnis der öffentlichen Träger zu den freien Trägern ist nach zahlreichen Auseinandersetzungen durch Entscheidungen des Bundesverfassungsgerichts und entsprechenden gesetzlichen Regelungen weitgehend geklärt. In der sozialen Praxis, in der Fachliteratur und von Gerichten werden aber nach wie vor Ansichten vertreten, die sich mit dem einschlägigen Recht kaum vereinbaren lassen.
Nicht wenige Vertreter der öffentlichen Träger der Jugend- und Sozialhilfe meinen aus der Gesamtverantwortung des öffentlichen Trägers für die Sozial- und Jugendhilfe ergebe sich für diesen das Recht auf Kontrolle des freien Trägers und eine Bindung des freien Trägers, der öffentliche Mittel erhält, an die Konzeption und Weisungen des öffentlichen Trägers. Dieser könne jederzeit Auskünfte und Berichte verlangen und Kontrollen durchführen. Partnerschaft zeige sich darin, dass der freie Träger das erfülle, was der öffentliche Träger verlange und z. B. über seine Arbeit im Einzelfall umfassend informiere, damit im fachlichen Austausch die beste Lösung für die hilfesuchenden Menschen gefunden werde.
Vertreter der freien Jugend- und Sozialhilfe halten diese Auffassung für verfassungswidrig. Sie sind der Auffassung, das Grundgesetz und das Jugendhilfe- und sonstige Sozialrecht garantiere den Menschen das Recht, Rat und Hilfe bei einem freien Träger zu suchen. Dieser erbringe seine Leistung nicht als verlängerter Arm und Informant des Staates, sondern in eigener Verantwortung gegenüber den Menschen, die sich an ihn wenden. Mit dem Gebot partnerschaftlicher Zusammenarbeit sei eine bevormundende Kontrolle unvereinbar. Aus der Gesamtverantwortung des öffentlichen Trägers ergebe sich zwar dessen Verpflichtung zur Planung, Förderung und Gewährleistung eines bedarfsdeckenden pluralen Angebots, nicht aber zu einer bürokratisch bevormundenden Steuerung und Kontrolle der Arbeit der freien Träger.

### 5.1 Verfassungsrechtliche Grundlagen

Das BVerfG hat in seiner Entscheidung vom 18.7.1967 Grundsätze zu den verfassungsrechtlichen Grundlagen der Tätigkeit freier Träger und dem Verhältnis der staatlichen und der freien Jugend- und Sozialhilfe aufgestellt:

»Das Sozialstaatsgebot verpflichtet den Staat, für eine gerechte Sozialordnung zu sorgen. Es besagt jedoch nicht, dass der Gesetzgeber für die Verwirklichung dieses Ziels nur behördliche Maßnahmen vorsehen darf; es steht ihm frei, dafür auch die Mithilfe privater Wohlfahrtsorganisationen vorzusehen«. (BVerfG, 18.7.1967 – 2 BvF 3–8/62)

Gesamtverantwortung des öffentlichen Trägers

Die behördlichen Träger der öffentlichen Jugendhilfe und der öffentlichen Sozialhilfe haben die Gesamtverantwortung dafür, dass die Einrichtungen und Dienste bereitgestellt werden, die erforderlich sind, um in den Bereichen der Sozial- und der Jugendhilfe die Ziele des Gesetzes zu erreichen. Die Gesamtverantwortung schließt die Planungsverantwortung ein (§ 17 Abs. 1 SGB I; §§ 79, 80 SGB VIII).

Keine Einzelfallverantwortung

Gesamtverantwortung bedeutet nicht, dass das Jugendamt jeden Einzelfall, in dem ein freigemeinnütziger Träger tätig wird, kontrollieren müsste; denn dies wird ihm ausdrücklich durch das Gesetz untersagt (§ 4 Abs. 1 Satz 2 SGB VIII; § 5 Abs. 3 Satz 2 SGB XII; OVG Hamburg, 10.11.2004 – 4 Bs 388/04).

Freier Träger bestimmt Aufgaben und Ziele

Die freien Träger werden durch das staatliche Sozialleistungsrecht nicht zur Schaffung und Unterhaltung bestimmter Einrichtungen und zur Durchführung bestimmter Maßnahmen verpflichtet; sie sind im Rahmen der gesetzlichen Bestimmungen in der Zielsetzung, in der Durchführung ihrer Aufgaben und in der Gestaltung der Organisationsstruktur frei.

»Eine staatliche Förderung allein legitimiert keinen Eingriff in das Selbstbestimmungsrecht der Kirchen. Die staatliche Zuwendung ist nämlich kein Akt der Beleihung. Die Verbände der freien Wohlfahrtspflege bleiben gerade hierbei Erfüller staatsunabhängiger, von ihnen selbst definierter Aufgaben«. (BVerfG, 17.10.2007 – 2 BvR 1095/05)

Auch wenn freie Träger öffentliche Aufgaben wie z. B. die Beratung drogenabhängiger oder arbeitsloser Jugendlicher durchführen und dafür öffentliche Zuschüsse erhalten, werden sie somit nicht zu Trägern öffentlicher Verwaltung und sind auch keine Beauftragten, Beliehene oder Erfüllungsgehilfen der öffentlichen Verwaltung (Hinrichs, Ev. Jugendhilfe, 2004, 6; → S. 51).

Bedingter Vorrang der freien Jugend- und Sozialhilfe

Die Betätigungsmöglichkeiten der öffentlichen Träger der Jugendhilfe und der Sozialhilfe werden dadurch eingeschränkt, dass anerkannten freien Trägern ein in verschiedener Hinsicht eingeschränkter Vorrang eingeräumt worden ist (§ 4 Abs. 2 SGB VIII; § 5 Abs. 4 SGB XII).

Das BVerfG hat aus dem Grundgesetz, den Grundrechtsbestimmungen und dem Sozialstaatsprinzip Grundsätze für die »gemeinsame Bemühung von Staat und freien Jugend- und Wohlfahrtsorganisationen« abgeleitet. Diese Grundsätze sind rein fiskalisch orientiert und stellen allein auf Effektivität und Effizienz ab, d. h. auf die möglichst wirtschaftliche Verwendung der zur Verfügung stehenden öffentlichen Mittel. Dadurch ergibt sich ein weitgehender Schutz der vorhandenen Dienste und Einrichtungen der öffentlichen Jugendhilfe (BVerfG, 18.7.1967 – 2 BvF 3–8/62).

Funktionsschutz des öffentlichen Tägers

Hiernach ist das Jugendamt nicht zur Förderung eines freien Trägers verpflichtet, wenn es selbst bereits geeignete Einrichtungen bzw. Veranstaltungen in ausreichendem Maße unterhält. Es darf bereits vorhandene eigene Einrichtungen und Maßnahmen zeitlich unbegrenzt in eigener Hand behalten, auch wenn freie Träger die Aufgabe gleichwertig und kostenneutral übernehmen könnten.
Besteht allerdings ein Bedarf, der durch die eigene Einrichtung nicht gedeckt wird, kann es zur Förderung eines freien Angebots verpflichtet sein (BVerwG, 21.1.2010 – 5 CN 1.09: Waldorf-Kindergarten); denn es hat eine plurale Jugendhilfe-Infrastruktur zu gewährleisten (BVerwG, 17.7.2009 – 5 C 26.08).

Funktionsschutz des freien Tägers

Soweit geeignete Einrichtungen und Leistungsangebote freier Träger bereits unterhalten bzw. gemacht werden, soll das Jugendamt von eigenen absehen.

Beispiel

Betreibt ein freier Träger seit Jahren eine Beratungsstelle, darf das Jugendamt Eltern, die sich von dieser Stelle beraten lassen wollen, nicht an die eigene Beratungsstelle verweisen (OVG Lüneburg, RsDE 1994, 63).

Neue Dienste und Einrichtungen darf es nur schaffen, wenn trotz seiner Anregungen und Förderungsangebote die freien Träger nicht in der Lage sind, ein geeignetes und ausreichendes Angebot zu gewährleisten.

Rentabilität statt Subsidiarität

Das Bundesverfassungsgericht hat sich allein an Kostengesichtspunkten orientiert und deshalb einen Bestandschutz staatlicher Einrichtungen angenommen. Dies entspricht nicht dem Subsidiaritätsprinzip, das den Staat auf die Aufgaben beschränkt, die von basisnäheren, freien, gesellschaftlichen Initiativen und Verbänden nicht sachgerecht erfüllt werden können. Ein Bestandsschutz bestehender staatlicher Einrichtungen ist mit dem Subsidiaritätsprinzip nicht vereinbar.

## 5.2 Gesetzliche Grundlagen

Beispiel

Der Leiter der Verwaltung eines westdeutschen Großstadtjugendamtes verkündet den erstaunten Mitgliedern der Jugendhilfeausschuss: »Die freien Träger arbeiten im Auftrag des Jugendamts«.

Der Gesetzgeber hat im SGB Regelungen getroffen, mit denen er die vom BVerfG entwickelten Grundsätze zur Stellung freier Träger konkretisiert hat.

### 5.2.1 Allgemeine Privilegierung freier Träger

Freigemeinnützige Träger haben – im Unterschied zu freigewerblichen Trägern – im Sozialleistungsrecht eine besonders privilegierte Stellung.

Achtung der Autonomie

- Die öffentlichen Träger haben die Selbständigkeit der freien Träger in Zielsetzung und Durchführung ihrer Aufgaben zu achten (§ 17 Abs. 3 Satz 2 SGB I). Eine laufende Kontrolle während der Durchführung ist deshalb ausgeschlossen.

Sicherstellung der Qualität

- Nimmt ein freier Träger eine öffentliche Aufgabe wahr, indem er z.B. auf Wunsch der Eltern ambulante Erziehungshilfe leistet, so hat der öffentliche Leistungsträger sicherzustellen, wenn er die Kosten übernimmt, dass der freie Träger die Gewähr für eine sachgerechte Erfüllung der Aufgaben bietet (§ 97 Abs. 1 SGB X).

Umfang der Autonomie

- § 17 Abs. 3 Satz 4 SGB I bestimmt, dass § 97 Abs. 2 SGB X nicht anzuwenden ist, wenn freie Träger öffentliche Aufgaben wahrnehmen. Demnach sind die in § 97 Abs. 2 SGB X genannten Vorschriften, in denen allgemein die Pflichten Dritter festgelegt sind, die öffentliche Aufgaben wahrnehmen, auf freie Träger nicht anzuwenden. Daraus folgt:
  - Der öffentliche Sozialleistungsträger ist nicht berechtigt, den freigemeinnützigen Träger jederzeit zu prüfen und an seine Auffassung zu binden.
  - Der freigemeinnützige Träger ist nicht verpflichtet, dem öffentlichen Träger Mitteilungen zu machen und Auskünfte über die Erbringung der Leistung zu erteilen (insbesondere nicht personenbezogene Mitteilungen zu machen).
  - Der freigemeinnützige Träger ist nicht verpflichtet, dem öffentlichen Träger nach der Erbringung der Leistung Rechenschaft abzulegen.

Nachweis- und Sachberichtspflicht des freien Trägers

Der freie Träger, der Zuwendungen aus öffentlichen Mitteln erhalten hat, ist verpflichtet, die zweckentsprechende Verwendung der Mittel nachzuweisen (§ 17 Abs. 3 Satz 3 SGB I). Der Nachweis hat gemäß den haushaltsrechtlichen Vorschriften zu erfolgen. Er ist durch einen Sachbericht zu ergänzen (→ S. 178).
Für Vereinbarungen über Leistungsentgelte gelten die Regelungen in § 17 Abs. 2 SGB II; §§ 78a ff. SGB VIII; 76 ff. SGB XII.

### 5.2.2 Informationspflicht nur aufgrund klarer Rechtsnorm

Die in § 17 Abs. 3 Satz 4 SGB I in Verbindung mit § 97 SGB X getroffene Regelung gilt für alle Sozialleistungsbereiche. Sie ist eindeutig. Grundsätzlich hat der öffentliche Träger somit gegen den geförderten freien Träger keinen Anspruch auf Information über die Beratung oder Betreuung der Klienten.

Bestimmtheitsgrundsatz

Eine Befugnis bzw. Pflicht zur Weitergabe von personenbezogenen Daten der Klienten besteht nur aufgrund einer Rechtsvorschrift, die Anlass, Zweck und Grenzen der Weitergabe bereichsspezifisch, präzise und normenklar bestimmt. Die Anforderungen an die Bestimmtheit und Klarheit der Norm dienen insbesondere auch dazu, die Verwaltung zu binden und ihr Verhalten nach Inhalt, Zweck und Ausmaß zu begrenzen (BVerfG, 13.6.2007 – 1 BvR 1550/03).

Beispiele

Hinreichend klar erkennbar ist in § 45 SGB VIII beispielsweise, welche Aufsichts- und Kontrollbefugnisse den Jugendämtern gegenüber Pflegeeltern (§ 44 SGB VIII) und gegenüber Einrichtungen zustehen.
Auch § 61 Abs. 1 SGB II bestimmt noch hinreichend klar, welche Berichtspflichten der Träger einer Eingliederungsmaßnahme zu erfüllen hat (Hinweise des Deutschen Vereins zur Datenübermittlung bei Beratungsleistungen – SGB II und SGB XII vom 23.3.2011, www.deutscher-verein.de).

Mit im Gesetz nicht verankerten selbstgebildeten Begriffen wie z. B. »Delegation«, »derivative Aufgaben« lässt sich Verfassungsrecht nicht aushebeln. Berichts-, Informations- und Duldungspflichten, Prüf- und Kontrollbefugnisse können auch nicht aus Allgemeinbegriffen wie »Wächteramt«, »Gesamtverantwortung«, »Rechtsaufsicht« abgeleitet werden (Schindler in: LPK-SGB VIII, § 5 Rn. 23 f.).

### 5.2.3 Schutzpflichten des freien Trägers nach § 8a SGB VIII

Schutzauftrag

Grenzen des Schutzauftrags

Erbringt ein freier Träger Leistungen nach dem SGB VIII, so hat der öffentliche Träger in der Vereinbarung über die Leistungserbringung sicherzustellen, dass die Fachkräfte des freien Trägers den Schutzauftrag entsprechend wahrnehmen (§ 8a Abs. 4 SGB VIII). Aus der strafrechtlichen Garantenstellung des öffentlichen Trägers kann aber nicht abgeleitet werden, dass der öffentliche Träger bei der Auswahl der Familienhelferin des freien Trägers mitwirken und diese ständig kontrollieren müsse.
Vielmehr hat der Bundesgerichtshof anerkannt, dass ein Garant nicht zur Kontrolle verpflichtet ist, wenn er darauf vertrauen kann, dass ein anderer, der eine Aufgabe des Garanten arbeitsteilig durchführt, ordnungsgemäß handelt (BGH, 31.1.2002 – 4 StR 289/01). Der öffentliche Träger ist kraft Gesetzes zur vertrauensvollen Zusammenarbeit mit dem von ihm anerkannten freien Träger und zur Achtung der Selbständigkeit verpflichtet (§ 4 Abs. 1 Satz 2 SGB VIII). Daraus folgt, dass der öffentliche Träger auch keine auf Strafrecht beruhenden Kontrollpflichten gegenüber freien Trägern haben kann, deren Eignung er für die konkrete Aufgabe festgestellt und die er durch Vereinbarung zur Wahrung des Schutzauftrags verpflichtet hat (§ 8a Abs. 2 SGB VIII).

Freier Träger trägt Verantwortung

Der freie Träger trägt somit die volle, auch strafrechtliche Verantwortung, wenn er eine Jugendhilfeleistung erbringt. Der öffentliche Träger ist für ein Verschulden der Mitarbeiter des freien Trägers nicht verantwortlich.
Eine hoheitliche Kontrolle psychosozialer Arbeit in Vertrauensbeziehungen würde im übrigen die Wirksamkeit der Hilfe beeinträchtigen und fundamentalen, auf dem Grundgesetz beruhenden Grundsätzen sozialer Arbeit widersprechen. Deren Qualität kann nicht durch kontraproduktive Bevormundung, sondern z. B. durch Supervision, Praxisbegleitung, Evaluation, Fortbildung gesichert werden.
Zur elementaren Bedeutung der Vertrauensbeziehung bei »Frühen Hilfen« siehe Meysen/Schönecker/Kindler, München 2009, 25 ff.

### 5.2.4 Privilegierung freier Träger im Jugendhilfe- und Sozialhilferecht

Die freigemeinnützigen Träger sind im Jugendhilferecht stärker als nach den allgemeinen Vorschriften privilegiert. Sie
- sollen von den öffentlichen Trägern als **Partner** behandelt werden;
- haben einen **bedingten Vorrang** vor der öffentlichen Jugendhilfe;
- wirken im **Jugendhilfeausschuss** mit;
- sind an der **Jugendhilfeplanung** zu beteiligen und
- sollen **gefördert** werden

(§§ 4, 71, 73-78, 80 SGB VIII).

Im Sozialhilferecht stellt § 5 SGB XII fest, dass die Stellung der freien Träger als Träger eigener sozialer Aufgaben und ihre Tätigkeit zur Erfüllung dieser Aufgaben vom SGB XII unberührt bleiben.

### 5.2.5 Keine Privilegierung privater gewerblicher Träger

Die für freie Träger beschriebenen Privilegierungen gelten nicht für privat-gewerbliche Träger und für Einzelpersonen, die öffentliche Aufgaben für das Jugendamt, das Jobcenter oder das Sozialamt wahrnehmen (z. B. Pflegeeltern).

Pflichten

Diese sind, wenn sie öffentliche Aufgaben wahrnehmen, gemäß § 97 Abs. 2 SGB X anders als gemeinnützige Träger Auskunfts-, Kontroll- und Weisungsrechten unterworfen. Jedoch müssen auch sie im Verhältnis zu öffentlichen Stellen stets die vertraglichen und gesetzlichen Ansprüche ihrer Klienten auf Schutz der personenbezogenen Daten beachten (→ S. 281 ff.).

## 6 Finanzierung der freien Träger

Beispiel

Eine Frauenhausinitiative e.V. erhält als Träger eines Frauenhauses vom Land Personalkostenzuschüsse für eine Sozialarbeiterin, für eine Erzieherin und für eine Hilfskraft.

Der Kreis, in dessen Gebiet das Frauenhaus liegt, zahlt aufgrund einer Vereinbarung mit dem Trägerverein die Personalkosten für eine weitere Fachkraft und eine Erzieherin sowie die Miete und einen Teil der Betriebskosten. Den weiteren Bedarf von jährlich ca. 10 000,– Euro deckt der Trägerverein durch Mitgliedsbeiträge, Spenden von Privaten, Frauengruppen und Fraktionen politischer Parteien, Kollekten von Kirchengemeinden und Zahlungen von Straffälligen nach § 56b StGB.

### 6.1 Finanzquellen

Die Finanzierung der Leistungen der freien Träger ist je nach der eigenen Finanzausstattung, der Art der Aufgaben und den Förderungsmöglichkeiten sehr unterschiedlich. Wichtige Einnahmequellen sind:

- **Leistungsentgelte** für die Inanspruchnahme der Leistungen eines freien Trägers.
  Sie werden entweder von den Leistungsempfängern ganz oder teilweise entrichtet oder vom öffentlichen Leistungsträger ganz oder teilweise übernommen.

Beispiel

Die Betriebskosten des Altenheims werden fast vollständig durch die Eigenbeiträge der Bewohner und die in Kostenvereinbarungen festgelegte und von Pflegekassen/Sozialämtern gezahlte Kostenerstattung gedeckt.

- **Zuwendungen/Zuschüsse aus öffentlichen Kassen** der Kommune, des Landes, des Bundes, der Europäischen Union oder anderer öffentlicher Stellen in Form der Förderung oder des Aufwendungsersatzes.

- **Erträge aus dem Vermögen**, z.B. Zinsen aus Guthaben oder Mieteinnahmen.

- **Spenden und Sammlungserträge** aus Haus- und Straßensammlungen.
  Über Spenden können gemeinnützig anerkannte Träger Spendenbescheinigungen zum Nachweis der Spende gegenüber dem Finanzamt ausstellen (→ S. 156).

- **Erbeinsetzungen und Vermächtnisse**.
  Privatpersonen dürfen einen freien Träger zum Erben einsetzen oder bestimmen, dass nach ihrem Tod ein Teil des Nachlasses für bestimmte Zwecke eingesetzt werden soll. Unzulässig und unwirksam können aber Verfügungen von Todes wegen sein, die von Bewohnern eines Heims zu Gunsten des Heimträgers getroffen werden (Landesrechtliche Regelungen: für NRW in § 10 Wohn- und Teilhabegesetz).

- **Zuschüsse besonderer Finanzierungsinstitutionen**.
  Solche Zuschussgeber sind z.B. »Aktion Mensch«, »Kuratorium Deutsche Altershilfe«, »Stiftung Deutsches Hilfswerk«, »Stiftung Deutsche Jugendmarke«, Lotterie »Glückspirale«.

- **Zuschüsse von Stiftungen**.
  Zahlreiche Stiftungen, die von privaten Stiftern, z.B. Banken, Unternehmen, Sparkassen, Kommunen, gegründet wurden, zahlen Zuschüsse an gemeinnützige Träger.
  Rechtlich bedenklich ist es, wenn öffentliche Träger, die ihre gesetzlichen Aufgaben nicht erfüllen, Stiftungen z.B. zur Förderung der Jugendhilfe gründen; denn das Stiftungsvermögen wird von einem Stiftungsrat, nicht aber vom demokratisch legitimierten Rat verwaltet (→ S. 73). Auch kann es vom Jugendhilfeausschuss entgegen der gesetzlichen Regelung weder in die Jugendhilfeplanung einbezogen noch zur Förderung der freien Jugendhilfe eingesetzt werden.

- **Kirchensteuer.**
  Die Kirchen gewähren den ihnen nahestehenden freien Trägern aus ihren Kirchensteuereinnahmen Zuwendungen zur Finanzierung von Leistungen, die von der staatlichen Sozialbürokratie nicht oder nur unzureichend gefördert werden.
  Sie finanzieren Planstellen für Verwaltungsmitarbeiter und die Sachkosten, wenn die staatliche Förderung sich auf die Personalkosten der Fachkräfte beschränkt. Sie gewähren Zuwendungen für die soziale Arbeit mit Menschen, die aus der staatlichen Förderung ausgegrenzt werden (z. B. soziale Arbeit mit Ausländern, mit Asylbewerbern, mit »Illegalisierten«, mit Straffälligen). Sie ermöglichen durch Zuschüsse Fortbildung, Erfahrungsaustausch, Supervision und Praxisbegleitung.

- **Sozialsponsoring.**
  Sozialsponsoring erfolgt durch Geld- oder Sachzuwendungen privater Unternehmen, die dafür Gegenleistungen des freien Trägers in Form von Werbung oder anderer Imagesteigerung erwarten (Griep/Renn, 2011, 130; zur steuerrechtlichen Behandlung: Sponsoringerlasse des BMF vom 18.2.1998 und vom 11.7.2006).

Beispiel

Ein Zeitungsverlag vereinbart mit einem freien Träger, dass er Kleinbusse für die Altenbetreuung zur Verfügung stellt. Ihm wird dafür das Recht eingeräumt, Werbetexte auf den Bussen anzubringen.

- **Bewährungsauflagen bzw. Auflagen bei Einstellung des Strafverfahrens.**
  Strafrichter können Verurteilten bzw. Beschuldigten die Auflage erteilen, einen Geldbetrag zugunsten einer gemeinnützigen Einrichtung zu zahlen. Freie Träger können nur Zuwendungen erhalten, wenn sie auf ihren Antrag in die »Bußgeldliste« aufgenommen werden, die bei den Oberlandesgerichten geführt wird (www.geldauflagenliste.de).

- **Fundraising.**
  Finanzierungsprobleme bei vielen freien Trägern haben zur Einführung des Fundraising geführt, eines neuen Managementbereichs zur Beschaffung von Geld für am Gemeinwohl orientierte Zwecke außerhalb von öffentlichen Mitteln, Leistungsentgelten usw. (Griep/Renn, 2011, 112 m. w. N.).
  Oft sind SozA/SozP in diesem Bereich kreativ tätig und erzielen Einnahmen durch Benefizveranstaltungen (z. B. Konzerte, Fußballspiele, Oldie-Nights, Kinderzirkus, Karnevalsveranstaltungen, Basare, Spendenaufrufe in Tageszeitungen für bestimmte Projekte, Altstoffverwertung).
  Gefahren
  Zu beachten ist stets u. a., dass die mit der Gemeinnützigkeit verbundenen Steuervorteile verloren gehen, wenn die Freigrenze für steuerpflichtige Einnahmen von 35.000 Euro überschritten wird oder wenn Einnahmen nicht unmittelbar gemeinnützigen Zwecken zugeführt werden (§ 64 AO).

Beispiel

Erlöse aus dem Verkauf gesammelten Altmaterials an einen gewerblichen Unternehmer und aus dem Verkauf von Gebrauchtwaren auf Basaren sind grundsätzlich steuerpflichtig (BFH, 26.2.1992 – 1 R 149/90; siehe Anwendungserlass zur Abgabenordnung zu § 64 Abs. 5 Nr. 25 ff.).

## 6.2 Finanzielle Beziehungen zwischen freien und öffentlichen Trägern

Freigemeinnützige Träger finanzieren Leistungen für Menschen, für die öffentliche Mittel nicht oder nur in unzureichender Höhe gewährt werden (z. B. »Illegalisierte«, Asylbewerber, Wohnungslose), aus eigenen Mitteln.
Auch bei plötzlich auftretenden Notlagen setzen sie ihre Mittel ein; denn die staatliche Sozialbürokratie ist häufig nicht in der Lage, schnell zu helfen.

Ein großer Teil der Leistungen, die freie Träger erbringen, stammt aber ganz oder teilweise aus öffentlichen Mitteln. Das geschieht in drei Formen:

- **Finanzielle Förderung** der freien Träger;
- **Kostenerstattung** im Einzelfall als Leistungsentgelt (→ S. 179);
- **Aufwendungsersatz** bei Übertragung der Ausführung von Aufgaben auf den freien Träger (→ S. 185).

## 6.3 Finanzielle Förderung der freien Träger

Rechtsgrundlagen

Die Träger der öffentlichen Jugend- bzw. Sozialhilfe sind durch § 17 Abs. 3 SGB I, § 74 SGB VIII und § 5 Abs. 3 SGB XII zur Förderung und Unterstützung der freien Träger verpflichtet.

Anspruch auf ermessensfehlerfreie Entscheidung

Jedoch begründen diese Vorschriften grundsätzlich keinen einklagbaren Rechtsanspruch auf bestimmte Zuwendungen. Der freie Träger hat einen Anspruch auf ermessensfehlerfreie Entscheidung darüber, ob und welche Zuwendungen ihm gewährt werden.
Ein einklagbarer Anspruch auf Förderung setzt voraus:

- Die Förderungsvoraussetzungen nach § 74 Abs. 1 Halbs. 2 Satz 1 SGB VIII liegen vor. Dazu gehört eine angemessene Eigenleistung.
- Das Ermessen ist »auf Null« geschrumpft.

Qualifikationsgerechte Personalkosten

Das Jugendamt muss bei der Förderung freier Träger qualifikationsgerechte Personalkosten berücksichtigen (BVerwG, 17.7.2009 – 5 C 25.08; zur Finanzierung der Jugendhilfe BMFSFJ, 11. KiJu-Bericht).

Subventionsverhältnis

Durch die Gewährung der Zuwendung wird zwischen dem öffentlichen Sozialleistungsträger und dem freien Träger ein öffentlich-rechtliches Verwaltungsrechts-Subventionsverhältnis mit Rechten und Pflichten für beide Seiten begründet.

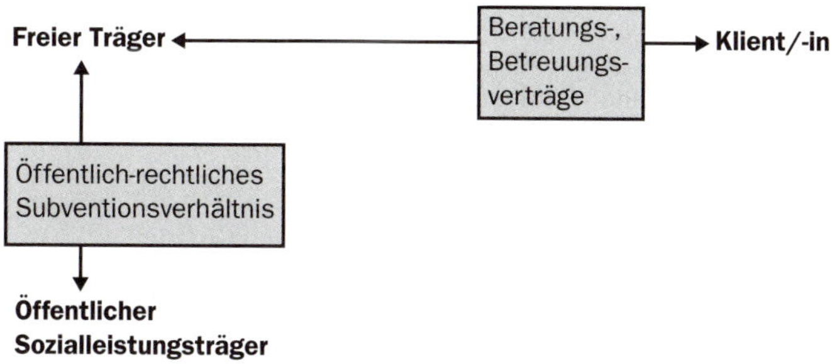


### 6.3.1 Subventionen

Darlehen

Zuwendungen können als Darlehen gewährt werden, wenn die Anschaffung bzw. Herstellung langfristig nutzbarer Güter gefördert werden soll, z. B. Baukosten für ein Kinderheim, Seniorenheim, Wohnheim für Menschen mit Behinderungen.
Zuwendungen für die laufenden Betriebskosten, z. B. Personalkosten, Miete, Instandhaltung, werden in der Regel als Zuschuss gewährt.

Zuschuss

Projektförderung

Um Projektförderung handelt es sich, wenn die Zuwendung die Ausgaben für einzelne abgegrenzte Vorhaben deckt.

Beispiele

Personalkosten für einen Sozialarbeiter zur Beratung von Asylbewerbern.
Kosten der Anschaffung von Inventar für ein Jugendzentrum.

Institutionelle Förderung

Institutionelle Förderung ist gegeben, wenn die Zuwendung die gesamten bzw. einen nicht abgegrenzten Teil der Ausgaben des freien Trägers decken soll. Dieser wird verpflichtet, seinen Haushalts- und Wirtschaftsplan nach staatlichem Recht zu erstellen und vom öffentlichen Träger für verbindlich erklären zu lassen. Dadurch wird eine weitgehende Verstaatlichung des freien Trägers bewirkt.

Beispiel

Eine Stadt gewährt Jugendverbänden zur Deckung der Büro- und sonstigen Verwaltungskosten eine nach der Zahl der Mitglieder gestaffelte Zuwendung.

Ausnahme: Vollfinanzierung

Vollfinanzierung wird in aller Regel nicht gewährt. Meist hat der freie Träger eine angemessene Eigenleistung zu erbringen (§ 74 Abs. 1 Satz 1 Nr. 4 SGB VIII). Allerdings kann sich, insbesondere wenn Zuwendungen verschiedener öffentlicher Träger zusammentreffen, ein hoher Anteil an öffentlichen Mitteln ergeben.

Beispiel

Einem freien Träger entstehen für ein Beschäftigungsprojekt Gesamtkosten in Höhe von 150.000 Euro. Er erhält von der Agentur für Arbeit 50.000 Euro für Personalkosten und von der Kommune eine Zuwendung von 15.000 Euro. Der Rest wird durch Spenden, Bußgelder und Eigenmittel finanziert.

Teilfinanzierung

Teilfinanzierung ist als Anteilfinanzierung, als Fehlbedarfsfinanzierung und als Festbetragsfinanzierung möglich.

Anteilfinanzierung

Anteilfinanzierung ist gegeben, wenn der öffentliche Träger einen Bruchteil oder einen bestimmten Prozentsatz der Gesamtkosten übernimmt. Diesen hat der freie Träger nachzuweisen.

Beispiel

Schwangerschaftskonfliktberatungsstellen haben Anspruch auf angemessene Förderung in Höhe von 80 % der Personal- und Sachkosten (BVerwG, 15.7.2004 – 3 C 12.04).

Fehlbedarfsfinanzierung

Bei der Fehlbedarfsfinanzierung deckt der öffentliche Träger die Finanzierungslücke, die nach Einsatz aller Fremd- und Eigenmittel verbleibt. Der freie Träger hat seine finanziellen und wirtschaftlichen Verhältnisse gegenüber dem öffentlichen Träger vollständig offenzulegen.

Beispiel

Die Stadt deckt einen Ausgabenrest von 7.500 Euro für einen Jugendverband, der ein leerstehendes Haus angemietet und in Eigenleistung instandgesetzt hatte.

Festbetragsfinanzierung

Festbetragsfinanzierung liegt vor, wenn ein bestimmter Betrag unabhängig von der Höhe der Gesamtkosten und eines etwaigen Fehlbedarfs zugewendet wird.

Beispiel

Je Fachleistungsstunde wird ein Zuschuss von 50 Euro gewährt.

Zuwendungsbescheid

Durch den Zuwendungsbescheid werden in der Regel die Höhe der Zuwendung, der Zuwendungszweck und, wenn es sich um ein Darlehen handelt, die Rückzahlungsverpflichtung festgelegt (§§ 23, 44 Bundeshaushaltsordnung und entsprechende Vorschriften der Länder).

Nebenbestimmungen

Die Bewilligungsbehörden lassen sich entweder schon bei der Antragstellung bestätigen oder machen zum Inhalt des Zuwendungsbescheids, dass der freie Träger sich umfangreichen und sehr differenzierten Verwaltungsvorschriften unterwirft. In NRW werden z. B. Allgemeine Nebenbestimmungen ganz oder teilweise und besondere Nebenbestimmungen, die auf die konkrete Zuwendungsart abgestellt sind, zum Bestandteil des Bescheids gemacht.

Durch besondere Nebenbestimmungen des Zuwendungsbescheids kann z. B. festgelegt werden

- welche Maßnahmen förderungsfähig sind (Stadtranderholung, Fortbildung);
- wie hoch der Förderungssatz und welche Bemessungsgrundlage maßgebend ist (je Fortbildungsveranstaltung von mindestens sechs Zeitstunden 200 Euro);
- welchen Inhalt der Verwendungsnachweis haben muss und bis zu welchem Zeitpunkt er vorzulegen ist (Tätigkeitsbericht, Teilnehmerliste).

Beispiel

In NRW setzt die Gewährung von Personalkostenzuschüssen nach den Zuwendungsrichtlinien für Frauenhäuser u.a. voraus, dass

- der Träger eine **rechtsfähige Personenvereinigung** ist.
  Dies erfordert z. B., dass die Vorschriften des BGB über den eingetragenen Verein einzuhalten sind, u. a. über die Bestellung des Vorstands, die Mitgliederversammlung, die Satzung;
- der Träger als **gemeinnützig anerkannt** ist.
  Dies erfordert die Durchführung des Anerkennungsverfahrens durch das Finanzamt nach §§ 52 ff. Abgabenordnung und verpflichtet u. a. zur Aufzeichnung sämtlicher Einnahmen und Ausgaben;
- eine **personelle Grundausstattung** vorhanden ist.
  Ein Team von drei hauptberuflichen Kräften: Sozialarbeiterin/Sozialpädagogin, Erzieherin, eine weitere Mitarbeiterin;
- der Erstantrag mit dem **Finanzierungsplan** über die Kommune eingereicht wird, die zur Notwendigkeit des Frauenhauses Stellung zu nehmen und eine schriftliche Stellungnahme des zuständigen Spitzenverbandes beizufügen hat.

(Runderlass des Ministeriums für Gesundheit, Soziales, Frauen und Familie NRW MBl. NRW. 2004, 1241).

Besserstellungsverbot

Das Besserstellungsverbot beruht auf den Haushaltsgesetzen und ergänzt den Zuwendungsbescheid als allgemeine Nebenbestimmung. Dem Zuwendungsempfänger wird auferlegt, seine Beschäftigten nicht besser zu stellen als vergleichbare Arbeitnehmer der Bewilligungsbehörde. Das bedeutet, dass die für Angestellte im öffentlichen Dienst geltenden tariflichen Regelungen für die Vergütung, die Arbeitszeit, den Erholungsurlaub, das Urlaubsgeld usw. in allen Einzelheiten die Obergrenze für den freien Träger darstellen. Dieser darf seinen Beschäftigten zwar schlechtere Arbeitsbedingungen bieten, aber keine besseren, es sei denn, dass für die Beschäftigten des freien Trägers eine abweichende tarifvertragliche oder kirchliche Arbeitsrechtsregelung besteht (§ 28 Abs. 2 Haushaltsgesetz NRW 2011, GVBl 2011, 246).

Beispiel

Gewährt der Bund Zuwendungen, kann er dem freien Träger im Zuwendungsbescheid aufgeben, keine Altersteilzeit im Blockmodell zu gewähren, weil der Bund mit Ausnahmen von Stellenabbaubereichen Altersteilzeit nur noch im Teilzeitmodell gewährt. Er kann für den Fall einer Zuwiderhandlung gegen diese Auflage eine Änderung oder den Widerruf des Zuwendungsbescheides und damit eine Kürzung der Fördermittel ankündigen (LAG Köln, 6.11.2009 – 10 Sa 687/09).

Gleichbehandlungsgebot

Aus dem Gleichbehandlungsgebot des § 74 Absatz Abs. 5 Satz 2 SGB VIII folgt, dass Träger der freien Jugendhilfe zwar nicht eine Förderung beanspruchen können, die ihnen eine – im Vergleich zum Träger der öffentlichen Jugendhilfe – bessere Personalausstattung oder bessere Entlohnung ermöglicht oder den Träger der öffentlichen Jugendhilfe zur Kürzung der Haushaltsansätze für eigene Maßnahmen zwingt. Der Träger der freien Jugendhilfe ist aber durch die Förderung in die Lage zu versetzen, die Maßnahme mit demselben Ausstattungsniveau, der gleichen Eingruppierung und Entlohnung der Mitarbeiter und mit derselben Sachausstattung durchführen zu können wie der Träger der öffentlichen Jugendhilfe (BVerwG, 17.7.2009 – 5 C 25.08).

Rechtliche Grenzen für Nebenbestimmungen

Die Bewilligungsbehörde muss bei der Anordnung von Auflagen das verfassungsrechtlich garantierte Recht des freien Trägers auf Selbständigkeit in Zielsetzung und Durchführung seiner Aufgabe beachten. Einschränkungen dieses Rechts sind nur zulässig, soweit sie im überwiegenden Interesse der Allgemeinheit unter strikter Einhaltung des Verhältnismäßigkeitsgebots getroffen werden.

Beispiel

Beschließt ein Jugendhilfeausschuss, die Bewilligung von Zuschüssen für die Beratungsarbeit eines freien Trägers mit der Auflage zu verbinden, dass als Verwendungsnachweis dem Jugendamtsleiter regelmäßig Berichte vorgelegt werden, in denen die Namen der betreuten Familien und deren Problembelastung mitgeteilt und außerdem die fachliche Arbeit der Beraterinnen des freien Trägers dargestellt werden, so wird dadurch gegen verschiedene fundamentale Grundsätze verstoßen:
Das Persönlichkeitsrecht der Betroffenen wird verletzt (→ S. 253 ff.).

- Das Jugendamt greift gesetzwidrig in das Selbstbestimmungsrecht des freien Trägers ein, der nicht zu Auskünften über beratene Personen verpflichtet ist (→ S. 182).
- Der Erfolg der Arbeit des freien Trägers wird gefährdet, weil viele Betroffene sich bewusst an nichtstaatliche Stellen wenden mit der Erwartung, dass ihre Anonymität gegenüber staatlichen Stellen gewahrt wird.
- Nebenbestimmungen, die den Erfolg der geförderten Arbeit gefährden, verstoßen gegen die wichtige Verpflichtung der sparsamen und wirtschaftlichen Verwendung der öffentlichen Mittel (z. B. § 7 Haushaltsordnung NRW).

Freie Träger und deren Mitarbeiter, die ohne Zustimmung der Betroffenen personenbezogene Daten staatlichen Zuwendungsgebern mitteilen, können sich wegen Verletzung des allgemeinen Persönlichkeitsrechts nach § 823 BGB und wegen Verletzung der Schweigepflicht aus dem Beratungs- oder Betreuungsverhältnis schadensersatzpflichtig bzw. nach § 203 StGB strafbar machen (→ S. 236 ff. und → S. 281 ff.).

Verwendungsnachweis

Der freie Träger muss einen Nachweis der zweckentsprechenden Verwendung der Zuwendungen erbringen und eine Kontrolle der zweckentsprechenden Verwendung zulassen.
Zusätzlich ist ein Prüfungsrecht der zuständigen Behörde festzulegen (§ 44 Abs. 1 Satz 3 Haushaltsordnung NRW).

Den Verwendungsnachweis für die Personalkostenzuschüsse hat der Träger dadurch zu erbringen, dass er

Sachbericht

- einen Sachbericht vorlegt, d. h. eine kurze Darstellung der durchgeführten Maßnahme, u.a. Beginn, Maßnahmedauer, Abschluss, Nachweis des geförderten Personals, Erfolg und Auswirkungen der Maßnahme, etwaige Abweichungen von den dem Zuwendungsbescheid zugrundeliegenden Planungen und vom Finanzierungsplan;

Finanzierungsübersicht

- eine Finanzierungsübersicht beifügt, aus der alle Ausgaben und Einnahmen hervorgehen.

Der Verwendungsnachweis darf sich nur auf den mit der Förderung verfolgten Zweck beziehen und nicht mehr als unbedingt erforderlich die Arbeit des freien Trägers belasten. Dies ergibt sich aus dem Grundsatz der Verhältnismäßigkeit.

Beispiel

Unzulässig ist es, vom Träger eines Frauenhauses zu verlangen, dass er nachweist, welche konkreten Betreuungsleistungen für eine Betreuungspauschale von 9 Euro je Tag im Einzelfall erbracht wurden und weshalb diese nötig waren; denn Notwendigkeit und Umfang der erbrachten Leistungen unterliegen aufgrund der besonderen Vertrauensstellung zwischen der Frau und der Betreuerin und aufgrund der besonders hohen Schutzbedürftigkeit der Schweigepflicht und dem Datenschutz (LSG NRW, 23.2.2010 – L 1 AS 36/09; → S. 232).

Prüfung durch Rechnungshof

Der freie Träger, der Zuwendungen des Bundes bzw. eines Landes erhält, unterliegt der Prüfung des Landes- bzw. Bundesrechnungshofs. Der Bundesrechnungshof nimmt eine dreistufige Prüfung vor: Zielerreichungs-, Wirkungs- und Wirtschaftlichkeitskontrolle (Allgemeine VV zu § 44 BHO).

Die Prüfung darf sich nach Auffassung des Bundesverfassungsgerichts sogar auf Akten beziehen, in denen der Schweigepflicht unterliegende Patienten- oder Klientendaten gespeichert sind, wenn sonst eine wirksame Kontrolle nicht möglich ist (BVerfG, 29.4.1996 – 1 BvR 1226/89).

Datenschutz

Zum Schutz der Betroffenen sind deshalb getrennte Akten anzulegen. Dem Rechnungshof sind nur die personenbezogenen Daten zugänglich zu machen, die er für seine Prüfung benötigt.

Widerruf des Zuwendungsbescheids

Der Zuwendungsbescheid kann ganz oder teilweise auch mit Wirkung für die Vergangenheit widerrufen werden, wenn die Zuwendung nicht alsbald nach der Erbringung oder nicht mehr für den in dem Verwaltungsakt bestimmten Zweck verwendet wird.

Dasselbe gilt, wenn mit dem Zuwendungsbescheid eine Auflage verbunden ist und der Begünstigte diese nicht erfüllt (§ 47 Abs. 2 SGB X).

Beispiel

Erhält ein freier Träger Personalkostenzuschüsse für die Schwangerschaftskonfliktberatung, setzt er aber die Beraterinnen in der Ehe- und Jugendberatung ein, muss er mit der Rückforderung der Zuschüsse rechnen.

### 6.3.2 Kostenerstattung

Beispiele

Das Jugendamt bewilligt einer Familie sozialpädagogische Familienhilfe nach § 31 SGB VIII und erteilt die Zusage, die Kosten für die von einem freien Träger geleistete Hilfe zu übernehmen.

Eine pflegebedürftige ältere Frau schließt einen Heimvertrag mit einem freien Altenheimträger ab und zieht in das Altenheim ein. Ihre Rente reicht zur Bezahlung der Heimkosten nicht aus. Den fehlenden Betrag hat der zuständige Träger der Sozialhilfe zu zahlen (§ 35 SGB XII).

Bringen Eltern ihren 12-jährigen Sohn wegen Erziehungsschwierigkeiten in der Einrichtung eines freien Trägers unter, so geschieht das auf der Grundlage eines privatrechtlichen Heimvertrages zwischen dem freien Träger und den Eltern. Dieser Vertrag verpflichtet die Eltern zur Zahlung einer Vergütung für die Betreuung. Falls aber das Jugendamt nach § 92 SGB VIII die Kosten der Heimunterbringung ganz oder teilweise zu tragen hat, haben die Personensorgeberechtigten insoweit einen Anspruch gegen das Jugendamt (§§ 27, 34, 39 SGB VIII).

Kooperation öffentlicher und freier Träger

Die öffentlichen Sozialleistungsträger sind verpflichtet, zum Wohl der Leistungsempfänger mit gemeinnützigen und freien Einrichtungen und Organisationen zusammenzuarbeiten (§ 17 Abs. 3 Satz 1 SGB I).

Freigemeinnützige Träger, die auf Wunsch der Leistungsberechtigten Leistungen in der Jugendhilfe, Sozialhilfe oder Gesundheitshilfe erbringen, deren Kosten der öffentliche Sozialleistungsträger übernimmt, erfüllen damit zwar öffentliche Aufgaben, werden aber nicht zu Erfüllungsgehilfen der öffentlichen Träger der Jugend-, Sozial- oder Gesundheitshilfe; denn sie erbringen ihre Leistungen als privatrechtliche Rechtsträger auf der Grundlage privatrechtlicher Beratungs-, Behandlungs- oder Heimverträge selbständig in Zielsetzung und Durchführung nach ihrem Selbstverständnis (§ 17 Abs. 3 Satz 2 SGB I; → S. 166 f.).

Voraussetzungen der Kostenerstattung

Freie Träger werden über die Kostenerstattung im Einzelfall finanziert, wenn sie
- aufgrund eines privatrechtlichen Vertrags Menschen Leistungen erbringen, z. B. in Form von Pflege im Seniorenheim, Erziehung in der Jugendhilfeeinrichtung oder als sozialpädagogische Familienhilfe und
- der Leistungsempfänger ein subjektiv-öffentliches Recht gegenüber dem öffentlichen Sozialleistungsträger hat, dass dieser die Kosten der Leistung trägt.

Wunsch- und Wahlrecht

Die Leistungsberechtigten haben das Recht, zwischen Einrichtungen und Diensten verschiedener Träger zu wählen. Den Wünschen soll entsprochen werden, sofern dies nicht mit unverhältnismäßigen Mehrkosten verbunden ist (§ 5 SGB VIII, § 9 Abs. 1 SGB IX; § 9 Abs. 2 SGB XII).
Das Wunsch- und Wahlrecht ist für Hilfen in Einrichtungen und durch Landesrecht einbezogene weitere Hilfen und Maßnahmen auf die Träger beschränkt, mit denen der öffentliche Träger eine Vereinbarung über Inhalt, Umfang, Qualität der Leistungen und die dafür zu entrichtenden Entgelte abgeschlossen hat. Die Beschränkung gilt gemäß § 75 Abs. 4 SGB XII für alle Hilfen in einer Einrichtung und im Bereich der Jugendhilfe gemäß § 78b Abs. 1 für die in § 78a Abs. 1 und 2 SGB VIII genannten Leistungen.
Sind mit einer vom Leistungsberechtigten gewählten Einrichtung derartige Vereinbarungen nicht abgeschlossen, so soll der Wahl nur entsprochen werden, wenn die Erbringung der Leistung im Einzelfall oder nach Maßgabe des Hilfeplans erforderlich ist (§ 78b Abs. 3 SGB VIII; § 75 Abs. 4 Satz 1 SGB XII).

### 6.3.3 Dreiecksverhältnis

Die drei an der Leistungserbringung Beteiligten,

- der Leistungsempfänger,
- der freie Träger und
- der öffentliche Sozialleistungsträger,

stehen in einem Dreiecksverhältnis (Schindler in: LPK-SGB VIII, § 5 Rn. 17 ff. m.w.N).

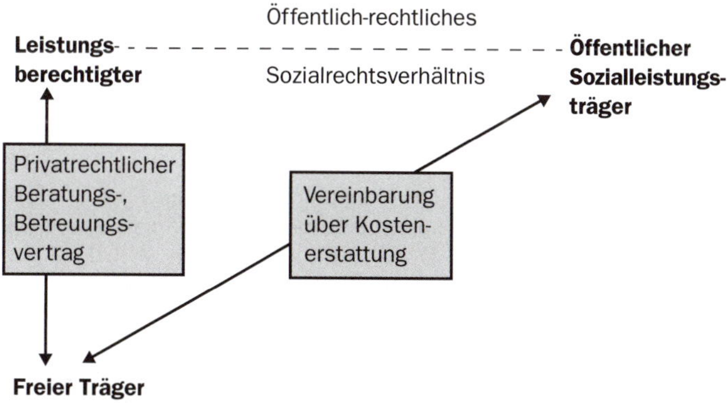


- Grundlage des Dreiecksverhältnisses ist das öffentlich-rechtliche Sozialrechtsverhältnis zwischen dem Leistungsempfänger und dem öffentlichen Sozialleistungsträger. Es wird dadurch bestimmt, dass der Leistungsempfänger einen Rechtsanspruch auf die Leistung hat (z.B. nach § 27 SGB VIII).
  Der Rechtsanspruch gegen den Sozialleistungsträger auf die Sozialleistung verwandelt sich in einen Geldanspruch auf Übernahme der Kosten, wenn der Leistungsberechtigte einen freien Träger für die Leistungserbringung wählt.

Beziehung zwischen Leistungsempfänger und Sozialleistungsträger

- Wählt der Leistungsberechtigte einen freien Träger und sagt dieser die Leistung zu, so wird dadurch eine privatrechtliche Vereinbarung abgeschlossen. Aufgrund dieser Vereinbarung steht dem Leistungsberechtigten – und nicht dem öffentlichen Träger – gegen den freien Träger der Anspruch auf die Leistung zu.
  Die Beteiligten können Art, Umfang und Kosten der Leistung grundsätzlich frei bestimmen, soweit dies gesetzlich zulässig ist. Einschränkungen der Vertragsfreiheit sehen z.B. das BGB in §§ 305 ff. und das Wohn- und Betreuungsvertragsgesetz vor. Auch aus §§ 134, 138 BGB können sich Einschränkungen ergeben.

Beziehung zwischen Leistungsempfänger und freiem Träger

Vertragsfreiheit

Beziehung zwischen freiem Träger und Sozialleistungsträger

- Zwischen dem freien Träger und dem Leistungsträger besteht keine Rechtsbeziehung, die für den freien Träger Rechte oder Pflichten begründet; denn der Anspruch auf Kostenerstattung steht nur den Leistungsberechtigten zu.
  Der öffentliche Leistungsträger ist vor Erteilung der Kostenzusage verpflichtet zu prüfen, ob die vom freien Träger angebotene Leistung die gesetzlichen Anforderungen erfüllt, und später, ob die Leistung in dem bewilligten Umfang erbracht wird.
  Allgemeine Kontroll- und Aufsichtsbefugnisse stehen ihm gemäß § 97 Abs. 2 SGB X gegenüber gewerblichen Trägern zu, nicht aber gegenüber freigemeinnützigen; denn § 97 Abs. 2 SGB X findet auf freigemeinnützige Träger keine Anwendung (§ 17 Abs. 3 Satz 4 SGB I; → S. 168).

### 6.3.4 Leistungs-, Entgelt- und Qualitätsvereinbarungen

Zweck der Vereinbarungen

Zur Vermeidung von Auseinandersetzungen über die Kostenerstattung im Einzelfall und zur Sicherung eines bedarfsdeckenden Angebots sind gemäß § 77 SGB VIII und § 75 Abs. 2 SGB XII Vereinbarungen zwischen der öffentlichen und der freien Jugend- und Sozialhilfe abzuschließen.

Notwendigkeit von Vereinbarungen

Für die stationären und teilstationären Einrichtungen und Leistungen, die in § 78a SGB VIII, und die Einrichtungen und Dienste, die in § 75 Abs. 1 SGB XII genannt sind, ist der Abschluss von Vereinbarungen über Leistung, Entgelt und Qualitätsentwicklung Voraussetzung der Übernahme der Kosten durch den Träger der öffentlichen Jugend- und Sozialhilfe.

Beispiel

Für Heime der Jugendhilfe wird vereinbart, dass eine Gruppe aus neun bis zwölf Jugendlichen bestehen soll, dass vier Fachkräfte vorhanden sein müssen, dass ein Ausnutzungsgrad von 80 % vorausgesetzt wird und welche Vergütung für einen Tagessatz berechnet wird.

Beschränkter Inhalt der Vereinbarungen

Die Vereinbarungen haben sich auf die Inhalte zu beschränken, die in § 78c SGB VIII bzw. § 75 Abs. 3 SGB XII genannt sind:

- Leistungsvereinbarung über Inhalt, Umfang und Qualität der Leistungen;
- Vergütungsvereinbarung;
- Prüfungsvereinbarung über die Prüfung der Wirtschaftlichkeit und Qualität der Leistungen (Sozialhilfe) bzw. Qualitätsentwicklungsvereinbarung über Grundsätze und Maßstäbe für die Bewertung der Qualität der Leistungsangebote sowie über geeignete Maßnahmen zu ihrer Gewährleistung (Jugendhilfe).

Der öffentliche Träger handelt gesetzwidrig, wenn er dem freien Träger Verpflichtungen auferlegen will, die über die Bestimmung der Leistung, der Leistungsentgelte und der Qualitätsentwicklung hinausgehen.

Beispiel

Unzulässig wäre es z. B., wenn er Zahlungen davon abhängig machen will, dass der freie Träger ihm Berichte über die fachliche Arbeit mit personenbezogenen Informationen über die Leistungsempfänger vorlegt; denn er muss Informationen bei den Betroffenen einholen (§ 67a Abs. 2 Satz 1 SGB X; § 62 Abs. 2 SGB VIII; Schindler in: LPK-SGB VIII Rn. 11; → S. 259).

Kontroll- und Prüfungsrechte dürfen nur in dem Umfang vereinbart werden, wie sie durch § 17 Abs. 3 SGB I zugelassen sind (→ S. 168).

Vereinbarungszeitraum

Die Vereinbarungen sind für einen künftigen Zeitraum abzuschließen. Nachträgliche Erhöhungen der Entgelte sind grundsätzlich unzulässig (siehe aber § 78d Abs. 3 SGB VIII und § 77 Abs. 2 Satz 3, Abs. 3 SGB XII).

Rechtsnatur der Vereinbarungen

Vereinbarungen über Leistungen, Entgelte, Prüfung bzw. Qualitätsentwicklung sind öffentlich-rechtliche koordinationsrechtliche Austauschverträge zugunsten der Leistungsberechtigten (Diering in: LPK-SGB X, § 55 Rn. 13). Bei Sozialleistungen, auf die ein Anspruch besteht, dürfen nur Regelungen vereinbart werden, die bei Erlass eines Verwaltungsakts Inhalt einer Nebenbestimmung nach § 32 SGB X sein könnten (§ 55 Abs. 2 SGB X).

Beispiel

Rechtswidrig handelt ein öffentlicher Träger, der die Erstattung der Kosten der Heimunterbringung davon abhängig machen will, dass der Heimträger regelmäßig Berichte über die Entwicklung des Betroffenen einreicht.

Vereinbarungen der Spitzenverbände

Zulässig sind statt der Vereinbarung zwischen einem öffentlichen und einem freien Träger auch Vereinbarungen zwischen den kommunalen Spitzenverbänden und den Verbänden der Leistungserbringer auf regionaler oder Landesebene. Diese haben bindende Wirkung für die Mitglieder (§ 78e Abs. 3 SGB VIII).
In Rahmenverträgen können die Verbände auch allgemeine Grundsätze vereinbaren (§ 79 SGB XII; § 78f SGB VIII).

Konfliktlösung durch Schiedsstelle

Können sich der öffentliche Träger und der freie Träger nicht einigen, entscheidet auf Antrag einer Partei die vom Bundesland eingerichtete Schiedsstelle über die strittigen Punkte. Die Entscheidung hat bindende Wirkung (§ 78g Abs. 2 und 3 SGB VIII, § 77 Abs. 1 und 2 SGB XII).
Der Gesetzgeber hat mit den Schiedsstellen ein neues Konfliktlösungsmodell eingeführt, das die bisher praktizierte hoheitliche Konfliktlösung ersetzen soll (Gottlieb, ZfF 2002, 1 ff. und LPK-SGB VIII, § 78g Rn. 2 ff.). Einzelheiten regeln die Schiedsstellenverordnungen der Bundesländer.

Rechtsschutz

Die Entscheidung der Schiedsstelle ist ein vertragsgestaltender Verwaltungsakt, der mit der Anfechtungsklage ohne vorhergehenden Widerspruch angefochten werden kann. Die Klage ist gegen die andere Vertragspartei zu richten. Sie hat aufschiebende Wirkung (BVerwG, 28.2.2002 – C 25.01; BSG, 14.12.2000 – B 3 P 19/00 R).

Für Streitigkeiten über den Abschluss und den Inhalt der Vereinbarungen sind in der Sozialhilfe die Sozialgerichte gemäß § 77 Abs. 1 Satz 3 SGB XII und in der Jugendhilfe die Verwaltungsgerichte gemäß § 78g Abs. 2 Satz 2 SGB VIII zuständig.

Die Rechtsprechung billigt den Schiedsstellen einen Beurteilungsspielraum zu. Deshalb hat sich die gerichtliche Überprüfung des Schlichtungsspruchs darauf zu beschränken, ob die Ermittlung des Sachverhalts in einem fairen Verfahren erfolgte, der bestehende Beurteilungsspielraum eingehalten und zwingendes Recht beachtet worden ist. Das erfordert eine hinreichende Begründung der Interessenabwägung, die dem Schiedsspruch zugrunde liegt (BSG, 29.1.2009 – B 3 P 6/08).

### 6.3.5 Ausschreibung und Vergabe von Aufträgen

Beispiel

»Sorge bereitet, dass Kommunen immer mehr dazu übergehen, den kostengünstigsten Anbieter von Beratungsleistungen zu beauftragen und weniger auf die Qualität des Angebots achten« (Aus dem Jahresbericht 2010 eines freigemeinnützigen Trägers; siehe Griep/Renn, 2011, 39 und 193 ff.).

Öffentliche Leistungsträger haben in den letzten Jahren zunehmend Dienstleistungen, die von freien Trägern erbracht werden sollen, öffentlich ausgeschrieben. Ziel einer Ausschreibung ist es, unter Nutzung des Wettbewerbs zwischen verschiedenen Anbietern von Leistungen das »wirtschaftlichste« Angebot zu ermitteln. Mit dem »wirtschaftlichsten«, oft dem billigsten, Anbieter wird ein Leistungsvertrag abgeschlossen.

Grundlagen des Vergaberecht

Öffentliche Auftraggeber unterliegen für die Beschaffung von Waren, Bau- und Dienstleistungen grundsätzlich dem Gesetz über Wettbewerbsbeschränkungen. Hiernach sind Dienstleistungen im Wege transparenter Vergabeverfahren zu beschaffen (§ 97 Abs. 1 GWB). Bei der Vergabe von Dienstleistungen, die den Schwellenwert von 200.000 Euro übersteigen, sind die Bestimmungen der Verdingungsordnung für Leistungen (VOL/A) anzuwenden. Unterhalb des Schwellenwerts sind die Grundregeln der Gleichbehandlung, der Verhältnismäßigkeit, des Verbots der Diskriminierung und der Transparenz vom öffentlichen Auftraggeber zu beachten (EuGH, 20.5.2010 – T 258/06). Aufträge dürfen nur an »fachkundige, leistungsfähige sowie gesetzestreue und zuverlässige Unternehmen« vergeben werden (§ 97 Abs. 4 GWB).
Ausdrücklich vorgesehen sind Vergabeverfahren u.a. für Verträge über Maßnahmen der Aktivierung und beruflichen Eingliederung (§ 46 Abs. 4 SGB III) und zur Förderung der Berufsausbildung (§ 240 Abs. 3 SGB III).
Ungeklärt ist, ob von Leistungsanbietern die Zahlung der einschlägigen tariflichen Entgelte bzw. eines Mindestentgelts an Arbeitnehmer

verlangt werden darf (Rödl, EuZW 2011, 292 zu EuGH, 3.4.2008 – C 346/06, so wohl OLG Düsseldorf, 30.12.2010 – VII-Verg 24/10). Die Vergabe öffentlicher Aufträge wird durch die Vergabekammern des Bundes bzw. der Länder überprüft (§§ 102/104 GWB). Zum weiteren Rechtsschutz siehe BSG, 22.4.2008 – B 1 SF 1/08 R.

Ausschreibung und Vergabe einer Dienstleistung an einen freien Träger unter Ausschluss anderer Anbieter verstoßen u. a. gegen gesetzlich und verfassungsrechtlich fundierte Grundprinzipien des Jugend-, Sozialhilfe- und sonstigen Sozialrechts und zwar gegen das Wunsch- und Wahlrecht des Leistungsberechtigten, gegen die Trägerselbstbestimmung in Zielsetzung und Durchführung der Aufgaben, gegen die Trägerpluralität, die ein differenziertes Angebot sichern soll, und die den öffentlichen Trägern auferlegte Pflicht zum partnerschaftlichen Umgang mit der freien Wohlfahrtspflege (Griep/Renn, 2011, 193 ff. m. w. N.).

Rechtsschutz

Gegen Maßnahmen öffentlicher Träger, die zum Ziel haben, Leistungsverträge mit einem oder mehreren Anbietern unter Ausschluss anderer Anbieter abzuschließen, können die in ihrem Grundrecht auf Berufsausübung verletzten freien Träger mit Unterlassungsklagen vorgehen (OVG Hamburg, 10.11.2004 – 4 Bs 388/04; OVG NRW, 18.3.2005 – 12 B 1931/04).

Kein Vergaberecht bei Dienstleistungskonzessionen

Ein »öffentlicher Dienstleistungsauftrag« umfasst eine Gegenleistung, die vom öffentlichen Auftraggeber an den Dienstleistungserbringer gezahlt wird. Eine Dienstleistungskonzession liegt vor, wenn die vereinbarte Vergütung im Recht zur Verwertung der Dienstleistung besteht und das Betriebsrisiko übernimmt. Das staatliche Vergaberecht ist deshalb nicht anzuwenden, wenn freie Träger mit öffentlichen Trägern vereinbaren, dass sie gegen Kostenerstattung auf Wunsch des Leistungsberechtigten eine Leistung im Dreiecksverhältnis erbringen (→ S. 181). Dienstleistungskonzessionen können ohne förmliches Vergabeverfahren vergeben werden. Jedoch sind Grundprinzipien des Vergaberechts – Transparenzgebot, Willkürverbot, Gleichbehandlungsgebot – zu beachten (EuGH, 15.10.2009 – C 196/08).

### 6.3.6 Aufwendungsersatz bei Übertragung von Aufgaben

Beispiel

Ein Jugendamt vereinbart mit einem freien Träger, dass dieser eine Jugendschutzstelle nach § 42 SGB VIII einrichtet und unterhält.

Zulässigkeit der Beteiligung und Übertragung

Der öffentliche Sozialleistungsträger kann nach § 76 SGB VIII bzw. § 5 Abs. 5 SGB XII die Ausführung gesetzlicher Aufgaben auf einen freien Träger übertragen, wenn dieser damit einverstanden ist. Eine Übertragung von Jugendhilfeaufgaben, die in § 76 SGB VIII nicht ausdrücklich genannt sind, z. B. die sozialpädagogische Familienhilfe, ist ausgeschlossen (§ 3 Abs. 3 SGB VIII).

Verwaltungsakt oder kooperationsrechtlicher Vertrag

Die Übertragung einer der in § 76 SGB VIII bzw. in § 5 Abs. 5 SGB XII genannten Aufgaben kann durch Verwaltungsakt erfolgen. Jedoch ist der Abschluss eines Vertrags angemessener, weil es um partnerschaftliche Zusammenarbeit geht.
Der Vertrag begründet ein öffentlich-rechtliches auftragsähnliches Verhältnis. das den freien Träger zur Ausführung der übernommenen Aufgabe und den öffentlichen Träger zum Aufwendungsersatz verpflichtet (Schindler in: LPK-SGB VIII, 2014, § 76 Rn. 11).

Aufwendungsersatz

Der öffentliche Träger hat sich zu verpflichten, die angemessenen Aufwendungen des freien Trägers in voller Höhe zu übernehmen (entsprechend §§ 670, 675 BGB). Anders als bei der Förderung nach § 74 SGB VIII darf er eine Eigenbeteiligung des freien Trägers nicht verlangen.

Rechte und Pflichten des freien Trägers

Freie Träger dürfen an der Wahrnehmung der Aufgaben des Sozialleistungsträgers nur beteiligt werden, wenn dieser vorher ihre Eignung festgestellt hat (§ 97 Abs. 1 SGB X).
Gewerbliche Träger sind nach den Vorschriften, auf die § 97 Abs. 2 SGB X verweist, zur Auskunft- und Rechenschaft verpflichtet.
Freie Träger unterliegen keinen Weisungs- und Kontrollrechten; denn überwiegend wird angenommen, dass § 17 Abs. 3 Satz 4 SGB I entsprechend anzuwenden ist, wenn freie Träger keine Leistungen erbringen, sondern andere Aufgaben übernehmen (Schellhorn in: SGB VIII, § 76 Rn. 8; Münder in: LPK-SGB VIII, § 76 Rn. 12; so wohl auch: BGH, 23.2.2006 – III ZR 164/05; a. A. Wiesner in: SGB VIII Rn. 15).
Weisungs- und Kontrollrechte gegenüber freien Trägern können sich demnach nur aufgrund anderer Vorschriften ergeben.

Beispiele

Zulässig ist die örtliche Überprüfung einer Einrichtung nach § 46 SGB VIII und die Prüfung der Wirtschaftlichkeit und Qualität nach §§ 75 SGB XII.

Datenschutz

Die freien Träger unterliegen dem für sie geltenden Datenschutzrecht (→ S. 281 ff.). Sie sind nicht als Quasi-Behörde verpflichtet, Sozialdaten im Wege der »Amtshilfe« dem Sozialleistungsträger zu offenbaren; denn Jugendamt und Sozialamt haben einen angemessenen Schutz der personenbezogenen Daten durch den freien Träger sicherzustellen (§ 61 Abs. 3 SGB VIII; § 5 Abs. 6 i.V.m. § 4 Abs. 3 SGB XII; Schindler in: LPK-SGB VIII, § 76 Rn. 16).

## 7 Probleme der staatlichen Finanzierung freier Träger

Beispiel

»Wohlfahrtsverbände ... verzichten zunehmend auf den ihnen zustehenden Funktionsschutz, indem sie sich an Vergabeverfahren der Ein-Euro-Jobs oder anderer Eingliederungs- und Sozialleistungen, Sozialraum- und/oder Einrichtungsbudgets, Steuerung der Leistungserbringung durch Beleg-/und Hilfeplankonferenzen aktiv beteiligen. Gleichzeitig tolerieren sie damit die Relativierung verfassungsrechtlicher Standards wie Persönlichkeitsschutz,

Wunsch- und Wahlrecht und Rechtsschutz der betroffenen Bürger und stellen ihre Anwaltsfunktion in Frage«. (Griep/Renn, 2011, 39).
Fachliche Standards werden aufgegeben, wenn sie Aufgaben von nicht qualifizierten geringfügig Beschäftigten, Praktikanten, Honorarkräften, Ein-Euro-Jobbern oder Ehrenamtlichen ausführen lassen, weil sie vom Sozialleistungsträger nur unzureichend gefördert werden.

Wechselseitige Abhängigkeit

Die Finanzierung der Leistungen des freien Trägers durch den staatlichen Träger erzeugt eine wechselseitige Abhängigkeit, die bedenkliche Konsequenzen für die betroffenen Menschen, für die freien Träger und deren Mitarbeiter/innen sowie für die staatlichen Sozialleistungsträger selbst hat.

Abhängigkeit des freien Trägers

Die öffentlichen Träger üben starken Einfluss auf die Arbeit der freien Träger aus, weil sie die Gewährung von öffentlichen Mitteln in der Regel davon abhängig machen, dass der freie Träger bestimmte Voraussetzungen erfüllt und sich verpflichtet, die öffentlichen Mittel nur für im Voraus festgelegte Zwecke zu verwenden. Dadurch wird der freie Träger weitgehend auf die formalen und inhaltlichen Vorgaben der staatlichen Sozialbürokratie festgelegt (→ S. 177 zu den Voraussetzungen für die Förderung von Frauenhäusern in NRW).

Rechtsschutz für freie Träger?

Das BVerfG hat festgestellt, dass freie Träger in ihrem Grundrecht auf freie Berufsausübung aus Art. 12 GG verletzt sind, wenn ihnen nur Vergütungssätze zugebilligt werden, die in Widerspruch zu den gesetzlichen Vorgaben stehen. Es hat ausgeführt, dass Finanzierungsbeträge gewährt werden müssen, die es den freien Trägern ermöglichen, die zur Erfüllung der gesetzlichen Aufgabe erforderlichen Kosten zu decken und Fachkräfte angemessen wie Angehörige des öffentlichen Dienstes zu vergüten (BVerfG, 7.11.2001 – 1 BvR 325/94; BGH, 25.5.2011 – XII ZB 625/10).
Freie Träger, die eine fachlich-qualifizierte Arbeit in ihrer Einrichtung sichern wollen, können deshalb von den öffentlichen Trägern beispielsweise nach §§ 78a ff. SGB VIII und § 75 SGB XII Kostenerstattung in angemessener Höhe verlangen. Wird keine Einigung erzielt, haben sie die Möglichkeit, die Schiedsstelle nach § 78g SGB VIII bzw. §§ 75 ff. SGB XII und notfalls das Verwaltungs- bzw. Sozialgericht anrufen.
Zu beachten ist hierbei, dass die Gesamtverantwortung bei dem staatlichen Jugendhilfeträger liegt (§ 79 SGB VIII). Dieser hat zwar, weil ihm das SGB VIII keine konkreten Pflichten auferlegt, einen weiten Ermessensspielraum. Er muss aber die Effizienz und Effektivität der Leistungen gewährleisten, indem er freien Trägern die Einhaltung fachlicher Qualitätsstandards durch ausreichende Finanzierung ermöglicht (BVerwG, 17.7.2009 – 5 C 26.08).

In der Praxis streben staatliche Träger nicht selten unter Verstoß gegen ihre gesetzlich Pflicht eine staatliche Einheitsversorgung durch eigene Stellen bzw. den billigsten freien Träger nach ihrer »fachlichen« Vorgabe ohne Berücksichtigung des konkreten Hilfebedarfs und des fachlichen Potentials der freien Träger an.

Sie verletzen dadurch das Grundrecht auf freie Berufsausübung aus Art. 12 GG. Betroffene freie Träger können ihr Grundrecht durch Klage vor den Verwaltungs- bzw. Sozialgerichten geltend machen (siehe z. B. OVG NRW, 10.11.2004 – 4 Bs 388/04; OVG Hamburg, 10.11.2004 – 4 Bs 388/04).

Für den freien Träger besteht allerdings in aller Regel nur die Wahl zwischen dem Verzicht auf die finanzielle Förderung oder der Anpassung (bzw. Scheinanpassung). Eine rechtliche Auseinandersetzung wird er meist nicht wagen; denn die Erfolgschancen sind für ihn wegen des regelmäßig weiten Ermessensspielraums des staatlichen Sozialleistungsträgers kaum sicher abzuschätzen. Außerdem muss er befürchten, dass ein meist mehrere Jahre dauernder Rechtsstreit die weitere Zusammenarbeit zu seinem Nachteil belasten wird.

Rechtsschutz für Leistungsberechtigte?

Soweit der öffentliche Träger zur Kostenerstattung verpflichtet ist, besteht zwar ein Anspruch der Leistungsberechtigten auf Übernahme bzw. Erstattung der vollen Kosten für eine den fachlichen Erfordernissen entsprechende Leistung. Jedoch zeigt sich in der Praxis, dass z. B. Personensorgeberechtigte kaum jemals bereit sind, ihren Anspruch auf Leistungen der Jugendhilfe durchzusetzen.

Abhängigkeit der staatlichen Träger

Der Staat ist insofern von den freien Trägern abhängig, als er die von den freien Trägern wahrgenommenen und oft in erheblichem Umfang aus eigenen Spenden und Kirchensteuermitteln finanzierten Aufgaben in der Jugend- und der Sozialhilfe nicht ohne Weiteres übernehmen kann.

Beispiele

Die Summe der materiellen und immateriellen Leistungen der freien Wohlfahrtspflege wurde für das Jahr 2010 auf ca. 65 Milliarden Euro geschätzt.

Der Wert der ehrenamtlichen Arbeit, die von mehr als zwei Millionen Menschen in der Jugendarbeit, Jugend-, Sozial-, Behinderten- und Gesundheitshilfe geleistet wird, lässt sich auch nicht annähernd beziffern.

Verpflichtung zur Gewährleistung eines pluralen Angebots

Die staatlichen Träger haben die gesetzlich auferlegte Pflicht, im Rahmen ihrer Gesamtverantwortung ein plurales Angebot zu gewährleisten, damit die Maßnahmen und Hilfen möglichst bedarfsgerecht und wirksam sind (BVerwG, 17.7.2009 – 5 C 26.08). Sie können ein plurales Angebot nur mit freien Trägern verwirklichen und sind insoweit von deren Bereitschaft abhängig, Konzepte für Maßnahmen und Leistungen zu entwickeln, die eine Alternative zu den staatlichen Maßnahmen und Angeboten darstellen.

Abhängigkeit der Beschäftigten

Eine besondere Unsicherheit ergibt sich für freie Träger und für die Arbeitsplätze der Mitarbeiter daraus, dass der freie Träger keinen Anspruch auf die fortgesetzte Gewährung von Zuwendungen hat, wenn diese auf Grund von Ermessensvorschriften gewährt werden bzw. für jedes Haushaltsjahr von der zuständigen Volksvertretung neu beschlossen werden müssen (BVerwG, 11.5.2006 – 5 C 10.05).

Die Zahlung einer Zuwendung kann vielmehr grundsätzlich jederzeit eingestellt werden, auch wenn dies zur Schließung einer Einrichtung führt, alle Mitarbeiter entlassen werden müssen und ein u.U. wichtiges Angebot der Jugend- oder Sozialhilfe dadurch entfällt.
Ob sich freie Träger, denen über viele Jahre Zuwendungen jeweils für ein Jahr bewillligt worden sind, auf den Grundsatz des Vertrauensschutzes berufen können, wenn die Förderung eingestellt wird und ihnen dadurch ein Schaden entsteht, wird überwiegend verneint. Offen gelassen hat das BVerwG, ob der freie Träger zumindest gegen einen abrupten Abbau geschützt wird, indem ihm eine Auslauf- oder Übergangsfinanzierung gewährt wird (BVerwG, 17.7.2009 – 5 C 26.07).

Beispiel

Teilt die Stadt, die seit Jahren die Arbeit eines freien Trägers für sexuell missbrauchte Mädchen und Jungen förderte, ohne Vorwarnung Ende November mit, dass die Förderung mit Ablauf des Jahres eingestellt wird, so entstehen ihm unvermeidliche Kosten (z.B. Personal- und Mietkosten für die Dauer der Kündigungsfristen bis zur Beendigung der Arbeits-, Mietverträge usw.).

Gefördete Arbeit = prekäre Arbeit

Von Einstellung bzw. Kürzungen der Förderung betroffene freie Träger können in eine Falle geraten (Münder, BBJConsultINFO, III/IV, 1994):
Freie Träger sind bei Streichung bzw. Kürzung der öffentlichen Mittel oft gezwungen, Mitarbeiter zu entlassen bzw. die Personalkosten zu senken. Dies führt dazu, dass sie soziale, tarifliche und fachliche Standards aufgeben und z.B. nur befristete Arbeitsverträge abschließen, Arbeitsverhältnisse in sozial ungeschützte Honorarverhältnisse umwandeln, Vollzeitarbeit auf Fachleistungsstunden oder kostengünstigere geringfügige Beschäftigungen reduzieren, Urlaubs- und Weihnachtsgeld abbauen oder aus der Tarifbindung bzw. der Bindung an kirchliche Arbeitsrechtsregelungen aussteigen. Dies macht die soziale Arbeit bei freien Trägern zu einem Niedriglohnbereich, lässt qualifizierte Mitarbeiter abwandern und schreckt potentielle Bewerber ab (BMFSFJ, 11. KiJuBericht, 89). Der Wegfall von Drittmitteln ist ein betriebsbedingter Grund, der eine Kündigung nach § 1 Abs. 2 KSchG sozial rechtfertigt (BAG, 1.7.1999 – 2 AZR 826/98). Auch mit den üblichen Abfindungen können die Entlassenen nicht rechnen, weil freie Träger meist keine entsprechenden Rücklagen bilden oder auf andere Weise das Risiko mindern können.

## F Rechtsstellung des Menschen und anderer Rechtssubjekte im Sozialleistungsrecht

## 1 Rechtsstellung des Menschen als Person, Bürger/-in und Grundrechtsträger/ in

Beispiele

Eine Arbeitsloseninitiative meldet eine Protestdemonstration an. Eine schwangere Frau ohne legalen Aufenthaltsstatus fragt einen Sozialarbeiter, ob er ihr ärztliche Hilfe vermitteln könne.

Verwaltungsgesetzbuch fehlt

Ein Gesetzbuch, das die Rechtsbeziehungen zwischen der öffentlichen Verwaltung und den Menschen regelt, die mit ihr zu tun haben, existiert nicht. Deshalb gibt es im Verwaltungsrecht – anders als im Bürgerlichen Recht – keine umfassenden Regelungen, z.B. der Rechtsfähigkeit, der Beteiligungsfähigkeit, der Handlungsfähigkeit sowie der Rechte und Pflichten aus Verträgen und anderen Rechtsverhältnissen.

Regelungen für Teilbereiche

Teilbereiche der Verwaltungstätigkeit sind aber geregelt.
So sind die Rechte und Pflichten des Bürgers im Verwaltungsverfahren vor Erlass eines Verwaltungsakts bzw. vor Abschluss eines öffentlich-rechtlichen Vertrags umfassend gesetzlich geregelt (§§ 9 ff. VwfVG und §§ 8 ff. SGB X).
Dagegen fehlen umfassende Regelungen für das Verwaltungshandeln, das nicht auf den Erlass eines Verwaltungsakts bzw. eines öffentlich-rechtlichen Vertrags gerichtet ist.
So wird das pädagogische und methodische Handeln der SozA/SozP in der öffentlichen Verwaltung nur in Ausschnitten geregelt.

Beispiele

Sozialdatenschutz nach § 35 SGB I; §§ 67ff. SGB X; §§ 61 ff. SGB VIII.
Verfahren bei Gefährdung des Kindeswohls nach § 8a SGB VIII.
Hilfeplanverfahren nach § 36 SGB VIII.

Lückenausfüllung

Fehlt eine einschlägige verwaltungsrechtliche Regelung, werden gewohnheitsrechtlich anerkannte Grundsätze des allgemeinen Verwaltungsrechts und Vorschriften des Bürgerlichen Gesetzbuchs, die allgemeine Rechtsgrundsätze enthalten, entsprechend angewandt (BGH, 18.12.2000 – II ZR 385/98).
Als allgemeine Rechtsgrundsätze, die nicht nur für die Rechtsbeziehungen zwischen Bürgern, sondern auch für die Beziehungen des Bürgers zum Staat gelten, sind u. a. die Vorschriften über Rechtsfähigkeit (§ 1 BGB), die Geschäftsführung ohne Auftrag (§§ 677 ff. BGB) und über den Verwahrungsvertrag (§§ 688 ff.BGB) anerkannt.
Für öffentlich-rechtliche Verträge ist gesetzlich bestimmt, dass die Vorschriften des Bürgerlichen Rechts ergänzend entsprechend gelten (§ 61 SGB X).

### 1.1 Rechtsfähigkeit

Verfassungsrechtliche Grundlage

Das Grundgesetz, das die Menschenwürde in den Mittelpunkt seiner Wertordnung stellt, macht den Menschen zum Rechtssubjekt, indem es ihm Rechte gegenüber der Verwaltung verleiht, deren Beachtung er durch Rechtsmittel und Klage erzwingen kann (Art. 1, 19 Abs. 4 GG).

Rechtsfähigkeit natürlicher Personen

Eine allgemeine gesetzliche Regelung der Rechtsfähigkeit im Verwaltungsrecht besteht nicht. Es ist anerkannt, dass jeder Mensch entsprechend dem in Art. 1 und 3 GG und § 1 BGB zum Ausdruck gekommenen Rechtsprinzip rechtsfähig ist.

Rechtsfähigkeit juristischer Personen

Grundsätzlich rechtsfähig sind auch alle juristischen Personen des privaten und des öffentlichen Rechts. Allerdings gelten für die Grundrechtsfähigkeit juristischer Personen funktionsbedingte Einschränkungen (zu freien Trägern → S. 158 ff.).

Beispiel

Der AStA kann sich gegenüber den einzelnen Studierenden als Zwangsmitgliedern der verfassten Studierendenschaft nicht auf das Grundrecht der Meinungsfreiheit berufen. Ihm ist diffamierende Kritik an Vereinigungen von Studierenden untersagt (VGH Hessen, 19.7.2004 – 8 TG 107/04).

Juristische Personen des öffentlichen Rechts sind nur im Rahmen der ihnen gesetzlich übertragenen Befugnisse rechts- und pflichtenfähig.

Beispiel

Die Studierendenschaft nimmt soziale Belange der Studierenden nach § 41 HRG wahr, wenn sie ein Semesterticket vereinbart und dessen Kosten auf alle Studenten umlegt, auch wenn einzelne Studierende damit nicht einverstanden sind (BVerfG, 4.8.2000 – 1 BvR 1510/99).
Vergabe von Geldern ohne Hochschulbezug kann den Straftatbestand der Untreue erfüllen (BGH, 13.10.1981 – 2 StR 477/80).

Teilrechtsfähigkeit

Teilrechtsfähigkeit besteht, wenn ein Gesetz für bestimmte Angelegenheiten oder für einen bestimmten Bereich Rechte und Pflichten auch organisierten Personen- oder Sachgesamtheiten zuordnet, die allgemein nicht rechtsfähig sind.

Beispiele

Die Mitwirkungsgremien in staatlichen Kindergärten, Schulen und Hochschulen sind hinsichtlich der ihnen zustehenden Rechte rechtsfähig.
Eine Gruppe junger Erwachsener möchte einen Altbau zum Jugendzentrum ausbauen und beantragt einen Zuschuss der Gemeinde zu den Kosten. Die Gruppe ist insoweit rechtsfähig und nach § 74 SGB VIII förderbar.
Eine Initiative hat das Recht, in Form einer gewaltlosen Sitzblockade zu demonstrieren, wenn es sich z. B. um eine Spontandemonstration gegen eine militärische Intervention der USA handelt (Art. 8 GG, §§ 1, 14, 15 Versammlungsgesetz; BVerfG, 7.3.2011 – 1 BvR 388/05).

Eine derartige Teilrechtsfähigkeit ist aber nur gegeben, wenn das betreffende Recht der Gruppe, Vereinigung oder sonstigen Organisation als solcher zusteht. Eine Gruppe oder Bürgerinitiative kann deshalb nicht ein Recht geltend machen, dass einem Gruppenmitglied als subjektiv-persönliches Recht, z. B. auf Sozialhilfe, zusteht.
Eine Sonderregelung gilt für Verbände, die nach ihrer Satzung Menschen mit Behinderungen auf Bundes- oder Landesebene vertreten.

Diese dürfen auch Einzelpersonen vertreten, die in ihren Rechten nach dem SGB IX verletzt sind (§ 63 SGB IX). Zusätzlich haben sie ein Verbandsklagerecht gemäß §§ 12, 13 des Behindertengleichstellungsgesetz des Bundes und der Gleichstellungsgesetze der Länder.

### 1.1.1 Rechtsfähigkeit Minderjähriger und Untergebrachter

Rechtsfähigkeit Minderjähriger

Minderjährige sind Inhaber von Rechten, wenn das jeweilige Gesetz das Recht nicht an ein bestimmtes Alter oder an eine sonstige Eigenschaft knüpft, die Minderjährige nicht haben können.

Beispiele

Ein neugeborenes Kind hat Anspruch auf Sozialgeld nach § 19 Abs. 1 Satz 2 SGB II, wenn es die gesetzlichen Anspruchsvoraussetzungen erfüllt. Ein Kind hat Anspruch auf Beteiligung und Beratung durch das Jugendamt (§ 8 SGB VIII). Dagegen stehen die Ansprüche auf Hilfe zur Erziehung nach §§ 27 ff. SGB VIII den Personensorgeberechtigten zu.

Grundrechtsfähigkeit Minderjähriger

Das BVerfG hat festgestellt:

> »Das Kind ist ein Wesen mit eigener Menschenwürde und eigenem Recht auf Entfaltung seiner Persönlichkeit aus Art. 1 Abs. 1 und Art. 2 Abs. 1 GG« (BVerfG, 31.3.2010 – 1 BvR 2910/09).

Von Geburt an sind junge Menschen Grundrechtsträger. Durch die UN-Kinderrechtskonvention werden ihre Grundrechte erweitert und konkretisiert (www.unicef.de).

Grundrechtsmündigkeit

Von der Grundrechtsträgerschaft zu trennen ist die Grundrechtsmündigkeit, d. h. die Möglichkeit der selbständigen Ausübung eines Grundrechts (→ S. 200).

Folgen für die Jugendhilfe

SozA/SozP haben bei der Arbeit mit Kindern und Jugendlichen stets die Grundrechte der Kinder und Jugendlichen zu beachten. Daraus folgt :

- Unzulässigkeit jeder körperlichen Züchtigung (Art. 2 Abs. 2 GG).
- Unzulässigkeit des Arrestes als Strafe. Eine Isolierung zum Schutz gegen Selbst- oder Fremdgefährdung kann ausnahmsweise gerechtfertigt sein (Art. 2 Abs. 2 und Art. 104 GG).
- Achtung der Glaubens- und Gewissensfreiheit. Niemand darf zur Teilnahme an religiösen Handlungen oder Feiern gezwungen werden (Art. 4 GG).
- Ungehinderte Unterrichtung aus allgemein zugänglichen Informationsquellen (Art. 5 Abs. 1 GG).
- Unverletzlichkeit des Brief-, Post- und Fernmeldegeheimnisses, sofern nicht eine Beschränkung auf Grund eines Gesetzes angeordnet ist (Art. 10 GG).

Beispiel

Da eine gesetzliche Beschränkung des Brief- und Postgeheimnisses für den Bereich der Jugendhilfe und der Sozialhilfe nicht besteht, ist in Heimen und anderen Einrichtungen eine Brief- und Postkontrolle grundsätzlich nicht zulässig. Die Verletzung des Briefgeheimnisses ist nach § 202 StGB eine mit Strafe bedrohte Handlung, die nur ausnahmsweise durch einen gesetzlichen Notstand (§ 34 StGB) gerechtfertigt ist (→ S. 244).

Einschränkung der Grundrechte für bestimmte Personengruppen

Durch gesetzliche Vorschrift eingeschränkt sind die Grundrechte auf Freiheit der Person und auf Wahrung des Brief-, Post-, und Fernmeldegeheimnisses für Menschen,
- die wegen psychischer Erkrankung und Selbst- oder Fremdgefährdung zwangsweise untergebracht werden (für NRW: § 27 PsychKG);
- im Strafvollzug (§§ 23 ff. StVollzG).

### 1.1.2 Rechtsstellung von Ausländer/-innen

Beispiel

Ein türkisches 15-jähriges Mädchen kann wegen seines Grundrechts aus Art. 2 GG die deutschen Gerichte anrufen und den Eltern das Aufenthaltsbestimmungsrecht entziehen lassen, um eine Zwangsheirat in der Türkei zu vermeiden.

Grundsatz

Ausländer/-innen, d.h. den Menschen, die nicht Deutsche im Sinne des Art. 116 GG sind, stehen grundsätzlich alle Rechte zu, die nicht auf Deutsche beschränkt sind. Unionsbürger/-innen sind wegen der EU-Diskriminierungsverbote Deutschen weitgehend, aber nicht vollständig gleichgestellt (Art. 18 ff. AEUV).

Menschenrechte

Das Grundgesetz unterscheidet bei den Grundrechten Menschenrechte, die allen Menschen zustehen (Art. 1, 2, 3, 4, 5, 6 GG) und Bürgerrechte.

Beispiele

Zum religiös motivierten Tragen eines Kopftuchs: BVerfG, 24.9.2003 – 2 BvR 1436/02; BAG, 12.8.2010 – 2 AZR 593/09 (Kita-Erzieherin), LAG Düsseldorf, 10.4.2008 (Schulsozialpädagogin mit Baskenmütze).
Muslimische Mädchen dürfen wegen der durch Art. 4 GG garantierten Glaubensfreiheit nicht zum gemeinsamen Sportunterricht mit Jungen gezwungen werden (BVerwG, 25.8.1993 – 6 C 8.91; zum Ganzkörperschwimmanzug: OVG NRW, 20.5.2009 – 19 B 1362/08).

Die Menschenrechte auf körperliche Unversehrtheit und Freiheit der Person (Art. 2 GG) sind für Nicht-EU-Ausländer/-innen eingeschränkt (§ 106 AufenthaltG; § 89 AsylVerfG).

Bürgerrechte

Die Bürgergrundrechte aus Art. 8, 9, 11, 12, 16 GG stehen nur Deutschen zu.

Beispiel

Ausländer können sich nicht auf das Grundrecht auf Berufsfreiheit (Art. 12 GG) und auf die Versammlungsfreiheit (Art. 8 GG ) berufen.
Jedoch ergibt sich aus der Schutzwirkung des allgemeinen Freiheitsrechts aus Art. 2 Abs. 1 GG und aus § 1 des Versammlungsgesetzes, dass Ausländer demonstrieren dürfen (BVerwG, 9.5.1986 – 1 C 39.83).

Differenzierungen zwischen Deutschen und Ausländern können trotz des Gleichheitssatzes in Art. 3 GG nach allgemeiner Auffassung sachlich gerechtfertigt sein:

Gesetzliche Differenzierungen zwischen Deutschen und Ausländern

- **Aufenthalt**: Nicht-EU-Ausländer benötigen für den Aufenthalt grundsätzlich einen Aufenthaltstitel in Form eines Visums, einer befristeten Aufenthaltserlaubnis oder einer uneingeschränkten Niederlassungserlaubnis (§§ 4 ff. AufenthaltG).
- **Arbeitsförderungsrecht**: Der Aufenthaltstitel bestimmt, ob eine Erwerbstätigkeit aufgenommen werden darf (§§ 18, 39 ff. AufenthaltG).

Diese allgemeinen Regelungen sind allerdings auf zahlreiche Ausländer nicht anzuwenden, für die Sonderregelungen gelten.
Viele Ausländer besitzen eine privilegierte Rechtsstellung aufgrund gesetzlicher Vorschriften, bilateraler oder multilateraler Verträge, Abkommen und Konventionen, die von der BRD mit anderen Ländern oder im Rahmen internationaler Organisationen abgeschlossen bzw. durch Beitritt der BRD wirksam geworden sind. Das zeigen folgende Beispiele:

Bilaterale und multilaterale Abkommen und Konventionen

Die UN-Kinderrechtskonvention schützt unbegleitete Minderjährige, die sich in Deutschland aufhalten (www.b-umf.de).

Unbegleitete Kinder

Angehörige von Mitgliedsstaaten der Europäischen Union benötigen keine Aufenthaltserlaubnis, sofern sie als Arbeitnehmer oder Selbständige tätig bzw. finanziell ausreichend gesichert sind (§§ 1, 4 ff. Freizügigkeitsgesetz/EU) und auch keine Arbeitsgenehmigung (§ 284 SGB III). Lediglich für Angehörige Kroatiens gilt befristet noch ein nachrangiger Arbeitsmarktzugang (bis 30.6.2015). Das Aufenthaltsrecht kann nur ausnahmsweise entzogen werden (BVerwG, 20. 3.2008 – 1 C 33.07).

Unionsbürger

Die EU hat mit der Türkei ein Assoziierungs-Abkommen getroffen, das türkische Staatsangehörige ausländerrechtlich begünstigt. Türkische Staatsbürger erhalten Arbeitsgenehmigungen unter erleichterten Voraussetzungen. Auch ihre Ausweisung ist sehr erschwert (BVerwG, 13.1.2009 – 1 C 2.08).

Angehörige assoziierter Staaten

»Kontingentflüchtlinge« sind Flüchtlinge aus Krisenregionen, die im Rahmen internationaler humanitärer Hilfsaktionen aufgenommen worden sind. Sie haben Anspruch auf Aufenthaltserlaubnis und Ausübung einer Erwerbstätigkeit (§§ 22, 23 AufenthG).

»Kontingentflüchtlinge«

Asylbewerber unterliegen dem Asylverfahrens- und dem Asylbewerberleistungsgesetz. Asylbewerber, deren Asylantrag abgelehnt worden ist, die aber nicht abgeschoben werden können, erhalten eine Duldung (§ 60a AufenthaltG).

Asylbewerber

»Illegalisierte« Ausländer ohne Aufenthaltsrecht haben Anspruch auf minimale Sozialhilfe (§ 23 SGB XII). Bei Gewährung droht Ausweisung (§ 55 Abs. 2 Nr. 6 AufenthG). Zulässig sind die psychosoziale Betreuung und Beratung

»Illegalisierte«

aus humanitären Gründen und Hilfen zu einem menschenwürdigen Leben (§ 95 AufenthG; BGH, 2.9.2009 – 5 StR 266/09; Allgemeine VV zum AufenthG Vor 95.1.4; Aufenthaltsrechtliches Beratungshandbuch Aufenthaltsrechtliche Illegalität 2013, http://www.asyl.net/index.php?id=342)

Grenzen bei Sozialleistungen

Bei einzelnen Sozialleistungen sind die Leistungsansprüche von Ausländern beschränkt. EU-Bürger sind oft Inländern gleichgestellt.

Beispiele

§ 7 Abs. 1 SGB II; § 6 Abs. 2 SGB VIII; § 23 SGB XII; § 2 Abs. 5, 6 BKGG. Sozialhilfebezug und Inanspruchnahme von Hilfe zur Erziehung außerhalb der eigenen Familie kann die Ausweisung (§ 55 Nrn. 6 und 7 AufenthaltG), der Bezug von SGB II-Leistungen die Nichtverlängerung des Aufenthaltstitels auslösen.

Die Koordinierung der Sozialleistungen – insbesondere von Sozialversicherungsleistungen infolge Erwerbstätigkeit – von EU-Bürgern, die zwischen den Mitgliedstaten wandern, übernimmt die VO (EG) 883/2004.

Abkommen über Jugend- und Sozialhilfe

Staatsangehörige vieler europäischer Länder werden in der Jugendhilfe und der Sozialhilfe Deutschen u.a. durch folgende Abkommen weitgehend gleichgestellt:

- **Europäisches Fürsorgeabkommen** (http://conventions.coe.int/Treaty/Commun/QueVoulezVous.asp?NT=014&CM=8&DF=9/17/2006&CL=GER).
- **Europäische Sozialcharta** (http://conventions.coe.int/treaty/ger/treaties/html/035.htm).
- **Haager Übereinkommen über den Schutz von Kindern (KSÜ)**.

Außerdem bestehen zahlreiche internationale Vereinbarungen und Regelungen über Teilbereiche der Jugendhilfe (https://www.bundesjustizamt.de/DE/Themen/Buergerdienste/BZAA/Gesetze/Gesetzestexte_node.html, auch KSÜ).

Abkommen über Soziale Sicherheit

Staatsangehörige der Länder, aus denen früher »Gastarbeiter« angeworben worden sind, und einiger anderer Länder werden durch Abkommen über die Soziale Sicherheit im Bereich der Krankenversicherung, Rentenversicherung und Arbeitslosenversicherung geschützt. Meist ist darin u.a. die Zusammenrechnung von Versicherungszeiten in der Rentenversicherung vorgesehen. Derartige Abkommen sind z. B. abgeschlossen mit Israel, Österreich, Schweden, Schweiz, Spanien, USA.

Rechtsschutz für Ausländer

In Gerichtsverfahren haben Ausländer die gleichen prozessualen Grundrechte sowie den gleichen Anspruch auf umfassenden und effektiven gerichtlichen Schutz wie Deutsche. Allerdings wird erwartet, dass sie sich ausreichend um ihre Interessen kümmern und z. B. behördliche Schreiben alsbald übersetzen lassen, wenn sie sie nicht verstehen (BVerfG, 7.4.1976 – 2 BvR 728/75; → S. 328).

Mitteilungspflichten im öffentlichen Dienst

Nur Angehörige öffentlicher Stellen, nicht die Mitarbeiter freier Träger, sind verpflichtet, die Ausländerbehörde bzw. die Polizei zu informieren, wenn ihnen beispielsweise bekannt wird, dass ein Ausländer keinen Aufenthaltstitel hat, Sozialhilfe bezieht oder stationäre Hilfe zur Erziehung erhält (§ 87 Abs. 2 AufenthaltsG).
Schulen sowie Bildungs- und Erziehungseinrichtungen sind in § 87 von der Übermittlungspflicht ausgenommen, um das Recht auf Bildung statusloser Kinder nicht zu gefährden.
Die Schweigepflichten nach § 203 StGB und nach § 65 SGB VIII haben aber Vorrang vor der Mitteilungspflicht. Deshalb sind SozA/SozP grundsätzlich weder berechtigt noch verpflichtet, die Ausländerbehörde zu informieren, wenn ein Ausländer sie um Rat oder Hilfe bittet; denn in diesem Falle ist davon auszugehen, dass der Ausländer sein Anliegen im Rahmen der persönlichen oder erzieherischen Hilfe anvertraut (→ S. 236 und → S. 279).

## 1.2 Handlungsfähigkeit

### 1.2.1 Handlungsfähigkeit natürlicher Personen

Mit Handlungsfähigkeit im Verwaltungsrecht wird die vom Recht zuerkannte Fähigkeit einer Person bezeichnet, durch eigenes Verhalten gegenüber Verwaltungsbehörden Rechtsfolgen herbeizuführen. Die Handlungsfähigkeit umfasst

Aktive Handlungsfähigkeit

- die Fähigkeit, eine Rechtshandlung vorzunehmen, z. B. einen wirksamen Antrag zu stellen, Widerspruch einzulegen, einen Antrag wegen Irrtums anzufechten, einen Antrag zurückzunehmen;

Passive Handlungsfähigkeit

- die Fähigkeit, die Rechtshandlung einer Behörde entgegennehmen zu können, z. B. einen Bewilligungsbescheid oder einen Ablehnungsbescheid von der Behörde mitgeteilt zu bekommen mit der Folge, dass der Bescheid mit der Bekanntgabe wirksam wird und die Widerspruchsfrist in Lauf gesetzt wird.

Eine allgemeine gesetzliche Regelung der Handlungsfähigkeit natürlicher Personen für den Bereich des Verwaltungsrechts fehlt. In einzelnen Gesetzen sind aber für den jeweiligen Anwendungsbereich Regelungen getroffen (→ S. 198).
Soweit derartige Sondervorschriften fehlen, gelten gewohnheitsrechtlich allgemeine Grundsätze (→ S. 199).

Handlungsfähigkeit folgt Geschäftsfähigkeit?

Die Fähigkeit, durch Willenserklärungen Rechtsfolgen auf dem Gebiet des Verwaltungsrechts zu begründen, ist entsprechend den Vorschriften des BGB über die Geschäftsfähigkeit zu beurteilen (so auch § 11 Abs. 1 Nr. 1 SGB X für das Verwaltungsverfahren). Das bedeutet, dass Personen, die geschäftsfähig im Sinne des BGB sind, auch handlungsfähig im Sinne des Verwaltungsrechts sind. Jedoch können nach BGB beschränkt Geschäftsfähige Willenserklärungen im Bereich des Verwaltungsrechts in der Regel wirksam nur mit Zustimmung des gesetzlichen Vertreters vornehmen bzw. entgegennehmen (§§ 2, 6, 104 ff. BGB).

Beispiele

Antrag; Rücknahme des Antrags; Aufrechnung; Einlegung des Widerspruchs; Abschluss eines öffentlich-rechtlichen Vertrags; Kündigung der Mitgliedschaft zu einer Krankenkasse; Haftungserklärung nach § 68 AufenthG.

Altersstufen

In verschiedenen Gesetzen finden sich Regelungen über Altersstufen der Handlungsfähigkeit:

ab 14

- Ab dem 14. Geburtstag kann ein Jugendlicher seine **Religion selbst bestimmen** (§ 5 Gesetz über die religiöse Kindererziehung).
- Ab dem 14. Geburtstag kann ein Jugendlicher ein **polizeiliches Führungszeugnis** beantragen (§ 28 BZRG).
- Sieht ein Gesetz vor, dass Verstöße gegen verwaltungsrechtliche Vorschriften als **Ordnungswidrigkeit oder als Straftat** zu ahnden sind, so ist der Minderjährige nur verantwortlich, wenn er 14. Jahre alt und reif genug ist, das Unrecht seiner Handlung einzusehen und nach dieser Einsicht zu handeln (§ 12 OWiG; §§ 3, 105 JGG).

ab 15

- Jugendliche, die mindestens 15 Jahre alt sind, können gemäß § 36 SGB I sämtliche **Sozialleistungen** geltend machen und verfolgen (→ S. 324).

ab 16

- Ausländer können ab dem 16. Geburtstag **Verfahrenshandlungen nach dem AufenthaltsG bzw. AsylverfG** vornehmen (§ 80 AufenthaltG; § 12 AsylverfG; Bedenken wegen der UN-Kinderrechtskonvention: Löhr, ZAR 2010, 378).

Beispiele

Nimmt ein alleinlebender 17-jähriger Jugendlicher eine 15-Jährige in seine Wohnung auf, begeht er eine nach § 104 SGB VIII sanktionierte Ordnungswidrigkeit. Der 14-Jährige, der vorsätzlich die Straßenbahn der städtischen Verkehrs-AG ohne Fahrschein benutzt, muss mit einem Strafverfahren wegen Beförderungserschleichung rechnen (§ 265a StGB).

Benutzung öffentlicher Einrichtungen

In Benutzungsordnungen öffentlicher Einrichtungen ist häufig angeordnet, dass Minderjährige wie Volljährige zur Nutzung berechtigt sind. In diesem Fall haben sie die aus dem öffentlich-rechtlichen Nutzungsverhältnis entstehenden Pflichten zu erfüllen und werden nicht wie Minderjährige gemäß dem BGB geschützt.

Beispiel

Lässt die Benutzungsordnung des städtischen Schwimmbades Kinder ab sieben Jahren bei Zahlung der Eintrittsgebühr zu, kann ein Kind, das andere Benutzer belästigt oder gefährdet, unter Beachtung des Grundsatzes der Verhältnismäßigkeit wirksam aus dem Schwimmbad verwiesen werden.

Der Minderjährige haftet aber nicht, wenn der Träger der Verwaltung seine Aufgaben durch ein Unternehmen erfüllt, das privatrechtlich organisiert ist, oder wenn das Benutzungsverhältnis privatrechtlich gestaltet ist (→ S. 143).

Beispiel

Der 14-Jährige, der die Straßenbahn der städtischen Verkehrs-AG ohne Fahrschein benutzt, ist gemäß BGB beschränkt geschäftsfähig. Stimmen die Eltern dem Beförderungsvertrag nachträglich nicht zu, ist der Vertrag unwirksam und der Minderjährige nicht zur Zahlung eines erhöhten Beförderungsentgelts verpflichtet (Amtsgericht Bonn, 14.10.2009 – 4 C 521/08). Bei wiederholter Schwarzfahrt ist allerdings mit einem Strafverfahren wegen Beförderungserschleichung zu rechnen (§ 265a StGB).

Sofortmaßnahmen bei unmittelbarer Gefahr

Ist nach den vorstehenden Ausführungen eine Person nicht handlungsfähig, kann grundsätzlich nur ihr gesetzlicher Vertreter für sie wirksam handeln bzw. behördliche Entscheidungen wirksam entgegennehmen.
Ausnahmsweise sind zur Abwehr einer unmittelbaren Gefahr für den Betroffenen oder andere Personen das Jugendamt, die Polizei und/oder andere Behörden befugt, die erforderlichen Maßnahmen gegen Handlungsunfähige vorzunehmen, z. B. Inobhutnahme, Identitätsfeststellung, Durchsuchung, Ingewahrsamnahme, Platzverweis, sofortige Unterbringung eines psychisch Kranken (§ 42 SGB VIII § 4 PolG NRW, § 17 OBG NRW und die entsprechenden Vorschriften anderer Länder).

Beispiel

Inobhutnahme eines Kindes, dessen Eltern eine akut notwendige Bluttransfusion verweigern, durch das Jugendamt.

Handlungsfähigkeit bei Fehlen gesetzlicher Vorschriften

Fehlen in einem Gesetz Vorschriften über die Handlungsfähigkeit, so ist diese Lücke in Anlehnung an die Vorschriften des Verwaltungsrechts, des BGB und des StGB über die Geschäftsfähigkeit, die Deliktsfähigkeit und Strafmündigkeit auszufüllen. Dabei ist aus dem Sinn und Zweck der gesetzlichen Regelung zu ermitteln, ob und inwieweit sie Minderjährige als handlungsfähig anerkennt.
Es wird angenommen, dass Minderjährige handlungs- und haftungsfähig sind, wenn sie öffentliche Einrichtungen benutzen dürfen und nach ihrem Entwicklungsstand in der Lage sind, die Bedeutung ihrer Handlungen bzw. der gegen sie ergriffenen Maßnahmen zu erkennen (BVerwG, 21.3.1996 – 2 C 30.94; OVG Bremen, 28.1.2004 – 1 S 21/04).

Beispiel

Der Verweis aus dem Schwimmbad kann einem 13-jährigen geistig nicht behinderten Mädchen auch dann wirksam erklärt werden, wenn die städtische Satzung keine Regelung über die Handlungsfähigkeit enthält.

Höchstpersönliche Handlungen

Ausgenommen von diesen Grundsätzen sind die höchstpersönlichen Handlungen, z. B. die Einwilligung in eine Freiheitsbeschränkung, in eine Operation, in die Weitergabe personenbezogener Daten, in einen Schwangerschaftsabbruch.

Über höchstpersönliche Angelegenheiten entscheidet nicht der gesetzliche Vertreter, sondern allein der Minderjährige oder der Betreute, wenn er auf Grund seines individuellen Entwicklungsstandes bzw. Einsichtsvermögens in der Lage ist, die Tragweite seiner Entscheidung zu übersehen. Eine bestimmte Altersgrenze lässt sich nicht ziehen. Die Rechtsprechung respektiert das Selbstbestimmungsrecht u. U. schon bei Kleinkindern.

Beispiele

Es ist möglich, dass ein fünfjähriges Mädchen die Tragweite seiner Aussage im Strafverfahren wegen sexuellen Missbrauchs erfassen kann. Das Kind hat deshalb ein eigenes Recht, über die Verweigerung der Aussage zu entscheiden (BGH, 22.1.1991 – 1 StR 624/90).
Das Familiengericht muss bei der Entscheidung über das Umgangsrecht den Willen des dreijährigen Sohnes berücksichtigen (BVerfG, 26.9.2006 – 1 BvR 1827/06).

Grundrechtsmündigkeit

Die Grundrechte von Minderjährigen sind, soweit sie nicht selbst handlungsfähig sind, von den Eltern wahrzunehmen (Art. 6 GG, § 1626 BGB). Als »Wesen mit eigener Menschenwürde und dem eigenen Recht auf Entfaltung seiner Persönlichkeit« haben Minderjährige jedoch aus Art. 1 und 2 GG einen Anspruch gegen den Staat auf Schutz gegen den Missbrauch des elterlichen Sorgerechts und Misshandlung oder Vernachlässigung durch die Eltern (BVerfG, 29.1.2010 – 1 BvR 374/09). Entsprechende Maßnahmen zum Schutz der Minderjährigen sind im SGB VIII und BGB vorgesehen.

Beispiel

Erziehungsberatung, Erziehungsbeistandschaft, sozialpädagogische Familienhilfe, Entziehung der elterlichen Sorge, Unterbringung in einer Pflegefamilie, Inobhutnahme (zu Eilmaßnahmen gegen Eltern: BVerfG, 21.6.2002 – 1 BvR 605/02).

Grenze: Elternrecht

Jugendämter und Gerichte verletzen aber das Grundrecht der Eltern, wenn sie das Sorgerecht wegen unangemessenen Verhaltens der Eltern gegenüber dem Jugendamt entziehen. Auch der Umstand, dass ein Kind in einem anderen Umfeld besser gefördert werden könnte, rechtfertigt keine (teilweise) Sorgerechtsentziehung (BVerfG, 29.1.2010 – 1 BvR 374/09).

Schutzpflichten des Staates

Jugendamt und Familiengericht müssen bei einer Gefährdung des Minderjährigen durch die Eltern von Amts wegen tätig werden (Art. 6 Abs. 2 und 3 GG; § 8a SGB VIII; § 1666 BGB).
Eine Information durch den Minderjährigen oder eine andere Person kann diese Stellen demnach zur Prüfung verpflichten, ob Maßnahmen der Jugendhilfe bzw. des Familiengerichts zum Schutz des Minderjährigen erforderlich sind.

Die betroffenen Kinder und Jugendlichen sind entsprechend ihrem Entwicklungsstand an allen sie betreffenden Entscheidungen zu beteiligen und auf ihre Rechte hinzuweisen (§§ 8, 36, 41, 42 SGB VIII; § 159 FamFG; Art. 12 UN-Kinderrechtekonvention).

Grundrechte des betreuten Minderjährigen

Wird das Sorgerecht nicht von den Eltern, sondern von einem staatlich bestellten Vormund oder Pfleger ausgeübt, oder wird der Minderjährige in einer Einrichtung eines Trägers der öffentlichen Jugendhilfe untergebracht, ist er grundrechtsmündig (→ S. 197) und damit auch zur selbständigen Ausübung der Grundrechte berechtigt.
Die körperliche Züchtigung von Kindern ist sowohl der öffentlichen Jugendhilfe (Art. 2 Abs. 2 Satz 1 GG) als auch den Eltern untersagt

(§ 1631 Abs. 2 BGB). Allerdings sind Eltern nicht bzw. nicht in gleichem Maße zur Beachtung der Grundrechte des Kindes verpflichtet wie die Angehörigen der öffentlichen Verwaltung (Art. 1 Abs. 3 GG).

### 1.2.2 Handlungsfähigkeit juristischer Personen

des Privatrechts

Juristische Personen und Vereinigungen des Privatrechts handeln durch ihre gesetzlichen Vertreter oder durch besonders Beauftragte.

Beispiele

Ein e.V. kann durch seinen Vorstand und – bei entsprechender Beauftragung – durch seinen Geschäftsführer handeln (§ 26 Abs. 2 BGB).
Eine GmbH wird durch ihre Geschäftsführer vertreten (§ 35 GmbH-Gesetz).

des öffentlichen Rechts

Juristische Personen des öffentlichen Rechts handeln durch ihre Dienststellen bzw. Amtsträger, denen durch Gesetz die Behördeneigenschaft verliehen ist. Behörden handeln durch ihre Leiter, deren Vertreter oder Beauftragte.
Wer Leiter einer Behörde bzw. dessen Vertreter ist, bestimmt sich nach dem Organisationsrecht.

Beispiele

In den Gemeindeordnungen ist in der Regel festgelegt, dass eine Gemeinde im Rahmen der laufenden Geschäfte durch den Bürgermeister als Leiter der Gemeindeverwaltung vertreten wird.
Der Bürgermeister kann aufgrund der ihm zustehenden Organisationsgewalt dem Leiter eines Fachbereiches bzw. des Jugendamtes, des Sozialamtes und auch einzelnen oder allen Sachbearbeitern Vertretungsbefugnis einräumen.
Die Bundesagentur für Arbeit wird durch ihren Vorstand gerichtlich und außergerichtlich vertreten (§ 381 SGB III).

## 1.3 Subjektiv-öffentliche Rechte

Eine rechtsfähige und handlungsfähige Person oder Vereinigung ist erst dann nicht mehr bloßes Objekt, sondern Rechtssubjekt, wenn sie gegenüber einem Träger hoheitlicher Gewalt durchsetzbare Ansprüche hat, ihn also zu einem bestimmten Tun, Dulden oder Unterlassen zwingen kann (subjektiv-öffentliches Recht → S. 130).

Beispiel

Ein Student kann, wenn er die gesetzlichen Anspruchsvoraussetzungen erfüllt, das Studentenwerk zur Auszahlung der Ausbildungsförderung in der durch das BAföG festgelegten Höhe zwingen.

Anspruch auf rechtsfehlerfreies Handeln

Wenn Rechtsvorschriften der Verwaltung einen Beurteilungsspielraum oder einen Ermessensspielraum einräumen, besteht das subjektiv-öffentliche Recht lediglich in einem Anspruch auf rechtsfehlerfreies Handeln der Behörde (→ S. 133 und → S. 135 ff.).

Wird der Verwaltung eine Aufgabe zugewiesen, ohne dass den Bürgern ein Rechtsanspruch auf bestimmte Maßnahmen eingeräumt wird, hat der Bürger kein subjektiv-öffentliches Recht auf bestimmte Verwaltungsmaßnahmen.

Beispiel

Das Jugendamt hat im Rahmen seiner Gesamtverantwortung für die erforderlichen Einrichtungen der Jugendhilfe zu sorgen (§ 79 SGB VIII).
Jedoch ist aus dieser Verpflichtung des Jugendamts nicht abzuleiten, dass Eltern die Einrichtung einer Erziehungsberatungsstelle oder betroffene Jugendliche die Einrichtung eines Hauses als Zuflucht für sexuell missbrauchte Kinder durch Klage bei Gericht erzwingen können.

Anders dagegen der Rechtsanspruch auf einen Betreuungsplatz (§ 24 SGB VIII).

Subjektiv-öffentlichen Rechte können wie folgt unterschieden werden:

Freiheitsrechte

- Freiheitsrechte sind insbesondere die Grundrechte auf
  - Achtung und Schutz der Menschenwürde (der Privatsphäre, des informationellen Selbstbestimmungsrechts);
  - Entfaltung der Persönlichkeit, auf Freiheit der Person;
  - Gleichheit und Unterlassung willkürlicher Ungleichbehandlung;
  - Meinungsfreiheit und Informationsfreiheit;
  - Koalitionsfreiheit;
  - Wahrung des Brief-, Post-, Fernmeldegeheimnisses;
  - Freizügigkeit;
  - freie Berufswahl.

Konkrete Ansprüche von Einzelnen

- Konkrete Ansprüche hat der Bürger, wenn er ein konkretes Tun oder Unterlassen der öffentlichen Verwaltung verlangen kann. Positive Ansprüche sind in zahlreichen Gesetzen festgelegt. Beispielsweise seien genannt:
  - Ansprüche des Bürgers auf Beratung (§ 14 SGB I), Schutz der Sozialdaten (§ 35 SGB I), Arbeitslosengeld II (§ 19 SGB II), Sozialhilfe (§ 17 SGB XII), Hilfen zur Erziehung (§ 27 SGB VIII), Ausbildungsförderung (§ 1 BAföG);
  - Anspruch auf fehlerfreie Ermessensausübung (§ 114 VwGO);
  - Anspruch auf Schadensersatz wegen Amtspflichtverletzung (§ 839 BGB);
  - Anspruch auf Opferentschädigung, Folgenbeseitigung, Herstellung (→ S. 427 ff.).

von Vereinigungen

- Auch Vereinigungen von Bürgern können konkrete Ansprüche zustehen: Freie Träger der Jugend- und Sozialhilfe haben z. B. Ansprüche auf
  - Achtung der Selbständigkeit (§ 17 Abs. 3 SGB I);
  - ermessensfehlerfreie Entscheidung über den Antrag auf Förderung einer Maßnahme bzw. Einrichtung (§ 74 SGB VIII);

- ermessensfehlerfreie Entscheidung über den Antrag auf Abschluss einer Kostenerstattungsvereinbarung (§ 77 SGB VIII; § 75 Abs. 2 SGB XII);
- Ersatz der Aufwendungen nach § 76 SGB VIII.

Mitwirkungsrechte

- Mitwirkungsrechte sind z. B.
  - das aktive und das passive Wahlrecht zum Bundestag, zum Landtag und zu den Kommunalparlamenten;
  - die Mitwirkungsrechte in beratenden bzw. entscheidenden öffentlich-rechtlichen Gremien wie Jugendhilfeausschuss, Gemeinderat, Ausländerbeirat, Fachbereichsversammlung, Senat und Konvent der Hochschulen;
  - die Bürgerbeteiligung an der kommunalen Selbstverwaltung durch Bürgerantrag, Bürgerbegehren;
  - Ansprüche auf Beteiligung an Verwaltungsverfahren, auf Abschluss von Verträgen und anderen Formen kooperativen Verwaltungshandelns.

## 1.4 Verwaltungsrechtsverhältnis/Sozialrechtsverhältnis

Beispiele

Der Oberbürgermeister ordnet an, dass 300 Flüchtlinge in Wohncontainern untergebracht werden, deren Nutzung durch Arbeiter wegen »gesundheitsgefährdender Bodenbelastungen« verboten worden war. Die Sozialarbeiterin eines freien Trägers fragt, ob die Flüchtlinge Anspruch auf eine gesunde Unterkunft haben.
Eine Witwe ist nach dem Tod ihres Mannes vor acht Jahren von einem Sachbearbeiter des Versicherungsamts falsch über ihre Rentenansprüche beraten worden.

Regelungsdefizite

Das Verwaltungsrecht hat sich von jeher auf die behördliche Tätigkeit in Form des Verwaltungsakts konzentriert und vernachlässigt, dass die Verwaltung überwiegend andere Tätigkeiten ausübt.

Beispiele

Beratung, Behandlung, pädagogische Arbeit, Unterstützung.

Nicht selten regeln gesetzliche Vorschriften nur einzelne Rechte und Pflichten oder keine Rechtsfolgen.

In den §§ 13–15 SGB I sind zwar Aufklärungs-, Beratungs- und Auskunftspflichten der Sozialleistungsträger festgelegt; jedoch nicht, was gilt, wenn ein Rentner wegen falscher Beratung jahrelang nicht die ihm zustehende Rente erhalten hat.

Lückenausfüllung durch das Verwaltungs-/Sozialrechtsverhältnis

Zur Ausfüllung dieser Regelungslücken »durch eine angemessene Verteilung der Verantwortlichkeiten innerhalb des öffentlichen Rechts« haben Verwaltungsrechtswissenschaft und Rechtsprechung den Begriff des Verwaltungsrechtsverhältnisses entwickelt, das im Bereich des Sozialrechts Sozialrechtsverhältnis genannt wird (Zusammenstellung bei Stober I, 2007 § 32 Rn. 35 ff.).

Gewohnheitsrechtlich ist heute anerkannt, dass sich aus diesem Rechtsverhältnis Rechte und Pflichten der Bürger ergeben können.

### 1.4.1 Entstehung des Verwaltungs-/Sozialrechtsverhältnisses

Das Verwaltungs-, Sozialrechtsverhältnis zwischen Bürger und Behörde kann auf unterschiedliche Weise entstehen:

- **aufgrund einer Rechtsnorm**, die die Behörde zum Tätigwerden verpflichtet.

Beispiele

Dem Träger der Sozialhilfe wird bekannt, dass die Voraussetzungen für die Gewährung der Sozialhilfe vorliegen (§ 18 SGB XII).
Ein Rentnerin bittet bei der AOK um Beratung (§ 14 SGB I);

- **durch Beantragung und Bewilligung von Leistungen**.

Beispiel

Das Jobcenter hat einen Leistungsempfänger zeitnah vor dem Ende des vorhergehenden Bewilligungsabschnitts auf die Notwendigkeit der Weiterbeantragung von Leistungen hinzuweisen (BSG, 18.1.2011 – B 4 AS 29/10);

- **auch gegen den Willen des Bürgers**.

Beispiel

Inobhutnahme eines Kindes, Beschlagnahme von Sachen;

- **durch verwaltungsrechtlichen Vertrag**.

Beispiel

Ein freier Träger verpflichtet sich zur Unterhaltung einer Jugendschutzstelle und das Jugendamt zur Kostenerstattung (§§ 42, 76 SGB VIII);

- **durch Vereinbarung zwischen Sozialleistungsträger und Sozialleistungsberechtigten**.

Beispiel

Eingliederungsvereinbarung gemäß § 15 SGB II zwischen Jobcenter und Arbeitsuchenden.

Arten der Verwaltungs-/Sozialrechtsverhältnisse

Zu den Verwaltungsrechtsverhältnissen gehören Sozialrechts- und Sozialleistungsverhältnisse, Anstaltsbenutzungsverhältnisse, Subventionsverhältnisse, Polizeirechtsverhältnisse, ferner Rechtsverhältnisse aufgrund Beleihung bzw. Indienstnahme Privater für Zwecke öffentlicher Verwaltung, öffentlich-rechtliche Verträge, die öffentlich-rechtliche Geschäftsführung ohne Auftrag und die öffentlich-rechtliche Verwahrung.
Die Rechtsprechung hat als Verwaltungs-/Sozialrechtsverhältnis u.a. anerkannt:
- Zwangsunterbringung eines psychisch Kranken (BGH, 14.2.1952 – III ZR 126/51);
- Schulverhältnis (VG Stuttgart, 6.7.2010 – 12 K 416/10);
- Arbeitsförderungsverhältnis entsteht durch Arbeitslosmeldung bzw. Antrag auf Alg I (BSG, 18.1.2011 – B 4 AS 29/10 R).

### 1.4.2 Rechte und Pflichten in Verwaltungs- und Sozialrechtsverhältnissen

Rechte und Pflichten aus einem Verwaltungsrechtsverhältnis können sehr unterschiedlich sein. Die Hauptpflichten werden in aller Regel durch den Entstehungstatbestand und die darauf anwendbare Rechtsvorschrift bestimmt.

Grundlage: konkrete Gesetze

Wird dem Träger der Sozialhilfe bekannt, dass die Voraussetzungen für die Gewährung der Sozialhilfe vorliegen, erwächst daraus für ihn die Hauptpflicht, Sozialhilfe unverzüglich zu gewähren (§ 18 SGB XII).
Schädigt ein Beamter durch eine Amtspflichtverletzung einen Bürger, besteht die Hauptpflicht des Anstellungsträgers darin, Schadensersatz zu leisten (§ 839 BGB; Art. 34 GG).

Beispiele

Fehlen derartige Regelungen, sind allgemeine Rechtsgrundsätze – insbesondere aus dem Privatrecht – heranzuziehen, die ähnliche Interessenlagen regeln. Bei der Anwendung dieser Grundsätze sind aber die öffentlichen Interessen zu berücksichtigen, die u. U. die allgemeinen Grundsätze einschränken. Für Verwaltungsrechtsverhältnisse gelten hiernach u. a. folgende allgemeine Rechtsgrundsätze:

Subsidiäre Geltung allgemeiner Grundsätze

- Die Bürger haben aus dem Verwaltungsrechtsverhältnis ein subjektiv-öffentliches Recht darauf, dass die Verwaltung die durch die Grundrechte geschützten Rechtsgüter achtet und schützt. Sie hat z. B. die Würde des Menschen, Gesundheit und Eigentum zu schützen. An das Gleichheitsgebot und den Grundsatz der Verhältnismäßigkeit ist sie ebenfalls gebunden.

  Schutz der Grundrechte

  Die Eltern der durch Ratten gefährdeten Kinder in der Notunterkunft können als gesetzliche Vertreter verlangen, dass ihnen eine rattenfreie Unterkunft zur Verfügung gestellt wird.
  Lässt eine städtische Benutzungsordnung 10-jährige Kinder ohne Begleitung Erwachsener zum Schwimmbad zu, besteht für die Stadt die Nebenpflicht, durch eine ausreichende Aufsicht dafür zu sorgen, dass die Kinder sich selbst oder andere Schwimmbadbenutzer nicht gefährden.

  Beispiele

- Für die Rechtswirkung von Willenserklärungen, z. B. Rücknahme des Antrags, Anfechtung, gelten §§ 119, 123, 130 BGB entsprechend (BSG, 17.4.1986 – 7 RAr 81/84).

  Rechtswirkung von Willenserklärungen

- Bei Verletzung behördlicher Auskunfts-, Beratungs- und Betreuungspflichten im Sozialrecht besteht ein Anspruch auf Herstellung des ohne die Pflichtverletzung eingetretenen Zustands. Der Anspruch setzt ein Verschulden der Behörde nicht voraus (→ S. 438 ff.; BSG, 24.7.2003 – B 4 RA 13/03).

  Herstellungsanspruch

- Die Bürger haben Anspruch auf Schadensersatz, wenn ein Verwaltungsangehöriger die Pflichten aus dem Verwaltungsrechtsverhältnis schuldhaft verletzt (entsprechend §§ 276, 278 BGB). Die meist

  Schadensersatzansprüche

gleichzeitig gegebene Haftung wegen Amtspflichtverletzung kann durch kommunale Satzung nicht ausgeschlossen werden (BGH, 21.6.2007 – III ZR 177/06).

Beispiel

Unwirksam ist der Ausschluss der Haftung für im Jugendzentrum entwendete Gegenstände in einer städtischen Benutzungsordnung.

Ein Mitverschulden des Geschädigten wird analog § 254 BGB berücksichtigt.

culpa in contrahendo

- Die Betroffenen haben Anspruch auf Schadensersatz wegen Verschulden bei Vertragshandlungen (entsprechend §§ 276, 278, 311 BGB).

Beispiel

Hat ein Verband der freien Wohlfahrtspflege sich langfristig auf eine Zusammenarbeit mit einer Kommune bei der Betreuung alter Menschen eingerichtet und bereits einen Erbbaurechtsvertrag mit der Stadt zur Errichtung einer Alteneinrichtung abgeschlossen, so besteht eine Aufklärungspflicht der Stadt aus dem öffentlich-rechtlichen Kooperationsvertrag, wenn der Errichtung planungsrechtliche Hindernisse entgegenstehen.
Verletzt die Stadt diese Pflicht, ist sie zum Ersatz des Vertrauensschadens, d.h. der von dem Verband aufgewandten Planungskosten verpflichtet. Jedoch muss sich der Verband ein Mitverschulden gemäß § 254 BGB anrechnen lassen, wenn er in der Durchführung entsprechender Projekte erfahren ist, jedoch eigene planungsrechtliche Überlegungen nicht angestellt hat (BGH, 22.10.1981 – III ZR 37/80).

Haftung für Erfüllungsgehilfen

Die Verwaltung haftet für Verschulden eines Organs und der Personen, die im Verwaltungsrechtsverhältnis für sie tätig wurden ohne die Möglichkeit des Entlastungsbeweises (entsprechend § 278 BGB).

Beweislast

Die Beweislast wird entsprechend § 282 BGB verteilt. Dies hat für den geschädigten Bürger den Vorteil, dass er zwar eine objektive Pflichtverletzung nachweisen muss, nicht aber das Verschulden eines bestimmten Bediensteten. Es ist dann Sache der Behörde nachzuweisen, dass kein Verschulden eines Organs bzw. eines Erfüllungsgehilfen vorliegt (BGH, 5.10.1989 – III ZR 126/88).

Verjährung

Die Verjährung der Ansprüche aus dem Verwaltungsrechtsverhältnis tritt nach drei Jahren ein (entsprechend § 195 BGB).[1]

Zuständiges Gericht

Für Schadensersatzansprüche des Bürgers aus dem Verwaltungsrechtsverhältnis sind die ordentlichen Gerichte zuständig (§ 40 Abs. 2 Satz 1 VwGO).

Weitere Haftungsgrundlagen

Neben der Haftung aus schuldhafter Verletzung der Pflichten aus der Sonderverbindung kann sich eine Haftung des Verwaltungsträgers wegen Verletzung der allgemeinen Verkehrssicherungspflicht (BGH, 17.3.1983 – III ZR 116/81) oder wegen Amtspflichtverletzung (→ S. 432 ff.) ergeben.

---

1 Zur Verjährung im Sozialleistungsrecht → S. 299 f.

## 1.5 Soziale Rechte und Pflichten nach dem Sozialgesetzbuch

Ziel des SGB

Der Gesetzgeber hat versucht, die sozialen Rechte und Pflichten des Bürgers, die in verschiedenen Gesetzen und anderen Rechtsvorschriften geregelt waren, in einem Sozialgesetzbuch zusammenzufassen, um dadurch den Leistungsberechtigten den Überblick zu erleichtern (§ 1 Abs. 1 SGB I).

### 1.5.1 Inhaltliche Gliederung des Sozialgesetzbuches

Das Sozialgesetzbuch besteht aus zwölf Büchern:

| Sozialgesetzbuch | |
|---|---|
| SGB I | Allgemeiner Teil |
| SGB II | Grundsicherung für Arbeitsuchende |
| SGB III | Arbeitsförderung |
| SGB IV | Gemeinsame Vorschriften für die Sozialversicherung |
| SGB V | Gesetzliche Krankenversicherung |
| SGB VI | Gesetzliche Rentenversicherung |
| SGB VII | Gesetzliche Unfallversicherung |
| SGB VIII | Kinder- und Jugendhilfe |
| SGB IX | Rehabilitation und Teilhabe behinderter Menschen |
| SGB X | Sozialverwaltungsverfahren und Datenschutz |
| SGB XI | Soziale Pflegeversicherung |
| SGB XII | Sozialhilfe |

Nicht im SGB geregelte Sozialleistungen

Außerdem gelten als Teile des Sozialgesetzbuchs die Sozialleistungsgesetze, die in § 68 SGB I zu besonderen Teilen des Sozialgesetzbuches erklärt wurden, z. B.

- das Bundesausbildungsförderungsgesetz,
- das Adoptionsvermittlungsgesetz,
- das Unterhaltsvorschussgesetz und
- das Altersteilzeitgesetz.

Das Bundesversorgungsgesetz und andere Gesetze gelten insoweit als Besondere Teile, als sie die entsprechende Anwendung der Leistungsvorschriften des Bundesversorgungsgesetzes vorsehen. Dies trifft u. a. für das Opferentschädigungsgesetz zu.

### 1.5.2 Anwendungsbereich des SGB

Grundsatz

Das Sozialgesetzbuch gilt nur für die Anwendungsbereiche der Gesetze, die als Besondere Teile des Sozialgesetzbuches in § 68 SGB I genannt sind, und für die Sozialleistungen und Leistungsträger, die in diesen Gesetzen vorgesehen sind.

Nicht vom SGB erfasst

Die Vorschriften des SGB sind nicht anzuwenden auf in den Besonderen Teilen nicht vorgesehene

- **Sozialleistungen**

Beispiele

Lastenausgleichs- und Wiedergutmachungsleistungen, landesrechtliche Blinden-, Pflegegelder;

- **Leistungsträger**

Beispiele

Kommunen, die kein Jugendamt haben, aber gleichwohl Aufgaben der Jugendhilfe wahrnehmen (z. B. Betrieb eines Kindergartens, Förderung des Jugendzentrums eines freien Trägers).
Nehmen kreisangehörige Gemeinden und Gemeindeverbände, die nicht örtliche Träger der Jugendhilfe sind, Aufgaben nach dem SGB VIII wahr, sind sie allerdings an die Vorschriften des SGB über den Datenschutz (§ 61 Abs. 1 SGB VIII) und die Vorschriften des SGB VIII über die Zusammenarbeit mit den freien Trägern gebunden (§ 69 Abs. 4 SGB VIII).

Freie Träger sind keine Leistungsträger im Sinne des SGB, sondern Leistungserbringer.

Nicht anwendbar sind die Vorschriften des SGB ferner in den Bereichen, die nicht zum Sozialrecht gehören. Das gilt auch, wenn SozA/SozP in diesen Bereichen arbeiten, z. B.
- im Strafvollzug, in der Bewährungshilfe, in der Gerichtshilfe;
- im Gesundheitswesen (Gesundheitsamt, Beratung, Hilfe und Schutz für psychisch Kranke nach den landesrechtlichen Vorschriften);
- in Behörden (Betriebssozialdienst der Ministerien und der Bundeswehr);
- bei gewerblichen Trägern der Jugend-, Sozial- oder Gesundheitshilfe;
- in der privaten Wirtschaft (Betriebssozialarbeit).

Unanwendbar ist das Sozialgesetzbuch auch in den Bereichen des Beamtenrechts, des Bildungsrechts (Schul-, Hochschulrecht), des Polizei- und Ordnungsrechts, des Ausländerrechts, des Baurechts, Wohnungsbaurechts und Bauplanungsrechts, des Rechts des Wehrdienstes und des Steuerrechts.

Was gilt statt SGB?

Für die nicht vom Sozialgesetzbuch erfassten Bereiche der öffentlichen Verwaltung gilt das allgemeine und besondere Verwaltungsrecht. Dieses kann im Rahmen dieser Darstellung nicht ausführlich behandelt werden. Jedoch wird bei der Darstellung des Sozialverwaltungsrechts verschiedentlich auf Unterschiede hingewiesen.

### 1.5.3 Soziale Rechte

Zur Verwirklichung von sozialer Gerechtigkeit und sozialer Sicherheit werden dem Bürger in §§ 2 bis 10 SGB I »soziale Rechte« zuerkannt. Jedoch können aus diesen Vorschriften keine subjektiv-öffentlichen Rechte abgeleitet werden.

Beispiel

Aus § 2 Abs. 1 SGB I kann kein Anspruch auf Ausbildungsförderung abgeleitet werden, der über den Anspruch nach dem BAföG (= Besonderer Teil) hinausgeht.

Die Voraussetzungen und der Inhalt von Ansprüchen werden durch die Vorschriften der Besonderen Teile bestimmt.
Bedeutung haben die Vorschriften in §§ 2 bis 10 SGB I u. a. bei der Auslegung von Vorschriften und bei der Ausfüllung von Ermessensspielräumen im Rahmen des Sozialleistungsrechts (§ 39 SGB I).

### 1.5.4 Sozialleistungen

Gegenstand der sozialen Rechte sind die im SGB vorgesehenen Sozialleistungen. Hierzu gehören:

Dienstleistungen

- Auskunft und Beratung (§§ 14, 15 SGB I); Leistungen zur Eingliederung in Arbeit (§§ 14 ff. SGB II); persönliche Hilfe (§ 11 SGB XII); Beratung in Fragen der Erziehung, der Partnerschaft (§§ 17, 18, 28 SGB VIII); erzieherische Hilfen (§§ 27 ff. SGB VIII); Vermittlung von Heimplätzen (§ 71 Abs. 1 Nr. 3 SGB XII).

Sachleistungen

- Ärztliche Behandlung (§ 27 SGB V); Fahrdienste für Behinderte; Heilbehandlung und Berufsförderung durch Sozialversicherungsträger.

Geldleistungen

- Sozialleistungen, die in der Zahlung eines Geldbetrages bestehen: Arbeitslosengeld II (§ 19 SGB II); Krankengeld (§ 44 SGB V); Zahlung wirtschaftlicher Jugendhilfe (§ 39 SGB VIII).

Eine Zusammenstellung wichtiger Sozialleistungen enthalten die §§ 18 bis 29 SGB I.

### 1.5.5 Leistungsträger

Die Sozialleistungen werden von den Körperschaften, Anstalten und Behörden erbracht, die in §§ 18 bis 29 SGB I jeweils im zweiten Absatz bzw. dritten Absatz (s. § 25 SGB I) genannt sind (§ 12 SGB I).

Freie Träger

Die freien Träger der Jugendhilfe- und Sozialhilfe erbringen zwar personenbezogene Dienstleistungen in großem Umfang, werden aber nicht durch das SGB dazu verpflichtet.

Öffentliche Träger

Die zuständigen staatlichen Leistungsträger für Sozialleistungen sind aus folgender Übersicht ersichtlich.

Zuständige Leistungsträger für Sozialleistungen

| Gesetzliche Grundlage | Zuständige Leistungsträger |
|---|---|
| BAföG Bundesausbildungs-förderungsgesetz | Ämter für Ausbildungsförderung Studierendenwerke (für Hochschulen) Landesämter für Ausbildungsförderung |
| SGB II Grundsicherung für Arbeitsuchende | Jobcenter, Bundesagentur für Arbeit, Kreisfreie Städte und Kreise |
| SGB III Arbeitsförderung | Agenturen für Arbeit, Regionaldirektionen, Bundesagentur für Arbeit |
| SGB V Gesetzliche Krankenversicherung | AOK, Betriebs-, Innungs- und Seekrankenkassen, Deutsche Rentenversicherung Knappschaft-Bahn-See, Ersatzkassen, landwirtschaftliche Krankenkasse |
| SGB VI Gesetzliche Rentenversicherung | Deutsche Rentenversicherung Bund, Deutsche Rentenversicherung Knappschaft-Bahn-See und Regionalträger |
| SGB VII Gesetzliche Unfallversicherung | Berufsgenossenschaften, Unfallversicherung Bund und Bahn, Unfallkassen |
| BKGG Bundeskindergeldgesetz | Familienkassen der Agenturen für Arbeit |
| BEEG Bundeselterngeld- und Elternzeitgesetz | Versorgungsämter, Agenturen für Arbeit, Jugendämter u.a. (www.elterngeld.net) (bestimmt durch Landesrecht) |
| WoGG Wohngeldgesetz | Wohngeldstellen (www.wohngeldantrag.de) (bestimmt durch Landesrecht) |
| SGB VIII Kinder- und Jugendhilfe | Kreise, kreisfreie Städte und kreisangehörige Gemeinden als örtliche Träger der Jugendhilfe, überörtliche Träger nach Landesrecht |
| SGB IX Rehabilitation und Teilhabe behinderter Menschen | Rehabilitationsträger (Sozialversicherungsträger, Versorgungsbehörden, Träger der Sozialhilfe und der Jugendhilfe gemäß § 6 SGB IX) |
| SGB XI Soziale Pflegeversicherung | Pflegekassen der gesetzlichen Krankenkassen |
| BVG Bundesversorgungsgesetz | Versorgungsämter, Landesversorgungsämter, orthopädische Versorgungsstellen, Hauptfürsorgestellen (www.versorgungsaemter.de) |
| SGB XII Sozialhilfe | Örtliche Träger der Sozialhilfe, überörtliche Träger der Sozialhilfe (bestimmt durch Landesrecht) |

# 2 Ansprüche auf Information und Beratung

## 2.1 Information, Beratung, Unterstützung, Begleitung in der sozialen Arbeit

Die Auflösung traditioneller Lebensformen, der Wegfall familiärer und nachbarschaftlicher Hilfesysteme, der Werte- und Strukturwandel, die gesellschaftlich geforderte Mobilität und Flexibilität, das Aufeinandertreffen unterschiedlicher Kulturen, die Arbeit in unsicheren Arbeitsverhältnissen, der Verlust des Arbeitsplatzes, die zunehmende Armut und viele andere Umstände haben immer mehr Menschen in Lebenssituationen gebracht, die sie nicht allein bewältigen können (Barabas, 2003, 19 ff.).

Unterstützung durch Behörden

Zahlreiche gesetzliche Vorschriften verpflichten deshalb Träger der öffentlichen Verwaltung, Bürger zu informieren, zu beraten, zu unterstützen oder zu begleiten.
Eine gesetzliche Definition der Begriffe Beratung, Unterstützung und Begleitung findet sich in § 11 Abs. 2 und 3 SGB XII.

Die persönliche Hilfe kann sich auf alle Lebens- und Problembereiche erstrecken.

Beispiele

Psychosoziale Betreuung, Suchtberatung, Schuldnerberatung (§ 16a SGB II); Beratung in Fragen der Partnerschaft, Trennung und Scheidung (§ 17 SGB VIII); Beratung über Sozialleistungen (§ 14 SGB I).

Alternativen zur staatlichen Beratung

Der Bürger kann außer der Information durch staatliche Stellen andere Informationsquellen nutzen. Je nach Art des Informationsbedarfs hat er u. a. folgende Möglichkeiten:

- Sozialberatungsstellen der freien Träger der Jugend- und Sozialhilfe, Selbsthilfegruppen und Verbraucherzentralen beraten meist kostenlos (→ S. 222).
- Gewerkschaften, Berufsverbände und berufsständische Vereinigungen bieten nur ihren Mitgliedern im Rahmen ihrer Satzung kostenlosen Beratungs- und Rechtsschutz.
- Rechtsanwälte verlangen Gebühren. Einkommensschwache können aber Beratungshilfe (→ S. 226) und Prozesskostenhilfe (→ S. 478) in Anspruch zu nehmen.

## 2.2 Allgemeine Grundsätze

Für jede Art persönlicher Hilfe, die von SozA/SozP im Dienst öffentlicher oder freier Träger erbracht wird, gelten einige allgemeine Grundsätze. Diese betreffen:

- das Ziel und die Methode der Beratung (→ 2.2.1);
- das Verbot der heilkundlichen Therapie (→ 2.2.2);

- die Einhaltung fachlicher Standards (→ 2.2.3). Dazu gehören insbesondere:
  - das Abstinenzgebot;
  - die Pflicht zur Dokumentation, Aufbewahrung der Dokumente und Akteneinsicht;
  - die Vertraulichkeit der Beratung (→ S. 229 ff.).

### 2.2.1 Ziel und Methode der Beratung

Persönliche Hilfe wird nach Ziel, Methode und Inhalt durch das Menschenbild des Grundgesetzes, das Rechtsstaats- und das Sozialstaatsprinzip bestimmt.

Hilfe zur Selbsthilfe

Ziel der persönlichen Hilfe in Form von Beratung muss es sein, dem Ratsuchenden die Hilfe zu geben, die er benötigt, um seine Schwierigkeiten eigenverantwortlich und gemeinschaftsfähig selbst überwinden zu können. Dieses Ziel ergibt sich aus Art. 1 Abs. 1 GG und ist beispielsweise in § 1 Satz 2 und § 11 Abs. 2 SGB XII für die Sozialhilfe und in § 1 Abs. 1 SGB VIII für die Jugendhilfe übernommen.

In einzelnen, nicht in allen Vorschriften werden die Ziele konkret festgelegt.

Beispiel

Beratung nach § 17 SGB VIII hat das Ziel, ein partnerschaftliches Zusammenleben in der Familie aufzubauen und Konflikte und Krisen in der Familie zu bewältigen.

Kein Paternalisimus durch Professionelle

Die Anwendung fürsorgerischer oder autoritärer Methoden ist grundsätzlich unzulässig; denn Bevormundung, wie sie in der sozialen Praxis in Form von gutgemeinten und mit Fachkollegen ohne Beteiligung der Betroffenen abgesprochenen Ratschlägen praktiziert wird, verletzt deren Grundrechte aus Art. 1 Abs. 1 in Verbindung mit Art. 2 Abs. 1 GG.

Jeder Mensch hat Anspruch auf Achtung seines Selbstbestimmungsrechts und seiner personalen Würde. Ihm darf nicht die Rolle eines bloßen Behandlungsobjekts zugewiesen werden (BVerfG, 18.11.2004 – 1 BvR 2315/04).

Vom »Fördern« zum »Fordern«

Während im BSHG die Wahrung und der Schutz der Menschenwürde das oberste Ziel der Sozialhilfe war (»Fördern«), wird im SGB II von Leistungsberechtigten gefordert, dass sie aktiv an allen Maßnahmen zur Eingliederung in Arbeit mitwirken, die ihnen von Fallmanagern durch Verwaltungsakt auferlegt werden können, wenn sie nicht bereit sind eine Eingliederungsvereinbarung abzuschließen (§ 2 Abs. 1 Satz 2, §§ 14, 15 SGB II). Die Eigenverantwortung des Hilfebedürftigen soll der zentrale Bezugspunkt sein. In der Praxis bestimmt aber weitgehend der Fallmanager, was der Leistungsberechtigte zu tun hat bzw. an welchen Maßnahmen er teilnehmen muss. Schuldnerberatung, psychosoziale Betreuung und Suchtberatung werden unter Berufung auf

§ 16a SGB II nur gewährt, wenn sie für die Eingliederung in das Erwerbsleben erforderlich sind (BSG, Urteil vom 13.7.2010 – B 8 SO 14/09 R; kritisch: Spindler, info also 2008, 12 m.w.N.).

### 2.2.2 Verbot unerlaubter Therapie

Heilkundliche Psychotherapie

Das Psychotherapeutengesetz gestattet die Ausübung der heilkundlichen Psychotherapie nur den Personen, denen die berufsrechtliche Approbation durch die Ärztekammer erteilt ist (Ärzte, psychologische Psychotherapeuten sowie Kinder- und Jugendlichentherapeuten). Das Führen der Bezeichnung »Psychotherapeut« ist gesetzlich geschützt und den Approbierten vorbehalten.
Als heilkundliche Psychotherapie gilt die nach anerkannten wissenschaftlichen Methoden durchgeführte Feststellung, Heilung oder Linderung von psychischen Störungen mit **Krankheitswert**, bei denen Psychotherapie angezeigt ist.

Erlaubnisfreie psychologische und psychosoziale Tätigkeiten

Nicht als Psychotherapie im Sinne des Gesetzes gelten psychologische Tätigkeiten, die die Aufarbeitung und Überwindung sozialer Konflikte und sonstiger Zwecke außerhalb der Heilkunde zum Gegenstand haben. Deshalb dürfen SozA/SozP psychologische, psychosoziale und psychotherapeutische Beratungs- und Behandlungsformen bei Menschen mit **psychischen Störungen ohne Krankheitswert** anwenden, z. B. Familientherapie, Gesprächspsychotherapie, Sozialtherapie, Gestalttherapie. Diese theoretische Abgrenzung entspricht nicht der sozialen Realität; denn häufig wird SozA/SozP zugemutet, die Lebenssituation psychisch schwer kranker Menschen zu verbessern, nachdem dies Psychiatern und Psychotherapeuten nicht gelungen ist.

### 2.2.3 Gebot der Einhaltung fachlicher Standards

Bei jeder Beratung sind die fachlichen Standards einzuhalten. Dies setzt beim SozA/SozP voraus, dass er über die erforderlichen fachlichen Kenntnisse und über kommunikative Fähigkeiten verfügt, die es ihm ermöglichen, in der konkreten Situation mit dem Beteiligten angemessene Lösungen zu finden.

Haftung?

Eine Haftung könnte sich für SozA/SozP im öffentlichen Dienst nach § 839 BGB und für SozA/SozP im Dienst freier Träger nach §§ 276/278 BGB ergeben, wenn die im Verkehr erforderliche Sorgfalt verletzt wird und infolge falscher Beratung ein Schaden entstanden ist. Nach der Rechtsprechung des BSG kann bei unvollständiger oder unrichtiger rechtlicher Beratung auch ein Herstellungsanspruch bestehen (→ S. 438). Da es aber für die psychosoziale Beratung weder Handlungsschemata noch die Garantie gibt, dass das gewünschte Ergebnis erzielt wird, ist kaum jemals nachweisbar, dass ein Schaden auf einer Pflichtverletzung beruht. Deshalb ist das Haftungsrisiko recht gering.

Herstellungsanspruch

Erhebliche Haftungsrisiken bestehen aber im Rahmen der Rechtsberatung, wenn aufgrund fehlerhafter Beratung z.B. Klagen nicht rechtzeitig erhoben bzw. Ansprüche nicht rechtzeitig geltend gemacht wurden (→ S. 223).

Abstinenzgebot als fachlicher berufsethischer Standard

Eine wirksame Beratung bzw. Behandlung zur Lösung psychischer oder psychosozialer Schwierigkeiten setzt voraus, dass die beratende Person außerhalb der beruflichen Beziehung keine persönlichen, keine geschäftlichen und keine familiären Beziehungen zur beratenen Person aufnimmt.

Keine sexuellen Handlungen

Berufsethische Standards sind insbesondere auch bei sexuellen Handlungen verletzt, selbst dann, wenn die sexuellen Handlungen nicht strafbar sind (Francke in: Psychotherapeutenjournal, 3/206, 238; FB Soziale Arbeit und Gesundheit, FH Frankfurt am Main (Hrsg.), Grenzverletzungen, 2011).
Sexueller Missbrauch ist bisher vorwiegend aus dem Bereich der Therapie durch Psychologen und selbsternannte »Therapeuten« bekannt geworden. Das Abstinenzgebot gilt aber auch im pädagogischen Bereich und in psychosozialen Beratungsbeziehungen, die von SozA/SozP begründet werden (so auch Barabas, 2006, 93).
Ein Missbrauch liegt auch vor, wenn die Initiative von der Beratenen ausgegangen ist bzw. sie mit dem Sexualkontakt zunächst einverstanden war (BGH, 14.4.2011 – 4 StR 669/10; zum Ausschluss eines »Therapeuten« aus dem Berufsverband der Psychologen: Streit 1/1996, 20).

Zivilrechtliche Ansprüche

Die Betroffenen können Ersatz des materiellen Schadens (zumindest Rückzahlung der gezahlten Honorare) und des Nichtvermögensschadens Schadens (»Schmerzensgeld«) verlangen (Beispiele bei Barabas, 2006, 91f.). Die Durchsetzung dieser Ansprüche bei den Zivilgerichten ist oft schwierig und risikoreich. Liegt eine strafbare Handlung vor, ermöglicht das Strafverfahren die Durchsetzung zivilrechtlicher Schadensersatzansprüche (Ferber, NJW 2004, 2563).
Entschädigungsansprüche können sich auch aus dem Opferentschädigungsgesetz ergeben (BSG, 30.9.2009 – B 9 VG 3/08 R; zu Beweiserleichterungen für das Opfer: BSG, 7.4.2011 – B 9 VG 15/10 B).

Strafrechtliche Haftung

Strafbar machen sich SozA/SozP u. a. nach folgenden Vorschriften:

Bestraft wird nach **§ 174 StGB**, wer sexuelle Handlungen an einer Person unter achtzehn Jahren, die ihm zur Erziehung, Ausbildung oder Betreuung in der Lebensführung anvertraut ist, vornimmt.

**§ 174a Abs. 1 StGB** dehnt den Schutz auf Gefangene oder auf behördliche Anordnung verwahrte Personen aus, die zur Erziehung, Ausbildung, Beaufsichtigung oder Betreuung anvertraut sind.

Bestraft wird gemäß **§ 174a Abs. 2 StGB** ferner, wer eine Person, die in einer Einrichtung für kranke oder hilfsbedürftige Menschen stationär aufgenommen und ihm zur Beaufsichtigung oder Betreuung anvertraut ist, dadurch missbraucht, dass er unter Ausnutzung der Krankheit oder Hilfsbedürftigkeit dieser Person sexuelle Handlungen an ihr vornimmt oder an sich vornehmen lässt.

Beispiel

In einem Landeskrankenhaus droht eine untergebrachte Frau dem Sozialarbeiter an, sie werde sich umbringen, wenn er nicht mit ihr schlafe.

**§ 174c StGB** schützt Menschen, die wegen einer geistigen, seelischen oder körperlichen Krankheit oder Behinderung einschließlich einer Suchtkrankheit beraten, behandelt, betreut oder psychotherapeutisch behandelt werden.

Die Strafdrohung erfasst alle SozA/SozP, die Kranke oder behinderte Menschen beraten, behandeln oder betreuen, z. B. Berater in einer Drogenberatungsstelle.

Strafrechtlich ungeschützt bleiben sexuell missbrauchte Menschen, die wegen einer akuten geistigen oder seelischen Krise oder Notsituation ihr Vertrauen in eine Beratung, Behandlung oder Betreuung setzen, ohne geistig oder seelisch krank zu sein.

Dokumentation

Zu den fachlichen Standards gehört die Dokumentation der Beratung/Behandlung. Sie muss mindestens Datum, anamnestische Daten, Diagnose, Beratungs-/Behandlungskonzept und die durchgeführten Maßnahmen enthalten.

Aufbewahrung von Akten

Die Dokumentation ist eine angemessene Zeit sicher aufzubewahren. Eine gesetzliche Regelung besteht nicht. In Hinblick auf die dreijährige Verjährungsfrist für etwaige Schadensersatzansprüche wird eine Aufbewahrungsfrist von fünf Jahren vorgeschlagen. Für Therapieakten ist in den Berufsordnungen für Psychologische Psychotherapeuten eine Frist von zehn Jahren bestimmt (www.bptk.de).

Akteneinsicht

Der Beratene hat generell Anspruch auf Einsicht in die ihn betreffenden Akten/Unterlagen. Dies gilt in gesteigertem Maße für Daten über die psychische Verfassung.

Ungeklärt ist, ob der Anspruch auf objektive Befunde beschränkt ist und ob die Einsicht in persönliche Wertungen des Beraters ausgeschlossen werden kann (»therapeutischer Vorbehalt«, dazu BVerfG, 9.1.2006 – 2 BvR 443/02). Ein begründetes Interesse an der Nichtoffenbarung solcher Aufzeichnungen ist, in Abwägung zu dem Persönlichkeitsrecht des Einsichtnehmenden, wohl im Regelfall nicht gegeben (vgl. Gesetzesbegründung zu § 630g BGB zur Einsichtnahme in Patientenakten, BT-Drs. 17/10488, S. 27).

## 2.3 Informations- und Unterstützungspflichten staatlicher Stellen

Informationsflut

Das in zahlreichen Bundes- und Landesgesetzen, Rechtsverordnungen, Satzungen und Verwaltungsvorschriften geregelte Rechtssystem ist für die meisten Bürger undurchsichtig. Die anhaltenden, sich überstürzenden Änderungen von Rechtsvorschriften und die zunehmend schwindende Koordination der verschiedenen Rechtsbereiche machen es für den Bürger, für den SozA/SozP, aber auch für Verwaltungsmitarbeiter, Justitiare und Richter sehr schwer, sich zuverlässig über die Rechte und Pflichten zu informieren, die in einer konkreten Situation bestehen.

Informationspflicht

Im sozialen Rechtsstaat ist jede/r im öffentlichen Dienst Tätige verpflichtet, dafür zu sorgen, dass die Bürger zu ihrem Recht kommen. Er hat die bei ihm erscheinenden Bürger richtig, klar und unmissverständlich über ihre Rechte und Pflichten zu informieren und ihnen bei der Erlangung und Wahrung der gesetzlichen Rechte und Vorteile nach Kräften beizustehen.

»Die sozialen Rechte i.S. von §§ 2 bis 10 SGB I gewähren dem Bürger ... zwar grundsätzlich eine umfassende soziale Berechtigung im Blick auf die in § 1 I SGB I genannten verfassungsrechtlichen Schutzpflichten des Staates. Bei rechtswidriger Beeinträchtigung eines sozialen Rechts durch den verpflichteten Leistungsträger folgt hieraus daher grundsätzlich in allen Bereichen des SGB dessen Pflicht, alles rechtlich und tatsächlich Mögliche zu tun, damit das gewährte soziale Recht möglichst weitgehend verwirklicht werden kann« (BSG, 6.3.2003 – B 4 RA 38/02 R).

Rechtsgrundlage

In der Rechtsprechung ist demgemäß seit Jahrzehnten anerkannt, dass sich auch aus dem konkreten Sozialrechtsverhältnis Betreuungs- und Beratungsverpflichtungen der Sozialleistungsträger ergeben können (BSG, 27.4.1995 – 11 RAr 69/94). Der Umfang der Nebenpflichten hängt von der konkreten Rechtsbeziehung, der konkreten Situation und dem individuellen Beratungs- und Betreuungsbedarf ab.

Die Informationspflichten der Behörden sind im Sozialgesetzbuch allgemein in §§ 13–15 SGB I (→ S. 218 – S. 222) und außerdem für einzelne Sozialleistungen in den Besonderen Teilen des SGB bestimmt.

Im Einzelfall kann die Hilfepflicht außer der Information auch die praktische Unterstützung, z. B. durch Schreib- und Formulierungshilfe, sowie die Motivierung und Befähigung zur Durchsetzung der Rechte umfassen (Maas, 1996, 43).

Recht und Realität

In der Praxis, insbesondere im Bereich des SGB II entwickeln zahlreiche Leistungsträger im krassen Widerspruch zu ihren Pflichten Strategien zur Vermeidung von Leistungen (siehe Zusammenstellung von Scheibe in SRa 2011, 90 ff.).

### 2.4 Bedeutung von Information und Beratung durch staatliche Stellen im Sozialleistungsbereich

Für SozA/SozP, die in der Jugend- oder Sozialhilfe oder in anderen Sozialleistungsbereichen Beratungsaufgaben wahrzunehmen haben, gehört es zur täglichen Erfahrung, dass die Beratung hinsichtlich der psychosozialen Probleme nur dann erfolgreich sein kann, wenn die materiellen und in der konkreten Situation existentiellen Probleme des Betroffenen gelöst sind.

Solange eine Frau mit drei Kindern nach der Trennung von ihrem Ehemann keine ausreichenden Einkünfte hat und den Verlust ihrer Wohnung befürchten muss, haben helfende Gespräche zur Stärkung der Persönlichkeit nur geringe Erfolgschancen. Zeigt der SozA/SozP jedoch die Möglichkeit, durch Wohngeld und Kindergeld die materielle Existenz bald zu sichern, wird eine Beratung erheblich erleichtert oder erübrigt sich u.U. ganz.

Beispiel

Bei vielen Menschen bestehen erhebliche Schwierigkeiten und Hemmnisse, Rechte geltend zu machen und durchzusetzen. Ob soziale Rechte verwirklicht werden können, hängt bei Menschen, die sich in besonderen Schwierigkeiten befinden, davon ab, ob der SozA/SozP sie so berät und stärkt, dass sie in der Lage sind, die Barrieren zu überwinden, die den Zugang zu den Sozialleistungen erschweren:

Barrieren auf dem Weg zu Sozialleistungen

**Barrieren**

| Barrieren | Grund |
|---|---|
| subjektive | allgemeine Unsicherheit |
| kulturelle | Unsicherheit wegen Herkunft aus einem Land mit anderer Behördenkultur |
| gesellschaftliche | Angst vor sozialer Ausgrenzung |
| institutionelle | Angst vor Behörden |
| informationelle | Unsicherheit im Umgang mit Paragraphen, Merkblättern, Bescheiden, Verfahren |
| bürokratische | Angst vor unmenschlichen Bürokraten |

Eine qualifizierte Beratung setzt bei dem beratenden SozA/SozP die zur Klärung der Situation erforderliche Zeit voraus, ferner Kenntnisse über die Auslegung der Rechtsvorschriften und die Durchsetzung der einschlägigen Rechtsansprüche und schließlich die Fähigkeit, die Betroffenen verständlich zu informieren und die Barrieren abzubauen, die einer Geltendmachung und Verwirklichung der sozialen Rechte entgegenstehen. (Zur Beratung in der Sozialhilfe als Aufgabe der Sozialarbeit Spindler in: Lehmann, 2006, 399 ff.).

Qualitätsstandards

Die Leistungsträger erfüllen ihre Pflicht, ihren SozA/SozP die Arbeitsbedingungen zu verschaffen, die eine den gesetzlichen Ansprüchen entsprechende Beratung sichern, meist nur unzulänglich. Sie verstoßen gegen diese Pflicht, wenn sie Dienste personell unzureichend ausstatten oder nicht die Möglichkeit der ständigen Fortbildung über Rechte und Pflichten der Bürger nach dem SGB bieten.

... werden häufig nicht eingehalten

## 2.5 Aufklärung der Bevölkerung (§ 13 SGB I)

Verpflichtung der Leistungsträger

Die Leistungsträger sind gemäß § 13 SGB I verpflichtet, im Rahmen ihrer Zuständigkeit die Bürger über die Rechte und Pflichten nach dem SGB aufzuklären.
Aufklärung erfolgt durch allgemeine Information, also nicht durch einzelfallbezogene Auskunft.
Sie muss so erfolgen, dass der Bürger möglichst konkret seine eigenen Rechte und Pflichten aus der behördlichen Information ableiten kann. Insbesondere muss deutlich werden, was er tun muss, um sein Recht zu verwirklichen.

Aufklärungsmittel

Aufklärung kann beispielsweise erfolgen durch
- Informationen und Downloadangebote im Internet;
- Merkblätter und Informationsbroschüren;
- Serienschreiben;
- Veröffentlichung von Verwaltungsvorschriften;
- Pressemitteilungen, Fernsehspots.

Beispiele

Informationen der Bundesagentur für Arbeit zum Arbeitslosengeld I und II und zum Kindergeld sind abrufbar unter www.arbeitsagentur.de.
Broschüren, z. B. »Ausbildungsförderung«, »Wohngeld«, »Die gesetzliche Krankenversicherung«, »Sozialhilfe« sind bei den Bundesministerien kostenlos erhältlich.

In den Broschüren wird der Inhalt der gesetzlichen Vorschriften meist so verständlich dargestellt, dass sie auch zur Information von Ratsuchenden geeignet sind.
Zu beachten ist, dass es sich um amtliche Informationen handelt, in denen nicht immer alle Informationen enthalten sind, die für Berechtigte wichtig sind.
Insbesondere SozA/SozP können sich nützliche Erstinformationen über Sozialleistungen auf diesem Weg verschaffen.

Kein subjektiv-öffentliches Recht auf Aufklärung

Der Bürger hat kein eigenes subjektiv-öffentliches Recht auf Aufklärung. Sein Informationsbedarf wird durch Auskunft und Beratung abgedeckt (→ S. 219 ff. und → S. 220 ff.)
Deshalb hat er grundsätzlich auch keinen Ersatzanspruch und keinen Herstellungsanspruch aus unterlassener/unzureichender Aufklärung (BSG, 21.6.1990 – 12 RK 27/88). Sozialleistungsträger gehen somit kein Haftungsrisiko ein, wenn sie die Aufklärung rechtswidrigerweise unterlassen. Ersatz- und Herstellungsansprüche können aber bei einer gegen Artikel 3 GG verstoßenden Ungleichbehandlung Beratungsbedürftiger entstehen (BSG, 14.2.2001 – B 9 V 9/00 R).

Ansprüche bei unrichtiger Aufklärung

Bei falscher, unvollständiger oder unrichtiger Aufklärung haftet der Leistungsträger auf Schadensersatz wegen Amtspflichtverletzung oder auf Herstellung des bei richtiger Aufklärung voraussichtlich eingetretenen Zustandes.

Ein Herstellungsanspruch kann bestehen, wenn die Versäumung einer Frist auf unrichtigen oder missverständlichen Informationen beruht.

Beispiel

Der Leistungsträger ist aber an den Inhalt einer Aufklärungsbroschüre nicht gebunden, wenn diese ihn zu einem gesetzwidrigen Verhalten zwingen, es sei denn, das schutzwürdige Interesse des Bürgers würde dies gebieten (BSG, 11.3.2004 – B 13 RJ 16/03 R).

## 2.6 Auskunft (§ 15 SGB I)

Auskunft ist gemäß § 15 Abs. 1 SGB I zwar über alle sozialen Angelegenheiten zu erteilen. Jedoch beschränkt sich die Auskunftspflicht nach § 15 Abs. 2 SGB I auf die Benennung des Sozialleistungsträgers, der für die Sozialleistung zuständig ist. Die Auskunft hat also in erster Linie »Wegweiserfunktion«.

Wegweiserfunktion

Zwar hat die Auskunftsstelle sich im Gespräch zu bemühen, die Sozialleistungen herauszufinden. die für den Bürger möglicherweise in Betracht kommen (Hase in: BeckOK, SGB I, § 15 Rn. 3). Zu weiteren Informationen ist sie nicht verpflichtet, aber berechtigt, falls sie dazu imstande ist. Verpflichtet ist sie zur Zusammenarbeit mit anderen Auskunftsstellen und Sozialleistungsträgern, damit eine möglichst umfassende Auskunftserteilung erreicht wird.

Inhalt der Auskunft

Die Auskunftsstelle hat sich bei Zweifelsfragen telefonisch bei anderen Leistungsträgern zu erkundigen, um möglichst sofort und möglichst umfassend zu informieren (§ 17 SGB I). Sie sollte auch die kostenlosen Informationsbroschüren zu den verschiedenen Sozialleistungen bereithalten und den Ratsuchenden anbieten, damit diese sich weiter informieren können.

Beispiel

Auskunftsstellen sind nach § 15 SGB I etwa die gesetzlichen Krankenkassen (AOK, Innungskrankenkassen, Ersatzkassen usw.) und die nach Landesrecht zuständigen Stellen (meist Gemeinden und Kreise/Landkreise). Dem Bürger sollen ortsnahe Anlaufstellen geboten werden.
Die Kommunen erfüllen ihre Auskunftsverpflichtung auf recht unterschiedliche und nicht immer ausreichende Weise. Manche haben jedoch eigene Auskunfts- bzw. Beratungsstellen errichtet. Andere haben ihre Sozial- und Jugendämter, insbesondere den Allgemeinen Sozialdienst damit beauftragt.
Die SozA/SozP, die zur Auskunftserteilung verpflichtet sind, müssen sich einen Überblick über das gesamte Sozialleistungssystem und die für Sozialleistungen zuständigen Stellen verschaffen.

Auskunftsstellen

Eine Auskunft kann einen anderen Sozialleistungsträger nicht binden, selbst wenn die Auskunftsstelle dem Bürger eine Sozialleistung in Aussicht stellt. Nur die **schriftliche** Zusicherung der zuständigen Behörde, einen bestimmten Verwaltungsakt später zu erlassen, ist bindend (§ 34 SGB X).

Rechtliche Bedeutung der Auskunft

Rechtsschutzmöglichkeiten

Der Bürger hat ein subjektiv-öffentliches Recht auf richtige Auskunft. Bei unrichtiger, unvollständiger oder missverständlicher Auskunft können Schadensersatzansprüche wegen Amtspflichtverletzung und Verletzung der Betreuungspflicht aus einem Verwaltungsrechtsverhältnis bestehen.

Beispiel

Der Auskunftsuchende wird an einen unzuständigen Träger verwiesen und erhält eine ihm zustehende Sozialleistung nicht (BSG, 28.11.1979 – 3 RK 64/77).

Ein sozialrechtlicher Herstellungsanspruch wird überwiegend abgelehnt, weil die Auskunft sich in der Regel auf die Leistung eines anderen Sozialleistungsträger bezieht, die von der Auskunftsstelle nicht erbracht werden kann (Hase in: BeckOK, SGB I, § 15 Rn. 6).

## 2.7 Beratung (§ 14 SGB I)

§ 14 SGB I verpflichtet den Leistungsträger nur zur Beratung über die Rechte und Pflichten, die ihm gegenüber bestehen. Deshalb hat eine gesetzliche Krankenkasse nur über Fragen der gesetzlichen Krankenversicherung zu beraten.

Allround-Beratung durch SozA/SozP

Der SozA/SozP im Allgemeinen Sozialdienst muss über alle Ansprüche auf Sozialleistungen beraten, die von seinem Anstellungs-/Sozialleistungsträger gewährt werden, d. h. in der Regel über Ansprüche auf Sozialhilfe, Wohngeld, Jugendhilfe usw.

Beginn

Die Verpflichtung zur Beratung setzt ein, wenn ein Bürger um Beratung, Information usw. bittet. Ein ausdrücklicher Antrag ist nicht erforderlich (BSG, 27.4.1978 – 11 RA 69/77).

»Spontanberatung«

Ist aber für den Leistungsträger erkennbar, dass eine günstige Gestaltungsmöglichkeit für den Bürger besteht, muss er von sich aus darauf hinweisen (BSG, 6.3.2003 – B 4 RA 15/02 R).

Beratung Minderjähriger

Eine Altersgrenze für die Beratung bestimmt das Gesetz nicht. Jedoch lässt sich aus § 36 SGB I in Verbindung mit § 11 SGB I schließen, dass auf jeden Fall Minderjährige ab dem 15. Geburtstag sich beraten lassen können, wenn sie Sozialleistungen beantragen wollen (→ S. 323).
Alle Kinder und Jugendlichen haben – ohne Festlegung einer Altersgrenze – das Recht, sich in Fragen der Erziehung und Entwicklung an die zuständigen Stellen zu wenden und sich – u. U. ohne Kenntnis der Eltern – beraten zu lassen (§ 8 Abs. 2 und 3 SGB VIII; Art. 12 Kinderrechtskonvention).

Form der Beratung

Die Beratung kann mündlich oder schriftlich erfolgen. Es steht im Ermessen des Sozialleistungsträgers, sie schriftlich zu bestätigen.
Ist eine mündliche Beratung nicht möglich, nicht zumutbar oder ist der Sachverhalt oder die Rechtslage sehr kompliziert und für den Be-

troffenen nicht fassbar, kann eine Ermessensreduzierung eintreten, die zur schriftlichen Beratung verpflichtet.
Die aus der Verfassung abgeleitete im Arzt-Patientenverhältnis bestehende Pflicht zur schriftlichen Information bei Verständnisschwierigkeiten gilt entsprechend im Verhältnis Bürger-Verwaltung (BVerfG, 18.11.2004 – 1 BvR 2315/04).

Inhalt der Beratung

Die Beratung besteht in der individuellen Unterrichtung des Bürgers über dessen konkrete Rechte und Pflichten gegenüber dem Leistungsträger, dessen Beratung der Bürger wünscht. Der Mitarbeiter des Sozialleistungsträgers hat den Bürger also auch über Ansprüche »gegen« den Sozialleistungsträger zu beraten.

Beispiel

Der SozA/SozP im Jobcenter hat eine Schwangere darüber zu informieren, dass sie wegen ihrer finanziellen Notlage Anspruch auf eine Erstausstattung hat.

Die Beratung umfasst

- die Unterrichtung über **tatsächliche Umstände**, die dem Sozialleistungsträger, aber nicht dem Bürger bekannt sind;

- die Unterrichtung über die **Rechtslage**, über Mitwirkungs- und Auskunftspflichten, Anrechnung von Einkommen und Vermögen und Heranziehung von Unterhaltspflichtigen. Dazu gehört auch die umfassende Information über Verwaltungsvorschriften zumindest dann, wenn diese zu veröffentlichen sind (→ S. 124);

- die Unterrichtung über die **Verwaltungspraxis** und die im Rahmen von Ermessensentscheidungen praktizierten Grundsätze des Sozialleistungsträgers.

  Beispiel

  Der Sozialhilfeträger hat darüber zu informieren, welche Leistungen er für die Erstausstattung mit Haushaltsgeräten gewährt (BSG, 19.9.2008 – B 14 AS 64/07 R);

- Hinweise auf absehbare bzw. eingetretene **Rechtsänderungen** und auf rechtlich ungeklärte Fragen;

- Ratschläge über **zweckmäßiges Verhalten** in der konkreten Situation;
- Hinweise auf **naheliegende Gestaltungsmöglichkeiten**: Zwar besteht keine generelle Pflicht zur ungefragten Beratung in allen Lebensbereichen. Aber ein Sozialhilfeträger hat z.B. anlässlich der Anzeige der Geburt eines Kindes die Leistungsempfängerin auf die Notwendigkeit der Regelung der Krankenversicherung hinzuweisen (OLG Naumburg,16. 8. 2007 – 1 U 80/06). Er muss den Sachverhalt weiter ermitteln, um alle Gestaltungsmöglichkeiten zeigen zu können (»Spontanberatung«, BSG, 8.2.2007 – B 7a AL 22/06 R).

Verweis an zuständigen Träger

Kann der Leistungsträger dem Beratungsbedarf nicht entsprechen, so hat er an den zuständigen Träger zu verweisen (BSG, 26.4.2005 – B 5 RJ 6/04 R).

Beispiel

Das Jugendamt ist nicht verpflichtet, im Rahmen eines auf die psychosoziale Situation beschränkten Hilfeplangesprächs auf die Möglichkeit hinzuweisen, einen Nachteilsausgleich für Blinde bei einer anderen Behörde zu beantragen (BSG, 27.7.2004 – B 7 SF 1/03 R; a. A. Münder, SGb 2005, 236).

Erkennt ein Sachbearbeiter die Notwendigkeit einer praktischen Hilfestellung, ist es ihm aber nicht möglich, sie selbst zu leisten, hat er die Hilfesuchenden zumindest auf Hilfsmöglichkeiten hinzuweisen, z. B. auf Beratungsstellen freier Träger.

Umfassend, verständlich und eindeutig

Die Beratung muss umfassend, verständlich und eindeutig sein. Der Berater darf sich nicht mit dem Vorlesen von Gesetzestexten begnügen, sondern hat die im Einzelfall bestehenden Rechte und Pflichten zu zeigen und deutlich zu machen, wo und wie die Sozialleistung beantragt und notfalls durch Widerspruch und Klage erzwungen werden kann.

Reicht Merkblatt?

Der Leistungsträger darf sich grundsätzlich auf die Übersendung eines Merkblattes beschränken. Besteht aber ein besonderer Beratungsbedarf, hat der Bürger Anspruch auf individuelle Beratung.
Das BVerwG hält die Aushändigung eines vereinfachenden Merkblattes nicht für ausreichend, wenn eine einschlägige Verwaltungsvorschrift differenzierte Regelungen enthält (BVerwG, 25.11.2004 – 5 CN 1.03).

Praktische Hilfestellung

Die Beratung umfasst bei mit Behördenangelegenheiten nicht vertrauten und behinderten Menschen z. B. auch Hilfen beim Schreiben und Formulieren von Anträgen, dem Ausfüllen von Formularen, der Zusammenstellung der erforderlichen Belege, der Absendung, Weitergabe (§ 17 Abs. 1 Nrn. 3, 4 und Abs. 2 SGB I; Art. 9 der UN-Behindertenrechtskonvention; § 4 BGG; Mrozynski, SGB I § 17 Rn. 11).

Rechtsschutzmöglichkeiten

Der Bürger hat ein subjektiv-öffentliches Recht auf richtige Auskunft. Bei unrichtiger, unvollständiger oder missverständlicher Beratung können dem Betroffenen ein sozialrechtlicher Herstellungsanspruch (→ S. 438), bei schuldhafter Amtspflichtverletzung (→ S. 432) oder Verletzung der Beratungspflicht aus einem Sozial-/Verwaltungsrechtsverhältnis (→ S. 436) Schadensersatzansprüche zustehen.

### 2.8 Aufklärung, Auskunft und Beratung durch freie Träger

Die für die öffentliche Verwaltung geltenden Vorschriften über die Pflicht zur Aufklärung, Auskunft und Beratung gelten grundsätzlich nicht für freie Träger. Diese können gemäß ihrem Selbstverständnis grundsätzlich frei darüber entscheiden, ob, wen, wie und mit welcher Verbindlichkeit sie beraten wollen (→ S. 158 ff.). Sie müssen dabei aber die Vorschriften des Rechtsdienstleistungsgesetzes (RDG) beachten.

### 2.8.1 Außergerichtliche Rechtsdienstleistungen

unentgeltliche

Die unentgeltliche Rechtsdienstleistung ist grundsätzlich zulässig (§ 6 RDG). Damit ist caritativen Trägern und deren Mitarbeitern die Möglichkeit einer umfassenden rechtlichen Beratung und Vertretung von Rat- und Hilfesuchenden eröffnet.

gewerbliche

Dagegen ist die gewerbliche Rechtsdienstleistung, beispielsweise die Schuldnerberatung einschließlich der Verhandlung mit den Gläubigern, erlaubnispflichtig. Das gilt auch dann, wenn die Einschaltung eines Rechtsanwalts vorgesehen ist (BGH, 29.7.2009 – I ZR 166/06).

Was ist »Rechtsdienstleistung«?

Rechtsdienstleistung ist jede außergerichtliche Tätigkeit in konkreten fremden Angelegenheiten, sobald sie eine rechtliche Prüfung des Einzelfalls erfordert (§ 2 Abs. 1 RDG). Allgemeine Informationen über die Rechtslage und rechtliche Möglichkeiten werden vom Gesetz nicht erfasst.
Das Gesetz gilt nicht nur für die Beratung, sondern auch für die rechtliche Vertretung des Rat- und Hilfesuchenden beispielsweise gegenüber Behörden, Arbeitgebern, Vermietern und Kreditinstituten.
Erlaubt sind u. a. Rechtsdienstleistungen, die
- Verbände der freien Wohlfahrtspflege,
- anerkannte Träger der freien Jugendhilfe,
- anerkannte Verbände zur Förderung der Belange behinderter Menschen im Sinn des § 13 Abs. 3 des BGG und
- anerkannte Schuldnerberatungsstellen, die im Rahmen ihres Aufgaben- und Zuständigkeitsbereichs erbringen (§ 8 Abs. 2 RDG).

Standards

Der Verband/Träger muss über die zur sachgerechten Erbringung dieser Rechtsdienstleistungen erforderliche personelle, sachliche und finanzielle Ausstattung verfügen und sicherstellen, dass die Rechtsdienstleistung
- durch eine Person, der die entgeltliche Erbringung dieser Rechtsdienstleistung erlaubt ist (z. B. Rechtsanwalt), oder
- durch eine Person mit Befähigung zum Richteramt (»Volljurist« mit erster und zweiter juristischer Staatsprüfung) oder
- unter Anleitung einer solchen Person erfolgt (§ 8 Abs. 2 i. V. m. § 7 Abs. 2 RDG).

Anleitung

Anleitung erfordert eine an Umfang und Inhalt der zu erbringenden Rechtsdienstleistungen ausgerichtete Einweisung und Fortbildung (§ 7 Abs. 2 i. V. m. § 6 Abs. 2 Satz 2 RDG).

Qualität

Die Qualität der Rechtsdienstleistung muss dadurch sichergestellt sein, dass eine juristisch qualifizierte Person sie erbringt bzw. dass der Berater von einer solchen eingewiesen und fortgebildet wird. Außerdem muss der Berater in einem konkreten Fall auf die besonderen juristischen Kenntnisse der anleitenden Person zurückgreifen können.

Fortbildung

Der Berater muss auch ständig fortgebildet, d. h. über wichtige Änderungen und Gerichtsentscheidungen informiert werden. Diese Information kann beispielsweise durch Fortbildungsveranstaltungen,

Fachzeitschriften, Kommentarliteratur, Informationsdienste und/oder einen Internetanschluss geschehen, der den Zugriff auf einschlägige aktuelle Informationen ermöglicht (→ S. 86).

Schadensersatz droht!

Falsche bzw. unvollständige Informationen im Rahmen einer unentgeltlichen rechtlichen Beratung und Vertretung können Schadensersatzansprüche der unzureichend Informierten gegen den Arbeitgeber auslösen.
Die Gerichte vertreten die Auffassung, dass an eine Person oder Vereinigung, die sich als sachkundig für die Bearbeitung alltäglicher Rechtsfragen darstellt, keine geringeren Anforderungen an die Sorgfaltspflicht zu stellen sind als an einen Rechtsanwalt.

Beispiele

Ein Mieterverein ist verpflichtet, die Rechtslage unter Einbeziehung der aktuellen und höchstrichterlichen Rechtsprechung sorgfältig zu prüfen und zu beachten (BGH, 25.10.2006 – VIII ZR 102/06). Er hat jeden Rechtsirrtum zu vertreten, d.h. es kommt nicht darauf an, ob dem Berater subjektiv ein Schuldvorwurf gemacht werden kann (BGH, 29.3.1983 – VI ZR 172/81).
Zum Schadensersatz sind Rechtsanwälte und Rechtsschutzsekretäre verurteilt worden, wenn sie Antrags-, Ausschluss- oder Klagefristen nicht beachtet, Ansprüche übersehen bzw. nicht auf rechtliche Risiken und nahe liegende günstige Gestaltungsmöglichkeiten hingewiesen haben (BGH, 24.5.2007 – III ZR 176/06).

Zwar löst eine Empfehlung oder ein Rat, die/der ohne jede rechtliche Bindung erteilt wird, nach § 675 Abs. 2 BGB keine Haftung aus. Jedoch wird soziale Arbeit, von Kurzkontakten abgesehen, aufgrund vertraglicher oder vertragsähnlicher Beziehungen geleistet (Heimvertrag, Vertrag über die Durchführung einer sozialpädagogischen Familienhilfe, Beratungs- oder Betreuungsverhältnis). Somit haftet der Träger für jeden fahrlässig erteilten unrichtigen oder unvollständigen Rat (§ 278 BGB).
Eine vorvertragliche bzw. vertragsähnliche Beziehung ist schon anzunehmen, wenn dem Berater erkennbar ist, dass die Auskunft für den Anfragenden von erheblicher Bedeutung ist (BGH, 14.6.2007 – III ZR 300/05 zur Prospekthaftung). Diese Voraussetzung ist in der sozialrechtlichen Beratung zumindest dann gegeben, wenn es um existenzsichernde Leistungen bzw. andere wichtige Fragen geht. Deshalb birgt ein im Rahmen einer unentgeltlichen Sozialrechtsberatung erteilter unvollständiger oder unrichtiger Rat ein hohes Haftungsrisiko.

Beispiele

Versäumt ein Sozialarbeiter, der einen gerade zu Unrecht aus dem Arbeitsverhältnis entlassenen 50-jährigen Ratsuchenden berät, auf die dreiwöchige Frist für die Kündigungsschutzklage hinzuweisen und wird deshalb Klage erst vier Wochen nach Zugang der Kündigung erhoben, verliert der Arbeitslose, wenn er bis zum Rentenalter keinen neuen Arbeitsplatz mehr findet, u. U. für 17 Jahre den Anspruch auf Arbeitsentgelt. Er ist viele Jahre auf Leistungen nach dem SGB II angewiesen. Seine Altersrente verringert sich erheblich. Psychische Belastungen als Folge der Langzeitarbeitslosigkeit können hinzukommen (und lebenslange Wut und Ärger über die Person/Stelle, die ihm sein Leben zerstört hat).

Ein Haftungsfall kann auch vorliegen, wenn eine Familie ausgewiesen wird, weil die Frist für die Einlegung des Widerspruchs gegen einen rechtswidrigen Ausweisungsbescheid infolge fahrlässiger Falschauskunft des Sozialarbeiters versäumt worden ist.

SozA/SozP werden in aller Regel nicht über sichere Kenntnisse aller Rechtsgebiete verfügen, die in der Sozialberatung einschlägig sein können (z. B. Sozialrecht, Mietrecht, Familienrecht, Verbraucherrecht, Aufenthaltsrecht, Strafrecht).

Risikobegrenzung durch Dienstanweisung

Wegen der unabsehbaren Risiken einer falschen Beratung sollte deshalb zwischen Arbeitgebern und Mitarbeitern eindeutig festgelegt werden, ob und ggfs. in welchem Umfang die Mitarbeiter berechtigt bzw. verpflichtet sind, Ratsuchende rechtlich zu beraten und zu vertreten.

und Berufshaftpflichtversicherung

In jedem Fall sollte eine ausreichende Haftpflichtversicherung abgeschlossen werden, damit Betroffene im Schadensfall entschädigt werden können und das Risiko für den Arbeitgeber und den SozA/SozP begrenzt wird.

### 2.8.2 Prozessvertretung in Gerichtsverfahren

Die Regelungen der Prozessordnungen über den Anwaltszwang in Gerichtsverfahren werden durch das Rechtsdienstleistungsgesetz nicht verändert.

Verfahren ohne Anwaltszwang

Kein Anwaltszwang besteht u. a. in Verfahren vor den Arbeitsgerichten, Sozialgerichten, dem Landessozialgericht und den Verwaltungsgerichten.

Soweit kein Anwaltszwang besteht, kann eine Partei sich in Gerichtsverfahren vertreten lassen
- durch einen ihrer Beschäftigten;
- durch einen unentgeltlich tätigen Familienangehörigen;
- durch einen unentgeltlich tätigen Volljuristen.

Verfahren mit Anwaltszwang

Anwaltszwang besteht u. a. in zivilrechtlichen Prozessen vor dem Landgericht und in einigen familiengerichtlichen Verfahren vor dem Amtsgericht sowie durchweg in Verfahren vor den höheren Instanzen aller Gerichtszweige.

Vor dem Oberverwaltungsgericht und dem Bundesverwaltungsgericht sowie im Sozialgerichts- und Strafverfahren können die Beteiligten sich durch Rechtslehrende an einer deutschen Hochschule (Universität, Fachhochschule) mit Befähigung zum Richteramt vertreten lassen (§ 73 SGG, § 67 VwGO, § 138 StPO).

Verbandsvertreter

In arbeits-, verwaltungs- und sozialgerichtlichen Verfahren können als Prozessbevollmächtigte auch Mitglieder und Angestellte von Gewerkschaften, Arbeitgeberverbänden sowie von Verbänden der Leistungsempfänger nach dem sozialen Entschädigungsrecht und der behinderten Menschen auftreten (§ 11 ArbGG; § 67 Abs. 2 VwGO; § 73 Abs 2 SGG).

Grundsätzlich zulässig ist es, dass Mitarbeiter eines Verbandes auf Wunsch eines Menschen, der sich vor Gericht unsicher fühlt, an der Gerichtsverhandlung teilnimmt und psychischen Beistand leistet. Ausgenommen sind lediglich Verfahren, bei denen die Öffentlichkeit ausgeschlossen ist.

## 2.9 Beratungshilfe nach dem Beratungshilfegesetz

Beispiel

Ein Arbeitnehmer ist von seinem Arbeitgeber entlassen worden und hat einen Sperrzeitbescheid der Agentur für Arbeit erhalten. Er will sich dagegen wehren, wagt aber aus Angst vor den Kosten nicht, einen Rechtsanwalt aufzusuchen.

Anspruch auf Beratungshilfe

Rechtsuchende mit geringem Einkommen haben Anspruch auf nichtbehördliche Beratungshilfe gemäß dem Beratungshilfegesetz. Sie wird auch Auländer/-innen gewährt.

Beratung und Vertretung

Die Beratungshilfe besteht in Rechtsberatung und/oder außergerichtlicher Vertretung, in der Regel durch einen freigewählten Rechtsanwalt.
In Bremen und Hamburg wird statt dessen öffentliche Rechtsberatung angeboten, in Berlin wahlweise Beratungshilfe oder öffentliche Rechtsberatung.

Beratungshilfe für welche Rechtsgebiete?

Die Beratungshilfe erstreckt sich gemäß § 2 Abs. 2 BerHG auf die Gebiete des **Zivil- (einschließlich Arbeits-), Verwaltungs-, Sozial- und Verfassungsrechts** und nach BVerfG, 14.10.2008 – 1 BvR 2310/06 des **Steuerrechts**.
In Strafrechts- und Ordnungswidrigkeitsangelegenheiten wird nur Beratung, keine Vertretung gewährt.

Keine Beratungshilfe

Ausgeschlossen ist der Anspruch, wenn der Ratsuchende eine andere kostenlose und zumutbare Beratungsmöglichkeit hat, z. B. auf Grund einer Rechtsschutzversicherung, bei einer Gewerkschaft oder einem Verband, der in sozialrechtlichen Angelegenheiten Rechtsschutz erteilt (BSG, NZS 1997, 45; siehe 50.8). Ausnahmsweise kann ein Anspruch auf Beratungshilfe bestehen, wenn die Wahrnehmung der anderen Beratungsmöglichkeit unzumutbar ist, z. B. wegen langer Wartezeiten (BVerfG, 4.9.2006 – 1 BvR 1911/06).

Auch für Widerspruch?

Das BVerfG hat einen Anspruch auf Beratungshilfe für die Einlegung eines Widerspruchs anerkannt (BVerfG, 11.5.2009 – 1 BvR 1517/08). Es hat den Anspruch abgelehnt, wenn der Betroffene zur Rückzahlung von Sozialleistungen zunächst nur angehört wird bzw. Angaben zu seinem Einkommen machen soll. In diesen Fällen sei es Ratsuchenden zumutbar, sich zunächst durch Nachfrage bei der zuständigen Behörde um Klärung zu bemühen (BVerfG, 30.6.2009 – 1 BvR 470/09).

2 Möglichkeiten

Der Ratsuchende hat die Wahl zwischen zwei Möglichkeiten:

- Er kann bei dem **zuständigen Amtsgericht** die Ausstellung eines Berechtigungsscheins für Beratungshilfe durch einen Rechtsanwalt seiner Wahl beantragen.
  Das **Amtsgericht** kann selbst Beratung, z. B. durch sofortige Auskunft, oder Hinweise erteilen (§ 3 Abs. 2 BerHG).
- Er kann auch **unmittelbar einen Rechtsanwalt aufsuchen** und durch diesen nachträglich den Antrag stellen lassen (§ 4 Abs. 2 BerHG).
  In diesem Falle muss er dem Anwalt **vor Beginn der Beratung** mitteilen, dass er Beratung/Vertretung nach dem Beratungshilfegesetz wünscht.
  Der Antrag muss auf dem vorgeschriebenen Vordruck gestellt werden. Bei SGB II und SGB XII-Beziehern reicht die Vorlage des letzten Bewilligungsbescheides (§ 2 BeratungshilfevordruckVO).

Bedürftigkeitsprüfung

Beratungshilfe erhalten Bürger, denen Prozesskostenhilfe ohne einen eigenen Beitrag zu den Kosten gemäß § 114 ZPO zu gewähren ist. Deshalb kann Beratungshilfe beanspruchen, dessen Einkommen und Vermögen die gesetzlich bestimmten Grenzen nicht übersteigt (Prozesskostenhilfebekanntmachung 2012 – BGBl I, 2796).

Es gelten folgende monatliche Einkommensgrenzen:

Einkommensgrenzen

| Einkommensgrenzen der Beratungshilfe | seit 1.1. 2014 |
|---|---|
| für Partei und Ehegatte oder eingetragenen Lebenspartner | 452 Euro |
| zusätzlich für Parteien, die Einkommen aus Erwerbstätigkeit erzielen, | 206 Euro |
| für jede weitere Person, der der Antragsteller aufgrund gesetzlicher Unterhaltspflicht Unterhalt leistet | |
| – Erwachsene | 362 Euro |
| – Jugendliche vom 14. bis zum 18. Geburtstag | 341 Euro |
| – Kinder vom 6. bis zum 14. Geburtstag | 299 Euro |
| – Kinder bis zum 6. Geburtstag | 263 Euro |

Was ist Einkommen?

Zum Einkommen gehören alle Einkünfte in Geld oder Geldeswert, auch Sozialleistungen, die der Sicherung des Unterhalts dienen (§ 1 Abs. 2 BerHG i. V. m. § 115 ZPO). Somit werden SGB-II-Leistungen einschließlich der pauschalen Mehrbedarfe als Einkommen berücksichtigt. Ein konkreter Mehrbedarf wird bei Nachweis berücksichtigt (BGH, 5.5.2010 – XII ZB 65/ 10).

Einkommensbereinigung

Abzusetzen sind:
- Kosten der Unterkunft und Heizung, soweit diese nicht in einem auffälligen Missverhältnis zu den Lebensverhältnissen der Partei stehen.
- Lohn-/Einkommenssteuer.

- Pflichtbeiträge zur Sozialversicherung und sonstige Versicherungsbeiträge in angemessener Höhe.
- weitere Beträge, die mit Rücksicht auf besondere Belastungen angemessen sind.

Vermögensgrenzen

Vermögen ist einzusetzen, soweit dies zumutbar ist (§ 1 Abs. 2 BerHG i. V. m. § 115 Abs. 3 ZPO und § 90 SGB XII). Zum Vermögen gehören auch Unterhaltsansprüche (BAG, 5.4.2006 – 3 AZB 61/04) und Abfindungen des Arbeitgebers (BAG, 24.4.2006 – 3 AZB 12/05).
- Kleinere Barbeträge und Geldwerte bis zur Höhe von 2.600 Euro für den Rechtsuchenden und 256 Euro für jede weitere unterhaltsberechtigte Person sind nicht einzusetzen (§ 1 Abs. 1 VO zu § 90 Abs. 2 Nr. 9 SGB XII).
- Schulden können evtl. in voller Höhe abgesetzt werden (§ 115 Abs. 1 Nr. 4 ZPO; LSG Niedersachsen, info also 1989, 261).
- Der Verkauf eines selbst genutzten Hausgrundstücks kann in aller Regel nicht verlangt werden (LAG Nürnberg, 9.12.2004 – 2 TA 218/04).

15,– € Selbstbeteiligung

Der rechtsuchende Bürger hat dem Rechtsanwalt, der Beratungshilfe gewährt, eine Gebühr von 15,– € zu zahlen. Der Rechtsanwalt kann diese Gebühr erlassen.
Aus der Staatskasse erhält der Anwalt eine zusätzliche Pauschale von 30 Euro für mündlichen oder schriftlichen Rat oder eine Auskunft, von 70 Euro für das Fertigen und Unterzeichnen von Schriftsätzen sowie für Mitwirken bei mündlichen Verhandlungen und Besprechungen, und von 125 Euro für Einigung oder Erledigung der Angelegenheit (Nr. 2500 – 2508 des Gebührenverzeichnisses zum RVG).

# G Das Grundrecht auf informationelle Selbstbestimmung

# 1 Grundlagen

## 1.1 Probleme mit dem Datenschutz

Beispiele

»Frau M. erklärte, es sei zwar schlimm, ohne Stromanschluss zu sein und den kranken Mann und die kleinen Kinder nicht richtig versorgen zu können. Aber sie ertrage dies alles lieber als um Hartz IV zu betteln. Auch vor dem Jugendamt habe sie Angst und keinerlei Vertrauen. Alle Daten und Ereignisse würden nach Belieben von einer Behörde zur anderen gereicht« (Aus dem Bericht einer Praktikantin-Sozialarbeiterin).
Die Ausländerbehörde ersucht das Jugendamt um Mitteilung, ob die Kinder einer türkischen Familie Straftaten begangen haben.
Ein Sozialpädagoge, der in einer stationären Einrichtung tätig ist, soll als Zeuge in einer Jugendstrafsache darüber aussagen, ob die Jugendlichen im Heim ihm von einem Ladendiebstahl und einem Handtaschenraub erzählt haben.

Unsicherheiten in der Praxis

Entscheidungen des BVerfG und anderer Gerichte, schlecht formulierte Gesetze und vorurteils- bzw. interessenbestimmte Stellungnahmen der verschiedensten Gruppen, haben den Datenschutz zu einem der umstrittensten Bereiche des Rechts der sozialen Arbeit gemacht. Dies hat dazu geführt, dass SozA/SozP ihre Handlungsmöglichkeiten und Handlungsrisiken kaum noch übersehen können und – selbst wenn sie sich rechtmäßig verhalten – zum Gegenstand massiver Vorwürfe der Medien werden oder sogar in Strafverfahren verwickelt werden.

Lästiger Datenschutz

Auch viele Angehörige sozialer Berufe halten den Datenschutz für eine lästige Einschränkung ihrer fachlichen Autonomie und unnötige Arbeitserschwerung (Busch, 1997, 13).

## 1.2 Verfassungsrechtliche Grundlagen

Der Schutz personenbezogener Daten ist verfassungsrechtlich geboten:

- Persönliche Freiheit

  Die Würde des denkenden und freiheitlich handelnden Menschen verpflichtet alle staatlichen Stellen, den Schutz des Kernbereichs der privaten Lebensgestaltung zu gewährleisten, in dem der Mensch seine Persönlichkeit in der Kommunikation mit anderen herausbilden kann (→ S. 232).
- Rechtsstaats- und Demokratieprinzip

  Das Rechtsstaats- und das Demokratieprinzip erfordern den Schutz der Staatsbürger vor staatlicher Erfassung, weil sonst die Gefahr besteht, dass er aus Angst vor staatlichen, negativen Reaktionen in seiner Freiheit gehemmt wird (→ S. 232).
- Sozialstaatsprinzip

  Aus dem Sozialstaatsprinzip ist ableitbar, dass in Beratungs- und Hilfebeziehungen die Vertrauensgrundlage geschützt werden muss, weil Vertraulichkeit und Verschwiegenheit Voraussetzung einer wirksamen Hilfe sind (→ S. 233).

Der Schutz personenbezogener Daten ist somit ein wesentlicher Bestandteil der freiheitlich demokratischen Grundordnung in einem sozialen Rechtsstaat und ein Qualitätsmerkmal und Element der Fachlichkeit sozialer Arbeit.

### 1.2.1 Informationelle Selbstbestimmung als Grundlage einer freiheitlichen Demokratie

Informationelle Selbstbestimmung

Das BVerfG hat in seiner Grundsatzentscheidung zum Datenschutz festgestellt, dass zur Freiheit der Bürger im demokratischen Staat das Recht gehört, selbst darüber zu bestimmen, wer, was und wann über persönliche Lebenssachverhalte erfährt, und zu wissen, ob und was staatliche Stellen über ihn wissen.

> »Im Mittelpunkt der grundgesetzlichen Ordnung stehen Wert und Würde der Person, die in freier Selbstbestimmung als Glied einer freien Gesellschaft wirkt. Ihrem Schutz dient ... das in Artikel 2 Absatz 1 in Verbindung mit Artikel 1 Absatz 1 Grundgesetz garantierte allgemeine Persönlichkeitsrecht. ... Es umfasst auch die aus dem Gedanken der Selbstbestimmung folgende Befugnis des einzelnen, grundsätzlich selbst zu entscheiden, wann und innerhalb welcher Grenzen persönliche Lebenssachverhalte offenbart werden. ...
> Mit dem Recht auf informationelle Selbstbestimmung wäre eine Gesellschaftsordnung und eine diese ermöglichende Rechtsordnung nicht vereinbar, in der Bürger nicht mehr wissen, wer, was, wann und bei welcher Gelegenheit über sie weiß. Wer unsicher ist, ob abweichende Verhaltensweisen jederzeit notiert und als Information dauerhaft gespeichert, verwendet oder weitergegeben werden können, wird versuchen, nicht durch solche Verhaltensweisen aufzufallen. Dies würde nicht nur die Entwicklungschancen des Einzelnen beeinträchtigen, sondern auch das Gemeinwohl, weil Selbstbestimmung eine elementare Funktionsbestimmung eines auf Handlungs- und Mitwirkungsfähigkeit seiner Bürger begründeten freiheitlichen demokratischen Gemeinwesens ist« (BVerfG, 15.12.1983 – 1 BvR 209/83).

### 1.2.2 Schutz des Kernbereichs privater Lebensgestaltung

Aus der verfassungsrechtlichen Pflicht zur Achtung und zum Schutz der Menschenwürde ergibt sich, dass die Entfaltung der Persönlichkeit im Kernbereich der privaten Lebensgestaltung unantastbar und dem Zugriff staatlicher Stellen entzogen ist. Der Mensch muss die Möglichkeit haben, Empfindungen und Gefühle sowie Überlegungen, Ansichten und Erlebnisse höchstpersönlicher Art zum Ausdruck zu bringen, und zwar ohne Angst, dass staatliche Stellen dies überwachen. Vom Schutz umfasst sind auch Gefühlsäußerungen, Äußerungen des unbewussten Erlebens sowie Ausdrucksformen der Sexualität (BVerfG, 3.3.2004 – 1 BvR 2378/98; dazu Kutscha, NJW 2005, 20).

Jede Erhebung von Daten der Intimsphäre ist unzulässig, jede Verwendung ausgeschlossen (BGH, 29.4.2009 – 1 StR 701/08: Gespräch zwischen Ehegatten). Unzulässig erhobene Daten müssen sofort gelöscht werden. Ausnahmen sind nach der Rechtsprechung nur dann zulässig, wenn es um die Aufklärung von schweren Straftaten geht (z. B. § 100c StPO; dazu BVerfG, 11.5.2007 – 2 BvR 543/06).

**Im sozialarbeiterischen Alltag ist der Kernbereich der Persönlichkeit unantastbar.**

Der Kernbereich der Persönlichkeit umfasst u. a.:

- die **höchstpersönliche Lebensgestaltung, den Intimbereich**. Zu ihm gehören z. B. Tagebuchaufzeichnungen (einschränkend BVerfG, 14.9.1989 – 2 BvR 1062/87) und Selbstgespräche (§§ 103c–d StPO; BGH, 10.8.2005 – 1 StR 140/05);
- die **Privatwohnung als räumlichen Bereich**, in dem jedermann das Recht hat, in Ruhe gelassen zu werden (Art. 1, 13 GG; BVerfG, 4.2.2005 – 2 BvR 308/04). Die akustische Wohnraumüberwachung ist deshalb in aller Regel unzulässig (BVerfG, 3.3.2004 – 1 BvR 2378/98);
- die **Vertraulichkeit und Integrität der Computerdaten** (BVerfG, 27.2.2008 – 1 BvR 370/07; Kutscha, NJW 2008, 1042; BVerfG, 16.6.2009 – 2 BvR 902/06: Beschlagnahme von E-Mails auf dem Mailserver des Providers);
- die **Kommunikation mit Partner, Geschwistern und Verwandten** in gerader Linie (Art. 1, 6, 13; BVerfG, 3.3.2004 – 1 BvR 2378/98);
- die **Kommunikation mit anderen Personen, zu denen eine Vertrauensbeziehung besteht**, z.B mit Freunden, auch wenn es sich um einen Strafgefangenen (BVerfG, 23.11.2006 – 1 BvR 285/06) oder einen Jugendlichen aus einer »Clique«, handelt (BVerfG, 23.11.2006 – 1 BvR 285/06; einschränkend: BVerfG, 27.7.2009 – 2 BvR 2186/07). Geschützt sind auch Vertrauensbeziehungen zu Arbeitskollegen und beruflichen Geheimnisträgern wie Pfarrern, Ärzten, SozA/SozP.

### 1.2.3 Schutz des Vertrauens bei Beratung und Hilfe

Das BVerfG hat aus dem Sozialstaatsprinzip des Grundgesetzes die Verpflichtung des Staates zur Hilfe für Menschen abgeleitet, die Rat und Hilfe suchen. Die Bedeutung persönlichen Vertrauens für die soziale Hilfe durch eine Drogenberatungsstelle hat es wie folgt beschrieben:

> »Unabdingbare Voraussetzung für die Arbeit solcher Stellen ist die Bildung eines Vertrauensverhältnisses zwischen Berater und Klienten. ... Muss der Klient damit rechnen, dass seine während der Beratung gemachten Äußerungen ... Dritten zugänglich gemacht werden, so wird er

regelmäßig gar nicht erst bereit sein, von der Möglichkeit, sich beraten zu lassen, Gebrauch zu machen. Darüber hinaus kann er vom Berater wirksame Hilfe nur erwarten, wenn er sich rückhaltlos offenbart. ... Die grundsätzliche Wahrung des Geheimhaltungsinteresses der Klienten ist deshalb Vorbedingung des Vertrauens, das sie um ihrer selbst willen dem Berater entgegenbringen müssen, und damit zugleich Grundlage für die funktionsgerechte Tätigkeit der Beratungsstelle« (BVerfG, 24.5.1977 – 2 BvR 988/75).

In Konkretisierung dieses Prinzips hat der Gesetzgeber u.a. Seelsorgern, Ärzten und Rechtanwälten, seit 1975 auch Psychologen, Sozialarbeitern und Sozialpädagogen, eine besondere berufliche Schweigepflicht auferlegt, deren Verletzung mit Strafe bedroht ist.

Datenschutz als Grundlage der Fachlichkeit von SozA/SozP

In der sozialen Arbeit – vom BVerfG sehr klar erkannt und anerkannt – hängt der Erfolg weitgehend von der Bereitschaft der Adressaten ab, sich zu öffnen und dem SozA/SozP personenbezogene Informationen aus dem privaten und intimen Bereich zu geben. Diese Bereitschaft setzt wiederum das Vertrauen voraus, dass die anvertrauten Daten nicht ohne Einwilligung des Betroffenen an Dritte weitergegeben werden.

»Die Achtung vor der Selbstbestimmung des Klienten ist deshalb auch zugleich Grundlage der Fachlichkeit sozialer Arbeit. Datenschutz und Fachlichkeit sind also keine Gegensätze, sondern bedingen sich gegenseitig. Sie verlangen eine Transparenz des Hilfeprozesses, schaffen damit Vertraulichkeit und sichern den Leistungserfolg.« (Deutscher Verein, NDV 1995, 317 Abschnitt 7)

Psychosoziale Daten besonders schutzwürdig

Alle Angehörigen sozialer Berufe, alle Sozialleistungsträger und sonstige staatliche Stellen sowie die freien Träger haben stets zu beachten, dass psychosoziale Daten am stärksten zu schützen sind:

»Artikel 2 Abs. 1 gewährleistet in Verbindung mit Art. 1 Abs. 1 GG das allgemeine Persönlichkeitsrecht. Dieses Recht schützt grundsätzlich vor der Erhebung und Weitergabe von Befunden über den Gesundheitszustand, die seelische Verfassung und den Charakter. ...
Der Psychologe erforscht zunächst den Lebenslauf, Elternhaus, Ausbildung, Beruf, Familienstand, Kinder, besondere Krankheiten, Operationen, Alkohol, Rauchen, finanzielle Verhältnisse, Freizeitverhalten. Sodann werden Ablauf und Ursachen etwaiger Gesetzesverstöße und die vom Betroffenen daraus gezogenen Lehren erörtert. ...
Diese Befunde stehen dem unantastbaren Bereich privater Lebensgestaltung noch näher als die rein medizinischen ... Sie sind deswegen stärker von Art. 2 Abs. 1 in Verbindung mit Art. 1 Abs. 1 GG geschützt.« (BVerfG, 24.6.1993 – 1 BvR 689/92).

Der Schweigepflicht der Psychologen, Sozialarbeiter und Sozialpädagogen kommt somit in der Wertung der Verfassung ein höherer Rang zu als der Schweigepflicht der Ärzte. Ein Wertungswiderspruch besteht darin, dass das BVerG trotz der höheren Schutzbedürftigkeit psychosozialer Daten die gesetzliche Regelung, die nur Ärzten, nicht aber den SozA/SozP ein Zeugnisverweigerungsrecht im Strafverfahren einräumt, für verfassungsgemäß gehalten hat (dazu Papenheim in: Soziale Arbeit und Soziales Recht, 2009, 237). Verfassungsrechtlich bedenklich ist auch § 53 Abs. 1 Nr. 3 StPO, der Rechtsanwälten, Patentanwälten, Notaren, Wirtschaftsprüfern, vereidigten Buchprüfern, Steuerberatern und Steuerbevollmächtigten, nicht aber den nach § 203 schweigepflichtigen SozA/SozP Zeugnisverweigerungsrechte aus beruflichen Gründen im Strafverfahren einräumt (§ 53 Abs. 1 Nr. 3 StPO; dazu schon Stascheit in: NP 1975, 202).

## 1.3 Rechtsgrundlagen des Datenschutzes für SozA/SozP

Das informationelle Selbstbestimmungsrecht und berufliche Vertrauensbeziehungen werden durch verschiedene gesetzliche Vorschriften über Datenschutzpflichten der Träger, über Schweigepflichten bestimmter Personengruppen und über Zeugnisverweigerungsrechte geschützt. Diese gelten teilweise für alle Mitarbeiter/innen öffentlicher und freier Träger und teilweise nur für bestimmte Personengruppen und für bestimmte Bereiche.

Die folgende Übersicht ist auf Regelungen beschränkt, die für SozA/SozP besonders bedeutsam sind:

| Schweigepflichtige | Sozialleistungsträger | Sonstige öffentliche Träger | Freie Träger |
|---|---|---|---|
| **Allgemeine Pflicht der Mitarbeiter/Träger** | § 823/§ 831 BGB (bei privatrechtlicher Tätigkeit) | § 823/§ 831 BGB (bei privatrechtlicher Tätigkeit) | § 823 BGB/ § 831 BGB |
| **Amtspflicht der Mitarbeiter** | § 839 BGB/ Art. 34 GG | § 839 BGB/ Art. 34 GG | |
| **Trägers des Datenschutzes** | § 35 SGB I, §§ 67 ff. SGB X + bereichsspezifische Regelungen, z.B. §§ 61–68 SGB VIII | Bundes-/Landesdatenschutzgesetze + bereichsspezifische Regelungen, z.B. § 30 VwVfG | Nebenpflicht aus dem Beratungs-, Behandlungs-, Heimvertrag |
| **Katholische Träger** | | | Bundesdatenschutzgesetz + Anordnung über den kirchlichen Datenschutz |

| Schweige-pflichtige | Sozialleistungs-träger | Sonstige öffentliche Träger | Freie Träger |
|---|---|---|---|
| **Katholische Träger der Jugendhilfe** | | | Anordnung über den Sozialdaten-schutz in der katholischen frei-en Jugendhilfe |
| **Evangelische Träger** | | | Kirchengesetz über den Daten-schutz der Evangelischen Kirche + Durch-führungsVO |
| **Arbeits-/dienst-rechtlich: Mitarbeiter** | Nebenpflicht aus dem Arbeitsvertrag | Nebenpflicht aus dem Arbeitsvertrag | Nebenpflicht aus dem Arbeitsvertrag |
| **Strafrechtlich: SozA/SozP, Ge-hilfen, Berufsprakti-kanten** | § 203 Abs. 1 und 3 StGB; § 85 SGB X | § 203 Abs. 1 und 3 StGB; § 43 BDSG | § 203 Abs. 1 und 3 StGB |
| **Strafrechtlich: sonstige Mitarbeiter** | § 203 Abs. 2 StGB; § 85 SGB X | § 203 Abs. 2 StGB; § 43 BDSG | |
| **Strafrechtlich: Jedermann** | § 201 StGB: Briefgeheimnis<br>§§ 202, 206 StGB: Telefon- und Telekommunikations-geheimnis<br>§ 303a StGB: Verbot der Datenveränderung | | |

## 2 Strafrechtliche Schweigepflicht (§ 203 StGB)

Der Gesetzgeber hat dem SozA/SozP als Berater in psychosozialen Schwierigkeiten genau so wie dem Arzt als Berater in Fragen der Gesundheit, dem Rechtsanwalt als Rechtsberater und dem Psychologen als Berater in psychischen Schwierigkeiten in § 203 Abs. 1 StGB eine persönliche Schweigepflicht auferlegt.

SozA/SozP gehören damit zu den Berater/innen, denen der Gesetzgeber für den Fall der Verletzung Geld- oder Freiheitsstrafe bis zu einem Jahr androht. Die Vorschrift hat ihre Bedeutung aber nicht so sehr wegen der Bedrohung, die sie enthält, sondern vorwiegend wegen des Schutzes, den sie Ratsuchenden und den SozA/SozP gegen Auskunftsverlangen Dritter bietet.

## 2.1 Voraussetzungen des § 203 Abs. 1 StGB

### 2.1.1 Zugehörigkeit zu den schweigepflichtigen Personen

Angehörige ausgewählter Berufe und Berater

Die strafrechtliche Schweigepflicht gilt nach § 203 Abs. 1 StGB u. a. für:
- »staatlich anerkannte Sozialarbeiter oder staatlich anerkannte Sozialpädagogen« (§ 203 Abs. 1 Nr. 5 StGB);
- »Ehe-, Familien-, Erziehungs- oder Jugendberater sowie Berater für Suchtfragen in einer Beratungsstelle, die von einer Behörde oder Körperschaft, Anstalt oder Stiftung des öffentlichen Rechts anerkannt ist« (§ 203 Abs. 1 Nr. 4 StGB);
- »Mitglieder oder Beauftragte einer anerkannten Beratungsstelle nach den §§ 3 und 8 des Schwangerschaftskonfliktgesetzes« (§ 203 Abs. 1 Nr. 4a StGB).

Personen, die in § 203 Abs. 1 StGB nicht genannt sind, z. B. Erzieherinnen, Diplom-Pädagogen, können nach § 203 Abs. 1 StGB nicht bestraft werden, jedoch nach § 203 Abs. 2 StGB, wenn sie im öffentlichen Dienst stehen (→ S. 248).

Gehilfen, Auszubildende

Berufsmäßige Gehilfen und Personen in Vorbereitung auf den Beruf sind gemäß § 203 Abs. 3 Satz 2 StGB schweigepflichtig. Hierzu zählen Berufspraktikanten sowie die im Rahmen einer Schul- oder Hochschulausbildung tätigen Studenten im Vor-, Zwischenpraktikum und im Praxissemester.

Schweigepflicht der Mitarbeiter in der Jugendhilfe

Der Gesetzgeber hat in § 65 SGB VIII allen Mitarbeitern der Träger der öffentlichen Jugendhilfe, also auch Erzieherinnen, Diplom-Pädagoginnen, Mitarbeitern in der Verwaltung und Hauswirtschaft, eine Schweigepflicht auferlegt, die der Schweigepflicht aus § 203 StGB in den Voraussetzungen ähnlich ist. Die Jugendämter sollen in Vereinbarungen mit freien Trägern der Jugendhilfe sicherstellen, dass diese die personenbezogenen Daten in entsprechender Weise schützen. Somit unterliegen – bei entsprechender Vereinbarung – auch alle Mitarbeiter in der Jugendhilfe freier Träger unabhängig von ihrer Ausbildung und Tätigkeit der Schweigepflicht gemäß § 65 SGB VIII.

Die folgenden Abschnitte zu den Anwendungsvoraussetzungen des § 203 StGB gelten deshalb entsprechend für die Schweigepflicht der Mitarbeiter in der öffentlichen und der freien Jugendhilfe. Jedoch ist zu beachten, dass die §§ 8a und 65 SGB VIII bei Gefährdung des Kindeswohls weitergehende Übermittlungsbefugnisse und -pflichten vorsehen (→ S. 249).

### 2.1.2 »Fremdes Geheimnis«

Die Schweigepflicht schützt fremde Geheimnisse. Als fremdes Geheimnis ist jede auf eine andere natürliche oder juristische Person bezogene Tatsache mit Ausnahme der Tatsachen anzusehen, die offenkundig oder jedermann ohne Weiteres zugänglich sind.

Tatsache?

Zu den Tatsachen, die ein Geheimnis sein können, gehören Name, Vorname, Alter, Beruf, Krankheiten, Probleme, Verhaltensweisen, Alkoholkonsum, Charaktereigenschaften, auch Meinungen, Wertungen, Diagnosen, Prognosen. Es kommt nicht darauf an, ob die Information richtig ist und ob sie bewusst gegeben wird.

Offenkundig?

Offenkundig sind solche Tatsachen, von denen verständige und erfahrene Menschen ohne Weiteres Kenntnis haben oder von denen sie sich jederzeit durch Benutzung allgemein zugänglicher, zuverlässiger Quellen unschwer überzeugen können.

Allgemein zugänglich?

Allgemein zugänglich sind z.B. Zeitschriften, Bibliotheken, Adress- und Telefonbücher, Homepages. Öffentliche Register gehören dann nicht zu den allgemein zugänglichen Quellen, wenn die Einsichtnahme von einem berechtigten Interesse abhängig ist (BGH, 9.10.2002 – 1 StR 150/02).

Somit liegt ein Geheimnis regelmäßig vor, wenn eine Information weitergegeben wird, die dem Adressaten noch nicht bekannt war (so auch Proksch, 1996, 162).

Beispiele

Ein Geheimnis ist die Tatsache, dass ein SozA/SozP in einer Erziehungsberatungsstelle eine bestimmte Telefonnummer gewählt hat (BAG, 13.1.1987 – 1 AZR 267/85), ferner die Tatsache, dass eine Frau einen Arzt oder eine Beratungsstelle aufgesucht hat (BGH, 17.2.2005 – IX ZB 62/04).
Geheimnisse sind die Verhaltensweisen von Jugendlichen in einer Wohngruppe, der Zustand einer bei einem Hausbesuch besuchten Wohnung. Ein Geheimnis kann auch der Verdacht sein, dass ein Kind sexuell missbraucht wird.

Informationspflicht des SozA/SozP über seine Rolle (Transparenzgebot)

SozA/SozP sind verpflichtet, bei jedem Kontakt zunächst klarzustellen, in welcher Rolle sie auftreten, weil für die Betroffenen oft nicht zu unterscheiden ist, ob sie es mit ermittelnden und kontrollierenden Behördeninformanten oder mit schweigepflichtigen und vertrauenswürdigen persönlichen Beratern zu tun haben. Diese Pflicht ist zwar nur in § 62 Abs. 2 SGB VIII für den Bereich der öffentlichen Kinder- und Jugendhilfe gesetzlich festgelegt, ergibt sich aber aus dem für den gesamten Datenschutz geltenden Transparenzgebot und gilt insbesondere dann, wenn der SozA/SozP eine Ermittlungs-, Kontroll- bzw. Berichtspflicht hat.

Beispiele

Berichtspflichten gegenüber dem Jugend- und dem Familiengericht (§ 50–52 SGB VIII); Kontroll- und Aufsichtspflichten gegenüber Pflegeeltern (§ 44 Abs. 3 SGB VIII), im Rahmen der Hilfen außerhalb der eigenen Familie (§ 37 Abs. 3 SGB VIII) und der Heimaufsicht (§§ 45 ff. SGB VIII).

Ermittlungspflichten im Rahmen der Aufgaben nach SGB II und SGB XII wie Prüfung der Einkommensverhältnisse, des Vorliegens einer eheähnlichen Gemeinschaft, der Notwendigkeit einer Erstausstattung, der Pflegebedürftigkeit.

### 2.1.3 »Anvertraut oder sonst bekanntgeworden«

Nicht alle Tatsachen unterliegen der strafrechtlichen Schweigepflicht, sondern nur diejenigen, die der Schweigepflichtige in seiner Eigenschaft als SozA/SozP aufgrund seiner beruflichen Vertrauensstellung erfahren hat.

»Anvertraut«

Anvertraut als Geheimnis sind Tatsachen, die dem SozA/SozP wegen seiner beruflichen Qualifikation im Rahmen der persönlichen Hilfe in der Erwartung mitgeteilt werden, dass er sie nicht an Dritte weitergibt.

Beispiele

Absolute Verschwiegenheit erwarten die Menschen, die Erziehungs-, Lebens-, Drogen- und ähnliche Beratungsstellen aufsuchen, von dem dort tätigen SozA/SozP.
Aber auch von einem SozA/SozP im Allgemeinen Sozialdienst oder in einem Heim der öffentlichen Erziehung wird diese Verschwiegenheit erwartet, wenn er als persönlicher Berater angesprochen wird.
»Angesichts der Intimität von Familienhilfe ist elementare Voraussetzung für die Arbeit die Trennung gegenüber allen hoheitlichen Aufgaben und damit gegebenen Kontrollmöglichkeiten. Pflicht und Recht zur Verschwiegenheit gegenüber dem Amt sind unverzichtbar« (Achter Jugendbericht, S. 140).

Hat der SozA/SozP im Rahmen des ihm erteilten Arbeitsauftrages Verschwiegenheit zugesichert, sind alle auf dieser Basis erlangten Informationen als anvertraut anzusehen (Grundsatzthesen des Deutschen Vereins Nr. 29, NDV 1986, 227).
Bei Informationen im freundschaftlichen oder gesellschaftlichen Rahmen fehlt der Berufsbezug.

»Sonst bekanntgeworden«

Sonst bekanntgeworden sind alle Tatsachen, die anders als durch eine bewusste Mitteilung, aber im Zusammenhang mit der persönlichen, beruflichen Vertrauensbeziehung dem SozA/SozP bekannt werden. Es ist also keine bewusste mündliche oder schriftliche Mitteilung erforderlich (BGH, 9.12.2004 – IX ZB 279/03).

Beispiel

Die Schweigepflicht einer Familienhelferin bezieht sich auf alles, was sie in der Familie sieht, hört oder vermutet (OLG Hamm, 30.9.1991 – 15 W 231/91).

Nicht »anvertraut«

Nicht anvertraut und geheim zu halten sind Informationen, deren Weitergabe für den Betroffenen eindeutig ohne Belang sind bzw. erkennbar an andere Personen bzw. Stellen weitergeben werden sollen.

Beispiel

Beantragt eine geringfügig Beschäftigte ergänzende SGB II-Leistungen bei dem Jobcenter und beauftragt dieses einen Sozialarbeiter, die Einkommensverhältnisse zu klären, so ist für die Antragstellerin erkennbar, dass der Sozialarbeiter die Informationen, die er bei einem Hausbesuch erhält, an das Jobcenter weitergeben wird.

Aufklärungspflicht der SozA/SozP

Ist nicht eindeutig, ob eine mitgeteilte Tatsache als Geheimnis anvertraut ist, hat der SozA/SozP den Betroffenen zu befragen, ob und in welchem Umfang Kollegen, Vorgesetzte, Vertreter und Nachfolger im Amt die Information erhalten können (BGH, 11.12.1991 – VIII ZR 4/91).

Beispiel

Erwähnt die geringfügig Beschäftigte beim Hausbesuch, dass die Situation sie schwer belaste, so dass sie äußerst aggressiv reagiere und ihre Kinder misshandle, muss der Sozialarbeiter zunächst durch Nachfrage klären, ob er diese Informationen an das Jugendamt weiterleiten darf, damit dieses sie beraten und ggfs. Hilfe anbieten kann.

Lässt sich eine Klärung, ob eine Weitergabe erfolgen darf, nicht erreichen, z. B. weil der Aufenthalt des Mitteilenden unbekannt ist, ist davon auszugehen, dass ein anvertrautes Geheimnis vorliegt, es sei denn, dass ein Geheimhaltungsinteresse ausgeschlossen werden kann.
Zur Befugnis der Weitergabe im Falle der Kindeswohlgefährdung nach § 8a SGB VIII bzw. § 4 Gesetz zur Kooperation und Information im Kinderschutz (KKG) s. → S. 249.

Schutz- und Fürsorgepflicht der Arbeitgebers

Der Arbeitgeber eines nach § 203 StGB schweigepflichtigen SozA/SozP ist kraft seiner Fürsorgepflicht gehalten, alles zu unterlassen, was den SozA/SozP in einen Konflikt mit seiner Geheimhaltungspflicht bringen kann. Er hat zu gewährleisten, dass die vom Schweigepflichtigen geheimzuhaltenden Daten Dritten nicht bekannt werden (BAG, 13.1.1987 – 1 AZR 267/85; Gutachten des deutschen Vereins, NDV 1997, 22).

### 2.1.4 **»Offenbart«**

»Offenbart«

»Offenbart« ist ein Geheimnis, wenn es in irgendeiner Weise an einen anderen gelangt ist und vom Empfänger der Mitteilung einer oder mehreren bestimmten Personen zugeordnet werden kann.

Beispiel

Eine Sozialarbeiterin lässt Beratungsakten offen auf ihrem Tisch liegen, so dass Kollegen, Besucher und Reinigungskräfte sich über das Innenleben der Familen informieren können, die sie berät.

Mitteilungen an Kolleginnen, Vorgesetzte, Hilfskräfte

Ein Offenbaren liegt z. B. vor bei der Mitteilung an Praktikanten, Kolleginnen, Schreibkräfte, Vorgesetzte, Praxisanleiter, Supervisoren, Arbeitgeber. Deshalb sind derartige Mitteilungen nur zulässig, wenn eine Offenbarungsbefugnis besteht. Dies gilt auch dann, wenn der Empfänger der Mitteilung selbst schweigepflichtig ist.

Beispiele

Ein Schuldnerberater informiert seine Kollegin über das aggressive Verhalten eines Klienten.
Die Mitteilung eines Psychologen an die schweigepflichtigen Kollegen im Heimteam über sexuelle Beziehungen des Heimleiters zu einer Klientin stellt eine strafbare Verletzung der Schweigepflicht dar (BayObLG, 8.11.1994 – 2 St RR 157/94).

Fallbesprechungen?

Die Schweigepflicht verhindert nicht eine Besprechung fachlicher Probleme in Form der Praxisberatung, Teambesprechung, Supervision oder Hilfeplankonferenz; denn dafür ist nicht erforderlich, dass die Teilnehmer an der Besprechung wissen, um welche Person es sich handelt. Daraus folgt, dass jeder fachliche Austausch über Problemsituationen möglich ist, wenn infolge Anonymisierung oder Pseudonymisierung nicht erkennbar ist, welche Person das Problem hat.

Beispiel

Schildert eine Sozialarbeiterin die Situation einer psychisch kranken Frau aus ihrem Bezirk bei der Besprechung im Team, so liegt darin keine Offenbarung anvertrauter Geheimnisse, wenn die anderen Teammitglieder die Schilderung nicht auf eine bestimmte Person beziehen können.

In Teamkonferenzen ist der Einzelfall grundsätzlich anonymisiert zu beraten. Ist eine Anonymisierung nicht möglich, muss die Einwilligung der Betroffenen zu einer Übermittlung der personenbezogenen Informationen an die Teilnehmer/innen der Teamkonferenz eingeholt werden (siehe »Empfehlungen des Deutschen Vereins zur Hilfeplanung nach § 36 KJHG«, NDV 1994, 317).
Eine Anonymisierung ist sinnlos und ungeeignet, wenn zwar keine Namen genannt werden, die Information es den Empfängern aber ohne besondere Schwierigkeiten ermöglicht, die Personen zu bestimmen, auf die sich die Information bezieht.

Beispiel

Eine Sozialpädagogin arbeitet als Familienhelferin nur in zwei Familien, die den Kolleginnen bekannt sind. Die Kolleginnen können leicht erkennen, um welche Familie es sich handelt.

In diesem Falle hat der Arbeitgeber des Schweigepflichtigen für qualitätssichernde externe Praxisberatung, Supervision usw. zu sorgen; denn zur fachlichen Qualität gehört der verfassungsrechtlich und spezialgesetzlich gebotene Schutz der Vertrauensgrundlage in Beratungs- und Hilfebeziehungen.

## 2.2 Offenbarungsbefugnisse

Nach § 203 StGB ist nur die unbefugte Offenbarung anvertrauter Geheimnisse mit Strafe bedroht. Deshalb scheidet eine Bestrafung aus, wenn eine Befugnis zur Offenbarung besteht. Folgende Fälle sind zu unterscheiden:

### 2.2.1 Einwilligung der Betroffenen

Vorherige Zustimmung

Die Weitergabe anvertrauter Geheimnisse ist zulässig, wenn die Betroffenen vor der Weitergabe die Einwilligung erteilt haben. Eine nachträgliche Zustimmung beseitigt die Rechtswidrigkeit nicht (OLG Köln, 12.6.1992 – 19 U 154/91).

Einwilligung durch Betroffene

Die Einwilligung muss auch von der durch das Geheimnis geschützten Person erteilt werden. Denn diese muss nicht identisch sein mit der anvertrauenden Person.

Beispiele

Vertraut eine Ehefrau einer Sozialarbeiterin an, dass ihr Ehemann alkoholgefährdet sei, ist zur Weitergabe dieser Information die Einwilligung des Ehemannes erforderlich. Über die Tatsache, dass die Ehefrau die Alkoholgefährdung behauptet hat, darf die Sozialarbeiterin Dritte nur mit Einwilligung der Ehefrau informieren.
Informationen über ihre Arbeit darf eine Familienhelferin nur mit Einwilligung aller Familienangehörigen, die einwilligungsfähig sind, dem Jugendamt mitteilen.

Bei Minderjährigen und sonstigen nicht voll geschäftsfähigen Personen reicht für die Wirksamkeit der Einwilligung die natürliche Einsichts- und Urteilsfähigkeit aus, sofern der höchstpersönliche Lebensbereich betroffen ist (→ S. 199).

Art der Einwilligung

Die Einwilligung kann ausdrücklich oder durch schlüssiges Handeln erteilt werden. Ist der Anvertrauende nicht erreichbar, ist eine Weitergabe ausnahmsweise erlaubt, wenn er vermutlich einwilligen würde (BGH, 9.12.1958 – VI ZR 203/57).

Beispiel

Eine Zustimmung darf angenommen werden, wenn ein Drogenabhängiger darüber informiert wird, dass der Berater im Team wichtige Fragen einzelner Abhängiger erörtern will und der Drogenabhängige dagegen keine Bedenken erhebt. Empfehlenswert ist aber, bei brisanten Informationen nachzufragen, ob das Team informiert werden darf.

Unklare Einwilligung

Eine Einwilligung ist unwirksam, wenn der Betroffene nicht weiß und wissen kann, auf welche Informationen sich die Einwilligung bezieht.

Beispiel

Eine ASD-Mitarbeiterin lässt sich die Einwilligung zur Weitergabe der über die Familie vorhandenen mehrbändigen Akte an die Jugendgerichtshilfe geben, obwohl die Familienangehörigen nicht wissen, welchen Inhalt die Akte hat.

Pauschale Einwilligung

Pauschale Einwilligungen, die sich auf eine nicht bestimmbare Menge von personenbezogenen Daten (beispielsweise in einer Beratungsakte) oder auf künftig erst anfallende ungewisse Daten erstrecken, sind unwirksam.

Beispiel

Ein Jugendamt verlangt von allen Personensorgeberechtigten, die erzieherische Hilfen erhalten wollen, dass sie den SozA/SozP der freien Träger, die wunschgemäß die Hilfe erbringen, die Einwilligung erteilen, regelmäßig über die Familien zu berichten (dazu Maas, 1996, S. 295).

Solche »Einwilligungen« nehmen dem Betroffenen das Selbstbestimmungsrecht und schalten die gesetzliche Regelung aus, um ohne sein Wissen über ihn reden bzw. sich über ihn austauschen zu können (BVerfG, 23.10.2006 – 1 BvR 2027/02).

### 2.2.2 Pflicht zur Anzeige geplanter schwerer Straftaten (§ 138 StGB)

Grundsatz: Keine Anzeigepflicht

SozA/SozP sind in aller Regel nach § 203 StGB auch zur Verschwiegenheit verpflichtet, wenn ihnen anvertraut wird, dass die anvertrauende oder eine andere Person eine Straftat begangen hat, selbst wenn es sich um Mord, Vergewaltigung, Diebstahl oder Betrug handelt.

Beispiel

Gegen § 203 StGB verstößt eine Sozialarbeiterin, die ihren Vorgesetzten informiert, nachdem sie in einem Gespräch mit einer alleinerziehenden Frau über Erziehungsprobleme erfahren hatte, dass diese eine Beschäftigung ausübt und dadurch Einnahmen erzielt, die sie dem Jobcenter nicht anzeigt.

Ausnahmsweise: bei geplanten schweren Straftaten

Wird einer SozA/SozP anvertraut, dass eine der in § 138 StGB abschließend aufgezählten Straftaten geplant wird und noch verhindert werden kann, ist sie zur Anzeige gegenüber der Behörde, z. B. der Polizei oder gegenüber der bedrohten Person verpflichtet.

| Straftaten, deren Planung nach § 138 Strafgesetzbuch anzeigepflichtig ist | Straftaten, deren Planung nach § 138 Strafgesetzbuch nicht anzeigepflichtig ist |
|---|---|
| ▪ Vorbereitung eines Angriffskriegs, Hochverrat, Landesverrat,<br>▪ Geld- oder Wertpapierfälschung,<br>▪ Anwerbung oder Entführung in das Ausland, um das Opfer dort zu sexuellen Handlungen zu nötigen,<br>▪ Mord, Totschlag oder Völkermord,<br>▪ Menschenraub, Verschleppung in das Ausland, Erpresserischer Menschenraub und Geiselnahme,<br>▪ Raub, räuberische Erpressung,<br>▪ Gemeingefährliche Straftaten wie Brandstiftung, Eingriffe in den Bahn- oder Straßenverkehr, um einen Unglücksfall herbeizuführen. | ▪ Vergewaltigung, sexueller Missbrauch,<br>▪ Körperverletzung,<br>▪ Kindesentziehung,<br>▪ Diebstahl, schwerer Diebstahl, Unterschlagung,<br>▪ Begünstigung und Hehlerei,<br>▪ Betrug und Urkundenfälschung,<br>▪ Hausfriedensbruch und Sachbeschädigung,<br>▪ Falsche uneidliche Aussage und Meineid,<br>▪ Verstöße gegen das Betäubungsmittelgesetz. |

Beispiele

Erklärt ein Jugendlicher der Sozialarbeiterin, die in der Jugendberatungsstelle eines freien Trägers arbeitet, dass er älteren Frauen am Postamt die Taschen wegreißen wolle, besteht eine Anzeigepflicht, weil der Jugendliche eine anzeigepflichtige Straftat, nämlich einen Raub plant (§ 138 und § 249 StGB).
Erklärt er weiter, dass er am Vortage einem Touristen die Geldbörse gestohlen habe, besteht insoweit keine Anzeigepflicht, weil zum einen die Tat bereits ausgeführt ist und zum anderen der Diebstahl nicht zu den anzeigepflichtigen Straftaten gehört.

Befugnisse bei erheblicher Gefährdung eines anderen Menschen

Besteht zwar keine Anzeigepflicht, aber die konkrete Gefahr, dass durch eine geplante Straftat ein anderer erheblich gefährdet wird, kann sich eine Offenbarungsbefugnis aus § 34 StGB und im Falle der Gefährdung eines Kindes für Mitarbeiter in der Jugendhilfe eine Mitteilungspflicht aus § 8a SGB VIII ergeben (→ S. 249). Im Falle der Kindeswohlgefährdung erlaubt auch § 4 KKG die Information des Jugendamtes durch Sozialarbeiter, Lehrer, Ärzte, Hebammen, Psychologen, Ehe-, Familien-, Erziehungs-, Jugend-, Schwangerschaftskonflikt- und Suchtberatern.
§ 4 KKG stellt eine Befugnisnorm zur Weitergabe i.S.d. § 203 StGB dar.

### 2.2.3 Offenbarungsbefugnis zur Abwendung einer gegenwärtigen Gefahr (§ 34 StGB)

Rechtfertigender Notstand

Im Falle einer gegenwärtigen Gefahr für das Leben, die Gesundheit, die Freiheit, das informationelle oder das sexuelle Selbstbestimmungsrecht oder ein anderes wichtiges Rechtsgut sind SozA/SozP berechtigt, ohne Einwilligung der Betroffenen eine dritte Person oder Stelle über anvertraute Geheimnisse zu informieren (BGH, 9.12.2004 – IX ZB 279/03).

SozA/SozP handeln rechtmäßig, wenn sie trotz erheblicher akuter Gefährdung nach sorgfältiger fachlicher Prüfung zu dem Ergebnis kommen, dass die Einschaltung von Dritten ohne Einwilligung der Betroffenen langfristig voraussichtlich schädliche Folgen haben wird. Diese Rechtfertigung gilt auch, wenn sich die Prognose später als falsch erweist.

Auch Offenbarungspflicht?

Ob ausnahmsweise eine Pflicht zur Offenbarung besteht, ist strittig. Eine Pflicht wurde bejaht bei Gefahr einer lebensbedrohenden Erkrankung (OLG Frankfurt a.M., 5.10.1999 – 8 U 67/99; bestätigt vom EGMR, 5.3.2009 – 77144/01).

Voraussetzungen des rechtfertigenden Notstands:

Gerechtfertigt ist die Offenbarung eines anvertrauten Geheimnisses nur unter folgenden Voraussetzungen:

- Es muss eine gegenwärtige Gefahr für Leben, Freiheit, sexuelle Selbstbestimmung oder ein anderes wichtiges Rechtsgut bestehen. Ein Schaden kann in allernächster Zeit eintreten. Ist ein Schaden bereits eingetreten, eine Straftat bereits begangen, besteht keine Offenbarungsbefugnis.
  Die Feststellung, ob eine Gefahr gegeben ist und wie wahrscheinlich der Eintritt eines Schadens ist, erfordert eine auf Fachwissen gestützte Prognose in der konkreten Situation. Die bloße Möglichkeit eines Schadens reicht nicht aus. Der Eintritt eines Schadens muss »naheliegen«, in eine bedrohliche Nähe« gerückt sein (zu fachlichen Prognosen → S. 133).

Wichtiges Rechtsgut ist aktuell gefährdet

- Das zu schützende Interesse muss das beeinträchtigte wesentlich überwiegen.

Interessenabwägung

Beispiele

Vertraut eine Frau einer Sozialpädagogin an, dass ihr Mann sie häufig misshandelt, so ist abzuwägen, ob der Schutz der Frau durch Einschalten der Polizei oder der Bruch der Schweigepflicht schwerer wiegt. Die Sozialpädagogin muss u.a. bedenken, dass die Frau grundsätzlich selbst zu bestimmen hat, ob und welche Problemlösung sie wählt, und dass der Bruch der Schweigepflicht dazu führen kann, dass die Frau zukünftig sich der Beraterin nicht mehr anvertraut und dadurch langfristig nicht geschützt werden kann.
Dagegen hat der Schutz der Vertrauensbeziehung Vorrang, wenn eine SGB II-Bezieherin der ASD-Mitarbeiterin anvertraut, dass sie 200 Euro Arbeitslohn für Putztätigkeiten dem Jobcenter nicht angezeigt habe, um mit diesem Geld eine soziale Ausgrenzung ihrer Kinder in der Schule zu vermeiden.

- Der Geheimnisbruch ist geeignet und erforderlich, um die Gefahr abzuwenden. Er muss den Schutz des Gefährdeten bezwecken.

Geheimnisbruch notwendig

Beispiel

Mitteilung des Sozialarbeiters an das Gesundheitsamt, dass ein Klient seine Wohnung u.a. mit verschimmelten Lebensmitteln zugemüllt hat.

Bloße Strafanzeigen, z.B. wegen Kindeswohlgefährdung, sind in der Regel nicht gerechtfertigt, da sie meist nicht der akuten Gefahrenbeseitigung dienen, sondern eine spätere Bestrafung bezwecken (LJA Rheinland, 2010, 52). Für die Gefährdungsabwendung kommt vielmehr die Anrufung des Familiengerichts oder die Einschaltung des Jugendamtes in Betracht.

### 2.2.4 Offenbarungspflicht bei Notfällen (§ 323c StGB)

Eine Offenbarungspflicht besteht für jedermann, wenn Leben, Gesundheit, Freiheit oder die sexuelle Selbstbestimmung eines Menschen akut gefährdet sind und eine – auf das absolut Notwendige beschränkte – Offenbarung den Eintritt eines Schadens verhindern kann (unterlassene Hilfeleistung nach § 323c StGB).

Da SozA/SozP bei Bestehen einer Garantenstellung vorrangig wegen Begehung durch Unterlassung haften (→ S. 33), kommt eine Bestrafung wegen der nachrangigen unterlassener Hilfeleistung nur in Betracht, wenn SozA/SozP einem Menschen keine Hilfe leisten, zu dem keine Hilfebeziehung besteht. Die Offenbarung darf nur darauf gerichtet sein, die akute Gefährdung abzuwenden, und keine anderen Ziele verfolgen.

Beispiel

Findet ein Drogenberater bei einem Hausbesuch einen Fixer bewusstlos vor, ist er verpflichtet, einen Arzt zu informieren, weil dieser die Lebens- bzw. Gesundheitsgefahr abwenden kann. Er ist aber nicht berechtigt, die Polizei zu informieren, weil die Polizei dem Bewusstlosen nicht helfen kann, sondern ein Strafverfahren einleiten muss.

### 2.2.5 Offenbarungsbefugnis/-pflicht gegenüber Eltern?

Elternrecht fordert Information

Mitarbeiter/innen öffentlicher Träger sind durch Art. 6 Abs. 2 GG, §§ 1 Abs. 2 und § 9 SGB VIII verpflichtet, das Erziehungsrecht der Eltern zu achten. Das Bundesverfassungsgericht hat daraus eine weitgehende Informationspflicht der öffentlichen Träger gegenüber den Eltern abgeleitet (BVerfG, 9.12.1982 – 1 BvR 845/79).

Recht des Kindes kann Information verbieten

In der Praxis der Jugendhilfe wird aber immer wieder festgestellt, dass jede Hilfe durch Beratung für Jugendliche mit entwicklungsbedingten Problemen unmöglich ist, wenn die Beraterinnen ohne Einwilligung des Jugendlichen die Eltern informieren. Bei einem Konflikt zwischen Elternrecht und Kindeswohl hat das Wohl des Kindes Vorrang (BVerfG, 14.4.1987 – 1 BvR 332/86; s. auch § 8 SGB VIII). Deshalb darf eine Information der Eltern unterbleiben, wenn dadurch der Beratungszweck vereitelt würde (§ 8 Abs. 3 SGB VIII).

Die Regelung des SGB VIII gilt unmittelbar nur für die öffentliche Jugendhilfe, kann aber sinngemäß auch von SozA/SozP bei freien Trägern herangezogen werden.

### 2.2.6 Keine Offenbarungsbefugnis nach dem Tod des Betroffenen

Mit dem Tode des Betroffenen erlischt dessen Persönlichkeitsrecht. Es geht nicht auf die Erben über.

Postmortaler Persönlichkeitsschutz

Demgemäß besteht die Verpflichtung zur Verschwiegenheit auch nach dem Tod des Betroffenen (§ 203 Abs. 4 StGB). Sie darf gegenüber nahen Angehörigen nur ausnahmsweise und lediglich im vermuteten Einverständnis des Verstorbenen gebrochen werden. Nur der Berater/Betreuer kann entscheiden, ob seine Schweigepflicht zu wahren ist oder nicht. Er hat insbesondere darauf abzustellen, welche Geheimhaltungswünsche dem Verstorbenen angesichts der durch seinen Tod veränderten Sachlage unterstellt werden müssen. In der Regel wird die Geheimnisoffenbarung nach dem Tod des Betroffenen rechtswidrig sein (BGH, 31.5.1983 – VI ZR 259/81; BAG, 23.2.2010 – 9 AZN 876/09).

### 2.2.7 Sonstige Offenbarungsbefugnisse/-pflichten

Eine Offenbarungspflicht kann sich aus speziellen gesetzlichen Vorschriften, überragenden Interessen des Gemeinwohls oder vorrangigen Belangen Dritter ergeben, wenn dem Interesse an der Mitteilung der Vorrang vor dem individuellen Interesse an der Geheimhaltung einzuräumen ist. Beispielsweise seien genannt:

- **Aussage als Zeuge**: Die Pflicht, in einem Gerichtsverfahren als Zeuge eine Aussage zu machen, ist eine allgemeine staatsbürgerliche Pflicht, die durch Vorschriften in den Prozessordnungen konkretisiert wird. Diese Pflicht ist aber für Angehörige sozialer Berufe in unterschiedlicher Weise eingeschränkt (→ S. 287 ff.).

- **Datenübermittlung bei Beratungsleistungen nach SGB II und SGB XII**: Da Sozialdaten vom Leistungsträger beim Betroffenen zu erheben sind, hat dieser in der Regel keinen Anspruch auf Informationen über Inhalte der Beratung, kann sich aber vom Betroffenen die Einwilligung geben lassen, dass der Leistungserbringer die Rahmendaten über Beginn, Fortlauf, Abbruch und Beendigung der Beratung mitteilen darf.
  Zu weiteren Einzelheiten: vgl. Hinweise des Deutschen Vereins, NDV 2011, 204; kritisch zur Behördenpraxis: Wenzel, info also 2009, 248.

- **Auskunft aus Verzeichnissen**: Die Leiter von Krankenhäusern, Pflegeheimen und ähnlichen Einrichtungen sind verpflichtet, den nach Landesrecht zuständigen Behörden Angaben über die Identität der aufgenommenen Personen zu machen. Allerdings nur zur Abwehr einer erheblichen und gegenwärtigen Gefahr, zur Verfolgung von Straftaten oder zur Aufklärung des Schicksals von Vermissten und Unfallopfern (§ 16 Abs. 2 Melderechtsrahmengesetz und Meldegesetze der Länder). Alle anderen Einrichtungen sind somit nicht zu Angaben über aufgenommene Personen verpflichtet.

- **Meldung einer ansteckenden Krankheit**: Die Leiter von Heimen, Sammelunterkünften und ähnlichen Einrichtungen sind verpflichtet, das zuständige Gesundheitsamt zu informieren, wenn eine meldepflichtige Krankheit auftritt (§§ 6 ff. Infektionsschutzgesetz). Eine HIV-Infektion und eine AIDS-Erkrankung sind nicht meldepflichtig.

- **Mitteilung des Abbruchs der Drogentherapie**: Die behandelnden Personen in Drogentherapieeinrichtungen sind im Falle der Behandlung »statt Strafvollzug« verpflichtet, das Strafgericht zu informieren, wenn ein Patient die Behandlung abbricht (§ 35 Abs. 4 Satz 2 BtMG).

- **Prüfung durch Rechnungshöfe**: Akten müssen von freien Trägern, die Zuwendungen öffentlicher Träger erhalten haben, den Rechnungshöfen zur Prüfung gemäß den haushaltsrechtlichen Vorschriften vorgelegt werden, auch wenn sie anvertraute Geheimnisse im Sinne von § 203 StGB enthalten (BVerfG, 29.4.1996 – 1 BvR 1226/89). Deshalb ist eine Trennung der Daten, die der Prüfung unterliegen, und der sonstigen Daten zweckmäßig und geboten.

- **Wahrung berechtigter Interessen**: Der Schweigepflicht unterliegende Geheimnisse dürfen in entsprechender Anwendung des § 193 StGB offenbart werden, wenn und soweit dies erforderlich ist, um berechtigte eigene oder fremde Interessen zu wahren, z. B. Abwehr von unberechtigten Vorwürfen des Anvertrauenden oder Durchsetzung von Geldforderungen in Verwaltungs- oder Gerichtsverfahren.

### 2.2.8 Innerdienstliche Schweigepflicht

Kein Zugriffsrecht des Arbeitgebers

Die grundsätzlich bestehende arbeits-/dienstrechtliche Pflicht des SozA/SozP, den Dienstherrn über alle dienstlich bedeutsamen Tatsachen aufzuklären, kann eine Verletzung der strafrechtlichen Schweigepflicht nicht rechtfertigen; denn ein Arbeitgeber hat nicht die Rechtsmacht, staatliche Rechtsvorschriften über die Strafbarkeit eines Verhaltens, das der Gesetzgeber für sozialschädlich hält, für seinen Bereich außer Kraft zu setzen.

Dies ist vom Bundesarbeitsgericht für einen bei einem Landkreis tätigen Psychologen eindeutig entschieden worden, gilt aber in gleicher Weise für die SozA/SozP im öffentlichen Dienst und im Dienst freier Träger:

> »Der Arbeitgeber ist kraft seiner Fürsorgepflicht gegenüber dem angestellten Psychologen gehalten, alles zu unterlassen, was diesen in Konflikt mit seiner Geheimhaltungspflicht bringen kann. Er darf ... nicht Auskunft darüber verlangen, wer ihn in seiner Eigenschaft als Berater in Anspruch genommen hat. Er muss die Arbeitsbedingungen so gestalten, dass der angestellte Diplom-Psychologe seiner Geheimhaltungspflicht auch nachkommen kann.« (BAG, 13.1.1987 – 1 AZR 267/85).

## 2.3 Schweigepflicht nach § 203 Abs. 2 StGB

Erweiterter Kreis Schweigpflichtiger

§ 203 Abs. 2 StGB erweitert den Kreis der Schweigepflichtigen. In die strafrechtliche Schweigepflicht werden Amtsträger und für den öffentlichen Dienst besonders Verpflichtete einbezogen, auch wenn sie nicht die Ausbildungsvoraussetzungen erfüllen, die in Absatz 1 genannt sind. Sie sind wie die nach Absatz 1 Schweigepflichtigen verpflichtet, anvertraute fremde Geheimnisse nicht unbefugt zu offenbaren.
Nach dieser Vorschrift unterliegen der erweiterten Schweigepflicht z. B. die im öffentlichen Dienst tätigen Diplom-Pädagogen, Heilpädagogen, Erzieher, Familienhelfer. Aber auch Sachbearbeiter mit Verwaltungsausbildung und Polizisten können sich nach § 203 Abs. 2 StGB strafbar machen.

Allerdings setzt die Bestrafung voraus, dass der Betroffene einen Strafantrag stellt (§ 205 StGB).

Beispiel

Ein Polizist, der im Polizeicomputer die Vorstrafen seines Nebenbuhlers ermittelt und darüber seine Frau informiert, wird zu einer Geldstrafe von 60 Tagessätzen verurteilt (OLG Koblenz, 3.6.2008 – 1 Ss 13/08).

Verschärfte Schweigepflicht

Die Schweigepflicht nach Absatz 2 erfasst nicht nur Geheimnisse, sondern alle personenbezogenen Daten. Unzulässig ist somit auch die Offenbarung von Daten, die weder allgemein bekannt noch offenkundig sind (BGH, 8.10.2002 – 1 StR 150/02).

Beispiel

Die Schweigepflicht wird verletzt, wenn ein Sozialarbeiter eine Liste der ihm bekannten Spätaussiedler einer Möbelfirma aushändigt.

Erleichterte innerdienstliche Datenweitergabe

Im Unterschied zu den in § 203 Abs. 1 StGB genannten Personen, die auch innerdienstlich zum Schweigen verpflichtet sind, dürfen die von Absatz 2 erfassten Personen anvertraute Geheimnisse offenbaren, wenn dies zur Erfüllung der Aufgaben der öffentlichen Verwaltung erfolgt und das Gesetz es nicht untersagt (§ 203 Abs. 2 S. 3 StGB). Ausgenommen von der Mitteilungspflicht sind generell Einzelangaben über die Intimsphäre der Betroffenen (→ S. 232).
Eingeschränkt wird die Datenweitergabe innerhalb der öffentlichen Verwaltung aber durch die allgemeinen Vorschriften über den Sozialdatenschutz (→ S. 253 ff.) und über den Datenschutz und die Schweigepflicht in der Kinder- und Jugendhilfe (→ S. 278 ff.).

## 2.4 Schweigepflicht und Offenbarungsbefugnisse in der Kinder- und Jugendhilfe

Schweigepflicht aller Mitarbeiter

Im Bereich der öffentlichen Kinder- und Jugendhilfe besteht eine persönliche Schweigepflicht für alle Mitarbeiter, denen Sozialdaten zum Zweck persönlicher und erzieherischer Hilfe anvertraut werden (§ 65 SGB VIII).

Persönliche und erzieherische Hilfe wird nicht nur in besonderen Einrichtungen, z. B. in Erziehungsberatungsstellen erwartet und geleistet, sondern auch im Kindergarten, im ASD oder im Rahmen der Familien- oder Jugendgerichtshilfe.

Offenbarungsbefugnisse

Zur Weitergabe von persönlich anvertrauten Sozialdaten sind die Mitarbeiter befugt,

- mit der Einwilligung dessen, der die Daten anvertraut hat,
- unter den Voraussetzungen, unter denen eine Weitergabe nach § 203 StGB zulässig wäre.

Insoweit besteht kein Unterschied zu den Offenbarungsbefugnissen gemäß § 203 StGB.

Verfahren

Bei gewichtigen Anhaltspunkten für die Gefährdung eines Kindes oder Jugendlichen muss das Jugendamt wie folgt verfahren:

Abschätzung der Gefährdung

- Es hat das Gefährdungsrisiko abzuschätzen. Die Abschätzung erfolgt durch mehrere geeignete Fachkräfte (§ 8a Abs. 1 Satz 1 SGB VIII).

  Erleichterte Offenbarungsbefugnis

  Diese dürfen auch dann über die Gefährdungssituation informiert werden, wenn insoweit an sich eine Schweigepflicht besteht. Gehören sie nicht der Abteilung an, sind die Informationen zu anonymisieren oder zu pseudonymisieren, soweit die Aufgabenerfüllung dies zulässt (§ 64 Abs. 2a SGB VIII).

  Eine Information und Beteiligung von Nicht-Fachkräften ist nicht vorgesehen (§ 65 Abs. 1 Nr. 4 SGB VIII). Erfolgt sie dennoch, wird die Schweigepflicht verletzt.

Einbeziehung von Eltern/Minderjährigen

- Die Personensorgeberechtigten sowie das Kind oder der Jugendliche sind in die Risikoabschätzung einzubeziehen, soweit dadurch der Schutz des Kindes/Jugendlichen nicht in Frage gestellt wird (§ 8a Abs. 1 Satz 1 SGB VIII).

Beispiel

Im Gespräch mit den Beteiligten oder durch ergänzende Ermittlungen ist abzuklären, welche Gefährdungsmomente bestehen und welche Hilfen in Betracht kommen.

Kann nach der Einschätzung des Jugendamts die Gefährdung durch Gewährung von Hilfen abgewendet werden, sind diese den Sorgeberechtigten anzubieten (§ 8a Abs. 1 Satz 3 SGB VIII).

Anrufung des Familiengerichts

- Das Jugendamt muss das Familiengericht anrufen, wenn nach seiner Einschätzung die Gefahr durch die Gewährung von Hilfen nicht abgewendet werden kann oder die Sorgeberechtigten nicht bereit oder in der Lage sind, bei der Abschätzung des Gefährdungsrisikos mitzuwirken (§ 8a Abs. 2 Satz 1 SGB VIII).

  Das Familiengericht entscheidet nach §§ 1666, 1666a BGB.

Inobhutnahme

- Das Jugendamt ist verpflichtet, das Kind oder den Jugendlichen in Obhut zu nehmen, wenn eine dringende Gefahr besteht und die Entscheidung des Gerichts nicht abgewartet werden kann (§ 8a Abs. 2 Satz 2 SGB VIII).

Beispiel

Ein zehnjähriges, vom Vater schwer misshandeltes Mädchen sucht das städtische Kinderheim auf und bittet um Aufnahme.

Hinweis auf hilfreiche Behörden

- Soweit zur Abwendung der Gefährdung das Tätigwerden anderer Leistungsträger, der Einrichtungen der Gesundheitshilfe oder der Polizei erforderlich ist, hat das Jugendamt auf die Inanspruchnahme durch die Personensorgeberechtigten hinzuwirken (§ 8a Abs. 3 Satz 1 SGB VIII).

Beispiel

Ist ein Kind psychisch krank, hat das Jugendamt auf die Inanspruchnahme der Hilfen der Gesundheitsbehörden hinzuwirken.

- Besteht eine akute Gefahr, deren Abwendung ein sofortiges Tätigwerden erfordert, schaltet das Jugendamt die anderen zur Abwendung der Gefährdung zuständigen Leistungsträger, Einrichtungen der Gesundheitshilfe oder der Polizei selbst ein (§ 8a Abs. 3 Satz 2 SGB VIII).

Einschaltung hilfreiche Behörden

Lehnen die Eltern es ab, ihr psychisch krankes und behandlungsbedürftiges Kind einer Fachärztin vorzustellen, darf das Jugendamt das Gesundheitsamt informieren.
Ist die sofortige Herausnahme eines Kindes aus einer Familie erforderlich und ergeht keine Entscheidung des Familiengerichts, darf das Jugendamt die Polizei um Hilfe, notfalls um Einsatz von Gewalt bitten, um das Kind herauszuholen.

Beispiele

Die Mitarbeiter der öffentlichen Jugendhilfe können die ihnen gemäß § 8a SGB VIII auferlegten Pflichten auch dann erfüllen, wenn ihnen die Anhaltspunkte für die Gefährdung im Rahmen persönlicher oder erzieherischer Hilfe anvertraut oder sonst bekannt geworden sind. Sie sind berechtigt und verpflichtet, die entsprechenden Sozialdaten weiterzugeben

- an andere Fachkräfte, die zum Zweck der Abschätzung des Gefährdungsrisikos hinzuzuziehen sind (§ 65 Abs. 1 Nr. 4 SGB VIII);
- an das Familiengericht (§ 65 Abs. 1 Nr. 2 SGB VIII);
- an den Mitarbeiter, der beim Wechsel der Fallzuständigkeit im Jugendamt oder beim Wechsel der örtlichen Zuständigkeit zuständig wird (§ 65 Abs. 1 Nr. 3 SGB VIII).

Erleichterte Offenbarungsbefugnisse

Es ist dringend anzuraten, alle bedeutsamen Fakten und fachlichen Einschätzungen zu dokumentieren. Die Dokumentation kann Bedeutung haben nicht nur für die Frage, ob Schweigepflichten verletzt sind, sondern auch für die Frage, ob die SozA/SozP ihre Pflichten aufgrund ihrer strafrechtlichen Garantenstellung erfüllt haben; denn eine Verletzung von Strafvorschriften kann nicht vorgeworfen werden, wenn nachweisbar ist, dass die SozA/SozP sich so verhalten haben, wie § 8a SGB VIII es vorschreibt.

Dokumentation schützt vor Strafbarkeit

An die Regelung des Absatzes 1 des § 8a SGB VIII sollen sich auch freie Träger der Jugendhilfe halten, die auf Wunsch der Personensorgeberechtigten Leistungen erbringen. Darauf hat das Jugendamt die freien Träger zu verpflichten (§ 8a Absatz 4 Satz 1 SGB VIII). Der freie Träger soll bei der Abschätzung des Gefährdungsrisikos eine insoweit erfahrene Fachkraft hinzuziehen (§ 8a Abs. 4 Satz 1 SGB VIII).

Anwendung des § 8a Abs. 1 SGB VIII auf freie Träger der Jugendhilfe

Der freie Träger und seine SozA/SozP sind entsprechend § 34 StGB befugt, das Familiengericht oder andere Stellen, wie etwa die Polizei, direkt einzuschalten, wenn das Jugendamt – aus finanziellen oder anderen Gründen – trotz akuter erheblicher Gefährdung – nicht die notwendigen Maßnahmen ergreift.
Auch § 4 Kinderschutz-Kooperationsgesetz (KKG) erlaubt die Information des Jugendamtes durch Sozialarbeiter, Lehrer, Ärzte, Hebammen,

Psychologen, Ehe-, Familien-, Erziehungs- oder Jugend-, Schwangerschaftskonflikt- und Suchtberater. § 8b SGB VIII beinhaltet einen Beratungsanspruch durch eine insoweit erfahrene Fachkraft, um diesen Berufsgruppen auch außerhalb der Jugendhilfe die autonome Gefährdungabschätzung zu ermöglichen.

### 2.5 Verfahren bei Verletzung der Schweigepflicht

Strafantrag

Strafverfahren wegen Verletzung der strafrechtlichen Schweigepflicht werden nur auf Antrag des Betroffenen eingeleitet (§ 205 StGB). Die meisten Klienten, Patienten und sonstige Rat- und Hilfesuchende wissen aber nicht, dass sie sich gegen einen Vertrauensbruch wehren können bzw. scheuen sich, ein Strafverfahren zu beantragen.
Deshalb sind Urteile der Strafgerichte, die gemäß § 203 StGB zu Geld- oder Freiheitsstrafe verurteilen, relativ selten.

Beispiel

Ein Heimpsychologe, der gegen den ausdrücklichen Willen einer von ihm therapierten Frau das Heim-Supervisionsteam darüber informierte, dass der Leiter des Heimes sexuelle Beziehungen zu dieser Frau aufgenommen hatte, wurde zu einer Geldstrafe von 75 Tagessätzen verurteilt (BayObLG, 8.11.1994 – 2 St RR 157/94).

Zivilklage

Häufiger kommt es aber zu zivilrechtlichen Klagen auf Schadensersatz und »Schmerzensgeld«; denn die Verletzung der Schweigepflicht stellt zugleich eine Verletzung des allgemeinen Persönlichkeitsrechts dar (→ S. 284 ff.).

Beispiel

Eine in einem Krankenhaus angestellte Psychologin, die ohne Einwilligung der Betroffenen Befundergebnisse an den Hausarzt weitergab, wurde zur Zahlung eines Schmerzensgeldes in Höhe von 1000 DM verurteilt (LG München, Report Psychologie, 1/1993, 10).

### 2.6 Allgemeine datenschutzrechtliche Schweigepflicht

Recht auf informationelle Selbstbestimmung

Mitarbeiter/-innen in Bereichen der öffentlichen Verwaltung, die nicht vom Sozialgesetzbuch erfasst werden, müssen stets das verfassungsrechtlich geschützte informationelle Selbstbestimmungsrecht der Betroffenen beachten.

Datenschutzgesetze

Stellen der öffentlichen Verwaltung haben in der Regel das Bundesdatenschutzgesetz bzw. das für sie einschlägige Landesdatenschutzgesetz zu beachten. Hiernach ist die Erhebung, Verarbeitung und Nutzung personenbezogener Daten ohne Einwilligung der Betroffenen nur aufgrund einer Rechtsvorschrift zulässig (§ 4 Abs. 1 BDSG).

Bereichsspezifische Regelungen

Soweit bereichsspezifische Regelungen bestehen, haben diese Vorrang vor dem Bundes- bzw. Landesdatenschutzgesetz.

Bereichsspezifische Regelungen enthalten z. B. das Aufenthaltsgesetz (§§ 86 ff.) das Telekommunikationsgesetz (TKG) mit der Regelung des Fernmeldegeheimnisses (§ 88 TKG) und die Polizeigesetze der Länder.

## 3 Schutz der Sozialdaten nach § 35 SGB I

Beispiel

Der Abteilungsleiter in einem Jugendamt fordert die ihm unterstellten SozA/SozP auf, ihm die Namen und Anschriften der besuchten Familien aufzulisten und die Gesprächsinhalte stichwortartig zu vermerken.

### 3.1 Grundlagen

Die Regelungen über den Schutz der Sozialdaten (§ 35 SGB I und §§ 67 ff. SGB X) sind bereichsspezifische Konkretisierungen des durch die Verfassung gewährleisteten informationellen Selbstbestimmungsrechts. Sie »schotten« die Sozialverwaltung von der sonstigen Verwaltung ab, indem sie die Amts- und Rechtshilfepflichten erheblich einschränken und dadurch in Entsprechung zum Steuergeheimnis ein Sozialgeheimnis schaffen.

Die Vorschriften über den Sozialdatenschutz richten sich an öffentliche Sozialleistungsträger. Alle, die im Dienst dieser Leistungsträger stehen, sind aufgrund ihres Arbeitsvertrags/Beamtenverhältnisses verpflichtet, diese Vorschriften zu beachten.
Dem Sozialdatenschutz unterliegen auch die personenbezogenen Daten, die keine Geheimnisse sind.
Die persönliche Schweigepflicht nach § 203 StGB bzw. § 65 SGB VIII hat Vorrang vor dem Sozialdatenschutz. Somit darf ein SozA/SozP, dem ein Geheimnis anvertraut wurde, dieses nicht aufgrund der allgemeinen Vorschriften über den Sozialdatenschutz offenbaren (→ S. 265), sondern nur dann, wenn eine Offenbarungsbefugnis gemäß § 203 StGB bzw. § 65 SGB VIII besteht (→ S. 241).

Rechtsgrundlagen

Der Sozialdatenschutz ist in § 35 SGB I und in §§ 67 ff. SGB X geregelt. Für einzelne Sozialleistungsbereiche gelten bereichsspezifische Regelungen, die Vorrang vor den allgemeinen Vorschriften haben:
- §§ 50 ff. SGB II – Grundsicherung für Arbeitsuchende;
- §§ 282a, b, 298, 394 ff. SGB III – Arbeitsförderung;
- §§ 284 – 305 SGB V – gesetzliche Krankenversicherung;
- §§ 147 – 152 SGB VI – gesetzliche Rentenversicherung;
- §§ 199 – 208 SGB VII – gesetzliche Unfallversicherung;
- § 8a und §§ 61 – 68 SGB VIII – Kinder- und Jugendhilfe;
- § 10 Abs. 4 SGB IX – Rehabilitation und Eingliederung behinderter Menschen;
- §§ 93 – 108 SGB XI – soziale Pflegeversicherung.

Datenabgleich mit Finanzbehörden

Die Finanzbehörden dürfen Leistungsträger informieren, wenn ihnen Tatsachen bekannt werden, die als möglich erscheinen lassen, dass Sozialleistungen oder Subventionen zu Unrecht bezogen worden sind (§§ 31 und 93 AO).
Allgemeine Datenabgleiche zwischen Sozialleistungsträgern, mit Finanz- und anderen Behörden sind zulässig, z.B. aufgrund § 52 SGB II; § 41 Abs. 4 BAföG; § 33 WoGG.

Beispiel

Die Bundesagentur für Arbeit führt quartalsweise einen Datenabgleich durch und überprüft u.a., ob SGB II-Leistungsempfänger Renten, Sozialhilfe oder Einkünfte aus Erwerbstätigkeit beziehen (§ 52 SGB II).

## 3.2 Anspruch auf Wahrung des Sozialgeheimnisses

Anspruchsinhalt

Jeder hat nach § 35 SGB I Anspruch darauf, dass die ihn betreffenden Sozialdaten von den Leistungsträgern nicht unbefugt erhoben, verarbeitet oder genutzt werden.

Anspruchsinhaber

Der Anspruch steht jedem zu, von dem Daten bei einer Stelle, die zu den öffentlichen Leistungsträgern im Sinne des SGB gehört, bekannt sind. Er ist also nicht auf die Personen beschränkt, die Sozialleistungen beantragen bzw. empfangen.

Beispiel

Der Name eines Rentners, der mit einer Bezieherin von Arbeitslosengeld II zusammenlebt, unterliegt dem Sozialgeheimnis.

Anspruchsvoraussetzungen

Der Anspruch auf Wahrung des Sozialgeheimnisses besteht nach § 35 SGB I in Verbindung mit § 67 Abs. 1 SGB X, wenn

Leistungsträger

- ein Leistungsträger oder eine andere in § 35 SGB I genannte Stelle (→ 3.2.1)

Sozialdaten

- Sozialdaten einer bestimmten oder bestimmbaren natürlichen Person = Betroffener (→ 3.2.2)

Erhebung nach SGB

- für eine Aufgabe nach dem SGB erhebt, verarbeitet oder nutzt (→ 3.2.3).

### 3.2.1 Leistungsträger

Leistungsträger

Zum Sozialdatenschutz sind nur die Leistungsträger und die gleichgestellten Verbände und Behörden verpflichtet (§ 12 SGB I).

Leistungsträger sind die in §§ 18–29 SGB I jeweils im zweiten Absatz genannten öffentlichen Verwaltungsträger, z.B. die Träger der Jugend- und Sozialhilfe, die Agenturen für Arbeit, die gesetzlichen Krankenkassen, die Integrationsämter.
Außerdem gelten als Leistungsträger die Körperschaften, Anstalten und Behörden, die Leistungen aufgrund von Gesetzen zu erbringen

haben, die noch nicht in das SGB eingeordnet sind, aber als Besondere Teile des SGB gelten (§ 68 SGB I).

Beispiele

Bundesausbildungsförderungsgesetz; Bundeskindergeldgesetz; Unterhaltsvorschussgesetz; Wohngeldgesetz.

Für Gesundheitsämter, Landeskrankenhäuser, Wohnungsämter, Ausländerbehörden, Polizeibehörden, Finanzämter, Zollbehörden, Strafvollzugsanstalten usw. und Gerichte gelten nicht die Vorschriften über den Sozialdatenschutz, sondern das Bundesdatenschutzgesetz bzw. das Landesdatenschutzgesetz und – wenn und soweit vorhanden – bereichsspezifische Datenschutzvorschriften.

Freie Träger

Freie Träger sind keine Leistungsträger im Sinne des SGB. Sie sind nicht an die Vorschriften über den Sozialdatenschutz gebunden, sondern unterliegen den einschlägigen privatrechtlichen bzw. kirchlichen Vorschriften. Diese garantieren durchweg, wenn auch nicht in jedem Fall, einen besseren Schutz des Persönlichkeitsrechtes als der Sozialdatenschutz, der durch Mitteilungspflichten gegenüber anderen Sozialleistungsträgern, Polizei, Ordnungsbehörden, Ausländerämtern, Staatsanwaltschaften und Gerichten viele Lücken aufweist (→ S. 253 ff., → S. 281 ff.).
Bei freien Trägern der Jugendhilfe, die auf Wunsch der Leistungsberechtigten leisten, hat das Jugendamt gemäß § 8a und § 61 Abs. 3 SGB VIII sicherzustellen, dass der Schutz der Sozialdaten in entsprechender Weise gesichert ist (→ S. 276).

## 3.2.2 Sozialdaten

Sozialdaten

Sozialdaten sind Einzelangaben über persönliche oder sachliche Verhältnisse einer bestimmten oder bestimmbaren natürlichen Person (§ 67 Abs. 1 SGB X).
Betriebs- und Geschäftsgeheimnisse stehen Sozialdaten gleich (§ 35 Abs. 4 SGB I).

Einzelangaben über natürliche Personen

Einzelangaben über die persönlichen und sachlichen Verhältnisse einer natürlichen Person sind z. B.

- **objektive Merkmale des Betroffenen** (Name, Anschrift, Alter, Geschlecht, Familienstand, Zahl der Kinder, Arbeitgeber, Einkommen, Bankverbindung, Ausbildung, Titel, Krankheiten, Verhalten, Vorstrafen, Alkoholkonsum usw.);
- **Meinungen und Wertungen der Betroffenen**, die sich auf sie selbst oder Dritte beziehen (in Anträgen, Beschwerdeschreiben, Widerspruchsschreiben usw.);
- **Meinungen und Wertungen Dritter**, die sich auf den Betroffenen beziehen (Aktenvermerke, Diagnosen, Prognosen, ärztliche, psychologische und sonstige Gutachten).

Es ist nicht erforderlich, dass die Einzelangaben Geheimnischarakter haben. Deshalb müssen auch die Einzelangaben wie ein Geheimnis behandelt werden, die z. B. im Telefonbuch oder anderweitig leicht zu ermitteln sind. Auch kommt es nicht darauf an, ob der Betroffene ein schutzwürdiges Interesse an der Geheimhaltung hat.

Einzelangaben über Betriebs- und Geschäftsgeheimnisse

Betriebs- und geschäftsbezogene Daten werden wie Sozialdaten geschützt, wenn es sich um Betriebs- oder Geschäftsgeheimnisse handelt, d. h. um Tatsachen, die nur einem begrenzten Personenkreis bekannt sind und an deren Geheimhaltung der Betroffene ein schutzwürdiges Interesse hat.

Beispiele

Geplante Maßnahmen, Vermögen, Spendeneinnahmen, kirchliche Zuschüsse an freie Träger, Umsatz, Gewinn, Werbemethoden bei einem selbständig Tätigen.

Nicht geschützt werden demnach offenkundige Daten wie Name der Firma, Anschrift, Telefonnummer und sonstige Informationen, die sich z. B. aus Prospekten, Jahresberichten und anderen Veröffentlichungen ergeben.

Anonymisierte, pseudonymisierte und statistische Daten

Werden Sozialdaten so verändert, dass sie nicht mehr oder nur mit unverhältnismäßig großem Aufwand an Zeit, Kosten und Arbeitskraft einer bestimmten oder bestimmbaren natürlichen Person zugeordnet werden können, fehlt ihnen der Personenbezug. Deshalb besteht bei ihnen keine Pflicht zur Geheimhaltung (siehe § 67 Abs. 8 und 9 SGB X).

Beispiel

Eine ASD-Mitarbeiterin darf im Team die Problematik einer Familie darstellen, wenn nicht erkennbar ist, um welche Familie es sich handelt.

Nach dem Grundsatz der Datensparsamkeit sind personenbezogene Daten möglichst zu anonymisieren, damit einrichtungsinterne Praxisberatung, Supervision oder andere Formen der Qualitätssicherung unter Wahrung des Sozialgeheimnisses erfolgen können (so auch Kunkel in: LPK-SGB VIII, § 64 Rn. 10). Ansonsten sind diese Maßnahmen mit einrichtungsexternen Fachkräften durchzuführen (§ 64 Abs. 2a SGB VIII).
Fachgespräche, auch Hilfeplankonferenzen, sind – entgegen einer weitverbreiteten Praxis – in der Regel mit anonymisierten bzw. pseudonymisierten Daten durchführbar, insbesondere wenn der Leistungsberechtigte dies wünscht.

### 3.2.3 Datenerhebung, -verarbeitung oder -nutzung für Aufgaben nach dem SGB

Der Sozialdatenschutz erfasst die
- Erhebung,
- Verarbeitung und
- Nutzung

von Sozialdaten. Diese Begriffe werden in § 67 Abs. 5–7 SGB X definiert.

Der Sozialdatenschutz soll die Sozialdaten schützen, die der Leistungsträger bei der Wahrnehmung seiner Aufgaben nach dem SGB erhebt, verarbeitet oder nutzt.
Die Leistungsträger und deren Aufgaben sind in den §§ 18–29 SGB I zusammengestellt.

Kein Sozialdatenschutz

Nicht vom Sozialdatenschutz erfasst werden Daten, die von den Leistungsträgern bei der Erfüllung von Aufgaben erhoben, verarbeitet oder genutzt werden, die nicht zu den Aufgaben des SGB gehören, z. B.

- Aufgaben, die sich aus **Landesrecht** ergeben.

Beispiele

Durchführung von Landesgesetzen über die Gewährung von Blindengeld, Gehörlosengeld, Unterhaltsbeihilfen für Schüler, Landeserziehungsgeld. Allerdings werden in diesen Gesetzen teilweise die Vorschriften des SGB für anwendbar erklärt.

- Aufgaben, die der **Leistungsträger** in seiner Funktion **als Arbeitgeber** wahrnimmt.

Beispiel

Personenbezogene Daten der Arbeitnehmer, die eine Gemeinde im Personalamt speichert, unterliegen nicht den Vorschriften über den Sozialdatenschutz. Für sie gelten die Vorschriften über den Schutz der Arbeitnehmerdaten (§ 32 BDSG).

- Aufgaben, die der Leistungsträger auf **privatrechtlicher Grundlage** wahrnimmt, wenn er damit nicht unmittelbar Aufgaben nach dem SGB erfüllt.

Beispiele

Mietet die Stadt ein Haus für ein Jugendzentrum, so gilt für die Daten des Vermieters der Sozialdatenschutz nicht. Jedoch sind die allgemeinen Vorschriften über den Datenschutz zu beachten (§ 32 BDSG).
Ist aber Träger des Jugendzentrums ein von der Stadt gegründeter und abhängiger e.V., also ein Träger, der in privatrechtlicher Rechtsform Aufgaben des Jugendamts wahrnimmt, so greift hinsichtlich der Daten der Besucher der Sozialdatenschutz ein, weil auch das privatrechtlich organisierte Jugendzentrum Sozialleistungen im Sinne des SGB erbringt.

Ein Jugendzentrum in freier Trägerschaft erfüllt seine Aufgaben in eigener Verantwortung, auch wenn es ausschließlich mit öffentli-

chen Mitteln finanziert wird. Es nimmt somit keine Aufgabe des Jugendamts wahr. Deshalb gelten die Vorschriften über den Sozialdatenschutz nicht unmittelbar für freie Träger.
Ob das Jugendamt dem freien Träger aufgrund § 61 Abs. 3 SGB VIII aufgeben kann, die Vorschriften entsprechend anzuwenden, die den freien Träger verpflichten würden, über seine sonstigen Pflichten hinaus Daten der Betroffenen ohne deren Zustimmung an Behörden und Gerichte zu übermitteln, ist mehr als zweifelhaft; denn der freie Träger würde durch eine derartige Vereinbarung über die Persönlichkeitsrechte der Betroffenen verfügen (Bieresborn in: von Wulffen, SGB X, § 69 Rn. 22; Elmauer/Schindler, SRa 2007, 81; a. A. Kunkel, LPK-SGB VIII, § 61 Rn. 300, der aus der Datenschutzpflicht das Gegenteil, nämlich eine Berichtspflicht des freien Trägers ableitet, für die es im SGB VIII keine gesetzliche Grundlage gibt).

### 3.3 Wahren des Sozialgeheimnisses

Die Wahrung des Sozialgeheimnisses erfordert, dass Sozialdaten nur unter den Voraussetzungen der §§ 67 – 80 SGB X erhoben, verarbeitet und genutzt werden. Sie umfasst die Verpflichtung, auch innerhalb des Leistungsträgers sicherzustellen, dass Sozialdaten nur Befugten zugänglich sind oder nur an diese weitergegeben werden (§ 35 Abs. 1 Satz 2 SGB I).

Pflichten des Leistungsträgers

Die Leistungsträger haben die technischen und organisatorischen Maßnahmen zu treffen und die Dienstanweisungen zu erlassen, die erforderlich sind, um das Sozialgeheimnis zu wahren (§ 78a SGB X). Sie haben deshalb z. B. für verschließbare Aktenschränke zu sorgen und sicherzustellen, dass nur Befugte Zugang zu Sozialdaten, z. B. in Akten, Computern, Speichermedien erhalten. Sie müssen verhindern, dass Telefongespräche mitgehört, Zugriffe auf Dateien ermöglicht werden usw. (BAG, 13.1.1987 – 1 AZR 267/85).
Sozialdaten sind möglichst zu anonymisieren oder zu pseudonymisieren (§ 78b SGB X – Grundsatz der Datenvermeidung und Datensparsamkeit).

Offenbarungsbefugnis

Befugt ist die Weitergabe von Sozialdaten nur an die Bediensteten, die sich mit der Sache unmittelbar befassen bzw. innerhalb der Behördenorganisation kraft ihrer Aufsichtsbefugnisse für die Sache zuständig sind; denn für alle anderen ist eine Kenntnis nicht erforderlich. Deshalb ist es zulässig, die Bediensteten über Sozialdaten zu informieren, die bei der Erledigung einer Aufgabe mitwirken, z. B. Sachbearbeiter, Beratungs- oder Entscheidungsteam, Vorgesetzte und auch Schreibkräfte (Zweckbindungsprinzip; dazu Deutscher Verein, Gutachten, NDV 1999, 97; Proksch, 1996, 59).

Beispiel

Beantragt ein Empfänger von Arbeitslosengeld II die Übernahme von Mietschulden nach § 22 Abs. 8 SGB II, so darf der Sachbearbeiter im Jobcenter den Sozialarbeiter der zuständigen Abteilung um einen in der Geschäftsanweisung vorgeschriebenen Bericht bitten. Der Bewilligungsbescheid darf von einer Schreibkraft geschrieben, vom Vorgesetzten des Sachbearbeiters unterschrieben und vom Boten zur Poststelle gebracht werden.

Unbefugte Offenbarung

Unzulässig ist die Weitergabe von Information an nicht mit der konkreten Aufgabe befasste Kollegen, auch wenn diese in demselben Zimmer arbeiten oder in einem anderen Amt derselben Behörde tätig sind (Kunkel in: LPK-SGB VIII, § 61 Rn. 63). Was Aufgabe ist, bestimmt sich nach den Vorstellungen desjenigen, der Sozialdaten dem Sozialleistungsträger mitteilt.

Beispiel

Wendet sich eine Frau, die Probleme mit ihrem vierzehnjährigen Sohn hat, an die Bezirkssozialarbeiterin, so geht es um Erziehungsberatung. Die unbefugte Weitergabe der Sozialdaten, die bei der Beratung bekannt geworden sind, an den Kollegen in der Jugendgerichtshilfe ist nicht gestattet.
In einem Jobcenter sitzen jeweils zwei Sachbearbeiter in einem Zimmer. Falls eine Besucherin wünscht, mit einem Sachbearbeiter ohne Anwesenheit des anderen zu sprechen, muss diesem Wunsche entsprochen werden.

## 3.4 Erheben von Sozialdaten

Erheben = Beschaffen von Sozialdaten

Erheben ist das Beschaffen von Sozialdaten (§ 67 Abs. 5 SGB X). Das Beschaffen ist z. B. möglich durch Gespräche mit dem Betroffenen, durch Beobachtung seines Verhaltens, durch Befragung Dritter, durch Lesen von Vermerken, Akten oder Dateien.

Die Vorschriften über die Erhebung, Verarbeitung und Nutzung von Sozialdaten (§§ 67 ff. SGB X und §§ 62 ff. SGB VIII) haben Vorrang vor den allgemeinen Vorgschriften zur Sachverhaltsermittlung durch die Behörden gemäß §§ 20 ff. SGB X, soweit sich die Ermittlung des Sachverhalts auf Sozialdaten erstreckt (§ 37 Satz 3SGB I). Daraus folgt, dass der Leistungsträger bei der Erhebung von Sozialdaten die folgenden Grundsätze beachten muss:

Erforderlichkeit prüfen!

- Das Erheben von Sozialdaten ist nur zulässig, wenn ihre Kenntnis zur Erfüllung einer Aufgabe der erhebenden Stelle nach diesem Gesetzbuch erforderlich ist (§ 67a Abs. 1 SGB X; § 62 Abs. 1 SGB VIII).

  Beispiel

  Hausbesuche bei Personen, die Arbeitslosengeld II beantragen, kann ausnahmsweise zulässig sein, wenn nur durch einen Hausbesuch Tatsachen geklärt werden können, die für den Anspruch bedeutsam sind (LSG Hessen, 30.1.2006 – L 7 AS 1/06 ER).

  Daten dürfen grundsätzlich nicht über den Betroffenen hinweg oder »hinter seinem Rücken«, oder sonst ohne sein Wissen erhoben werden.

  Beispiel

  Die monatelange verdeckte Beobachtung eines Mannes durch einen Sozialdetektiv wegen des Verdachts einer eheähnlichen Beziehung zu einer

Leistungsbezieherin ist unzulässig (OVG Weimar, 25.11.2010 – 3 KO 527/08).

Beim Betroffenen zu erheben!

- Sozialdaten sind gemäß § 67a Abs. 2 SGB X; § 62 Abs. 2–4 SGB VIII bei dem Betroffenen zu erheben (Ersterhebungsgrundsatz).
  Ohne seine Mitwirkung dürfen sie nur unter den in § 67a Abs. 2 SGB X bzw. in § 62 Abs. 3 SGB VIII genannten Voraussetzungen bei anderen Personen oder Stellen erhoben werden. In diesem Falle ist von der erhebenden Stelle in geeigneter Form auf diese Erhebungsmöglichkeiten hinzuweisen.

Beispiel

Bittet eine Frau eine Sozialarbeiterin um Rat in Partnerschafts- und Erziehungsproblemen, darf die Sozialarbeiterin ohne Einwilligung der Betroffenen nicht mit dem Partner und den Kindern Kontakt aufnehmen.
Besteht aber der dringende Verdacht einer gegenwärtigen Gefährdung eines Kindes und ist eine rechtzeitige Klärung mit den Personensorgeberechtigten nicht möglich, dürfen Nachbarn, Erzieherinnen usw. befragt werden.

Sind die Eltern bereit, Hilfeangebote des Jugendamts anzunehmen, darf dieses ohne Einwilligung der Eltern andere Personen und Institutionen, z.B. Kindergarten, Schule, Pflegeeltern nicht befragen; denn soweit es um Leistungen des Jugendamts nach § 2 Abs. 2 SGB VIII geht, sind die Mitwirkungspflichten der Berechtigten in §§ 60 ff. SGB I gesetzlich geregelt. Hiernach kann der Berechtigte u.U. verpflichtet sein, in die Befragung Dritter einzuwilligen, aber nur, wenn andernfalls die Leistungsvoraussetzungen nicht festgestellt werden können. Verweigert er die Einwilligung zu Unrecht, kann die Leistung ganz oder teilweise versagt werden. Das Jugendamt würde aber das Recht auf informationelle Selbstbestimmung verletzen, wenn es – wie in Zeiten der Jugendfürsorge – ohne Einwilligung der Betroffenen Dritte befragte (so auch Schellhorn in: SGB VIII, Rz. 34 ff. zu §§ 61–68).

Über Zweck der Erhebung aufklären!

- Der Betroffene ist über den Zweck der Erhebung der Sozialdaten zu informieren, wenn diese bei ihm erhoben werden (§ 67a Abs. 3 SGB X; § 62 Abs. 2 SGB VIII).

Beispiele

Sucht eine Sozialpädagogin eine Leistungsempfängerin auf, um festzustellen, ob diese mit einem erwerbstätigen Mann zusammenlebt, hat sie den Zweck ihres Besuchs mitzuteilen (LSG Hessen, 30.1.2006 – L 7 AS 1/06 ER).
Macht ein Sozialarbeiter wegen des Verdachts einer Kindesmisshandlung einen Hausbesuch, muss er darüber aufklären, wie er nach § 8a SGB VIII mit den erhobenen Daten verfahren wird und dass notfalls das Familiengericht informiert werden muss.

Betroffene vorher über Rechtsgrundlage aufklären!

- Der Betroffene ist vorher über die Rechtsgrundlage der Erhebung aufzuklären (§ 67a Abs. 3 SGB X, § 62 Abs. 2 SGB VIII).
  Er ist darüber zu informieren, ob er zur Auskunft verpflichtet ist und aufgrund welcher Rechtsvorschrift. Ist er nicht zur Auskunft verpflichtet, ist er auf die Freiwilligkeit der Angaben hinzuweisen.

Bringt die Erteilung der Auskunft ihm Rechtsvorteile, ist er über die Folgen der Verweigerung von Angaben zu informieren.

Beispiel

Hat eine Arbeitsuchende eine Erstausstattung der Wohnung nach § 24 Abs. 3 SGB II beantragt und ermittelt ein »Bedarfsfeststeller«, ob und inwieweit eine Erstausstattung notwendig ist, muss er auf § 20 SGB X als Rechtsgrundlage der Erhebung, auf die Mitwirkungspflichten des Leistungsberechtigten nach §§ 60 ff. SGB I und die Folgen einer Ablehnung der Mitwirkung hinweisen.

Über Aussage-/Zeugnisverweigerungsrecht aufklären!

Die Befragung von Angehörigen im Rahmen der Jugendgerichtshilfe stellt eine Vernehmung gemäß § 252 StPO dar. Deshalb muss der Beschuldigte über seine Aussagefreiheit und sonstige Personen über ihre Zeugnisverweigerungsrechte belehrt werden. Anderenfalls sind die Angaben unverwertbar (BGH, 21.9.2004 – 3 StR 185/04).

Nichtöffentliche Stelle aufklären!

- Werden Sozialdaten statt beim Betroffenen bei einer nichtöffentlichen Stelle erhoben, so ist die Stelle auf die Rechtsvorschrift, die zur Auskunft verpflichtet, sonst auf die Freiwilligkeit ihrer Angaben hinzuweisen (§ 67a Abs. 4 SGB X).

Beispiel

Verlangt ein Jugendamt von einem freien Träger Auskunft über das Fehlverhalten von Eltern, müsste es die Rechtsgrundlage der Auskunftspflicht nennen. Im SGB VIII gibt es aber keine Rechtsvorschrift, die zu einer derartigen Auskunft verpflichtet. Deshalb muss das Jugendamt auf die Freiwilligkeit der Angaben hinweisen. Der freie Träger wird demnach in aller Regel nur mit Einwilligung der Betroffenen dem Jugendamt personenbezogene Daten mitteilen dürfen.

§ 4 Abs. 1 Satz 1 SGB VIII ist – entgegen einer in Jugendämtern immer noch verbreiteten Meinung – keine allgemeine Rechtsgrundlage für Informationsansprüche des Trägers der öffentlichen Jugendhilfe gegen Träger der freien Jugendhilfe (Kunkel in: LPK-SGB VIII, § 4 Rn. 34). Das gilt insbesondere für Auskunftsverlangen, deren Erfüllung zu Verletzungen des Persönlichkeitsrechts führen würde (→ S. 244).

## 3.5 Verarbeiten und Nutzen der Sozialdaten

Beispiel

»Als ich am ersten Tag meines Praktikums in der Erziehungsberatungsstelle den Aktenschrank öffnete, las ich viele Namen, die ich persönlich kenne. … Es war ein merkwürdiges Gefühl und ich fühlte mich unwohl, als ich plötzlich soviel wusste. … So begegnete ich nun in meiner Freizeit Bekannten, Sportkameraden etc., von denen ich sehr viel mehr weiß als sie wissen. …« (Aus dem Bericht eines Praktikanten).

Verarbeiten

Das Verarbeiten von Sozialdaten ist nach der Definition in § 67 Abs. 6 Satz 1 SGB X das Speichern, Verändern, Übermitteln, Sperren und Löschen von Sozialdaten.

Nutzen

Das Nutzen ist nach der Definition in § 67 Abs. 7 SGB X jede Verwendung von Sozialdaten, soweit es sich nicht um Verarbeitung handelt, auch die Weitergabe innerhalb der verantwortlichen Stelle.

Verarbeiten und Nutzen sind gemäß § 67b Abs. 1 SGB X nur zulässig,
- soweit der Betroffene eingewilligt hat oder
- soweit eine Rechtsvorschrift des SGB dies erlaubt oder anordnet.

### 3.5.1 Einwilligung

Vorherige Zustimmung

Einwilligung ist die vorherige Zustimmung. Eine nachträgliche Zustimmung (= Genehmigung) beseitigt die Rechtswidrigkeit nicht.

Datenerhebung beim Betroffenen

Die Einwilligung in die Weitergabe von Sozialdaten und die Einwilligung in die Befragung Dritter durch den Sozialleistungsträger dürfen nur eingeholt werden, wenn der Betroffene eine notwendige Information selbst nicht geben und auch nicht selbst einholen kann (→ S. 259).

Eine systematische Umgehung des Gesetzes liegt vor, wenn die Einwilligung eingesetzt wird, um den vom Gesetz vorgeschriebenen Schutz der Sozialdaten und damit der Privat- und Intimsphäre auszuhebeln.

Beispiele

Das Jobcenter darf nicht die Einwilligung in die Einholung einer Vermieterauskunft verlangen, wenn der Leistungsberechtigte durch Vorlage des Mietvertrags und der Zahlungsbelege die Mietkosten nachweisen kann (LSG Hessen, 22.8.2005 – L 7 AS 32/05 ER).
Das Jugendamt darf die Bewilligung von Hilfen zur Erziehung nicht davon abhängig machen, dass der Leistungsberechtigte dem freien Träger gestattet, dem Jugendamt regelmäßig über die Arbeit mit den Familienangehörigen zu berichten. Zwar ist das Jugendamt verpflichtet, im Verfahren nach § 36 Abs. 2 SGB VIII gemeinsam mit den Eltern regelmäßig zu prüfen, ob die gewählte Hilfeart weiterhin notwendig ist. Jedoch hat es die dafür erforderlichen Daten bei den Leistungsberechtigten zu erheben (§ 62 Abs. 2 SGB VIII).

Hinweispflicht bei Einholen der Einwilligung

Wird die Einwilligung bei dem Betroffenen eingeholt, ist gemäß § 67b Abs. 2 SGB X hinzuweisen
- auf den Zweck der Speicherung;
- auf den Zweck einer vorgesehenen Übermittlung;
- auf die Folgen der Verweigerung der Einwilligung.

Beispiel

Verlangt der Träger der Rentenversicherung, dass der Erwerbsgeminderte seinen behandelnden Arzt von der Schweigepflicht entbindet, hat er darauf hinzuweisen, dass die Erfassung des Gesundheitszustands für die Feststellung erforderlich ist, ob die Erwerbsfähigkeit gemindert ist, und ferner, dass im Falle der Verweigerung der Einwilligung diese Feststellung und damit der Bezug einer Rente unmöglich oder zumindest erschwert wird.

Form

Einwilligung und Hinweis bedürfen der Schriftform, soweit nicht wegen besonderer Umstände eine andere Form angemessen ist (§ 67b Abs. 2 SGB X).
Die Einwilligungserklärung ist im äußeren Erscheinungsbild hervorzuheben, wenn sie zusammen mit anderen Erklärungen schriftlich erteilt wird.

Bestimmtheitserfordernis
Datentransparenz

Die Einwilligung muss sich auf einen Einzelfall beziehen, d. h. auf eine konkrete Mitteilung von Daten aus konkretem Anlass.
Pauschale Einwilligungen sind unwirksam. Sie bewirken für den Betroffenen, dass er nicht mehr wissen kann, wer was über ihn weiß (BVerfG, 23.10.2006 – 1 BvR 2027/02; → S. 242).

Beispiele

Unwirksam sind alle Einwilligungen, die sich auf Daten oder auf die Weitergabe an Personen beziehen, die der Einwilligende nicht kennt.
Unwirksam sind auch Blanko-Einwilligungen für die Zukunft, wie sie oft vor Beginn einer Beratung den Ratsuchenden vorgelegt werden: »Ich bin damit einverstanden, dass meine Angelegenheiten im Team besprochen werden«.

Einwilligung Minderjähriger

Bei der Einwilligung geht es um einen Eingriff in das Persönlichkeitsrecht. Deshalb handelt es sich um eine höchstpersönliche Handlung. Es genügt die natürliche Einsichtsfähigkeit, d. h. dass der Einwilligende die Bedeutung und Tragweite seiner Entscheidung beurteilen kann. Diese Voraussetzung dürfte in aller Regel gegeben sein, wenn der Einwilligende einen Antrag auf Sozialleistungen gestellt und mindestens 15 Jahre alt ist sowie in anderen Fällen gesetzlich vorgesehener Teilhandlungsfähigkeit.
In anderen Fällen, insbesondere bei Kindern ist eine individuelle, auf die konkrete Angelegenheit bezogene Prüfung erforderlich. Nach der Rechtsprechung des BVerfG können auch Kleinkinder (ab ca. 3-4 Jahre) über die natürliche Einsichtsfähigkeit verfügen und einen entsprechenden Willen bilden (BVerfG, 26.9.2006 – 1 BvR 1827/06).
Ist die natürliche Einsichtsfähigkeit gegeben, ist eine Stellvertretung ausgeschlossen. Bei einem Interessenkonflikt mit dem gesetzlichen Vertreter ist ein Verfahrensbeistand zu bestellen (BGH, 14.5.2008 – XII ZB 225/06).

### 3.5.2 Datenspeicherung, -änderung und -nutzung

Speicherung

Die Speicherung von Sozialdaten erfolgt z. B. durch Aufnahme von Gesprächsprotokollen mit Aktenvermerken in Akten oder in Dateien.

Voraussetzungen

Dafür ist grundsätzlich die Einwilligung des Betroffenen erforderlich. Die Speicherung ist ferner zulässig, soweit dies zur Erfüllung der in der Zuständigkeit der speichernden Stelle liegenden gesetzlichen Aufgabe nach dem Sozialgesetzbuch erforderlich ist (§ 67b SGB X; § 63 Abs. 1 SGB VIII).

Beispiele

Erhält die Sozialarbeiterin des ASD einen anonymen Hinweis auf die Misshandlung eines Kindes, darf sie diesen in einem Aktenvermerk festhalten und an den für die Bearbeitung zuständigen Kollegen weitergeben.
Erfährt ein Jugendgerichtshelfer von einem Jugendlichen, dass auch andere Jugendliche Straftaten begangen haben, was bisher nicht bekannt war, so darf diese Information nicht festgehalten werden, wenn sie für den zu erstellenden Bericht ohne Bedeutung ist.

Zweckbindung

Personenbezogene Daten dürfen von derselben Stelle grundsätzlich nur für die Zwecke geändert oder genutzt werden, für die sie erhoben worden sind.
Für andere Zwecke dürfen sie nur gespeichert, verändert oder genutzt werden, wenn
- die Daten für die Erfüllung von Aufgaben nach anderen Rechtsvorschriften des SGB erforderlich sind und
- der zu Schützende im Einzelfall eingewilligt hat (§ 67c Abs. 1 und 2 SGB X).

Beispiel

Eine Sozialpädagogin im Jugendamt darf ohne Einwilligung der Eltern das Familiengericht im Rahmen eines Sorgerechtsverfahrens nicht über die Sozialdaten informieren, die im Jugendamt über die vor einiger Zeit durchgeführte Trennungsberatung nach § 17 SGB VIII in Form von Gesprächsvermerken gespeichert worden sind. Von § 50 SGB VIII ist nur erfasst, dass eine Beratung erfolgt.

Die früher weitgehend übliche Nutzung von »Familienakten« für alle anfallenden Aufgaben und Mitglieder einer Familie ist demnach gesetzwidrig.
Für den Bereich der Jugendhilfe ist die Zweckbindung erheblich verstärkt: Unzulässig ist die Weitergabe von Sozialdaten gemäß § 69 SGB X zur Erfüllung gesetzlicher Aufgaben auch dann, wenn dadurch der Erfolg einer zu gewährenden Leistung in Frage gestellt wird (§ 64 SGB VIII). Das ist z. B. der Fall, wenn zu befürchten ist, dass eine Alleinerziehende jeden weiteren Kontakt mit dem Jugendamt ablehnen wird, wenn die Familienhelferin gegen ihren Willen das Jobcenter über nicht angezeigte Einnahmen informiert.

Für andere Zwecke?

Die Speicherung, Veränderung oder Nutzung für Aufsichts-, Kontroll-, Rechnungsprüfungs-, für Ausbildungs- und Prüfungszwecke ist zulässig, soweit dies für die verantwortliche Stelle erforderlich ist.

Zu Ausbildungszwecken?

Zusätzlich setzt die Nutzung für Ausbildungs- und Prüfungszwecke voraus, dass schutzwürdige Interessen der zu Schützenden nicht entgegenstehen (§ 67c Abs. 3 und 5 SGB X).

Erforderlich?

- »Erforderlich« ist die Weitergabe des Namens und Anschrift der zu Schützenden in aller Regel nicht; denn der Ausbildungsweck lässt sich auch durch das Lesen anonymisierter/pseudonymisierter Akten erreichen.

- »Schutzwürdige Interessen« der zu Schützenden stehen einer Nutzung für Ausbildungszwecke in aller Regel entgegen, wenn in der Akte Daten aus der Privat- und Intimsphäre gespeichert sind (LG Bochum, 10.11.2004 – 1 AR 16/04). Das gilt insbesondere, wenn anvertraute Daten im Sinne des § 203 StGB oder § 65 SGB VIII gespeichert sind; denn für die Nutzung zu Ausbildungszwecken gibt es – außer der Einwilligung der zu Schützenden – keine Offenbarungsbefugnis (→ S. 241).

Schutzwürdige Interessen?

Wer Praktikanten zu Ausbildungszwecken Akten zugänglich macht, die anvertraute Daten enthalten, macht sich strafbar (§ 203 StGB, → S. 248 und → S. 280).
Wer unbefugt Sozialdaten zugänglich macht, begeht eine Ordnungswidrigkeit, die mit Geldbuße geahndet werden kann (§ 85 Abs. 2 Nr. 1 SGB X).
Außerdem kann der Verstoß gegen das Sozialgeheimnis eine Schadensersatzpflicht nach § 82 SGB X und nach § 839 BGB/Art. 34 GG auslösen (→ S. 432).

Folgen rechtswidrigen Datengebrauchs

Nur die in § 35 SGB I genannten Stellen (→ S. 254), nicht also Hochschulen, dürfen erhobene oder gespeicherte Sozialdaten für Zwecke der wissenschaftlichen Forschung im Sozialleistungsbereich oder der Planung im Sozialleistungsbereich nutzen (zu weiteren Einzelheiten § 67c Abs. 5 SGB X).

Zu Forschungszwecken?

### 3.5.3 Übermittlung von Sozialdaten

Beispiel

Ein Jugendamt versendet an alle freien Träger, die sozialpädagogische Familienhilfe anbieten, eine Information, in der Name, Anschrift und die Problematik einer Familie dargestellt sind, mit der Bitte um Rückmeldung, ob der freie Träger bereit ist, die Hilfe für die Familie zu übernehmen. Die Mitteilung von Name und Anschrift ist für die Aufgabenerfüllung nicht erforderlich und deshalb unzulässig.
Eine Sozialpädagogin im städtischen Jugendzentrum teilt einer Polizistin mit, der 16-jährige Markus sei vor einer Stunde mit einer Lederjacke, die er bisher noch nicht getragen habe, in den Billardraum gekommen und halte sich dort noch auf.

Begriff

Eine Übermittlung von Sozialdaten liegt immer dann vor, wenn Personen oder Stellen informiert werden, die für die Bearbeitung der Sache nicht zuständig sind.

Zulässigkeit

Sie ist zulässig, wenn der zu Schützende gemäß § 67b SGB X wirksam eingewilligt hat oder wenn die Voraussetzungen der §§ 67e bis 77 SGB X oder einer anderen Rechtsvorschrift des Sozialgesetzbuchs erfüllt sind (§ 35 Abs. 2 SGB I). Diese Vorschriften sind Sondervorschriften für die Übermittlung von Sozialdaten und haben Vorrang vor den allgemeinen Vorschriften.

Befugnisse zur Übermittlung

Bei den Übermittlungsbefugnissen, die in den §§ 67e – 77 SGB X geregelt sind, handelt es sich tatsächlich um Übermittlungspflichten;

denn die Leistungsträger sind aufgrund Art. 35 GG verpflichtet, allen anderen Behörden Rechts- und Amtshilfe zu leisten. Diese Pflicht wird zwar durch § 35 SGB I für personenbezogene Daten grundsätzlich aufgehoben. Jedoch wird in §§ 67e – 77 SGB X abweichend davon die Übermittlung zugelassen, so dass insoweit die allgemeine Amtshilfepflicht wieder eingreift.
Aus allgemeinen Rechtsvorschriften wie z.B. den Vorschriften über die Amtshilfe und der allgemeine Pflicht zur Zeugenaussage in der StPO, der ZPO und dem FGG, können keine weiteren Übermittlungspflichten der Leistungsträger abgeleitet werden. Das bedeutet, dass vor jeder Übermittlung zu prüfen ist, ob sich aus einer der SGB-Sondervorschriften eine Übermittlungsbefugnis ergibt.

Beispiel

Ein Jugendamt darf ein Amtshilfeersuchen einer anderen Behörde nur erfüllen, wenn eine Amtshilfepflicht und zusätzlich eine Übermittlungsbefugnis nach einer Rechtsvorschrift des SGB besteht (§§ 68, 69, 70, 71, 73, 74 SGB X).

Eine Übermittlungsbefugnis kann sich aus § 69 Abs. 1 Nr. 1 SGB X ergeben, wenn der Leistungsträger selbst ein Gerichtsverfahren einleitet, ferner aus §§ 71, 73 und 74 SGB X.
Weitere Einschränkungen der Übermittlungsbefugnisse bzw. weitergehende Übermittlungsbefugnisse können sich aus den Besonderen Teilen des SGB ergeben. Besonders bedeutsam für die Arbeit in der Kinder- und Jugendhilfe sind die Einschränkungen der Übermittlungsbefugnisse durch § 64 Abs. 2 und § 65 SGB VIII (→ S. 278; BVerfG, 12.4.2005 – 2 BvR 1027/02).

Ohne Befugnis – keine weiteren Pflichten

Ist nach den SGB-Vorschriften eine Übermittlung nicht zulässig, besteht insoweit auch keine Auskunftspflicht, keine Zeugnispflicht der Mitarbeiter und keine Pflicht zur Vorlegung oder Auslieferung von Schriftstücken (§ 35 Abs. 3 SGB I).
In diesem Fall darf keine Aussagegenehmigung erteilt werden (→ S. 287). Wäre eine Übermittlung zulässig, darf der SozA/SozP nur mit vorheriger Genehmigung des Dienstvorgesetzten aussagen. Dieser muss die Genehmigung verweigern, wenn durch die Aussage öffentliche Aufgaben gefährdet werden.

Beispiel

Eine Sozialpädagogin, die in einem sozialen Brennpunkt eine Vertrauensbeziehung zu einer Gruppe von Mädchen aufgebaut hat, befürchtet, dass die Arbeit nicht fortgeführt werden kann, wenn sie in einem Strafverfahren wegen sexuellen Missbrauchs Aussagen zur Glaubwürdigkeit eines der Mädchen ohne dessen Einwilligung machen wird.

Vorlegung von Akten?

Sozialleistungsträger sind nach § 35 Abs. 3 SGB I grundsätzlich nicht verpflichtet, der Staatsanwaltschaft oder einem Strafgericht Akten oder Dateien vorzulegen oder auszuliefern, die Sozialdaten enthalten; denn die Vorschrift lässt die Vorlage von Akten und die Auskunft über den Inhalt von Akten nur insoweit zu, wie eine Übermittlungsbefugnis besteht. Die Bestimmungen der verschiedenen Prozessordnungen über die Vorlegung bzw. Beschlagnahme von Akten sind somit sehr eingeschränkt (z. B. §§ 94ff. StPO; § 99 VwGO). In der Regel muss deshalb die von den Gerichten verlangte Vorlage von Akten bzw. Auskunftserteilung über den Inhalt vom Leistungsträger abgelehnt werden.

Rechtsmittel gegen unzulässige Datenherausgabe

Gegen gerichtliche Ersuchen, die auf eine unzulässige Vorlage gerichtet sind, kann der Leistungsträger sich durch einen Sperrvermerk der zuständigen obersten Dienstbehörde schützen (§ 96 StPO; § 99 Abs. 1 Satz 2 VwGO; § 119 SGG).
Gegen die Anordnung der Beschlagnahme kann er Beschwerde einlegen und beantragen, die Vollziehung der Beschlagnahme auszusetzen (§§ 304, 307 StPO; dazu Kunkel in: Lehmann 2006, 244).
Soweit Sozialdaten Unbeteiligter bei Durchsuchungen oder Beschlagnahmen von Akten durch die Staatsanwaltschaft bekannt werden, kommt zum Schutz des Grundrechtes auf informationelle Selbstbestimmung und zur effektiven Wahrung des Vertrauensverhältnisses der Berufsgeheimnisträger ein Beweisverwertungsverbot in Betracht (BVerfG, 12.4.2005 – 2 BvR 1027/02; zu E-Mails: BVerfG, 16.6.2009 – 2 BvR 902/06).

Mangelnde Kenntnis der Juristen vom Datenschutz

Durch den Sozialdatenschutz wird die Sozialverwaltung von anderen Behörden und den Gerichten »abgeschottet«. Trotz der klaren Gesetzesregelung haben aber Gerichte versucht, sich ohne Berücksichtigung der Folgen für die Arbeit mit den Betroffenen den Zugriff auf vom Sozialdatenschutz erfasste Daten zu erzwingen, indem sie die Vorlage von Akten verlangen, Durchsuchungen anordnen, Akten beschlagnahmen oder SozA/SozP zu Zeugenaussagen zwingen (Kunkel in: LPK-SGB VIII, 2014, § 61 Rn. 226 m. w. N.).
Dies dürfte häufig darauf zurückzuführen sein, dass die Zivil- und Strafrichter, die Juristen in den Rechtsämtern der Kommunen und die Juristen der freien Träger zwar die von ihnen regelmäßig anzuwendenden Gesetze, nicht aber die Vorschriften des Sozialgesetzbuchs und die einschlägige Rechtsprechung kennen (wollen).
Sehr deutlich und zu Recht nannte das OLG Celle den Beschluss eines Landgerichts, mit dem dieses der Polizei erlaubte, die Räume eines Sozialamts zu durchsuchen und sämtliche Akten zu beschlagnahmen, die auf den Namen eines Angeklagten lauten,

> »objektiv willkürlich. Willkür liegt vor, wenn die Entscheidung unter keinem rechtlichen Aspekt rechtlich vertretbar ist und sich der Verdacht aufdrängt, dass sie auf sachfremden Überlegungen beruht« (OLG Celle, 30.7.1997 – 2 Ws 157/97).

Übermittlung im Rahmen der Amtshilfe

Zur Übermittlung von Sozialdaten sind Sozialleistungsträger nach § 68 SGB X nur verpflichtet, wenn eine der folgenden Stellen darum ersucht:
- Polizeibehörden, Staatsanwaltschaften, Gerichte, Justizvollzugsanstalten;
- Behörden der Gefahrenabwehr (Ordnungs-, Ausländer-, Gesundheitsämter);
- Behörden, die einen öffentlich-rechtlichen Anspruch in Höhe von mindestens 600 Euro gegen den Betroffenen vollstrecken wollen.

Keine Amtshilfe freier Träger

Freie Träger sind keine Behörden. Sie haben kein Recht auf Amtshilfe und sind auch nicht zur Amtshilfe verpflichtet.

Einschränkungen

Das Ersuchen darf sich nur auf einen Einzelfall beziehen und nicht länger als sechs Monate zurückliegen.

Die Übermittlungsbefugnis des Sozialleistungsträgers ist auf Name, Vorname, Geburtsdatum, Geburtsort, derzeitige Anschrift; derzeitiger und künftiger Aufenthalt des Betroffenen sowie die Anschriften des derzeitigen Arbeitgebers beschränkt.

Eine Übermittlung ist ausgeschlossen, soweit Grund zur Annahme besteht, dass dadurch schutzwürdige Interessen des Betroffenen beeinträchtigt werden, z. B. wenn als Anschrift eine Justizvollzugsanstalt genannt werden müsste. Dazu sollte der Betroffene gehört werden (§ 68 Abs. 1 Satz 1 SGB X).
Die Übermittlung ist auch unzulässig, wenn die ersuchende Stelle die Angaben auf andere Weise beschaffen kann, z. B. durch Auskunft aus dem Melderegister (§ 68 Abs. 1 Satz 2 SGB X).

§ 68 SGB X ist nicht nur auf Ersuchen anderer Behörden anzuwenden, sondern auch auf Ersuchen anderer Stellen derselben Behörde, aber nur, wenn diese Aufgaben der Gefahrenabwehr wahrnehmen.

Beispiel

Unzulässig ist demnach die kurze telefonische Durchgabe von Sozialdaten durch einen Sozialarbeiter im Jugendamt an den Kollegen aus dem Gesundheitsamt.

Entscheidungsbefugnis

Über das Übermittlungsersuchen entscheidet der Leiter der ersuchten Stelle, sein allgemeiner Vertreter oder ein besonders bevollmächtigter Bediensteter.

Weitergehende Übermittlungsbefugnisse können sich u.a. aus §§ 69, 71, 73 SGB X ergeben.

Übermittlung zur Erfüllung sozialer Aufgaben

In der Praxis ist § 69 Abs. 1 Nr. 1 SGB X die wichtigste Übermittlungsbefugnis. Die Vorschrift gestattet die Übermittlung von Sozialdaten, sofern und soweit dies für die Erfüllung einer gesetzlichen Aufgabe nach dem SGB erforderlich ist. Dabei kann es sich um die Erfüllung einer eigenen Aufgabe des Leistungsträgers oder um die Aufgabenerfüllung eines anderen Leistungsträgers handeln.

Beispiele

Ein Jugendamt ist im Rahmen der Familiengerichtshilfe befugt, gutachtliche Stellungnahmen an das zuständige Gericht zu übermitteln, die Sozialdaten enthalten (§ 50 Abs. 2 SGB VIII). Hat ein zu begutachtendes Kind lange Zeit im Bezirk eines anderen Jugendamtes gelebt, ist dieses auf Ersuchen befugt, die Daten mitzuteilen, die für die Stellungnahme bedeutsam sind.
Umgekehrt ist es einem anderen Jugendamt, das einen Bericht zu erstellen hat, zur Mitteilung der erforderlichen Daten verpflichtet, wenn und soweit es diese Daten übermitteln darf. Sind die Daten z. B. zu einem anderen

Zweck erhoben worden, dürfen sie nur mit Einwilligung der Betroffenen übermittelt werden.

Zweckbindung

Die für einen bestimmten Zweck erhobenen Daten dürfen grundsätzlich nicht für einen anderen Zweck verwandt werden. Bei einer Verwendung zu einem anderen Zweck ist entweder die Einwilligung des Betroffenen oder eine spezielle gesetzliche Grundlage erforderlich (§ 67c Abs. 2 SGB X).

Erhebung beim Betroffenen

Stets ist auch sorgfältig nach dem Ersterhebungsgrundsatz zu prüfen, ob es für die Aufgabenerfüllung erforderlich ist, einen Dritten einzuschalten; denn Informationen, die der Betroffene geben kann, sollen zunächst bei diesem eingeholt werden.

Übermittlung an Private, freie Träger, Polizei

Je nach Art der Aufgabe kann es erforderlich sein, dass ein Leistungsträger z. B. Gerichten, Privatpersonen, freien Trägern, Arbeitgebern, der Polizei Sozialdaten mitteilt.

Beispiele

Die gesetzliche Aufgabe der Beratung und Unterstützung der Pflegeeltern nach § 37 Abs. 1 SGB VIII erfordert deren Information über die leiblichen Eltern und die bisherige Entwicklung des Pflegekindes.
Die Anzeigepflicht nach § 8a SGB VIII gegenüber dem Familiengericht kann durch Weitergabe personenbezogener Daten wegen einer Kindesmisshandlung erfüllt werden.
Nimmt das Jugendamt ein Kind gemäß § 42 SGB VIII in Obhut und bringt es im Heim eines freien Trägers unter, darf das Jugendamt den freien Träger und dessen pädagogische Mitarbeiter über die für die pädagogische Arbeit erforderlichen Daten informieren. Der freie Träger ist dann derselben Geheimhaltungspflicht unterworfen wie das Jugendamt (§ 78 SGB X).
Eine Übermittlungsbefugnis des Jugendamts besteht nicht, wenn der freie Träger eine eigene Aufgabe durchführt, z. B. Erziehungs- und Jugendberatung anbietet oder Wohnungslose betreut, selbst wenn öffentliche Zuschüsse gezahlt werden.

Das Zweckbindungsprinzip gilt nicht, wenn der Leistungsträger Sozialdaten auf das Amtshilfeersuchen einer anderen in § 35 SGB I genannten Stelle übermittelt, die diese zur Erfüllung ihrer sozialgesetzlichen Aufgaben benötigt.

Beispiel

Der Träger der Rentenversicherung hat dem Sozialamt die Höhe der Rente mitzuteilen, die ein Sozialhilfebezieher erhält.

Erhebung beim Betroffenen

Das Ersuchen ist nur zulässig, wenn der Ersterhebungsgrundsatz beachtet worden ist.

Übermittlung zur Durchführung von Gerichtsverfahren

Der Leistungsträger darf Sozialdaten übermitteln, soweit dies zur Erfüllung einer Aufgabe nach dem Sozialgesetzbuch erforderlich ist, wenn er als Kläger oder Beklagter an einem Gerichtsverfahren beteiligt ist.

Beispiel

Klagt ein Empfänger von Arbeitslosengeld II gegen einen Aufhebungs- und Erstattungsbescheid, so darf der Träger dem Sozialgericht die Sozialdaten übermitteln, die erforderlich sind, um darzulegen, dass die angefochtenen Bescheide rechtmäßig sind.

Strafverfahren bei Kindesmisshandlung

Die Einleitung von Strafverfahren wegen Kindesmisshandlung gehört grundsätzlich nicht zu den Aufgaben des Jugendamts, das für die Kinder- und Jugendhilfe, nicht aber für die Bestrafung der Eltern zuständig ist. Es ist im Falle einer Kindesmisshandlung gesetzlich verpflichtet, vorrangig nach § 8a SGB VIII vorzugehen und notfalls das Familiengericht einzuschalten, aber grundsätzlich nicht verpflichtet, die Polizei bzw. Staatsanwaltschaft zu informieren, um eine Strafverfolgung einzuleiten.
Die Einleitung eines Strafverfahrens durch SozA/SozP gegen den Willen der betroffenen Eltern bzw. Kinder zerstört die Vertrauensgrundlage, führt lediglich zu Sanktionen gegen die Eltern, die das Verhältnis zum Kind nicht verbessern und wird häufig zur Ablehnung weiterer sozialer Hilfe zum Nachteil des Kindes führen (Busch, S. 104). Außerdem kann die Durchführung eines Strafverfahrens das Opfer und die Angehörigen schwer und nachhaltig belasten. Deshalb halten die Arbeitsgemeinschaft der Obersten Landesjugendbehörden und die Jugendminister und -senatoren der Länder daran fest, dass Strafanzeigen in der Regel keine Hilfe für die Betroffenen sind.

> »Auch wenn man nach sorgfältiger Prüfung zu dem Ergebnis kommt, dass die Erstattung einer Anzeige zulässig wäre, ist nochmals zu prüfen, ob sie zur Erfüllung der Aufgaben des Jugendamts zweckdienlich ist. Oft kann das Jugendamt ohne sie wirkungsvoller helfen. Dies muss in jedem Einzelfall geprüft werden« (ZfJ 1992, 32; LJA Rheinland, 2010, 52).

Besteht jedoch der dringende Verdacht, dass ein Kind sexuell missbraucht wird, lehnen die Eltern jeden Kontakt mit dem Jugendamt ab und ist das Familiengericht nicht bereit, in der Sache tätig zu werden, bleibt als letzte Möglichkeit zum Schutz des Kindes die Erstattung einer Strafanzeige (Kunkel in: LPK-SGB VIII, § 61 Rn. 124), um mit den Möglichkeiten des Strafverfahren eine Klärung und den Schutz des Opfers zu erreichen: Durchsuchung, Vernehmung der Opfer und des Verdächtigten, Untersuchung, Inhaftierung (§§ 102, 114 StPO).

Besondere Übermittlungspflicht

In § 71 SGB X wird die Übermittlung von Sozialdaten zur Erfüllung besonderer gesetzlicher Mitteilungspflichten zugelassen.

Allgemeine Übermittlungsbefugnisse

SozA/SozP können zur Übermittlung von Sozialdaten verpflichtet sein, wenn dies zur Abwendung geplanter schwerer Straftaten erforderlich ist (→ S. 243).

Nach § 71 Abs. 3 SGB X ist eine Übermittlung von Sozialdaten zulässig, soweit es nach pflichtgemäßem Ermessen des Leistungsträgers erforderlich ist, dem Betreuungsgericht die Bestellung eines Betreuers oder eine andere Maßnahme in Betreuungssachen zu ermöglichen.

Eine Sozialarbeiterin bemerkt bei einem Gespräch mit einer älteren Frau, dass diese nicht mehr selbständig leben kann. Beispiel

Erweiterte Befugnisse bei Ausländern

Der Kontakt eines Ausländers mit einem Jugend- oder Sozialamt kann unabsehbare ausländerrechtliche Konsequenzen auslösen, weil der Sozialdatenschutz im Verhältnis zur Ausländerbehörde erheblich eingeschränkt ist.
Leistungsträgern wird in § 71 Abs. 2 und 2a SGB X die Befugnis eingeräumt, zahlreiche Sozialdaten an Ausländerbehörden zu übermitteln.

Auf Ersuchen der Ausländerbehörde

Alle öffentlichen Stellen mit Ausnahme der Schulen, Erziehungs- und Bildungseinrichtungen sind verpflichtet, auf Ersuchen der Ausländerbehörde alle Umstände mitzuteilen, die für die Erfüllung ausländerrechtlicher Aufgaben erforderlich sind (§ 87 Abs. 1 AufenthG).

Auch ohne Ersuchen

Ohne Ersuchen haben sie die Ausländer- bzw. Polizeibehörde zu unterrichten, wenn sie Kenntnis von einem unerlaubten Aufenthalt eines Ausländers oder einem sonstigen Ausweisungsgrund erlangen, z. B. Bezug von Sozialhilfe, Fremdunterbringung eines Kindes (§§ 87 Abs. 2, 55 AufenthG).

Einschränkungen

Diese Verpflichtungen bestehen allerdings nicht, soweit gesetzliche Verwendungsregelungen (z. B. die Vorschriften über den Sozialdatenschutz) und die strafrechtliche Schweigepflicht entgegenstehen (§ 88 Abs. 1 AufenthG; VV zum AufenthG, Abschnitt 88.1 ff.; Kunkel in: LPK-SGB VIII, § 61 Rn. 149 ff.).

Der Gesetzgeber hat bei der Formulierung der Übermittlungsbefugnisse offenbar übersehen, dass es Fälle der akuten Gefährdung wichtiger Rechtsgüter gibt, für die eine Übermittlungsbefugnis nicht besteht.

Übergesetzlicher Notstand

Es wird die Auffassung vertreten, dass allgemein zwar keine Pflicht, aber eine im pflichtgemäßen Ermessen stehende Befugnis zum Bruch des Sozialgeheimnisses gegeben sei, wenn eine akute, erhebliche und nicht anders abwendbare Gefahr für Leib, Leben, persönliche Freiheit oder ein ähnlich wichtiges Rechtsgut bestehen (ausführlich dazu: Kunkel in: LPK-SGB VIII, § 61 Rn. 193 ff.).
Bei akuter Lebensgefahr und vergleichbar erheblicher Gefahr für ein anderes erhebliches Rechtsgut ist sogar eine Pflicht zur Information eines Angehörigen, eines Arztes oder einer anderen Person, die Hilfe leisten könnte, nach § 323c StGB anzunehmen (BGH, 26.10.1982 – 1 StR 413/82; OLG Frankfurt am Main, 8.7.1999 – 8 U 67/99; dazu Spickhoff, NJW 2000, 848 m. w. N.; EGMR, 5.3.2009 – 77144/01).

Übermittlung für Strafverfahren

§ 73 SGB X erlaubt die Übermittlung von Sozialdaten zur Durchführung eines Strafverfahrens.

Richterliche Anordnung

Der Leistungsträger darf Sozialdaten nur aufgrund der Anordnung eines Richters übermitteln. Polizei und Staatsanwaltschaft haben keinen eigenen Anspruch auf Auskunft.

Beispiel

Kommt ein Polizist zu einer städtischen Kindertagesstätte, um unauffällig festzustellen, ob bei einem Kind Spuren von Misshandlungen durch die Eltern sichtbar sind, darf er nicht eingelassen werden.

Polizei und Staatsanwaltschaft können aber eine richterliche Anordnung beantragen. Diese kann auf die Erteilung einer Auskunft, die Herausgabe von Akten oder die Vernehmung von Mitarbeiter/-innen des Sozialleistungsträgers gerichtet sein (→ S. 265).

Liegt eine richterliche Anordnung vor, Sozialdaten zur Durchführung eines Strafverfahrens wegen eines Verbrechens oder einer sonstigen Straftat von erheblicher Bedeutung zu übermitteln, so besteht grundsätzlich eine Übermittlungsbefugnis hinsichtlich aller Sozialdaten.

Bei Verbrechen

Verbrechen sind rechtswidrige Taten, die im Mindestmaß mit einer Freiheitsstrafe von einem Jahr oder darüber bedroht sind (§ 12 Abs. 1 StGB).

Beispiele

Vergewaltigung; sexuelle Nötigung; Mord; Totschlag; schwere Körperverletzung; Raub; räuberische Erpressung; Brandstiftung; Handel und Einfuhr von Drogen nach § 30 Betäubungsmittelgesetz.

Bei Vergehen

Vergehen sind rechtswidrige Taten, die im Mindestmaß mit einer geringeren Freiheitsstrafe als einem Jahr oder die mit Geldstrafe bedroht sind (§ 12 Abs. 2 StGB).

Beispiele

Falsche uneidliche Aussage; Beleidigung; Körperverletzung; Kindesmisshandlung; Freiheitsberaubung; Kindesentziehung; Diebstahl einschließlich des besonders schweren Diebstahls; Betrug; Urkundenfälschung; Sachbeschädigung; Besitz von Drogen nach § 29 Betäubungsmittelgesetz.

Erhebliche Bedeutung

Ob ein Vergehen von erheblicher Bedeutung ist, hat das Jugendamt zu beurteilen; denn es ist seine Aufgabe, das SGB VIII anzuwenden und durchzuführen. Erhebliche Bedeutung wird ein Vergehen regelmäßig haben, wenn der angerichtete Schaden ungewöhnlich hoch ist und ein besonderes Allgemeininteresse an der Strafverfolgung besteht (Kunkel in: LPK-SGB VIII, § 61 Rn. 173).

Beispiele

Stiehlt eine alleinerziehende Bezieherin von Arbeitslosengeld II Süßigkeiten, kleine Spielsachen oder Schulsachen für ihre Kinder, dürften ihre Vergehen selbst dann keine erhebliche Bedeutung haben, wenn sie rückfällig geworden ist.
Erhebliche Bedeutung dürfte aber das Vergehen des Alg II-Beziehers haben, der über Jahre dem Jobcenter verschwieg, dass er aus Vollzeitarbeit Einnahmen von netto 1.500 Euro monatlich bezog.

Bestehen im Falle der Kindesmisshandlung bzw. des sexuellen Missbrauchs konkrete Anhaltspunkte dafür, dass mit Hilfe des Jugendamts eine Schadensbegrenzung oder -minderung erfolgen kann, die durch ein Strafverfahren erschwert oder ausgeschlossen würde, hat der Schutz des Opfers Vorrang vor der Strafverfolgung (§ 64 Abs. 2 SGB VIII; siehe auch → S. 268).
Das Jugendamt ist nicht verpflichtet, ein Strafverfahren zu fördern, das vom Opfer als erneute Gewalthandlung erlebt wird (zum Opferschutz im Verfahren: Celebi, ZRP 2009, 110).

Liegt eine richterliche Anordnung vor, die sich auf die Aufklärung eines Vergehens bezieht, das nicht von erheblicher Bedeutung ist, beschränkt sich die Übermittlungsbefugnis auf Angaben über Vor- und Familiennamen, Geburtsdatum, Geburtsort, derzeitige und frühere Anschriften des Betroffenen, Name und Anschriften seiner derzeitigen und früheren Arbeitgeber und erbrachte oder demnächst zu erbringende Geldleistungen.

Keine Vernehmung eines SozA/SozP ohne Aussagegenehmigung

Ordnet ein Richter die Vernehmung eines SozA/SozP über dienstlich bekannt gewordene Tatsachen an, so darf der SozA/SozP als Zeuge nur aussagen, wenn und soweit der Dienstherr eine Aussagegenehmigung erteilt hat (→ S. 265 und → S. 287). Unzulässig ist die Aussage über Sozialdaten, zu deren Übermittlung der Leistungsträger nicht befugt ist (§ 35 Abs. 3 SGB I).

Übermittlung in Unterhalts- und Versorgungsausgleichssachen

Leistungsträger dürfen nach § 74 Abs. 1 Nr. 1 SGB X Sozialdaten an ein Zivilgericht oder, sofern ein Vollstreckungsverfahren durchgeführt wird, auch an einen Gerichtsvollzieher nur übermitteln, wenn das Verfahren gesetzliche oder vertragliche Unterhaltsansprüche oder Ersatzansprüche bzw. den Versorgungsausgleich betrifft.
Die Vorschrift ist für SozA/SozP von Bedeutung, die Unterhaltsansprüche gerichtlich geltend machen, z. B. als Amts- und Vereinsvormund oder Unterhaltspfleger. Sie können beantragen, dass das Gericht bzw. der Gerichtsvollzieher eine Auskunft beispielsweise über die Höhe der dem Unterhaltspflichtigen zustehenden Sozialleistungen bei dem Leistungsträger einholen.

Ausnahmsweise Übermittlung an Privatpersonen

Nach § 74 Abs. 1 Nr. 2 SGB X können Sozialdaten außerhalb eines gerichtlichen oder Vollstreckungsverfahrens für die Geltendmachung eines gesetzlichen oder vertraglichen Unterhaltsanspruchs oder eines Ausgleichsanspruchs im Rahmen des Versorgungsausgleichs den Personen bzw. Stellen übermittelt werden, die Anspruch auf Auskunft nach den Vorschriften des BGB haben, z. B. Ehegatten und Verwandte in gerader Linie, Jobcenter und Sozialämter als Inhaber übergeleiteter Unterhaltsansprüche.

Voraussetzung

Die Übermittlung ist aber erst dann zulässig, wenn der Auskunftsberechtigte dem Leistungsträger nachweist, dass der Auskunftsverpflichtete zur Auskunftserteilung aufgefordert und unter Hinweis auf die Übermittlungsbefugnis der in § 35 SGB I genannten Stelle hieran erinnert worden ist, gleichwohl aber binnen angemessener Frist keine Auskunft erteilt hat (zur Dauer der Frist: Kunkel in: LPK-SGB VIII, § 61 Rn. 179).

Beispiel

Ein arbeitsloser Ehemann zahlt an Ehefrau und Kinder keinen Unterhalt. Die Ehefrau kann ihn zur Auskunft auffordern, mahnen, eine Frist von drei Wochen setzen und dann unter Vorlage des Schriftwechsels bei der zuständigen Agentur für Arbeit Auskunft über die Höhe des Arbeitslosengeldes, Beginn und evtl. Ende der Zahlung verlangen.

Da dieses Verfahren mehrere Monate dauern kann, ist es für eine Soforthilfe nicht geeignet. Diese lässt sich evtl. durch Antrag auf Abzweigung nach § 48 SGB I erreichen (→ S. 301 ff.).

Einschränkung der Übermittlungsbefugnis bei besonders schutzwürdigen persönlichen Daten

Die Übermittlungsbefugnisse nach §§ 68 bis 75 SGB X bestehen gemäß § 76 SGB X nicht, wenn dem Leistungsträger Sozialdaten von einer Person zugänglich gemacht worden sind, die der Schweigepflicht gemäß § 203 Abs. 1 und 3 StGB unterliegt.
In diesem Falle darf der Träger die ihm mitgeteilten Sozialdaten nur übermitteln, wenn die Voraussetzungen vorliegen, unter denen die übermittelnde Person selbst offenbarungsbefugt wäre, d.h. im Falle der Einwilligung des Betroffenen, einer gesetzlichen Mitteilungspflicht oder eines rechtfertigenden Notstandes gemäß § 34 StGB (→ S. 244).

Beispiel

Der Sozialarbeiter eines freien Verbandes, dem ein Jugendlicher Geheimnisse im Sinne des § 203 StGB anvertraut hatte, teilt diese dem Jugendgerichtshelfer im Kreisjugendamt mit, weil er hofft, dadurch für den Jugendlichen die Aussetzung einer drohenden Jugendstrafe zur Bewährung erreichen zu können. Der Jugendgerichtshelfer ist als Mitarbeiter des Leistungsträgers Jugendamt dann nicht befugt, die ihm zugänglich gemachten Geheimnisse ohne Einwilligung des Jugendlichen dem Jugendgericht mitzuteilen.

Auch trägerinterner Schutz

§ 76 SGB X gilt für SozA/SozP, die bei einem Leistungsträger angestellt sind, auch innerhalb der Organisation des Leistungsträgers.

Zweckbindung und Geheimhaltungspflicht des Empfängers

Hat ein Leistungsträger Sozialdaten nach den §§ 67 – 77 SGB X übermittelt, so ist der Empfänger gemäß § 78 SGB X verpflichtet, diese Daten nur zu dem Zweck zu verwenden, zu dem sie ihm befugt übermittelt worden sind (§ 78 SGB X).

Beispiele

Hat das Jugendamt Pflegeeltern über die bisherige Entwicklung des Pflegekindes informiert (§ 69 SGB X), so dürfen die Eltern diese Information nur im Rahmen ihrer Erziehungsaufgabe verwenden. Eine Weitergabe an Dritte ist allenfalls zulässig, wenn dies aus pädagogischen Gründen unabweisbar ist, z.B. im Falle großer Schwierigkeiten in der Schule an den Lehrer, um diesem eine angemessene Reaktion zu ermöglichen.
Banken und Sparkassen dürfen bei Überweisung von Sozialleistungen die dadurch bekannt gewordenen Informationen nicht an Dritte weitergeben, z.B. an die Schufa.

Ausnahmen

In Abweichung von diesem Grundsatz sieht § 78 Abs. 1 Satz 2 SGB X vor, dass an Polizeibehörden, Staatsanwaltschaften, Gerichte und Behörden der Gefahrenabwehr übermittelte Sozialdaten unabhängig vom Zweck der Übermittlung für Zwecke der Gefahrenabwehr, für Zwecke der Strafverfolgung und für Zwecke der Strafvollstreckung verarbeitet und genutzt werden dürfen.

Der Empfänger der Sozialdaten muss diese als Sozialgeheimnis schützen und darf sie nicht unbefugt offenbaren. Auf diese Pflichten sind insbesondere Privatpersonen und freie Träger – am besten schriftlich oder durch Verpflichtungserklärung – hinzuweisen. Da selbst Behörden und Gerichten häufig nicht bekannt ist, dass sie durch § 78 SGB X zum Schutz der Sozialdaten verpflichtet werden, wird in der Literatur dringend empfohlen, auch diese Stellen auf die Pflichten nach § 78 SGB X hinzuweisen (Seidel in: LPK-SGB X, § 78 Rn. 8).

Die Verpflichtung zur Einhaltung der Zweckbindung gilt für Behörden, die nicht Sozialleistungsträger sind, und für die Gerichte (Seidel in: LPK-SGB X, § 78 Rn. 3).
Sozialleistungsträger haben die speziellen Grundsätze über die Zweckbindung zu beachten, die in § 67c SGB X festgelegt sind.

Verwendungs- und Verwertungsverbot bei unzulässiger Übermittlung

Unzulässigerweise übermittelte Daten sind, wenn sie gespeichert worden sind, zu löschen (§ 67c und § 84 Abs. 2 SGB X).
Ob Daten, die unzulässigerweise übermittelt wurden, verwendet werden dürfen, ist von den Umständen des jeweiligen Einzelfalls abhängig. Die rechtswidrige Erlangung der Information durch Verfahrens- oder Formverstöße allein führt nicht zu einem Verwertungsverbot, wenn ein rechtsstaatlicher Mindeststandard eingehalten worden ist.

Beispiel

Sind bei einer rechtswidrigen Durchsuchung zufällig einige Kilo Haschisch gefunden worden, verstößt die Verwendung der gewonnenen Beweismittel im Strafverfahren nicht stets gegen Art. 13 Abs. 1 GG. Ein Beweisverwertungsverbot wegen Mängeln der Durchsuchungsanordnung besteht nur dann, wenn bei einer Abwägung des Strafverfolgungsinteresses mit dem betroffenen Individualinteresse dieses überwiegt (BVerfG, 2.7.2009 – 2 BvR 2225/08).

Ein absolutes Beweisverwertungsverbot hat das BVerfG nur anerkannt, wenn der absolute Kernbereich privater Lebensgestaltung berührt ist. Dieser sei beispielsweise nicht berührt, wenn eine Durchsuchung auf Daten über geschäftliche Kontakte mit Kreditinstituten in Liechtenstein ausgerichtet sei (BVerfG, 9.11.2010 – 2 BvR 2101/09).
Ein Beweisverwertungsverbot besteht nach der problematischen Rechtsprechung auch dann nicht, wenn die Polizei ohne die gesetzlich ausdrücklich vorgeschriebene richterliche Anordnung eine Blutprobe entnehmen lässt, um die Verkehrstüchtigkeit zu überprüfen. Nach Auffassung des BVerfG müsse zwar ein rechtsstaatlicher Mindeststandard gewahrt werden, d. h. die maßgeblichen strafrechtlichen Vorschriften seien unter Beachtung des Fairnessgrundsatzes ohne Verstoß gegen das allgemeine Willkürverbot (Artikel 3 Abs. 1 GG) auszulegen und anzuwenden. Jedoch gehöre der in § 81a StPO enthaltene Richtervorbehalt nicht zum rechtsstaatlichen Mindeststandard (BVerfG, 28.7.2008 – 2 BvR 784/07).

Rechtsfolgen unbefugter Verarbeitung

Die unbefugte Verarbeitung geschützter Sozialdaten stellt eine Straftat bzw. eine Ordnungswidrigkeit dar, die mit Geldbuße bzw. Geldstrafe oder Freiheitsstrafe bis zu einem Jahr geahndet werden kann (§§ 78 Abs. 1 Satz 1 i. V. m. mit § 85 Abs. 1 Nr. 1 SGB X).

Beispiel

Ordnungswidrig handeln SozA/SozP, die nicht allgemein zugängliche Dateien ihrer Kollegin mit personenbezogenen Klientendaten abrufen, wenn sie für diese Klienten nicht zuständig sind (§ 78 Abs. 2 Nr. 3 SGB X).

### 3.6 Der Sozialdatenschutz im Kinder- und Jugendhilferecht

Für die Kinder- und Jugendhilfe sind in §§ 61-68 SGB VIII bereichsspezifische Regelungen getroffen worden. Diese verstärken den Schutz der Sozialdaten, weil die pädagogische Arbeit mit Eltern und Kindern eines besonders geschützten Raumes bedarf.

#### 3.6.1 Anwendungsbereich

Geltung für Träger der öffentlichen Jugendhilfe

Die §§ 61–68 SGB VIII gelten für die Mitarbeiter aller Einrichtungen und Dienste des Trägers der öffentlichen Jugendhilfe, soweit diese Aufgaben nach dem SGB VIII wahrnehmen, z. B. für Kinderkrippen, Kindergärten, Kinderheime, Jugendzentren, sozialpädagogische Familienhilfe, Erziehungsbeistandschaft, Jugendgerichtshilfe, Amtsvormundschaft.
Sie gelten entsprechend für kreisangehörige Gemeinden und Gemeindeverbände, die nicht örtliche Träger der Jugendhilfe sind, weil sie kein Jugendamt haben, aber Einrichtungen der Jugendhilfe unterhalten, z. B. Kindergarten, Jugendzentrum.

Sonderregelungen für Beistände, Vormünder und Pfleger

Für den Schutz der Sozialdaten im Rahmen der Tätigkeit des Jugendamts als Beistand, Amtsvormund oder Amtspfleger gilt gemäß § 61 Abs. 2 SGB VIII ausschließlich § 68 SGB VIII. Danach dürfen diese Personen Sozialdaten nur für die Erfüllung ihrer Aufgaben erheben, verarbeiten oder nutzen. Es ist ihnen auch nicht erlaubt, Sozialdaten zur Erfüllung der Aufgaben anderer Stellen zu übermitteln. Die §§ 62–67 SGB VIII und die §§ 67–85a SGB X sind nicht anwendbar. Die Schweigepflicht nach § 203 StGB gilt uneingeschränkt.

Keine Sonderregelung für die Jugendgerichtshilfe

Für den Sozialdatenschutz in der Jugendgerichtshilfe gelten die allgemeinen Regelungen des SGB VIII und des SGB X. Zur Belehrungspflicht vor Befragung des Jugendlichen und der Angehörigen vgl. BGH, 21.9.2004 – 3 StR 185/04.

Geltung für freie Träger?

Für freie Träger gelten die Vorschriften über den Sozialdatenschutz nicht unmittelbar. Eine Inanspruchnahme freier Träger kann durch die Leistungsberechtigten in Ausübung des Wunsch- und Wahlrechts gemäß § 5 SGB VIII erfolgen.

Öffentliche Träger haben bei Inanspruchnahme von Diensten freier Träger sicherzustellen, dass diese einen entsprechenden Schutz der Sozialdaten gewährleisten (§ 8a Abs. 4 und § 61 Abs. 1 und 3 SGB VIII). In diesem Falle hat der öffentliche Träger den freien Träger zu verpflichten, den Datenschutzstandard des SGB VIII einzuhalten. Er ist nicht berechtigt, die freien Träger zur Weitergabe von personenbezogenen Daten ohne Einwilligung der Betroffenen zu verpflichten. Eine derartige Vereinbarung wäre gesetzwidrig und nichtig (§ 134 BGB); denn selbstverständlich besteht die vertragliche Verpflichtung des freien Trägers zum Schutz personenbezogener Daten der Klienten auch gegenüber dem Jugendamt. Außerdem folgt aus § 64 Abs. 2 SGB VIII, der für den freien Träger entsprechend gilt, dass personenbezogene Daten nicht zu übermitteln sind, wenn dadurch der Erfolg der Arbeit des freien Trägers gefährdet wird (§ 64 Abs. 2 SGB VIII).
Zur vielschichtigen Problematik des § 61 Abs. 3 SGB VIII s. Willmers-Rauschert, Datenschutz in der freien Jugendhilfe, 2004, 71ff.; Bieresborn in: von Wulffen, SGB X, 2010, § 69 Rn. 22; Elmauer/Schindler, SRa 2007, 81).

### 3.6.2 Speicherung in Jugendamtsakten

In einer Jugendamtsakte dürfen grundsätzlich nur die Daten enthalten sein, die für die Erledigung einer bestimmten Aufgabe erforderlich sind (§ 63 Abs. 1 SGB VIII).

Beispiel

Unzulässig ist es, Daten zusammenzufassen, die sich auf unterschiedliche Aufgaben beziehen (Tagespflege, Trennungsberatung, Jugendgerichtshilfe).

Eine Zusammenführung von Daten, die zur Erfüllung unterschiedlicher Aufgaben erhoben wurden, ist nur zulässig, wenn und solange dies wegen eines unmittelbaren Sachzusammenhangs erforderlich ist. Dieser kann bei zeitlicher, personeller oder leistungsmäßiger Verknüpfung bestehen.

Beispiel

Daten über auffälliges Verhalten mehrerer Kinder aus einer Familie dürfen zusammengefasst werden, wenn ein Zusammenhang zwischen der Familiensituation und den Verhaltensauffälligkeiten bestehen kann.

### 3.6.3 Zweckbindung zur Sicherung des Erfolgs einer Leistung

Zur Sicherung der Effektivität von Leistungen wird in § 64 Abs. 2 SGB VIII bestimmt, dass eine an sich nach § 69 SGB X zulässige Weitergabe von Daten unzulässig ist, soweit dadurch der Erfolg einer zu gewährenden Leistung in Frage gestellt wird.

Beispiel

Fordert ein Staatsanwalt vom Jugendamt nach § 69 SGB X die Herausgabe von Akten über eine Familie, um ein Strafverfahren wegen Vernachlässigung eines Kindes einzuleiten, so ist das Jugendamt nicht verpflichtet, die

Akten herauszugeben oder die Vernehmung des betreuenden Sozialarbeiters zuzulassen, wenn es befürchtet, dass der Erfolg seiner Arbeit mit den Eltern dadurch gefährdet wird.

Das Jugendamt hat als Fachbehörde darüber zu befinden, ob und wie es seine Aufgaben wahrnimmt. Familien- und Jugendrichter haben nicht das Recht zu bestimmen, dass Jugendhilfe nach ihren Vorstellungen zu praktizieren ist (vgl. § 50 SGB VIII).

### 3.6.4 Besondere Schweigepflicht der Jugendamtsmitarbeiter

§ 65 SGB VIII ist im Wortlaut an § 203 StGB angelehnt und verpflichtet alle Mitarbeiter/innen des Jugendamts persönlich, anvertraute Sozialdaten nicht an eine dritte Person im Amt, nicht an eine andere Stelle des Trägers der öffentlichen Jugendhilfe und nicht nach außen weiterzugeben. Geschützt wird wie in § 203 StGB das höchstpersönliche Vertrauensverhältnis als Grundlage jeder persönlichen Hilfe.
Jedoch ergeben sich aus dem Schutzauftrag des Jugendamts bei Gefährdung des Kindes bedeutsame Abweichungen (→ S. 249).

## 4 Gegenwehr gegen Verletzung des Sozialgeheimnisses

### 4.1 Anrufung des Datenschutzbeauftragen

Ist jemand der Ansicht, bei der Erhebung, Verarbeitung oder Nutzung seiner personenbezogenen Daten in seinen Rechten verletzt worden zu sein, kann er sich an den für den jeweiligen Fall zuständigen Datenschutzbeauftragten wenden (§ 81 SGB X; § 21 BDSG), der die Eingabe auf Einhaltung des Datenschutzes prüft.

Zuständig können sein

- der Bundesbeauftragte für den Datenschutz;
- der Landesbeauftragte für den Datenschutz;
- der Datenschutzbeauftragte der Kommune/Behörde.

Hilfestellung bei der Suche des zuständigen Beauftragten kann auch das sog. virtuelle Datenschutzbüro bieten: www.datenschutz.de.

### 4.2 Schadensersatz und Schmerzensgeld

Ein Recht auf Ersatz des materiellen Schadens hat, wer durch rechtswidriges und schuldhaftes Verhalten in seinem allgemeinen Persönlichkeitsrecht verletzt wird (§ 823 BGB). Geldentschädigung zum Ausgleich eines Nichtvermögensschadens kann nur bei er-

heblicher Verletzung des Persönlichkeitsrechts verlangt werden, wenn ein Ausgleich bzw. Genugtuung auf andere Weise nicht möglich ist (BVerfG, 11.11.2009 – 1 BvR 2853/08).
Im Falle öffentlich-rechtlicher Tätigkeit richtet sich der Anspruch gegen den Anstellungsträger (§ 839 BGB, Art. 34 GG).

Beispiel

Erwähnt ein Sozialarbeiter, der einen Jugendlichen betreut, im Gespräch mit dessen Arbeitgeber frühere Straftaten des Jugendlichen und wird deshalb das Arbeitsverhältnis gekündigt, ist der Anstellungsträger zum Ersatz des Verdienstausfalls und u. U. zu einem Ausgleich für die psychischen Belastungen verpflichtet, die infolge des Verlusts des Arbeitsplatzes und etwaiger Dauerarbeitslosigkeit entstehen.

Ein Schadensersatzanspruch wegen unzulässiger oder unrichtiger Verarbeitung personenbezogener Daten besteht zudem selbst dann, wenn ein Verschulden nicht vorliegt bzw. nicht nachgewiesen werden kann nach § 82 Satz 1 SGB X; § 7 BDSG.
Eine verschärfte Haftung, die den Ersatz von Nichtvermögensschäden (z. B. Schmerzensgeld) einschließt, besteht bei automatisierter Datenverarbeitung (§ 82 Satz 2 SGB X; § 8 BDSG).

## 4.3 Auskunft über gespeicherte Daten

Dem Betroffenen ist gemäß § 83 SGB X auf Antrag unentgeltlich Auskunft zu erteilen über

- die zu seiner Person gespeicherten Daten, auch soweit sie sich auf Herkunft oder Empfänger dieser Daten beziehen;
- den Zweck der Speicherung.

Zur Akteneinsicht im Verwaltungsverfahren siehe → S. 344.

## 4.4 Berichtigung, Löschung und Sperrung von Daten

Berichtigung

Unrichtige Sozialdaten sind zu berichtigen (§ 84 Abs. 1 SGB X).

Löschung

Sozialdaten sind zu löschen, wenn ihre Speicherung unzulässig ist, z. B. weil ihre Erhebung unzulässig war oder weil sie zur Aufgabenerfüllung nicht mehr erforderlich sind (§ 84 Abs. 2 SGB X). Aufbewahrungs-/Speicherfristen sind gesetzlich nicht geregelt. In Anlehnung an Berufsordnungen für Psychotherapeuten wird für Beratungsakten eine Mindestfrist von zehn Jahren nach Abschluss der Beratung nicht selten praktiziert.

Sperrung

An die Stelle der Löschung tritt die Sperrung (= Nutzungs- und Übermittlungsverbot), wenn die Löschung unzulässig oder unzumutbar ist oder schutzwürdige Interessen beeinträchtigen könnte (§ 84 Abs. 3 u. 4 SGB X).

### 4.5 Strafantrag wegen Verletzung des informationellen Selbstbestimmungsrechts

Der Betroffene kann bei der Polizei oder bei der Staatsanwaltschaft einen Strafantrag gegen denjenigen stellen, der Sozialdaten, die nicht offenkundig sind, unbefugt

- speichert, verändert oder übermittelt;
- abruft oder sich oder einem anderen aus Dateien verschafft;
- sich aufgrund falscher Angaben übermitteln lässt;
- für andere Zwecke nutzt, indem er sie übermittelt.

Zu weiteren Einzelheiten s. §§ 85, 85a SGB X und §§ 43, 43a BDSG.

### 4.6 Strafantrag wegen Verletzung der Schweigepflicht

Der Betroffene kann bei Polizei/Staatsanwalt einen Strafantrag nach § 203 stellen, wenn eine schweigepflichtige Person unbefugt ein ihr anvertrautes Geheimnis einem Dritten offenbart hat (§§ 203, 205 Abs. 1 StGB; → S. 236 ff.).
Der Strafantrag kann auch gegen den Arbeitgeber des Schweigepflichtigen gerichtet werden, wenn dieser zum Vertrauensbruch aufgefordert hat; denn die Aufforderung ist als Anstiftung zur Straftat gemäß § 26 StGB ebenfalls mit Strafe bedroht.

### 4.7 Unterlassungs- und Folgenbeseitigungsklage

Der Betroffene kann bei einem Verstoß gegen das Verbot unbefugter Erhebung, Verarbeitung oder Nutzung bei dem Verwaltungs-/Sozialgericht im Wege der allgemeinen Leistungsklage geltend machen:

Unterlassung

- den Anspruch auf Unterlassung, wenn die Besorgnis künftiger Datenschutzverletzungen besteht (Vorbeugende Unterlassungsklage → S. 467),

Folgenbeseitigung

- den Folgenbeseitigungsanspruch zur Beseitigung der Folgen des rechtswidrigen Verwaltungshandelns, z.B. durch Löschung unbefugt gespeicherter Daten, Verwertungsverbot für unbefugt erhobene bzw. übermittelte Daten → S. 437 und → S. 467).

Beispiele

Hat ein Jugendamt unter Verstoß gegen die Vorschriften der §§ 67–76 SGB X Akten, die Sozialdaten enthalten, an ein anderes Jugendamt gesandt, ist es verpflichtet, die Akten zurückzufordern. Das andere Jugendamt darf die Daten nicht verwerten, von denen es unbefugt Kenntnis erhalten hat (§ 78 SGB X; → S. 274).
Hat eine Behörde Fotokopien von Klientenakten angefertigt, die ihr unter Verstoß gegen Datenschutzvorschriften bekannt geworden sind, so hat sie die Kopien herauszugeben bzw. zu vernichten (BVerfG, 24.5.1977 – 2 BvR 988/75).

## 5 Datenschutz durch freie Träger

Beispiele

Eine Polizeistreife fährt bei dem Kindergarten eines freien Trägers vor und möchte die vierjährige Marion sehen, deren Eltern in Verdacht der Kindesmisshandlung stehen.
Das Jugendamt verlangt von dem freien Träger eines Kinderheims regelmäßige Berichte über die Entwicklung der Kinder.

### 5.1 Rechtsgrundlagen bei freien, insbesondere kirchlichen Trägern

Besondere gesetzliche Vorschriften über den Datenschutz bei freien Trägern existieren nicht. Für SozA/SozP bei freien Trägern gelten die allgemeinen Regelungen:

Schweigepflicht

- Die strafrechtliche Schweigepflicht gemäß § 203 StGB gilt uneingeschränkt (→ S. 236 ff.).

BDSG

- Die Regelungen über Datenverarbeitung nach §§ 27 ff. BDSG gelten für personenbezogene Daten, die nicht der Schweigepflicht unterliegen, soweit sie von Datenverarbeitungsanlagen erhoben, verarbeitet oder genutzt werden und für Daten aus nicht automatisierten Dateien.
  Für Daten außerhalb von Dateien bieten die allgemeinen Rechtsgrundlagen einen Schutz, der dem Sozialdatenschutz durchweg gleichwertig ist (→ S. 282 ff. und → S. 284 ff.).

Kirchliche Datenschutzregelungen

Die evangelische und die katholische Kirche haben unter Berufung auf ihr Selbstbestimmungsrecht eigene Datenschutzregelungen in Kraft gesetzt:

Evangelische Kirche

- Das »Datenschutzgesetz der Evangelischen Kirche in Deutschland (DSG-EKD)« und die »Verordnung zur Durchführung des Kirchengesetzes über den Datenschutz der EKD« (DSVO) sind von den Mitgliedskirchen übernommen worden. Sie gelten für die verfasste Kirche und die Diakonie (www.ekd.de/datenschutz/dsg_ekd.html).

Katholische Kirche

- Die »Anordnung über den kirchlichen Datenschutz (KDO)« gilt für Einrichtungen der katholischen Kirche und der Caritas.
  Die »Anordnung über den Sozialdatenschutz in der freien Jugendhilfe in kirchlicher Trägerschaft« verpflichtet zur Anwendung des staatlichen Sozialdatenschutzrechts auf die katholische Jugendhilfe.

Kirchlicher oder staatlicher Datenschutz?

Es ist fraglich, ob die kirchlichen Regelungen anzuwenden sind, wenn kirchliche Träger in Rechtsformen des staatlichen Rechts tätig werden und beispielsweise Arbeits-, Heim-, Kinderbetreuungs-, Beschaffungsverträge abschließen und Beratungs- und Betreuungsverhältnisse begründen; denn das BVerfG hat in ständiger Rechtsprechung festgestellt:

> »Fragen des bürgerlichen Rechts unterliegen ... als Streitigkeiten aus einem für alle geltenden Gesetz im Sinne von Art. 137 Abs. 3 WRV grund-

sätzlich der staatlichen Gerichtsbarkeit« (BVerfG, 4.6.1985 – 2 BvR 1703/83; s. auch BAG, 11.11.2008 – 1 AZR 646/07).

Deshalb ist davon auszugehen, dass auf diakonische/caritative Dienstleistungen das staatliche Datenschutzrecht anzuwenden ist.

Beispiel

Personenbezogene Daten dürfen nach § 28 BDSG nur unter Berücksichtigung der schutzwürdigen Interessen der Betroffenen übermittelt werden. § 11 KDO, der weitergehende Übermittlungen zulässt, ist nicht anwendbar.

Die kirchlichen Regelungen sind hiernach nur anwendbar, soweit sie sich auf die innere Organisation der Kirche/Einrichtung beziehen beispielsweise auf Kirchenvorstände, Presbyterien, die Kirchensteuer, Rechtsverhältnisse der Geistlichen und der Gemeindemitglieder nach kirchlichem Recht (BVerfG,17.10.2007 – 2 BvR 1095/ 05, Rn. 71).

## 5.2 Vertraglicher Schutz personenbezogener Daten

Beispiel

Die Schlagzeile »Oma Inge singt nicht mehr« und Anekdoten aus dem Leben ihrer nach einem Verkehrsunfall verstorbenen Mutter und Großmutter finden die entsetzten Angehörigen in einer Boulevardzeitung. Deren Reporter war in dem Zimmer, in dem die verunglückte Frau gewohnt hatte, von Mitarbeitern des Altenheims informiert worden.

Vertragliche Schutzpflicht

Die Menschen, die Einrichtungen freier Träger aufsuchen, um sich beraten, behandeln oder betreuen zu lassen, schließen ausdrücklich oder durch schlüssiges Handeln mit dem Rechtsträger der Einrichtung einen Beratungs-, Behandlungs- oder Betreuungsvertrag ab. Da diese Vertragstypen im BGB nicht besonders geregelt sind, gelten für sie die allgemeinen Rechtsgrundsätze für Verträge.
Die Hauptleistungspflicht des Rechtsträgers bezieht sich meist auf die vereinbarte Dienstleistung, z.B. Beratung, pädagogische Betreuung, Behandlung und Versorgung im Altenpflegeheim.
Aus jedem Vertrag ergeben sich als Nebenpflichten auch Schutzpflichten, d.h. die Verpflichtung, Leben, Gesundheit, Freiheit, sexuelle Selbstbestimmung, Eigentum und sonstige wichtige Rechtsgüter des Vertragspartners zu schützen und nicht zu verletzen. Das verfassungsrechtlich geschützte allgemeine Persönlichkeitsrecht ist ein wichtiges Rechtsgut, das der Vertragspartner nicht verletzen darf (BVerfG, 11.4.2004 – 1 BvR 2315/04).
Konkretisiert wird der vertragliche Schutz personenbezogener Daten im Bundesdatenschutzgesetz, allerdings nur für Daten in Dateien.

Erheben und Verarbeiten von Dateien

Das Erheben, Speichern, Verändern oder Übermitteln personenbezogener Daten in Dateien oder ihre Nutzung ist gemäß § 27 Abs. 2 und § 28 Abs. 1 BDSG zulässig, wenn

Erforderlich für Vertrag

- es für die Begründung, Durchführung oder Beendigung eines Vertrages mit dem Betroffenen erforderlich ist (z.B. Beratungs- oder Betreuungsverhältnis).

Dateimäßige Erfassung der Personalien von Klienten/Patienten/Bewohnern. Anfertigung und Speicherung von Gesprächsprotokollen.
Erfüllung gesetzlicher Pflichten nach Meldegesetzen, Heimgesetzen, SGB VIII, Infektionsschutzgesetz (→ S. 243).

Beispiele

Daten, die nicht der gesetzlichen Schweigepflicht unterliegen, dürfen innerhalb des Rechtsträgers weitergegeben und genutzt werden, soweit dies für Beratung, Behandlung, Betreuung und die verwaltungsmäßige Abwicklung erforderlich ist.

Organisationspflicht

Der Träger hat durch organisatorische Maßnahmen sicherzustellen, dass personenbezogene Daten nur den Mitarbeitern zugänglich sind, die für die Bearbeitung des konkreten Falls bzw. für die verwaltungsmäßige Abwicklung zuständig sind;

Wahrung berechtigter Interessen

- und soweit es zur Wahrung berechtigter Interessen der verantwortlichen Stelle erforderlich ist und kein Grund zu der Annahme besteht, dass das schutzwürdige Interesse des Betroffenen an dem Ausschluss der Verarbeitung oder Nutzung überwiegt.

Beispiel

Eine Witwe, die an der Altenfahrt eines freien Trägers teilgenommen hat, bezahlt die Rechnung nicht. Der freie Träger darf Klage erheben und dem Gericht die erforderlichen personenbezogenen Informationen mitteilen;

Kein Geheimnis

- oder die Daten allgemein zugänglich sind oder die verantwortliche Stelle sie veröffentlichen dürfte, es sei denn, dass das schutzwürdige Interesse des Betroffenen an dem Ausschluss der Verarbeitung oder Nutzung gegenüber dem berechtigten Interesse der verantwortlichen Stelle offensichtlich überwiegt.

Datennutzung für andere Zwecke?

Bei der Erhebung personenbezogener Daten sind die Zwecke konkret festzulegen, für die die Daten verarbeitet oder genutzt werden sollen. Die Übermittlung oder Nutzung für einen anderen Zweck ist ohne Einwilligung des Betroffenen nach § 28 Abs. 2 BDSG zulässig, soweit es erforderlich ist zur

Schutz Dritter

– Wahrung berechtigter Interessen eines Dritten,

Beispiel

Information des Jugendamtes zum Schutz eines gefährdeten Kindes (→ S. 244);

Gefahrenabwehr

– Abwehr von Gefahren für die staatliche oder öffentliche Sicherheit,

Beispiel

Information der Polizei zur Abwehr einer gemeingefährlichen Straftat (§ 138 StGB):

Verfolgung einer Straftaten

– Verfolgung von Straftaten (nicht von Ordnungswidrigkeiten)

und kein Grund zu der Annahme besteht, dass der Betroffene ein schutzwürdiges Interesse an dem Ausschluss der Übermittlung oder Nutzung hat.

Güterabwägung

Daraus folgt, dass SozA/SozP stets eine Güterabwägung durchzuführen haben.

Beispiel

Ein schutzwürdiges Interesse eines Straftäters besteht in der Regel nicht, wenn durch seine Straftat der Sozialarbeiter (Körperverletzung) oder die Einrichtung (Diebstahl) geschädigt worden ist.

Ein schutzwürdiges Interesse des Betroffenen ist aber anzunehmen, wenn der Straftäter sich an den freien Träger gewandt hat, um psychosoziale Hilfe in seiner Problemsituation zu erhalten; denn alle freien Träger bieten nach ihrem Selbstverständnis Menschen Hilfe auf Vertrauensbasis an. Sie verstehen sich nicht als Informanten der Polizei und Staatsanwaltschaft. Deshalb haben sie in aller Regel kein überwiegendes Interesse daran, ihre Klienten der staatlichen Justiz auszuliefern.

Anderen freien Trägern, kirchlichen übergeordneten Stellen, der Polizei, der Ausländerbehörde, der Agentur für Arbeit, dem Jobcenter, dem Sozialamt, dem Jugendamt usw. darf der freie Träger ohne Einwilligung des Betroffenen keine personenbezogenen Informationen geben, falls dies nicht durch Rechtsvorschrift gestattet ist.

Beispiel

Ein Jugendhilfeausschuss darf vom freien Träger nicht die namentliche Nennung der Personen verlangen, die eine Beratungsstelle aufgesucht haben.

Bei Verletzung der Schutzpflicht: Schadensersatz

Wer eine vertragliche Schutzpflicht verletzt, ist zum Schadensersatz verpflichtet. Der freie Träger haftet für Vertreter und Erfüllungsgehilfen (§§ 276, 278 BGB).

Widerruf/ Unterlassung

Der Träger kann auf Widerruf/Unterlassung zukünftiger unbefugter Weitergabe verklagt werden (entsprechend §§ 823, 1004 BGB).

Arbeitsrechtliche Folgen

Er kann als Arbeitgeber arbeitsrechtliche Sanktionen verhängen oder Regressansprüche gegen die Mitarbeiter geltend machen (→ S. 31).

## 5.3 Deliktsrechtlicher Schutz personenbezogener Daten

Beispiel

Ein Psychiatrie-Professor, der seine ärztliche Schweigepflicht verletzt und interne Gutachten an die Ehefrau des Patienten weitergegeben hat, wird verurteilt, 15.000 Euro Schmerzensgeld zu zahlen und allen zukünftig eintretenden Schaden zu ersetzen (OLG München, 4.2.2010 – 1 U 4650/08).

Die Verletzung des allgemeinen Persönlichkeitsrechts stellt eine unerlaubte Handlung im Sinne des § 823 Abs. 1 BGB dar; denn das allgemeine Persönlichkeitsrecht ist ein »sonstiges Recht« im Sinne dieser Vorschrift.
Der freie Träger und seine Mitarbeiter sind zum Ersatz des materiellen Schadens und zum Ausgleich des Nichtvermögensschadens verpflichtet, wenn sie rechtswidrig und schuldhaft das allgemeine Persönlichkeitsrecht verletzen, indem sie z. B. personenbezogene Daten unbefugt übermitteln (§§ 823, 831 BGB).

Rechtswidrig?

Nicht jede Verfügung über personenbezogene Daten eines Menschen ist rechtswidrig.

Falsche Tatsachen

Rechtswidrig ist aber in der Regel die Weitergabe falscher Tatsachen über eine Person, wenn dies leichtfertig oder gar vorsätzlich geschieht.

Beispiel

Die leichtfertig erstellte, unrichtige Diagnose »paranoide Züge« ist ein rechtswidriger Eingriff in das Persönlichkeitsrecht (BGH, 11.4.1989 – VI ZR 293/88; 23.2.1999 – VI ZR 140/ 98).

Sphärentheorie

Im Übrigen hängt nach der Rechtsprechung des Bundesgerichtshofes die Rechtswidrigkeit eines Eingriffs davon ab, welche Sphäre der Persönlichkeit betroffen ist. Der BGH unterscheidet drei Persönlichkeitssphären (BGH, 23.6.2009 – VI ZR 196/08):
- die Intimsphäre;
- die Privatsphäre;
- die Sozialsphäre.

Stets ist eine Güter- und Interessensabwägung vorzunehmen, d.h., es muss im Voraus abgewogen werden, ob die soziale und persönliche Nützlichkeit des Eingriffs in einem angemessenen Verhältnis zur Wahrscheinlichkeit und Größe der zu erwartenden Nachteile steht.

Intimsphäre

Die Intimsphäre, der Kernbereich der privaten Lebensgestaltung, ist grundsätzlich unantastbar. Sie umfasst die innere Gedanken- und Gefühlswelt mit ihren äußeren Erscheinungsformen, z.B. Tagebuchaufzeichnungen, Selbstgespräche, vertrauliche Briefe und persönlich anvertraute Informationen (→ S. 233).
Nur in äußersten Fällen kann ein Eingreifen in die Intimsphäre erlaubt sein.

Beispiel

Liest eine Sozialpädagogin in der Wohngruppe das Tagebuch eines 14-jährigen Mädchens, um genau zu wissen, welche Probleme das Mädchen hat, verletzt sie dessen Intimsphäre.
Liegen aber konkrete Anhaltspunkte für eine akute Suizidgefahr vor und sind alle Versuche gescheitert, mit dem Mädchen darüber ins Gespräch zu kommen, kann ein derartiger Eingriff ausnahmsweise erlaubt sein. Dabei ist aber zu berücksichtigen, dass der Eingriff die Vertrauensbasis wahrscheinlich dauerhaft zerstören und für alle Zukunft eine Hilfe erschweren oder unmöglich machen wird.

Die von SozA/SozP erhobenen Daten zum Lebenslauf, Elternhaus, Ausbildung, Beruf, Familienstand, besondere Krankheiten, Alkohol und Nikotinkonsum, finanzielle Verhältnisse, Freizeitverhalten und zu Gesetzesverstößen stehen der Intimsphäre sehr nahe und zwar noch näher als rein medizinische Daten (BVerfG, 24.6.1993 – 1 BvR 689/92):

> »Sie sind deswegen stärker von Artikel 2 Absatz 1 in Verbindung mit Artikel 1 Grundgesetz geschützt. Der Schutz ist um so intensiver, je näher die Daten der Intimsphäre des Betroffenen stehen«.

Privatsphäre

Die Privatsphäre wird in geringerem Maße als die Intimsphäre geschützt. Sie umfasst das Leben in der Familie, im Freundes- und Bekanntenkreis, in der Nachbarschaft, im Verein und im sonstigen privaten Bereich (BVerfG, 19.10.2004 – VI ZR 292/03).
Auch die Privatsphäre darf nicht ohne zwingenden Grund verletzt werden; denn was im vertrauten Kreis mitgeteilt oder anderweitig bekannt wird, ist nicht für Öffentlichkeit bestimmt. Ein Eingriff kann aber befugt sein, wenn er im überwiegenden Interesse eines Menschen oder der Allgemeinheit liegt.

Beispiel

Über die im Bundeszentralregister bereits getilgte Vorstrafe eines Jugendtrainers wegen einer 15 Jahre zurückliegenden Sexualstraftat darf die Mutter eines Kindes der Trainingsgruppe informiert werden (BVerfG, 24.1.2006 – 1 BvR 2602/05).

Sozialsphäre

Die Sozialsphäre genießt den schwächsten Schutz. Sie umfasst den Bereich, in dem sich die persönliche Entfaltung von vornherein im Kontakt mit der Umwelt vollzieht (BGH, 21.11.2006 – VI ZR 259/05). Sie schließt die persönliche Eigenart des Menschen in seinen Beziehungen zur Umwelt, sein Verhalten in der Öffentlichkeit und im Beruf ein.

Beispiele

Unzulässig ist die private Information eines Dritten über eine Vorstrafe, einen Suizidversuch oder über Drogenprobleme eines Jugendlichen, wenn kein überwiegendes Interesse des Informanten bzw. des Informierten besteht.
Die Bewertung von Lehrern im Internet mittels eines Schulnotensystems ist zulässig, sofern sie lediglich die berufliche Tätigkeit der Lehrer betrifft (BGH, 23.6.2009 – VI ZR 196/08).

Verschulden

Als Verschulden reicht Fahrlässigkeit aus.
Unverschuldete Unkenntnis kann zwar das Verschulden ausschließen. Jedoch gehört es zu den fundamentalen Berufspflichten der Angehörigen sozialer Berufe, das Persönlichkeitsrecht der Menschen zu achten, die Rat und Hilfe suchen bzw. erhalten. Deshalb wird ein rechtswidriger Eingriff in das Persönlichkeitsrecht durch SozA/SozP in aller Regel auch verschuldet sein.

Bei Verletzung:

Die rechtswidrig schuldhafte Verletzung des allgemeinen Persönlichkeitsrechts verpflichtet

Schadensersatz

- zum Ersatz des Vermögensschadens (§§ 249 ff. BGB). Ein Anspruch auf Ausgleich des Nichtvermögensschadens durch Geldentschädigung setzt nach der problematischen Rechtsprechung einen schwerwiegenden Eingriff in das Persönlichkeitsrecht voraus und außerdem, dass sich ein befriedigender Ausgleich auf andere Weise nicht erreichen lässt (BVerfG, 11.11.2009 – 1 BvR 2853/08: zehnstündiger Polizeigewahrsam nach Großdemo);

Widerruf/
Unterlassung

- zum Widerruf bzw. zur Unterlassung zukünftiger unrichtiger Tatsachenbehauptungen in entsprechender Anwendung der §§ 823, 1004 BGB (dazu BVerfG, 17.2.2003 – 1 BvR 1811/97).

# 6 Zeugnisverweigerungsrechte der SozA/SozP

Beispiele

Ein Sozialarbeiter der Beratungsstelle des Jugendamts für arbeitslose Jugendliche soll in einem Strafverfahren aussagen. Das Verfahren ist gegen einen Jugendlichen eingeleitet, der Autoradios entwendet und anschließend verkauft haben soll.
Eine Sozialpädagogin, die als Familienhelferin bei einem freien Träger beschäftigt ist, wird vom Jugendamt als Zeugin in einem Verfahren benannt, das vom Jugendamt eingeleitet worden ist, um Eltern das Personensorgerecht zu entziehen.
Der von sich überzeugte, aber unwissende Vorsitzende einer Strafkammer belehrt den Sozialarbeiter, der auf die Regelung des Sozialgesetzbuchs hinweist: »Ich bin Strafrichter. Für mich gilt die StPO und nicht das Sozialgesetzbuch«.

## 6.1 Zeugnisverweigerung im öffentlichen Dienst

Das Recht der Zeugnisverweigerung ist in den Gerichtsverfahrensgesetzen geregelt (z.B. in § 383 ZPO, § 53 StPO, § 29 FamFG, § 98 VwGO). Es betrifft ausschließlich die Aussage in Gerichtsverfahren. Die Schweigepflicht gemäß § 203 StGB bzw. § 65 SGB VIII entbindet nicht von der Aussage in Gerichtsverfahren.

Rechtswidriger Zwang zur Aussage

Mitarbeiter der Sozialleistungsträger dürfen in Gerichtsverfahren nur aussagen, wenn und soweit eine Übermittlung von Sozialdaten zulässig ist (§ 35 Abs. 3 SGB I). Diese Regelung ist leider nicht allen Richtern und Juristen in Rechtsabteilungen bekannt.
Deshalb kommt es in der Praxis immer noch zu unrichtigen Auskünften und rechtlich unzulässigen, von Richtern erzwungenen Zeugenaussagen.

Aussagegenehmigung

Angehörige des öffentlichen Dienstes dürfen nur aussagen, wenn und soweit ihnen vom Dienstherrn eine Aussagegenehmigung erteilt worden ist (§ 376 ZPO; § 54 StPO).
Das Gericht hat die Aussagegenehmigung bei dem Dienstherrn einzuholen und dem Zeugen bekanntzumachen.

Die Aussagegenehmigung ist in der Regel zu erteilen. Sie darf aber verweigert werden, wenn die Aussage
- dem Wohle des Bundes oder eines deutschen Landes Nachteile bereiten oder
- die Erfüllung öffentlicher Aufgaben ernstlich gefährden oder erheblich erschweren würde (Landesbeamtenrecht: § 65 LBG-NRW).

Beispiel

Ist zu befürchten, dass durch die Aussage einer Sozialpädagogin ohne Einwilligung der Betroffenen die weitere Hilfe im Einzelfall, in einem Wohngebiet, oder bei einer bestimmten Klientel erheblich erschwert oder unmöglich wird, darf der Träger der Jugendhilfe die Aussagegenehmigung nicht erteilen.

Sonstige Mitarbeiter im öffentlichen Dienst

SozA/SozP, die zwar im **öffentlichen Dienst**, aber nicht bei einem Sozialleistungsträger arbeiten, sind nach § 53 StPO zur Aussage verpflichtet (z. B. Bewährungshelfer, SozA/SozP im Gesundheitsamt, in der Psychiatrie, im Strafvollzug: BVerfG, 19.7.1972 – 2 BvL 7/71 und vom 29.7.1988 – 2 BvR 367/88). Das ist aber verfassungsrechtlich insbesondere bei anvertrauten psychosozialen Daten bedenklich (→ S. 289).

### 6.1.1 Sozialdatenschutz im Strafverfahren

Mitarbeiter der Sozialleistungsträger sind nach § 35 Abs. 3 SGB I zur Weitergabe von Sozialdaten im Rahmen einer Zeugenaussage im Strafverfahren nur verpflichtet:
- nach § 68 SGB X (beschränkt auf harte Daten → S. 267);
- nach § 69 SGB X, wenn durch die Weitergabe an den Strafrichter eine sozialgesetzliche Aufgabe erfüllt wird und § 64 Abs. 2 SGB VIII nicht entgegensteht (→ S. 268);
- nach § 73 SGB X, der eine umfassende Aussage nur bei Strafverfahren wegen eines Verbrechens und sonstigen schweren Straftaten zulässt, aber bei Strafverfahren wegen eines nicht besonders schweren Vergehens auf wenige harte Daten ohne Bezug zur Tat und Täterpersönlichkeit beschränkt (→ S. 271).

Auch in diesen Fällen darf der Mitarbeiter nur aussagen, wenn und soweit der Dienstvorgesetzte eine Aussagegenehmigung erteilt hat.

### 6.1.2 Sozialdatenschutz in sonstigen Gerichtsverfahren

Grundsatz: Keine Aussagepflicht über Sozialdaten

Das Sozialdatenschutzrecht sieht in §§ 67 ff. SGB X und in §§ 61 ff. SGB VIII keine Befugnis zur Weitergabe von Sozialdaten in Zivilverfahren, Verfahren nach dem FamFG, in Arbeitsgerichts-, Verwaltungsgerichts- und Sozialgerichtsverfahren vor. Deshalb sind Mitarbeiter der öffentlichen Leistungsträger zu Zeugenaussagen in diesen gerichtlichen Verfahren weder berechtigt noch verpflichtet (§ 35 Abs. 3 SGB I).

Ausnahme: Unterhaltsrecht

Nur für den Fall der Verletzung der Unterhaltspflicht und für die Durchführung des Versorgungsausgleichs sind Zeugenaussagen nach § 74 SGB X zulässig (→ S. 273 ).

Beispiel

Das Jugendamt ist berechtigt und verpflichtet, das Familiengericht bei Maßnahmen zu unterstützen, die die Sorge für die Person eines Kindes oder eines Jugendlichen betreffen, und darf nach § 69 SGB X die dafür erforderlichen Sozialdaten an die Gerichte weitergeben.
Das Gericht ist aber nicht berechtigt, die Sozialarbeiterin persönlich als Zeugin über das Verhalten der Mutter und die Erziehungsschwierigkeiten des Kindes zu vernehmen, wenn ihm die Information durch das Jugendamt als nicht ausreichend erscheint.

Persönliches Zeugnisverweigerungsrecht

Ein persönliches Zeugnisverweigerungsrecht im Zivilprozess haben aufgrund des § 383 Abs. 1 Nr. 6 ZPO

- alle SozA/SozP im öffentlichen Dienst, die nach § 203 StGB schweigepflichtig sind;
- Mitarbeiter/-innen der öffentlichen Jugendhilfe, die nach § 65 SGB VIII schweigepflichtig sind (→ S. 241, → S. 248 und → S. 249);
- andere Mitarbeiter des öffentlichen Dienstes, denen besonders schutzwürdige psychosoziale Daten anvertraut werden, (OLG Hamm, 30.9.1991 – 15 W 231/91; siehe auch BVerfG, 24.6.1993 – 1 BvR 689/92; 9.1.2006 – 2 BvR 443/02).

Aussage über dienstliche Angelegenheiten

Eine Aussage über dienstliche Angelegenheiten ohne Genehmigung des Dienstherrn ist stets unzulässig.
Besteht aufgrund der gesetzlichen Schweigepflicht ein persönliches Zeugnisverweigerungsrecht, wird es durch eine Aussagegenehmigung des Dienstherrn nicht aufgehoben. Nur wenn der betroffene Klient von der Schweigepflicht entbunden und der Dienstherr eine Aussagegenehmigung erteilt hat, sind SozA/SozP zur Zeugenaussage berechtigt und verpflichtet.

## 6.2 Zeugnisverweigerungsrechte im Dienst freier und kirchlicher Träger

### 6.2.1 Zeugnisverweigerung im Strafverfahren

Beispiele

Eine Sozialarbeiterin, die eine alkoholabhängige Frau in der Suchtberatungsstelle eines freien Trägers beraten hat, soll in einem Strafverfahren wegen des Diebstahls von drei Flaschen Magenbitter aussagen.
Der Vorsitzende einer Strafkammer drohte einer Sozialpädagogin und einem Psychologen einer kirchlichen Beratungsstelle Beugehaft an, die auf Wunsch der Betroffenen die Aussage in einem Strafverfahren wegen sexuellen Missbrauchs verweigert hatten. Er forderte sie auf, ihre Weigerung zu überdenken und, wenn sie dabei blieben, zum nächsten Termin Handtuch und Zahnbürste mitzubringen.
Die Strafkammer verhängte im nächsten Termin eine Ordnungsstrafe von 400,– DM, nachdem die beiden Zeugen ihre Weigerung bekräftigt hatten.

Grundsatz: Aussagepflicht nach der StPO

Das BVerfG hat aus § 53 StPO abgeleitet, dass SozA/SozP im Dienst freier Träger grundsätzlich kein Zeugnisverweigerungsrecht haben, weil SozA/SozP in der Aufzählung der Zeugnisverweigerungsberechtigten nicht genannt sind.

Ausnahmen

Der Gesetzgeber hat nur den Mitarbeiter/innen in anerkannten Schwangerschaftskonfliktberatungsstellen und Beratern für Betäubungsmittelabhängigkeit in anerkannten Beratungsstellen ein Zeugnisverweigerungsrecht eingeräumt.

Zusätzlich kann ausnahmsweise nach der Rechtsprechung des BVerfG ein Zeugnisverweigerungsrecht direkt aus der Verfassung abgeleitet werden:
- bei »Bagatellstrafsachen« aus dem Verhältnismäßigkeitsgrundsatz (BVerfG, 19.7.1972 – 2 BvL 7/71; 29.7.1988 – 2 BvR 367/88);
- für eine Psychologin bei Fragen zum Privat- und Intimleben, damit »die Belange des Opfers gewahrt werden« (BGH, 11.1.2005 – 1 StR 498/04; LG Freiburg, 7.11.1996 – II Qs 133/96).

Verfassungsrechtliche Bedenken

Gegen Gesetzgebung und Rechtsprechung, die SozA/SozP ein Zeugnisverweigerungsrecht im Strafverfahren verweigern, bestehen stärkste verfassungsrechtliche Bedenken; denn es verstößt u.a. gegen das Willkürverbot, dass der Staat seine Bediensteten durch das Sozialdatenschutzrecht weitgehend von der Zeugnispflicht befreit (→ S. 287), aber die Mitarbeiter freier Träger zwingt, entgegen deren Selbstverständnis bei der staatlichen Aufgabe der Strafverfolgung mitzuwirken und dadurch die Vertrauensbasis für die soziale Arbeit zu zerstören (Papenheim in: Lehmann, 2006, 285 ff.). Auch das Grundrecht auf Berufsausübungsfreiheit der freien Träger ist durch diese Ungleichbehandlung tangiert.

Beispiel

Die bei einem freien Träger angestellte Beraterin einer alkoholabhängigen Frau hat nach der Rechtsprechung kein Zeugnisverweigerungsrecht im Strafverfahren wegen fortgesetzten Diebstahls.
Der Sozialarbeiterin, die im kommunalen Allgemeinen Sozialdienst dieselbe Frau berät, darf nicht aussagen, weil ihr Dienstvorgesetzter wegen Fehlens einer Übermittlungsbefugnis nach §§ 68 ff. SGB X keine Aussagegenehmigung erteilen darf.

Außerdem liegt ein Wertungswiderspruch darin, dass Ärzten vom Gesetz ein Zeugnisverweigerungsrecht zuerkannt wird, dieses aber vom Bundesverfassungsgericht Psychologen, SozA/SozP versagt wird, obwohl dieses Gericht selbst festgestellt hat, dass psychologische und psychosoziale Daten der Intimsphäre näher stehen und deshalb stärker zu schützen sind als rein medizinische Daten (→ S. 233, BVerfG, 24.6.1993 – 1 BvR 689/92).

Zeugnisverweigerung im Dienst kirchlicher Träger

Mitarbeiter/innen kirchlicher freier Träger dürfen vor Gericht nur aussagen, wenn ihnen von der zuständigen kirchlichen Stelle eine Aussagegenehmigung erteilt worden ist.
In § 54 StPO ist zwar nur der öffentliche Dienst genannt. Jedoch umfasst dieser Begriff auch den Dienst bei Kirchen als Körperschaften des öffentlichen Rechts und bei den privatrechtlichen Vereinigungen, die den Kirchen rechtlich zugeordnet sind, z.B. die Verbände der Caritas und die Diakonischen Werke (→ S. 162; OLG Zweibrücken, FamRZ 1995, 679; OLG Köln, 14.4.1998 – 2 Ws 62-63/98).

Zwangsmaßnahmen bei Verweigerung der Aussage

Das Strafgericht kann Ordnungsstrafen bzw. Beugehaft bis zu sechs Monaten androhen, wenn SozA/SozP eine Aussage als Zeuge unberechtigt verweigern.

Allerdings sind Gerichte der höheren Instanzen bisher recht zurückhaltend gewesen, wenn es um derartige Zwangsmittel ging.
So hat das Oberlandesgericht Köln einen Beschluss des Landgerichts über die Verhängung von Ordnungsstrafen gegen Mitarbeiter einer kirchlichen Beratungsstelle aufgehoben, nachdem die Mitarbeiter ein Schreiben des kirchlichen Vorgesetzten vorgelegt hatten, aus dem sich ergab, dass er keine Aussagegenehmigung erteilte. Es begründete seine Entscheidung damit, dass die Mitarbeiter wegen der Nichterteilung der Aussagegenehmigung in einen für sie nicht auflösbaren Konflikt geraten seien, so dass ihnen ein Verschulden nicht vorgeworfen werden könne. Nur ein schuldhafter Verstoß gegen die Zeugnispflicht könne aber die Verhängung von Ordnungsmitteln rechtfertigen (OLG Köln, 14.4.1998 – 2 Ws 62-63/98).
Der Bundesgerichtshof hat in derselben Strafsache eine weitere goldene Brücke gebaut. Er hat festgestellt, dass eine Strafkammer zwar regelmäßig ihre Aufklärungspflicht verletzt, wenn sie davon absieht, Beugehaft gegen Zeugen zu verhängen und notfalls auch zu vollstrecken. Ausnahmsweise sei aber die Verhängung von Ordnungsmitteln nicht erforderlich, wenn Zeugen glaubhaft erklären, »dass sie aus prinzipiellen Gründen selbst dann keine Aussage machen würden, wenn die ihnen angedrohte Beugehaft verhängt und vollzogen würde«. In diesem Falle seien die Zeugen »völlig ungeeignete Beweismittel«. Die Aufklärungspflicht sei nicht verletzt, wenn die Strafkammer auf die Verhängung und Vollstreckung der Beugehaft verzichte, weil ein Erfolg nicht zu erwarten gewesen sei (BGH, 15.5.1998 – 2 StR 173/98).

Folgen der Verwertung unzulässiger Aussagen

Personenbezogene Daten unterliegen grundsätzlich einem Beweisverwertungsverbot, wenn sie unter Eingriff in eine verfassungsrechtlich geschützte Rechtsposition erhoben oder übermittelt worden sind (BVerfG, 1.3.2000 – 2 BvR 2017/94).
Deshalb sind strafgerichtliche Urteile rechtsfehlerhaft, die auf Aussagen von Zeugen beruhen, die nicht über ihr Zeugnisverweigerungsrecht belehrt worden sind (§ 52 Abs. 2 StPO). Die Urteile sind auf Berufung bzw. Revision der Verurteilten aufzuheben (BGH, 22.1.1991 – 1 StR 624/90; 21.9.2004 – 3 StR 185/04 ).
Auf diese rechtliche Möglichkeit sollten Strafrichter hingewiesen werden, die SozA/SozP zu Zeugenaussagen zwingen wollen.

Beschlagnahme von Datenträgern

In Strafverfahren ist die Beschlagnahme von Datenträgern, die personenbezogene Daten von Personen enthalten, welche am Strafverfahren nicht beteiligt sind, zwar grundsätzlich zulässig. Der Zugriff auf für das Verfahren bedeutungslose Daten muss dabei aber möglichst vermieden werden.

Zum Schutz des Grundrechts auf informationelle Selbstbestimmung der Betroffenen und des Vertrauensverhältnisses zum Berufsgeheimnisträger besteht ein Beweisverwertungsverbot zumindest bei einer schwer fehlerhaften Durchsuchung und Beschlagnahme von Datenträgern (BVerfG, 12.4.2005 – 2 BvR 1027/02; 16.6.2009 – 2 BvR 902/06).

### 6.2.2 Zeugnisverweigerung in sonstigen Gerichtsverfahren

Für das Zeugnisverweigerungsrecht in Gerichtsverfahren außerhalb der Strafgerichte gilt § 383 Absatz 1 ZPO:

> »Zur Verweigerung des Zeugnisses sind berechtigt ...
> 6. Personen, denen kraft ihres Amtes, Standes oder Gewerbes Tatsachen anvertraut werden, deren Geheimhaltung durch ihre Natur oder durch gesetzliche Vorschrift geboten ist, in betreff der Tatsachen, auf welche die Verpflichtung zur Verschwiegenheit sich bezieht«.

Zeugnisverweigerungsrecht

SozA/SozP sind durch § 203 StGB, also »durch gesetzliche Vorschrift« zur Geheimhaltung anvertrauter Tatsachen verpflichtet. Deshalb sind sie insoweit zur Verweigerung des Zeugnisses berechtigt und verpflichtet (OLG Hamm, 30.9.1991– 15 W 231/91).

Jugendhilfe

Sind freie Träger aufgrund öffentlich-rechtlicher Vereinbarungen mit dem Jugendamt gemäß § 8a und § 61 Abs. 3 SGB VIII verpflichtet, einen gleichwertigen Datenschutz zu gewährleisten, sind die Mitarbeiter mindestens in gleichem Maße wie die Mitarbeiter der öffentlichen Jugendhilfe zur Zeugnisverweigerung berechtigt und verpflichtet (Riehle, ZfJ 2000, 293).

Die Regelung des Zeugnisverweigerungsrechts der Zivilprozessordung gilt auch für alle anderen Gerichtsverfahren mit Ausnahme des Strafverfahrens (§ 29 FamFG; § 98 VwGO; § 118 SGG; § 46 Abs. 2 ArbGG).
SozA/SozP haben also in diesen Verfahren keine Aussagepflicht hinsichtlich anvertrauter Tatsachen. Der Gesetzgeber schützt so das Vertrauensverhältnis als wichtige Grundlage der sozialen Arbeit.

Beispiele

Sozialarbeiterinnen im Frauenhaus, Eheberater, Erziehungsberater, Familienhelferinnen, Schuldnerberater, Sozialarbeiter in Einrichtungen der Jugend- oder Behindertenhilfe sind in den genannten Verfahren nicht zur Aussage über anvertraute Geheimnisse verpflichtet.

Aussagepflicht bei nicht anvertrauten Tatsachen?

Die Aussagepflicht der SozA/SozP hinsichtlich der Tatsachen, die nicht im Rahmen eines Vertrauensverhältnisses anvertraut worden sind, ist allgemein nicht eingeschränkt.
Ist jedoch zu befürchten, dass durch die Erzwingung der Aussage der SozA/SozP die Fortführung sozialer Arbeit in einer Familie oder in einem Wohnbezirk gefährdet oder unmöglich wird, kann sich eine Begrenzung der Aussagepflicht unmittelbar aus dem Verhältnismäßigkeitsgrundsatz ergeben. Dies hat das BVerfG zwar nur in Hinblick auf die Zeugenaussage im Strafverfahren entschieden (19.7.1972 – 2 BvL 7/71), dies lässt sich jedoch auch für andere Verfahren übertragen, weil der Grundsatz der Verhältnismäßigkeit als verfassungsrechtlicher Grundsatz allgemein gilt (→ S. 114).

## H Sozialleistungsrecht



### 1 Allgemeine Grundsätze

Beispiele

Eine alleinerziehende Mutter beantragt Wohngeld. Sie erklärt der Wohngeldstelle, sie könne die fällige Miete nicht bezahlen, weil sie von ihrem Mann keinen Unterhalt erhalten habe. Der Sachbearbeiter weist sie darauf hin, dass in ca. drei Monaten Wohngeld gezahlt werde. Bis dahin müsse sie sich gedulden (→ S. 294).
Ein SozA/SozP stellt beim Besuch einer älteren Frau, die bisher als Putzhilfe tätig war und erstmals Sozialhilfe beantragt, fest, dass die Frau seit 20 Jahren Anspruch auf eine kleine Rente, aber keinen Antrag gestellt hat (→ S. 299).

Die §§ 38 ff. SGB I enthalten Grundsätze des Leistungsrechts, die für alle Teile des Sozialgesetzbuchs gelten, sofern nicht die Besonderen Teile des Sozialgesetzbuchs davon abweichen (§ 37 SGB I).
Wir behandeln die Grundsätze des Leistungsrechts nicht vollständig. Es wird lediglich auf einige Grundsätze, und bei der Behandlung dieser auch nur auf einige für die Praxis bedeutsame Probleme und Rechtsmöglichkeiten hingewiesen.

## 2 Beschleunigte, einstweilige Gewährung von Sozialleistungen

Beispiel

Nach dem plötzlichen Tod eines Ehemannes stellt der Rentenversicherungsträger bei der Bearbeitung des Antrags auf Witwenrente fest, dass die Klärung aller Fragen zum Versicherungsverlauf voraussichtlich einige Monate dauern wird.

Eine Anerkennung eines Leistungsanspruchs durch Verwaltungsakt erfordert prinzipiell die vollständige Klärung der Sach- und Rechtslage. Erst damit ist das Verwaltungsverfahren beendet (§ 8 SGB X); erst dann werden Leistungen üblicherweise gewährt.
Nach der Rechtsprechung des Bundessozialgerichts ist die Sozialverwaltung aber durch § 17 Abs. 1 Nr. 1 SGB I ermächtigt und u. U. im Einzelfall sogar verpflichtet, einstweilige Regelungen zu treffen, auch wenn ein endgültiger Verwaltungsakt noch nicht ergehen kann und darf (BSG, 2.11.2012 – B 4 KG 2/11 R – Rn. 13; BSG, 28.6.1990 – 4 RA 57/89 – juris Rn. 46). Insbesondere Leistungen, die der Existenzsicherung dienen, sind grundsätzlich unverzüglich zu erbringen (BSG, 24.7.2003 – B 4 RA 60/02 R – juris Rn. 33).

3 Formen

Die einstweilige Regelung kann erfolgen durch Gewährung
- eines Vorschusses nach § 42 SGB I;
- einer Vorwegzahlung auf der Grundlage von § 17 Abs. 1 Nr. 1 SGB I i.V.m. §§ 9 Satz 2, 32 Abs. 1 SGB X;
- vorläufiger Leistungen nach § 43 SGB I bei Streit über die Zuständigkeit eines Leistungsträgers.

### 2.1 Vorschuss (§ 42 SGB I)

2 Voraussetzungen:

Der Leistungsträger **kann** nach § 42 Abs. 1 Satz 1 SGB I Vorschüsse unter zwei Voraussetzungen zahlen:

Anspruch besteht prinzipiell

- Die gesetzlichen Anspruchsvoraussetzungen einer Geldleistung sind nachgewiesen (»Anspruch besteht dem Grunde nach«).
  Bei bedürftigkeitsabhängigen Leistungen besteht die Möglichkeit, dass mit der Unklarheit über die konkrete Leistungshöhe auch noch kein Leistungsanspruch »dem Grunde nach« angenommen werden kann. Dann scheidet regelmäßig ein Vorschuss aus; es kommt aber eine Vorwegzahlung in Betracht (BSG, 2.11.2012 – B 4 KG 2/11 R – juris Rn. 15).
  Das Bundessozialgericht wendet § 42 SGB I über den Wortlaut hinaus auch dann an, wenn noch nicht feststeht, ob die Anspruchsvoraussetzungen vorliegen, dies jedoch sehr wahrscheinlich ist (BSG, 12.8.1992 – 2 RU 7/92 – juris Rn. 26), oder wenn der Anspruch zur Überzeugung des Leistungsträgers nach dem derzeitigen Ermittlungsstand besteht (BSG, 26.6.2007 – B 2 U 5/06 R – juris Rn. 18).

Höhe noch ungewiss

- Zur Feststellung der Höhe einer Geldleistung ist voraussichtlich noch längere Zeit erforderlich (mehr als zwei Monate: Rolfs, in: Hauck/Noftz, SGB I, § 42 Rn. 22).

Die Vorschrift betrifft mithin den Fall, dass die Anspruchshöhe noch offen, die Leistungspflicht des Trägers jedoch geklärt ist (BSG, 2.11.2012 – B 4 KG 2/11 R – Rn. 15). Bei Unklarheit über die Zuständigkeit kommt dagegen eine vorläufige Leistung nach § 43 SGB I in Betracht. § 42 Abs. 1 Satz 1 SGB I bezweckt, (finanzielle) Härten zu vermeiden, die durch die Bearbeitungszeiten im Verwaltungsverfahren entstehen.

Ermessen

Über die Höhe der Vorschuss-Leistung bestimmt der Leistungsträger nach **pflichtgemäßem Ermessen**. Er kann sie auf den Betrag beschränken, der sicher mindestens zu zahlen ist.

Zahlungsfrist

Beantragt der Berechtigte Vorschüsse, so muss der Leistungsträger – falls die Voraussetzungen vorliegen – **spätestens nach Ablauf des Kalendermonats** nach Eingang des Antrags zahlen (§ 42 Abs. 2 Satz 2, 2. Halbsatz SGB I).

Beispiel

Wird der Antrag am 9.2. gestellt (= Eingang des Antrags), muss spätestens am 1.4. die Geldleistung zur Verfügung stehen.

Der insoweit gegebene **Ermessensspielraum** kann, wenn die Geldleistung zur Existenzsicherung erforderlich ist, so eingeschränkt sein, dass sofort gezahlt werden muss. Aus dem Wort »spätestens« folgt nämlich, dass die Behörde den Zeitraum nicht in jedem Fall ausschöpfen kann, sondern bei besonders dringlichen Zahlungsbegehren deutlich früher leisten muss (SG Darmstadt, 20.11.2012 – S 1 AL 358/12 ER – juris Rn. 27).

Leistungen sind sofort zu gewähren, wenn andernfalls eine Verletzung der Würde des Menschen möglich erscheint (BVerfG, 25.2.2009 – 1 BvR 120/09 – juris Rn. 13 ff.). Im Übrigen ist es ermessensfehlerhaft, einen Vorschuss wegen Fehlens eines entsprechenden Antrags gar nicht erst in Betracht zu ziehen. Denn auch der Ermessensnichtgebrauch ist ein Ermessensfehler (Rolfs, in: Hauck/Noftz, SGB I, § 42 Rn. 27).

Kein Verweis auf Sozialhilfe/Grundsicherung

Der Leistungsträger darf den Antrag nicht mit der Begründung ablehnen, der Berechtigte könne Leistungen nach dem Recht der Sozialhilfe (§ 2 Abs. 2 Satz 2 SGB XII) bzw. der Grundsicherung für Arbeitsuchende geltend machen (§ 5 Abs. 1 Satz 2 SGB XII).

Lehnt der Leistungsträger die Zahlung ab, kann der Berechtigte beim zuständigen Gericht eine einstweilige Anordnung beantragen (→ S. 469 f.).

Anrechnung/Erstattung des Vorschusses

Die Vorschüsse sind auf die zustehende, d.h. die im endgültigen Bescheid festgestellte Leistung anzurechnen (§ 42 Abs. 2 Satz 1 SGB I). Die für die Aufrechnung/Verrechnung in den §§ 51, 52 SGB I vorgesehenen Einschränkungen gelten nicht (Rolfs, in: Hauck/Noftz, SGB I, § 42 Rn. 41). Mit Erlass des endgültigen Bescheids erledigt sich auch die Regelung zum Vorschuss und wird daher unwirksam (BSG, 16.11.1995 – 4 RLw 4/94 – juris Rn. 36). Im endgültigen Bescheid erfolgt demnach die Anrechnung bzw. es entsteht ein Erstattungsanspruch.

Erstattung des Vorschusses

Eine Erstattung von Vorschüssen nach § 42 Abs. 2 S. 2 SGB I, die höher sind als die dem Berechtigten zustehende Leistung, kann jedoch nur verlangt werden, wenn der Bewilligungsbescheid für den Empfänger klargestellt hatte, dass es sich um eine vorläufige Leistung im Vorgriff auf die erst künftig ergehende Bewilligung handelte (BSG, 6.4.2011 – B 4 AS 119/10 R – juris Rn. 18). Zudem muss bei der Bewilligung deutlich genug auf die an keine weiteren Voraussetzungen geknüpfte Erstattungspflicht hingewiesen werden (BSG, 26.3.2014 – B 10 EG 4/13 R – juris Rn. 36 zum Elterngeld).
Aber selbst dann ist bei solchen Vorschüssen der überzahlte Betrag nicht in jedem Falle und auch nicht immer sofort zurückzuzahlen (§ 42 Abs. 3 SGB I i.V. m. § 76 Abs. 2 SGB IV).

Milderung der Erstattung

Der Erstattungsanspruch ist gemäß § 42 Abs. 3 SGB I je nach Einzelfall
- **zu stunden** gegen angemessene Zinsen und in der Regel gegen Sicherheitsleistung;
- **niederzuschlagen**, wenn feststeht, dass die Einziehung keinen Erfolg haben wird oder wenn die Kosten der Einziehung unverhältnismäßig sind;
- **zu erlassen**, wenn die Einziehung unbillig wäre. Dies dürfte der Fall sein, wenn dem Betroffenen weniger als der unpfändbare Betrag verbleibt. Insoweit ist § 54 SGB I entsprechend anzuwenden.

Sonderregelungen

Besonderheiten gelten:
- für Leistungen nach dem **SGB II** und **SGB III**: § 328 Abs. 1 Satz 1 Nr. 3 SGB III und § 40 Abs. 2 Nr. 1 SGB II;
- für die **Ausbildungsförderung**: § 51 Abs. 2 BAföG;
- im Recht der **gesetzlichen Unfallversicherung:** Rente als vorläufige Entschädigung nach § 62 Abs. 1 SGB VII;
- beim **Elterngeld:** vorläufige Leistung nach § 8 Abs. 3 BEEG;
- in bestimmten Fällen der **Ausgleichsrente nach BVG**: § 60a Abs. 1 S. 2 BVG.

## 2.2 Vorwegzahlung (§ 17 Abs. 1 Nr. 1 SGB I i.V.m. §§ 9 Satz 2, 32 Abs. 1 SGB X)

Beispiel

Der Anspruch auf Kinderzuschlag nach § 6a BKGG ist wegen schwankenden Einkommens nur nach aufwändigen Ermittlungen festzustellen.

Nur ausnahmsweise

Eine »Vorwegzahlung« ist in einer Ausnahmesituation möglich, in der es an einer ausdrücklich geregelten Möglichkeit zur vorläufigen Leistungsgewährung fehlt (BSG, 2.11.2012 – B 4 KG 2/11 R – Rn. 14 zum Kinderzuschlag). Hier wendet der Leistungsträger das Recht gleichsam abstrakt an, ohne die Umstände des Einzelfalls zu prüfen, z.B. wenn der Kreis der Leistungsberechtigten bereits nach abstrakten Merkmalen eingegrenzt ist.

Voraussetzung

Voraussetzung für die Vorwegzahlung ist aber stets, dass der rechtliche Zweck der Geldleistung nur erreicht werden kann, wenn zeitnah geleistet wird, obwohl zwingende verfahrenstechnische Gründe eine abschließende Entscheidung noch verhindern (BSG, 29.4.1997 – 4 RA

46/96 – juris Rn. 62 f.). Dem Berechtigten kann letztlich nicht zugemutet werden, die endgültige Entscheidung abzuwarten.

Warnung

Der Leistungsträger hat dem Empfänger bei der Vorwegzahlung deutlich zu machen, dass
- noch nicht feststeht, ob ihm überhaupt ein Recht auf die Geldleistung zusteht,
- ihm nur einstweilig etwas bewilligt wird und
- er nicht darauf vertrauen kann, dauerhaft auch nur einen Teil des vorweggezahlten Geldes zu behalten (BSG, 17.7.1996 – 5 RJ 42/95 – juris Rn. 20).

Dadurch soll der Bürger in die Lage versetzt werden, selbst darüber zu entscheiden, von der Leistung Gebrauch zu machen oder wegen der drohenden Rückzahlungspflicht davon lieber abzusehen (BayLSG, 8.11.2001 – L 20 RJ 289/00 – juris Rn. 25). Die auf Grundlage einer Nebenbestimmung gemäß § 32 SGB X verfügte Vorwegzahlung muss im Hinblick auf die Regelung einer nur vorläufigen Leistungsgewährung aber bestimmt genug sein, um eine spätere Rückforderung zu tragen (BSG, 2.11.2012 – B 4 KG 2/11 R – Rn. 12 ff., insb. 18 ff.).

## 2.3 Vorläufige Leistung bei Zuständigkeitsstreit (§ 43 SGB I)

Beispiele

Nach der Geburt eines Kindes mit erheblichen Behinderungen, erklären die Eltern in einer Klinik, dass sie deshalb die Sorge für das Kind nicht übernehmen würden. Der für das Kind bestellte Pfleger findet eine geeignete Pflegefamilie.
Das Jugendamt am Ort der Klinik, das Jugendamt am Wohnort der leiblichen Eltern und das Jugendamt am Wohnort der Pflegeeltern lehnen die Zahlung von Pflegegeld ab.

Leistungsermessen des zuerst angegangenen Leistungsträgers

Das Gesetz sieht die Möglichkeit vorläufiger Leistungen bei einem Zuständigkeitsstreit zwischen mehreren Trägern vor (§ 43 SGB I). Dieser soll nicht auf Kosten des Bürgers ausgetragen werden. Der Leistungsträger, bei dem ein Anspruch zuerst geltend gemacht wird, **kann** daher vorläufige Leistungen erbringen, wenn mehrere Leistungsträger ihre Zuständigkeit verneinen, aber feststeht, dass ein Anspruch besteht (§ 43 Abs. 1 Satz 1 SGB I). Das »Bestehen« setzt voraus, dass der Anspruch fällig und einredefrei ist (Rolfs, in: Hauck/Noftz, SGB I, § 43 Rn. 5). Ausreichend ist, dass einer von mehreren alternativ in Betracht kommenden Ansprüchen gegeben ist (SG Darmstadt, 20.11.2012 – S 1 AL 358/12 ER – juris Rn. 10 zu Kranken- bzw. Arbeitslosengeld).

Fälle negativer Kompetenzkonflikte

§ 43 SGB I gilt u. a. für den Fall, dass
- mehrere Jugendämter (BVerwG, 19.11.1992 – 5 C 33.90);
- mehrere Sozialhilfeträger (BVerwG, 19.10.2006 – 5 C 29.05);
- Jugendamt und Sozialamt (OVG NRW, 5.1.1996 – 24 B 3205/95) oder
- die gesetzliche Krankenkasse und ein Sozialhilfeträger (BVerwG, 26.9.1991 – 5 C 141.87)

sich über die **sachliche** Zuständigkeit streiten, weil sich keiner für zuständig hält (vgl. BVerwG, 20.5.2014 – 5 C 33.13 – juris Rn. 22).

Bei einem **örtlichen** Zuständigkeitskonflikt trifft § 2 Abs. 1 Satz 2 SGB X eine allgemeine Regelung und § 86d SGB VIII eine spezielle für das Kinder- und Jugendhilferecht.

Leistungspflicht

Der zuerst angegangene Leistungsträger ist auf Antrag des Bürgers (entsprechend § 42 SGB I) zur Leistung **verpflichtet**, wenn der geltend gemachte Bedarf nach den für ihn geltenden Vorschriften abgedeckt werden kann und der Berechtigte zweifelsfrei gegen einen der möglichen Leistungsträger einen Anspruch hat (§ 43 Abs. 1 Satz 2 SGB I). Eine Vorleistung kommt auch in Betracht, wenn die Entscheidung nur über die Höhe der Leistung in das Ermessen des Leistungsträgers gestellt ist (»Ob« des Anspruchs steht dagegen fest) und bei Soll-Leistungen in typischen Fällen, nicht dagegen, wenn bereits über das »Ob« der Leistung nach Ermessen zu entscheiden ist, weil erst mit der Bekanntgabe dieser Entscheidung der Anspruch nach § 40 Abs. 2 SGB I entsteht (Rolfs, in: Hauck/Noftz, SGB I, § 43 Rn. 5).

Sonderregelung

Eine Sonderregelung zur Zuständigkeitsklärung für **Leistungen zur Rehabilitation** ist in § 14 SGB IX getroffen (BSG, 26.6.2007 – B 1 KR 34/06 R; BayLSG, 25.8.2014 – L 8 SO 190/14 ER – juris Rn. 7; vgl. dazu auch Palsherm, WzS 2011, 135 ff.). Für die **gesetzliche Unfallversicherung** regelt § 139 SGB VII eigenständig den Kompetenzkonflikt.

## 3 Verzinsung von Geldleistungen (§ 44 SGB I)

Beispiel

Wird über einen Anspruch auf Sozialhilfe erst nach mehreren Jahren abschließend zugunsten des Berechtigten entschieden, hat der Träger der Sozialhilfe nicht nur den Geldbetrag, sondern auch Zinsen zu zahlen.

Grundsatz

Ansprüche auf einmalige und laufende Geldleistungen im Sinne des SGB sind nach Ablauf eines Kalendermonats nach dem Eintritt ihrer Fälligkeit (§§ 40, 41 SGB I) bis zum Ablauf des Kalendermonats vor der Zahlung mit vier von Hundert zu verzinsen (§ 44 Abs. 1 SGB I). Vgl. zur Verzinsung des Anspruchs auf Erstattung zu Unrecht entrichteter Sozialversicherungsbeiträge: § 27 SGB IV; und zum Ausnahmefall der Verzinsung bei Aufhebung eines Verwaltungsaktes über Leistungen zur Förderung von Einrichtungen und ähnlichen Leistungen: § 50 Abs. 2a SGB X. Der Anspruch auf Rückzahlung eines zu Unrecht an die Behörde gezahlten Erstattungsbetrags – hier: rechtswidrige Aufhebung der Alg II-Bewilligung und Zahlung auf Erstattungsverlangen des Jobcenters – ist keine Geldleistung i.S.v. § 44 SGB I und damit nicht zu verzinsen (BSG, 13.2.2014 – B 4 AS 19/13 R – juris Rn. 22).

Die Behörde **muss** auch ohne besonderen Antrag von Amts wegen über die Zinsen entscheiden (LSG Rheinland-Pfalz, 22.3.2010 – L 2 R 68/10 – juris Rn. 24). Dies muss aber nicht in dem Bescheid zur Hauptentscheidung erfolgen, ein selbständiger Verwaltungsakt zur Zinsentscheidung ist möglich (BSG, 25.1.2011 – B 5 R 14/10 R – juris Rn. 16).

Darlehenszinsen, die ein Leistungsträger gegenüber dem Leistungsberechtigten für nur darlehensweise bewilligte Sozialhilfe (s. § 91 SGB XII) einfordert, sind gesetzlich nicht vorgesehen. Das wäre aber nach dem Gesetzesvorbehalt aus § 31 SGB I zwingend. Daher können Sozialhilfeträger eine Zinsforderung nicht auf § 44 SGB I –auch nicht analog – stützen (BSG, 27.5.2014 – B 8 SO 1/13 R – juris Rn. 15 ff.).

Beginn der Verzinsung

Die Verzinsung **beginnt frühestens nach Ablauf von sechs Kalendermonaten** nach Eingang des vollständigen Leistungsantrags beim zuständigen Leistungsträger (§ 44 Abs. 2, 1. Halbsatz SGB I). Vollständig ist der Antrag, wenn die entsprechenden Antragsformulare ordnungsgemäß ausgefüllt und unterschrieben bzw. alle für die Feststellung und Zahlung der Leistung erheblichen Fragen beantwortet sind. Wird ein erforderlicher Antrag dagegen nicht gestellt, so beginnt die Verzinsung gemäß § 44 Abs. 2, 2. Halbsatz SGB I erst nach Ablauf eines Kalendermonats nach Bekanntgabe der Entscheidung (Rolfs, in: Hauck/Noftz, SGB I, § 44 Rn. 29 ff.).

Bei Ansprüchen, für die ein **Antrag nicht erforderlich ist**, ist zu unterscheiden:
- Wurde gleichwohl ein Antrag gestellt, beginnt die Verzinsung sechs Monate nach Antragseingang (s. § 44 Abs. 2, 1. Halbsatz SGB I), wenn nicht vorher aufgrund der Bekanntgabe der Entscheidung die Verzinsung nach § 44 Abs. 2, 2. Halbsatz SGB I einsetzt (Rolfs, in: Hauck/Noftz, SGB I, § 44 Rn. 33).
- Im Übrigen sind solche Leistungen einen Monat nach Eintritt ihrer Fälligkeit zu verzinsen (LSG Rheinland-Pfalz, 29.1.2003 – L 6 RA 62/02 – juris Rn. 17).

Bei der rückwirkenden Erbringung von Sozialleistungen im Überprüfungsverfahren gemäß § 44 Abs. 4 SGB X ist für den Zeitpunkt des Zinsbeginns auf den urspünglichen Antrag auf Leistung und nicht auf den Überprüfungsantrag nach § 44 SGB X bzw. die Entscheidung darüber abzustellen (BSG, 17.12.2014 – B 8 SO 17/13 R).

Kindergeld

Kindergeldnachzahlungen sind nicht zu verzinsen, weil sie nicht zu den Sozialleistungen im Sinne des SGB gehören (BFH, 20.4.2006 – III R 64/04 – juris Rn. 9).

## 4 Verjährung (§ 45 SGB I)

Beispiele

Hat eine Frau aufgrund falscher Beratung nach dem Tod ihres Mannes im Jahre 2000 keine Witwenrente beantragt und holt sie den Antrag im Jahre 2013 nach, kann sie Nachzahlung der Rente nur ab 1.1.2009 verlangen, wenn der Versicherungsträger sich auf die Verjährung beruft.
Der Träger einer WfbM muss der Krankenkasse zunächst den Beitrag für den Beschäftigten zahlen. Er erhält diesen aber vom für den behinderten Menschen zuständigen Rehaträger erstattet (§ 251 Abs. 2 S. 2 SGB V).

Dieser Erstattungsanspruch ist aber eine Sozialleistung und unterliegt deshalb der Verjährung nach § 45 SGB I (BSG, 6.8.2014 – B 11 AL 7/13 R – Rn. 13 ff.).

Nur Anspruch, nicht Stammrecht verjährt

Ansprüche auf die jeweils fälligen Sozialleistungen können verjähren, nicht aber das Stammrecht bei laufenden Leistungen (zur Unterscheidung zwischen Einzelanspruch auf Auszahlung und dem Stammrecht als dem mit Erfüllung der gesetzlichen Voraussetzungen zu einem subjektiven Recht verfestigten Besitzstand: BSG, 20.10.2005 – B 7a AL 50/ 05 R – juris Rn. 21).

Beispiel

Das Recht auf Rente als solches ist unverjährbar; es kann auch Jahre nach Eintreten der Rentenberechtigung noch erstmals geltend gemacht werden, nicht aber die einzelne monatliche Rentenleistung (BSG, 2.8.2000 – B 4 RA 54/99 R – juris Rn. 65; BSG, 21.12.1971 – GS4/71 – juris Rn. 14).

Verjährungsfrist

Ansprüche auf Sozialleistungen verjähren in **vier Jahren** nach Ablauf des Kalenderjahres, in dem sie entstanden sind (§ 45 Abs. 1 SGB I; s. § 40 SGB I zum Entstehen der Ansprüche).

Hemmung der Verjährung

Die Verjährung wird u. a. durch schriftlichen Antrag auf die Sozialleistung oder durch Erhebung des Widerspruchs gehemmt (§ 45 Abs. 2 und 3 SGB I).
Die Verjährung der Ansprüche auf Entschädigung wegen Verletzung des sexuellen Selbstbestimmungsrechts nach dem OEG ist bis zur Vollendung des 21. Lebensjahres bzw. bis zur Aufhebung der häuslichen Gemeinschaft gehemmt (entsprechend § 208 BGB; vgl. BSG, 28.4.2005 – B 9a/9 VG 1/04 B – juris Rn. 18). Das gilt nicht, wenn es dem gesetzlichen Vertreter des Gewaltopfers zumutbar war, die Entschädigung zu beantragen (BSG, 30.9.2009 – B 9 VG 3/08 R – juris Rn. 31 ff.).

Ermessensentscheidung

Die Entscheidung darüber, ob der Leistungsträger sich auf die Verjährung beruft, steht in seinem pflichtgemäßen Ermessen, da es sich nur um ein Leistungsverweigerungsrecht handelt (BSG, 26.6.2007 – B 4 R 19/07 R – juris Rn. 25). Seine Ermessensentscheidung muss er begründen (§ 35 Abs. 1 Satz 3 SGB X). Er muss v. a. berücksichtigen, ob der Leistungsberechtigte sich in wirtschaftlich schlechter Lage befindet oder ob den Leistungsträger ein Mitverschulden an der verspäteten Geltendmachung trifft. Er darf sich auf die Verjährung zwar nicht berufen, wenn deren Geltendmachung gegen Treu und Glauben verstößt; jedoch gilt für den sozialrechtlichen Herstellungsanspruch wegen falscher/unterlassener Auskunft ebenfalls eine Ausschlussfrist von vier Jahren (BSG, 27.3.2007 – B 13 R 58/06 R; → S. 438).

Zur Verjährung von Erstattungsansprüchen: → S. 406.

Rückwirkende Gewährung?

Zu beachten ist, dass einige Sozialleistungen nicht oder nur für einen begrenzten Zeitraum rückwirkend gewährt werden, z. B.:
- § 37 SGB II: Arbeitslosengeld II erst ab 1. des Monats der Antragstellung;

- § 137 Abs. 1 Nr. 2 SGB III: Arbeitslosengeld I erst ab Arbeitslosmeldung;
- § 18 Abs. 2 SGB XII: Sozialhilfe ab Kenntnis von Hilfebedürftigkeit;
- § 25 Abs. 2 WoGG: Wohngeld ab 1. des Monats der Antragstellung.

## 5 Auszahlung bei Verletzung der Unterhaltspflicht (§ 48 SGB I)

Beispiel

Erhält ein Unterhaltspflichtiger Arbeitslosengeld II und Kindergeld und zahlt er keinen Unterhalt, kann die Ehefrau beim Jobcenter beantragen, dass ihr ein angemessener Teil des Arbeitslosengeldes II und das gesamte Kindergeld ausgezahlt wird.

Ermessensentscheidung über Abzweigung

Erfüllt der Leistungsberechtigte seine gesetzliche Unterhaltspflicht gegenüber dem Ehegatten oder seinen Kindern nicht, **kann** der Leistungsträger durch Verwaltungsakt nach § 48 SGB I bestimmen, dass laufende Geldleistungen, die zur Sicherung des Lebensunterhalts bestimmt sind (z. B. Arbeitslosengeld, Krankengeld, Rente, Übergangsgeld, Wohngeld) in angemessener Höhe den Unterhaltsberechtigten ausgezahlt werden. Dies gilt entsprechend, wenn der Leistungsberechtigte für Kinder, denen er nicht kraft Gesetzes unterhaltspflichtig ist (z. B. Pflegekinder), Geldleistungen erhält (§ 48 Abs. 2 SGB I). Keine Bedingung für die Abzweigung ist, dass bereits ein vollstreckbarer Unterhaltstitel vorliegt.

Abzweigung

Bei der **Ermessensausübung** sind Umfang und Dauer der unterbliebenen Unterhaltszahlung und die persönlichen und wirtschaftlichen Verhältnisse zu berücksichtigen.

Verletzung der Unterhaltspflicht

Ob eine Unterhaltspflicht verletzt wird, richtet sich nach dem BGB (s. §§ 1360 ff., 1601 ff. BGB). Das setzt neben der Bedürftigkeit des Unterhaltsberechtigten auch die unterhaltsrechtliche Leistungsfähigkeit des Unterhaltsverpflichteten voraus (BSG, 8.7.2009 – B 11 AL 30/08 R – juris Rn. 14). Eine einmalige Verletzung der Unterhaltspflicht rechtfertigt die Abzweigung ausnahmsweise nur dann, wenn eine regelmäßige Zahlung nicht zu erwarten ist. Eine schuldhafte Verletzung der Unterhaltspflicht wird aber nicht vorausgesetzt.

Anhörung des Leistungsberechtigten

Vor Erlass der Auszahlungsanordnung ist der Leistungsberechtigte anzuhören (→ S. 341). Ihm ist eine angemessene Äußerungsfrist einzuräumen. Es ist nicht ermessensfehlerhaft, wenn der Leistungsträger erst nach Ablauf der Frist abzweigt (BSG, 13.7.2009 – B 14 AS 34/07 R – juris Rn. 21).

Angemessene Höhe

Durch den Begriff »in angemessener Höhe« wird dem Sozialleistungsträger ein **Beurteilungsspielraum** auch hinsichtlich der Höhe des an die Unterhaltsberechtigten auszuzahlenden Betrages eingeräumt (BSG, 20.6.1984 – 7 RAr 18/83 – juris Rn. 53). Liegt ein vollstreckbarer Unterhaltstitel vor, hat der Leistungsträger diesen zu beachten. Die Leistungsfähigkeit des Unterhaltsschuldners bemisst sich dann nach

§ 850d ZPO (BSG, 17.3.2009 – B 14 AS 34/07 R – juris Rn. 17). Liegt der Unterhaltstitel noch nicht vor, hat der Leistungsträger die Höhe nach BGB unter Berücksichtigung der Düsseldorfer Tabelle oder anderer Unterhaltsrichtlinien der Oberlandesgerichte zu bestimmen (BSG, 8.7.2009 – B 11 AL 30/08 R – juris Rn. 14, 26; → http://www.olg-duesseldorf.nrw.de).

Geldleistungen für Kinder

Geldleistungen für Kinder (einschließlich Kindergeld und Kinderzuschläge) können ihnen direkt bis zur Höhe des pfändbaren Betrags bei Kindergeld i. S. v. § 54 Abs. 5 Satz 2 SGB I ausgezahlt werden (§ 48 Abs. 1 Satz 2 SGB I). Außerdem können Geldleistungen für Kinder an die Person, die den Kindern Unterhalt gewährt (z. B. Pflegeeltern: BSG, 31.3.1982 – 4 RJ 64/81 – juris Rn. 12 f.) bis zur Höhe des auf das jeweilige Kind entfallenden Betrages ausgezahlt werden (§ 48 Abs. 1 Satz 4 SGB I). Kindergeld ist nach § 74 Abs. 1 Satz 1 EStG in voller Höhe an das Kind abzuzweigen, wenn der Kindergeldberechtigte keinen laufenden Unterhalt zahlt (BFH, 26.8.2010 – III R 16/08 – juris Rn. 12).

Rechtsschutz

Die Abzweigung ist ein Verwaltungsakt mit Doppelwirkung (BSG, 18.3.1999 – B 14 KG 6/97 R – juris Rn. 16). Sie muss auch dem Leistungsberechtigten bekanntgegeben werden und kann dann von ihm als für ihn nachteiliger Verwaltungsakt mit Widerspruch und Anfechtungsklage angefochten werden (BSG, 17.1.1991 – 7 RAr 72/90 – juris Rn. 22). Gegen die Ablehnung der Abzweigung in der beantragten Höhe kann der Unterhaltsberechtigte mit Widerspruch und kombinierter Anfechtungs- und Verpflichtungsklage vorgehen (BSG, 17.3.2009 – B 14 AS 34/07 R – juris Rn. 12).

## 6 Aufrechnung (§ 51 SGB I)

Beispiel

Hat ein Früh-Rentner, der eine monatliche Rente von 1.300 Euro erhält, Nebeneinkünfte, die auf die Rente anrechenbar sind, pflichtwidrig nicht angezeigt, kann der Rentenversicherungsträger mit seinem Erstattungsanspruch aufrechnen.

Zweck

§ 51 SGB I sieht für den Leistungsträger die Möglichkeit der Aufrechnung von eigenen Ansprüchen (sog. Gegenforderung) gegen Ansprüche auf Geldleistungen des Leistungsberechtigten (sog. Hauptforderung) vor. Damit kann der Leistungsträger nicht nur seine Schuld erfüllen (Tilgungsfunktion), sondern auch seine eigene Forderung selbst durchsetzen (sog. Vollstreckungsfunktion), indem die Forderungen durch die Aufrechnung gleichsam saldiert werden.

2 Voraussetzungen

Voraussetzung ist
- das Vorliegen einer **Aufrechnungslage** für gleichartige und gegenseitige Forderungen sowie
- eine **Aufrechnungserklärung**.

Die Aufrechnungslage erfordert, dass der Leistungsträger, die ihm gebührende Leistung fordern kann, d. h. sein Anspruch ist durchsetzbar sowie fällig, und die ihm obliegende Leistung bewirken kann, d. h. sie muss entstanden sowie erfüllbar, aber nicht notwendig bereits fällig sein (BSG, 14.3.2013 – B 13 R 5/11 R – juris Rn. 26). Fehlt es am Gegenseitigkeitsverhältnis – z. B. wenn ein Rentenversicherungsträger gegen den Rentenanspruch mit rückständigen Ansprüchen eines anderen Rententrägers gegen den Versicherten aufrechnen will –, ist die Aufrechnungserklärung unwirksam (BSG, 14.3.2013 – B 13 R 5/11 R – juris Rn. 26). Aufrechnungslage

Die Aufrechnungserklärung kann als verwaltungsrechtliche Willenserklärung zur Ausübung eines öffentlich-rechtlichen Gestaltungsrechtes erfolgen (BSG, 22.9.2009 – B 4 SF 1/09 S – juris Rn. 8: muss nicht Verwaltungsakt sein; LSG Hessen, 29.10.2012 – L 9 AS 601/10 – juris Rn. 34; BVerwG, 27.10.1982 – 3 C 6.82; BVerwG, 20.11.2008 – 3 C 13.08; a.A. BayLSG, 13.3.2012 – L 7 AS 723/11 NZB – juris Rn. 16), kann aber auch in Form eines Verwaltungsaktes geschehen (BSG, 31.10.2012 – B 13 R 13/12 R – juris Rn. 18). Aufrechnungserklärung

§ 51 SGB I lässt eine Aufrechnung jedoch nur insoweit zu, als der Leistungsberechtigte seine unpfändbaren Bezüge behält bzw. nicht hilfebedürftig im Sinne des SGB II oder des SGB XII wird. Grenzen

Bei Leistungsberechtigten nach dem SGB II und des SGB XII, die wegen vorsätzlichen oder grob fahrlässigen Fehlverhaltens zur Erstattung oder zum Schadensersatz verpflichtet sind, ist dem Leistungsträger eine weitergehende Aufrechnung gestattet (§ 43 SGB II; § 26 Abs. 2 SGB XII; LSG Hessen, 29.1.2008 – L 9 AS 421/07 ER – juris Rn. 25). Ferner werden Darlehen zur Sicherung des Lebensunterhalts durch monatliche Aufrechnung i.H.v. 10 % des Regelbedarfs getilgt (§ 42a Abs. 2 SGB II). Weitergehende Aufrechnung SGB II/SGB XII

§ 51 SGB I lässt in den Absätzen 1 und 2 eine Aufrechnung in unterschiedlichem Umfang zu:

Hat der Leistungsberechtigte Ansprüche auf laufende Geldleistungen gegen den Leistungsträger und hat der Leistungsträger gegen den Berechtigten Aufrechnung nach § 51 Abs. 2 SGB I

- **Ansprüche auf Erstattung** zu Unrecht erbrachter Sozialleistungen nach den Besonderen Teilen des Sozialgesetzbuches (nicht aber § 42 Abs. 2 Satz 2, § 43 Abs. 2 Satz 1 SGB I, vgl. Häusler, in: Hauck/Noftz, SGB I, § 51 Rn. 22) bzw. **Rückforderungsansprüche** nach § 50 SGB X oder
- **Ersatzansprüche** nach den §§ 34 oder 34a SGB II,

so kann der Leistungsträger bis zur Hälfte der laufenden Geldleistung aufrechnen. Die Aufrechnung ist jedoch ausgeschlossen, wenn und soweit der Leistungsberechtigte nachweist, dass er dadurch hilfebedürftig im Sinne des SGB II oder SGB XII wird (§ 51 Abs. 2 SGB I).

Bei Bezug einer monatlichen Rente von 1.300 Euro kann nicht in Höhe von 650 Euro aufgerechnet werden, wenn der Rentner nachweist, dass sein monatlicher Bedarf nach dem SGB XII bei 850 Euro liegt. Beispiel

Bei einer **Bedarfsgemeinschaft** darf der Erstattungs- bzw. Ersatzanspruch nur gegenüber der Person der Bedarfsgemeinschaft aufgerechnet werden, die Schuldner des Anspruches ist. Anderenfalls fehlte es an der Gegenseitigkeit der Forderungen, weil jedes Mitglied der Bedarfsgemeinschaft einen eigenen Leistungsanspruch hat.

Aufrechnung nach § 51 Abs. 1 SGB I

Mit Ansprüchen auf andere Geldleistungen ist die Aufrechnung unter den Voraussetzungen des § 51 Abs. 1 SGB I möglich. Die Regelung unterscheidet zwischen Aufrechnungen gegen Forderungen auf einmalige und solchen auf laufende Geldleistungen.

Beispiel

Infolge eines Eingabefehlers hat das Jobcenter versehentlich zu viel Geld überwiesen.

Bei der Aufrechnung gegen Forderungen auf **einmalige Geldleistungen** ist die Regelung des § 54 Abs. 2 SGB I zur Billigkeit der Pfändung, bei der Aufrechnung gegen Forderungen auf **laufende Geldleistungen** sind gemäß § 54 Abs. 4 SGB I die Pfändungsfreigrenzen zu beachten (→ S. 306).
Mit den **unpfändbaren Ansprüchen** des § 54 Abs. 3 SGB I kann dann erst recht nicht aufgerechnet werden.
Fehlt es an den Aufrechnungsvoraussetzungen nach § 51 Abs. 1 SGB I, kann der Leistungsträger den Leistungsberechtigten nicht rechtswirksam zu einer »Abtretungserklärung«/einem Verzicht auf anteilige Sozialleistung veranlassen, um eine aufrechnungsgleiche Wirkung zu erzielen (BSG, 22.3.2012 – B 4 AS 26/10 R – juris Rn. 18 ff.).

Ermessen

Anhörung

Die Aufrechnung steht im Ermessen des Leistungsträgers (BSG, 7.2.2012 – B 13 R 85/09 R – juris Rn. 65). Sie wird durch schriftlichen **Verwaltungsakt** oder verwaltungsrechtliche **Willenserklärung** erklärt (s.o). Der Betroffene ist vorher anzuhören (§ 24 SGB X [analog]).

Rechtsschutz

Der **Widerspruch gegen die Aufrechnung per Verwaltungsakt** hat prinzipiell aufschiebende Wirkung (§ 86a Abs. 1 SGG). Der Sozialleistungsträger ist somit nicht berechtigt, die Sozialleistung zu kürzen, solange nicht über den Widerspruch und eine etwa anschließende **Anfechtungsklage** abschließend entschieden ist (→ S. 452 ff. und → S. 461 ff.; s. aber anderer Auffassung BayLSG, 20.5.2010 – L 9 AL 24/10 B ER – juris Rn. 16, das in Angelegenheiten der Sozialversicherung bei der Anfechtungsklage gegen den Aufrechnungsbescheid nach § 86a Abs. 2 Nr. 3 SGG keine aufschiebende Wirkung annimmt (»Leistungsherabsetzung«), so dass eine Anordnung der aufschiebenden Wirkung durch das Gericht nach § 86b Abs. 1 Satz 1 Nr. 2 SGG beantragt werden müsste).

Beispiel

Rechnet der Rentenversicherungsträger wegen einer Rentenüberzahlung mit der laufenden Rente auf und legt der Rentner Widerspruch ein, muss die Rente ungekürzt weitergezahlt werden. Hat der Rentenversicherungsträger vor Einlegung des Widerspruchs gekürzt, muss der Kürzungsbetrag sofort nachgezahlt werden.

Liegt dagegen eine Aufrechnung durch **öffentlich-rechtliche Willenserklärung** vor – das BVerwG hält die Aufrechnung immer für eine verwaltungsrechtliche Willenserklärung, die nicht verbindlich und deshalb kein Verwaltungsakt sei (BVerwG, 20.11.2008 – 3 C 13.08) – muss kein Widerspruch eingelegt werden. Der Leistungsberechtigte hat stattdessen die Möglichkeit, **Leistungsklage** zu erheben und geltend zu machen, dass die Aufrechnung unzulässig sei. Diese Fallgestaltung hat insbesondere Bedeutung für die sachliche Zuständigkeit der Verwaltungsgerichtsgerichtsbarkeit (u.a. für Kinder- und Jugendhilfe, Ausbildungsförderung, Wohngeld).

## 7 Verrechnung (§ 52 SGB I)

Beispiel

Hat das Jobcenter Erstattungsansprüche gegen einen Berechtigten, so kann es den Rentenversicherungsträger ermächtigen, die Erstattungsansprüche mit dem Rentenanspruch des Berechtigten auf Arbeitslosengeld II zu verrechnen.

Ermächtigung

Der Leistungsträger kann mit Ermächtigung eines anderen Sozialleistungsträgers dessen Ansprüche gegen den Berechtigten mit den Ansprüchen des Berechtigten verrechnen, soweit nach § 51 SGB I die Aufrechnung zulässig ist (§ 52 SGB I). Das Rechtsverhältnis zwischen den beiden Leistungsträgern bei der Verrechnung ist ein öffentlich-rechtlicher Vertrag nach § 53 SGB X (BSG, 26.9.1991 – 4/1 RA 33/90 – juris Rn. 20, str.). Der um Verrechnung ersuchte Leistungsträger ist aufgrund der Verpflichtung zur **Amtshilfe** nach Art 35 Abs. 1 GG, § 3 Abs. 1 SGB X grundsätzlich verpflichtet, dem Ersuchen nachzukommen; der Wortlaut des § 52 SGB I drückt insofern ein »Kompetenz-Kann« und kein »Ermessens-Kann« aus (BSG, 26.9.1991 – 4/1 RA 33/90 – juris Rn. 22). Jedoch muss er vorher prüfen, ob die Voraussetzungen der Verrechnung vorliegen und eine Verrechnung mit Sinn und Zweck der Sozialleistung vereinbar ist (Häusler, in: Hauck/Noftz, SGB I, § 52 Rn. 7 unter Bezugnahme auf BSG, 25.3.1982 – 10 RKg 2/81 – juris Rn. 20, wo die Verrechenbarkeit von Beitragsansprüchen gegen Kindergeldansprüche abgelehnt wurde).
Aus § 52 SGB I a.E. folgt, dass die Voraussetzungen auch der Aufrechnung bei der Verrechnung erfüllt sein müssen: Insbesondere müssen die Forderungen zwar nicht gegenseitig, aber gleichartig sein, und die dem Verrechnenden zustehende Leistung muss fällig und die ihm obliegende Leistung erfüllbar sein. Die Verrechnung wird dann gegenüber dem leistungsberechtigten Bürger durch Verwaltungsakt erklärt (BSG, 31.10.2012 – B 13 R 13/12 R – juris Rn. 18).
Die Verrechnung unterliegt denselben **Beschränkungen** wie die Aufrechnung, z.B. im Hinblick auf die Höhe der Verrechnung (BSG, 31.10.2012 – B 13 R 13/12 R – juris Rn. 25).

Rechtsschutz

Zum **Rechtsschutz**: → S. 304 ff., insbesondere → S. 420 ff.

## 8 Pfändung von Sozialleistungen (§ 54 SGB I)

Beispiel

Ein Kreditinstitut erwirkt die Pfändung und Überweisung des Anspruchs auf Arbeitslosengeld I.

Voraussetzung: Vollstreckungstitel

Die Pfändung des Anspruchs auf eine Sozialleistung ist ein Akt der staatlichen Zwangsvollstreckung. Sie setzt einen Vollstreckungstitel voraus.

Vollstreckungstitel in diesem Sinne sind u. a.

- vollstreckbare **Urteile**, die z. B. auf die Klage einer Teilzahlungsbank gegen einen Kreditnehmer oder von einem Sozialgericht wegen Nichterstattung überzahlten Kindergeldes erlassen wurden;
- unanfechtbare oder sofort vollziehbare **Verwaltungsakte**, die z. B. von einer Kommune gegen Eltern wegen Nichtzahlung des Kindergartenbeitrags erlassen werden.

Je nach Art des Vollstreckungstitels entscheiden **unterschiedliche Gerichte bzw. Behörden** über die Pfändung. So erfolgt die Pfändung wegen eines zivilrechtlichen Anspruchs (z. B. einer Bank) durch das Amtsgericht – Vollstreckungsgericht – nach §§ 828 ff. ZPO. Dagegen wird die Pfändung wegen einer öffentlich-rechtlichen Forderung nach den Verwaltungsvollstreckungsgesetzen der Länder durch Verwaltungsgerichte bzw. Vollstreckungsbehörden ausgesprochen (→ S. 412).
Alle Gerichte haben bei der Entscheidung über die Pfändung eines sozialrechtlichen Anspruchs § 54 SGB I zu beachten.

Unpfändbarkeit von Sach- und Dienstleistungen

Ansprüche auf Dienst- und Sachleistungen sind nicht pfändbar (§ 54 Abs. 1 SGB I). Hierbei handelt es sich um Ansprüche auf Leistungen, die unmittelbar, d. h. nicht auf dem Umweg über den Kostenvorschuss bzw. Kostenersatz bedarfsdeckend sind.

Beispiel

Persönliche Betreuung und Beratung; Arzneimittel, Krankenhauspflege, Hilfsmittel wie Brillen, Rollstühle usw. in der Krankenversicherung.

Pfändbarkeit von einmaligen Geldleistungen

Ansprüche auf einmalige Geldleistungen (z. B. Rentenabfindungen) sind nur pfändbar, soweit dies der Billigkeit entspricht (§ 54 Abs. 2 SGB I). Hierbei sind u.a. zu berücksichtigen die

- Einkommens- und Vermögensverhältnisse des Sozialleistungsberechtigten;

Beispiel

Mindestens muss der notwendige Lebensunterhalt gesichert sein.

- Einkommens- und Vermögensverhältnisse des Gläubigers;

Beispiel

Ist der Gläubiger eine Bank, die höhere als übliche Zinsen verlangt, kann eine Pfändung ganz oder teilweise für unzulässig erklärt werden (KG Berlin, 21.11.1980 – 1 W 3227/80 – MDR 1981, 505).

- Art des beizutreibenden Anspruchs;

  Unbillig kann die Pfändung sein, wenn eine Bank ein hohes Darlehen trotz niedrigen Einkommens gewährt hat. Beispiel

- Zweckbestimmung der Sozialleistung.

  Gegen die Zweckbestimmung verstößt die Pfändung des Anspruchs eines behinderten Menschen auf den Zuschuss zur Anschaffung eines PKWs. Beispiel

Pfändbarkeit laufender Geldleistungen

Ansprüche auf laufende Geldleistungen wie Krankengeld, Arbeitslosengeld, Arbeitslosengeld II (s. BGH, 25.10.2012 – VII ZB 31/12 – juris Rn. 9 ff.) und Sozialversicherungsrenten können grundsätzlich wie Arbeitseinkommen gepfändet werden (§ 54 Abs. 4 SGB I), d. h. unter Beachtung der Vorschriften über die Lohnpfändung in §§ 850 ff. ZPO. Der unpfändbare Betrag ist aus der Lohnpfändungstabelle abzulesen (Anlage zu § 850c ZPO).

Beispiel

Das monatliche Nettoeinkommen ist ab dem 1.7.2013 bei einem nicht unterhaltspflichtigen Schuldner bis zur Höhe von 1.045,04 Euro unpfändbar. Hat der Schuldner Unterhalt zu gewähren, erhöht sich diese Pfändungsfreigrenze für die erste unterhaltsberechtigte Person um 393,30 Euro und für die zweite bis fünfte um jeweils 219,12 Euro (Anpassung der Beträge alle zwei Jahre zum 1.7. durch die Pfändungsfreigrenzenbekanntmachung, s. BGBl I 2013, 710 ff.).

Summierung von Einkünften

Auf Antrag des Gläubigers sind Arbeitseinkommen und laufende Geldleistungen vom Vollstreckungsgericht zusammenzurechnen, soweit diese pfändbar sind (§ 54 Abs. 4 SGB I i.V.m. § 850e Nr. 2a ZPO; BGH, 5.4.2005 – VII ZB 20/05 – juris Rn. 10).

Unpfändbarkeit laufender Geldleistungen

Unpfändbar sind insbesondere Ansprüche auf
- **Sozialhilfe** (§ 17 Abs. 1 Satz 2 SGB XII);
- Geldleistungen, die einen durch einen **Gesundheits- oder Körperschaden bedingten Mehraufwand** abgelten sollen (§ 54 Abs. 3 Nr. 3 SGB I);
- **Leistungen der Stiftung »Mutter und Kind«** sowie vergleichbare Leistungen (§ 5 des Gesetzes zur Errichtung einer Stiftung Mutter und Kind).

Eingeschränkte Pfändbarkeit

Ansprüche auf
- **Elterngeld, Betreuungsgeld** und vergleichbare Leistungen der Länder (Landeserziehungsgeld noch in Bayern, Sachsen und Thüringen),
- **Mutterschaftsgeld**,
- **Wohngeld**

können nur in dem in § 54 Abs. 3 Nr. 1, 2 und 2a SGB I beschriebenem Umfang gepfändet werden.

Ein Anspruch des Leistungsberechtigten auf **Kindergeld, Kinderzuschläge und vergleichbare Rentenbestandteile** kann nur wegen gesetzlicher Unterhaltsansprüche eines Kindes, das bei der Festsetzung der Geldleistungen berücksichtigt wird, gepfändet werden (§ 54

Abs. 5 Nr. 1 und 2 SGB I; s. auch BGH, 5.4.2005 – VII ZB 20/05 – juris Rn. 10 zur Zusammenrechnung mit Arbeitseinkommen).

Weitergehende Pfändbarkeit

Für die weitergehende Pfändung von Sozialleistungen wegen gesetzlicher Unterhaltsansprüche gilt § 850d ZPO. Aus der Düsseldorfer Tabelle oder den Unterhaltsrichtlinien anderer Oberlandesgerichte lässt sich ableiten, welcher Betrag dem Unterhaltsschuldner verbleiben soll (→ S. 301).

Pflichten des Sozialleistungsträgers

Der Sozialleistungsträger ist verpflichtet, die Sozialleistungen dem Berechtigten möglichst weitgehend zu erhalten (§ 17 Abs. 1 Satz 1 SGB I), bei konkreten Anhaltspunkten die Rechtmäßigkeit der Pfändung zu überprüfen und evtl. den Berechtigten zur Stellungnahme aufzufordern (BSG, 12.6.1992 – 11 RAr 139/90 – juris Rn. 30; prinzipiell ist die Prüfung der Pfändungsvoraussetzungen nach § 54 SGB I aber Sache des Vollstreckungsgerichts: BayLSG, 15.5.2009 – L 9 AL 491/05 – juris Rn. 38). Nimmt der Sozialleistungsträger die Interessen des Berechtigten dagegen nicht wahr, ist er zur Folgenbeseitigung bzw. zum Schadensersatz wegen Amtspflichtverletzung verpflichtet.

Rechtsschutz

Hat das Vollstreckungsgericht bzw. die vollstreckende Behörde zu weitgehend gepfändet, können sowohl der Leistungsträger, bei dem der Anspruch gepfändet wird, als auch der Betroffene Rechtsbehelfe einlegen (**Erinnerung** nach § 766 ZPO, sofortige Beschwerde nach § 793 ZPO, **Widerspruch** gegen Pfändung durch Behörde).

Außerdem kann der Betroffene nach § 850f ZPO bei dem Vollstreckungsgericht beantragen, dass ihm ein Teil des pfändbaren Betrags belassen wird, wenn
- er nachweist, dass sonst der notwendige Lebensunterhalt im Sinne SGB II bzw. SGB XII nicht gedeckt ist, oder
- der besondere Umfang der gesetzlichen Unterhaltspflichten des Betroffenen, insbesondere die Zahl der Unterhaltsberechtigten, dies erfordert, oder
- besondere Bedürfnisse des Schuldners aus persönlichen oder beruflichen Gründen bestehen.

## 9 Pfändungsschutzkonto (P-Konto) nach § 850k ZPO

Beispiel

Eine Frau, der am 1. eines Monats Arbeitslosengeld II überwiesen worden ist, hebt einen Teilbetrag ab und lässt den Rest auf dem Konto stehen. Als sie am 12. des Monats einen weiteren Teilbetrag abheben will, erklärt ihr der Bankangestellte, ihr Guthaben sei von einer Kreditbank gepfändet worden.

Seit 2010 hat jeder Inhaber eines Girokontos bei einer Bank/Sparkasse Anspruch auf Umwandlung in ein Pfändungsschutzkonto (P-Konto nach § 850k ZPO). Das P-Konto soll dem Schuldner das Existenzminimum bei bargeldlosem Zahlungsverkehr sichern und trotz der Pfändung Geldgeschäfte ermöglichen (BGH, 20.7.2010 – IX ZR 37/09 – juris Rn. 33; s. dazu auch http://www.forum-schuldnerberatung.de).

- Ein Guthaben auf dem P-Konto in Höhe des Pfändungsfreibetrages des § 850c ZPO von 1.045,04 € für einen Alleinstehenden wird nicht von einer Pfändung erfasst. — Basispfändungsschutz
  Der Basisbetrag erhöht sich, wenn der Kontoinhaber dem Kreditinstitut nachweist, dass er gesetzliche Unterhaltsleistungen zu erbringen hat bzw. wenn er unpfändbare Sozialleistungen erhalten hat. — Erhöhter Schutz
  Der Basisbetrag wird vom Vollstreckungsgericht herabgesetzt, z.B. wegen gesetzlicher Unterhaltspflichten auf Grund einer gerichtlichen Entscheidung. — Gesenkter Schutz
  Aus dem hiernach unpfändbaren Betrag können Überweisungen, Lastschriften, Barabhebungen, Daueraufträge usw. getätigt werden.

- Der Basisbetrag wird für jeweils einen Kalendermonat gewährt. Wird ein Freibetrag nicht ausgeschöpft, wird der Rest einmalig auf den folgenden Monat übertragen (§ 850k Abs. 1 S. 3 ZPO); danach kann ein Gläubiger zugreifen (BGH, 4.12.2014 – IX ZR 115/14 – juris Rn. 13). Mit dieser Übertragungsmöglichkeit wird bezweckt, dass der Kontoinhaber begrenzte Ansparungen für solche Leistungen der Daseinsvorsorge machen kann, die nicht monatlich, sondern in größeren Abständen zu vergüten sind (BGH, 4.12.14 – IX ZR 115/14 – juris Rn. 11). — Nur für 1 Monat Übertrag
  Guthaben auf einem P-Konto kann nur insoweit an den Gläubiger ausgezahlt werden, als dieses den **Freibetrag für den Folgemonat übersteigt** (§ 835 Abs. 4 Satz 1 ZPO; BGH, 10.11.2011 – VII ZB 32/11 – juris Rn. 7 f.), z.B. wenn das für den Folgemonat bestimmte Arbeitslosengeld II am Ende des Monats überwiesen und der Freibetrag für den aktuellen Monat bereits ausgeschöpft wurde. Dadurch wird erreicht, dass dem Kontoinhaber das eingegangene Geld in dem Zeitraum auch tatsächlich zur Verfügung steht, für den es bestimmt ist (BGH, 4.12.2014 – XI ZR 115/14 – juris Rn. 11).
  Die Möglichkeit, nach § 850k Abs. 1 S. 3 ZPO pfändungsfreies Guthaben in den Folgemonat zu übertragen, besteht auch für gesperrtes Guthaben i.S.v. §§ 835 Abs. 4, 850k Abs. 1 S. 2 ZPO (BGH, 4.12.2014 – IX ZR 115/14 – juris Rn. 6 ff.).

- Auf die Art der Einkünfte kommt es für den Pfändungsschutz nicht an. Damit entfällt auch die Pflicht, die Art der Einkünfte wie Arbeitseinkommen, Sozialleistungen wie Rente, Arbeitslosengeld usw. gegenüber Banken und Gerichten nachzuweisen. Alle Einkünfte, also auch die Einkünfte als Selbstständiger und freiwillige Leistungen Dritter, sind geschützt. — Unabhängig von Einkunftsart

# I Verwaltungsverfahren nach dem Sozialgesetzbuch



Beispiele

Eine Arbeitslosengeld II-Bezieherin, die heftige Auseinandersetzungen mit ihrem Fallmanager hatte, nimmt ihre Freundin zur nächsten Besprechung mit. Der Fallmanager erklärt, die Freundin dürfe an der Besprechung nicht teilnehmen; denn über die Eingliederungsvereinbarung werde nicht öffentlich verhandelt (→ S. 321).

Ein »Bedarfsfeststeller« will die Wohnung eines Beziehers von Arbeitslosengeld II betreten, um festzustellen, ob er in eheähnlicher Gemeinschaft lebt (→ S. 335).

## 1 Anwendungsbereich der Vorschriften über das Verwaltungsverfahren nach dem SGB X

Reichweite

Die Vorschriften über das sozialrechtliche Verwaltungsverfahren der §§ 8–66 SGB X regeln das öffentlich-rechtliche, nach außen wirkende Verwaltungshandeln der Behörden, das gerichtet ist auf

- den **Erlass eines Verwaltungsakts** (→ S. 350 ff.) oder
- auf den **Abschluss eines öffentlich-rechtlichen Vertrags** (→ S. 402 ff.).

Beispiele

Das Handeln eines Jobcenters ist auf einen Verwaltungsakt gerichtet, wenn es durch »Bedarfsfeststeller« prüfen lässt, ob eine Haushaltsgemeinschaft besteht (§ 9 Abs. 5 SGB II).
Das Handeln eines Jugendamtes ist auf Abschluss eines öffentlich-rechtlichen Vertrags gerichtet, wenn es die Eignung eines freien Trägers prüft, dem eine Aufgabe gemäß § 76 SGB VIII übertragen werden soll.

Behörde

Behörde im Sinne des Verwaltungsverfahrensrechts ist jede Stelle, die Aufgaben der öffentlichen Verwaltung wahrnimmt (§ 1 Abs. 2 SGB X). Sie ist zu unterscheiden vom Rechtsträger (= Bund, Land, Kreis, Gemeinde) und von den »Ämtern« im kommunalen Bereich (vgl. Palsherm, in: jurisPK-SGB X, § 1 Rn. 13 ff.).

Beispiele

Behörden sind die Jobcenter als gemeinsame Einrichtung (§ 6d SGB II), Finanzämter, Bezirksregierungen.
Die Sozialämter und Jugendämter sind selbst keine Behörden. Behörde ist hier der (Ober-)Bürgermeister bzw. Landrat.

Freie Träger

Freie Träger sind auch dann keine Behörden, wenn sie auf Wunsch des Leistungsberechtigten öffentliche Aufgaben, z. B. die psychosoziale Betreuung nach § 16a Nr. 3 SGB II oder erzieherische Hilfen nach §§ 27 ff. SGB VIII, erbringen (→ S. 51).

Ausgenommene Verwaltungstätigkeiten

Die Vorschriften über das sozialrechtliche Verwaltungsverfahren gelten nicht für die sonstige Tätigkeit der Verwaltung, insbesondere nicht für **rechtsetzende Tätigkeit.**

Beispiel

Satzungen nach § 34 SGB IV

Sie gelten auch nicht für **»schlicht-hoheitliche« Tätigkeiten**, weil diese nicht auf Verwaltungsakte, sondern auf eine tatsächliche Folge gerichtet sind.

Beispiel

Auszahlung des bewilligten Betrags, Erteilung einer Auskunft, Beratung, Betreuung, pädagogische Arbeit, Warnung vor einer Sekte.

Sie gelten ferner nicht für die Verwaltungstätigkeit, die der **Vorbereitung einer gerichtlichen Entscheidung** dient.

Beispiel

Gutachterliche Tätigkeit für das Familiengericht und das Jugendgericht (§§ 50, 52 SGB VIII).

Für diese Verwaltungshandlungen fehlen besondere Verfahrensvorschriften. Da aber die Vorschriften für das Verwaltungsverfahren z.T. allgemeine Grundsätze enthalten, die gewohnheitsrechtlich für alle Verwaltungshandlungen gelten, können sie u.U. sinngemäß angewandt werden. Dies wird z.B. für die Regelungen über ausgeschlossene und befangene Personen, den Untersuchungsgrundsatz und die Ermessensausübung angenommen (differenzierend Stober I, 2007, § 57 Rn. 21 f.). Stets sind auf jeden Fall die Grundrechte und Verfassungsgrundsätze zu beachten (→ S. 95 ff. und → S. 116 ff.).

Verwaltungstätigkeit außerhalb des SGB

Nicht anwendbar sind die Vorschriften des SGB X auf Verwaltungstätigkeiten, die nicht vom SGB X erfasst werden (z.B. Strafvollzug, Bewährungshilfe, Polizeirecht, Ausländerrecht, Steuerrecht, → S. 208).
Für diese Verwaltungstätigkeiten außerhalb des Anwendungsbereichs des SGB gelten, soweit nicht eine spezielle Bundes- oder Landesregelung eingreift, das Verwaltungsverfahrensgesetz des Bundes (VwVfG) bzw. das des jeweiligen Bundeslandes. Die landesrechtlichen Vorschriften können aber die Anwendung des SGB anordnen.

VwVfG-Bund

VwVfG-Länder

Die Verwaltungsverfahrensgesetze der Länder stimmen inhaltlich mit dem VwVfG-Bund im Wesentlichen überein. Sie gelten für den Vollzug von Landesrecht (z.B. Schul- und Hochschulrecht, Ordnungs- und Polizeirecht; → S. 41) und grundsätzlich auch für den Vollzug des Bundesrechts durch die Landesverwaltung (z.B. des AufenthaltG), jedoch nicht für das im SGB X geregelte Verwaltungsverfahren nach dem Sozialgesetzbuch.

Ausgenommene privatrechtliche Verwaltungstätigkeiten

Die sozialrechtlichen Vorschriften über das Verwaltungsverfahren gelten nicht unmittelbar für die privatrechtliche Tätigkeit der öffentlichen Sozialleistungsträger, z.B. den Materialeinkauf.
Jedoch ist eine entsprechende Anwendung zumindest auf privatrechtliches Handeln geboten, das der Erfüllung von Aufgaben im Sinne des SGB dient (→ S. 146).

## 2 Unterschiede des SGB zum allgemeinen Verwaltungsverfahrensrecht

Das Verfahrensrecht des SGB unterscheidet sich nur in wenigen Punkten vom allgemeinen Verwaltungsverfahrensrecht. Überwiegend handelt es sich hierbei um Erleichterungen und Besserstellungen z.B. bei der Antragstellung, der Amtssprache, dem verstärkten Vertrauensschutz bei rechtswidrigen Verwaltungsakten. Diese Privilegierungen verschaffen einen erhöhten sozialen Schutz.

Erhöhter Schutz

Weitergehende Pflichten

Jedoch werden im SGB auch weitergehende Pflichten festgelegt, z.B. die Mitwirkungspflichten nach §§ 60–67 SGB I. Zudem werden nichtbeteiligte Dritte stärker herangezogen. Beispielsweise sind Zeugen verpflichtet, in einem sozialrechtlichen Verwaltungsverfahren auszusagen, während diese Verpflichtung gegenüber der Polizei, dem Ordnungs- und dem Ausländeramt nach den einschlägigen Vorschriften nicht besteht.

Beispiele

Das Ausländeramt lädt den Nachbarn eines Ausländers zur Vernehmung vor. Der Nachbar ist zur Aussage nicht verpflichtet (§ 26 Abs. 3 VwVfG).
Das Jobcenter lädt die Freundin einer Leistungsberechtigten zur Vernehmung darüber vor, ob die Leistungsempfängerin erwerbstätig sei. Die Freundin ist zur Aussage nach § 21 Abs. 3 Satz 2 SGB X verpflichtet, wenn andere Beweismittel nicht vorhanden sind bzw. einen unverhältnismäßigen zeitlichen oder finanziellen Aufwand erfordern würden (Luthe, in: jurisPK-SGB X, § 21 Rn. 26).

## 3 Verfahrensgrundsätze

Grundlage

Verfahrensgrundsätze für das sozialrechtliche Verwaltungsverfahren sind in §§ 8–25 SGB X festgelegt. Weitere allgemein geltende Verfahrensvorschriften finden sich im SGB I (z. B. §§ 16, 17, 36 SGB I). Diese sind in die folgende Darstellung einbezogen (→ S. 318 und → S. 323).

Nachrang

Stets ist zu beachten, dass die allgemeinen Verfahrensvorschriften des SGB nicht anzuwenden sind, wenn und soweit die besonderen Teile des SGB Spezialregelungen treffen (§ 37 SGB I).

Beispiele

Die allgemeine Regelung über die Formfreiheit in § 9 SGB X gilt nicht für den Antrag auf Ausbildungsförderung; denn § 46 BAföG verlangt für diesen Antrag die Schriftform.
Die allgemeine Regelung, dass Dritte nicht auskunftspflichtig sind, wird durch § 117 SGB XII und durch §§ 60, 61 SGB II verdrängt. In diesen Vorschriften werden Personen bzw. Maßnahmeträger zu bestimmten Auskünften verpflichtet.

### 3.1 Zuständigkeit

Beispiel

Nach der Kündigung des Arbeitsverhältnisses meldet sich der demnächst Arbeitslose bei der Agentur für Arbeit am Sitz des Arbeitgebers arbeitsuchend (§ 38 SGB III).

Die Regelung der Zuständigkeiten ist nicht nur für die Verwaltung, sondern auch für die Leistungsberechtigten wichtig (→ S. 316); denn eine Behörde darf im Verwaltungsverfahren nur im Rahmen der ihr durch Rechtsvorschrift eingeräumten Zuständigkeit tätig werden.

Örtliche Zuständigkeit

Der räumliche Anwendungsbereich des SGB I ist in § 30 SGB I geregelt. Um Streit über die Zuständigkeit zu Lasten des Bürgers zu vermeiden, sieht § 2 SGB X für einige Konfliktfälle Regelungen vor (s. dazu Palsherm, in: jurisPK-SGB X, § 2 Rn. 1 ff.).
Die örtliche Zuständigkeit ist meist dem einschlägigen Gesetz zu entnehmen.

Beispiele

§ 36 SGB II; § 327 SGB III; §§ 86–88 SGB VIII; § 98 SGB XII; § 45 BAföG.

Sachliche Zuständigkeit

Auch die sachliche Zuständigkeit ist meist durch spezielle Vorschriften bestimmt.

Beispiele

§ 6 SGB II; § 368 SGB III; § 85 SGB VIII; §§ 97 SGB XII; § 41 BAföG.

Instanzielle Zuständigkeit

Schließlich richtet sich auch die Zuständigkeit zwischen verschiedenen Behörden desselben Sachbereichs nach besonderen Vorschriften.

Beispiele

§ 6 Abs. 1 SGB II; § 368 SGB III; § 85 SGB VIII; § 97 SGB XII.

Weiterleitungspflicht

Der Leistungsberechtigte, der oft nicht weiß, welche Behörde zuständig ist, wird durch die Pflicht zur Weiterleitung in § 16 SGB I vor Nachteilen geschützt, die entstehen könnten, wenn er Leistungen bei einer unzuständige Stelle beantragt (→ S. 316). Aus der Weiterleitungspflicht folgt ferner, dass eine ablehnende Sachentscheidung über einen Antrag wegen örtlicher Unzuständigkeit nicht zulässig ist (SG Freiburg, 2.8.2012 – S 9 SO 3771/12 ER – juris Rn. 14).

Beispiel

Ein Arbeitsuchender beantragt am 26. August Arbeitslosengeld II bei dem für ihn unzuständigen örtlichen Jobcenter am Sitz des Arbeitgebers. Dieses leitet den Antrag am 4. September an das nach § 36 SGB II zuständige Jobcenter am Wohnsitz des Arbeitsuchenden weiter.

Zuständigkeitsklärung bei Reha

Für Leistungen der Rehabilitation gilt die Sonderregelung des § 14 SGB IX zur Sicherung einer schnellen Klärung der Zuständigkeit.
Der Rehabilitationsträger, bei dem ein Antrag auf Reha-Leistungen gestellt wird, hat binnen zwei Wochen festzustellen, ob er zuständig ist (§ 14 Abs. 1 SGB IX).
Hält er sich für unzuständig, leitet er den Antrag an den nach seiner Auffassung zuständigen Träger weiter, der leisten muss, wenn ein Anspruch besteht. Wird der Antrag nicht fristgemäß weitergeleitet, muss der Träger leisten, bei dem der Antrag gestellt worden ist, unter Berücksichtigung aller in Betracht kommender Anspruchsgrundlagen (§ 14 Abs. 2 SGB IX; BSG, 6.3.2013 – B 11 AL 2/12 R – juris Rn. 11; s. dazu auch Palsherm, in: WzS 2011, 135, 139 ff.).

Folgen der Verletzung der Zuständigkeitsregeln

Die Verletzung der Vorschriften über die **örtliche Zuständigkeit** hat keine rechtlichen Folgen, wenn sie die Sachentscheidung nicht beeinflusst hat (§ 42 SGB X; → S. 381).
Dagegen ist ein Verwaltungsakt bei **sachlicher** oder **instanzieller Unzuständigkeit** rechtswidrig, so dass er von der Behörde zurückzunehmen bzw. auf Widerspruch hin aufzuheben ist (BSG, 23.9.2003 – B 12 RA 3/02 R – juris Rn. 22). Bei absoluter sachlicher Unzuständigkeit, also wenn eine Behörde in geradezu absurder Weise grob fehlerhaft ihre Zuständigkeit angenommen hat, liegt ausnahmsweise sogar ein Nichtigkeitsgrund nach § 40 Ab. 1 SGB X vor (Schneider-Danwitz, in: jurisPK – SGB X, § 40 Rn. 29).

## 3.2 Beginn des Verfahrens (§ 18 SGB X)

Eine Frau, die sich von ihrem Ehemann getrennt hat, kommt zur Arbeitsagentur und fragt, was sie tun müsse, um für sich und ihre Tochter den Lebensunterhalt zu sichern. Beispiel

Eine Pflicht zur Durchführung eines Verwaltungsverfahrens (Legalitätsprinzip) besteht nur, wenn die Behörde aufgrund von Rechtsvorschriften Legalitätsprinzip

- **von Amts wegen** tätig werden muss (z. B. § 18 SGB XII) oder
- **auf Antrag tätig** werden muss (z. B. § 37 SGB II).

Im Übrigen steht es im pflichtgemäßen Ermessen einer Behörde, ob und wann sie ein Verwaltungsverfahren durchführt (Opportunitätsprinzip). Opportunitätsprinzip

Die Entgegennahme von Erklärungen oder Anträgen darf der Leistungsträger nicht verweigern, weil er sie für unzulässig oder unbegründet hält. Vielmehr muss er über das Anliegen entscheiden, wenn der Antragsteller dies verlangt (§ 20 Abs. 3 SGB X). Pflicht zur Antragsannahme

Der Arbeitslosengeld II-Berechtigte verlangt einen »rechtsmittelfähigen Bescheid« über die Ablehnung eines Antrags auf einen Kühlschrank als Erstausstattung, nachdem der Sachbearbeiter versucht hat, ihn mündlich abzuwimmeln. Beispiel

Im Unterschied zum sonstigen Verwaltungsrecht, das meist die Wahrung von Belangen der Allgemeinheit bezweckt, stehen im Sozialleistungsrecht die Ansprüche einzelner Personen im Vordergrund: Verwaltungsverfahren über die Feststellung bzw. Bewilligung der meisten Sozialleistungen dürfen nur auf Antrag des Leistungsberechtigten eingeleitet werden. Antragsprinzip

Arbeitslosengeld II (§ 37 SGB II); Arbeitslosengeld I (§ 323 SGB III); Grundsicherung (§ 41 SGB XII); Wohngeld (§ 1 WoGG); Kindergeld (§ 9 BKGG); Ausbildungsförderung (§ 46 BAföG); Leistungen der Sozialversicherung mit Ausnahme der Unfallversicherung (§ 19 Satz 1 und 2 SGB IV, § 193 SGB VII). Beispiele
Auch die Leistungen der Jugendhilfe werden grundsätzlich nur auf Antrag gewährt (BVerwG, 22.5.2008 – 5 B 130.07 – juris Rn. 3).

Ein fehlender Antrag führt – wie § 41 Abs. 1 Nr. 1 SGB X zeigt – allenfalls dann zur Nichtigkeit der Entscheidung, wenn er materiell-rechtliche Voraussetzung für die Leistung ist (BSG, 21.6.1995 – 6 RKa 54/94 – juris Rn. 18). Das ist bei Sozialleistungen in der Regel nicht der Fall. Hier ist die Bewilligung zwar rechtswidrig. Der fehlende Antrag ist aber nachholbar (§ 41 Abs. 1 Nr. 1 und Abs. 2 SGB X; s. dazu auch Schneider-Danwitz, in: jurisPK-SGB X, § 41 Rn. 19). Folgen eines fehlenden Antrags

Der Sozialhilfeträger **hat** Hilfen zu gewähren, wenn ein Hilfebedarf erkennbar ist (§ 18 SGB XII; BSG, 2.2.2012 – B 8 SO 5/10 R – juris Rn. 18: »niedrigschwelliger Zugang zum Sozialhilfesystem«). Legalitätsprinzip

Bei Anhaltspunkten für eine Kindesgefährdung **muss** das Jugendamt handeln (§ 8a SGB VIII).
Das Jobcenter **muss** bei einer Minderung des Arbeitslosengeldes II um mehr als 30 % Sachleistungen erbringen, wenn im Haushalt eines Leistungsberechtigten Kinder leben (§ 31a Abs. 3 Satz 2 SGB II).

Opportunitätsprinzip

Ist ein Antrag für die Einleitung eines Verfahrens zum Erlass eines Verwaltungsaktes z. B. zur Gewährung einer Sozialleistung nicht erforderlich, so **kann** der Sozialleistungsträger auch dann tätig werden, wenn er Informationen von Minderjährigen, Nachbarn, Lehrern und Ärzten erhält, auf Grund derer er die Einleitung eines Verfahrens für zweckmäßig hält.

Beispiel

Das Jugendamt bestimmt nach pflichtgemäßem Ermessen, ob es ein Verwaltungsverfahren zur Prüfung einleitet, ob Maßnahmen erforderlich sind, wenn es von der Polizei die Mitteilung erhält, dass ein Kind einen Ladendiebstahl begangen habe.

### 3.3 Antragstellung (§ 16 SGB I)

Erleichterungen durch § 16 SGB I

Die Regelung in § 16 SGB I erleichtert dem Bürger die Antragstellung und schützt ihn vor Nachteilen.

Formlos

Anträge sind in der Regel formlos wirksam.

Besser: schriftlich

Die schriftliche Antragstellung ist allerdings aus Beweisgründen empfehlenswert.

Vordrucke

Die Verwendung von Vordrucken kann vorgeschrieben werden (§ 60 Abs. 2 SGB I; BSG, 28.10.2009 – B 14 AS 56/08 R – juris Rn. 16).

Antrag so früh wie möglich

Wird eine Leistung erst ab Antragstellung gewährt, fehlen aber noch erforderliche Unterlagen, ist es zweckmäßig, bereits den Antrag zu stellen und mitzuteilen, dass die fehlenden Unterlagen baldmöglichst nachgereicht werden.

Nachreichung

Leistungen sind aber auch dann zu gewähren, wenn die erforderlichen Unterlagen erst Monate später eingereicht werden, ohne dass der Leistungsträger die fehlende Mitwirkung beanstandet hat (BSG, 28.10.2009 – B 14 AS 56/08 R – juris Rn. 16).

Antragstellung bei unzuständigen Stellen

Anträge können wirksam und fristwahrend auch bei örtlich und sachlich unzuständigen Leistungsträgern und bei den Gemeindeverwaltungen gestellt werden (§ 16 Abs. 1 und 2 SGB I). Der unzuständige Träger muss den Antrag dann unverzüglich an den zuständigen weiterleiten. Diese Regelung bezweckt, dass der Einzelne mit seinem Begehren nach Sozialleistungen nicht an den Zuständigkeiten der gegliederten Sozialverwaltung scheitert (BSG, 26.8.2008 – B 8/9b SO 18/07 R – juris Rn. 22).

Die Regelung gilt nach Ansicht der Rechtsprechung entsprechend für Sozialleistungen, die nicht von einem Antrag abhängig sind (BSG, 13.2.2014 – B 8 SO 58/13 B – Rn. 8; BVerwG, 18.5.1995 – 5 C 1.93 – juris Rn. 22).
Für die **Sozialhilfe** wird diesbezüglich in § 18 Abs. 2 SGB XII eine ausdrückliche Regelung getroffen. Nach dieser Vorschrift ist der nicht zuständige Träger der Sozialhilfe bzw. eine nicht zuständige Gemeinde verpflichtet, die ihm/ihr bekannten Umstände dem zuständigen Träger unverzüglich mitzuteilen und vorhandene Unterlagen zu übersenden. Überdies gilt § 16 SGB I auch in der generell nicht antragsabhängigen Sozialhilfe insofern, als der Sozialhilfeträger mit der Antragstellung beim nicht zuständigen Sozialleistungsträger vom Leistungsfall Kenntnis erlangt (BSG, 13.2.2014 – B 8 SO 58/13 B – Rn. 8).

Beispiel

Beantragt ein Leistungsberechtigter Sozialhilfe bei einem unzuständigen Sozialhilfeträger, so sind die zustehenden Leistungen von dem zuständigen Träger von dem Zeitpunkt an zu erbringen, in dem der unzuständige Träger Kenntnis von der Hilfebedürftigkeit erlangt hat.

Betreuungs- und Beratungspflicht

Bei unklaren und unzweckmäßigen Anträgen sowie unvollständigen Angaben **muss** die Behörde aufgrund ihrer Betreuungs- und Beratungspflicht unverzüglich auf Berichtigung bzw. Ergänzung hinwirken (§ 16 Abs. 3 SGB I).
Da mit einem Antrag regelmäßig alle aus einem Sachverhalt sich ergebenden und erkennbaren Ansprüche angemeldet werden, ist der Leistungsträger verpflichtet, alle diese Ansprüche zu prüfen; das Begehren des Antragstellers muss möglichst weitgehend berücksichtigt werden (BSG, 2.4.2014 – B 4 AS 29/13 R – juris Rn. 16, sog. Meistbegünstigungsgrundsatz). Damit ein Antrag auf Arbeitslosengeld nach SGB III jedoch auch als Antrag auf Leistungen nach SGB II aufzufassen ist, bedarf es eines entsprechenden erkennbaren Willens des Antragstellers (BSG, 2.4.2014 – B 4 AS 29/13 R – juris Rn. 17). Dafür spricht nicht zuletzt, dass sich der Antragsteller vielleicht nicht dem »Regime des Forderns unterwerfen« möchte.

»Spontanberatung«

Der Leistungsträger ist außerdem verpflichtet, bei Vorliegen eines konkreten Anlasses auf klar zu Tage tretende Gestaltungsmöglichkeiten hinzuweisen (BSG, 28.9.2010 – B 1 KR 31/09 R – juris Rn. 19; Luthe/Palsherm, Fürsorgerecht, 2013, Rn. 612). Siehe → S. 220.

Anträge Minderjähriger

Minderjährige können **ab dem 15. Geburtstag** wirksam Anträge auf Sozialleistungen stellen und verfolgen (§ 36 SGB I; → S. 323).
Für die öffentliche Jugendhilfe sind darüber hinaus § 8 und § 42 SGB VIII zu beachten, die Kindern unter 15 Jahren Anspruch auf Beratung bzw. Inobhutnahme einräumen. Auch außerhalb der Jugendhilfe sind in höchstpersönlichen Angelegenheiten Kinder antragsberechtigt, soweit keine spezielle Regelung es ausschließt (→ S. 199).

Irrtümlich unterlassene Anträge

Hat ein Leistungsberechtigter eine Sozialleistung nicht beantragt, weil er irrtümlich eine andere Sozialleistung geltend gemacht hatte, so wirkt ein später fristgemäß nachgeholter Antrag bis zu einem Jahr zurück (§ 28 SGB X).

**Beispiel**

Der Antrag auf Weitergewährung einer befristeten Teilerwerbsminderungsrente wird abgelehnt. Der deshalb unterbliebene Antrag auf Arbeitslosengeld II wird nachgeholt (LSG Baden-Württemberg, 26.6.2008 – L 12 AS 407/08 – juris Rn. 32 ff.).

**Antrag unverzüglich nachholen**

§ 40 Abs. 5 SGB II verlangt für die Anwendbarkeit des § 28 SGB X eine unverzüglich Nachholung des Antrags, nachdem die Ablehnung der anderen Leistung bindend geworden ist (so auch § 6a Abs. 2 Satz 5 BKKG für den Kinderzuschlag). Eine ähnliche Wirkung wie § 28 SGB X haben spezialgesetzlich vorrangige Vorschriften (z. B. § 25 Abs. 3 WoGG). Die Rückwirkung tritt aber nicht ein, wenn für die irrtümlich nicht beantragte Leistung nicht nur ein Antrag vorausgesetzt wird. Denn § 28 SGB X ersetzt nicht die sonstigen Voraussetzungen eines Anspruchs (BSG, 19.10.2010 – B 14 AS 16/09 R – juris Rn. 29).

**Beispiel**

Voraussetzung für die Gewährung von Arbeitslosengeld I ist nach § 137 SGB III u.a., dass der Arbeitslose sich bei der Arbeitsagentur persönlich arbeitslos gemeldet hat. Wegen dieser weiteren Voraussetzungen kann der Antrag eines Arbeitslosen auf vorgezogenes Altersruhegeld, wenn dieser später abgelehnt wird, nicht zur Nachzahlung von Arbeitslosengeld führen (Sächsisches LSG, 11.9.2002 – L 3 AL 58/02).

**Verspätete Anträge**

Ist ein Antrag verspätet gestellt worden, z. B. nach Ablauf der Antragsfrist, so kann er evtl. als rechtzeitig behandelt werden, wenn der Leistungsträger seine Beratungspflicht verletzt hat (Amtspflichtverletzung → S. 432; Herstellungsanspruch → S. 438).

Für Leistungsberechtigte nach SGB II besteht gemäß § 12a SGB II aus Gründen des Nachrangs der SGB II-Leistungen die Verpflichtung, erforderliche Anträge für die Sozialleistungen anderer Träger zu stellen (vgl. dazu LSG Sachsen-Anhalt, 28.8.2014 – 7 AS 836/14 B ER).

### 3.4 Beschleunigung des Verfahrens (§ 17 Abs. 1 Nr. 1 SGB I)

**Beispiel**

Eine Bezieherin von Arbeitslosengeld II hat im Juli dem Jobcenter mitgeteilt, dass sie in der 15. Woche schwanger ist und Leistungen für die Erstausstattung mit Schwangerschaftsbekleidung benötigt. Als sie im September nachfragt, wird ihr mitgeteilt, dass der Sachbearbeiter erkrankt sei.

**Beschleunigungsgrundsatz**

Die Sozialleistungsträger müssen in jeder Phase des Verfahrens darauf hinwirken, dass der Bürger die ihm zustehenden Sozialleistungen in zeitgemäßer Weise, umfassend und zügig, d. h. ohne jede vermeidbare Verzögerung erhält. Diese Pflicht gilt auch für das Widerspruchsverfahren.

**Verfassungsrechtliches Gebot**

Das in § 17 Abs. 1 Nr. 1 SGB I (und § 9 Satz 2 SGB X) enthaltene Beschleunigungsgebot konkretisiert das Rechtsstaatsprinzip mit der Garantie des effektiven Rechtsschutzes und der Rechtssicherheit (Art. 20 Abs. 3 GG; Art. 19 Abs. 4 GG). Mit diesen Garantien ist es unvereinbar, dass Behörden und Gerichte über geltend gemachte Ansprüche auf So-

zialleistungen bzw. über Widersprüche gegen die Ablehnung oder Rückforderung von Sozialleistungen nicht in angemessener Zeit entscheiden. Dies ergibt sich auch aus Art. 6 und Art. 13 der Konvention zum Schutz der Menschenrechte und Grundfreiheiten (EGMR, 2.9.2010 – 46344/06).
Das BVerfG hat zum Beschleunigungsgrundsatz wiederholt festgestellt (14.12.2010 – 1 BvR 404/10 – juris Rn. 11):

- Verfahren müssen in angemessener Zeit beendet sein. Ob eine Verfahrensdauer noch angemessen ist, ist abhängig u. a. von der Natur des Verfahrens und der Bedeutung der Sache, den Auswirkungen auf die Beteiligten, dem den Beteiligten zuzurechnenden Verhalten und dem vom Gericht nicht beeinflussbaren Verhalten Dritter, insbesondere der Sachverständigen.

- Eine staatliche Behörde kann sich nicht auf solche Umstände berufen, die in ihrem Verantwortungsbereich liegen. Sie muss alle notwendigen Maßnahmen treffen, damit Verwaltungsverfahren zügig beendet werden können.

- Zu den Rechtsangelegenheiten, die wegen ihrer Natur und ihrer Bedeutung für die Betroffenen eilbedürftig sind, gehören insbesondere Leistungen zur Sicherung des Lebensunterhalts, z. B. Sozialhilfe, Arbeitslosengeld, Grundsicherung, Kindergeld, Prozesskostenhilfe.

Spezifische Verfahrensbeschleunigungen ergeben sich durch die Zeitvorgaben für Entscheidungen im Rehabilitationsrecht durch § 14 Abs. 1 und 2 SGB IX und für das Krankenversicherungsrecht aus § 13 Abs. 3a SGB V.

Vorbehalt späterer Überprüfung

Auch einen Vorbehalt späterer Überprüfung lässt ein Verwaltungsverfahren nur in einem zeitlichen Rahmen zu, der mit dem Anspruch des Betroffenen auf Rechtssicherheit vereinbar ist; denn der Vorbehalt einer endgültigen Entscheidung gibt der Behörde nicht das Recht, die endgültige Regelung beliebig lange hinauszuzögern (BSG, 20.10.2010 – B 6 KA 26/10 B – juris Rn. 10).

Die nachstehend genannten Gerichtsentscheidungen beziehen sich nur auf die jeweils konkret zur Entscheidung stehende Verfahrensdauer. Sie schließen deshalb nicht aus, dass auch schon erheblich kürzere Verfahren verfassungswidrig sind.

Beispiele

Der **Bundesfinanzhof** hat einen Verstoß gegen den Grundsatz von Treu und Glauben angenommen, wenn die Familienkasse die Rückforderung gezahlten Kindergelds erst mehr als zwei Jahre nach Kenntnis des maßgeblichen Sachverhalts verlangt (BFH, Urteil vom 26.7.2001 – VI R 163/ 00 – juris Rn. 19).
Das **Bundesverfassungsgericht** hielt eine sozialgerichtliche Verfahrensdauer von 4 Jahren für verfassungswidrig, wenn es um Leistungen zur Sicherung einer menschenwürdigen Existenz geht (BVerfG, 27.9.2011 – 1 BvR 232/11 – juris Rn. 17).

Der **Europäische Gerichtshof für Menschenrechte** entschied, dass besonders beschleunigt werden müssen Verfahren über
- das Sorgerecht für Kinder (EGMR, 4.12.2008 – 44036/02 – FamRZ 2009, 1037);
- den Personenstand und die Geschäftsfähigkeit (EGMR, 7.2.2002 – 53176/99 – Slg. 2002-I Nr. 44 – Mikulic/Kroatien);
- arbeitsrechtliche Streitigkeiten (EGMR, 14.4.1998 – 30979/96 – Slg. 2000-VII Nr. 45 – Frydlender/Frankreich).

Untätigkeitsbeschwerde

Der Europäische Gerichtshof für Menschenrechte forderte die BRD am 2.9.2010 auf, innerhalb eines Jahres eine Untätigkeitsbeschwerde zur Abhilfe bei überlangen Zivilgerichtsverfahren einzuführen (EGMR, 2.9.2010 – 46344/06 – NJW 2010, 3355).

**§§ 198 ff. GVG**

Dieser Rechtsschutz bei überlangen Gerichtsverfahren und strafrechtlichen Ermittlungsverfahren (Verzögerungsrüge und Entschädigungsanspruch) ist seit 3.12.2011 in §§ 198 ff. GVG geregelt.

Rechtsfolgen überlanger Verfahrensdauer

Die Rechtsfolgen, die eintreten, wenn das Verfahren nicht in angemessener Zeit abgeschlossen wird, hängen von dem Streitgegenstand ab:

- Geht es um eine **Sozialleistung**, ist über diese unverzüglich zu entscheiden (BSG, 2.10.2008 – B 9 VH 1/07 R – SozR 4-3100 § 60 Nr. 4).
- Ein verspätet erlassener **Rückforderungsbescheid** ist regelmäßig rechtswidrig und anfechtbar (BSG, 20.10.2010 – B 6 KA 26/10 B – juris Rn. 10; BSG, 16.6.1993 – 14 a/6 RKa 37/91 – NJW 1994, 3036; BFH, 26.7.2001 – VI R 163/ 00).

Sofort erforderliche Leistungen

Sind Leistungen zur Existenzsicherung oder aus anderen Gründen sofort erforderlich, ist sofortige, vorschussweise oder vorläufige Gewährung geboten (→ S. 294 ff.; vgl. auch Hessisches LSG, 9.9.2011 – L 7 SO 190/11 B ER – juris Rn. 9 ff., 12).

Beispiel

Beantragt eine mittellose Frau Wohngeld, weil sie sonst die fällige Miete nicht bezahlen kann und ist der ihr zustehende Betrag sofort feststellbar, darf sie nicht auf den nächsten Computerdurchlauf in fünf Wochen verwiesen werden.

Rechtsschutz

Der einzelne Bürger hat nach bestrittener, aber zutreffender Auffassung einen einklagbaren Anspruch auf Beschleunigung des Verfahrens, weil § 17 SGB I die Leistungsträger verpflichtet, das Grundrecht auf effektiven Rechtsschutz zu verwirklichen (Seewald, Kasseler Kommentar, § 17 SGB I Rn. 3 m. w. N., streitig).

- Der Bürger kann versuchen, mit **formlosen Rechtsbehelfen** eine schnelle Bearbeitung zu erreichen (→ S. 449 ff.).
- Er kann zudem einen **Vorschuss, Vorwegzahlung** oder eine **vorläufige Leistung** beantragen (→ S. 294).
- Wird eine existenzsichernde Leistung nicht unverzüglich ausgezahlt, kann er diese auch gerichtlich durch Antrag auf **Anordnung** bzw. **Wiederherstellung der aufschiebenden Wirkung** des Widerspruchs oder durch Antrag auf **einstweilige Anordnung** erzwingen (→ S. 470).

Ist durch die verzögerte Bearbeitung ein Schaden entstanden, kommt auch ein **Schadensersatzanspruch wegen Amtspflichtverletzung** in Betracht (› S. 432).

Ruhen des Verfahrens

Wenn eine Behörde die Sache wegen anderer Gerichtsverfahren oder gesetzgeberischer Aktivitäten entgegen ihrer allgemeinen Bearbeitungspflicht nicht bearbeiten will, kann sie in entsprechender Anwendung des § 94 VwGO das Ruhen des Verfahrens anordnen. Auch ein Beteiligter kann die Anordnung des Ruhens anregen (Rixen in: LPK-SGB X, § 18 Rn. 12).Die Anordnung ist ein Verwaltungsakt, der dem Betroffenen bekannt gemacht werden muss.

## 3.5 Grundsatz der Nichtförmlichkeit (§ 9 SGB X )

Beispiel

Ein Langzeitarbeitsloser kann den Antrag auf Arbeitslosengeld II wirksam mündlich oder schriftlich stellen (§ 37 SGB II; zur Mitwirkungspflicht bei Formularen → S. 332).

Das Verwaltungsverfahren ist im Unterschied zu den gerichtlichen Verfahren nicht an bestimmte Formen gebunden. Soweit keine besonderen Rechtsvorschriften bestehen, darf die Verwaltung die Art des Vorgehens nach pflichtgemäßem Ermessen bestimmen.
Hierbei hat sie die besonderen Verhältnisse der Berechtigten bzw. Betroffenen zu berücksichtigen (§ 33 SGB I).

Beispiel

Mündliche und schriftliche Informationen, Anfragen und Bescheide hat die Behörde nicht im unverständlichen Deutsch (»Bürokratenkauderwelsch«), sondern so zu formulieren, dass der Adressat sie verstehen kann.

Aus dem Grundsatz der Nichtförmlichkeit folgt aber auch, dass die Behörde keine allgemeine Pflicht zur Aufnahme eines Protokolls oder einer Niederschrift hat (Sächsisches LSG, 5.3.2014 – L 3 AS 1883/13 B ER – juris Rn. 12). Ferner darf die Behörde Anfragen ebenfalls telefonisch beantworten; § 9 SGB X verschafft dem Fragesteller jedoch keinen Anspruch auf einen telefonischen Rückruf (Bayerisches LSG, 9.8.2013 – L 7 AS 472/13 B ER – juris Rn. 12).

Bei der Erstellung des Hilfeplans und bei der Wahrnehmung des Schutzauftrags hat das Jugendamt die gesetzlichen Vorgaben zum Verfahren einzuhalten (§ 36 SGB VIII, § 8a SGB VIII).

## 3.6 Grundsatz der Nichtöffentlichkeit

Beispiel

Eine in Verwaltungssachen unerfahrene Frau, die mit dem Sachbearbeiter des Jobcenters über einen Mehrbedarf wegen medizinisch erforderlicher kostenaufwändiger Ernährung sprechen will, möchte, dass eine Nachbarin am Gespräch teilnimmt, weil sie sich dann sicherer fühlt.

Grundsatz

Verwaltungsverfahren sind auch dann, wenn eine Besprechung bzw. Verhandlung stattfindet, nicht öffentlich. Nichtbeteiligte (→ S. 323) haben deshalb kein Recht auf Anwesenheit bei Verhandlungen. Der Grundsatz der Nichtöffentlichkeit bezweckt primär eine störungsfreie, sachgerechte Durchführung des Verwaltungsverfahrens (VGH Baden-Württemberg, 3.2.2014 – 9 S 885/13 – juris Rn. 49).

Ausnahme

Ihre ausnahmsweise Zulassung, die aus Datenschutzgründen die vorherige Zustimmung aller Beteiligten voraussetzt, steht im Ermessen der Verwaltung. Wünscht die Leistungsberechtigte, dass eine Begleiterin an einer Besprechung bzw. Untersuchung teilnimmt und ist nicht zu erwarten, dass die Besprechung durch die Anwesenheit dieser weiteren Person gestört wird, wird die Behörde dem Wunsch entsprechen müssen (Ermessensschrumpfung wegen des verfassungsrechtlichen Anspruchs auf ein faires Verfahren: LSG RheinPf, 23.2.2006 – L 4 B 33/06 SB – juris Rn. 5).

Bevollmächtigte und Beistände haben ein Recht auf Teilnahme an Verhandlungen (→ S. 325).

## 3.7 Beteiligungsfähigkeit und Beteiligte (§ 10 und § 12 SGB X)

Beispiel

An einem Verwaltungsverfahren wegen Arbeitslosengeld II sind der Arbeitslose als Anspruchsteller und das Jobcenter als Behörde beteiligt.

Beteiligungsfähigkeit

Die allgemeine Fähigkeit, sich an Verwaltungsverfahren zu beteiligen, besitzen nach § 10 SGB X

- natürliche und juristische Personen,
- Vereinigungen, soweit ihnen ein Recht zustehen kann,
- Behörden.

Bedeutung

Die Beteiligtenfähigkeit ist im Verwaltungsverfahren in verschiedener Hinsicht von Bedeutung: Nur ein Beteiligungsfähiger hat das Recht,

- das Verwaltungsverfahren durch Antrag einzuleiten und durch Antragsrücknahme zu beenden,
- nach § 24 SGB X angehört zu werden,
- nach § 25 SGB X Akteneinsicht zu verlangen,
- Erklärungen im Verwaltungsverfahren abzugeben, z. B. Verzicht auf eine Leistung.

Grundsätzlich sind auch nur Beteiligte verpflichtet, bei der Ermittlung des Sachverhalts mitzuwirken (§ 21 Abs. 2 SGB X; s. aber auch z. B. § 60 SGB II und § 117 SGB XII).

Behörde

Behörde ist jede Stelle, die Aufgaben der öffentlichen Verwaltung wahrnimmt (§ 1 Abs. 2 SGB X; → S. 211)

Beteiligt an den konkreten Verwaltungsverfahren sind die Personen und Vereinigungen, deren rechtliche Interessen durch den Ausgang des Verwaltungsverfahrens unmittelbar berührt werden. Beteiligte

Beteiligte sind gemäß § 12 Abs. 1 SGB X damit u. a.

- der **Antragsteller**, falls er den Antrag nicht im Interesse der Allgemeinheit oder Dritter, sondern im eigenen Namen und Interesse stellt,
- der **Adressat**, d. h. derjenige, an den die Behörde den Verwaltungsakt richten will oder gerichtet hat,

  Prüft die Agentur für Arbeit, ob eine Sperrzeit eintritt, ist der Arbeitslose bereits vor Erlass des Bescheides Beteiligter. Beispiel

- **Personen**, die von der Behörde **als Beteiligte hinzugezogen werden**, weil deren rechtliche Interessen durch den Ausgang des Verfahrens berührt werden (§ 12 Abs. 2 SGB X).

  Ein Arbeitgeber beantragt bei dem zuständigen Integrationsamt die Zustimmung zur Kündigung eines schwerbehinderten Menschen nach § 85 ff. SGB IX. Der schwerbehinderte Mensch ist als Beteiligter hinzuzuziehen. Beispiel

Sind Personen, Personenvereinigungen oder Behörden im Verwaltungsverfahren lediglich anzuhören, so werden sie dadurch nicht zu Beteiligten (§ 12 Abs. 3 SGB X).

Zeugen und Sachverständige sind nicht Beteiligte, auch nicht das Jugendamt und ein zentraler Träger der freien Jugendhilfe, wenn sie an der Überprüfung von Einrichtungen nach § 46 SGB VIII teilnehmen.

## 3.8 Handlungsfähigkeit (§ 11 SGB X)

Eine beteiligungsfähige Person oder Vereinigung kann die ihr im Verwaltungsverfahren zustehenden Rechte wahrnehmen, wenn sie handlungsfähig ist; denn fähig zur Vornahme von Verfahrenshandlungen (Antragstellung, Abgabe und Entgegennahme einer Erklärung, Rücknahme eines Antrags, Einlegung des Widerspruchs) sind nur Handlungsfähige.

Die Regelung der Handlungsfähigkeit in § 11 SGB X verweist auf die Vorschriften des Bürgerlichen Rechts über die Geschäftsfähigkeit (§§ 104 ff. BGB). Ein nach §§ 1896 BGB Betreuter ist nicht automatisch geschäftsunfähig, kann es im Einzelfall – z.B. bei einer akuten Psychose – aber sein. Nur dies ließe auch die Handlungsfähigkeit entfallen (Leopold, in: jurisPK – SGB X, § 11 Rn. 44). Ist neben der Betreuung ein Einwilligungsvorbehalt nach § 1903 BGB vom Betreuungsgericht angeordnet, kommt es für die Handlungsfähigkeit im Verwaltungsverfahren darauf an, ob der Betreute nach dem BGB ohne Einwilligung des Betreuers handeln dürfte (§ 11 Abs. 2 SGB X). Schließlich entfällt die Handlungsfähigkeit eines Betreuten nach § 11 Abs. 2 S. 2 In Anlehnung an das BGB

SGB X i.V.m. § 53 ZPO, sofern dieser im Verfahren durch seinen Betreuer vertreten wird. Diese Gleichstellung des Betreuten mit einem Geschäftsunfähigen (BSG, 22.5.2003 – B 12 KR 20/02 R – juris Rn. 25) bezweckt, widersprüchliche Verfahrenserklärungen zu vermeiden.

Sonderregelung für Minderjährige

Für Minderjährige besteht nach § 11 Abs. 1 Nr. 2 SGB X in Verbindung mit § 36 SGB I eine bedeutsame Abweichung:

Ab dem **15. Geburtstag** kann ein Minderjähriger Anträge auf Sozialleistungen stellen und verfolgen (z. B. durch Widerspruch und Klage, § 71 Abs. 2 SGG), solange und soweit der gesetzliche Vertreter diese Handlungsfähigkeit nicht durch schriftliche Erklärung gegenüber dem Leistungsträger eingeschränkt hat (s. § 36 Abs. 2 S. 1 SGB I). Die Vertretungsbefugnisse des gesetzlichen Vertreters werden durch diese Regelung nicht eingeschränkt (BSG, 11.12.2008 – B 9/9a VG 1/07 R – juris Rn. 22 f.).

Beispiel

Ein 16-Jähriger stellt einen Antrag auf Inobhutnahme nach § 42 SGB VIII (OVG Hamburg, 14.2.2011 – 4 Bs 282/10 – juris Rn. 14).

Unterrichtung des gesetzlichen Vertreters

Der Leistungsträger **soll** den gesetzlichen Vertreter über die Antragstellung und die erbrachten Sozialleistungen unterrichten (§ 36 Abs. 1 S. 2 SGB I). Er hat also in der Regel zu unterrichten, jedoch dann nicht, wenn die Unterrichtung eine konkrete Gefährdung des Wohls des Minderjährigen befürchten lässt (BVerfG, 9.2.1982 – 1 BvR 845/79 – juris Rn. 83). Dies mag man im Einzelfall, z.B. bei einer ungewollten Schwangerschaft oder bei der ärztlichen Behandlung einer Drogenabhängigkeit, annehmen (Fastabend, in: Hauck/Noftz, SGB I, § 36 Rn. 20).

Zustimmung des gesetzlichen Vertreters

Typischerweise **nachteilige Handlungen** wie die Rücknahme von Anträgen, der Verzicht auf Sozialleistungen und die Entgegennahme von Darlehen bedürfen der Zustimmung des gesetzlichen Vertreters (§ 36 Abs. 2 S. 2 SGB I).

Sonderregelungen

In der **Kinder- und Jugendhilfe** haben die spezialgesetzlichen Regelungen in § 8 Abs. 3, in § 8a Abs. 1 Satz 2 und in § 42 Abs. 2 und 3 SGB VIII Vorrang (siehe auch § 9 FamFG).

Handlungsunfähige Personen

Verfahrenshandlungen von und gegenüber Handlungsunfähigen – Kinder unter 7 Jahren und bestimmte psychisch Kranke – sind unwirksam (§§ 104 f.BGB; BVerwG, 11.2.1994 – 2 B 173.93). Sie müssen gegenüber dem gesetzlichen Vertreter vorgenommen werden (VGH Mannheim, 2.11.2010 – 11 S 2079/10 – juris Rn. 24).

Vertretung

Juristische Personen handeln im Verwaltungsverfahren durch ihre gesetzlichen Vertreter, nichtrechtsfähige Vereinigungen durch die von ihnen Bevollmächtigten.

Behörden

Behörden handeln durch ihre Leiter, deren Vertreter oder deren Beauftragte.

## 3.9 Bevollmächtigte und Beistände (§ 13 SGB X)

Beispiele

Eine behinderte ausländische Frau erscheint im Sozialamt und erklärt, ihre deutsche Freundin werde für sie sprechen.
Die Sozialarbeiterin eines freien Trägers legt mit Vollmacht des Arbeitslosen Widerspruch gegen einen ablehnenden Bescheid der Arbeitsagentur ein.

Rechtsanspruch

Der Beteiligte hat einen Rechtsanspruch, sich durch einen Bevollmächtigten oder Beistand im Verwaltungsverfahren unterstützen zu lassen. Die Regelung sichert ein faires Verfahren und ist menschenrechtlich und rechtsstaatlich begründet (Art. 6 EMRK; Art. 103 GG; EGMR, 27.10.1993 – 37/1992; BVerfG, 21.2.2001 – 2 BvR 140/00). Insoweit besteht kein Ermessensspielraum der Verwaltung, die Bevollmächtigung nicht zuzulassen.

Bevollmächtigte

Ein Beteiligter kann sich durch einen Bevollmächtigten vertreten lassen. Die Handlungen des Bevollmächtigten haben grundsätzlich die gleiche Wirkung wie Handlungen des Beteiligten. Auf Verlangen hat er seine Vollmacht schriftlich nachzuweisen (§ 13 Abs. 1 Satz 3 SGB X).
Bei Ehegatten und Verwandten in gerader Linie ist die Vollmacht zu vermuten (BT-Drs. 8/2034, S. 31 zu § 13; anderer Auffassung und gegen eine Vermutung BSG, 15.10.1981 – 5b/5 RJ 90/80 – juris Rn. 20; Pitz, in: jurisPK-SGB X, § 13 Rn. 8).
Im Zweifel vertritt der erwerbsfähige Hilfeberechtigte in der Grundsicherung für Arbeitsuchende die Bedarfsgemeinschaft (§ 38 SGB II).

Beistände

Ein Beteiligter kann zu Verhandlungen und Besprechungen mit einem Beistand erscheinen. Das vom Beistand Vorgetragene gilt als vom Beteiligten vorgebracht, soweit dieser nicht unverzüglich widerspricht (§ 13 Abs. 4 SGB X). Wegen der Beteiligtenöffentlichkeit des Verwaltungsverfahrens darf der Beistand prinzipiell sogar bei einer behördlich veranlassten ärztlichen Untersuchung anwesend sein, wenn der Bürger dies möchte (LSG Nordrhein-Westfalen, 2.11.2009 – L 12 B 57/09 SO – juris Rn. 19).

Beispiel

Ein Beteiligter kann sich einen Bekannten oder den ehrenamtlichen oder hauptamtlichen Mitarbeiter eines freien Verbandes zum Beistand wählen.

SozA/SozP freier Träger als Beistände/ Bevollmächtigte

SozA/SozP freier Träger können in Verhandlungen mit Behörden als Beistände oder Bevollmächtigte auftreten bzw. für Beteiligte Schreiben aufsetzen. Sie sind nach dem Rechtsdienstleistungsgesetz zur rechtlichen Beratung und Vertretung in Verwaltungsverfahren befugt, wenn sie die gesetzlichen Voraussetzungen erfüllen (→ S. 225).

Beispiel

Eine SozA/SozP formuliert für eine schwangere Frau einen Antrag auf Babyausstattung und begleitet sie zum Jobcenter, um eine baldige Bewilligung zu erreichen.

Zurückweisung von Bevollmächtigten und Beiständen

Bevollmächtigte oder Beistände können vom Leistungsträger vom Vortrag zurückgewiesen werden, wenn sie hierfür ungeeignet sind. Vom mündlichen Vortrag können sie nur zurückgewiesen werden, wenn sie zum sachgemäßen Vortrag nicht fähig sind (§ 13 Abs. 6 Satz 1 SGB X). Provozierendes Verhalten oder nicht nur unerhebliche Unsachlichkeit ist ausreichend, um fehlendes Vermögen zum sachgemäßen Vortrag anzunehmen (Pitz, in: jurisPK-SGB X, § 13 Rn. 22). Eine Zurückweisung ist ebenfalls möglich, wenn sie unbefugt den Beteiligten rechtlich beraten oder vertreten (§ 13 Abs. 5 SGB X).
Besteht die Befugnis zur Rechtsberatung nicht, dürfen sie gleichwohl als Beistand bzw. Vertreter auftreten, wenn sie keine rechtliche Beratung und Unterstützung vornehmen, sondern sich darauf beschränken, dem Klienten bei der Klärung des Sachverhalts, beim Ausfüllen von Formularen, bei der Formulierung von Schreiben, als Formulierungshelfer bei Behördengängen und Verhandlungen beizustehen, um ihn psychisch zu stützen oder auch für ihn zu sprechen, wenn ihm dies z. B. wegen unzureichender Sprachkenntnisse oder Angst vor Behörden nicht möglich ist.

Rechtsbehelf

Die Zurückweisung ist ein Verwaltungsakt, der durch **Widerspruch** angefochten werden kann (LSG Baden-Württemberg, 3.1.2007 – L 13 AL 4889/05; → S. 455).

## 3.10 Vertreter von Amts wegen (§ 15 SGB X)

Ist ein Beteiligter unbekannten Aufenthalts oder infolge körperlicher oder geistiger Gebrechen nicht in der Lage, in dem Verwaltungsverfahren selbst tätig zu werden, hat auf Ersuchen der Behörde das Betreuungsgericht einen geeigneten Vertreter zu bestellen.

Beispiel

Eine psychisch kranke Frau ist nicht in der Lage, Antragsformulare auszufüllen sowie Einkommensbelege und Vermieterbescheinigungen vorzulegen.

Die Bestellung ist nur zulässig, wenn die Behörde alle Möglichkeiten der Verständigung in Erfüllung ihrer Betreuungs- und Fürsorgepflicht erschöpft hat.

## 3.11 Ausgeschlossene Personen (§ 16 SGB X)

Beispiel

Eine Sozialpädagogin bearbeitet im Jugendamt den Antrag des Jugendverbandes, dem sie angehört, auf Förderung einer von ihr organisierten Ferienmaßnahme.

Ausgeschlossene Personen

In einem Verwaltungsverfahren dürfen u. a. für eine Behörde nicht tätig werden
- Beteiligte (→ S. 322),
- Angehörige von Beteiligten (Aufzählung in § 16 Abs. 5 SGB X),
- Vertreter von Beteiligten (gesetzliche Vertreter, Vertreter kraft Vollmacht),

- Angehörige von Vertretern,
- entgeltlich Beschäftigte und Organmitglieder eines Beteiligten,
- Personen, die als Privatperson bereits ein Gutachten in der Angelegenheit abgegeben haben, sowie
- alle Personen, die durch die Tätigkeit oder Entscheidung einen Vorteil oder Nachteil erlangen können.

Ein Vereinsmitglied erlangt durch eine Zuwendung an den Verein in der Regel keinen unmittelbaren Vorteil.

Beispiel

Eine regelmäßig ausgeschlossene Person darf bei Gefahr im Verzuge ausnahmsweise unaufschiebbare Maßnahmen treffen (§ 16 Abs. 3 SGB X).

Ausnahme

Der von einem Beteiligten erlassene Verwaltungsakt ist nichtig (§ 40 Abs. 3 Nr. 2 SGB X). Die Mitwirkung der übrigen ausgeschlossenen Personen führt in der Regel nur zur Aufhebbarkeit des Verwaltungsakts. Jedoch ist eine Heilung nach § 42 SGB X möglich (→ S. 381).

Rechtsfolgen bei Mitwirkung ausgeschlossener Personen

## 3.12 Besorgnis der Befangenheit (§ 17 SGB X)

Ein Sachbearbeiter im Jobcenter hat einen Arbeitslosen wiederholt als »arbeitsscheuen Faulenzer« begrüßt.

Beispiel

Die Besorgnis der Befangenheit besteht, sofern ein gegenständlicher vernünftiger Grund vorliegt, der die Beteiligten von ihrem Standpunkt aus befürchten lassen kann, dass der Amtsträger nicht unparteiisch sachlich entscheiden werde. Die lediglich subjektive Besorgnis der Befangenheit ist aber nicht ausreichend (BVerwG, 13.10.2011 – 4 A 4000.09 – juris Rn. 31).

Befangenheitsgründe sind z. B.:

Befangenheitsgründe

- persönliche oder auf früheren dienstlichen Anlässen beruhende Freundschaft oder Feindschaft zwischen Amtsträger und einem Beteiligten,
- Berührung wirtschaftlicher oder sonstiger persönlicher Belange des Amtsträgers,
- vorzeitige Festlegung auf eine bestimmten Rechtsauffassung.

Liegt ein Befangenheitsgrund vor oder wird von einem Beteiligten das Vorliegen eines solchen Grundes behauptet, so hat derjenige, der für eine Behörde in einem Verwaltungsverfahren tätig werden soll, den Leiter der Behörde oder den von diesem Beauftragten zu unterrichten und sich auf dessen Anordnung der Mitwirkung zu enthalten (§ 17 SGB X; BSG, 22.9.2009 – B 4 AS 13/ 09 R – juris Rn. 27).

Folgen der Befangenheit

Die Mitwirkung von Befangenen führt in der Regel zur Aufhebbarkeit des Verwaltungsaktes (BSG, 28.9.1993 – 1 RR 3/92 – juris Rn. 24; LSG Baden-Württemberg, 21.12.2007 – L 7 SO 217/07 – juris Rn. 26).

Rechtsfolge der Mitwirkung befangener Personen

## 3.13 Amtssprache (§ 19 SGB X)

Beispiele

Ein Russe legt in kyrillischer Schrift Widerspruch gegen die Ablehnung der Hilfe zum Lebensunterhalt ein.
Eine Türkin, die von ihrem Mann verlassen wurde, beantragt auf türkisch die Erteilung einer Arbeitsgenehmigung.

Deutsch als Amtssprache

Die Amtssprache ist deutsch. Das bedeutet, dass bei amtlichen Mitteilungen, Entscheidungen, Bescheiden usw. die deutsche Sprache maßgeblich ist und dass die Behörde prinzipiell die Vorlage einer Übersetzung verlangen kann, wenn in einer fremden Sprache bei ihr Anträge gestellt oder Schriftstücke vorgelegt werden (§ 19 Abs. 2 Satz 1 SGB X). Die deutsche Amtssprache umfasst die Hoch-, die Umgangs- und die Fachsprache. Daher verstößt die Bezeichnung »Jobcenter« nicht gegen den Amtssprachegrundsatz (VG Neustadt, 17.12.2013 – 4 K 918/13 NW).

Erleichterungen für Ausländer im Sozialverwaltungsverfahren

Soll durch eine Anzeige, einen Antrag oder eine Willenserklärung, die in fremder Sprache eingehen, zugunsten eines Beteiligten

- eine **Frist** gewahrt werden (z. B. Anhörungs-, Mitwirkungs-, Widerspruchsfrist),
- ein öffentlich-rechtlicher **Anspruch** geltend gemacht oder eine Leistung begehrt werden (z. B. Antrag auf Wohngeld oder Kindergeld),

so gelten Anzeige, Antrag oder Willenserklärung als zum Zeitpunkt des Eingangs bei der Behörde abgegeben, falls auf Verlangen der Behörde innerhalb einer von dieser zu setzenden angemessenen Frist eine Übersetzung vorgelegt wird (§ 19 Abs. 2–4 SGB X). Wird eine Übersetzung nicht fristgerecht vorgelegt, kann die Behörde auf Kosten des Ausländers eine Übersetzung anfertigen lassen (§ 19 Abs. 2 Satz 3 SGB X).
Hat die zuständige Behörde ausreichende Kenntnisse der fremden Sprache, darf sie auf eine Übersetzung verzichten.

Sonderrechte für EU-Angehörige und aufgrund zwischenstaatlicher Abkommen

Angehörige der EU-Staaten und der Staaten, mit denen die Bundesrepublik Deutschland entsprechende völkerrechtliche Abkommen geschlossen hat, können sich in ihrer Sprache an Behörden und Gerichte wenden. Diese müssen dann eine notwendige Übersetzung auf eigene Kosten besorgen (Hissnauer, in: jurisPK-SGB X, § 19 Rn. 30).
Zu diesen Staaten gehören u. a. **Türkei, Israel, Marokko, Schweiz, USA, Kanada**.

Verwendung anderer Sprachen

Die Bestimmung der deutschen Sprache zur Amtssprache schließt die Verwendung anderer Sprachen beim Umgang mit Ausländern und in Merkblättern, Informationsschriften usw. nicht aus. Lediglich in amtlichen Bescheiden ist ausschließlich die deutsche Sprache zu verwenden (VG Berlin, 4.7.2014 – 10 K 461.13 – juris Rn. 16). Eine solche Beschränkung ist auch keine Verletzung des Gleichheitssatzes des Art. 3 Abs. 3 GG (VG Neustadt, 27.9.2013 – 3 K 623/13.NW – juris Rn. 18 zur Fahrerlaubnisprüfung in deutsch).

Gebärdensprache

Hörbehinderte können die Gebärdensprache verwenden (§ 19 Abs. 1 Satz 2 SGB X). Der Leistungsträger hat die Kosten für Gebärdendolmetscher und andere Kommunikationshilfen zu tragen (§ 19 Abs. 1 Satz 2, 2. Halbsatz SGB X, § 17 Abs. 2 SGB I; Art. 12 und Art. 13 Behindertenrechtskonvention).

## 3.14 Sonderregelungen für das Verwaltungsverfahren

Grundsatz der Formfreiheit

Die allgemeinen Vorschriften zum sozialrechtlichen Verwaltungsverfahren überlassen es grundsätzlich der Behörde, wie sie das Verfahren durchführt (→ S. 321). Nur für einige Aufgaben werden Einzelheiten des einzuhaltenden Verfahrens vorgeschrieben.

Beispiel

Für Hilfen zur Erziehung werden in § 36 SGV VIII und für Maßnahmen bei Gefährdung des Kindeswohls in § 8a SGB VIII Sonderregelungen zur Sicherung der Fachlichkeit und der Einbeziehung der Beteiligten getroffen.

## 3.15 Sachverhaltsermittlung (§§ 20–23 SGB X)

Beispiel

Ein »Bedarfsfeststeller« des Sozialamts erscheint unangemeldet bei einer Sozialhilfeempfängerin und verlangt, in die Wohnung eingelassen zu werden, weil er feststellen müsse, ob sie mit einem Mann zusammenlebt.

Untersuchungsgrundsatz

Die Behörde ist verpflichtet, den Sachverhalt, d.h. die Tatsachen, die nach dem Gesetz oder anderen Rechtsvorschriften Voraussetzung für das beabsichtigte Verwaltungshandeln sind, von Amts wegen zu ermitteln. Art und Umfang der Ermittlungen bestimmt sie selbst nach pflichtgemäßem Ermessen und ist nicht gebunden an die von dem Beteiligten vorgebrachten Tatsachen, Meinungen, Beweisanträge usw. (§ 20 Abs. 1 SGB X).

Vorrang des Sozialdatenschutzes

Soweit sich die Ermittlung des Sachverhalts auf Sozialdaten erstreckt, haben die Vorschriften über den Schutz der Sozialdaten Vorrang vor den allgemeinen Vorschriften über die Ermittlung des Sachverhalts in §§ 20 ff. SGB X. Dies ist in § 37 Satz 3 SGB I ausdrücklich klargestellt.
Daraus folgt u.a., dass die Behörde Sozialdaten zunächst bei dem Betroffenen erheben muss und sich an dritte Personen oder Stellen nur wenden darf, soweit ihr das gesetzlich gestattet ist (→ S. 258; BSG, 25.1.2012 – B 14 AS 65/11 R – juris Rn. 24).

Beispiel

Wer in der Wohnung eines Hilfeempfängers lebt, ist nicht zu Angaben über sein Einkommen und Vermögen verpflichtet, wenn keine eheähnliche Gemeinschaft besteht (BVerfG, 2.9.2004 – 1 BvR 1962/04 – juris Rn. 8).

Verfassungsrechtliche und gesetzliche Schranken

Wie bei jeder anderen Ermessensentscheidung hat die Behörde auch bei der Bestimmung der erforderlichen Ermittlungen die verfassungsrechtlich garantierten Grundrechte und die Verfassungsgrundsätze wie z.B. den Grundsatz der Verhältnismäßigkeit zu beachten.

Zudem muss sie den Grundsatz der Verfahrensökonomie wahren (Luthe, in: jurisPK-SGB X, § 20 Rn. 11).
Außerdem sind die gesetzlichen Schranken der Ermessensausübung einzuhalten, die eine Individualisierung gebieten und pauschale Unterstellungen diskriminierenden Inhalts verbieten (§ 39 SGB I).

Keine Ermittlungen ins Blaue hinein

Die Behörde darf nur die Tatsachen ermitteln, die für die Verwaltungsentscheidung erheblich sind. Ermittlungsmaßnahmen sind deshalb verfassungswidrig, wenn sie ohne begründeten Anlass vorgenommen werden oder sonstwie unverhältnismäßig sind. Nach der ständigen Rechtsprechung des BSG sind weder die Behörden noch die Gerichte der Sozialgerichtsbarkeit verpflichtet, nach Tatsachen zu forschen, für deren Bestehen die Umstände des Einzelfalles keine Anhaltspunkte bieten (BSG, 6.2.2003 – B 7 AL 104/01 R – juris Rn. 19; vgl. auch BSG, 13.2.2014 – B 4 AS 22/13 R – juris Rn. 14 ff. zum Überprüfungsantrag).
Andererseits muss die Behörde alle Umstände ermitteln, die materiell-rechtlich für die Entscheidung Bedeutung haben. Demnach verletzt z. B. das Integrationsamt seine Aufklärungspflicht, wenn es das Vorbringen des Arbeitgebers nur auf seine Schlüssigkeit prüft und dann seiner Entscheidung zugrunde legt (VG München, 13.3.2013 – M 18 K 11.2986 – juris Rn. 68).

Beweismittel

Als Beweismittel kommen für den Sozialleistungsträger in Betracht:

- **Auskünfte** jeder Art (z. B. des Partners des Leistungsberechtigten über Einkommen und Vermögen – § 60 Abs. 4 Satz 1 Nr. 1 SGB II);
- **Anhörung** der Beteiligten (z. B. des Arbeitslosen vor der Entscheidung über eine Sperrzeit – § 159 SGB III);
- **Vernehmung von Zeugen**, also einer Person, die in einem für sie fremden Verfahren eigene Wahrnehmungen über Tatsachen bekundet (Luthe, in jurisPK-SGB X, § 21 Rn. 22), z. B. eines Nachbarn bei Kindesmisshandlungen vor der Entscheidung über die Fremdunterbringung des Kindes – § 34 SGB VIII);
- **Gutachten von Sachverständigen** (z. B. über die Erwerbsfähigkeit vor der Entscheidung über den Antrag auf Arbeitslosengeld II – § 44a SGB II);
- **Beiziehung von Urkunden und Akten** (z. B. über die bisherige Berufstätigkeit vor der Entscheidung über den Antrag auf berufliche Weiterbildung – § 81 SGB III);
- **Einnahme des Augenscheins** (z. B. Überprüfung an Ort und Stelle, ob eine Wohnung für ein Pflegekind geeignet ist – § 44 Abs. 3 SGB VIII).

Einholung von Auskünften

Die Auskunft ist eine Mitteilung über eine Tatsache oder die Würdigung eines Umstands anhand allgemeiner Erfahrungssätze. Insofern ist die Auskunft im Einzelfall nur schwer von der Zeugenvernehmung bzw. dem Sachverständigengutachten abzugrenzen (Vogelsang, in:

Hauck/Noftz, SGB X, § 21 Rn. 11). Praktikabel ist es, den Unterschied zwischen Auskunft und Zeugenvernehmung darin zu sehen, dass die Auskunft Tatsachenkenntnis erst verschafft, wohingegen die Zeugenaussage die Bestätigung einer Tatsache bezweckt (Kellerhoff, in: Stelkens/Bonk/Sachs, VwVfG, 8. Aufl. 2014, § 26 VwVfG Rn. 40). Die Regeln zur Vernehmung von Zeugen und zum Gutachten von Sachverständigen sind damit gleichsam vorrangig aufgrund Spezialität – lex specialis (Lang, in: LPK-SGB X, § 21 Rn. 12). Auskünfte können bei Privaten und bei Behörden eingeholt werden, allerdings nur, wenn der datenschutzrechtliche Ersterhebungsgrundsatz gewahrt ist (→ S. 259).

Auskunftspflicht Privater

Private müssen dem Sozialleistungsträger Auskünfte erteilen und andere Informationen übermitteln, wenn eine entsprechende Vorschrift dies anordnet.

Beispiele

Unterhaltspflichtige Eltern, Großeltern und Kinder sowie Arbeitgeber müssen dem Sozialamt gemäß § 117 SGB XII und dem Jugendamt gemäß § 97a SGB VIII Auskunft über Einkommens- und Vermögensverhältnisse erteilen.
Die Finanzbehörden sind nach § 21 Abs. 4 SGB X zur Auskunft verpflichtet.
Partner, deren Einkommen/Vermögen zu berücksichtigen ist, müssen dem Jobcenter Auskunft erteilen (§ 60 Abs. 4 SGB II).
Arbeitgeber haben dem Jobcenter nach § 57 SGB II Arbeitsbescheinigungen und den Arbeitnehmern nach § 58 SGB II Einkommensbescheinigungen auszustellen (zu weiteren Mitwirkungs-/Duldungspflichten: §§ 312 ff. SGB III).
Träger von Maßnahmen zur Eingliederung sind nach § 61 SGB II dem Jobcenter auskunftspflichtig.
Weitere Auskunftspflichten betreffen Arbeitgeber, Angehörige und sonstige Personen, Ärzte und Angehörige anderer Heilberufe (§§ 98–100 SGB X).

Nur kraft Gesetzes

Ohne eine gesetzliche Regelung sind Private nicht zur Auskunft verpflichtet. Stehen sie in einer vertraglichen oder vertragsähnlichen Beziehung zu dem Beteiligten, stellt die Auskunftserteilung sogar in aller Regel die Verletzung einer vertraglichen Schutzpflicht und eine unerlaubte Handlung, u. U. sogar eine strafbare Handlung dar (→ S. 236 ff.).

Jede Behörde hat auf Ersuchen einer anderen Behörde Amtshilfe zu leisten (Art. 35 Abs. 1 GG, § 3 Abs. 1 SGB X). Für alle Behörden ist diese Pflicht aber durch gesetzliche Regelungen eingeschränkt, die das informationelle Selbstbestimmungsrecht sichern sollen.

Eingeschränkte Amtshilfe

Den Sozialleistungsträgern wird in § 4 Abs. 2 Satz 2 SGB X ausdrücklich die Erteilung von Auskünften über Vorgänge untersagt, die nach einem Gesetz geheim gehalten werden müssen. Deshalb dürfen sie Sozialdaten nur übermitteln, soweit § 35 SGB I, §§ 67 ff. SGB X, §§ 61 ff. SGB VIII dies zulassen (→ S. 259, s. auch Palsherm, in: juris-PK – SGB X, § 4 Rn. 26).

### 3.16 Mitwirkungspflichten

Beispiel

Nachdem eine »Arbeitsuchende« für ihre 2-jährige Tochter eine Beihilfe zur Erstausstattung mit einem Kinderbett, Matratze und Bettzeug beantragt hat, führt der »Bedarfsfeststeller« des Jobcenters einen Hausbesuch durch.

Pflichten von Beteiligten

Die Beteiligten (→ S. 322) sollen bei der Ermittlung des Sachverhalts mitwirken, insbesondere ihnen bekannte Tatsachen und Beweismittel angeben. Die Mitwirkungspflicht ermöglicht dem Leistungstäger vielfach erst, seiner Pflicht zur Amtsermittlung gemäß § 20 SGB X nachkommen zu können. Sie umfasst nur die Angabe solcher Tatsachen, die für die Verwaltungsentscheidung – also die tatbestandlichen Voraussetzungen der anspruchsbegründenden Norm – erheblich sind (BSG, 28.3.2013 – B 4 AS 42/12 R – juris Rn. 16). Weitergehende Pflichten bestehen grundsätzlich nicht, können aber durch spezielle Rechtsvorschrift begründet werden (§ 21 Abs. 2 SGB X).

Allgemeine Mitwirkungspflichten (§§ 60 ff. SGB I)

Dem Bürger, der Sozialleistungen beantragt oder erhält, werden in §§ 60–64 SGB I erhebliche Mitwirkungspflichten auferlegt. Er ist z. B. verpflichtet,

- alle für die Leistung erheblichen **Tatsachen anzugeben**. Wirkt er bei der Aufklärung nicht ausreichend mit, darf die Leistung versagt werden, weil deren Voraussetzungen nicht nachgewiesen sind (s. § 66 SGB I);
- der **Auskunftserteilung durch Dritte zuzustimmen** (z. B. durch Arbeitgeber, Ärzte, Krankenhäuser, Sozialarbeiter, Sozialpädagogen);
- **Änderungen in den Verhältnissen**, die für die Leistung erheblich sind, **mitzuteilen** (z. B. Erzielung von Einkünften bei einer einkommensabhängigen Leistung);
- **Beweismittel zu bezeichnen** (Zeugen, Urteile, Bescheide, Krankenpapiere);
- **persönlich** im Amt zu **erscheinen**, falls anders eine Aufklärung nicht möglich ist;
- **ärztliche und psychologische Untersuchungen zu dulden** (z. B. Untersuchung durch den Medizinischen Dienst der Krankenkasse; vgl. auch BT-Drs. 17/8846);
- eine **Heilbehandlung** einschließlich Operation **zu dulden**;
- an **Maßnahmen zur Teilhabe am Arbeitsleben teilzunehmen**.

Die Feststellung des Grades der Behinderung (GdB) nach § 69 Abs. 1 SGB IX ist zwar keine Sozialleistung. Gleichwohl sind die Mitwirkungsobliegenheiten hier analog anwendbar. Denn es handelt sich um ein verfahrensrechtliches Sozialrechtsverhältnis, das die Mitwirkung des Antragstellers unverzichtbar voraussetzt und sich damit nicht wesentlich von Verfahren über Geldleistungen unterscheidet. Die Feststellung des GdB ist allein aus historischen Gründen von der Gewährung von Leistungen getrennt (BSG, 16.12.2014 – B 9 SB 3 /13 R).

Pflicht zur Vorlage von Kontoauszügen

Leistungsempfänger **nach dem SGB II** sind verpflichtet, ihre Kontoauszüge der letzten drei Monate vorzulegen. Sie dürfen die Empfänger von Zahlungen, nicht die Beträge, in den Kontoauszügen schwärzen, wenn andernfalls geschützte personenbezogene Daten (z. B. Parteizugehörigkeit, konfessionelles Bekenntnis) offengelegt würden (BSG, 19.9.2008 – B 14 AS 45/07 R – juris Rn. 21 ff.). Nach Auffassung des Bayerischen LSG (21.5.2014 – L 7 AS 347/14 B ER – juris Rn. 15 ff.) handelt es sich insofern nicht nur um eine rechtmäßige Datenerhebung nach § 67a Abs. 1 S. 1 SGB X, sondern bei Aufbewahrung der Kontoauszüge in der Akte auch um eine rechtmäßige Datenspeicherung gemäß § 67c SGB X. Denn für die Prüfung der Hilfebedürftigkeit einschließlich etwaiger Widerspruchs- und Gerichtsverfahren sowie Bescheidkorrekturen sei sie erforderlich.

Keine Ermittlungspflicht des Antragstellers

Der Antragsteller bzw. Leistungsempfänger ist nicht zu eigenen Ermittlungen verpflichtet. Seine Auskunftspflicht erstreckt sich nur auf Tatsachen, die ihm selbst bekannt sind. Die Behörde kann von ihm nicht verlangen, Beweismittel wie Nachweise über die Einkommens- und Vermögensverhältnisse eines Dritten oder einen von diesem geschlossenen Mietvertrag vorzulegen (BVerfG, 2.9.2004 – 1 BvR 1962/04 – juris Rn. 8).

Mitwirkungspflicht Dritter?

Mitwirkungspflichtig ist nur, wer Sozialleistungen beantragt oder erhält, nicht dessen Ehe- oder Lebenspartner. Dies gilt auch, wenn dieser das Antragsformular ausgefüllt hat.
Partner in eheähnlicher Gemeinschaft, Unterhaltspflichtige und Arbeitgeber können allerdings zu Auskünften, Ausfüllen von Bescheinigungen usw. verpflichtet sein (→ S. 330).

Grenzen der allgemeinen Mitwirkungspflicht

Die Mitwirkungspflicht besteht nach § 65 Abs. 1 SGB I nicht, soweit

- sie **nicht in angemessenem Verhältnis** zu der in Anspruch genommenen bzw. zu erstattenden Sozialleistung **steht**;
- ihre Erfüllung dem Betroffenen **aus einem wichtigen Grund nicht zugemutet werden kann**;
- **der Leistungsträger sich** durch einen geringeren Aufwand als der Betroffene die erforderlichen **Kenntnisse selbst beschaffen kann**.

Daraus folgt, dass der Sozialleistungsträger in jedem Einzelfall abwägen muss, ob es im Hinblick auf die Höhe der gewährten bzw. zu gewährenden Sozialleistung angemessen ist, in die verfassungsrechtlich geschützte Persönlichkeitssphäre, die Privat- und Intimsphäre der Betroffenen, das Familienleben, den räumlichen Bereich der Wohnung einzudringen (Art. 1, 2, 6, 13 GG) oder besondere Belastungen aufzuerlegen.

Angemessen?

Die Mitwirkungshandlung muss angemessen, d. h. geeignet, erforderlich und zumutbar sein (→ S. 114). Sie muss in einem angemessenen

Verhältnis zu der in Anspruch genommenen Sozialleistung stehen. § 65 Abs. 1 SGB I konkretisiert also den allgemeinen Verhältnismäßigkeitsgrundsatz insofern, als einerseits Art und Umfang der Sozialleistung und andererseits der für die Erfüllung der Mitwirkungspflicht erforderliche Aufwand miteinander abzuwägen sind (BSG, 28.3.2013 – B 4 AS 42/12 R – Rn. 20).

Erforderlich?

Nicht erforderlich ist die Einwilligung in die Auskunftserteilung durch Dritte, wenn der Betroffene die erforderlichen Angaben selbst machen bzw. Unterlagen selbst beschaffen kann oder wenn der Leistungsträger sich die erforderlichen Kenntnisse mit geringerem Aufwand als der Betroffene verschaffen kann, insbesondere wenn es um komplexe Sachverhalte geht, z. B. durch Auskunft von Ärzten oder Krankenhäusern (§ 100 SGB X).

Beispiel

Nicht geeignet und nicht erforderlich ist die Frage nach geschlechtlichen Beziehungen bei Verdacht einer eheähnlichen Gemeinschaft; denn diese setzt keine geschlechtlichen Beziehungen voraus (BVerfG, 17.11.1992 – 1 BvL 8/87 – juris Rn. 109).

Zumutbar?

Unzumutbar können Mitwirkungshandlungen sein, wenn Gründe z. B. in der Person, den Familienverhältnissen, der sozialen Umwelt die Weigerung entschuldigen und als berechtigt erscheinen lassen.

Beispiel

Nicht zumutbar können Umschulungsmaßnahmen sein, wenn der Betroffene kurz vor Erreichen der Altersgrenze steht oder die Umschulung die Chancen auf den Arbeitsmarkt nur unerheblich verbessert.

Das BVerwG hält es in der Regel für zumutbar, dass die Mutter eines Kindes dem Leistungsträger den Namen des Vaters nennt, damit Unterhaltsansprüche durchgesetzt werden können (BVerwG, 5.5.1983 – 5 C 112.81 – juris Rn. 16). Bei Weigerung der Mutter erhält sie keinen Unterhaltsvorschuss; es sei aber nicht gerechtfertigt, dem Kind Sozialhilfe zu verweigern (BVerwG, 21.11.1991 – 5 C 13.87 – juris Rn. 18 f.).

Grenzen für »Sozialdetektive«

Mitarbeitern der Außendienste werden in § 6 Abs. 1 Satz 2, 2. Halbsatz SGB II keine Eingriffsbefugnisse eingeräumt, insbesondere nicht die Befugnis, personenbezogene Daten gerade im besonders geschützten Bereich von Wohnungen zu ermitteln (Art. 13 Abs. 1 GG).
Für die Ermittlungstätigkeit im Rahmen des SGB II gelten u.a. die Bestimmungen des Sozialdatenschutzrechts (§§ 67 ff. SGB X). Hiernach sind Sozialdaten grundsätzlich direkt beim Betroffenen zu erheben (§ 67a Abs. 2 Satz 1 SGB X). Unnötige Befragungen von Dritten – wie z. B. Vermietern – sind unzulässig (BSG, 25.1.2012 – B 14 AS 65/11 R – juris Rn. 23 ff.).
Rechtswidriges Verhalten der Außendienstler kann u.a. als Hausfriedenbruch oder Nötigung strafbar sein. Verstöße gegen den Sozialdatenschutz können die Verhängung eines Bußgeldes auslösen (§ 85 Abs. 2 Nr. 1 SGB X, dazu SG Düsseldorf, 23.11.2005 – S 35 AS 343/05 ER – juris Rn. 27).

Die Bundesagentur für Arbeit hat – unter Aufgabe ihrer vormals gegenteiligen Meinung – Observationen von Arbeitslosengeld II-Empfangern generell für unzulässig erklärt. Bei Verdacht auf Schwarzarbeit soll die Finanzkontrolle Schwarzarbeit der Zollverwaltung informiert werden (Fachliche Hinweise zu § 6 SGB II, Rn. 6.11, erhältlich unter http://www.arbeitsagentur.de).

Hausbesuch

Zwar ist der Hausbesuch als Inaugenscheinnahme ein prinzipiell taugliches Beweismittel im Rahmen der Amtsermittlung (§§ 20, 21 Abs. 1 Satz 2 Nr. 4 SGB X). Er ist aber ein schwerwiegender Eingriff in die verfassungsrechtlich besonders geschützte Wohnung als Raum der Privat- und Intimsphäre (Art. 1, 2, 13 GG). Er kommt daher nur ganz ausnahmsweise in Betracht, nämlich unter folgenden Voraussetzungen (LSG Hessen, 30.1.2006 – L 7 AS 1/06 ER – juris Rn. 35):

Nur ausnahmsweise

- Tatsachen, die für den Anspruch auf Sozialleistung bedeutsam sind, können nur durch den Hausbesuch und nicht auf andere Weise aufgeklärt werden.
- Die klärungsbedürftigen Tatsachen sind dem Leistungsbezieher vorher mitzuteilen.
- Der Leistungsbezieher muss vorher darüber informiert werden, dass er zwar nicht zur Duldung des Hausbesuchs verpflichtet ist (weder aufgrund der Mitwirkungspflicht nach § 21 Abs. 2 Satz 1 SGB X noch der §§ 60 ff. SGB I), die Leistung aber verweigert werden kann, wenn anspruchsbegründende Tatsachen nicht festgestellt werden können, wobei die objektive Beweislast für die Nichterweislichkeit eines Umstands beim den Hausbesuch ablehnenden Leistungsbezieher liegt).

Der Hausbesuch ist somit nur mit Einwilligung des Antragstellers möglich (Bayerisches LSG, 11.3.2011 – L 7 AS 83/11 B ER – juris Rn. 28f.). (Sehr informativ: http://www.datenschutzzentrum.de/sozialdatenschutz/hausbesuche.htm und Fachliche Hinweise zu § 6 SGB II, Rn. 6.16 ff., erhältlich unter http://www.arbeitsagentur.de).

Mitwirkung bei Behandlungen/ Untersuchungen?

Ablehnen darf der Antragsteller bzw. Leistungsempfänger gemäß § 65 Abs. 2 SGB I Behandlungen und Untersuchungen, die verbunden sind

- mit einem nicht unerheblichem Risiko für Leben und Gesundheit,

  Beispiele

  Starke Strahlenbelastung, Hirnkammerfüllung (BVerfG, 25.7.1963 – 1 BvR 542/62), nicht aber Blutentnahme oder Ultraschalluntersuchung.

- mit erheblichen Schmerzen,

  Beispiele

  Nicht unerheblicher chirurgischer Eingriff (s. aber BSG, 23.8.1972 – 5 RKnU 16/70).

- mit einem erheblichen Eingriff in die körperliche Unversehrtheit.

  Beispiele

  Amputation eines Fingers (BSG, 20.3.1981 – 8/8a RU 46/80).

Informationspflicht

Der Leistungsträger muss den Antragsteller bzw. Leistungsempfänger über sein Ablehnungsrecht, der Arzt über die gesundheitlichen Risiken informieren.

Folgen fehlender Mitwirkung: Versagung/ Entziehung der Leistung

Bei fehlender Mitwirkung **kann** der Leistungsträger nach § 66 SGB I die Leistung ohne weitere Ermittlungen ganz oder teilweise versagen oder entziehen, sofern

- dadurch die Aufklärung des Sachverhalts erheblich erschwert wird und
- der Leistungsberechtigte schriftlich darauf hingewiesen worden ist, dass die Leistung bis zur Nachholung der Mitwirkung versagt oder entzogen wird, und
- der Leistungsberechtigte seiner Mitwirkungspflicht nicht innerhalb einer ihm gesetzten angemessenen Frist nachgekommen ist.

Rechtsfolgenbelehrung

Die Rechtsfolgenbelehrung muss schriftlich, konkret, richtig und vollständig sein und dem Betroffenen in verständlicher Form erläutern, welche unmittelbaren und konkreten Auswirkungen bei fehlender Mitwirkung eintreten. Belehrungen allgemeiner Art oder eine reine Wiederholung des Gesetzeswortlauts reichen nicht (LSG Berlin-Brandenburg, 9.2.2011 – L 4 R 219/10 – juris Rn. 18). Auch die erwartete Mitwirkungshandlung und die Frist für das Tätigwerden sind deutlich zu machen (LSG NRW, 14.5.2007 – L 12 B 65/07 AS ER).

Anhörung

Eine Anhörung gemäß § 24 SGB X ist erforderlich, wenn die Entziehung einer Leistung beabsichtigt ist. In diesem Falle muss dem Betroffenen die Möglichkeit einer Stellungnahme eingeräumt werden (→ S. 341).

Ermessen

Die Versagung bzw. Entziehung der Leistung ist eine Ermessensentscheidung.

Nachholung

Wird die Mitwirkung nachgeholt, ist die Versagung oder Entziehung der Leistung nicht mehr gerechtfertigt. Sie ist dann rechtswidrig und muss aufgehoben werden (BSG, 14.8.1980 – 7 RAr 69/79 – juris Rn. 21). Dementsprechend ist der Bescheid auch dann rechtswidrig, wenn er in seinem Verfügungssatz »einfach« die Leistung ablehnt und nicht nur bis zur Nachholung der Mitwirkung versagt (BayLSG, 24.6.2010 – L 14 R 975/90 – juris Rn. 32).

Verfassungsrechtlich bedenkliche Praxis

Es ist verfassungsrechtlich bedenklich, dass Behörden auch solchen Menschen Leistungen versagen bzw. entziehen, die nicht in der Lage sind, Schreiben von Behörden zu verstehen. Denn der Leistungsträger muss zumindest aufklären, ob der Leistungsberechtigte überhaupt fähig ist, zu erkennen, was von ihm verlangt wird. Versagt oder entzieht er die Leistung, ohne dies aufgeklärt zu haben, verletzt er seine Pflicht zur vollständigen Ermittlung des Sachverhalts (vgl. dazu BSG, 26.8.1994 – 13 RJ 17/94 – juris Rn. 22). Das ist beispielsweise der Fall, wenn ein Jobcenter innerhalb von fünf Monaten vergeblich acht Meldetermine festlegt und auf das Nichterscheinen immer mit Sanktionen nach § 32 SGB II reagiert; denn hier fehlt es an jeglichem einzelfallbezogenen Krisen- und Konfliktmanagement (SG Dresden, 16.5.2014 – S 12 AS 3729/13).

Beweislast

Die Behörde ist zwar verpflichtet, den Sachverhalt zu ermitteln (§ 20 SGB X; → S. 329). Bleibt aber eine Tatsache, die gesetzliche Voraussetzung des Verwaltungsakts ist, unbewiesen, so geht das zu Lasten der Partei, für die diese Tatsache günstig ist (BSG, 24.11.2010 – B 11 AL 35/09 R – juris Rn. 20).
Die Ungewissheit über eine anspruchsfördernde Tatsache wirkt sich deshalb im Sozialleistungsbereich zu Lasten des Bürgers aus, der die Sozialleistung verlangt.

Beispiele

Ist Pflegebedürftigkeit nicht nachweisbar, muss der Antrag auf Pflegegeld abgewiesen werden (§ 64 SGB XII).

Ist aber eine Tatsache nicht nachweisbar, die dem Anspruch des Bürgers entgegensteht, so trägt insoweit die Behörde die Beweislast, d. h. die Leistung ist trotz der Ungewissheit zu gewähren.

Beispiele

Das Jobcenter vermutet, dass der Leistungsberechtigte in Haushaltsgemeinschaft mit Verwandten lebt, kann dies aber nicht nachweisen. Es muss Arbeitslosengeld II ohne Anrechnung des Verwandteneinkommens zahlen (§ 9 Abs. 5 SGB II; BSG, 27.1.2009 – B 14 AS 6/08 R – juris Rn. 18).
Gemeinsames Kochen, Putzen und Sexualkontakte lassen nicht den Schluss auf eine eheähnliche Gemeinschaft zu (LSG Hessen, 16.3.2006 – L 7 AS 23/06 ER – juris Rn. 34).

Wird durch Gesetz eine Vermutung aufgestellt, so verschiebt sich die Beweislast.

Beispiel

Die gesetzliche Vermutung einer Bedarfsgemeinschaft, wenn ein Paar länger als ein Jahr partnerschaftlich bei gemeinsamer Haushaltsführung zusammenlebt (§ 7 Abs. 3a Nr. 1 SGB II), kann der Arbeitsuchende nur durch den schwierigen Nachweis entkräften, dass eine Verantwortungs- und Einstehensgemeinschaft nicht besteht (LSG Hamburg, 29.6.2011 – L 5 AS 197/11 B ER – juris Rn. 9 ff.).

Rechtsfolgen unvollständiger Aufklärung

Hat eine Behörde den Sachverhalt unvollständig aufgeklärt oder erhobene Beweise fehlerhaft gewürdigt, ist der auf dieser Grundlage erlassene Verwaltungsakt nicht allein aus diesem Grunde rechtswidrig; vielmehr ist der Mangel nach § 42 Satz 1 SGB X zu beheben (→ S. 381).
Auch das Sozialgericht darf in diesem Falle den Verwaltungsakt nicht aufheben, sondern hat den Sachverhalt selbst vollständig aufzuklären (BSG, 27.5.2003 – B 7 AL 124/01 R – juris Rn. 20).

## 3.17 Verhaltenspflichten nach SGB II und SGB III

Beispiel

Im Jahr 2013 hat die Bundesagentur für Arbeit 1.009.614 Sanktionen verhängt gegenüber 1.024.621 im Jahre 2012 (vgl. http://statistik.arbeitsagentur.de). Damit hat sich die Anzahl auf hohem Niveau stabilisiert, nachdem es von 2011 auf 2012 noch eine Steigerung um 11 Prozent gegeben hatte. 726.545 Alg II-Bezieher erschienen nicht zu vereinbarten Terminen, 114.893 verletzten Pflichten aus der Eingliederungsvereinbarung, 103.261 weigerten sich, eine als zumutbar eingestufte Arbeit, Ausbildung oder einen Ein-Euro-Job anzunehmen. Somit ist die Anzahl der Menschen um jeweils rund 30.000 zurückgegangen, die wegen Nichtaufnahme einer Arbeit sanktioniert worden sind.

Wer Arbeitslosengeld I oder II beziehen will, hat über die verfahrensrechtlichen Mitwirkungspflichten hinaus besondere Verhaltenspflichten (Obliegenheiten) zu erfüllen, um Sanktionen zu vermeiden.

Verhaltenspflichten nach SGB III

Das SGB III fordert u.a. folgendes Verhalten:

- Arbeitnehmer, deren Arbeitsverhältnis demnächst endet, haben sich spätestens drei Monate vor der Beendigung bei der Arbeitsagentur **arbeitsuchend zu melden**. Liegt zwischen der Kenntnis von der Beendigung und der Beendigung ein kürzerer Zeitraum, haben sie sich binnen drei Tagen arbeitsuchend zu melden (§ 38 Abs. 1 SGB III). Bei schuldhafter Verletzung der Pflicht tritt eine Sperrzeit von einer Woche ein (§ 159 Abs. 1 Satz 2 Nr. 7, Abs. 6 SGB III). Unverschuldete Unkenntnis der Pflicht – insb. bei Bildung der Rechtsansicht nach objektiv sorgfältiger Prüfung der Rechtslage und keinem Inkaufnehmen eines Verbotsirrtums – führt dazu, dass die Pflicht zur Meldung nicht verletzt ist (BSG, 25.5.2005 – B 11a/11AL 81/04 R – juris Rn. 19 ff.).
- Der Anspruch auf Arbeitslosengeld I setzt u. a. eine **persönliche Arbeitslosmeldung** bei der Agentur für Arbeit voraus (§§ 137 Abs. 1 Nr. 2, 141 SGB III).
- Arbeitslosengeld I erhält der Arbeitslose nicht, der **die Arbeitslosigkeit** vorsätzlich oder grobfahrlässig **herbeigeführt**, ein **Arbeitsangebot nicht angenommen**, sich an einer Maßnahme zur **beruflichen Eingliederung nicht beteiligt oder** die Teilnahme **abgebrochen hat** (Sperrzeit gemäß § 159 SGB III).

Verhaltenspflichten nach SGB II

Dem Arbeitsuchenden droht eine Kürzung des Arbeitslosengeld II, wenn er trotz schriftlicher Belehrung folgende Verhaltenspflichten nicht erfüllt (§§ 31, 31a, 31b, 32 SGB II; zur Rechtsfolgenbelehrung siehe BSG, 15.12.2010 – B 14 AS 92/09 R – juris Rn. 24; BVerfG, 9.2.2010 – 1 BvL 1/09):

- Erfüllung der in der **Eingliederungsvereinbarung** festgelegten Pflichten, insbesondere Nachweis ausreichender Eigenbemühungen;
- Aufnahme einer **zumutbaren Arbeit, Ausbildung oder Arbeitsgelegenheit**;

- Teilnahme an einer zumutbaren Maßnahme zur **Eingliederung in Arbeit**;
- Befolgung einer schriftlichen **Aufforderung, sich** bei der Agentur **zu melden**;
- Befolgung einer schriftlichen **Aufforderung, zu einem** ärztlichen oder psychologischen **Untersuchungstermin zu erscheinen**.

Zumutbar ist prinzipiell jede Arbeit und Maßnahme zur Eingliederung in Arbeit (§ 10 SGB II). Jedoch liegt Unzumutbarkeit nicht nur in den im Gesetz ausdrücklich genannten Ausnahmefällen vor: Zumutbarkeit

Beispiele

Arbeit zu sittenwidrig niedrigem Lohn (SG Berlin, 19.9.2011 – S 55 AS 24521/11 ER – juris Rn. 14).
Arbeit, die gegen das Gewissen, die religiöse Überzeugung oder persönliche Grundüberzeugungen verstößt, z.B. Herstellung von Waffen, Arbeit unter Missachtung kulturell geprägter Tabus (BSG, 28.10.1987 – 7 RAr 8/86 – juris Rn. 24 zur Ablehnung der Arbeit in einem Krankenhaus durch einen Sinto), Arbeit unter Verstoß gegen religiöse Verbote (BSG, 10.12.1980 – 7 RAr 93/79 – juris Rn. 25 ff. zur Ablehnung der Samstagsarbeit durch einen den Sabbat achtenden Siebenten-Tags-Adventisten), Arbeit bei einer ausländerfeindlichen Organisation oder Arbeit am Sex-Telefon. (Siehe alphabetische Übersicht in: Geiger, Leitfaden zum Arbeitslosengeld II, 11. Aufl. 2014, S 767 ff.).

## 3.18 Vernehmung von Zeugen und Sachverständigen

Pflicht zur Auskunftserteilung?

Für Auskunftspersonen (Zeugen, Sachverständige) besteht eine Pflicht zum Erscheinen oder zur Auskunftserteilung nur dann, wenn diese ausdrücklich durch Rechtsvorschrift festgelegt ist.
Eine allgemeine Rechtspflicht ergibt sich aus § 21 Abs. 3 Satz 2 SGB X: Nach dieser Vorschrift besteht die Pflicht zur Aussage und zur Erstattung des Gutachtens, wenn Aussage bzw. Gutachten zur Entscheidung über die Entstehung, Erbringung, Fortsetzung, das Ruhen, die Entziehung oder den Wegfall einer Sozialleistung sowie deren Höhe unabweisbar ist. Unabweisbarkeit setzt voraus, dass andere Beweismittel nicht zur Verfügung stehen oder nicht ausreichend sind, um das Bestehen des Anspruchs auf eine Sozialleistung zu klären (Luthe, in: jurisPK-SGB X, § 21 Rn. 26).
Für Zeugnisverweigerungsrechte gelten die Vorschriften der Zivilprozessordnung entsprechend (§ 21 Abs. 3 Satz 3 SGB X i.V.m. § 383 Abs. 1 Nr. 6 ZPO) und für die Zeugenentschädigung das Justizvergütungs- und -entschädigungsgesetz (§ 21 Abs. 3 Satz 4 SGB X).

Beispiel

Hat das Jobcenter den Verdacht, dass eine Leistungsberechtigte erwerbstätig ist, kann sie den vermutlichen Arbeitgeber zur Aussage zwingen, um festzustellen, ob der Verdacht zutreffend ist (§ 21 Abs. 3 Satz 1 SGB X i.V.m. § 60 Abs. 3 SGB II).

Grundsatz der Verhältnismäßigkeit

Stets ist der Grundsatz der Verhältnismäßigkeit zu beachten. Insbesondere sind die sozialen Beziehungen der Beteiligten zu Freunden, Nachbarn usw. zu berücksichtigen, die durch Vorladungen zur Vernehmung und dem Zwang zur Aussage gefährdet bzw. auf Dauer gestört werden können.

Beispiel

Das Gebot der Achtung der Privat- und Intimsphäre und der Grundsatz der Verhältnismäßigkeit sind verletzt, wenn der Freund einer Frau, die Arbeitslosengeld II bezieht, in einem halben Jahr sechsmal zur Vernehmung vorgeladen und jeweils befragt wird, ob er ständig in der Wohnung lebt. Dies gilt auch dann, wenn die zuständige SozA/SozP bei einem Hausbesuch eine zweite Zahnbürste und einen Rasierapparat im Kleiderschrank entdeckt hat.

Rechtsschutz

Die Ladung zur Zeugenaussage dient dem Verfahrenslauf des Verwaltungsverfahrens. Sie ist mithin eine behördliche Verfahrenshandlung (BayVGH, 4.4.2005 – 3 CE 05.467 – juris Rn. 5; Littmann, in: Hauck/Noftz, SGB X, § 31 Rn. 53). Verfahrenshandlungen, die gegen einen Nichtbeteiligten wie einen Zeugen ergehen, sind vom Verbot der isolierten Angreifbarkeit ausgenommen (§ 44a Satz 2, 2. Fall VWGO, § 56a Satz 2 2. Fall SGG). Dementsprechend kann die Ladung auch isoliert angegriffen werden.

Zeugnisverweigerungsrecht der SozA/SozP im Verwaltungsverfahren

SozA/SozP haben in sozialrechtlichen Verwaltungsverfahren ein Zeugnisverweigerungsrecht, wenn ihnen Tatsachen anvertraut worden sind, deren Geheimhaltung durch gesetzliche Vorschriften geboten ist (§ 22 Abs. 1 SGB X in Verbindung mit § 203 StGB und § 383 Abs. 1 Nr. 6 ZPO; OLG Hamm, 30.9.1991– 15 W 231/91 – juris Rn. 36 m.N. zur Gegenauffassung; zum Zeugnisverweigerungsrecht in gerichtlichen Verfahren → S. 287 ff.).
Hinsichtlich nicht anvertrauter Informationen besteht für Mitarbeiter im Dienst von Leistungsträgern eine Aussagepflicht zumeist nicht, weil die Vorschriften über den Sozialdatenschutz nur in seltenen Fällen eine Offenbarung personenbezogener Daten zulassen (§ 35 Abs. 3 SGB I; § 65 SGB VIII). Demgegenüber sind Mitarbeiter freier Träger nach der verfassungsrechtlich bedenklichen Gesetzeslage insoweit zur Aussage verpflichtet (→ S. 289).

Zeugniszwang

Verweigert ein Zeuge oder Sachverständiger die Aussage oder die Erstattung eines Gutachtens trotz bestehender Zeugnis- bzw. Gutachtenspflicht, kann die Behörde das zuständige Sozial- oder Verwaltungsgericht um Vernehmung ersuchen (§ 22 SGB X).
Das Gericht kann die in der ZPO vorgesehenen Zwangsmittel zur Erzwingung der Aussage einsetzen (Kostenpflicht, Ordnungsgeld (vgl. Bayerisches LSG, 14.2.2012 – L 2 SF 295/11 B), Ordnungshaft nach §§ 380, 390, 409, 411 ZPO).

## 3.19 Anhörung Beteiligter (§ 24 SGB X)

Beispiel

Ein Jobcenter stellt fest, dass eine Arbeitslosengeld II – Bezieherin 450 Euro monatlich in einer Putzstelle verdient, ohne darüber informiert zu haben. Es hebt sofort die Bewilligungen für die Zeit der Putztätigkeit auf, verlangt Rückzahlung der überzahlten Beträge und erklärt die Aufrechnung (§ 43 SGB II).

Recht auf Anhörung

Vor Erlass eines Verwaltungsakts, der in die Rechte eines Beteiligten eingreift, ist diesem Gelegenheit zu geben, sich zu den für die Entscheidung erheblichen Tatsachen zu äußern (§ 24 SGB X; § 28 VwVfG). Dadurch soll der Betroffene vor Überraschungsentscheidungen geschützt werden und Gelegenheit erhalten, durch seine Stellungnahme die vorgesehene Entscheidung der Verwaltung zu beeinflussen (BSG, 7.7.2011 – B 14 AS 153/10 R – juris Rn. 25).
Die Behörde muss die Beteiligten, deren gesetzliche Vertreter und die nach § 12 Abs. 1 SGB X notwendig hinzuzuziehenden Personen anhören (→ S. 322).

Anhörungspflichtige Verwaltungsakte

Zu den Verwaltungsakten, bei denen vor Erlass eine Anhörung durchzuführen ist, gehören insbesondere die für den Beteiligten ungünstigen Bescheide nach §§ 48–52, 66 SGB I, nach §§ 38, 40 Abs. 5, 45, 47, 50 SGB X und allgemein:

- Verwaltungsakte, die bestehende **Rechte einschränken oder entziehen,**

  Beispiele

  Absenkung und Entziehung des Arbeitslosengeldes II (§ 31a SGB II).
  Aufhebung der Bewilligung (§§ 44 ff. SGB X), Abzweigung, Überleitung, Aufrechnung und Verrechnung von Sozialleistungen (§§ 48– 52 SGB I).

- Verwaltungsakte, die **Pflichten auferlegen,**

  Beispiele

  Ein Sozialhilfeempfänger soll zur Erstattung überzahlter Sozialhilfe verpflichtet werden (§ 50 SGB X).
  Der erwerbsfähige Hilfebedürftige wird aufgefordert, eine Arbeitsgelegenheit anzunehmen (§ 16d SGB II).

Keine Anhörung

Nach überwiegender Auffassung ist dagegen keine Anhörung vor der (teilweisen) Ablehnung eines Antrags erforderlich, weil § 24 SGB X den Eingriff in bestehende Rechte erfordert und die Ablehnung kein Recht einschränkt, sondern nur über Bestehen und Umfang eines lediglich behaupteten Rechts entscheidet (BSG, 9.12.2004 – B 6 KA 44/03 R – juris Rn. 36; BVerwG, 14.10.1982 – 3 C 46.81 – juris Rn. 35; Franz, in: jurisPK-SGB X, § 24 Rn. 16).

Beispiel

Ein Antrag auf Ausbildungsförderung soll abgelehnt werden.

Eine Anhörung ist ferner nicht erforderlich, wenn der Zeitraum endet, für den eine Leistung bewilligt worden ist.

Anhörung erforderlich

Erforderlich ist die Anhörung, wenn die Leistung während des Bewilligungszeitraums eingestellt werden soll.

Beispiel

Das für sechs Monate bewilligte Arbeitslosengeld II soll nach zwei Monaten eingestellt werden.

Absehen von der Anhörung

Die Behörde kann von der Anhörung absehen, wenn diese nach den Umständen des Einzelfalles nicht geboten ist (§ 24 Abs. 2 SGB X mit abschließender Aufzählung der Ausnahmefälle).

Form der Anhörung

Eine bestimmte Form ist für die Anhörung und für die Äußerung des Betroffenen nicht vorgeschrieben (§ 9 Satz 1 SGB X). In der Regel reicht es aus, dass die Behörde mündlich oder telefonisch Gelegenheit zur Stellungnahme gibt (BSG, 31.3.1982 – 4 RJ 21/81 – juris Rn. 10; OVG Niedersachsen, 31.3.2010 – 4 LC 281/08 – juris Rn. 28).
In besonderen Fällen, z. B. wenn der Beteiligte Schwierigkeiten im schriftlichen Ausdruck hat, ist Gelegenheit zu einer mündlichen Äußerung zu geben.

Inhalt der Anhörung

Gelegenheit zur Äußerung ist dem Beteiligten in der Weise zu geben, dass ihm

- der wesentliche Inhalt des beabsichtigten Verwaltungsaktes und die Tatsachen, auf die dieser gestützt werden soll, mitgeteilt werden;

Beispiel

Soll der Verwaltungsakt auf ein Gutachten eines Sachverständigen oder die Stellungnahme eines SozA/SozP gestützt werden, so sind den Beteiligten zumindest die wesentlichen Inhalte mitzuteilen (BSG, 1.12.1982 – 4 RJ 45/82 – juris Rn. 13). Unzureichend ist die bloße Mitteilung, nach dem Ergebnis der Ermittlungen liege keine verminderte Erwerbsfähigkeit mehr vor. Auf begründete Anforderung ist eine Kopie des Gutachtens bzw. der Stellungnahme zu übersenden, insbesondere wenn nur so eine substantiierte Äußerung möglich ist (BSG, 30.3.1982 – 2 RU 15/81 – juris Rn. 15).

- anheim gestellt wird, sich zu den erheblichen Tatsachen zu äußern. Es ist ausreichend, dass dem Betroffenen die Gelegenheit zur Äußerung verdeutlicht wird. Einer ausdrücklich gesetzten Frist bedarf es aber nicht, jedoch muss ein angemessener Zeitraum zur Äußerung von i.d.R. mindestens zwei Wochen verbleiben (BSG, 23.8.2005 – B 4 RA 29/04 R – juris Rn. 25);
- in den Fällen der Aufrechnung außerdem der Inhalt des § 51 Abs. 2 SGB I und die Möglichkeit mitgeteilt wird, darzulegen, inwieweit er durch die vorgesehene Aufrechnung hilfebedürftig im Sinne des SGB XII oder des SGB II wird.

Die Anhörung muss sich auf die nach der Rechtsauffassung der Behörde entscheidungserheblichen Umstände beziehen, auch wenn sich die Rechtsmeinung im Nachhinein als falsch erweist, z. B. weil von einer falschen Rechtsgrundlage ausgegangen wurde (BSG, 29.11.2012 – B 14 AS 6/12 R – juris Rn. 21).

Bei der Anhörung können Bevollmächtigte und Beistände mitwirken (→ S. 325). Allerdings sind Rechtsfragen nicht notwendiger Gegenstand der Anhörung, weil es um »Tatsachen« geht. Ihre Einbeziehung ist aber zulässig und kann auch zweckmäßig sein (Franz, in jurisPK-SGB X, § 24 Rn. 26).

Bevollmächtigte/ Beistände

Setzt die Behörde eine Frist für die Äußerung, muss diese angemessen sein, d. h. dem Beteiligten ermöglichen, sich mit der Sache vertraut zu machen, sich weiter zu informieren (z. B. bei seinem Arzt), sich rechtlich beraten zu lassen und sich zu äußern.

Anhörungsfrist

Je nach Umfang und Schwierigkeitsgrad der erheblichen Tatsachen, der Sachkunde des Beteiligten, seiner Informations- und Beratungsmöglichkeiten usw. kann die Anhörungsfrist unterschiedlich zu bemessen sein. Eine Frist von einer Woche wird in der Regel zu kurz sein (BSG, 14.11.1984 – 1 Ra 3/84 – juris Rn. 14).

abhängig vom Einzelfall

Das BSG vertritt sogar die Auffassung, dass eine Anhörungsfrist zwei Wochen zuzüglich der Postlaufzeiten nicht unterschreiten darf, wenn der Beteiligte auch zu medizinischen Umständen angehört werden soll (BSG, 12.2.2009 – B 5 R 386/07 B – juris Rn. 15).

Der Beteiligte hat die Möglichkeit, die Verlängerung einer Frist zu beantragen, wenn er wegen besonderer Umstände die Frist nicht einhalten kann, z. B. bei Krankenhausaufenthalt oder Urlaub des Hausarztes (BSG, 6.8.1992 – 8/5a RKnU 1/87 – juris Rn. 14).

Fristverlängerung

Hat die Behörde eine nach § 24 SGB X gebotene Anhörung unterlassen, ist der Verwaltungsakt rechtswidrig und ist aufzuheben (s. § 42 Satz 2 SGB X).

Rechtsfolgen fehlender Anhörung

»Von einer Anhörung nach § 24 SGB X kann bis zu einem etwaigen Widerspruchsverfahren abgesehen werden«, hieß es in einem Rundbrief an die Sachbearbeiter der Agentur für Arbeit, die sich mit Sperrzeiten befassen.

Beispiel

Jedoch kann die unterlassene oder inhaltlich oder wegen zu kurzer Fristeinräumung mangelhafte Anhörung nachgeholt werden. Die Nachholung kann im Rahmen des Widerspruchsverfahrens durch den Widerspruchsbescheid oder im Gerichtsverfahren erfolgen (§ 41 Abs. 1 Nr. 3 und Abs. 2 SGB X; BSG, 4.9.2013 – B 10 EG 11/12 R – Rn. 22 ff.).

Heilung durch Nachholung

Der 4. Senat des BSG hatte – allerdings nicht in einem die Entscheidung tragenden Teil der Begründung – ausgeführt, dass eine Heilung aufgrund der Bindung der Verwaltung an das Gesetz (Art. 20 Abs. 3 GG) durch nachträgliche Anhörung nicht möglich ist, wenn der Leistungsträger den Verfahrensfehler rechtsmissbräuchlich, vorsätzlich oder durch Organisationsverschulden begangen hat (BSG, 31.10.2002 – B 4 RA 15/01 R – juris Rn. 48). Davon ist der 2. Senat abgewichen: Er ist der Auffassung, dass eine ordnungsgemäß bis zur letzten gerichtlichen Tatsacheninstanz nachgeholte Anhörung den Verfahrensmangel auch dann heilt, wenn der Leistungsträger den Verfahrensfehler vorsätzlich oder durch Organisationsverschulden begangen hat. Denn aus

§ 41 Abs. 1 SGB X ergebe sich keine Einschränkung der Heilungsmöglichkeit (BSG, 5.2.2008 – B 2 U 6/07 R – juris Rn. 14 ff.).

Die Nachholung der fehlenden Anhörung setzt außerhalb des Verwaltungsverfahrens voraus, dass die Handlungen, die an sich nach § 24 Abs. 1 SGB X bereits vor Erlass des belastenden Verwaltungsaktes hätten vorgenommen werden müssen, von der Verwaltung bis zum Abschluss der gerichtlichen Tatsacheninstanz vollzogen werden.
Dazu ist während des Gerichtsverfahrens ein förmliches Verwaltungsverfahren durchzuführen: Die Behörde hat dem Betroffenen in einem gesonderten »Anhörungsschreiben« alle Haupttatsachen mitzuteilen, auf die sie die belastende Entscheidung stützen will. Sie hat ihm eine angemessene Frist zur Äußerung einzuräumen. Nach Eingang der Äußerung muss sie zu erkennen geben, ob sie nach erneuter Prüfung dieser Tatsachen am bisher erlassenen Verwaltungsakt festhält.
Falls erforderlich, kann das Gericht das Verfahren gemäß § 114 Abs. 2 Satz 2 SGG für die Dauer des Anhörungsverfahrens aussetzen (BSG, 9.11.2010 – B 4 AS 37/09 R – juris Rn. 15).

Fehlende Nachholbarkeit

Ist die Anhörung nicht nachholbar, kann die Behörde ein ordnungsgemäßes Anhörungsverfahren einleiten, um hiernach einen inhaltlich identischen Verwaltungsakt zu erlassen. Dieser wird aber erst mit seiner Bekanntgabe wirksam.
Der Erlass eines inhaltlich identischen Verwaltungsaktes ist jedoch ausgeschlossen, wenn der Verwaltungsakt binnen bestimmter Fristen zu erlassen ist und diese Fristen inzwischen abgelaufen sind (z. B. nach Ablauf der Ein-Jahres-Frist nach § 45 Abs. 4 SGB X; → S. 390)

### 3.20 Akteneinsicht (§ 25 SGB X)

Beispiel

Ein Vater, der im Verdacht steht, seine Töchter sexuell missbraucht zu haben, verlangt Einsicht in die Akte des Jugendamts, um den Informanten festzustellen und gegen ihn gerichtlich vorzugehen.

Grundsatz: Recht auf Akteneinsicht

Jeder am Verfahren Beteiligte hat nach § 25 SGB X grundsätzlich einen **Anspruch auf Einsicht** in die Akten und Aktenteile, deren Kenntnis zur Geltendmachung oder Verteidigung seiner rechtlichen Interessen erforderlich ist. Er ist aber auf das laufende Verwaltungsverfahren beschränkt (BVerwG, 4.9.2005 – 5 C 48.02 – juris Rn. 27). Außerhalb eines laufenden Verwaltungsverfahrens steht die Akteneinsicht im Ermessen der Behörde (SG Stade, 23.2.2006 – S 6 AL 112/02 – juris Rn. 24).
Der Anspruch erstreckt sich nicht auf Einsicht in Entwürfe zu Entscheidungen, Beratungsprotokolle und Arbeiten zur unmittelbaren Vorbereitung von Entscheidungen (§ 25 Abs. 1 S. 2 SGB X).

Kopien, Abschriften

Neben oder statt einer Akteneinsicht können die Beteiligten sich auf ihre Kosten Fotokopien und Abschriften erteilen lassen (§ 25 Abs. 5 SGB X).

Die Behörde ist zur Gestattung der Akteneinsicht weder berechtigt noch verpflichtet, soweit dies zu einem Bekanntwerden von Vorgängen führt, die nach einem Gesetz oder ihren Wesen nach, namentlich wegen der berechtigten Interessen der Beteiligten oder dritter Personen, geheim gehalten werden müssen (§ 25 Abs. 3 SGB X). Gesetzliche Geheimhaltungsvorschriften sind insbesondere die Vorschriften über die Schweigepflicht (→ S. 236 ff.) und über den Schutz der Sozialdaten (§ 35 SGB I, §§ 67 ff. SGB X, §§ 61 ff. SGB VIII).

Ausnahme: Geheimhaltungspflicht

Enthält die beim Jugendamt geführte Akte über einen Antrag auf sozialpädagogische Familienhilfe einen Vermerk über die Information einer Nachbarin über die Misshandlung eines Kindes, darf dieser Vermerk den Familienangehörigen nicht ohne Einwilligung der Nachbarin zugänglich gemacht werden (BVerwG, 4.9.2003 – 5 C 48.02 – juris Rn. 28).
Hat der Informant leichtfertig oder böswillig falsche Angaben gemacht, darf dem Betroffenen insoweit Einsicht gewährt bzw. Auskunft erteilt werden (VG Braunschweig, 9.8.2010 – 3 A 231/09 – juris Rn. 25; SG Stade, 23.2.2006 – S 6 AL 112/02 – juris Rn. 27).

Beispiel

Die Ablehnung der Gewährung der Akteneinsicht ist ein Verwaltungsakt, der von den Beteiligten nur zusammen mit der Sachentscheidung angefochten werden kann (§ 44a VwGO; § 56a SGG).

Grundsatz: Keine isolierte Anfechtung

Der Ausschluss der Anfechtbarkeit kann dazu führen, dass für den Betroffenen Nachteile eintreten, die nicht mehr beseitigt werden können, wenn ihm erst nach der Sachentscheidung Einblick in die Akten gewährt wird. Ein Anspruch auf Akteneinsicht ist deshalb wegen der Garantie des effektiven Rechtsschutzes gemäß Art. 19 Abs. 4 GG auch dann gegeben, wenn die Einsicht zur gerichtlichen Rechtsverfolgung erforderlich ist (BVerfG, 24.10.1990 – 1 BvR 1028/90 – juris Rn. 24 ff.).

Verfassungsrechtlich gebotene Ausnahme

Besteht kein Anspruch gemäß § 25 SGB X, steht die Gewährung von Einsicht in die Verfahrensakte im Ermessen der Behörde (BVerwG, 16.9.1980 – 1 C 52.75 – juris Rn. 26; BSG, 30.11.1994 – 11 RAr 89/94 – juris Rn. 9; OVG Münster, 31.1.2005 – 21 E 1487/04 – juris Rn. 33; SG Stade, 23.2.2006 – S 6 AL 112/02 – juris Rn. 24).

Statt Muss- nur Kann-Einsicht

Jedoch kann sich ein Anspruch auf Einsicht aus anderen Vorschriften ergeben. Das auf das sozialrechtliche Verwaltungsverfahren begrenzte Recht auf Akteneinsicht wird dem Recht auf informationelle Selbstbestimmung nicht gerecht (→ S. 231 ff.). Jeder hat einen verfassungsrechtlich gewährleisteten Anspruch auf Einsicht in die ihn betreffenden Akten. Krankenunterlagen und – in verstärktem Maße – Informationen über die psychische Verfassung dürfen dem Betroffenen nur vorenthalten werden, wenn gewichtige Belange dem entgegenstehen (BVerfG, 9.1.2006 – 2 BvR 443/02 – juris Rn. 24; s. auch § 630g BGB).

Weitergehende Informationsrechte

Auch in neueren Gesetzen sind Auskunftsrechte vorgesehen, die nicht an ein Verwaltungsverfahren anknüpfen und auch nicht nur den daran Beteiligten vorbehalten sind.

- Jeder hat Anspruch darauf, dass ihm **Auskunft über** die zu seiner Person **gespeicherten Sozialdaten** erteilt wird (§ 83 SGB X). Die Form der Auskunftserteilung steht im Ermessen der Behörde. Auskunft kann z. B durch Aushändigung eines Aktenauszugs, Akteneinsicht oder Zusendung von Kopien aus den Akten erteilt werden.

- Jeder hat **Anspruch auf Akteneinsicht** gemäß dem einschlägigen **Informationsfreiheitsgesetz** (→ S. 124).

  In NRW hat jeder Anspruch auf Einsicht in Akten über die Verwaltungstätigkeit der Gemeinde. Dazu gehört auch die Mitwirkung des Jugendamts in Verfahren vor den Familiengerichten (OVG Münster, 31.1.2005 – 21 E 1487/04 – juris Rn. 5 ff.). Praktisch wird das Einsichtsrecht aber regelmäßig am Schutz personenebezogener Daten scheitern, den auch die Informationsfreiheitsgesetze beachten.

Rechtsfolgen der Gewährung unerlaubter Akteneinsicht

Gewährt ein SozA/SozP oder auch ein Praktikant Akteneinsicht und verletzt er dadurch das Recht der Betroffenen auf Geheimhaltung der personenbezogenen Daten, verstößt er gegen die Pflichten aus dem Arbeitsvertrag und begeht – bei Tätigkeit im öffentlichen Dienst – gleichzeitig eine Amtspflichtverletzung nach § 839 BGB, die zum Schadensersatz verpflichten kann (→ S. 432).
Die unbefugte Weitergabe von Sozialdaten an Dritte ist ferner nach § 85 SGB X ordnungswidrig (→ S. 265).
Wird durch die Akteneinsicht unbefugt ein anvertrautes Geheimnis offenbart, ist eine Bestrafung auf Antrag des Betroffenen möglich (§§ 203, 205 StGB → S. 236 ff.).

Akteneinsicht und Datenschutz während der Gerichtsverfahren

Für Beteiligte und deren Bevollmächtigte bestehen weitgehende Akteneinsichtsrechte, wenn es zu einem Gerichtsverfahren kommt. Die Akteneinsicht erstreckt sich auch auf die von SozA/SozP geführten und von den Gerichten beigezogenen Klientenakten (§§ 99, 100 VwGO; §§ 119, 120 SGG; § 299 ZPO).
War die Behörde allerdings bei der Erfüllung ihrer Aufgaben auf Angaben Dritter angewiesen, darf das Gericht die Identität des Informanten geheimhalten (BVerwG, 22.7.2010 – 20 F 11.10 – juris Rn. 9 ff.).
Zur Datenschutzpflicht der Gerichte vgl. Kunkel, in: Lehmann, 2006, S. 244, 251 und der Rechtsanwälte vgl. OLG Braunschweig, 3.6.2008 – 2 U 82/07 – juris Rn. 32 ff. zu §§ 477 Abs. 5, 406e Abs. 6 StPO.

## 3.21 Fristen, Termine, Wiedereinsetzung (§§ 26, 27 SGB X)

Beispiele

Eine Sperrzeit von zwölf Wochen wird gegen einen Arbeitslosen festgesetzt, der das Arbeitsverhältnis ohne wichtigen Grund auf eigenen Wunsch beendet (§ 159 Abs. 1 Satz 2 Nr. 1 SGB III).
Ein ausländischer Arbeitnehmer legt der Sozialarbeiterin einen Bescheid über die Ablehnung der Aufenthaltserlaubnis vor, der vor sechs Wochen zugestellt wurde.

Berechnung der Fristen

Für die Berechnung von Fristen und die Bestimmung von Terminen gelten gemäß § 26 Abs. 1 SGB X die allgemeinen Vorschriften der §§ 187–193 BGB.
Für Fristen, die von einer Behörde gesetzt sind, gelten § 26 Abs. 2–5 SGB X.

Fristen

Fristen sind Zeiträume mit einem Anfangs- und einem Endzeitpunkt.

Beispiele

Widerspruchs-, Verjährungs-, Anhörungs- und Mitwirkungsfrist.

Im Hinblick auf die Widerspruchsfrist ist umstritten, ob sie nach § 64 SGG berechnet wird, weil das Widerspruchsverfahren im SGG geregelt ist, oder ob sich die Berechnung nach § 26 SGB X bemisst, weil das Widerspruchsverfahren Teil des Verwaltungsverfahrens ist. Für die erste Ansicht spricht, dass § 62 SGB X für förmliche Rechtsbehelfe gegen Verwaltungsakte – also den Widerspruch – eine vorrangige Anwendbarkeit des Sozialgerichtsgesetzes bestimmt. Im Ergebnis kann der Meinungsstreit aber dahinstehen, da die unterschiedlichen Wege zu gleichen Ergebnissen führen.

Ereignisfrist

Bei Fristen, bei denen für den Beginn ein im Verlauf eines Tages eintretendes Ereignis maßgebend ist, wird dieser Tag nicht mitgerechnet (§ 188 Abs. 1 BGB).

Beispiel

Bei der Widerspruchsfrist, die mit der Bekanntgabe des Verwaltungsaktes beginnt, wird der Tag der Bekanntgabe nicht mitgerechnet (s. auch § 64 Abs. 1 SGG).

Nach Tagen bemessene Fristen enden in diesen Fällen mit Ablauf des letzten Tages der Frist, nach Wochen, Monaten oder anderen Zeiträumen bemessene Fristen mit dem Tag, der durch seine Benennung oder Zahl dem Tag entspricht, in den das Ereignis fällt (§ 188 Abs. 2, 1. Fall BGB).

Beispiel

Ist ein Verwaltungsakt am 5. 4. zugegangen, endet die Monatsfrist für den Widerspruch mit Ablauf des 5.5., also um 24 Uhr (s. auch § 64 Abs. 2 SGG).

Tagesbeginnfrist

Ist der Beginn eines Tages für den Anfang einer Frist maßgebend, wird der Tag ab 00.00 Uhr mitgerechnet (§ 187 Abs. 2 BGB): Das gilt auch für den Tag der Geburt bei der Berechnung des Lebensalters.

Beispiele

Ein Arbeitnehmer, der eine neue Tätigkeit an einem Tag um 8.00 Uhr aufnimmt, ist bereits ab 0.00 Uhr gesetzlich krankenversichert (§ 186 Abs. 1 SGB V).
Der Anspruch auf Kindergeld besteht für den Tag, an dem das Kind geboren ist.

In diesen Fällen endet die Frist an dem Tag vor dem Tag, der durch seine Benennung oder Zahl dem Tag vor dem Anfangstag der Frist entspricht (§ 188 Abs. 2, 2. Fall BGB).

Beispiel

Ein am 1. Januar geborenes Kind vollendet sein erstes Lebensjahr mit Ablauf des 31.12.

Besonderheiten beim Fristablauf

Alle Fristen im SGB laufen erst am nächstfolgenden Werktag ab, wenn das Ende der Frist auf einen Samstag, Sonntag oder gesetzlichen Feiertag fällt (§ 26 Abs. 3 SGB X).

Termine

Termine sind Zeitpunkte, an denen etwas geschehen soll bzw. eine Wirkung eintritt.

Beispiel

Aufforderung, am 12.3. im Jugendamt persönlich zu erscheinen.

Gesetzliche Fristen

Gesetzliche Fristen sind die durch Rechtsvorschrift bestimmten Fristen wie
- Antragsfristen,
- Fristen für die Einlegung des Widerspruchs,
- Klagefristen und die Fristen für die Einlegung von Berufung und Revision.

Wiedereinsetzung bei unverschuldeter Säumnis

Werden gesetzliche Fristen versäumt, ist auf Antrag Wiedereinsetzung in den vorigen Stand zu gewähren, sofern der Betroffene ohne Verschulden verhindert war, die gesetzliche Frist einzuhalten (§ 27 Abs. 1 SGB X). Die Wiedereinsetzung kann jedoch längstens binnen Jahresfrist seit dem Ende der versäumten Handlung erfolgen, wenn nicht der Ausnahmefall höherer Gewalt vorliegt (§ 27 Abs. 3 SGB X).
Die Wiedereinsetzung ist unzulässig, wenn sich aus einer Rechtsvorschrift ergibt, dass sie ausgeschlossen ist (§ 27 Abs. 5 SGB X). Dies kann sich sowohl aus einer ausdrücklichen Anordnung in der Fristenregelung als auch durch Auslegung der Fristenbestimmung nach ihrem Ziel und Zweck ergeben (BSG, 23.1.2008 – B 10 EG 6/07 R – juris Rn. 13), z. B. durch Verwendung des Wortes »Ausschlussfrist« (Sächsisches LSG, 11.9.2014 – L 3 AS 799/12 – juris Rn. 38).
Aus der Rechtsschutzgarantie des Art. 19 Abs. 4 GG ist abzuleiten, dass der Rechtsweg nicht in unzumutbarer Weise durch übersteigerte Anforderungen an die Einhaltung von Fristen erschwert werden darf (BVerfG, 4.5.2004 – 1 BvR 1892/03 – juris Rn. 11).

Beispiele

Wird ein Verwaltungsakt während einer **vorübergehenden Abwesenheit** (bis zu 6 Wochen) zugestellt, ist Wiedereinsetzung zur Einlegung des Widerspruchs zu gewähren (BVerfG, 18.10.2012 – 2 BvR 2776/10 – juris Rn. 17). Bei längerer Abwesenheit ist sicherzustellen, dass Post ankommt, z. B. Nachsendeantrag, Bestellung eines Bevollmächtigten (BSG, 26.3.1992 – 11 BAr 117/91 – juris Rn. 7).
Bei einer **Verzögerung der Briefbeförderung** durch die Post ist Wiedereinsetzung zu gewähren, sofern bei normalem Beförderungsablauf die Frist gewahrt worden wäre (BVerfG, 26.11.2008 – 1 BvR 1813/08 – juris Rn. 16).
Keine Wiedereinsetzung wurde einem **ausländischen Arbeiter** gewährt, weil es ihm möglich sei, sich einen **Bescheid übersetzen** bzw. sich von einem freien Träger oder dem Sozialamt beraten zu lassen (BSG, 14.6.1988 – 7 BAr 58/88 – juris Rn. 5).

Aus dem Gebot eines fairen Verfahrens folgt, dass Behörde oder Gericht aus **eigenen Fehlern, Unklarheiten, Versäumnissen oder technischen Mängeln** keine Nachteile ableiten dürfen (BVerfG, 4.5.2004 – 1 BvR 1892/03 – juris Rn. 10).
Vertraut eine Ehefrau der Auskunft ihres Ehemanns, der Volljurist ist, dass keine Fristen einzuhalten seien, ist ihr Wiedereinsetzung zu gewähren, wenn sie den Antrag auf Elterngeld verspätet stellt und ihr kein Verschulden des Ehemanns zuzurechnen ist, weil er keine Mitwirkung bei der Antragstellung – mit Ausnahme der Auskunft – übernommen hatte (BSG, 23.1.2008 – B 10 EG 6/07 R – juris Rn. 17 zum Erziehungsgeld).

Verschuldete Säumnis

Verschuldet sind nach der Rechtsprechung Säumnisse, die z.B. wegen unvollständiger Adressierung oder fehlender Postleitzahl eintreten (BVerwG, 31.1.1990 – 9 B 222.89 – juris Rn. 2).

bei Verschulden des Vertreters

Ist die Frist infolge des Verschuldens eines Vertreters (Sorgeberechtigte, Amtsvormund usw.) nicht eingehalten worden, wird dessen Verschulden dem Betroffenen zugerechnet (§ 27 Abs. 1 Satz 2 SGB X; BSG, 23.1.2008 – B 10 EG 6/07 R – juris Rn. 16). Dies gilt nicht für minderjährige Gewaltopfer, wenn der gesetzliche Vertreter aus tatbestimmtem Interesse keine Entschädigung beantragt (BSG, 28.4.2005 – B 9a/9 VG 1/04 R – juris Rn. 15 f.).

Nachholungsfrist

Der Antrag auf Wiedereinsetzung ist **binnen zwei Wochen** nach Wegfall des Hindernisses zu stellen. Gleichzeitig ist die versäumte Handlung nachzuholen, z. B. der Antrag zu stellen oder der Widerspruch einzulegen (§ 27 Abs. 2 SGB X).

Behördliche Fristen

Behördliche Fristen sind die Fristen, deren Dauer die Behörde nach pflichtgemäßem Ermessen bestimmt. Sie können – auch nach Fristablauf – verlängert werden (§ 26 Abs. 7 Satz 2 SGB X).

Beispiel

Wegen urlaubsbedingter Abwesenheit seines Facharztes bittet ein Arbeitsloser um Verlängerung der Anhörungsfrist nach § 24 SGB X.

Fristverlängerung im Ermessen

Die Entscheidung über die Verlängerung steht im pflichtgemäßen Ermessen der Behörde (§ 26 Abs. 7 Satz 1 SGB X). Sie ist ein Verwaltungsakt.
Bei unverschuldeter Fristversäumung – also einer § 27 SGB X vergleichbaren Konstellation – kann die Verlängerung wegen Ermessensreduzierung auf Null in aller Regel nicht abgelehnt werden (Franz in: jurisPK-SGB X, § 26 Rn. 54).

# J Der Verwaltungsakt

# 1 Begriff, Bedeutung, Rechtswirkungen und Arten

Begriff

Die gesetzliche Definition des Verwaltungsaktes ist für alle Verwaltungsbereiche gleichlautend (§ 31 SGB X; § 35 VwVfG und entsprechende Ländervorschriften):

»Verwaltungsakt ist jede Verfügung, Entscheidung oder andere hoheitliche Maßnahme, die eine Behörde zur Regelung eines Einzelfalles auf dem Gebiet des öffentlichen Rechts trifft und die auf unmittelbare Rechtswirkung nach außen gerichtet ist.«

Bedeutung

Der Verwaltungsakt bestimmt das Recht bzw. die Pflicht im konkreten Verwaltungs-/Sozialrechtsverhältnis. Er hat besondere Bedeutung für die Praxis der SozA/SozP, weil

- die Verwaltung alle für den Bürger und für freie Vereinigungen verbindlichen Regelungen begünstigender und belastender Art einseitig nur durch Verwaltungsakt treffen kann, und
- der Bürger gegen belastende Verwaltungsakte einen umfassenden Rechtsschutz genießt (durch Widerspruch und Anfechtungsklage: → S. 452 ff. und → S. 461 ff.).

Materielle Bestandskraft

Der Verwaltungsakt regelt für die konkrete Situation verbindlich die Rechte und Pflichten der erlassenden Behörde und des beteiligten Bürgers.

Beispiel

Wird durch Bescheid Arbeitslosengeld II in Höhe von 850 Euro bewilligt, ist die Verwaltung zur Zahlung dieses Betrags verpflichtet. Der Bürger hat Anspruch auf Zahlung dieses Betrags und kann die Zahlung notfalls durch Klage erzwingen.

Verbindlich ist grundsätzlich auch der rechtswidrige Verwaltungsakt (s. § 39 SGB X).

Beispiel

Die rechtswidrig zu hohe oder zu niedrige Bewilligung von Arbeitslosengeld II ist für Verwaltung und Bürger erst einmal verbindlich.

Beseitigung der Bestandskraft

Der **Bürger** kann die Verbindlichkeit eines rechtswidrig belastenden Verwaltungsakts durch fristgerechten Widerspruch und/oder Anfechtungsklage beseitigen (→ S. 452 ff. und → S. 466).
Die **Verwaltung** darf einen wirksamen Verwaltungsakt nur aufheben, wenn und soweit ihr das durch gesetzliche Vorschriften gestattet ist (→ S. 383).

Tatbestandswirkung

Darüber hinaus ist der Verwaltungsakt als hoheitliche Verwaltungsentscheidung auch für andere staatliche Behörden, die Zivilgerichte und andere Gerichte bindend, solange er nicht durch die zuständige Behörde oder das zuständige Verwaltungs- oder Sozialgericht aufgehoben ist (BAG, 2.3.2006 – 2 AZR 46/05 – juris Rn. 18). Der Verwaltungsakt ist somit in dem ressortfremden Verwaltungsverfahren hinzunehmen und nicht auf seine Übereinstimmung mit dem materiellen Recht zu überprüfen (BFH, 15.3.2012 – III R 82/09 – juris Rn. 13).

Beispiel

Stellt das Versorgungsamt einen Grad der Behinderung von 50 % fest, so sind Finanzbehörden und andere Behörden an diese Feststellung gebunden, wenn der Behinderte z. B. Steuervergünstigungen oder erhöhte Freibeträge beim Wohngeld wegen seiner Behinderung beansprucht (BSG, 19.12.2001 – B 11 AL 57/01 R – juris Rn. 26).

Formelle Bestandskraft

Nach Ablauf der Rechtsbehelfsfristen bzw. nach Ausschöpfung aller Rechtsbehelfe und Rechtsmittel kann der Bürger in der Regel die Änderung oder Aufhebung eines Verwaltungsaktes nicht mehr erzwingen, selbst wenn dieser rechtswidrig ist. Die Behörde kann entsprechende Anträge unter Hinweis auf den erlassenen und nicht mehr anfechtbaren Verwaltungsakt zurückweisen (vgl. aber → S. 381 und → S. 383).

Vollstreckbarkeit

Ein Verwaltungsakt, der formell bestandskräftig bzw. für sofort vollziehbar erklärt worden ist, kann vollstreckt werden (→ S. 369). Die Verwaltung verschafft sich demnach, soweit sie zum Erlass von Verwaltungsakten befugt ist, die Vollstreckungstitel selbst. Sie muss dafür nicht das Gericht anrufen.

Verwaltungsakt hemmt Verjährung

Ein Verwaltungsakt, der zur Feststellung oder zur Durchsetzung des Anspruchs eines öffentlich-rechtlichen Rechtsträgers erlassen worden ist, hemmt die Verjährung dieses Anspruchs. Die Hemmung endet mit Eintritt der Unanfechtbarkeit oder sechs Monate nach seiner anderweitigen Erledigung (§ 52 Abs. 1 SGB X).
Die Hemmung besteht nicht für unbegrenzte Zeit. Hat der Betroffene Widerspruch eingelegt, ist die Behörde wegen des Grundsatzes der Rechtssicherheit verpflichtet, darüber in angemessener Zeit und nicht z. B. erst nach zehn Jahren zu entscheiden (→ S. 294).
Ist ein derartiger Verwaltungsakt unanfechtbar geworden, beträgt die Verjährungsfrist 30 Jahre (§ 52 Abs. 2 SGB X).

Ersatz durch »Kooperatives Verwaltungshandeln«?

Es besteht eine Tendenz, statt der hoheitlichen Regelung durch Verwaltungsakt Vereinbarungen bzw. Absprachen über die beiderseitigen Rechte und Pflichten zuzulassen bzw. vorzuschreiben (»kooperatives Verwaltungshandeln«).

Beispiele

Eingliederungsvereinbarung (§ 15 SGB II, § 37 Abs. 2 SGB III),
Hilfeplan (§ 36 Abs. 2 SGB VIII),
Koordinierung von Leistungen (§ 10 SGB IX),
Leistungsabsprache (§ 12 SGB XII),
Gesamtplan (§ 58 SGB XII).

Über den Rechtscharakter dieser Absprachen und Vereinbarungen, insbesondere auch über den Rechtsschutz der Betroffenen besteht weitgehend Unklarheit.

Eingliederungsvereinbarung

Die Eingliederungsvereinbarung nach § 15 SGB II ist zwar nach überwiegender Meinung ein öffentlich-rechtlicher Vertrag (→ S. 402 ff.), der den Leistungsberechtigten, aber auch das Jobcenter z. B. zu einer vereinbarten, aber nicht förderfähigen Aus- und Weiterbildung verpflichtet (LSG Baden-Württemberg, 19.7.2007 – L 7 AS 689/07 – juris Rn. 21; str.; zusammenfassend: Sächsisches LSG, 26.5.2011 – L 3 AL 120/09 – juris Rn. 29 ff; zum Rechtsschutz: Kador, in: Eicher, SGB II, 3. Aufl. 2013, § 15 Rn. 81 ff.).

Ungeklärt ist auch, ob der Hilfeplan nach § 36 SGB VIII als Verwaltungsakt (Schellhorn, in: SGB VIII, § 36 Rz. 15), als die Entscheidung vorbereitender Realakt (v. Koppenfels-Spies, in: jurisPK – SGB VIII, § 36 Rn. 38; Kunkel, in: LPK-SGB VIII, § 36 Rn. 48; BeckOK/Winkler, SGB VIII, § 36 Rn. 25) oder als kooperatives Verwaltungshandeln anzusehen ist (Wiesner, SGB VIII, § 36 Rz. 61 ff m.w.N). Hilfeplan

Die unterschiedlichen Arten der Verwaltungsakte können nach Unterschiedliche Verwaltungsakte

- ihrem Inhalt,
- der Wirkung für den Betroffenen,
- der Gesetzesbindung,
- nach der Wirkungsdauer oder
- der Beteiligung

unterschieden werden.

Nach dem Inhalt können folgende Arten von Verwaltungsakten unterschieden werden: Unterscheidung nach dem Inhalt

- **Befehlende Verwaltungsakte** enthalten ein Ge- oder Verbot oder verpflichten den Betroffenen zu einem bestimmten Verhalten (Tun, Dulden oder Unterlassen).

  Zahlungsaufforderung; Aufenthaltsverbot; Ausweisung. Beispiele

- **Gestaltende Verwaltungsakte** begründen, ändern oder beseitigen ein Rechtsverhältnis.

  Erteilung/Entziehung einer Pflegeerlaubnis; Zustimmung des Integrationsamtes zur Kündigung eines schwerbehinderten Menschen. Beispiele

- **Feststellende Verwaltungsakte** legen einen Anspruch oder eine rechtserhebliche Eigenschaft einer Person oder Sache verbindlich fest.

  Feststellung des Grades der Behinderung; staatliche Anerkennung der SozA/SozP. Beispiele

- **Gesamtverwaltungsakte** fassen die Leistungen mehrerer Leistungsträger im Rahmen eines Persönlichen Budgets zusammen (§ 17 Abs. 4 SGB IX).

Nach der Wirkung für den Betroffenen können Verwaltungsakte eingeteilt werden in: Unterscheidung nach der Wirkung für den Betroffenen

- **Begünstigende Verwaltungsakte** begründen oder bestätigen ein Recht oder einen rechtlich erheblichen Vorteil.

  Bewilligung von Sozialleistungen; Erteilung der Betriebserlaubnis. Beispiele

- **Belastende Verwaltungsakte** wirken sich für den Betroffenen nachteilig aus.

Beispiele

Aufhebung der Bewilligung von Sozialhilfe; Ablehnung von Pflegegeld.

- **Verwaltungsakte mit Dritt- oder Doppelwirkung** wirken begünstigend und belastend.

Beispiele

Die Ausweisung eines Ausländers beeinträchtigt Grundrechte der deutschen Ehefrau und der Kinder.
Wird einem Antrag nur teilweise entsprochen, ist die Teilbewilligung begünstigend und die Teilablehnung belastend.

Unterscheidung nach der Gesetzesbindung

Nach der Gesetzesbindung können folgende Arten von Verwaltungsakten unterschieden werden:

- **Gebundene Verwaltungsakte** muss die Behörde erlassen.

Beispiele

Bewilligung von Regelbedarfen und Leistungen für Mehrbedarfe in der Grundsicherung für Arbeitsuchende.

- **Ermessensverwaltungsakte** stehen im pflichtgemäßen Ermessen der Behörde.

Beispiele

Übernahme von Mietschulden im Grundsicherungsrecht; Bewilligung einer Zuwendung; Erteilung der Aufenthaltserlaubnis aus humanitären Gründen.

Unterscheidung nach der Wirkungsdauer

Nach der Wirkungsdauer können Verwaltungsakte unterteilt werden in:

- **Verwaltungsakte mit Dauerwirkung** begründen oder ändern Rechtsverhältnisse für eine bestimmte Dauer; sie erschöpfen sich also nicht in einem einmaligen Ge- oder Verbot bzw. einer einmaligen Gestaltung der Rechtslage.

Beispiele

Bewilligung von Alg II für sechs Monate; Rentenbescheid; Betriebserlaubnis.

- **Verwaltungsakte ohne Dauerwirkung** verwirklichen einmalig eine bestimmte Rechtsfolge.

Beispiele

Bewilligung einer Erstausstattung, Widerruf, Rücknahme.

Unterscheidung nach der Beteiligung

Schließlich lassen sich Verwaltungsakte nach der Art der Beteiligung differenzieren in:

- **Mitwirkungsbedürftige Verwaltungsakte** werden nur auf Antrag oder mit Zustimmung des Betroffenen erlassen.

Beispiele

Bewilligung von Arbeitslosengeld; Einbürgerung eines Ausländers.

- **Einseitige Verwaltungsakte** werden ohne Mitwirkung des Betroffenen erlassen.

Beispiele

Aufhebung einer Bewilligung; Verbot einer Versammlung.

## 2 Elemente des Verwaltungsakts

| Behörde | Hoheitliche Maßnahme | Regelung mit unmittelbarer Rechtswirkung | Einzelfall-regelung | Rechts-wirkung nach außen |
|---|---|---|---|---|

Behörde ist jede Stelle, die für einen Träger der öffentlichen Verwaltung Aufgaben der öffentlichen Verwaltung wahrnimmt (§ 1 Abs. 2 SGB X; → S. 311).

Behörde

Die freien Täger der Jugend- und Sozialhilfe sind keine Behörden (→ S. 154 ff.). Ihre Maßnahmen sind privatrechtlicher Natur (→ S. 155) und auch dann keine Verwaltungsakte, wenn sie im Rahmen einer Übertragung nach § 76 SGB VIII bzw. § 5 Abs. 5 SGB XII durchgeführt werden (zur Inobhutnahme: BGH, 23.2.2006 – III ZR 164/05).

Nicht: Freie Träger

Maßnahme auf dem Gebiet des öffentlichen Rechts ist jede Verwaltungshandlung, die der obrigkeitlichen oder der schlicht hoheitlichen Verwaltung zuzurechnen ist.
Maßnahmen und Handlungen der Behörden auf dem Gebiet des Privatrechts (→ S. 142) sind keine Verwaltungsakte.

Maßnahme auf dem Gebiet des öffentlichen Rechts

Regelung ist jede einseitige verbindliche Anordnung, die eine unmittelbare rechtliche Wirkung für einen oder mehrere Beteiligte hat, also eine Rechtsfolge setzt.
Die Maßnahme muss unmittelbare rechtliche Auswirkungen auf die Rechtsstellung eines Beteiligten haben. Das subjektiv-öffentliche Recht bzw. das Recht auf eine rechtmäßige und zweckmäßige Ermessensentscheidung müssen berührt sein.

Regelung mit unmittelbarer Rechtswirkung

Der Widerruf der Betriebserlaubnis für einen Kinderhort durch die zuständige Behörde wegen nicht ausreichender pädagogischer Betreuung der Kinder (§ 45 SGB VIII) hat im Hinblick auf den Träger unmittelbare rechtliche Wirkung, weil dessen Recht auf Betrieb des Kindergartens betroffen ist. Die Eltern der den Kindergarten besuchenden Kinder werden nur mittelbar betroffen, ebenso die Mitarbeiter, die ihren Arbeitsplatz verlieren.
Die Zuweisung in eine Arbeitsgelegenheit nach § 16d Abs. 1 SGB II ist regelmäßig ein Verwaltungsakt, weil der weite gesetzgeberische Rahmen von der Verwaltung im Hinblick auf den Inhalt der Tätigkeit und die Erbringung der Mehraufwandsentschädigung ausgefüllt wird (BSG, 27.8.2011 – B 4 AS 1/10 R – juris Rn. 31; anderer Ansicht LSG NRW, 23.1.2007 – L 1 B 54/06 AS ER – juris Rn. 2).

Beispiele

Eine unflexible verbindliche Regelung, wie sie in der Regel durch Verwaltungsakt erfolgt, lässt die für die Kinder- und Jugendhilfe im pädagogischen, kooperativen Prozess gebotene ständige Anpassung an die Situation nicht zu. Deshalb sollte die verbindliche Regelung auf die Anerkennung des Anspruchs beschränkt, die konkrete Ausgestaltung aber der situationsbezogenen Vereinbarung überlassen werden (»prozessoffener Verwaltungsakt«, dazu Hoffmann, ZfJ 2004, 41).

Folgende Fallgruppen können unterschieden werden:

- **Ein Recht wird begründet (insbesondere bei Ermessensvorschriften).**

Beispiele

Die Agentur für Arbeit übernimmt Reisekosten zu Vorstellungsgesprächen (§ 44 Abs. 1 SGB III).
Hilfe zum Lebensunterhalt wird bewilligt (§§ 19 ff. SGB II).
Eine Aufenthaltserlaubnis wird erteilt (§ 7 AufenthG).

- **Eine Pflicht wird begründet.**

Beispiel

In dem die Eingliederungsvereinbarung ersetzenden Bescheid wird der Arbeitsuchende verpflichtet, monatlich zehn Bewerbungen zu schreiben und die Kopien jeweils binnen einer Woche nach Ablauf des Monats vorzulegen (§ 15 SGB II).

- **Ein Recht wird entzogen.**

Beispiele

Das Arbeitslosengeld II wird um 30 % vermindert (§ 31a SGB II).
Ein Bewilligungsbescheid über Ausbildungsförderung wird rückwirkend aufgehoben (§ 53 BAföG).

- **Ein Recht oder eine rechtlich erhebliche Tatsache wird festgestellt.**

Beispiele

Der Grad der Behinderung eines Menschen wird festgestellt (§ 69 SGB IX).
Eine Initiative, die ein Frauenhaus betreibt, wird als freier Träger der Jugendhilfe durch Bescheid des Jugendamts öffentlich anerkannt (§ 75 SGB VIII).
Die Feststellung der Erwerbsfähigkeit des Leistungsberechtigten nach § 44a SGB II ist dagegen ein reines Verwaltungsinternum und trifft noch keine Regelung (Knapp, in: jurisPK-SGB II, § 44a Rn. 47).

- **Ein Antrag wird abgelehnt, wodurch die rechtliche Stellung eines Beteiligten berührt wird.**

Beispiele

Durch die Ablehnung des Antrags auf Arbeitslosengeld I wird das Recht des Arbeitslosen aus § 136 SGB III berührt.
Das Jobcenter lehnt die Übernahme von Mietschulden ab, obwohl die Ermessensvorschrift des § 22 Abs. 8 SGB II eine Übernahme gestattet.

- **Eine Maßnahme wird zur Abwehr einer gegenwärtigen Gefahr ohne vorhergehenden Verwaltungsakt sofort durchgeführt.**
  In der Durchführung der Maßnahme liegt gleichzeitig das Gebot, diese zu dulden (Begründung einer Pflicht).

Beispiele

Ein hochaggressiver Jugendlicher im kommunalen Kinderheim wird von mehreren Erziehern kurzfristig gefesselt, um die anderen Kindern vor seinen akut drohenden Gewaltausbrüchen zu schützen.
Ein Betrunkener wird in Polizeigewahrsam genommen.
400 Demonstranten werden für 10 Stunden in einem Polizeikessel festgehalten.

**Keine unmittelbare Rechtswirkung** haben Verwaltungshandlungen, die der Vorbereitung eines Verwaltungsakts bzw. einer gerichtlichen Entscheidung dienen.

Nur Vorbereitungshandlungen

Erstellung eines Berichts nach § 50 SGB VIII für das Familiengericht wegen Streits der Eltern über die elterliche Sorge nach Scheidung.
Aufforderung der Agentur für Arbeit an den Träger einer Eingliederungsmaßnahme, die Teilnehmerbeurteilungen binnen drei Wochen einzureichen, da sonst die gewährten Zuschüsse zurückgefordert würden (§ 61 Abs. 2 Satz 2 SGB II).

Beispiele

Eine Regelung liegt noch nicht vor, wenn die Behörde bestimmte Mitwirkungshandlungen des Bürgers verlangt, um einen begünstigenden Verwaltungsakt erlassen zu können.

Nur Mitwirkungshandlungen

Das Amt für Ausbildungsförderung verlangt Einkommensnachweise, um über den Antrag auf Ausbildungsförderung entscheiden zu können.

Beispiel

Der Betroffene kann entscheiden, ob er die Mitwirkungshandlung vornimmt oder ob er sie unterlässt mit dem Risiko, dass er die Sozialleistung nicht erhält. Unterlässt er sie, kann die Behörde den begünstigenden Verwaltungsakt ganz oder teilweise versagen (§§ 66, 67 SGB I). Die Mitwirkungshandlung darf aber nicht – wie ein verpflichtender Verwaltungsakt – im Wege des Verwaltungszwangs erzwungen werden (BSG, 16.6.1993 – 14a/6 RKa 37/91 – juris Rn. 17; BVerwG, 21.1.1993 – 5 C 22.90 – juris Rn. 18).

Verwaltungsmaßnahmen, die der Verwirklichung des durch den Verwaltungsakt bestimmten Rechts oder der Durchsetzung der darin festgelegten Pflicht dienen, sind keine Verwaltungsakte.

Nur Ausführungshandlungen

Auszahlung des Arbeitslosengeldes.
Aushändigung des Schwerbehindertenausweises durch das Versorgungsamt.
Erteilung einer Auskunft und Beratung nach §§ 14, 15 SGB I.

Beispiele

Die Arbeit der SozA/SozP in der öffentlichen Verwaltung besteht zu einem großen Teil in der Ausführung von Verwaltungsakten, ohne dass dies den Beteiligten bewusst ist.

Sozialarbeit/ Sozialpädagogik

Die erzieherischen Hilfen nach §§ 27 ff. SGB VIII werden durch Verwaltungsakt bewilligt und anschließend in Ausführung des Verwaltungsakts gewährt.
Die soziale Arbeit in ambulanten und stationären Einrichtungen setzt voraus, dass dem Hilfesuchenden durch Verwaltungsakt die Nutzung der Einrichtung gestattet worden ist (→ S. 488).

Beispiele

Die Regelung eines Einzelfalls liegt vor, wenn die Maßnahme sich auf einen bestimmten konkreten Lebenssachverhalt bezieht.

Regelung eines Einzelfalls

Einem Arbeitslosen wird Arbeitslosengeld bewilligt.
Ein Polizist spricht gegenüber einem gewalttätigen Mann eine Wohnungsverweisung aus.

Beispiele

Allgemeinverfügung

Richtet sich die Maßnahme in einer konkreten Situation an einen nach allgemeinen Merkmalen bestimmten oder bestimmbaren Personenkreis, handelt es sich um eine Allgemeinverfügung (§ 31 Satz 2 SGB X), eine Form des Verwaltungsakts.

Beispiel

Die Stadt K. ordnet an: »Personen, die der sog. »Punk-Szene« zuzuordnen sind, dürfen sich ab 6. Juli 2014 bis zum 31. Oktober 2014 auf dem Kronenplatz nicht aufhalten«.

Widmung

Eine Allgemeinverfügung ist auch der Verwaltungsakt, der keinen bestimmten oder bestimmbaren Personenkreis hat, sofern er die öffentlich-rechtliche Eigenschaft einer Sache oder deren Benutzung durch die Allgemeinheit betrifft.

Beispiel

Die Stadtverwaltung bestimmt, dass ein städtisches Gebäude als Jugendzentrum genutzt werden soll.

Rechtssatz

Ist eine Verwaltungsmaßnahme nicht auf eine konkrete, sondern eine abstrakt bestimmte Situation bezogen, ist sie kein Verwaltungsakt, sondern ein Rechtssatz, z. B. eine Satzung oder Verordnung (→ S. 118).

Beispiel

Die Ordnungsbehörde erlässt eine Verordnung, in der verboten wird, auf Parkbänken zu liegen oder zu schlafen.

Rechtswirkung nach außen

Rechtswirkung nach außen hat eine Verwaltungsmaßnahme, wenn Adressat ein Bürger oder eine Behörde außerhalb des Hoheitsbereichs der erlassenden Behörde ist und seine persönliche Rechtsstellung berührt ist.

Nicht bei interbehördlichen Maßnahmen

Interbehördliche Maßnahmen wie Weisungen an nachgeordnete Behörden und Amtshilfeersuchen zwischen Behörden desselben Rechtsträgers sind wegen fehlender Außenwirkung keine Verwaltungsakte (BVerwG, 18.10.1956 – I A 6.54 – DVBl 1957, 321).

Nicht bei intrabehördlichen Maßnahmen

Intrabehördliche Maßnahmen wie Weisungen des Vorgesetzten an nachgeordnete Beamte, die sich lediglich auf die Stellung des Beamten als Amtsträger beziehen und lediglich dessen Gehorsamspflicht mit organisationsinterner Wirkung konkretisieren, sind keine Verwaltungsakte.

Beispiele

Weisung an einen beamteten Sozialarbeiter, einen Hausbesuch zu machen, einen Jugendgerichtshilfebericht nach einem bestimmten Muster zu schreiben.
Ablehnung einer Dienstreisegenehmigung.
Übertragung eines anderen Dienstpostens bei der gleichen Behörde (Umsetzung).

Ausnahme

Verwaltungsakte sind aber die innerdienstlichen Anordnungen, die unmittelbar die Stellung des Beamten als eine dem Dienstherrn mit selbständigen subjektiven Rechten gegenüberstehende Rechtspersönlichkeit beeinflussen (BVerwG, 2.3.2006 – 2 C 3.05 – juris Rn. 10; Stober I, 2007, § 45 Rn. 74 ff.).

Beispiele

Berufung in das Beamtenverhältnis, Beförderung, Entfernung aus dem Dienst.
Verbot des Tragens eines Kopftuchs durch Lehrerin (BVerfG, 24.9.2003 – 2 BvR 1436/02; BVerwG, 24.6.2004 – 2 C 45.03).
Verbot sichtbarer Tätowierungen im Strafvollzugsdienst (OVG Rheinland-Pfalz, 10.6.2005 – 2 A 10254/05).
Verbot langer Haare im Polizeidienst (BVerwG, 2.3.2006 – 2 C 3.05).

Maßnahmen im Sonderrechtsverhältnis

Bei Maßnahmen im Sonderrechtsverhältnis, d.h. bei besonders starker Abhängigkeit des Betroffenen von der Verwaltung (wie Schüler, Studenten, Wohnungslose, Asylbewerber, Strafgefangene usw.) ist wie bei intrabehördlichen Maßnahmen zu differenzieren:

Keine Außenwirkung haben Maßnahmen, die lediglich die organisatorische Abwicklung betreffen, so z.B. die Stellung des Wohnungslosen als Benutzer einer Notschlafstelle, eines Asylbewerbers in einem Heim oder eines Schülers.

Beispiele

Asylbewerbern wird untersagt, weitere Personen in die ihnen zugewiesenen Räume aufzunehmen.
Die Leistung eines Schülers in einem Fach wird als »nicht ausreichend« bewertet (BVerwG, 25.4.1983 – 7 B 179.82).

Eine unmittelbare Rechtswirkung nach außen liegt jedoch vor, wenn die Maßnahme auf unmittelbare Bewirkung einer Rechtsfolge gerichtet ist, also die subjektiven Rechte/Grundrechte des Betroffenen berührt.

Beispiele

Entscheidung über das Bestehen oder Nichtbestehen einer Abschlussprüfung (Abitur, Mittlere Reife), Zwischenprüfung sowie die Gesamtnote bzw. der Vermerk über eine erworbene berufliche Qualifikation (BVerfG, 21.12.2009 – 1 BvR 812/09).
Umsetzung von Wohnungslosen bzw. Asylbewerbern von einer Notunterkunft in eine andere (OVG Hamburg, 14.2.2011 – 4 Bs 11/11).
Eine Muslimin soll am koedukativen Schwimmunterricht teilnehmen (Art. 4 GG – BVerwG, 25.8.1993 – 6 C 8.91).
Zu Gründen für einen Schulausschluss: Graffiti-Malen (OVG Niedersachsen, 25.4.2007 – 2 ME 382/07), Faustschlag gegen Lehrerin (VGH Baden-Württemberg, 22.10.2003 – 9 S 2277/03), Gewalt gegen Mitschüler (VG Koblenz, 28.7.2011 – 7 L 616/11.KO), Ankündigung der Tötung von Mitschülern und Lehrern auf einer »Todesliste« (OVG Saarland, 12.9.2014 – 2 B 339/14), Einbruchsdiebstahl in der Schule (VGH Baden-Württemberg, 10.8.2009 – 9 S 1624/09), Verkauf illegaler Drogen und Handel mit sog. »Legal Highs« im schulischen Umfeld (OVG Rheinland-Pfalz, 14.8.2013 – 2 A 10251/13).

## 3 Nebenbestimmungen

Ein Verwaltungsakt kann Nebenbestimmungen enthalten.

Beispiele

Eine Rente wegen Erwerbsminderung wird befristet für zwei Jahre bewilligt.
Die Leistungen der Grundsicherung für Arbeitsuchende werden für sechs Monate bewilligt.
Sozialhilfe wird als Darlehen unter der Bedingung geleistet, dass der Anspruch auf Rückzahlung dinglich gesichert wird.
Einem Asylbewerber wird in der Aufenthaltsgestattung die Auflage erteilt, in einer bestimmten Einrichtung zu wohnen.

Zulässigkeit

Nebenbestimmungen zum Verwaltungsakt sind grundsätzlich zulässig, wenn kein Anspruch auf den Verwaltungsakt besteht. Besteht ein Anspruch auf Erlass, so sind Nebenbestimmungen nach § 32 SGB X bzw. § 36 VwVfG nur zulässig, wenn sie

– durch Rechtsvorschrift zugelassen sind;

Beispiel

Arbeitslosengeld II wird für sechs Monate bewilligt (§ 41 Abs. 1 Satz 4 SGB II).

– sicherstellen sollen, dass die gesetzlichen Voraussetzungen des Verwaltungsakts erfüllt werden, wenn sie im Zeitpunkt seines Erlasses noch nicht vollständig vorliegen (BSG, 28.9.2005 – B 6 KA 60/03 – juris Rn. 24).

Beispiel

Das Jugendamt gewährt einem Jugendverband einen Zuschuss zu einer Ferienmaßnahme mit der Auflage, dass vor Beginn der Maßnahme die Trinkwasserzapfstelle vom Gesundheitsamt freigegeben wird.

Unzulässige Koppelung

In keinem Fall darf die Nebenbestimmung dem Zweck des Verwaltungsakts zuwiderlaufen (§ 32 Abs. 3 SGB X = § 36 Abs. 3 VwVfG). Unzulässig sind deshalb Nebenbestimmungen, die mit dem Verwaltungsakt in keinem sachlichen (inneren) Zusammenhang stehen.

Arten

| Befristung | Bedingung | Widerrufsvorbehalt | Auflage | Auflagenvorbehalt |
|---|---|---|---|---|

Befristung

Die Befristung ist eine Nebenbestimmung, die für die Wirksamkeit des Verwaltungsakts einen Anfangs- oder Schlusstermin bestimmt.

Beispiel

»Die Rente wegen verminderter Erwerbsfähigkeit wird ab 1.12.2012 für die Dauer von 2 Jahren gewährt.«

Nach Ablauf der Frist wird der Verwaltungsakt automatisch unwirksam. Ein Widerruf ist nicht erforderlich.

Bedingung

Die Bedingung macht die Wirksamkeit bzw. das Ende der Wirksamkeit des Verwaltungsakts von einem zukünftigen, ungewissen Ereignis abhängig.

Beispiel

Die Aufenthaltsgenehmigung eines Ausländers mit der auflösenden Bedingung »Erlischt bei Beendigung der Ausbildung« verliert ihre Wirkung automatisch bei Abbruch bzw. ordnungsgemäßer Beendigung der Ausbildung.

Widerrufsvorbehalt

Der Widerrufsvorbehalt ermöglicht der Verwaltung auch nach Eintritt der Unanfechtbarkeit die Wirkung des Verwaltungsakts zu beseitigen, ohne dass ein Entschädigungsanspruch entsteht (→ S. 397). Er ist zweckmäßig, wenn die Behörde einerseits den Verwaltungsakt nicht versagen, andererseits aber eine Dauerbindung vermeiden will. Besonders häufig kommt er z. B. bei Bewilligungen, Erlaubnissen vor.
Der Widerrufsvorbehalt gibt der Verwaltung nicht eine uneingeschränkte Möglichkeit des Widerrufs. Er bleibt vielmehr auf die Fälle beschränkt, in denen die Widerrufsvoraussetzungen vorliegen und zumindest ein dringendes öffentliches Bedürfnis für den Widerruf besteht. Auch der Grundsatz der Verhältnismäßigkeit ist zu beachten.
Zulässig ist der Widerrufsvorbehalt z. B. dann, wenn vorweg geleistet wird (→ S. 296) oder wenn die Dauerwirkung des Verwaltungsakts ungewiss ist, weil sich zukünftig die Sachlage ändern kann. Der Widerrufsvorbehalt darf sich nur auf diese unsicheren Tatsachen beziehen.
Ein Widerrufsvorbehalt ist nicht zulässig, wenn die Verwaltung zum Erlass eines bestimmten Verwaltungsakts gesetzlich verpflichtet ist, z. B. Bewilligung von Hilfe zum Lebensunterhalt. Ist der Widerrufsvorbehalt rechtswidrig, aber bestandskräftig, so ist diese Rechtswidrigkeit im Rahmen der Ermessensausübung bei einem Widerruf zu berücksichtigen. In aller Regel wird der Widerruf ermessensfehlerhaft sein (BSG, 2.4.2014 – B 6 KA 15/13 R – juris Rn. 11, 26 f.).

Beispiel

Elterngeld wird unter dem Vorbehalt des Widerrufs für den Fall gezahlt, dass entgegen der Angaben im Antrag doch Einkommen aus Erwerbstätigkeit erzielt wird (BSG, 21.2.2013 – B 10 EG 12/12 R – juris Rn. 37).

Auflage

Die Auflage ist ihrem Inhalt nach ein belastender Verwaltungsakt, der einem begünstigendem hinzugefügt wird und in dem der Begünstigte zu einem bestimmten Tun oder Unterlassen aufgefordert wird.
Die Auflage darf nicht gegen höherrangiges Recht verstoßen.

Beispiel

Wohnsitzauflagen gegenüber anerkannten Flüchtlingen, die Sozialhilfeleistungen beziehen, verstoßen gegen Art. 23 GenFKonv, wenn sie zum Zweck der angemessenen Verteilung öffentlicher Sozialhilfelasten verfügt werden (BVerwG, 15.1.2008 – 1 C 17.07 – juris Rn. 20).

Häufig werden Erlaubnisse bzw. Genehmigungen durch Auflagen eingeschränkt.

Beispiele

Der Aufenthaltstitel eines Ausländers enthält die Auflage »Politische Betätigung wird untersagt, soweit sie sich gegen die Rechtsordnung der BRD richtet« (§ 47 Abs. 1 AufenthG).
Dem Leiter einer Versammlung wird die Auflage erteilt: »Der Einsatz von Ordnern wird wie folgt angeordnet: Durch den Versammlungsleiter ist je 50 Teilnehmer ein Ordner einzusetzen, mindestens jedoch 6«.

Nicht: bloße Hinweise

Bloße Hinweise auf ein gesetzlich vorgeschriebenes Verhalten sind nicht als Auflage zu werten.

Beispiel

Der Zusatz »Erwerbstätigkeit nicht gestattet« bei einer Duldung ist als bloßer Hinweis auf die gesetzliche Regelung keine Auflage (OVG NRW, 18.1.2006 – 18 B 1772/05 – juris Rn. 13).

Bestimmtheit der Auflage

Die Auflage muss wie der Verwaltungsakt inhaltlich hinreichend bestimmt sein. Daran fehlt es, wenn aufgegeben wird, ein Merkblatt zu beachten, das allgemeine Informationen und Empfehlungen enthält (BVerwG, 26.1.1990 – 8 C 69.87 – NVwZ 1990, 855).
Wird dem Betroffenen ein Verhalten »im Regelfall« aufgegeben, so ist die Auflage nicht ausreichend bestimmt (BSG, 6.4.2000 – B 11/7 AL 10/99 R – juris Rn. 27 ff.).

Durchsetzung der Auflage

Verhält sich der Begünstigte nicht entsprechend der Auflage, hat das auf die Wirksamkeit des Verwaltungsakts zunächst keinen Einfluss. Jedoch kann die Behörde in diesem Falle die Erfüllung der Auflage im Wege des Verwaltungszwangs durchsetzen (→ S. 412) oder u.U. wegen Nichterfüllung der Auflage den Verwaltungsakt widerrufen. Hierbei hat sie den Grundsatz der Verhältnismäßigkeit zu beachten.

Rechtsschutz gegen Nebenbestimmungen

Die Rechtsprechung, die zunächst nur die selbständige Anfechtung der Auflage zugelassen hatte, geht zunehmend davon aus, dass gegen alle belastenden Nebenbestimmungen die **Anfechtungsklage** gegeben ist (BSG, 5.11.2003 – B 6 KA 2/03 R – juris Rn. 18; BVerwG, 22.11.2000 – 11 C 2.00 – juris Rn. 25).
Die Klage führt zur Aufhebung der Nebenbestimmung, wenn diese rechtswidrig, z.B. ohne Ermächtigungsgrundlage ergangen ist. Voraussetzung ist allerdings nach der Rechtsprechung, dass Haupt-Verwaltungsakt und Nebenbestimmung teilbar sind, d.h. es kommt darauf an, ob der begünstigende Verwaltungsakt ohne die Nebenbestimmung sinnvoller- und rechtmäßigerweise bestehen bleiben kann (BVerwG, 22.11.2000 – 11 C 2.00 – juris Rn. 25). Umstritten ist, ob unselbständige Nebenbestimmungen isoliert angefochten werden können, wenn Haupt-Verwaltungsakt und Nebenbestimmung nicht teilbar sind (Burciczak, in: jurisPK-SGB X, § 32 Rn. 105).

## 4 Inhalt und Form des Verwaltungsakts

Beispiel

Ein arbeitsloser Diplomsoziologe wird vom Jobcenter aufgefordert, sich stundenweise im Rahmen einer Hausaufgabenhilfe zur Verfügung zu stellen und die Arbeitszeit und Arbeitsleistung mit dem Fallmanager abzusprechen.

Bestimmtheit des Verfügungssatzes

Die von der Behörde durch den Verwaltungsakt getroffene Regelung muss bestimmt, klar, verständlich, vollständig und widerspruchsfrei sein (§ 33 Abs. 1 SGB X bzw. § 37 Abs. 1 VwVfG; BSG, 20.3.2013 – B 5 R 16/12 R – Rn. 15 ff. auch zur Auslegung eines Bescheids). Sie muss so deutlich formuliert sein, dass für den Adressaten eindeutig erkennbar ist, was ihn erwartet bzw. was von ihm erwartet wird. Die Regelung wird durch den Verfügungssatz getroffen, der sich auf bestimmte Adressaten, einen bestimmten Sachverhalt und auf eine bestimmte Anordnung beziehen muss.

Beispiele

»Der Antrag wird abgelehnt«.
»Ihnen wird Hilfe zum Lebensunterhalt in Höhe von 610 € je Monat bewilligt«.
Inhaltlich hinreichend bestimmt ist die Heranziehung von Ein-Euro-Jobbern zur zusätzlichen Arbeit gemäß § 16d SGB II nur dann, wenn die Art der zu leistenden Arbeit, zeitlicher Umfang, zeitliche Verteilung und die Höhe der Entschädigung für Mehraufwand genau festgelegt wird (BSG, 18.12.2008 – B 4 AS 60/07 R – juris Rn. 30 ff.).
Ein Eingliederungs-Verwaltungsakt ist nur dann hinreichend bestimmt, wenn er auch die Kosten von Bewerbungen konkret – also nicht nur mit unbestimmten Rechtsbegriffen wie »angemessen« – regelt (LSG Niedersachsen-Bremen, 4.4.2012 – L 15 AS 77/12 B ER – juris Rn. 3 ff.).

Das Bestimmtheitserfordernis gilt auch für Nebenbestimmungen (BayVGH, 5.12.2012 – 12 BV 12.526 – juris Rn. 27 zum Jugendhilferecht: § 43 SGB VIII).

Begründung

Von dem Verfügungssatz ist die Begründung des Verwaltungsakts zu unterscheiden (→ S. 366). Eine unklare oder falsche Begründung ist kein Verstoß gegen den Bestimmtheitsgrundsatz. Da die Angabe der Rechtsgrundlage auch zur Begründung des Verwaltungsakts zählt, berührt die Angabe einer falschen Rechtsgundlage auch nicht die Bestimmtheit des Bescheids (Pattar, in: jurisPK – SGB X, § 33 Rn. 10.1).

Auslegung nicht eindeutiger Verfügungssätze

Ist der Verfügungssatz nicht eindeutig, muss der Inhalt des Verwaltungsaktes so ausgelegt werden, wie er nach dem objektiven, im Ausspruch geäußerten Erklärungswillen und Erklärungswert von einem verständigen Empfänger aufzufassen ist. Maßgebend ist nicht, was die Behörde ausdrücken wollte, ohne dass sich dies im Bescheid niederschlägt. Was die Behörde verbindlich regeln will, muss sich entweder aus dem Verfügungssatz, der Begründung oder aus sonstigen den Beteiligten bekannten Umständen klar und unmissverständlich ergeben (BVerwG, 5.11.2009 – 4 C 3.09 – juris Rn. 23 ff.; BSG, 20.3.2013 – B 5 R 16/12 R – juris Rn. 18; BSG, 16.5.2012 – B 4 AS 154/11 R – juris Rn. 16). Für die Auslegung sind auch »Weitere Hinweise« aus Anlagen zum Bescheid heranziehen (BSG, 10.7.2012 – B 13 R 81/11 R – juris Rn. 24).

Unklarheiten gehen zu Lasten der Verwaltung

Bei mehreren Auslegungsmöglichkeiten gilt die den Betroffenen am wenigsten belastende (BSG, 12.12.2001 – B 6 KA 3/01 R – juris Rn. 36; VGH Baden-Württemberg, 15.10.2009 – 2 S 1457/09 – juris Rn. 32).

Bei Bewilligung, Abzweigung und Rückforderung eines Geldbetrags muss erkennbar sein, wer der Adressat ist, welche Leistungen wem bewilligt und welche abgelehnt bzw. abgezweigt werden.

Beispiel

Da die Ansprüche auf SGB II-Leistungen nicht der Bedarfsgemeinschaft, sondern den einzelnen Mitgliedern zustehen, ist ein Verwaltungsakt inhaltlich nicht hinreichend bestimmt, der von der Bedarfsgemeinschaft die Rückzahlung eines überzahlten Betrags verlangt, ohne dass ersichtlich ist, welches Mitglied betroffen ist (BSG, 16.5.2012 – B 4 AS 154/11 R – juris Rn. 16).

Rechtsfolgen inhaltlicher Unbestimmtheit

Ein Verstoß gegen das Bestimmtheitsgebot des § 33 Abs. 1 SGB X ist **nicht** nach § 41 Abs. 2 SGB X **heilbar** (BSG, 13.7.2006 – B 7a AL 24/05 R – juris Rn. 18). Je nach dem Grad der Unbestimmtheit kann **Nichtigkeit oder Anfechtbarkeit** vorliegen. Wegen der Unsicherheit der Abgrenzung ist die Einlegung eines Widerspruchs stets zweckmäßig. Ob eine Ersetzung durch einen neuen korrekten Bescheid möglich ist, hat das BSG offen gelassen (BSG, 13.7.2006 – B 7a AL 24/05 R – juris Rn. 18), ist aber anzunehmen. Die Rechtswidrigkeit des unbestimmten Verwaltungsaktes kann aber auch dann nur ab Wirksamkeit des neuen Verwaltungsaktes beseitigt werden (Pattar, in: juris PK-SGB X, § 33 Rn. 26 f.).

Grundsatz der Formfreiheit

Nur für einige Verwaltungsakte ist die schriftliche Form vorgeschrieben, z. B. Zusicherung (§ 34 SGB X), Wohngeldbescheid (§ 24 Abs. 1 Satz 1 WoGG). Im Übrigen kann der Verwaltungsakt schriftlich, mündlich oder in anderer Form erlassen werden (§ 33 Abs. 2 Satz 1 SGB X = § 37 Abs. 2 VwVfG).

Beispiel

Wird Kindergeld, Pflegegeld oder Krankengeld antragsgemäß überwiesen, so ist daraus zu schließen, dass es durch einen Verwaltungsakt bewilligt worden ist, der auf andere Weise als durch schriftlichen Bescheid erlassen worden ist, wenn es Anhaltspunkte für eine vorherige Prüfung der Rechtslage und den Willen, eine Verwaltungsentscheidung zu treffen, gibt (BSG, 7.7.2005 – B 3 P 12/04 R).

Elektronische Kommunikation

Die elektronische Kommunikation ist zulässig, soweit der Empfänger einen Zugang eröffnet hat (§ 36a SGB I). Die Behörde muss also eine E-mail-Adresse eigens für den Empfang von Anträgen, Rechtsbehelfen etc. bekanntgemacht haben. Dazu besteht ab 1.7.2014 sogar eine Verpflichtung (§ 2 Abs. 1 EGovG). Eine De-Mail-Adresse der Behörde genügt jedenfalls den Anforderungen (vgl. § 2 Abs. 2 EGovG).Eine E-Mail ohne qualifizierte elektronische Signatur erfüllt i. d. R. dagegen nicht das gesetzliche Schriftformerfordernis (LSG Berlin-Brandenburg, 28.9.2010 – L 18 AL 76/10 – juris Rn. 18). Deshalb ist ein mit normaler E-Mail eingelegter Widerspruch unwirksam. Etwas anderes kann ganz ausnahmsweise gelten, wenn das Widerspruchsschreiben der E-Mail als eingescanntes PDF angehängt ist und beim Empfänger ausgedruckt wird (Sächsisches LSG, 26.6.2012 – L 7 AS 205/11 B ER – juris Rn. 22). Diese eher unsichere Variante erscheint aber nicht empfehlenswert (vgl. auch die Ablehnung der Klageerhebung per E-Mail mit eingescannter Unterschrift: Bayerisches LSG, 10.7.2014 – L 7 AS 410/14 B ER).

Die Behörde hat einen mündlich erlassenen Verwaltungsakt schriftlich oder elektronisch zu bestätigen, wenn der Adressat ein berechtigtes Interesse daran hat und die Bestätigung unverzüglich verlangt. Auch ein elektronisch erlassener Verwaltungsakt ist auf Verlangen schriftlich zu bestätigen (§ 33 Abs. 2 Satz 2 und 3 SGB X).

Schriftliche Bestätigung mündlicher Verwaltungsakte

Der Adressat hat ein berechtigtes Interesse, wenn er den Verwaltungsakt Dritten gegenüber nachweisen muss bzw. sich über Anfechtungsmöglichkeiten rechtlich beraten lassen will.

Beispiel

Verlangt der Adressat die schriftliche Bestätigung, ist die Behörde gemäß § 35 SGB X regelmäßig auch zur Begründung verpflichtet (→ S. 366).

Begründungspflicht

Die Folgen von Formfehlern sind in §§ 40 Abs. 1, 42 SGB X bzw. §§ 44 Abs. 1, 46 VwVfG geregelt (→ S. 379). Die Nichteinhaltung der Schriftform ist ein schwerer und offensichtlicher Fehler, der regelmäßig zur **Nichtigkeit** des Verwaltungsaktes führt, es sei denn, die Schriftform hat nur Ordnungsfunktion und bezweckt nicht zumindest auch den Schutz des Adressaten (Pattar, in: jurisPK-SGB X, § 33 Rn. 110).

Rechtsfolgen von Formfehlern

Ein schriftlicher oder elektronischer Verwaltungsakt muss die erlassende Behörde erkennen lassen (§ 33 Abs. 3 SGB X = § 37 Abs. 3 VwVfG).
In aller Regel ist die Behörde im Briefkopf bezeichnet. Ihre Bezeichnung ist meist durch Rechts- und Verwaltungsvorschrift festgelegt.

Erkennbarkeit der Behörde

Die Bezeichnung »Agentur für Arbeit« beruht auf § 367 Abs. 2 SGB III, die Bezeichnung der Landesbehörden beruht auf Landesrecht.

Beispiele

Bei Nichterkennbarkeit der erlassenden Behörde ist der Verwaltungsakt **nichtig** (§ 40 Abs. 2 Nr. 1 SGB X; § 44 Abs. 2 Nr. 1 VwVfG).

Rechtsfolge

Ein schriftlicher oder elektronischer Verwaltungsakt muss enthalten die Unterschrift oder die Namenswiedergabe
- des Behördenleiters (z. B. Bürgermeister, Landrat),
- seines Vertreters mit dem Zusatz i.V. (z. B. Sozialdezernent) oder
- seines Beauftragten mit dem Zusatz i. A. (z. B. Sachbearbeiter im Jugendamt).

Unterschrift oder Namenswiedergabe

Die Unterschrift muss nicht leserlich sein. Aber es muss sich um einen individuellen Schriftzug handeln, der charakteristisch ist und sich als Namenszug darstellt. Sie muss nicht in Maschinenschrift wiederholt werden (Pattar, in: jurisPK-SGB X, § 33 Rn. 84).

Wird für einen Verwaltungsakt, für den die Schriftform angeordnet ist, die elektronische Form verwendet, muss auch das der Signatur zugrundeliegende Zertifikat oder ein zugehöriges qualifiziertes Attributzertifikat die erlassende Behörde erkennen lassen (§ 33 Abs. 3 Satz 2 SGB X = § 37 Abs. 3 Satz 2 VwVfG).

Bei Verwaltungsakten, die mit Hilfe automatischer Einrichtungen erlassen werden, dürfen Namenswiedergabe und Unterschrift fehlen (§ 33 Abs. 5 SGB X = § 37 Abs. 5 VwVfG).

Zeichnungsrecht

Wer innerhalb einer Behörde zur Unterschrift berechtigt ist, ergibt sich meist aus besonderen Anordnungen des Behördenleiters.
Die Verwaltungspraxis ist sehr unterschiedlich: in Behörden mit autoritären Führungsstil haben nur die Amtsleiter bzw. andere Vorgesetzte ein Zeichnungsrecht, in Behörden mit kooperativem Führungsstil darf jeder Sachbearbeiter grundsätzlich alle von ihm bearbeiteten Vorgänge unterschreiben. Für besonders wichtige Angelegenheiten kann dem Vorgesetzten das Zeichnungsrecht vorbehalten sein.

Beglaubigung

Die Unterschrift eines Zeichnungsberechtigten ist nicht erforderlich, wenn der Vorgang im Wege der Aktenverfügung erledigt wird. Dann zeichnet der zur Unterschrift Berechtigte nur die in den Akten enthaltene innerdienstliche Verfügung, danach wird der Text von einer Schreibkraft in Reinschrift übertragen und beglaubigt.

Beispiel

gez. Mohl
*(Verwaltungsoberinspektorin)*

beglaubigt Wette
*(Verwaltungsangestellter)*

Rechtsfolgen des Fehlens der Unterschrift

Fehlt die Unterschrift bzw. die Namenswiedergabe auf dem Schreiben, das dem Adressaten zugeht, ist der Verwaltungsakt nur dann nichtig, wenn zweifelhaft ist, ob die Behörde ihn erlassen wollte. In der Regel wird der Fehler nach § 42 SGB X **geheilt** (BSG, 4.10.1994 – 7 KlAr 1/93 – juris Rn. 94).

Begründungspflicht

Eine Begründungspflicht besteht für schriftliche oder elektronische sowie schriftlich bestätigte Verwaltungsakte. Sie entfällt, wenn der Rechtsschutz eine Begründung nicht erfordert, z. B. bei Bewilligungen (§ 35 SGB X = § 39 VwVfG).
Der Umfang der Begründungspflicht richtet sich nach den konkreten Verhältnissen des Einzelfalls unter Berücksichtigung des Einsichts- und Beurteilungsvermögens des Adressaten (LSG Niedersachsen-Bremen, 8.5.2012 – L 7 AS 52/11 B – juris Rn. 7). Hinreichend ist eine Begründung, die es dem Adressaten ermöglicht, seine Rechte sachgemäß zu verteidigen (Luthe, in: jurisPK-SGB X, § 35 Rn. 13). Daher müssen Gesichtspunkte und Umstände, die auf der Hand liegen oder die dem Adressaten bereits bekannt sind, nicht nochmals von der Verwaltung ausgeführt werden (LSG Baden-Württemberg, 14.7.2010 – L 3 AS 4018/09 – juris Rn. 22).

Inhalt der Begründung

Die Begründung erfordert die Mitteilung der für die Entscheidung der Behörde wesentlichen

- **tatsächlichen Gründe**.
  Tatsächliche Gründe sind die Tatsachen, auf denen die Entscheidung beruht;

»Der im Schlafzimmer entdeckte Herrenpyjama und der Elektrorasierer im Badezimmer rechtfertigen die Annahme einer eheähnlichen Gemeinschaft.«

Beispiel

- **rechtlichen Gründe**.

»Die bewilligte Ausbildungsförderung ist nach § 20 Abs. 1 Nr. 3 BAföG zu erstatten, weil Einkommen in Höhe von 6.000 Euro erzielt wurde, das bei der Bewilligung nicht berücksichtigt worden ist.«

Beispiel

Für die rechtliche Begründung ist einerseits die Wiederholung des Gesetzestextes nicht ausreichend (LSG Hamburg, 22.1.2009 – L 3 R 17/08 – juris Rn. 34). Andererseits ist die Angabe der konkreten Rechtsgrundlage dann nicht zwingend erforderlich, wenn sich diese aus den übrigen Angaben zweifelsfrei ergibt. Zur vorbeugenden Vermeidung einer unzureichenden Begründung sollten aber immer die angewandten Rechtsnormen zitiert werden (Luthe, jurisPK-SGB X, § 35 Rn. 15). Angesichts der Schwierigkeit des Normalbürgers, die Rechtsvorschriften und die Gerichtsentscheidungen zu finden, wird eine bürgerorientierte rechts- und sozialstaatliche Verwaltung zudem die Rechtsvorschriften, Literatur und Rechtsprechung mit Fundstelle angeben.

Begründung von Ermessensentscheidungen

Bei Ermessensentscheidungen muss die Begründung die Gesichtspunkte erkennen lassen, von denen die Behörde bei der Ausübung ihres Ermessens ausgegangen ist (BSG, 22.8.2000 – B 2 U 33/99 R – juris Rn. 18; → S. 133). Es muss deutlich werden,

- dass die Behörde Ermessen ausgeübt hat,
- welcher Sachverhalt angenommen wird,
- welche öffentlichen und privaten Interessen berücksichtigt und
- wie die Interessen abgewogen worden sind.

Die Begründung muss auf den Einzelfall bezogen sein. Formelhafte Begründungen, wie z.B. »keine Besonderheiten gegeben« oder »nichts Besonderes ersichtlich«, genügen nicht (LSG Niedersachsen-Bremen, 29.4.2014 – L 2/12 R 113/12 – juris Rn. 44). Auch die Berufung auf ermessenskonkretisierende Verwaltungsvorschriften allein ist nicht ausreichend, weil diese etwaigen Besonderheiten des Einzelfalls nicht gerecht werden können (BSG, 11.11.1993 – 7 RAr 52/93 – juris Rn. 30).

Nachholung fehlender Begründung

Fehlt die gebotene Begründung, kann sie noch im Gerichtsverfahren nachgeholt werden (§ 41 Abs. 1 Nr. 2 SGB X).
Die Behörde kann somit auch Begründungsdefizite bei Ermessensentscheidungen bis zur gerichtlichen Entscheidung beheben. Da außerdem eine Aufhebung des Verwaltungsaktes ausgeschlossen ist, wenn die Verletzung der Begründungspflicht die Entscheidung in der Sache offensichtlich nicht beeinflusst hat (s. § 42 Satz 1 SGB X), löst eine fehlende Begründung nur in seltenen Fällen Rechtsfolgen aus.

Änderung der Begründung

Die Begründung kann noch während des sozial- bzw. verwaltungsgerichtlichen Verfahrens ergänzt oder geändert werden. Das gilt auch für die nachträgliche Angabe einer anderen Rechtsgrundlage. Derartige Änderungen sind aber nur zulässig, wenn der Bescheid durch die geänderte Begründung nicht in seinem Regelungsumfang oder seinem Wesensgehalt verändert wird und die Rechtsverteidigung des Betroffenen dadurch nicht erheblich erschwert wird (BSG, 24.2.2011 – B 14 AS 87/09 R – juris Rn. 16).

Gerichtliche Entscheidung bei Ermessensnicht- oder -fehlgebrauch

Stellt das Gericht fest, dass der eine Sozialleistung regelnde Verwaltungsakt wegen Ermessensnicht- oder -fehlgebrauchs rechtswidrig ist, darf es den Verwaltungsakt nur aufheben und den Träger zur **Neubescheidung unter Beachtung der Rechtsauffassung des Gerichts** verurteilen. Es darf keine eigenen Ermessenserwägungen anstellen und sein Ermessen nicht an die Stelle des Ermessens des Leistungsträgers setzen (BSG, 18.3.2008 – B 2 U 1/07 R – juris Rn. 14).

Pflicht zu schriftlicher Rechtsbehelfsbelehrung

Schriftliche Rechtsbehelfsbelehrungen sind für folgende Verwaltungsakte vorgeschrieben:

- schriftliche Verwaltungsakte nach dem SGB (§ 36 SGB X),
- schriftliche Verwaltungsakte der Bundesbehörden (§ 59 VwGO),
- schriftliche Widerspruchsbescheide (§ 73 Abs. 3 VwGO, § 85 Abs. 3 SGG),
- schriftliche Polizei- und Ordnungsverfügungen (nach Landesrecht).

Fehlt eine entsprechende Gesetzesvorschrift, besteht keine Pflicht zur Erteilung einer schriftlichen Rechtsbehelfsbelehrung.

Muster

»Gegen diesen Bescheid kann innerhalb eines Monats nach Bekanntgabe Widerspruch erhoben werden. Der Widerspruch ist schriftlich oder zur Niederschrift im Rathaus, 50235 Neustadt, Gladbacher Str. 36, einzulegen. Falls die Frist durch das Verschulden eines von Ihnen Bevollmächtigten versäumt werden sollte, so würde dessen Verschulden Ihnen zugerechnet.«

Regelwiderspruchsfrist

Bei einem Verwaltungsakt mit korrekter Rechtsbehelfsbelehrung ist ein **Widerspruch innerhalb eines Monats** nach Bekanntgabe zulässig (§ 70 Abs. 1 VwGO; § 84 Abs. 1 SGG).

Rechtsfolge fehlender Rechtsbehelfsbelehrung

Das Fehlen einer vorgeschriebenen Rechtsbehelfsbelehrung macht den Verwaltungsakt nicht rechtswidrig, sondern bewirkt lediglich, dass sich die **Widerspruchsfrist auf ein Jahr verlängert** (§ 58 Abs. 2 VwGO; § 66 Abs. 2 SGG).

Ist die schriftliche Rechtsbehelfsbelehrung unvollständig oder enthält sie irreführende oder Zusätze, die geeignet sind, die Einlegung des Rechtsbehelfs zu erschweren, so gilt sie als nicht erteilt (BSG, 31.8.2000 – B 3 P 18/99 R – juris Rn. 15).
In diesem Fall gilt die einjährige Frist für die Einlegung des Widerspruchs auch dann, wenn im konkreten Fall die unrichtige Belehrung nicht ursächlich war für die Nichteinlegung des Rechtsbehelfs.

Beispiele

Die alleinige Formulierung »Der Widerspruch ist schriftlich einzulegen« widerspricht dem Gesetz und kann einen Bürger davon abhalten, die Möglichkeit des Widerspruchs durch Niederschrift bei der Behörde wahrzunehmen. Dasselbe gilt für die Zusätze:
»Es wird gebeten, den Widerspruch zu begründen« (BSG, 31.8.2000 – B 3 P 18/99 R – juris Rn. 16) oder
»Dem Widerspruch sind vier Abschriften beizufügen« (BVerwG, 17.1.1980 – 7 C 32.79 – juris Rn. 7).

Sofortige Vollziehung

Soweit ein Verwaltungsakt ein Tun oder Unterlassen gebietet, kann er von der Verwaltung vollzogen werden (→ S. 413).

Voraussetzung

Die Durchsetzung gegen den Willen des Betroffenen ist grundsätzlich nur zulässig,
- wenn der Verwaltungsakt **unanfechtbar** ist oder
- wenn dem Widerspruch **keine aufschiebende Wirkung** beigelegt ist (§ 6 VwVG-Bund; → S. 413).

Denn der Betroffene soll im Regelfall die Möglichkeit haben, die Rechtmäßigkeit der Maßnahme im Widerspruchs- und Klageverfahren überprüfen zu lassen.
Die Anordnung der sofortigen Vollziehung ist deshalb nur ausnahmsweise bei Vorliegen besonderer Voraussetzungen zulässig.

Nach SGG

Im Anwendungsbereich des Sozialgerichtsgesetzes, der u. a. die Leistungen nach den SGB II bis VII, XI und XII, dem BKGG und dem BEEG umfasst, ist die Anordnung der sofortigen Vollziehung nicht von großer praktischer Bedeutung. Denn Widerspruch und Klage gegen zahlreiche Verwaltungsakte der Leistungsträger haben bereits durch ausdrückliche gesetzliche Anordnung keine aufschiebende Wirkung (§ 86a Abs. 2 Nrn. 1 – 5 SGG; § 39 SGB II; § 336a SGB III).

Beispiel

Wird ein Arbeitsuchender aufgefordert, sich beim Jobcenter persönlich zu melden, kann er durch Einlegung des Widerspruchs keinen Aufschub erreichen (§ 39 Nr. 4 i.V.m. § 59 SGB II).

Aussetzung der sofortigen Vollziehung

In diesen Fällen kann der Betroffene **bei der erlassenden Behörde** oder zusammen mit der Einlegung des Widerspruchs bei der Widerspruchsbehörde die Aussetzung der sofortigen Vollziehung beantragen (§ 86a Abs. 3 SGG).

Anordnung der aufschiebenden Wirkung

Hat er damit keinen Erfolg, bleibt ihm die Möglichkeit, bei dem für die Hauptsache zuständigen **Sozialgericht** die Anordnung der aufschiebenden Wirkung zu beantragen (§ 86b Abs. 1 Nr. 2 SGG). Die Statthaftigkeit dieses Anordnungsantrags setzt aber – anders als dies beim Antrag nach § 80 Abs. 5 VwGO ist (s. § 80 Abs. 6 VwGO) – nicht zwingend voraus, dass zunächst ein erfolgloser Antrag bei der Behörde gestellt worden ist. Es ist also zulässig, direkt einen Antrag auf Anordnung der aufschiebenden Wirkung nur beim Sozialgericht zu stellen (LSG Niedersachsen-Bremen, 18.10.2011 – L 7 AS 722/09 – juris Rn. 30).

Das Sozialgericht kann nach § 86b Abs. 1 SGG auf Antrag,

- die **sofortige Vollziehung anordnen**, wenn Widerspruch oder Anfechtungsklage aufschiebende Wirkung haben,
- die **aufschiebende Wirkung ganz oder teilweise anordnen**, wenn Widerspruch oder Anfechtungsklage keine aufschiebende Wirkung haben.

Nach VwGO

Die Anordnung der sofortigen Vollziehung durch die Behörde setzt im Anwendungsbereich der VwGO voraus (§ 80 Abs. 2 Nr. 4 und Abs. 3 VwGO):

Voraussetzungen

- Die sofortige Vollziehung muss **besonders angeordnet** werden.
- Die sofortige Vollziehung muss **im öffentlichen Interesse oder im überwiegenden Interesse eines Beteiligten** liegen. Dafür reicht es nicht aus, dass die Behörde von der Rechtmäßigkeit des Verwaltungsakts überzeugt ist oder dass sie Tatsachen und Wertungen anführt, die für die Begründung des Verwaltungsakts erforderlich sind. Sie muss zusätzlich ein besonderes, gerade die Unaufschiebbarkeit der Maßnahme kennzeichnendes öffentliches Interesse darlegen.

Beispiel

Ein öffentliches Interesse an der sofortigen Abschiebung besteht nach Auffassung des BVerfG bei einem unverheirateten, volljährigen, kinderlosen Ausländer der zweiten Generation, der zu einer mehrjährigen Freiheits- oder Jugendstrafe verurteilt worden ist und die Sprache des Staates seiner Staatsangehörigkeit zumindest in Grundzügen beherrscht (BVerfG, 1.3.2004 – 2 BvR 1570/03).

- Das besondere Interesse an der sofortigen Vollziehung ist **schriftlich zu begründen** (§ 80 Abs. 3 Satz 1 VwGO).

  Die schriftliche Begründung ist nicht erforderlich, wenn die Behörde bei Gefahr im Verzug, insbesondere bei drohenden Nachteilen für Leben, Gesundheit oder Eigentum vorsorglich eine als solche bezeichnete Notstandsmaßnahme im öffentlichen Interesse trifft.

- Vor Anordnung der sofortigen Vollziehung ist der Betroffene **anzuhören** (VG Ansbach, 19.10.2007 – AN 19 S 07.01902 – juris Rn. 25; s. auch LSG NRW, 1.7.2009 – L 11 B 8/09 KA ER – juris Rn. 20; → S. 341 ff.).
  Die Anhörung kann allerdings unterbleiben, wenn eine sofortige Entscheidung wegen Gefahr im Verzug oder im öffentlichen Interesse notwendig erscheint (§ 24 Abs. 2 Nr. 1 SGB X; § 28 Abs. 2 Nr. 1 VwVfG).

Sind diese Voraussetzungen nicht erfüllt, darf die Behörde den Verwaltungsakt nicht sofort vollziehen. Deshalb ist die Praxis mancher Behörden, vor Ablauf von Rechtsmittelfristen bzw. vor Entscheidung über den Widerspruch vollendete Tatsachen zu schaffen und z. B. bewilligte Leistungen einzustellen, zu verrechnen bzw. aufzurechnen, rechtlich äußerst bedenklich.

Rechtsschutz

Die **Anordnung der sofortigen Vollziehung** ist als selbständiger Verwaltungsakt für sich **anfechtbar**. Der Betroffene kann bei der Widerspruchsbehörde bzw. beim Sozial-/Verwaltungsgericht die **Aussetzung der Vollziehung** beantragen (§ 86a Abs. 3 SGG und § 86b Abs. 1 Nr. 2 SGG; § 80 Abs. 4 und 5 VwGO).
Ob eine Aussetzung der Vollziehung erfolgt, hängt davon ab, ob die Anordnung der sofortigen Vollziehung formell nicht rechtmäßig war und/ oder die vom Gericht nach eigenem Ermessen getroffene Abwägung zwischen dem öffentlichen Interesse am sofortigen Vollzug und dem Aufschiebungsinteresse des Bürgers ein Überwiegen des Interesses des Bürgers ergibt. Diese Interessenabwägung orientiert sich an den Erfolgsaussichten eines Widerspruchs bzw. der Klage gegen den Verwaltungsakt; denn im Rechtsstaat kann es kein Vollzugsinteresse bei einem rechtswidrigen Verwaltungsakt geben (Art. 20 Abs. 3 GG). Sind die Erfolgsaussichten nicht abschätzbar, ist eine allgemeine Interessenabwägung durchzuführen. In die Abwägung sind insbesondere die Grundrecht des Betroffenen einzubeziehen (BVerfG, 12.5.2005 – 1 BvR 569/05 – juris Rn. 26).

Interessen-abwägung

Beispiel

Ist unklar, ob die Ausweisung eines Ausländers gerechtfertigt ist, ist die Abschiebung zur Vermeidung schwerer Nachteile auszusetzen (BVerfG, 3.9.2009 – 2 BvR 1826/09). Schiebt die Behörde rechtswidrig ab, ist sie zum Schadensersatz verpflichtet (BGH, 18.5.2006 – III ZR 183/05).

## 5 Wirksamkeit des Verwaltungsakts

Bekanntgabe

Der Verwaltungsakt ist dem Beteiligten bekanntzugeben, für den er bestimmt ist oder der von ihm betroffen wird (§ 37 SGB X = § 41 VwVfG).

Mit der Bekanntgabe wird der Verwaltungsakt wirksam. Er wird mit dem Zeitpunkt der Bekanntgabe also verbindlich. Die Rechtsbehelfsfristen beginnen zu laufen. Er kann aber nur aufgrund besonderer Anordnung sofort vollzogen werden (→ S. 351, → S. 369).

Was heißt Bekanntgabe?

Wirksam bekanntgegeben ist ein Verwaltungsakt, wenn er mit Wissen und Willen der erlassenden Behörde so in den Machtbereich des Empfängers gelangt ist, dass bei Annahme gewöhnlicher Verhältnisse damit zu rechnen war, dass dieser von ihm Kenntnis nehmen konnte (BSG, 9.4.2014 – B 14 AS 46/13 R – juris Rn. 12). Ein durch Einwurf in den Briefkasten übermittelter schriftlicher Verwaltungsakt geht demnach dann zu, wenn nach der allgemeinen Verkehrsanschauung mit der nächsten Leerung zu rechnen ist (Pattar, in: jurisPK-SGB X, § 37 Rn. 35). Es besteht auch eine prinzipielle Obliegenheit, Bescheide zu lesen. Daher kann der Adressat den Zugang auch nicht dadurch verhindern, dass er die Annahme oder die Kenntnisnahme des Inhalts verweigert (BSG, 4.9.2013 – B 10 EG 7/12 R - juris Rn. 26).

Behörde trägt Beweislast

Die Behörde trägt die objektive Beweislast für den Zugang (§ 37 Abs. 2 Satz 3, 2. Halbsatz SGB X). Kann sie die Bekanntgabe nicht beweisen, ist der Verwaltungsakt nicht wirksam (BSG, 11.12.2007 – B 8/9b SO 12/06 R – juris Rn. 10).

Rechtsbehelfsfristen beginnen erst zu laufen, wenn die Bekanntgabe nachgeholt wird (BSG, 3.3.2009 – B 4 AS 37/ 08 R – juris Rn. 17 f.).

Ist der Verwaltungsakt nur in den Machtbereich des Empfängers gelangt, kann dieser aber nachweisen, dass der Verwaltungsakt ihm tatsächlich nicht bekannt geworden ist, gilt der Verwaltungsakt nicht als zugegangen.

Beispiel

Ein naheliegender Verlust des Briefes im Verantwortungsbereich des Empfängers kann ausgeschlossen werden, weil er den sorgfältigen Umgang mit seiner Post belegen kann, und die Ehefrau bezeugt, dass sie stets den Briefkasten geleert, aber nie ein Schreiben der Stadtverwaltung bemerkt hat (BAG, 28.5.2009 – 2 AZR 732/08 – juris Rn. 22; BGH, 5.10.2000, NJW-RR 2001, 571).

Form der Bekanntgabe

Es liegt grundsätzlich im Ermessen der Behörde, wie sie den Verwaltungsakt bekannt gibt, ob

- mündlich;
- durch einfachen Brief oder Einschreibebrief (§ 37 Abs. 2 Satz 1 und 3 SGB X);
- durch elektronische Übermittlung (§ 37 Abs. 2 Satz 2 und 3 SGB X). Die elektronische Bekanntgabe des Verwaltungsakts ist nur zulässig, wenn der Empfänger seine Bereitschaft zum Empfang in elektronischer Form erklärt hat (§ 36a Abs. 1 SGB I);
- durch öffentliche Bekanntgabe (§ 37 Abs. 3 und 4 SGB X);
- durch Zustellung (§ 37 Abs. 2 Satz 1 und 3 SGB X; vgl. BSG, 9.4.2014 – B 14 AS 46/13 R – juris Rn. 19).

In der Überweisung eines Geldbetrags durch einen Sozialleistungsträger kann die ausreichende Bekanntgabe eines Bewilligungsbescheids liegen, wenn für den Empfänger dessen Inhalt bestimmbar ist (BSG, 7.7.2005 – B 3 P 12/04 R – juris Rn. 18).

Besondere Bekanntgabeformen

Für eine Reihe von Verwaltungsakten ist eine besondere Form der Bekanntgabe vorgeschrieben, meist die Zustellung, die in der Regel in der Übergabe bzw. Vorlegung eines Schriftstücks durch die Post oder eine Behörde besteht. So müssen beispielsweise Widerspruchsbescheide im Anwendungsbereich der VwGO zugestellt werden (§ 73 Abs. 3 VwGO). Für SGG-Widerspruchsbescheide ist eine Zustellung dagegen freigestellt (§ 85 Abs. 3 Satz 2 SGG).
Auch bei anderen Verwaltungsakten kann eine förmliche Zustellung für die Verwaltung zweckmäßig sein, weil sonst das Wirksamwerden der Entscheidung und der Ablauf der Rechtsmittelfrist nicht nachgewiesen und deshalb die Entscheidung oft erst nach nochmaliger Bekanntgabe und Ablauf der Rechtsmittelfrist vollzogen werden kann.

Zustellung nach Verwaltungszustellungs G

Ist die Zustellung vorgeschrieben oder zweckmäßig, gilt das Verwaltungszustellungsgesetz des Bundes bzw. des Landes (§ 65 SGB X). Die Zustellung kann auf unterschiedliche Weise erfolgen:
Die **Zustellung durch die Post mit Zustellungsurkunde** ist auch dann wirksam, wenn der Empfänger nicht in der Wohnung angetroffen wird bzw. die Annahme verweigert. Die Behörde erhält die Zustellungsurkunde von der Post und hat damit den Nachweis der Zustellung und deren Zeitpunkt in den Akten (§ 3 VwZG i.V.m. §§ 177–182 ZPO).
Die Zustellung kann durch die Post mittels **Einschreiben** erfolgen. Beim Einschreiben mit Rückschein genügt zum Nachweis der Zustellung der Rückschein. Beim »Übergabe-Einschreiben« erhält die Behörde keinen Rückschein. Im Zweifel muss sie nachweisen, dass das Schreiben dem Adressaten zugestellt worden ist (§ 4 Abs. 2 Satz 3 VwZG).
Bei der Zustellung durch die Behörde gegen **Empfangsbekenntnis** wird das Dokument durch den zustellenden Bediensteten dem Empfänger in einem verschlossenen Umschlag gegen Unterschrift auf dem Empfangsbekenntnis ausgehändigt (§ 5 VwZG). Zur elektronischen Zustellung: § 5 Abs. 5–7 VwZG); zur Zustellung mittels De-Mail: § 5a VwZG.
Die **Zustellung im Ausland** erfolgt mittels Ersuchen der zuständigen Behörde des fremden Staates oder der in diesem Staat befindlichen konsularischen oder diplomatischen Vertretung des Bundes bzw. bei völkerrechtlicher Zulässigkeit auch durch Einschreiben mit Rückschein oder durch Übermittlung elektronischer Dokumente (§ 9 VwZG).
Die **öffentliche Zustellung** durch öffentliche Bekanntmachung ist zulässig, z. B. bei unbekanntem Aufenthaltsort des Empfängers und bei Allgemeinverfügungen (§ 37 Abs. 3 und 4 SGB X, § 41 Abs. 3 und 4 VwVfG).

Zeitpunkt der Bekanntgabe

Der Zeitpunkt der Bekanntgabe, mit der der Verwaltungsakt wirksam wird und der Lauf der Widerspruchsfrist beginnt, hängt von der Art der Bekanntgabe ab.

Die Bekanntgabe ist bzw. gilt als bewirkt
- bei mündlicher Bekanntgabe im Zeitpunkt der Bekanntgabe,
- bei förmlicher Zustellung im Zeitpunkt der Zustellung,
- bei öffentlicher Zustellung zwei Wochen nach der ortsüblichen Bekanntmachung (§ 37 Abs. 4 SGB X, § 41 Abs. 4 VwVfG),
- bei Übermittlung durch die Post in der Bundesrepublik bzw. bei elektronischer Übermittlung am dritten Tage nach der Aufgabe zur Post bzw. nach der Absendung (§ 37 Abs. 2 S. 1 und 2 SGB X = § 41 Abs. 2 S. 1 und 2 VwVfG). Dieser Zeitpunkt gilt auch dann, wenn der Brief früher zugegangen ist. Behauptet der Bürger, den Brief nicht oder später als drei Tage nach dem Aufgabezeitpunkt erhalten zu haben, hat die Behörde den Zugang und den Zeitpunkt des Zugangs nachzuweisen (§ 37 Abs. 2 Satz 3 SGB X = § 41 Abs. 2 Satz 3 VwVfG).
- bei Übermittlung durch Einschreibebrief mit der Übergabe bzw. Abholung.

Eine Annahme- bzw. Abholungspflicht besteht grundsätzlich nicht. Eine Bekanntgabe gilt aber ausnahmsweise als bewirkt, wenn der Adressat durch treuwidriges Verhalten die Bekanntgabe verhindert (BSG, 15.8.2002 – B 7 AL 96/01 R – juris Rn. 15).

Beispiel

Hat der Postbote den Empfänger nicht angetroffen, den Einschreibebrief bei der Post niedergelegt und einen Benachrichtigungszettel hinterlassen, ist eine Bekanntgabe erst bei Abholung erfolgt, die z.B. erst 5 Tage nach der Aufgabe des Briefes erfolgen oder ganz unterbleiben kann (BSG, 23.5.2000 – B 1 KR 27/99 R – juris Rn. 11 f.).

Empfänger

Der Verwaltungsakt ist dem Adressaten und dem Betroffenen bekannt zu geben (§ 37 Abs. l SGB X = § 41 Abs. 1 VwVfG).

Adressat

Adressat ist der, an den sich der Verwaltungsakt unmittelbar richtet. Der Begriff des Adressaten deckt sich mit dem des Beteiligten nach § 12 Abs. 1 Satz 2 SGB X (→ S. 322).

Betroffener

Betroffener ist, wer durch die Regelung der Rechtsposition des Adressaten zugleich eine Beeinträchtigung der eigenen Rechtsposition erfährt.

Beispiel

Weist das Ausländeramt einen Ausländer aus, so werden auch die Rechte seiner deutschen Frau und Kinder aus Art. 3 Abs. 2 und Art. 6 GG beeinträchtigt (BVerfG, 23.1.2006 – 2 BvR 1935/05 – juris Rn. 16 ff.).

Mehrere Betroffene

Ist der Verwaltungsakt mehreren Personen bekannt zu geben, so wird er für jeden Betroffenen jeweils erst mit der Bekanntgabe wirksam. Richtet sich ein Verwaltungsakt an Ehegatten, reicht die Bekanntgabe einer gemeinsamen Ausfertigung an einen nicht aus (BVerwG, 22.10.1992 – 5 C 65.88 – juris Rn. 8).
Wird der Regelungsinhalt eines Bescheids einem Drittbetroffenen zur Kenntnis gegeben, wenn auch nur durch Zuleitung einer Kopie, so liegt ein Verwaltungsakt auch im Verhältnis zu ihm vor (BSG, 17.9.2008 – B 6 KA 28/07 R – juris Rn. 24).
Unterbleibt eine derartige Bekanntgabe, so ist der Verwaltungsakt diesem Betroffenen gegenüber unwirksam. Das gilt auch für Betroffene, die an dem Verwaltungsverfahren **nicht** beteiligt worden sind.

Verspätete Bekanntgabe

Wird der Verwaltungsakt dem Betroffenen **später bekannt gemacht**, beginnt die Widerspruchs-/Klagefrist erst zu diesem Zeitpunkt. Nur in Ausnahmefällen kann das Anfechtungsrecht verwirkt sein (BSG, 29.6.1972 – 2 RU 62/70 – juris Rn. 28; BVerwG, 25.1.1974 – IV C 2.72 – juris Rn. 23).

Bekanntgabe an Handlungsunfähige

Ist ein Beteiligter nicht handlungsfähig (§ 11 Abs. 1 Nr. 1, 2 SGB X), ist der Verwaltungsakt seinem gesetzlichen Vertreter bekannt zu geben (s. auch § 6 Abs. 1 VwZG). Bei minderjährigen Kindern, die von ihren Eltern vertreten werden, genügt dabei die Bekanntgabe an einen der beiden gesetzlichen Vertreter (s. auch § 6 Abs. 3 VwZG). Der

Bescheid muss hinreichend deutlich erkennen lassen, dass der Handlungsunfähige Inhalts-Adressat ist (BSG, 13.11.2008 – B 14 AS 2/08 – juris Rn. 22).

An »Marianne Kreier als gesetzliche Vertreterin ihrer Tochter Astrid«.

Beispiel

Unwirksam ist der Bescheid, wenn für die Beteiligten nicht klar erkennbar ist, an wen sich der Bescheid richtet (BSG, 21.2.1985 – 11 Ra 6/84 – juris Rn. 13).

an Empfangsboten

Der Verwaltungsakt kann auch einem Empfangsboten bekannt gegeben werden. Empfangsboten sind die mit dem Empfänger zusammenlebenden volljährigen Haushaltsangehörigen. Die Bekanntgabe kann auch außerhalb der Wohnung erfolgen, z. B. am Arbeitsplatz des Haushaltsmitglieds (BAG, 9.6.2011 – 6 AZR 687/09 – juris Rn. 17).

an juristische Person

Bei juristischen Personen erfolgt die Bekanntgabe gegenüber dem zur Entgegennahme von Erklärungen zuständigen Organ.

Bei einem e.V. genügt die Bekanntgabe gegenüber einem Vorstandsmitglied (§ 26 Abs. 2 Satz 2 BGB).

Beispiel

an Bevollmächtigte

Ist ein Bevollmächtigter vom Adressaten bestellt, kann die Bekanntgabe gleichwohl wirksam an den Adressaten erfolgen (BVerwG, 30.10.1997 – 3 C 35.96 – juris Rn. 32 ff.).

Heilung von Zustellungsmängeln

Ist eine formgerechte Zustellung nicht nachweisbar oder sind zwingende Zustellungsvorschriften verletzt worden, so gilt ein Verwaltungsakt in dem Zeitpunkt als zugestellt, in dem der Empfangsberechtigte ihn nachweislich erhalten hat (§ 8 VwZG; BVerwG, 31.5.2006 – 6 B 65.05 – juris Rn. 7).

Wird nur dem Ehegatten ein Rückforderungsbescheid zugestellt, ergibt sich aber aus dessen Inhalt, dass er auch die an die Ehefrau gewährten Sozialhilfeleistungen betrifft, so gilt die Zustellung als bewirkt, wenn die Ehefrau sich bei dem zuständigen Sachbearbeiter gegen die Rückforderung wendet.

Beispiel

Verhinderung der Bekanntgabe

Es besteht keine allgemeine Pflicht, sich für den Empfang von Verwaltungsakten bereit zu halten. Im Einzelfall kann der Adressat aber dazu verpflichtet sein. Bei schuldhaftem Pflichtverstoß muss er sich so behandeln lassen, als sei ihm die Erklärung wie bei pflichtgemäßem Verhalten zugegangen (BVerwG, 29.6.1990 – 8 C 22.89 – juris Rn. 14).

Ein Arbeitsuchender muss ständig erreichbar sein. Teilt er der Arbeitsagentur die Änderung seiner Anschrift nicht mit und ist deshalb ein Bescheid nicht zustellbar, läuft die Widerspruchsfrist ab dem Zeitpunkt, der bei pflichtgemäßem Verhalten maßgeblich wäre.

Beispiel

## 6 Bestandskraft und Fehler des Verwaltungsakts

Beispiele

Die Arbeitsagentur bewilligt Arbeitslosengeld II für die Zeit vom 1. Februar bis zum 31. Juli. Der Hilfebedürftige findet zum 1. April einen neuen Arbeitsplatz.
Das Sozialamt bewilligt einer nicht erwerbsfähigen 50-jährigen Witwe, die eine niedrige Witwenrente erhält, ergänzende Hilfe zum Lebensunterhalt nach § 17 ff. SGB XII. Nach einiger Zeit wird bekannt, dass sie mit einem Witwer zusammenlebt. Das Sozialamt stellt daraufhin die Sozialhilfe gemäß §§ 20, 39 SGB XII ein.

### 6.1 Bestandskraft

Grundsatz: Auch rechtswidrige Verwaltungsakte sind wirksam

Mit Ausnahme des nichtigen Verwaltungsakts ist und bleibt ein Verwaltungsakt – auch der rechtswidrige – wirksam, solange und soweit er nicht aufgehoben oder auf andere Weise erledigt ist (§ 39 Abs. 2 SGB X = § 43 Abs. 2 VwVfG).

Materielle Bestandskraft

Diese Wirkung ist Teil der sog. materiellen Bestandskraft, weil die Regelung für die erlassende Behörde und den Bürger bindend und damit nur unter besonderen Voraussetzungen wieder aufhebbar ist (→ S. 383). Sie kann vielfach von der erlassenden Behörde auch dann nicht durchbrochen werden, wenn diese erkennt, dass der Verwaltungsakt rechtswidrig ist (→ S. 387 und → S. 390).

Formelle Bestandskraft

Daneben wird unter sog. formeller Bestandskraft verstanden, dass ein Verwaltungsakt unangreifbar wird, wenn der gegen ihn gegebene Rechtsbehelf nicht oder erfolglos eingelegt wird (§ 77 SGG). Der Bestandskraft kommt mithin eine weitgehend der Rechtskraft einer gerichtlichen Entscheidung entsprechende Wirkung zu (BVerfG, 20.4.1982 – 2 BvL 26/81 – juris Rn. 58; BSG, 13.2.2013 – B 2 U 25/11 R – juris Rn. 35).

Ausnahmsweise Wegfall der Bestandskraft

Der Wegfall der Bestandskraft eines Verwaltungsakts tritt nur in folgenden Fällen ein:
- Zeitablauf oder Eintritt einer auflösenden Bedingung nach § 32 Abs. 2 Nr. 2 SGB X;
- Rücknahme bzw. Widerruf seitens der erlassenden Behörde durch Erlass eines neuen Verwaltungsakts (→ S. 383);
- Aufhebung durch Widerspruchsbescheid der Widerspruchsbehörde (→ S. 455) oder durch Urteil des Sozialgerichts bzw. Verwaltungsgerichts (→ S. 466);
- Verzicht nach § 46 SGB I;
- Tod bei höchstpersönlichen Ansprüchen nach §§ 56–59 SGB I,
- Ausreise für längere Zeit als sechs Monate bewirkt in der Regel das Erlöschen der Aufenthaltserlaubnis nach § 51 Abs. 1 Nr. 7 AufenthG.

Änderung der Verhältnisse

Grundsätzlich führt eine Änderung der bei Erlass des Verwaltungsakts bestehenden Verhältnisse nicht zu einer Änderung des Verwaltungsakts. Vielmehr kann die erlassende Behörde in der Regel lediglich durch Erlass eines neuen Bescheids, der nur unter bestimmten gesetzlichen Vorschriften zulässig ist, den ursprünglichen Verwaltungsakt ändern (z. B. § 48 SGB X: → S. 398; § 51 VwVfG, § 53 BAföG).

Bescheide über Grundsicherung im Alter und bei Erwerbsminderung

Leistungen der Grundsicherung im Alter und bei Erwerbsminderung nach §§ 41 ff. SGB XII werden in der Regel für zwölf Monate bewilligt (§ 44 Abs. 1 Satz 1 SGB XII). Die Einstellung oder Änderung während des Bewilligungszeitraums ist ein Verwaltungsakt. Widerspruch und Anfechtungsklage haben im Unterschied zur Rechtslage bei Leistungen zur Grundsicherung für Arbeitsuchende (s. § 39 SGB II) aufschiebende Wirkung.

Bescheide über Grundsicherung für Arbeitsuchende

Leistungen der Grundsicherung für Arbeitsuchende werden in der Regel für sechs Monate bewilligt (§ 41 Abs. 1 Satz 4 SGB II).
Während dieses Zeitraums ist eine vorläufige Einstellung ohne Bescheid zulässig, wenn das Jobcenter Kenntnis von Tatsachen erhält, die zu einem geringeren Leistungsanspruch geführt haben können (§ 40 Abs. 2 Nr. 4 SGB II in Verbindung mit § 331 SGB III).
Entziehung oder Kürzung der Leistungen während des Bewilligungszeitraums in anderen Fällen sind Verwaltungsakte, so dass Widerspruch und Anfechtungsklage zulässig sind. Sie haben gemäß § 39 SGB II aber keine aufschiebende Wirkung.
Bei Existenzgefährdung kann in diesen Fällen vom Betroffenen einstweiliger Rechtsschutz beantragt werden (→ S. 469).

## 6.2 Auswirkung von Rechtsfehlern auf die Bestandskraft

Ein Verwaltungsakt kann in sehr unterschiedlicher Weise in Widerspruch zum geltenden Recht stehen.
Anders als im Bürgerlichen Recht, das die Nichtigkeit eines gesetzwidrigen Rechtsgeschäfts anordnet (§ 134 BGB), ist im Verwaltungsrecht der gesetzwidrige Verwaltungsakt in der Regel wirksam.
Je nach der Art des Gesetzesverstoßes tritt aber eine unterschiedliche Bindungswirkung des Verwaltungsakts ein:

**Unbeachtliche Rechtsfehler**

Lässt sich der Rechtsfehler beheben, ohne dass der Rechtsschutz bzw. Vertrauensschutz des Bürgers beeinträchtigt wird, ist die Behörde nicht an den ursprünglich erlassenen fehlerhaften Verwaltungsakt gebunden (→ S. 379).

**Besonders schwere Rechtsfehler**

Ist der Rechtsfehler besonders schwerwiegend und offenkundig, tritt ausnahmsweise **Nichtigkeit** ein mit der Rechtsfolge, dass der nichtige Verwaltungsakt keine Bestandskraft und keine Bindungswirkung hat (→ S. 381).

**Sonstige Rechtsfehler**

Sonstige Rechtsfehler führen zur **Aufhebbarkeit** des Verwaltungsakts.
Die Aufhebung kann der Betroffene dadurch erreichen, dass er fristgerecht
- Widerspruch einlegt (→ S. 453) und bei Erfolglosigkeit
- Anfechtungsklage erhebt (→ S. 466).

Unabhängig davon ist die Behörde u.U. berechtigt bzw. verpflichtet, den rechtswidrigen Verwaltungsakt aufzuheben (→ S. 383).

Für die Prüfung, ob ein Verwaltungsakt fehlerhaft ist, kann die Verwendung eines Prüfschemas zweckmäßig sein, das die verschiedenen Fehlermöglichkeiten systematisch erfasst.

### Prüfschema zur Ermittlung von Rechtsfehlern eines Verwaltungsakts

**I. Welche spezialgesetzliche Grundlage kommt für die behördliche Leistung bzw. den behördlichen Eingriff in Betracht?**

**II. Hat die Behörde die für sie geltenden Verfahrensvorschriften beachtet? (§§ 8–25 SGB X)**

1. Ist die Behörde sachlich zuständig?
2. Ist die Behörde örtlich zuständig?
3. Durfte die Behörde tätig werden?
4. Sind die Beteiligten beteiligungsfähig?
5. Sind die Beteiligten handlungsfähig?
6. Haben ausgeschlossene Personen mitgewirkt?
7. Haben befangene Personen mitgewirkt?
8. Hat die Behörde den Sachverhalt unzureichend aufgeklärt?
9. Sind die Beteiligten ordnungsgemäß angehört worden?

**III. Ist der Verwaltungsakt wirksam zustande gekommen? (§§ 31–37 SGB X)**

1. Ist die Maßnahme ein Verwaltungsakt?
2. Ist der Verwaltungsakt inhaltlich hinreichend bestimmt?
3. Ist er in der richtigen Form ergangen?
4. Ist die erlassende Behörde erkennbar und die erforderliche Unterschrift bzw. Namenswiedergabe vorhanden (nur bei Schriftform)?
5. Ist die erforderliche Begründung mitgeteilt (nur bei Schriftform)?
6. Ist der Verwaltungsakt wirksam bekannt gegeben?

**IV. Sind Form-, Verfahrens- oder sonstige Fehler unbeachtlich oder heilbar bzw. geheilt (§§ 38, 41, 42 SGB X)**

| V. Entspricht der Verwaltungsakt inhaltlich dem geltenden Recht? |
|---|
| 1. Sind die einzelnen rechtlichen Voraussetzungen, die sich aus der gesetzlichen Grundlage für Eingriff bzw. Leistung ergeben, erfüllt? |
| 2. Ist der Verwaltungsakt an den richtigen Adressaten gerichtet? |
| 3. Hat die Behörde, falls ihr ein Ermessensspielraum zusteht, diesen fehlerfrei ausgefüllt? |
| 4. Nur bei besonderem Anlass: Ist die gesetzlich anscheinend zulässige Maßnahme im konkreten Fall wegen Verstoß gegen höherrangiges Recht nicht rechtmäßig, z.B. wegen Verstoß gegen den Gleichheitssatz, den Verhältnismäßigkeitsgrundsatz? |
| 5. Nur bei besonderem Anlass: Ist die gesetzliche Grundlage mit höherrangigem Recht vereinbar, z.B. mit dem Grundgesetz, dem EU-Recht, der EMRK? |

## 6.3 Unbeachtliche Rechtsfehler

Berichtigung offenbarer Unrichtigkeiten

Die Behörde ist nicht an den Verwaltungsakt gebunden, soweit dieser offenbar unrichtig ist und deshalb der Betroffene auf die Richtigkeit und Rechtmäßigkeit nicht vertrauen konnte. Deshalb darf sie offenbare Unrichtigkeiten berichtigen (§ 38 SGB X = § 42 VwVfG).

Beispiel

Das Studentenwerk bewilligt einem Studenten Ausbildungsförderung in Höhe von 3.100 Euro statt 310 Euro monatlich und zahlt regelmäßig aus.

Voraussetzungen

Die Berichtigung ist nur zulässig, wenn:
- die Behörde etwas anderes aussagt, als sie sagen wollte oder etwas nicht aussagt, was gewollt war (sog. Fehler in der Verlautbarung des Willens). Typische derartige Unrichtigkeiten sind Schreib-, Rechen- und Programmierfehler.
  Fehler in der Tatsachenbewertung und in der rechtlichen Bewertung, die im Bereich der Willensbildung liegen, können dagegen nicht nach § 38 SGB X berichtigt werden (BSG, 24.1.1994 – 8 RKn 11/93 – juris Rn. 42; LSG Nordrhein-Westfalen, 17.3.2014 – L 19 AS 313/14 B – juris Rn. 13). Bereits die ernsthaft in Betracht kommende Möglichkeit eines derartigen Tatsachen- oder Rechtsirrtums schließt die Berichtigung aus. Zweifel gehen zu Lasten der Behörde.
- die Unrichtigkeit muss für den »verständigen Leser« – nicht unbedingt für den jeweiligen Bescheidempfänger – offensichtlich sein (BSG, 31.5.1990 – 8 RKn 22/88 – juris Rn. 13; LSG Nordrhein-Westfalen, 17.3.2014 – L 19 AS 313/14 B – juris Rn. 16). Auch außerhalb des Verwaltungsakts liegende Umstände können herangezogen werden, wenn sich daraus für die Beteiligten die offenbare Unrichtigkeit ergibt. Der zu berichtigende Fehler muss mithin gleichsam »ins Auge springen« (Leopold, in: jurisPK-SGB X, § 38 Rn. 32).

  Beispiel

  Beantragt ein Student die Einschreibung für das Studienfach Wirtschaftswissenschaften und werden ihm daraufhin der Studentenausweis und der

Stammdatenausdruck mit Studienbescheinigung für das Studienfach Zahnmedizin ausgehändigt, so ist eine Berichtigung zulässig, obwohl der Fehler für einen Außenstehenden nicht erkennbar ist (BVerwG, 23.10.1985 – 7 B 193.85 – NVwZ 1986, 199).

Rechtsfolgen

Die Berichtigung steht prinzipiell im **Ermessen** der Behörde (BSG, 31.5.1990 – 8 RKn 22/88 – juris Rn. 18). Jedoch **muss** berichtigt werden, wenn dies im berechtigten Interesse des Beteiligten liegt (§ 38 Satz 2 SGB X).

Ein Berichtigungsbescheid (§ 38 SGB X) setzt eine neue Rechtsbehelfsfrist in Gang, wenn erst die berichtigte Fassung des Verwaltungsakts die Beschwer erkennen lässt (BSG, 19.10.2000 – B 8 KN 8/99 R – juris Rn. 18).
Die Ablehnung einer Berichtigung, die für den Beteiligten günstig ist, ist ein Verwaltungsakt.

»Berichtigt« die Behörde, obwohl keine offenbare Unrichtigkeit gegeben ist, handelt es sich um eine Änderung des Verwaltungsakts. Diese ist aber nur zulässig, wenn ein gesetzlicher Aufhebungsgrund vorliegt (→ S. 383). Trotzdem versuchen Sachbearbeiter und Behörden immer wieder, begangene Fehler durch »Berichtigung« aus der Welt zu schaffen, obwohl eine offenbare Unrichtigkeit nicht vorliegt. In diesen Fällen kann sich der Betroffene mit Widerspruch und Anfechtungsklage gegen die Änderung wehren.

Die Unrichtigkeit führt nicht zur Rechtswidrigkeit, weil der Verwaltungsakt mit dem gewollten Inhalt wirksam ist (Leopold, in: jurisPK-SGB X, § 38 Rn. 16) und berichtigt werden kann/muss. Die Berichtigung ist prinzipiell kein Verwaltungsakt; denn sie macht nur den richtigen Inhalt des Verwaltungsakts deutlich.

Rechtsschutz

Führt aber die berichtigte Fassung zu einer neuen Beschwer des Betroffenen, handelt es sich bei der Berichtigung um einen neuen Verwaltungsakt, der eine neue Rechtsbehelfsfrist in Gang setzt (BSG, 19.10.2000 – B 8 KN 8/99 R – juris Rn. 18).

Erstattung zu Unrecht erbrachter Sozialleistungen

Wurden aufgrund des offenbar unrichtigen Verwaltungsaktes Sozialleistungen zu Unrecht erbracht, kann die Behörde – nach oder gleichzeitig mit dem Berichtigungsbescheid – deren Erstattung verlangen (§ 50 Abs. 5 SGB X).
Das BSG ist der Auffassung, dass der Behörde bei der Entscheidung über die Berichtigung einer offenbaren Unrichtigkeit ein **Ermessensspielraum** zusteht und dass sie hierbei auch die Folgen einer Erstattung für den Betroffenen berücksichtigen muss (BSG, 31.5.1990 – 8 RKn 22/88 – juris Rn. 18).
Der Erstattungsanspruch verjährt gemäß § 50 Abs. 4 SGB X in vier Jahren nach Ablauf des Kalenderjahres, in dem der Erstattungsbescheid unanfechtbar geworden ist.

Allgemein ist die Verletzung von Verfahrens-, Formvorschriften und Vorschriften über die örtliche Zuständigkeit bei dem Zustandekommen eines Verwaltungsaktes unbeachtlich, wenn offensichtlich ist, dass die Verletzung die Entscheidung in der Sache nicht beeinflusst hat (§ 42 SGB X = § 46 VwVfG).

Verletzung von Form- und Verfahrensvorschriften

Ist Ausbildungsförderung mit unzureichender Begründung zurückgefordert worden, so bleibt dieser Fehler ohne Rechtsfolge, wenn die Rückforderung berechtigt ist.

Beispiel

Die Vorschrift gilt auch für Verwaltungsakte, für die ein Ermessens- bzw. Beurteilungsspielraum gegeben ist; wenngleich in diesen Fällen schwerlich darstellbar sein wird, dass der Fehler die Entscheidung in der Sache nicht beeinflusst hat (Leopold, in: jurisPK-SGB X, § 42 Rn. 53).
Sie gilt auch bei Verletzung der örtlichen, nicht aber bei Verletzung der Vorschriften über die sachliche und die instanzielle Zuständigkeit (BSG, 20.7.2010 – B 2 U 19/ 09 R – juris Rn. 15).

Ermessens-VA

Hat die Behörde Form- oder Verfahrensvorschriften verletzt, so ist dieser Fehler unbeachtlich, wenn er durch Nachholung der erforderlichen Handlungen geheilt wird. Die Nachholung ist bis zum Ende des gerichtlichen Verfahrens vor dem OVG bzw. LSG zulässig (§ 41 Abs. 2 SGB X und § 45 Abs. 2 VwVfG).

Heilung durch Nachholung der Verfahrenshandlung

Die Heilung wirkt auf den Zeitpunkt zurück, zu dem der Verwaltungsakt erlassen wurde, wenn die Nachholung die versäumte Verwaltungshandlung angemessen ersetzen kann (BSG, 6.10.1994 – GS 1/91 – juris Rn. 12).

Ein Rückforderungsbescheid, der ohne die notwendige Anhörung ergangen ist, wird nach erfolgter Anhörung von dem Zeitpunkt an wirksam, zu dem er erlassen worden ist.

Beispiel

Häufig wird die Behörde nach Aufhebung des nicht heilbaren Bescheids einen neuen Bescheid gleichen Inhalts erlassen.
Jedoch ist ihr dies nicht mehr möglich, wenn der Erlass des Verwaltungsaktes nur innerhalb bestimmter Fristen zulässig ist, z. B. nach § 45 Abs. 3 und § 45 Abs. 4 SGB X (→ S. 390). Dies kann dazu führen, dass die Behörde einen rechtswidrigen Verwaltungsakt nicht mehr aufheben kann.

Erlass eines neuen Bescheids bei Ausschluss der Heilung

## 6.4 **Schwere Fehler (Nichtigkeitsgründe)**

Nichtig ist ein Verwaltungsakt, soweit er an einem besonders schwerwiegenden Fehler leidet und dies bei verständiger Würdigung aller in Betracht kommenden Umstände offenkundig ist (§ 40 Abs. 1 SGB X = § 44 Abs. 1 VwVfG).
Verwaltungsakte sind aber nicht schon deshalb nichtig, weil die erforderliche Rechtsgrundlage fehlt, es sich also um einen sog. gesetzlosen

Grundsatz

Verwaltungsakt handelt. Zusätzlich ist erforderlich, dass wesentliche Wertvorstellungen, Verfassungsgrundsätze usw. verletzt werden und dass dies offenkundig ist (BSG, 6.9.1999 – B 6 KA 76/97 R – juris Rn. 29).

Gesetzlicher Nichtigkeitskatalog

In § 40 Abs. 2 und 3 SGB X ist bestimmt, dass ohne Rücksicht auf die Offenkundigkeit des Fehlers Verstöße der in Abs. 2 genannten Art stets zur Nichtigkeit und Verstöße der in Abs. 3 genannten Art grundsätzlich nicht zur Nichtigkeit führen.

§ 40 Abs. 2 SGB X lautet:

Nichtigkeit

»Ohne Rücksicht auf das Vorliegen der Voraussetzungen des Absatzes 1 ist ein Verwaltungsakt nichtig,

1. der schriftlich oder elektronisch erlassen worden ist, die erlassende Behörde aber nicht erkennen lässt,
2. der nach einer Rechtsvorschrift nur durch die Aushändigung einer Urkunde erlassen werden kann, aber dieser Form nicht genügt,
3. den aus tatsächlichen Gründen niemand ausführen kann,
4. der die Begehung einer rechtswidrigen Tat verlangt, die einen Straf- oder Bußgeldtatbestand verwirklicht,
5. der gegen die guten Sitten verstößt.«

§ 40 Abs. 3 SGB X lautet:

Keine Nichtigkeit

»Ein Verwaltungsakt ist nicht schon deshalb nichtig, weil

1. Vorschriften über die örtliche Zuständigkeit nicht eingehalten worden sind,
2. eine nach § 16 Abs. 1 Satz 1 Nr. 2 bis 6 ausgeschlossene Person mitgewirkt hat,
3. ein durch Rechtsvorschrift zur Mitwirkung berufener Ausschuss den für den Erlass des Verwaltungsaktes vorgeschriebenen Beschluss nicht gefasst hat oder nicht beschlussfähig war,
4. die nach einer Rechtsvorschrift erforderliche Mitwirkung einer anderen Behörde unterblieben ist.«

Nichtigkeit in anderen Fällen

In anderen Fällen setzt die Nichtigkeit voraus:

- Der Verwaltungsakt muss einen **besonders schwerwiegenden Fehler** aufweisen. Ein Fehler ist in diesem Sinne schwerwiegend, wenn er einen so gravierenden Widerspruch zum geltenden Recht und den zu Grunde liegenden Wertvorstellungen und Verfassungsprinzipien bildet, dass eine Wirksamkeit des Verwaltungsaktes unerträglich wäre. Wertungsmäßig handelt es sich dabei um einen Fehler, der denen des Absatz 2 vergleichbar ist und die Fehler des Absatz 3 klar überragt (Schneider-Danwitz, in: jurisPK-SGB X, § 40 Rn. 27, 29).

Beispiele

Unverständlichkeit des Bescheids, auch mit Hilfe der Begründung (BSG, 20.10.1983 – 7 RAr 41/82 – juris Rn. 31).
Unbestimmtheit des Adressaten (BVerwG, 25.2.1994 – 8 C 2.92 – juris Rn. 8).

Absolute sachliche Unzuständigkeit, d. h. kein sachlicher Bezug zum Aufgabengebiet der handelnden Behörde (BSG, 6.9.1999 – B 6 KA 76/97 R – juris Rn. 30).
Eingliederungsvereinbarung, die im Gegenzug für eigene Eingliederungsbemühungen die Gewährung von Leistungen zur Sicherung des Lebensunterhalts zusagt (BSG, 2.4.2014 – B 4 A 26/13 R – juris Rn. 41 f.).

- Die Fehlerhaftigkeit muss **offensichtlich** sein. Dabei ist auf den zwar aufgeschlossenen, aber nicht besonders sach- oder rechtskundigen Durchschnittsbetrachter abzustellen (BSG, 3.4.2014 – B 2 U 25/12 R – juris Rn. 25).

Erstattungspflicht

Sind Sozialleistungen aufgrund eines nichtigen Verwaltungsakts gewährt worden, ist der Empfänger prinzipiell erstattungspflichtig.

Aber Vertrauensschutz

Jedoch wird ihm der gleiche Vertrauensschutz garantiert, wie bei einer Leistung aufgrund eines wirksamen Verwaltungsaktes (§ 50 Abs. 2 in Verbindung mit §§ 45 und 47 SGB X). Dies wirkt sich zugunsten des Betroffenen z. B. dann aus, wenn dieser die Nichtigkeit nicht ohne Weiteres erkennen konnte (→ S. 406).

Keine Rechtswirkungen

Ein nichtiger Verwaltungsakt hat **keine Rechtswirkungen** und bindet weder Adressat, Behörde, Gericht noch Dritte. Da auch ein nichtiger Verwaltungsakt zunächst den Rechtsschein der Gültigkeit für sich haben kann, kann die Behörde die Nichtigkeit jederzeit von Amts wegen oder auf Antrag des Betroffenen feststellen (§ 40 Abs. 5 SGB X = § 44 Abs. 5 VwVfG).

Rechtsschutz

Der Betroffene kann aber auch die allgemeinen Rechtsbehelfe (**Widerspruch, Anfechtungsklage**) einsetzen oder auf Feststellung der Nichtigkeit klagen (§ 55 Nr. 4 SGG; § 43 Abs. 1 VwGO; s. auch BSG, 7.9.2006 – B 4 RA 43/05 – juris Rn. 14 ff.).
Wegen der inhaltlich sehr unbestimmten rechtlichen Regelungen ist es in der Praxis meist nicht möglich, eindeutig zu bestimmen, ob ein Verwaltungsakt nichtig ist. Deshalb sollten SozA/SozP, um Nachteile für die Betroffenen zu vermeiden, **vorsorglich** alle Rechtsbehelfe wahrnehmen, auch wenn sie von der Nichtigkeit überzeugt sind.

## 7 Aufhebung von Verwaltungsakten

Beispiele

Ein Sozialarbeiter bemerkt, als er sich einen vor drei Jahren erlassenen Rentenbescheid über Altersruhegeld ansieht, dass darin nur 35 Versicherungsjahre statt der nachgewiesen 43 Beschäftigungsjahre berücksichtigt sind. Der Rentner teilt dies dem Rentenversicherungsträger mit, der den Rentenbescheid aufhebt, eine höhere Rente bewilligt und die Differenzbeträge nachzahlt (→ S. 387 ff.).
Das Jobcenter erfährt durch automatisierten Datenabgleich nach § 52 SGB II, dass eine Frau, die Arbeitslosengeld II erhält, eine Unfallrente bezieht. Nach Anhörung der Betroffenen hebt es die Bewilligung von Arbeitslo-

sengeld II für die Vergangenheit in Höhe der Unfallrente auf und verlangt Erstattung des überzahlten Betrags (→ S. 390 ff.).

## 7.1 Überblick

Unterscheide!

Die allgemeinen verwaltungsverfahrensrechtlichen Vorschriften fassen unter dem Begriff der Aufhebung

- die **Rücknahme rechtswidriger Verwaltungsakte** und
- den **Widerruf rechtmäßiger Verwaltungsakte**

zusammen, wobei sie zwischen **begünstigenden** und **nicht begünstigenden Verwaltungsakten** unterscheiden.

Rechtsgrundlage

Rücknahme und Widerruf von Verwaltungsakten im Sozialleistungsbereich sind in §§ 44 – 48 SGB X allgemein geregelt.

Rücknahme/Widerruf

Erstattung

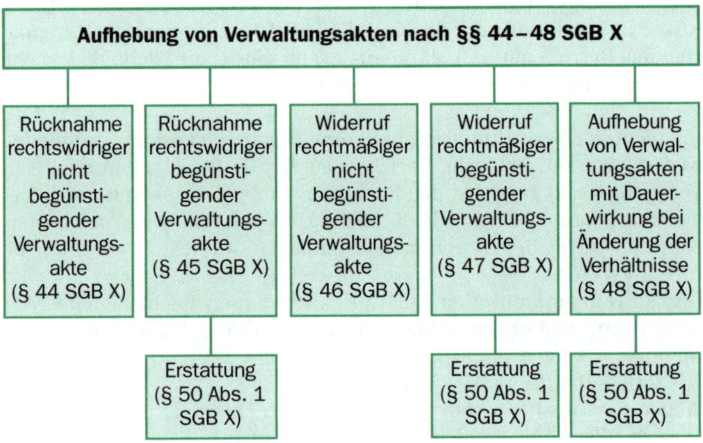


Vorrang spezieller Regelungen

Spezielle gesetzliche Vorschriften über Aufhebung und Erstattung gehen den allgemeinen vor.
Derartige Sonderregelungen enthalten z. B. § 40 Abs. 1 Satz 2, Abs. 2 Nr. 2 und 3 SGB II; § 330 SGB III; § 8 Abs. 2 Satz 3 SGB V; § 100 Abs. 4 SGB VI; § 47 Abs. 1a Satz 4 SGB VII; § 20 BAföG; §§ 29–31 WoGG. Manche dieser Regelungen schränken den allgemeinen Vertrauensschutz ein und lassen eine rückwirkende Aufhebung bzw. eine Rückforderung ohne gleichzeitige Aufhebung des Bewilligungsbescheids zu (vgl. zu § 20 BAföG: BVerwG, 19.3.1992 – 5 C 41.88 – juris Rn. 11 ff.).
Die Behörde kann nach ihrem Ermessen entscheiden, ob sie einem Widerspruch im Rahmen des Widerspruchsverfahrens nach § 85 Abs. 1 SGG bzw. § 72 VWGO abhilft – dann sind die Vorschriften zur Aufhebung von Verwaltungsakten nicht anwendbar – oder den Verwaltungsakt in einem eigenständigen Verfahren außerhalb des Widerspruchsverfahrens aufhebt (BVerwG, 28.4.2009 – 2 A 8/08 – juris

Rn. 16). Wenn die Behörde ihren Willen nicht deulich genug macht, liegt im Zweifel ein Abhilfebescheid vor (Sachs, in: Stelkens/Bon/Sachs, VwVfG, § 48 Rn. 65).

Ein mit Bekanntgabe wirksam gewordener Verwaltungsakt bindet die erlassende Behörde (→ S. 376). Die Bindung besteht auch, wenn der Verwaltungsakt rechtswidrig, aber nicht nichtig ist. Er darf in diesem Falle nur aufgehoben werden, wenn eine gesetzliche Vorschrift dies erlaubt.

Aufhebung nur aufgrund Gesetz

Freie Träger der Jugend- oder Sozialhilfe erhalten Zuwendungen zur Erfüllung bestimmter Zwecke. Verwenden sie die Zuwendung zweckwidrig, kann der Zuwendungsbescheid widerrufen (§ 47 Abs. 2 SGB X) und der Empfänger zur Erstattung verpflichtet werden (§ 50 Abs. 1 SGB X).

Aufhebung von Zuwendungsbescheiden

Beispiel

Widerruf von Zuschüssen wegen Verstoß gegen das in einer Nebenbestimmung zum Verwaltungsakt enthaltene Verbot der gehaltsmäßigen Besserstellung eigener Beschäftigter im Verhältnis zu vergleichbaren Landesbediensteten durch einen freien Träger (VG Magdeburg, 23.9.2009 – 4 A 20/09).

Zinsen

Der erstattungspflichtige Träger ist zur Zahlung von recht hohen Zinsen verpflichtet, wenn Leistungen zur Förderung von Einrichtungen oder ähnliche Leistungen erbracht worden sind. Die Behörde kann von der Geltendmachung des Zinsanspruchs absehen, insbesondere wenn der Erstattungspflichtige in Bezug auf den aufgehobenen Verwaltungsakt sich »nichts hat zu Schulden kommen lassen« (§ 50 Abs. 2a Satz 2 SGB X = § 49a Abs. 3 Satz 2 VwVfG).

## 7.2 Rechtmäßige – rechtswidrige Verwaltungsakte

Rechtmäßig

Ein Verwaltungsakt ist rechtmäßig, wenn er mit dem geltenden Recht übereinstimmt d. h. keine beachtlichen formellen oder materiellen Fehler aufweist (→ S. 376).

Rechtswidrig

Er ist rechtswidrig, wenn er durch unrichtige Anwendung von Rechtsvorschriften zustande gekommen ist. Das gilt auch, wenn die Bediensteten, die den Verwaltungsakt erlassen haben, keinerlei Verschulden trifft.

Maßgeblicher Zeitpunkt im Verwaltungsverfahren

Im Verfahren vor der Verwaltungsbehörde, auch im Widerspruchsverfahren, ist vor der Beurteilung der Rechtmäßigkeit des Verwaltungsaktes jede Änderung der Sach- und Rechtslage zu berücksichtigen.

Maßgeblicher Zeitpunkt bei:

Wendet sich der Betroffene in einem gerichtlichen Verfahren, gegen einen belastenden Verwaltungsakt, so ist zu unterscheiden:

Anfechtungsklage

- Im Rahmen der Anfechtungsklage beurteilt sich die Rechtmäßigkeit grundsätzlich nach der Sach- und Rechtslage im Zeitpunkt des Erlasses des angefochtenen Bescheids in der Gestalt des Widerspruchbescheids (BSG, 28.10.2014 – B 14 AS 39/13 R – juris Rn. 19 mit Verweis auf Ausnahmen; BVerwG, 15.11.2007 – 1 C 45.06 – juris Rn. 13). Eine nachträgliche Änderung der Sach- und Rechtslage wirkt sich deshalb im Klageverfahren nicht auf die bis dahin bestehende Rechtmäßigkeit des Verwaltungsaktes aus, kann aber dessen Aufhebung rechtfertigen (→ S. 398 und → S. 400).

Leistungs- bzw. Verpflichtungsklage

- Dagegen kommt es im Rahmen einer unechten Leistungsklage bzw. Verpflichtungsklage grundsätzlich auf den Zeitpunkt der letzten mündlichen Verhandlung im Gerichtsverfahren an (BSG, 23.7.2002 – B 3 KR 63/01 R – juris Rn. 18; Breitkreuz/Fichte, SGG, 2. Aufl. 2014, § 54 Rn. 98 und 132).

## 7.3 Begünstigende – nicht begünstigende Verwaltungsakte

Begünstigender Verwaltungsakt

Ein Verwaltungsakt ist begünstigend, soweit er ein Recht oder einen rechtlich erheblichen Vorteil begründet oder bestätigt (§ 45 Abs. 1 SGB X).
Alle anderen Verwaltungsakte sind »nicht begünstigend« (OVG Lüneburg, 27.10.1989 – 4 A 175/88 – juris Rn. 15). Das gilt auch für augenscheinlich »neutrale Verwaltungsakte«, die eine Feststellung enthalten, die weder begünstigt noch belastet (Schütze, in: v. Wulffen/Schütze, SGB X, 2014, § 44 Rn. 22).

Belastender Verwaltungsakt

Daraus ergibt sich im Umkehrschluss, dass ein Verwaltungsakt belastend ist, soweit er eine Pflicht oder einen rechtlich erheblichen Nachteil begründet oder bestätigt oder einen begünstigenden Verwaltungsakt abgelehnt hat.

Verwaltungsakt mit Doppelwirkung

Verwaltungsakte können eine doppelte Wirkung haben. Insofern sind Verwaltungsakte mit Mischwirkung und solche mit Drittwirkung zu unterscheiden:

Verwaltungsakt mit Mischwirkung

- Mischwirkung bedeutet, dass ein begünstigender Verwaltungsakt für denselben Adressaten zugleich eine Belastung enthalten kann, soweit mit einer gewährten Leistung zugleich eine Verpflichtung verbunden ist oder er eine geringere als die gesetzlich zustehende Leistung erhält.

Beispiele

Die Agentur für Arbeit bewilligt ein zu niedriges Arbeitslosengeld I.
Der Sozialversicherungsträger stellt die Versicherungspflicht fest (begünstigend: Versicherungsschutz, belastend: Beitragspflicht).

Bei inhaltlicher Teilbarkeit des Verwaltungsaktes gilt: Soweit der aufzuhebende Verwaltungsakt eine Begünstigung enthält, sind die Vorschriften über begünstigende Verwaltungsakte anzuwenden (z. B. § 45 SGB X). Soweit er eine Belastung enthält, sind die Vorschriften über belastende Verwaltungsakte anzuwenden (z. B. § 44 SGB X).
Bei fehlender Teilbarkeit (z. B. bei Feststellung der Versicherungspflicht) ist nur § 45 SGB X anzuwenden (Padé, in: jurisPK-SGB X, § 45 Rn. 37; Schütze, in v. Wulffen/Schütze, SGB X, 2014, § 45 Rn. 23 mit dem Argument des Vorrangs der Vertrauensschutzvorschrift ge-

genüber § 44 SGB X; a.A. Merten, in: Hauck/Noftz, SGB X, § 44 Rn. 13: Anwendung § 44 SGB X unter Bezug auf BSG, 11.4.1984 – 12 RK 68/82 – juris Rn. 25; differenzierend, Baumeister, in: jurisPK – SGB X, § 44 Rn. 61: Aufhebung geht von Behörde aus: § 45 SGB X; Initiative bei Betroffenem: § 44 SGB X).

- Drittwirkung hat ein Verwaltungsakt, wenn er nicht nur gegenüber dem Adressaten, sondern auch gegenüber einer anderen Person, eine unmittelbare, begünstigende oder belastende Rechtswirkung hat. Ein Verwaltungsakt kann also auch eine Person begünstigen und eine andere belasten.

Verwaltungsakt mit Drittwirkung

Beispiele

Die Abzweigung eines Teilbetrags nach § 48 SGB I ist für die unterhaltsberechtigte Ehefrau günstig, aber für den rentenberechtigten Ehemann belastend.

Die auf Antrag des Arbeitgebers von der zuständigen Arbeitsschutzbehörde abgegebene Erklärung der Zulässigkeit der Kündigung einer schwangeren Arbeitnehmerin ist ein privatrechtsgestaltender Verwaltungsakt, der für den Arbeitgeber günstig und für die Schwangere belastend ist (§ 9 MuSchG; BAG, 17.6.2003 – 2 AZR 245/02 – juris Rn. 16).

Die deutsche Ehefrau und die Kinder können durch die Ausweisung des ausländischen Ehemanns/Vaters in ihren Grundrechten aus Art. 2 und 6 GG unmittelbar beeinträchtigt sein. Bei schweren Straftaten kann die Ausweisung aber gerechtfertigt sein, wenn der Grundsatz der Verhältnismäßigkeit gewahrt wird (BVerwG, 27.8.1996 – 1 C 8.94 – juris Rn. 33 ff.).

In Fällen von Drittwirkung kann der Verwaltungsakt gegebenenfalls gegenüber der belasteten Person nach § 44 SGB X und gegenüber der begünstigten Person nach § 45 SGB X zurückgenommen werden (Baumeister, in: jurisPK – SGB X, § 44 Rn. 62 m.w.N. zu Problemen; Merten, in: Hauck/Noftz, SGB X, § 44 Rn. 13).

## 7.4 Rücknahme eines rechtswidrigen nicht begünstigenden Verwaltungsakts

Beispiel

Aufgrund einer ärztlichen Fehldiagnose hatte die Berufsgenossenschaft die Zahlung einer Unfallrente abgelehnt. Nach Feststellung des Fehlers nimmt sie die Ablehnung zurück und zahlt die Rente nach.

Rücknahme für Vergangenheit

In Abweichung von dem allgemeinen Grundsatz, dass der Bürger nach Eintritt der Unanfechtbarkeit des Verwaltungsakts dessen Aufhebung nicht erzwingen kann, ist der Sozialleistungsträger nach § 44 Abs. 1 SGB X zur Rücknahme eines rechtswidrigen nicht begünstigenden Verwaltungsakts auch für die Vergangenheit verpflichtet, wenn

- **Sozialleistungen zu Unrecht nicht gewährt** oder
- **Beiträge zu Unrecht erhoben** wurden,

weil bei Erlass des Verwaltungsakts das Recht unrichtig angewandt oder von einem unrichtigen Sachverhalt ausgegangen worden ist (sog. Überprüfungs- oder Zugunstenverfahren).

Die unrichtige Anwendung des Rechts haben Verwaltung und Gerichte prinzipiell auch ohne neues Vorbringen des Antragstellers zu prüfen (vgl. Art. 20 Abs. 3 GG). Durch den (ggf. ausgelegten und hinterfragten) Antrag muss sich jedoch objektiv erschließen, aus welchem Grund – Rechtsfehler und/oder falsche Sachverhaltsgrundlage – nach Auffassung des Leistungsberechtigten eine Überprüfung erfolgen soll (BSG, 13.2.2014 – B 4 AS 22/13 R – Rn. 13; zust. Geiger, info also 2014, 152). Falls die Rücknahme auf die Annahme eines unrichtien Sachverhalts gestützt wird, muss der Antragsteller zudem die maßgeblichen neuen Tatsachen benennen. Ohne einen solchen Hinweis müssen Verwaltung und Gerichte nicht von Amts wegen ermitteln (LSG Schleswig-Holstein, 28.10.2013 – L 6 AS 203/13 B PKH – juris Rn. 12).

Rechtsanspruch

Der Betroffene hat in diesem Falle Anspruch auf Rücknahme und auf einen neuen Bescheid über seine Ansprüche auf Sozialleistungen bzw. über seine Beitragspflicht. Die Rücknahme erfolgt also für die Vergangenheit und – über den Wortlaut der Norm hinaus – auch mit Wirkung für die Zukunft (BSG, 19.2.2009 – B 10 KG 2/07 R – juris Rn. 12).
Der Anspruch besteht nicht, wenn der Verwaltungsakt auf Angaben beruht, die der Betroffene vorsätzlich in wesentlicher Beziehung unrichtig oder unvollständig gemacht hat (§ 44 Abs. 1 Satz 2 SGB X).

Der Leistungsträger ist zur rückwirkenden Korrektur bestandskräftiger, rechtswidriger Leistungsablehnungen nach § 44 SGB X auch bei folgenden Leistungen verpflichtet:

- Leistungen der **Grundsicherung für Arbeitsuchende**: Sie sind grundsätzlich auch für die Vergangenheit zu erbringen, wenn und soweit sie rechtswidrig abgelehnt worden sind und Sonderregelungen des SGB II nichts abweichend regeln (BSG, 1.6.2010 – B 4 AS 78/09 R– juris Rn. 12 ff.: Abkehr vom Gegenwärtigkeitsprinzip).
- **Leistungen nach dem AsylbLG** (BSG, 17.6.2008 – B 8 AY 5/07 R – juris Rn. 13).
- **Leistungen der Sozialhilfe** (BSG, 28.2.2013 – B 8 SO 4/12 R – juris Rn. 10; BSG, 26.8.2008 – B 8 SO 26/07 R – juris Rn. 19: Abkehr vom Gegenwärtigkeitsprinzip).
- Leistungen der **Grundsicherung im Alter und bei Erwerbsminderung**: Eine rückwirkende Gewährung kann der Berechtigte ausnahmsweise verlangen, wenn Leistungen rechtswidrig abgelehnt wurden, der Hilfebedürftige den (nicht entfallenen) Bedarf etwa unter Rückgriff auf Schonvermögen oder durch Aufnahme von Schulden oder Hilfe Dritter selbst gedeckt hat und der Bedarf noch fortbesteht (BSG, 29.9.2009 – B 8 SO 16/08 R – juris Rn. 11: Ablehnung des Gegenwärtigkeitsprinzip).

Ausnahme: Aufhebung nur für die Zukunft

Verwaltungsakte über Leistungen der **Arbeitsförderung** oder der **Grundsicherung für Arbeitsuchende** müssen nur für die Zukunft aufgehoben werden, wenn der Verwaltungsakt auf einer Norm beruht, die vom BVerfG für verfassungswidrig erklärt wird bzw. in ständiger Rechtsprechung anders als durch die Agentur für Arbeit ausgelegt wird (§ 330 Abs. 1 SGB III und § 40 Abs. 2 Nr. 2 SGB II).

Sonstige Verwaltungsakte nach dem SGB

Andere rechtswidrige nicht begünstigende Verwaltungsakte – also solche, die nicht auf die (teilweise) Ablehnung von Sozialleistungen oder die Erhebung von Beiträgen i. S. v. § 44 Abs. 1 SGB X gerichtet sind – **muss** der Sozialleistungsträger für die Zukunft zurücknehmen. Er **kann** sie auch für die Vergangenheit zurücknehmen (§ 44 Abs. 2 Satz 1 und 2 SGB X).

Beispiel

Die Feststellung des Grads der Behinderung (§ 69 SGB IX; BSG, 29.5.1991 – 9a/9 RVs 11/89 – juris Rn. 21).

Zum Begriff »nicht begünstigend« → S. 386 ff.; zur Aufhebung eines Verwaltungsakts mit Drittwirkung → S. 387 und zur Mischwirkung → S. 386.

Gewährung für höchstens 4 Kalenderjahre

Bei Rücknahme für die Vergangenheit werden Sozialleistungen längstens für die vier Kalenderjahre vor dem Jahr der Rücknahme bzw. der Antragstellung auf Rücknahme gewährt (§ 44 Abs. 4 SGB X).

Beispiel

Rücknahme am 22.10.2013, Beginn des Vierjahreszeitraums am 31.12.2012 (§ 44 Abs. 4 Satz 2, 26 Abs. 1 SGB X i.V.m. § 187 Abs. 1 BGB), Ende des Vierjahreszeitraums am 1.1.2009 (§ 26 Abs. 1 SGB X i.V.m. § 188 Abs. 2 BGB). Damit wird die Leistung rückwirkend ab dem 1.1.2009 erbracht, also für 4 Jahre 9 Monate und 22 Tage.

Im SGB II höchstens 1 Jahr

Abweichend davon gilt für SGB II- und SGB XII-Sozialleistungen bei der Rücknahme für die Vergangenheit die Begrenzung der nachträglichen Leistungsgewährung auf einen Zeitraum von einem Jahr (§ 40 Abs. 1 Satz 2 SGB II, bzw. § 116a SGB XII; vertiefend zur Anwendbarkeit auf »Eingriffsbescheide«: Vopel, NZS 2013, 810). Die Regelung des § 116a SGB XII wird überdies entsprechend auf Leistungen nach dem AsylbLG angewendet, weil es dort auch um eine Leistung zur Sicherung menschenwürdiger Existenz geht (BSG, 26.6.2013 – B 7 AY 6/12 R – Rn. 12 ff., insb. 14).

Nicht anwendbar ist § 44 Abs. 4 SGB X, wenn ein Aufhebungs- und Erstattungsbescheid seinerseits später aufgehoben wird und der Bürger nun die Rückerstattug der von ihm wegen des ursprünglichen Erstattungsbescheids gezahlten Summe verlangt. Denn Anwendungsvoraussetzung ist die Forderung nach rückwirkender Gewährung von Sozialleistungen und nicht – wie hier – die Rückzahlung eines zu Unrecht geleisteten Erstattungsbetrags (BSG, 13.2.2014 – B 4 AS 19/13 R –juris Rn. 19 f.).
§ 44 Abs. 4 SGB X wird auf den sozialrechtlichen Herstellungsanspruch (→ S. 438) entsprechend angewendet (BSG, 24.4.2013 – B 13 R 23/13 R – juris Rn. 16).

Rechtsschutz

Der Bürger kann die Rücknahme **beantragen** und notfalls durch **Widerspruch** und **Klage** durchsetzen. Der Sozialleistungsträger ist aber auch **von Amts wegen** zur Rücknahme verpflichtet, wenn er die Rechtswidrigkeit des Verwaltungsakts bei einer internen Überprüfung feststellt. Dies gilt entsprechend, wenn er bei der Überprüfung einer Ermessensentscheidung neue Tatsachen ermittelt, die zu einer günstigeren Entscheidung geführt hätten.

Übernahme von Kosten selbstbeschaffter Hilfe zur Erziehung

Das Jugendamt ist zur Übernahme der Kosten bereits durchgeführter erzieherischer Hilfen nur unter den Voraussetzungen des § 36a SGB VIII verpflichtet. Denn die Gewährung von Jugendhilfeleistungen setzt grundsätzlich einen **Antrag des Leistungsberechtigten** voraus und außerdem, dass der Antrag so **rechtzeitig gestellt** ist, dass der Jugendhilfeträger zu pflichtgemäßer Prüfung sowohl der Anspruchsvoraussetzungen als auch möglicher Hilfemaßnahmen in der Lage ist. Für den erforderlichen Antrag ist keine besondere Form vorgesehen, er kann auch in der Form schlüssigen Verhaltens gestellt werden (BVerwG, 22.5.2008 – 5 B 130.07 – juris Rn. 4).

Übernahme von Kosten selbstbeschaffter Leistungen der KV

Versicherte haben Anspruch auf Erstattung der notwendigen Kosten, wenn die gesetzliche Krankenkasse eine unaufschiebbare Leistung nicht rechtzeitig erbracht oder zu Unrecht abgelehnt hat (§ 13 Abs. 3 SGB V).

Beispiel

Die gesetzliche Krankenkasse hat die Kosten für erfolgversprechende, aber vom Gemeinsamen Bundesausschuss der Krankenkassen, Krankenhäuser und Ärzte nicht anerkannte Behandlungsmethoden auch bei solchen schweren Krankheiten zu übernehmen, die nicht regelmäßig tödlich verlaufen, z. B. akut drohende Erblindung (BSG, 19.10.2004 – B 1 KR 27/02 R – juris Rn. 34).

Rücknahme außerhalb des SGB

Außerhalb des Sozialleistungsbereichs steht die Rücknahme eines seit Erlass rechtswidrigen nicht begünstigenden Verwaltungsakts nach § 48 VwVfG im **Ermessen** der Behörde.
Der Betroffene hat lediglich Anspruch auf eine ermessensfehlerfreie Entscheidung.
In der Praxis führt dies dazu, dass die Behörden häufig die Rücknahme rechtswidriger belastender Verwaltungsakte unter bloßem Hinweis auf die Unanfechtbarkeit ablehnen.

## 7.5 Rücknahme eines rechtswidrigen begünstigenden Verwaltungsakts

Beispiele

Das Jobcenter stellt fest, dass eine Frau, die seit fünf Jahren Leistungen zur Sicherung des Lebensunterhalts bezogen hat, während der gesamten Zeit als Kassiererin im Supermarkt tätig war und monatlich 300 Euro verdient hat.
Die Familienkasse bemerkt, dass versehentlich Kindergeld für ein Kind weitergezahlt worden ist, das die Altersgrenze für das Kindergeld überschritten hat.

Die Rücknahme rechtswidriger begünstigender Verwaltungsakte ist erheblich eingeschränkt durch die gesetzliche Anerkennung schutzwürdigen Vertrauens auf den Bestand des Verwaltungsaktes (§ 45 SGB X; § 48 Abs. 1 Satz 1, Abs. 2–4 VwVfG). Der Grundsatz des Vertrauensschutzes verlangt eine Abwägung zwischen dem Interesse des Bürgers an dem Bestand des Verwaltungsakts und dem öffentlichen Interesse an der Rücknahme.

Grundsatz

Vertrauensschutz

Die Rücknahme für die Zukunft von rechtswidrigen begünstigenden Verwaltungsakten ohne Dauerwirkung richtet sich nach § 45 Abs. 2 SGB X, von solchen mit Dauerwirkung nach § 45 Abs. 3 SGB X.

Rücknahme für Zukunft

Für die Vergangenheit können solche Verwaltungsakte nur unter den zusätzlichen Voraussetzungen des § 45 Abs. 4 SGB X zurückgenommen werden.

Rücknahme für Vergangenheit

**Die Rücknahme ist nur unter vier Voraussetzungen möglich:**

Die Rücknahme setzt eine Abwägung zwischen dem Vertrauensschutz des Begünstigten und dem öffentlichen Interesse an der Rücknahme voraus (§ 45 Abs. 2 SGB X). Es muss also zunächst Vertrauen vorliegen, das dann bei Abwägung gegen das öffentliche Interesse an der Rücknahme schutzwürdig ist. Für das Vorliegen von Vertrauen spricht eine Vermutung (BSG, 5.11.1997 – 9 RV 20/96 – juris Rn. 20), d.h. wenn der Vertrauensschutz weder nach § 45 Abs. 2 Satz 3 SGB X ausgeschlossen, noch nach § 45 Abs. 2 Satz 2 SGB X im Sinne eines Regelbeispiels feststellbar ist, kann man beim Fehlen entgegenstehender Anhaltspunkte vom Vorliegen schutzwürdigen Vertrauens ausgehen.

1. Voraussetzung: Abwägung Vertrauensschutz gegen öffentliches Interesse

Das Vertrauen ist nach § 45 Abs. 2 Satz 2 SGB X bzw. § 48 Abs. 2 Satz 2 VwVfG in der Regel schutzwürdig, wenn der Begünstigte

- erbrachte Leistungen bereits verbraucht oder
- eine Vermögensdisposition getroffen hat, die er nur unter unzumutbaren Nachteilen rückgängig machen kann.

Schutzwürdiges Vertrauen

Hat eine gutgläubige Witwe eine Rentennachzahlung zur Finanzierung einer Urlaubsreise eingesetzt, ist ihr Vertrauen schutzwürdig. Hat sie die Nachzahlung aber vollständig auf ihrem Sparkonto angelegt, kann sie keinen Vertrauensschutz beanspruchen, weil sie den Betrag problemlos zurückzahlen kann. Auch wenn das erlangte Geld für Anschaffungen oder zur Schuldentilgung verwendet wurde, liegt kein schutzwürdiges Vertrauen vor (BVerwG, 28.1.1993 – 2 C 15.91 – juris Rn. 11).

Beispiel

Nicht auf Vertrauen berufen kann sich der Begünstigte nach § 45 Abs. 3 SGB X bzw. § 48 Abs. 2 Satz 3 VwVfG, wenn er

- den Verwaltungsakt durch arglistige Täuschung, Bedrohung oder Bestechung erwirkt hat oder
- den Verwaltungsakt durch vorsätzlich oder grob fahrlässig unrichtige oder unvollständige Angaben erwirkt hat (im VwVfG ist kein Verschulden erforderlich) oder
- er die Rechtswidrigkeit des erlassenen Verwaltungsakts kannte oder infolge grober Fahrlässigkeit nicht kannte.

Kein Vertrauensschutz

Unrichtige »Angaben« müssen sich in diesem Zusammenhang auf Tatsachen beziehen, für die eine rechtliche Verpflichtung zur Mitteilung besteht. Äußerungen des Bürgers im Verwaltungsverfahren, die demgegenüber eine Anwendung von Rechtsnormen bzw. eine Subsumtion unter Rechtsbegriffe sind, stellen keine »Angaben« dar (BSG, 9.10.2012 – B 5 R 8/12 R – juris Rn. 27).
Grobe Fahrlässigkeit liegt nur dann vor, wenn die erforderliche Sorgfalt in besonders schwerem Maß verletzt ist. Den Adressaten eines Bewilligungsbescheids trifft die Obliegenheit, diesen zu lesen und zur Kenntnis zu nehmen. Es kommt auf die individuellen Fähigkeiten des Einzelnen an, auf seine persönliche Urteils- und Kritikfähigkeit, sein Einsichtsvermögen und Verhalten sowie auf die besonderen Umstände des Falles (BSG, 1.7.2010 – B 13 R 77/09 R – juris Rn. 32 f.). Von Menschen mit Hauptschulabschluss wird erwartet, dass sie einfache Fragen beantworten können. Wer die Reifeprüfung abgelegt hat und als gehobener Angestellter tätig war, handelt u. U. grob fahrlässig, wenn er Fragen nach seiner subjektiven Meinung beantwortet, ohne sich bei der Behörde zu erkundigen, wie die Frage zu verstehen ist (LSG NRW, 27.4.1988 – L 11 Kr 74/86 – NVwZ-RR 1989, 2).

Beispiele

Kein grobes Verschulden liegt vor, wenn ein promovierter Diplom-Volkswirt der irrigen Ansicht ist, ein Kinderzuschuss werde bis zur Vollendung des 27. Lebensjahres gezahlt, und deshalb den Leistungsträger nicht auf die Vollendung des 25. Lebensjahres seiner Tochter hinweist, zumal dem Leistungsträger das Geburtsdatum bekannt war (LSG Niedersachsen, 10.10.1987 – 1 An 41/87 – NJW 1989, 1109).
Enthält ein Formular, das dem Antragsteller von der Behörde vorgelegt wird, nicht alle Fragen, die für die Inanspruchnahme einer Sozialleistung erheblich sind, stellt es keine grobe Fahrlässigkeit dar, wenn der Antragsteller keine zusätzlichen Angaben gemacht hat (BSG, 7.7.1998 – B 5 RJ 58/97 R – juris Rn. 21 f.).
Bei Aushändigung eines Merkblattes kommt es darauf an, ob der Begünstigte darin enthaltene Hinweise verstehen konnte, wenn die Rechtsmaterie kompliziert und die Erläuterungen sehr umfangreich sind (BSG, 28.8.2007 – B 7/7a AL 56/06 R – juris Rn. 15).
Grobe Fahrlässigkeit ist auch dann gegeben, wenn versehentlich statt für drei Kinder Kindergeld für vier Kinder ausgezahlt wird und der Empfänger angibt, er habe gedacht, das werde wohl stimmen.

Verschulden des Vertreters

Hat ein gesetzlicher Vertreter grob fahrlässig falsche Angaben gemacht und dadurch z. B. bewirkt, dass Sozialleistungen an den Vertretenen als Begünstigten gewährt wurden, hat sich der Vertretene das Handeln des Vertreters zurechnen zu lassen, weil sein eigenes Handeln durch das Vertreterhandeln ersetzt wird, mit der Folge, dass sein Vertrauen nicht schutzwürdig ist (BSG, 22.10.1968 – 9 RV 418/65 – juris Rn. 2; SächsLSG, 26.11.2008 – L 3 R 28/08; Padé, in: jurisPK-SGB X, § 45 Rn. 94). Allerdings ist im Rahmen der Ermessensprüfung zugunsten des Vertretenen zu berücksichtigen, ob ihn ein Mitverschulden trifft oder ob ihm kein Schuldvorwurf gemacht werden kann, ob ihm Vermögensvorteile zugeflossen sind und ob ihm die Rückzahlung zugemutet werden kann.

Verschulden Dritter

Beruht der Verwaltungsakt auf schuldhaft unrichtigen Angaben Dritter (z.B. bei gewillkürter Bevollmächtigung), so beeinträchtigt das den Vertrauensschutz für den Begünstigten grundsätzlich nicht (Padé, in: jurisPK – SGB X, § 45 Rn. 94; a.A. LSG Berlin-Brandenburg, 20.2.2014 – L 22 R 443/12 – juris Rn. 54).

Beispiel

Füllt die unterhaltspflichtige Mutter einer behinderten volljährigen Tochter die Erklärung über ihr Einkommen und Vermögen nicht vollständig aus und wird daraufhin Sozialhilfe zu Unrecht bewilligt, kann das Sozialamt den Bewilligungsbescheid nicht wegen grober Fahrlässigkeit der Mutter aufheben. Vielmehr muss es bei der Bewilligung verbleiben, es sei denn, diese ist für die Tochter erkennbar offenbar unrichtig (→ S. 379). Die Mutter ist u.U. nach § 104 SGB XII zur Erstattung der zu Unrecht gezahlten Beträge verpflichtet.

2. Voraussetzung: Überwiegendes öffentliches Interesse

Soweit das Vertrauen des Begünstigten unter Abwägung mit dem öffentlichen Interesse schutzwürdig ist, darf ein Verwaltungsakt nach § 45 Abs. 2 Satz 1 SGB X **nicht rückwirkend** zurückgenommen werden. Jedoch wird ein überwiegendes öffentliches Interesse in der Regel bejaht für Verwaltungsakte, soweit diese auch **für die Zukunft** zu laufenden Leistungen verpflichten, d.h. ein Vertrauensschutz für die Zukunft wird verneint (BSG, 5.11.1997 – 9 RV 20/96 – juris Rn. 18). War allerdings die Begünstigung ursächlich für eine dauernde Änderung der Lebensführung des Begünstigten oder würde sie ihn von Hilfe zum Lebensunterhalt abhängig machen, kann dies gegen die Rücknahme für die Zukunft sprechen (BSG, 14.11.1985 – 7 RAr 123/84 – juris Rn. 44; Padé, in: jurisPK – SGB X, § 45 Rn. 67).
Bei einem »Bösgläubigen« wird grundsätzlich kein schutzwürdiges Interesse rechtlich anerkannt, das schuldhaft zu Unrecht Erlangte ganz oder teilweise zu behalten. Das gilt selbst dann, wenn die Rücknahme/Rückforderung zu wirtschaftlichen Härten führen kann (BSG, 11.4.2002 – B 3 P 8/01 R – juris Rn. 26).
Nur in absoluten Ausnahmefällen können die privaten Interessen des Begünstigten das öffentliche Interesse an der Rücknahme/Rückforderung überwiegen. Dies setzt voraus, dass dem Begünstigten nur grobe Fahrlässigkeit vorzuwerfen ist und dass seine Lebensgrundlage vernichtet würde, wenn ihm ein langjährig zugeflossener, für die Lebensführung ausschlaggebend gewesener Rechtsvorteil entzogen würde.

Soweit der Vertrauensschutz reicht, sind die Voraussetzungen für die Rücknahme nicht erfüllt (Abs. 2: »darf nicht«; Abs. 3: »kann nur«; Abs. 4: »wird nur«). Der den Gutgläubigen begünstigende Verwaltungsakt bleibt also für die **Vergangenheit** als Rechtsgrund für die rechtswidrig erhaltenen Leistungen in Kraft.

Beispiel

Infolge fehlerhafter Ermittlungen der Behörde erhält A einen Bescheid über die Eigenschaft als schwerbehinderter Mensch mit einem Grad der Behinderung von 50. A. nimmt die für schwerbehinderte Menschen vorgesehenen Leistungen in Anspruch. Eine Aufhebung dieses Bescheides ist nur **für die Zukunft** zulässig (§ 69 Abs. 4 SGB IX).

Aber auch die Voraussetzungen der Rücknahme für die **Zukunft** sind bei Gutgläubigen nicht erfüllt, soweit das Vertrauen schutzwürdig ist. Insoweit bleibt die rechtswidrige Begünstigung auch für die Zukunft erhalten. Eine Rücknahme ist beispielsweise ausgeschlossen, wenn die Begünstigung ursächlich war für eine einschneidende und dauernde Änderung der Lebensführung des Begünstigten (BSG, 5.11.1997 – 9 RV 20/96 – juris Rn. 22).

3. Voraussetzung: Ermessensausübung

Die Rücknahme nach § 45 Abs. 1–4 SGB X ist bei Vorliegen der Tatbestandsvoraussetzungen eine Ermessensentscheidung, auch wenn der Wortlaut zumindest des § 45 Abs. 4 Satz 1 SGB X (»… wird … zurückgenommen«) anderes zu belegen scheint. Denn der Absatz 4 ist im Zusammenhang mit § 45 Abs. 1 SGB X (»… darf zurückgenommen werden«) zu lesen (BVerwG, 17.9.1987 – 5 C 26.84 – juris Rn. 12; BSG, 15.2.1990 – 7 RAr 28/88 – juris Rn. 21; Palsherm, Sozialrecht, 2015, Rn. 107 m. w. N.).
Gesichtspunkte für die Ermessensausübung können insbesondere die wirtschaftliche Folgen der Rücknahme für den Begünstigten sein (BSG, 17.10.1990 – 11 RAr 3/88 – juris Rn. 26). Da die Erstattungsregelung des § 50 Abs. 1 SGB X eine gebundene Rechtsfolge setzt, sind bereits bei der Rücknahmeentscheidung Ermessenserwägungen zum Umfang des Erstattungsanspruchs anzustellen (Sächsisches OVG, 12.1.2012 – 1 A 466/09 – juris Rn. 29). Auch ein mit der Rücknahme und deren Vollzug verbundener unangemessener Verwaltungsaufwand ist ein ermessensbedeutsamer Umstand (BSG, 10.8.1988 – 10 RAr 2/86 – juris Rn. 24). Ein »normaler« Fehler der Verwaltung ist aber für die Ermessensausübung ohne Relevanz, wenn die Rücknahme aufgrund eines vorwerfbaren Verhaltens des Bürgers nach § 45 Abs. 2 SGB X die Rücknahme des Verwaltungsaktes naheliegt.

Fehlende Ermessenserwägungen können bis zur letzten Tatsacheninstanz eines Gerichtsverfahrens nachgeholt werden (§ 41 Abs. 2 SGB X).

Die Tatsache fehlenden Vertrauensschutzes führt für sich nicht zu einer Ermessensschrumpfung auf Null (SG Aachen, 22.7.2014 – S 11 BK 28/13 – juris Rn. 23).

Ermessensschrumpfung auf Null bei Bösgläubigkeit

Eine Rücknahme der Begünstigung für die **Vergangenheit und die Zukunft** ist nur bei bösgläubig Bereicherten zugelassen; denn sie können sich auf Vertrauen nicht berufen (Abs. 4 Satz 1 i.V.m. Abs. 2 Satz 3).
Die Ermessensschrumpfung auf Null stellt einen seltenen Ausnahmefall dar. Sie kann vor allem bei betrügerischen Verhalten angenommen werden. In anderen Fällen, insbesondere bei grob fahrlässigem Verhalten, setzt sie voraus, dass keine Umstände vorliegen, die eine für den Betroffenen ganz oder teilweise günstigere Entscheidung zuließen (BSG, 11.4.2002 – B 3 P 8/01 R – juris Rn. 26; Steinwedel, KK, § 45 SGB X Rn. 60 ff. m. w. N.).
Die mit der Rückforderung regelmäßig verbundene Härte allein reicht nicht aus, von der Rückforderung abzusehen. Der Begünstigte

muss darlegen, dass eine signifikante Abweichung vom Regelfall vorliegt. Schlechte Einkommens- und Vermögenslage begründen keinen atypischen Fall. Dagegen können z.B. Alter, Krankheit, besonderer Arbeitseinsatz eine atypische Lage begründen. Auch das Verschulden ist in die Ermessensabwägung einzubeziehen. Zugunsten des Begünstigten kann sich auswirken, dass nicht er, sondern ohne sein Wissen sein Vertreter falsche Angaben gemacht hat.

Sonderregelungen im SGB II und SGB III

§ 45 SGB X wird u. a. durch § 40 SGB II und § 330 Abs. 2 SGB III modifiziert: Die Ermessensausübung hat in den Fällen des § 45 Abs. 2 Satz 3 SGB X zu unterbleiben mit der Folge, dass bei »Bösgläubigkeit« eine Aufhebung – auch mit Wirkung für die Vergangenheit – erfolgen **muss**.

Erlass

Allerdings darf der Leistungsträger nach § 44 SGB II den Rückforderungsanspruch erlassen, wenn dessen Einziehung nach Lage des Falles unbillig wäre, z. B. wenn die Rückzahlungsverpflichtung zu einem »Mühlstein« wird, der den Betroffenen dauerhaft demotiviert und sozial abgleiten lässt, oder bei Gefährdung des Familienzusammenhalts (Hengelhaupt, in: Hauck/Noftz, SGB II, § 44 Rn. 46 f.).

4. Voraussetzung: Rücknahmefrist

Die Rücknahme für die Vergangenheit muss **binnen eines Jahres** seit Kenntnis der die Rücknahme rechtfertigenden Tatsachen erfolgen (§ 45 Abs. 4 Satz 2 SGB X; § 48 Abs. 4 Satz 1 VwVfG).
Die Frist beginnt zu laufen, sobald dem zuständigen Sachbearbeiter alle Umstände bekannt sind, deren Kenntnis es der Behörde objektiv ermöglicht, ohne weitere Sachaufklärung unter sachgerechter Ausübung ihres Ermessens über die Rücknahme zu entscheiden. Die Behörde muss nicht nur Kenntnis der Tatsachen haben, aus denen sich die Rechtswidrigkeit des Verwaltungsakts ergibt, sondern auch sämtliche für die Rücknahmeentscheidung außerdem erheblichen Tatsachen kennen (BSG, 31.1.2008 – B 13 R 23/07 R – juris Rn. 24). Damit beginnt der Fristlauf regelmäßig erst nach der Anhörung des Betroffenen (Schleswig-Holsteinisches LSG, 14.5.2014 – L 8 U 69/12 – juris Rn. 47).
Ist der Rücknahmebescheid formell rechtswidrig, z.B. wegen unterlassener Anhörung oder fehlender Ermessensausübung, so kann die Behörde die Rücknahmefrist einhalten, wenn der Fehler rechtzeitig geheilt wird. Die Heilung kann wegen der Rückwirkung der Heilung auch nach Ablauf der Ein-Jahres-Frist erfolgen (→ S. 381).

Verwaltungsakte mit Dauerwirkung

Die Rücknahme rechtswidriger begünstigender Verwaltungsakte mit Dauerwirkung ist im Sozialleistungsbereich in der Regel nur **innerhalb von zwei Jahren** nach ihrer Bekanntgabe zulässig, ausnahmsweise **innerhalb von zehn Jahren** (§ 45 Abs. 3 SGB X).

Ein Verwaltungsakt mit Dauerwirkung liegt vor, wenn

- sich der Verwaltungsakt nicht in einem einmaligen Gebot oder Verbot oder in einer einmaligen Gestaltung der Rechtslage erschöpft, sondern ein auf Dauer berechnetes oder in seinem Bestand von dem Verwaltungsakt abhängiges Rechtsverhältnis begründet oder inhaltlich verändert;

Beispiele

Feststellung der Behinderung (§ 69 SGB IX).
Bescheid, der zur Arbeit in einem Ein-Euro-Job verpflichtet (§ 16d SGB II).
Feststellung der Erwerbsfähigkeit (§ 44a SGB II).

- ein Verwaltungsakt nicht eine einmalige Leistungsgewährung, sondern den Leistungsbezug für eine bestimmte oder unbestimmte Dauer zum Gegenstand hat.

Beispiele

Bewilligung von Alg II und Sozialgeld (§ 41 Abs. 1 Satz 4 SGB II).
Bewilligung von Grundsicherung im Alter/bei Erwerbsminderung (§ 44 Abs. 1 Satz 1 SGB XII).

Rechtsschutz

Die Rücknahme ist durch **Widerspruch** und **Klage** anfechtbar. Vollzieht die Behörde sie sofort, so kann auf Antrag des Bürgers das zuständige Gericht die Vollziehung der Rücknahme einstweilen ganz oder teilweise aussetzen (§ 86b Abs. 1 SGG, § 80 Abs. 5 VwGO).

VwVfG weicht ab

Die Regelung des VwVfG weicht teilweise von der Regelung des SGB X ab (§ 48 Abs. 2–6 VwVfG).

## 7.6 Widerruf eines rechtmäßigen belastenden Verwaltungsakts

Beispiel

Nach mehrmonatiger Abzweigung eines Teils des Arbeitslosengeldes I beantragt der Arbeitslose bei der Agentur für Arbeit, ihm zukünftig einen höheren Betrag auszuzahlen.

Grundsatz

Der Widerruf rechtmäßiger belastender Verwaltungsakte für die Zukunft ist grundsätzlich jederzeit möglich. Er steht im **Ermessen** der Behörde.
Die freie Widerruflichkeit ist ausgeschlossen, wenn ein Verwaltungsakt gleichen Inhalts neu erlassen werden müsste oder der Widerruf aus anderen Gründen unzulässig ist (§ 46 SGB X; § 49 VwVfG).

Anwendungsbereich der Vorschrift

Im Wesentlichen kommt ein Widerruf nur bei Ermessensentscheidungen in Betracht, wenn die Behörde im Rahmen des Ermessensspielraums zu einer anderen, für den Betroffenen günstigeren Entscheidung kommt.

Beispiele

Widerruf einer Aufrechnung.
Widerruf der Versagung von Sozialleistungen wegen fehlender Mitwirkung.

Ändert sich die Sach- und Rechtslage, ist § 48 SGB X anzuwenden. § 46 SGB X erlaubt somit in beschränktem Maße Änderungen aus anderen Gründen.

## 7.7 Widerruf eines rechtmäßigen begünstigenden Verwaltungsakts

Beispiel

Die gesetzliche Krankenkasse bewilligt unbefristetes Kinderkrankengeld bei einer tödlich verlaufenden Erkrankung und behält sich den Widerruf für den Fall vor, dass das Kind sechs Monate nach der Bewilligung noch lebt (§ 45 Abs. 4 SGB V).

Widerruf für Zukunft

Der Widerruf rechtmäßig begünstigender Verwaltungsakte für die Zukunft ist nach § 47 Abs. 1 SGB X nur zulässig, wenn

- der Widerruf durch Rechtsvorschrift zugelassen oder im Verwaltungsakt vorbehalten ist (→ S. 360);

  Beispiel

  Wird Ausbildungsförderung unter Vorbehalt bewilligt und ist das maßgebliche Einkommen höher als angenommen, ist der Widerruf in Höhe des bewilligten Mehrbetrags zulässig.

- der Begünstigte eine mit dem Verwaltungsakt verbundene Auflage nicht oder nicht fristgerecht erfüllt (→ S. 360).

Widerruf für Vergangenheit

Der Widerruf rechtmäßig begünstigender Verwaltungsakte, die eine Geld- oder Sachleistung zur Erfüllung eines bestimmten Zwecks zuerkennen, ist mit Wirkung für die Vergangenheit nach § 47 Abs. 2 SGB X nur zulässig, wenn

- die Leistung nicht, nicht alsbald oder nicht mehr für den bestimmten Zweck verwendet wird,
- mit dem Verwaltungsakt eine Auflage verbunden ist und der Begünstigte diese nicht oder nicht innerhalb der gesetzten Frist erfüllt.

Mit dieser Regelung soll das Ziel einer sparsamen und sachgerechten Verwendung öffentlicher Mittel erreicht werden, die bei einem bloß in die Zukunft wirkenden Widerruf nicht gewährleistet wäre. Entscheidend ist eine im Verwaltungsakt konkret zum Ausdruck gelangende Zweckbestimmung der Verwendung von Geld- und Sachleistungen (BSG, 14.12.2000 – B 11 AL 63/00 R – juris Rn. 16). Es genügt nicht der Hinweis im Bescheid auf die Rechtsgrundlage, aus der die Sozialleistung erbracht wird. Es reicht auch nicht, dass der Verwaltungsakt die allgemeine Zweckbestimmung des Gesetzes wiederholt oder durch eine bloße Nebenbestimmung ergänzt.
Als zweckgebundene Leistungen kommen in Betracht z. B. Leistungen im Bereich der Arbeitsförderung wie Eingliederungszuschüsse. Dagegen sind Leistungen mit Lohnersatzfunktion (z. B. Arbeitslosengeld) nicht zweckbestimmt. Eine gesetzliche Zweckbindung besteht auch nicht bei Leistungen nach dem Kindergeldgesetz, Elterngeldgesetz (BSG, 21.2.2013 – B 10 EG 12/12 R – juris Rn. 38), Unterhaltsvorschussgesetz.

Vertrauensschutz

Der Widerruf ist nicht zulässig, wenn das Vertrauen des Begünstigten auf den Bestand des Verwaltungsakts für die Vergangenheit schutzwürdig ist. Deshalb ist eine Vertrauensschutzabwägung ähnlich wie bei der Rücknahme eines rechtswidrigen Verwaltungsakts gemäß § 45 SGB X erforderlich (→ S. 390).

VwVfG weicht ab

Die Regelung des § 49 Abs. 2 VwVfG weicht teilweise ab.

## 7.8 Aufhebung eines Verwaltungsakts mit Dauerwirkung bei Änderung der Verhältnisse

Beispiele

Einem behinderten Menschen ist ein Grad der Behinderung von 40 zuerkannt worden. Nachdem sich sein Gesundheitszustand erheblich verschlechtert hat, beantragt er Neufestsetzung des Grades der Behinderung auf 100.
Ein Arbeitsuchender hat Arbeitslosengeld II bezogen. Einige Zeit nach Eintritt der Arbeitslosigkeit erzielt er Einkommen aus einem neuen Arbeitsverhältnis. Das Jobcenter hebt die Bewilligung des Arbeitslosengeldes II auf.

Anwendungsbereich

Im Unterschied zu den §§ 44–47 SGB X, die auf die Rechtmäßigkeit bzw. Rechtswidrigkeit **bei Erlass** des Verwaltungsakts abstellen, erfasst § 48 SGB X die Fälle, in denen sich **nach dem Erlass** des Verwaltungsakts die rechtserheblichen Verhältnisse ändern (s. BSG, 29.11.2012 – B 14 AS 6/12 R – juris Rn. 17). Ausnahmsweise kann auch die Aufhebung eines anfänglich rechtswidrigen Bescheids auf § 48 SGB X gestützt werden; nämlich wenn sich die zugrudeliegenden Verhältnisse nachträglich geändert haben (BSG, 17.6.2008 – B 8 AY 9/07 R – juris Rn. 13; Brandenburg, in: jurisPK – SGB X, § 48 Rn. 34 m. w. N.), z.B. wenn der Bescheid bereits ursprünglich nicht hätte ergehen dürfen, dann aber noch nachträglich eine von der Behörde angenommene Leistungsvoraussetzung entfallen ist (BSG, 27.5.2014 – B 8 SO 26/12 R - juris Rn. 31).
Wesentlich ist eine Änderung, wenn der Verwaltungsakt, so wie er ursprünglich nach der damaligen Sach- und Rechtslage erlassen wurde, nach der neuen Sach- und Rechtslage nicht mehr ergehen durfte. Maßgebend ist insoweit das jeweilige materielle Recht (BSG, 20.3.2007 – B 2 U 21/06 R – juris Rn. 11).

Beispiele

**Änderung der tatsächlichen Verhältnisse:**
Ein Arbeitsuchender macht ohne die erforderliche vorherige Zustimmung des Jobcenters vier Wochen Urlaub an der Ostsee. Dadurch entfällt sein Anspruch auf Arbeitslosengeld II.
Der Gesundheitszustand des Leistungsempfängers verändert sich grundlegend.
Der Bezieher von Arbeitslosengeld II findet eine Teilzeitstelle und erzielt berücksichtigungsfähiges Einkommen.

**Änderung der rechtlichen Verhältnisse:**
Die Einführung der Warmwasser-Pauschale verpflichtet das Jobcenter zur Neufestsetzung der Kosten der Unterkunft (§ 21 Abs. 7 SGB II).

Ein rechtmäßiger Verwaltungsakt mit Dauerwirkung ist nach § 48 Abs. 1 Satz 1 SGB X für die Zukunft aufzuheben, soweit in den tatsächlichen oder rechtlichen Verhältnissen, die bei seinem Erlass vorgelegen haben, eine wesentliche Änderung eintritt (zur Dauerwirkung → S. 390).

Aufhebung für die Zukunft

Zugunsten des Beteiligten ist außerdem **für die Zukunft** aufzuheben, wenn der zuständige oberste Gerichtshof des Bundes (BSG, BVerwG) in ständiger Rechtsprechung nachträglich das Recht anders auslegt als die Behörde bei Erlass des Verwaltungsakts (§ 48 Abs. 2 SGB X).

Zugunsten-Aufhebung bei Änderung der Rechtsprechung

Das BSG ist der Auffassung, dass Abs. 2 auch eine Aufhebung **für die Vergangenheit** nicht ausschließt (BSG, 27.7.2004 – B 7 AL 76/03 R – juris Rn. 19).

Der Verwaltungsakt »soll« rückwirkend vom Zeitpunkt der **Änderung der Verhältnisse** aufgehoben werden, wenn die Änderung zugunsten des Betroffenen erfolgt (§ 48 Abs. 1 Satz 2 Nr. 1 SGB X).

Rückwirkende Zugunsten-Änderung

Eine rückwirkende Aufhebung »**soll**« nach § 48 Abs. 1 Satz 2 Nrn. 2–4 SGB X zu Ungunsten des Betroffenen erfolgen, wenn dieser
- Mitteilungspflichten vorsätzlich oder grob fahrlässig nicht erfüllt,
- Einkommen oder Vermögen erzielt oder
- er trotz Kenntnis bzw. grob fahrlässiger Unkenntnis der Nichtberechtigung weiter die Vorteile entgegengenommen hat.

Rückwirkende Zuungunsten-Änderung

Das Wort »soll« bedeutet, dass der Leistungsträger in der Regel den Verwaltungsakt rückwirkend aufheben muss, jedoch in atypischen Fällen nach seinem Ermessen hiervon abweichen kann. Ein atypischer Fall liegt vor, wenn der Einzelfall auf Grund seiner besonderen Umstände von dem Regelfall der Tatbestände nach Abs. 1 Satz 2 deutlich abweicht und die vorgesehene Rechtsfolge für den Betroffenen eine unverhältnismäßige Härte darstellen würde (BSG, 31.1.2008 – B 13 R 23/07 R – juris Rn. 30).

Soll-Vorschrift

Atypisch ist es, wenn die Bewilligung von Elterngeld wegen Bösgläubigkeit des Ehemanns aufgehoben werden soll, aber die Ehefrau für denselben Zeitraum Anspruch auf Elterngeld gehabt hätte; denn es handelt sich bei wirtschaftlicher Betrachtung um eine Familienleistung (BSG, 5.10.2006 – B 10 EG 6/04 R – juris Rn. 18 ff. zum BErzGG).

Beispiel

§ 48 SGB X wird u. a. durch § 40 Abs. 2 Nr. 3 SGB II und § 330 Abs. 3 SGB III modifiziert: Die Ermessensausübung hat in den Fällen des § 48 Abs. 1 Satz 2 SGB X zu unterbleiben (BSG, 5.6.2014 – B 4 AS 49/13 R – juris Rn. 13). Die Aufhebung **muss** mit Wirkung für die Vergangenheit erfolgen. Vgl. zu weiteren Sondervorschriften: Brandenburg, in: jurisPK – SGB X, § 48 Rn. 13 ff.

Sonderregelungen für SGB II und SGB III

## 7.9 Wiederaufgreifen des Verfahrens außerhalb des SGB

Außerhalb des Sozialgesetzbuches haben Betroffene nur geringe Möglichkeiten nach Eintritt der Unanfechtbarkeit des Verwaltungsakts dessen Aufhebung zu erreichen.

Grundsatz

§ 51 VwVfG regelt die Voraussetzungen für einen Anspruch auf Wiederaufgreifen des Verfahrens. Ob es dann zu einer Aufhebung des Verwaltungsaktes und einer neuen Sachentscheidung kommt, beurteilt sich nach §§ 48, 49 VwVfG, die der Verwaltung einen Ermessensspielraum gewähren (BVerwG, 22.10.2009 – 1 C 15.08 – juris Rn. 25; Hk-VerwR/VwVfG/Kastner, 2013, § 51 VwVfG Rn. 3).

Beispiel

Beruht ein Verwaltungsakt auf einem verfassungswidrigen Gesetz, so ist eine Ermessensentscheidung, die eine Rücknahme für die Vergangenheit wegen dessen Bestandskraft ablehnt, grundsätzlich nicht zu beanstanden (BVerwG, 24.2.2011 – 2 C 50.09 – juris Rn. 12).

Voraussetzungen

Der Betroffene hat nur Anspruch auf Wiederaufgreifen des Verfahrens, wenn er einen entsprechenden Antrag stellt und ein Fall des § 51 Abs. 1 Nr. 1–3 VwVfG vorliegt (Für Anträge der Asylbewerber gilt die Sonderregelung in §§ 71, 71a AsylVfG):

- Bei nachträglicher Änderung der Sach- oder Rechtslage zugunsten des Betroffenen

Änderung der Sachlage

Die Sachlage ändert sich, wenn nach Eintritt der Unanfechtbarkeit Umstände eingetreten sind, die zu einer anderen Entscheidung geführt hätten.

Beispiel

Ein rechtskräftig wegen verschiedener Straftaten Ausgewiesener kann das Wiederaufgreifen des Verfahrens beantragen, wenn nach Erlass des Ausweisungsbescheids sich neue Abschiebungshindernisse ergeben haben (BVerwG, 22.10.2009 – 1 C 15.08 – juris Rn. 38).

Änderung der Rechtslage

Die Rechtslage ändert sich, wenn sich die Rechtsvorschriften geändert haben, auf denen der Verwaltungsakt beruhte, nicht aber, wenn sich aus einer neuen höchstrichterlichen Rechtsprechung nachträglich ergibt, dass der Verwaltungsakt rechtswidrig ist (BVerwG, 11.9.2013 – 8 C 4.12 – juris Rn. 21).

Neue Beweismittel

- Bei Vorliegen neuer Beweismittel, die zu einer günstigen Entscheidung führen würden. Als neue Beweismittel in diesem Sinne sind auch solche zu verstehen, die während des abgeschlossenen Verwaltungsverfahrens zwar schon vorhanden waren, aber ohne Verschulden des Betroffenen nicht oder nicht rechtzeitig beigebracht werden konnten (BVerwG, 11.9.2013 – 8 C 4.12 – juris Rn.26).

Beispiele

Nachdem ein Asylantrag mangels Nachweis der politischen Verfolgung unanfechtbar abgelehnt ist, entdeckt ein Ausländer einige Landsleute, mit deren Aussage er den Nachweis von Folterungen erbringen kann.
Bei einer Entscheidung über das Wiederaufgreifen des Verfahrens zur Feststellung eines Abschiebungshindernisses ist das Ermessen regelmäßig auf Null reduziert, wenn der Ausländer an einer schweren Krankheit erkrankt ist, die im Heimatland nicht behandelt werden kann (BVerwG, 11.9.2007 – 10 C 8.07).

Wiederaufnahmegrund

- Bei Wiederaufnahmegründen entsprechend § 580 ZPO (selten zutreffend).

Beispiel

Beruht die unanfechtbare Ablehnung des Asylantrags darauf, dass eine gefälschte Urkunde vorgelegt wurde oder dass politische Gegner als Zeugen vorsätzlich falsch aussagten, so besteht ein Anspruch auf Wiederaufgreifen des Verfahrens entsprechend § 580 Abs. 1 Nr. 2 und 3 ZPO.

Zweitbescheid nach Wiederaufgreifen des Verfahrens

Hält die Behörde die Voraussetzungen des Wiederaufgreifens für gegeben oder greift sie – ohne dazu verpflichtet zu sein – das Verfahren wieder auf und führt eine erneute Sachprüfung durch, ist die für den Verwaltungsakt aktuell gegebene Rechtslage maßgeblich (BVerwG, 21.4.1982 – 8 C 75.80 – juris Rn. 14; Sachs, in: Stelkens/Bonk/Sachs, VwVfG, 2014, § 51 Rn. 32 f.). Es steht dann nicht mehr im Ermessen der Behörde, wie sie entscheidet.
Der neue, bestätigende oder aufhebende »Zweitbescheid« tritt an die Stelle des ursprünglichen Verwaltungsakts.
Der Zweitbescheid ist wie ein neu ergangener Verwaltungsakt durch Widerspruch und ggfs. Anfechtungsklage anfechtbar (BVerwG, 22.10.2009 – 1 C 15.08).

Ablehnung des Wiederaufgreifens durch wiederholende Verfügung

Lehnt die Behörde das Wiederaufgreifen und damit die erneute Prüfung des erlassenen Verwaltungsakts ab und beruft sie sich somit auf die Unanfechtbarkeit des Verwaltungsakts, so ist der neue Bescheid als sog. »wiederholende Verfügung« ein Verwaltungsakt.
Dieser ist mit **Widerspruch** und **Klage** anfechtbar (BVerwG, 11.12.2008 – 7 C 3.08 – juris Rn. 14 ff.; → S. 466 ff.).

Sonderregelung bei rechtswidriger Einbürgerung

Eine rechtswidrig erlangte Einbürgerung kann nur bis zum Ablauf von fünf Jahren nach der Bekanntgabe der Einbürgerung zurückgenommen werden (BVerwG, 30.6.2008 – 5 C 32.07 – juris Rn. 18).
Hat die Rücknahme Auswirkungen auf die Staatsangehörigkeit Dritter, so ist für jede betroffene Person eine selbständige Ermessensentscheidung zu treffen. Dabei sind die schutzwürdigen Belange der Dritten, z. B. der Kinder zu berücksichtigen (BVerfG, 24.5.2006 – 2 BvR 669/04; BVerwG, 30.6.2008 – 5 C 32.07).

## 8 Anhang: Der öffentlich-rechtliche Vertrag

Beispiel

Ein Kreis vereinbart mit dem Träger eines Frauenhauses eine Festbetragsfinanzierung.

Kooperatives Verwaltungshandeln

In Verwaltung und Gesetzgebung besteht seit einer Reihe von Jahren die Tendenz, die Erfüllung öffentlicher Aufgaben nicht mehr auf der Grundlage einer einseitigen hoheitlichen Entscheidung in Form eines Verwaltungsakts, sondern nach Möglichkeit auf der Grundlage von Vereinbarungen mit den Leistungsberechtigten bzw. mit freien Trägern wahrzunehmen.

Rechtsgrundlage

Der öffentlich-rechtliche Vertrag ist in §§ 53 ff. SGB X (s. auch §§ 54 ff. VwVfG) allerdings recht lückenhaft geregelt.

Inhalt

Der öffentlich-rechtliche Vertrag kann die Begründung, die Änderung oder Aufhebung eines Rechtsverhältnisses auf dem Gebiet des öffentlichen Rechts zum Inhalt haben.

Schriftform

Er ist schriftlich zu schließen (§ 56 SGB X).

Verwaltungsverfahrensrecht gilt

Auf den öffentlich-rechtlichen Vertrag sind die Vorschriften des Verwaltungsverfahrensrechts anzuwenden, soweit diese auf Verträge passen bzw. den Rechtsschutz der Betroffenen gewährleisten sollen (z. B. § 13 SGB X – Vertretung durch Bevollmächtigte, § 26 SGB X – Fristen und Termine, §§ 67–85 SGB X – Sozialdatenschutz).

und BGB

Ergänzend gelten nach § 61 Satz 2 SGB X die Vorschriften des BGB über Willenserklärungen und Verträge entsprechend (zur Anpassung und Kündigung → S. 403).

Eingeschränkt im Sozialleistungsrecht

Im Sozialleistungsrecht sind solche Vereinbarungen mit Leistungsberechtigten nur zulässig, wenn die Leistung im Ermessen des Leistungsträgers steht (§ 53 Abs. 2 SGB X). Weitere inhaltliche Anforderungen können durch Gesetz bestimmt werden.

Beispiele

§§ 8a, 61 Abs. 3, 78c SGB VIII: Vereinbarungen des Jugendamts mit freien Trägern der Jugendhilfe.
§ 76 SGB XII: Vereinbarungen des Sozialamts mit freien Trägern der Sozialhilfe.

Arten

Folgende Arten der öffentlich-rechtlichen Verträge sind zu unterscheiden:

Auf gleicher Augenhöhe

- Den koordinationsrechtlichen Vertrag schließen gleichgeordnete Partner ab.

Beispiele

§ 17 Abs. 2 SGB II: Vereinbarungen des Jobcenters mit Einrichtungen und Diensten Dritter.
§§ 77, 78b SGB VIII: Vereinbarungen des Jugendamts mit Einrichtungen und Diensten der freien Träger der Jugendhilfe.

§ 75 Abs. 3 SGB XII: Vereinbarungen des Sozialamts mit Einrichtungen und Diensten der freien Träger der Sozialhilfe.

- Beim subordinationsrechtlichen Vertrag stehen die Vertragspartner in einem Über-/ Unterordnungsverhältnis, das die Behörde berechtigen würde, einen Verwaltungsakt zu erlassen und in die Rechtssphäre des Betroffenen einzugreifen (§ 53 Abs. 1 Satz 2 SGB X).

Im Über-/ Unterordnungsverhältnis

Eingliederungsvereinbarung zwischen Jobcenter und Arbeitsuchenden nach § 15 SGB II (LSG Nordrhein-Westfalen, 1.10.2012 – L 12 AS 1361/ 12 – juris Rn. 13; Sächsisches LSG, 26.5.2011 – L 3 AL 120/09 – juris Rn. 29 ff. m.w.N.; LSG Baden-Württemberg, 19.7.2007 – L 7 AS 689/07 – juris Rn. 21; BayLSG, 17.3.2006 – L 7 AS 118/05 – juris Rn. 20).
Eingliederungsvereinbarung zwischen Agentur für Arbeit und Ausbildung-/ Arbeitsuchenden nach § 37 Abs. 2 SGB III.
Vereinbarung über die Gewährung einer Zuwendung an einen Träger der freien Jugendhilfe nach § 74 SGB VIII.
Vertrag über die Aufnahme in einen kommunalen Kindergarten.
Vereinbarung nach § 22 Abs. 8 SGB II des Jobcenters mit Arbeitsuchenden zur Übernahme von Mietschulden.

Beispiele

- Der Vergleichsvertrag nach § 54 SGB X kommt bei Ungewissheit über die Sach- oder Rechtslage in Betracht, wenn beide Seiten zum Nachgeben bereit sind. Er ist auch über Leistungen zulässig, die nicht im Ermessen der Behörde stehen.

Im Vergleichswege

- Austauschverträge nach § 55 SGB X haben im Sozialleistungsrecht keine große Bedeutung.

Im Austausch

Ein Recht auf Anpassung des Vertrags besteht nur, wenn die Verhältnisse, die für die Festsetzung des Vertragsinhalts maßgebend waren, sich seit Abschluss des Vertrags so wesentlich geändert haben, dass einer Vertragspartei das Festhalten an der ursprünglichen Vereinbarung nicht zuzumuten ist (§ 59 Abs. 1 SGB X).
Die Anpassung erfolgt nicht durch einseitige Erklärung, sondern durch Einigung der Vertragspartner, die der Schriftform bedarf.

Vertragsanpassung

Eine Kündigung kommt erst in Betracht, wenn eine Anpassung nicht möglich bzw. nicht zumutbar ist (§ 59 Abs. 1 SGB X). Sie ist nicht jederzeit, sondern nur unter erschwerten Bedingungen möglich (BayVGH, 29.5.1995 – 4 B 94.2586 – BayVBl. 1995, 659).

Kündigung

Handelt es sich bei der Eingliederungsvereinbarung nach § 15 SGB II um einen öffentlich-rechtlichen Vertrag, so kann der persönliche Ansprechpartner des Arbeitsuchenden sie nicht jederzeit, sondern nur bei wesentlicher Änderung der Verhältnisse anzupassen versuchen bzw. kündigen.

Beispiel

Die Kündigung bedarf der Schriftform. Sie soll begründet werden, d. h. auf die Begründung darf nur bei Vorliegen besonderer Umstände verzichtet werden (§ 59 Abs. 2 SGB X; → S. 156).

Das Gesetz nennt keine Kündigungsfrist. Manche Schwierigkeiten und Auseinandersetzungen lassen sich durch Vereinbarung einer Kündigungsfrist vermeiden.

Beispiel

In einem Zuwendungsvertrag mit einem freien Träger kann vereinbart werden, dass sich der Vertrag jeweils um ein Kalenderjahr verlängert, wenn er nicht bis zum 30.9. des vorhergehenden Jahres schriftlich gekündigt worden ist.

Eine fristlose Kündigung aus wichtigem Grund ist stets zulässig (s. auch BVerwG, 29.12.2000 – 5 B 171.99 – juris Rn. 5 mit dem Hinweis, dass § 59 SGB X keine abschließende Kündigungsregelung trifft; anderer Ansicht Hissnauer, in: jurisPK-SGB X, § 61 Rn. 13).

Rechtsschutz

Der Rechtsschutz richtet sich nach der Art des Anspruchs, den der Betroffene geltend machen will:

- Leistungsansprüche und Schadensersatzansprüche wegen Verletzung vertraglicher Pflichten werden durch eine **Leistungsklage** geltend gemacht.
- Die Anpassung eines Vertrags an wesentlich veränderte Verhältnisse ist bei Weigerung einer Partei durch **Leistungsklage** auf Anpassung durchzusetzen (BVerwG, 18.7.2012 – 8 C 4.11 – juris Rn. 37).
- Die Feststellung der Unwirksamkeit einer vertraglichen Vereinbarung oder der Kündigung, kann durch eine **Feststellungsklage** erreicht werden.

Der Betroffene hat die Möglichkeit, eine **einstweilige Anordnung** zu beantragen, wenn eine sofortige Regelung erforderlich ist, um wesentliche Nachteile abzuwenden (→ S. 469).

# K Erstattung von Sozialleistungen/Kostenersatz



Beispiel

Eine arbeitslose Sozialpädagogin hat Arbeitslosengeld I bezogen. Da sie der Agentur für Arbeit nicht mitgeteilt hatte, dass sie umgezogen war, hat die Agentur die Bewilligungsbescheide aufgehoben und sie aufgefordert, das nach dem Umzug erhaltene Arbeitslosengeld I zurückzuzahlen. Sie teilt der Agentur mit, dass sie nichts zurückzahlen könne.

Voraussetzung: Sozialrechtliches Leistungsverhältnis

§ 50 SGB X regelt die Erstattung von Sozialleistungen und setzt deshalb voraus, dass der Empfänger der Leistung in einem sozialrechtlichen Leistungsverhältnis zum Leistungsträger steht oder vermeintlich steht (BSG, 24.7.2001 – B 4 RA 102/00 R – juris Rn. 16; offen gelassen vom BSG, 4.9.2013 – B 10 EG 7/12 R – juris Rn. 38 m. w. N.). Die Vorschrift ist deshalb grundsätzlich nicht anwendbar auf Zahlungen und andere Leistungen an Personen, die nicht in einem sozialrechtlichen Leistungsverhältnis stehen (→ S. 408).

## 1 Erstattung nach Aufhebung des bewilligenden Verwaltungsakts

Grundsatz

Der Empfänger hat Sozialleistungen zu erstatten, wenn und soweit der Verwaltungsakt, mit dem sie bewilligt wurden, aufgehoben ist (BSG, 20.3.2013 – B 5 R 16/12 R – Rn. 24). Sach- und Dienstleistungen sind dann in Geld zu erstatten (§ 50 Abs. 1 SGB X).

Sonderregelungen im SGB II/SGB VI/SGB VII und WoGG

Die Erstattung nach § 50 SGB X wird für einige Rechtsgebiete durch speziellere Regelungen verdrängt. Dies betrifft insb. § 40 Abs. 3 und 4 SGB II, § 118 Abs. 3–4a SGB VI und § 96 Abs. 3–4a SGB VII sowie § 30 WoGG (Baumeister, in: jurisPK-SGB X, § 50 Rn. 12 f.).

Zur Erstattungspflicht von Erben, Unterhaltspflichtigen u. a.: vgl. BSG, 18.8.1983 – 11 R 2 LW 1/82 – juris Rn. 13 zu Erben; Baumeister, in: jurisPK-SGB X, § 50 Rn. 57 ff. und Rechtsprechungsnachweise bei Schütze in: v. Wulffen, SGB X, 2014, § 50 Rn. 15 f.

Erstattungs- und Aufhebungsbescheid ohne Ermessen

Die zu erstattende Leistung ist durch schriftlichen Verwaltungsakt festzusetzen.
Dieser soll mit dem Aufhebungsbescheid verbunden werden (§ 50 Abs. 3 Satz 1 und 2 SGB X).
Dem Leistungsträger steht **kein Ermessen** zu, ob und in welchem Umfang er den Erstattungsanspruch geltend macht (§ 50 Abs. 1 SGB X). Allerdings kann er den Erstattungsbetrag nach Haushaltsrecht (§ 59 BHO bzw. entsprechendes Landesrecht) oder § 76 SGB IV stunden, erlassen oder niederschlagen (BSG, 9.2.1995 – 7 RAr 78/93 – juris Rn. 53 ff.).

Stundung, Erlass, Niederschlagung

Für den Erstattungsanspruch nach Abs. 1 ist ohne Bedeutung, dass der Betroffene die erhaltene Leistung verbraucht hat. Auch seine allgemeine finanzielle Lage muss nicht berücksichtigt werden (LSG Berlin-Brandenburg, 19.3.2009 – L 31 U 376/08 – juris Rn. 4 und 23).
Verwaltungskosten sind keine »erbrachten Leistungen« und daher nicht zu erstatten (LSG NRW, 29.4.1997 – L 5 U 39/96 – Breithaupt 1998, 503).

Durchsetzung der Erstattungsforderung

Der Leistungsträger kann nach §§ 51, 52 SGB I **aufrechnen** bzw. **verrechnen**, wenn der Empfänger Sozialleistungen bezieht (→ S. 304 ff.). Zahlt der Betroffene nicht freiwillig, kann die Behörde die **Zwangsvollstreckung** betreiben (→ S. 414).

Verzinsung?

Einrichtungen sind zur Zahlung von Zinsen verpflichtet, wenn Leistungen zur Förderung zu erstatten bzw. nicht alsbald zweckentsprechend eingesetzt worden sind (§ 50 Abs. 2a SGB X).
Andere Leistungsempfänger müssen keine Zinsen zahlen (BVerwG, 7.2.1985 – 3 C 33.83 – juris Rn. 31).

Verjährung

Der Erstattungsanspruch verjährt in **vier Jahren** nach Ablauf des Kalenderjahres, in dem der Erstattungsbescheid unanfechtbar geworden ist (§ 50 Abs. 4 SGB X). Auch nach Eintritt der Unanfechtbarkeit erbrachte Leistungen unterliegen der Verjährung.
§ 50 Abs. 4 SGB X ist damit eine Sonderregelung zu § 52 SGB X, der erst dann eingreift, wenn zusätzliche Verwaltungsakte zur Durchsetzung des Anspruchs ergehen (Baumeister, in: jurisPK-SGB X, § 50 Rn. 126).

## 2 Erstattung der ohne Verwaltungsakt zu Unrecht erbrachten Sozialleistungen

Beispiele

Das Sozialamt zahlt versehentlich Leistungen der Grundsicherung im Alter doppelt aus.
Die Agentur für Arbeit zahlt Arbeitslosengeld I, obwohl der Anspruch wegen einer Sperrzeit ruht.
Die befristete Rente wird ohne einen fortbestehenden Anspruch über das Befristungsende hinaus weitergezahlt.

Grundsatz

Sind Sozialleistungen ohne Verwaltungsakt zu Unrecht erbracht worden, besteht für den Empfänger eine Erstattungspflicht (§ 50 Abs. 2

SGB X). Auch Erben sind nach § 50 SGB X erstattungspflichtig, weil sie Rechtsnachfolger des verstorbenen Leistungsempfängers sind.
Zu Unrecht ist eine Sozialleistung erbracht, wenn sie weder auf einer ausgesprochenen Bewilligung beruht noch der Empfänger einen Anspruch auf die Leistung hatte (BSG, 21.3.1990 – 7 Rar 112/88 – juris Rn. 16).

Vertrauensschutz

Die Erstattungspflicht des Empfängers ist beschränkt; denn das Gesetz erklärt die Vorschriften über den Vertrauensschutz für entsprechend anwendbar, die für begünstigende Verwaltungsakte gelten (§ 50 Abs. 2 Satz 2 SGB X).
Diese Vorschriften beschränken eine Rückforderung gewährter Leistungen auf den Fall eines grob schuldhaften Verhaltens des Empfängers (§ 45 Abs. 2 und 3 SGB X; → S. 390) und den Fall der nachträglich rechtswidrig gewordenen Leistung (§ 48 SGB X; → S. 398).

Ermessen

Aus den entsprechend anwendbaren §§ 45 und 48 SGB X ergibt sich, dass der Leistungsträger nach **pflichtgemäßen Ermessen** darüber zu entscheiden hat, ob und in welcher Höhe eine Erstattung verlangt wird (BSG, 24.10.1984 – 11 RA 24/84 – juris Rn. 10; s. auch BSG, 22.8.2012 – B 14 AS 165/11 R – Rn. 28; BSG, 24.7.2001 – B 4 RA 102/00 R - juris Rn. 24; → S. 390).
Er hat hierbei die wirtschaftlichen und persönlichen Verhältnisse des Begünstigten zu berücksichtigen. Eine Rückforderung ist nur vertretbar, soweit die wirtschaftlichen Verhältnisse sie zumutbar erscheinen lassen. Ansonsten hat der Leistungsträger die Forderung niederzuschlagen, zu stunden oder ganz oder teilweise zu erlassen (BSG, 23.9.1997 – 2 RU 44/96 – juris Rn. 22; → S. 414).

Kein Ermessen

Dagegen ist Ermessen ausnahmsweise nicht auszuüben, wenn eine analoge Situation zur Soll-Aufhebung nach § 48 Abs. 1 Satz 2 SGB X vorliegt, es sich aber nicht um einen atypischen Fall handelt (BVerwG, 22.11.2001 – 5 C 10.00 – juris Rn. 10). Ferner ist eine Ermessensausübung ausgeschlossen, soweit dies ausdrücklich bestimmt ist, wie z. B. durch § 40 Abs. 2 Nr. 1 SGB II i.V.m. § 328 Abs. 3 Satz 2, 1. Halbsatz SGB III oder durch § 40 Abs. 2 Nr. 3 SGB II i.V.m. § 330 Abs. 3 SGB III.

Verjährung

Der Erstattungsanspruch verjährt in **vier Jahren** nach Ablauf des Kalenderjahres, in dem der Erstattungsbescheid unanfechtbar geworden ist. Dabei beginnt bei einer Anwendung des § 45 Abs. 4 SGB X die Rücknahmefrist erst, wenn die Behörde Kenntnis der Tatsachen hat, welche die Rücknahme für die Vergangenheit rechtfertigen. Dies ist regelmäßig erst nach Anhörung des Betroffenen der Fall (LSG Rh.-Pf., 27.8.2003 – L 6 RA 132/02 – juris Rn. 29).

Sonderregelungen im SGB VI/SGB VII

Sonderregelungen für Geldleistungen, die nach dem Tod eines Leistungsberechtigten erbracht worden sind, treffen § 118 Abs. 3, 4 und 4a SGB VI sowie § 96 Abs. 3, 4 und 4a SGB VII.

## 3 Erstattung von Leistungen in anderen Fällen

Beispiele

Ein Mitarbeiter des Sozialamts, der gerne Spielhallen besucht und schnelle Autos liebt, überweist auf Konten, die er bei verschiedenen Banken für nicht existierende Personen eröffnet hat, ca. 100.000 Euro und hebt das Geld ab.
Ausbildungsförderung, die der Studentin Martina Müller bewilligt worden ist, wird an eine Altenheimbewohnerin gleichen Namens überwiesen.

Allgemeiner öffentlich-rechtlicher Erstattungsanspruch

Der allgemeine öffentlich-rechtliche Erstattungsanspruch ist gewohnheitsrechtlich anerkannt. Er verpflichtet zur Erstattung, wenn eine unmittelbare Vermögensverschiebung von einer Behörde an eine (Zivil-) Person durch Leistung oder in sonstiger Weise ohne Rechtsgrund erfolgt ist (BVerwG, 27.9.2007 – 2 C 14.06 – juris Rn. 15).
Das Bundesverwaltungsgericht fordert einschränkend, dass ein öffentlich-rechtliches Leistungsverhältnis zwischen Behörde und Leistungsempfänger besteht (BVerwG, 23.1.1990 – 8 C 37.88 – juris Rn. 15).

Beispiel

Eine Ein-Euro-Jobberin, eingesetzt im Altenheim eines freien Trägers, hat Anspruch auf öffentlich-rechtliche Entschädigung in Höhe der angemessenen Vergütung, wenn das Jobcenter ihr Tätigkeiten zuweist, die nicht »zusätzlich« sind und die Vermögensverschiebung ohne Rechtsgrund erfolgt ist. Als Rechtsgrund für die Vermögensverschiebung kommen grundsätzlich ein bestandskräftiger Zuweisungsbescheid bzw. eine Eingliederungsvereinbarung in Betracht (BSG, 13.4.2011 – B 14 AS 98/10 R – juris Rn. 20).

Anwendung der Vorschriften über die ungerechtfertigte Bereicherung

Besteht kein tatsächliches oder vermeintliches sozialrechtliches Leistungsverhältnis, kann der Sozialleistungsträger seine Erstattungsansprüche nicht durch Verwaltungsakt (Leistungsbescheid) geltend machen, sondern durch bürgerlich-rechtliche Willenserklärung und Klage bei dem ordentlichen Gericht. Rechtsgrundlage sind in diesem Fall die bürgerlich-rechtlichen Vorschriften über die ungerechtfertigte Bereicherung (§§ 812 ff. BGB). Hiernach kann sich der Zahlungsempfänger einerseits bei Gutgläubigkeit auf den Wegfall der Bereicherung berufen, haftet aber bei Bösgläubigkeit nach § 819 BGB, der – anders als § 50 Abs. 2 SGB X – soziale Umstände nicht berücksichtigt.

Beispiel

Ist Wohngeld auf das Konto einer verstorbenen Berechtigten überwiesen worden und überweist der Alleinerbe das Guthaben später auf sein Konto, kann der Leistungsträger Erstattung nach den Vorschriften über die ungerechtfertigte Bereicherung verlangen (BVerwG, 23.1.1990 – 8 C 37.88 – juris Rn. 16).

Sonderregelung im Rentenrecht

Renten werden bis zum Ende des Todesmonats des Rentners geleistet (§ 102 Abs. 5 SGB VI). Kommt es dennoch zu einer Überzahlung nach dem Tod, muss die kontoführende Bank diese dem Rententräger zurücküberweisen (§ 118 Abs. 3 SGB VI; vgl. dazu BSG, 3.6.2009 – B 5 R 120/07 R). Nachrangig dazu sind Personen, die unberechtigt Geldleistungen nach dem Tod des Berechtigten empfangen haben, zur Erstattung verpflichtet (§ 118 Abs. 4 Satz 1 SGB VI; BSG, 10.7.2012 – B 13 R 105/11 R – juris Rn. 21). Ein Vertrauensschutz steht ihnen nicht zu. Neben den »unberechtigten Empfängern« haften die Erben dem Rententräger gleichrangig für die Überzahlung (§ 118 Abs. 4 SGB VI; BSG, 10.7.2012 – B 13 R 105/11 R – juris Rn. 31 ff.). Jedoch kann das Vertrauen von **Erben** des Rentenberechtigten geschützt sein (§ 118 Abs. 4 Satz 4 SGB VI, §§ 45, 50 SGB X). Die Erben können sich auf den Vertrauensschutz des § 45 Abs. 4 SGB X nicht berufen, wenn ihnen bekannt ist, dass die Rentenzahlung, die zurückgefordert wird, nach dem Tode des Rentners ohne Rechtsgrund erfolgt ist. Soweit zwischen den »unberechtigten Empfängern« i. S. v. § 118 Abs. 4 S. 1 SGB VI und den Erben nach § 118 Abs. 4 S. 4 SGB VI Personenidentität besteht, können sich die Erben auch gegenüber dem Erstattungsanspruch nach Satz 1 auf den Vertrauenschutz berufen. Dies gilt selbst für die Erben eines Verfügenden i. S. v. § 118 Abs. 4 S. 1 SGB VI (BSG, 3.4.2014 – 5 R 25/13 R – juris Rn. 24 zum Fall einer Witwe, die nicht wusste, dass ihr zwischenzeitlich auch verstorbener Mann vom Konto seiner verstorbenen Mutter immer die überzahlte Rente abgehoben hatte).

Verjährung

Der allgemeine öffentlich-rechtliche Erstattungsanspruch verjährt entsprechend § 195 BGB in **drei Jahren** (BVerwG, 15.6.2006 – 2 C 10.05 – juris Rn. 19; offen gelassen von BVerwG, 28.10.2013 – 5 B 66.13 – juris Rn. 14 m. w. N.).

## 4 Übergang von Ansprüchen/Erstattung von Kosten/Schadensersatz

### 4.1 Übergang von Ansprüchen

Gesetzlicher Übergang von Ansprüchen

Unterhaltsansprüche eines Empfängers von Leistungen zur Sicherung des Lebensunterhalts gehen aufgrund gesetzlicher Regelung in § 33 SGB II und § 94 SGB XII auf den Leistungsträger über. Der Übergang des Anspruchs erfolgt von Gesetzes wegen (sog. cessio legis), ohne dass es dazu – wie in § 33 Abs. 1 Satz 1 SGB II alter Fassung – einer schriftlichen Anzeige an den Unterhaltspflichtigen bedürfte (sog. Überleitungsanzeige). Der Leistungsträger muss aber dem Unterhaltspflichtigen die Leistungserbringung schriftlich mitteilen (sog. Rechtswahrungsanzeige: § 33 Abs. 3 Satz 1 SGB II und § 94 Abs. 4 Satz 1 SGB XII). Der Leistungsträger kann dann die übergegangenen Ansprüche gegen die Unterhaltspflichtigen geltend machen. Die Regelungen erfassen insbesondere familienrechtliche Unterhaltsansprüche.

ohne Überleitungsanzeige

mit Überleitungsanzeige

Träger der Jugendhilfe können den Übergang von Ansprüchen gegen andere Personen durch schriftliche Anzeige bewirken, um die Erstattung von Kosten zu erreichen (§ 95 SGB VIII).

### 4.2 Kostenerstattung und Schadensersatz

In zahlreichen Vorschriften ist festgelegt, dass Sozialleistungsträger Erstattung ihrer Kosten oder Schadensersatz verlangen können.

Kostenerstattung nach SGB VIII

Zu den Kosten der Kinder- und Jugendhilfe – Teilnehmerbeiträge und Gebühren – werden Kinder und Eltern nach §§ 90 ff. SGB VIII herangezogen. Einzelheiten werden in der Verordnung zur Festsetzung der Kostenbeiträge für Leistungen und vorläufige Maßnahmen in der Kinder- und Jugendhilfe (Kostenbeitragsverordnung) und in den Gemeinsamen Empfehlungen für die Heranziehung zu den Kosten nach §§ 90 ff. SGB VIII der Arbeitsgemeinschaft der Jugendämter der Länder geregelt.
Bei Heranziehung des Unterhaltspflichtigen zu den Kosten der Jugendhilfe muss ihm von seinem Einkommen mindestens so viel verbleiben, wie er nach dem Unterhaltsrecht für sich behalten dürfte (BVerwG, 19.8.2010 – 5 C 10.09 – juris Rn. 9).

Kostenerstattung wegen sozialwidrigen Verhaltens im SGB II und SGB XII

Wer nach Vollendung des 18. Lebensjahres vorsätzlich oder grob fahrlässig die Voraussetzungen der Hilfebedürftigkeit bzw. die Zahlung von Leistungen ohne wichtigen Grund herbeigeführt hat (sog. sozialwidriges Verhalten), ist zum Ersatz der Leistungen bzw. Kosten verpflichtet (§ 34 SGB II, § 103 SGB XII).
Die Rechtsprechung beschränkt die Ersatzpflicht nicht auf Fälle, in denen die Bedürftigkeit schuldhaft herbeigeführt wurde, sondern lässt es ausreichen, dass beispielsweise gegen arbeitsrechtliche, sozialrechtliche, familienrechtliche oder strafrechtliche Pflichten oder Obliegenheiten verstoßen worden ist.

Beispiele

Sozialwidriges Verhalten ist angenommen worden, wenn
- der Arbeits- bzw. Ausbildungsplatz durch schweres Verschulden verloren ging (BVerwG, 9.8.1993 – 5 B 1.93 – juris Rn. 8);
- Rückstände bei Stromkosten durch Nichtzahlung der Abschläge entstanden sind (kein Darlehen: LSG Rhld-Pf., 27.12.2010 – L 3 AS 557/10 B ER – juris Rn. 34);
- wegen einer Strafhaft des Unterhaltspflichtigen für die Unterhaltsberechtigten Hilfe zu gewähren ist (BSG, 16.4.2013 – B 14 AS 55/12 R – juris Rn. 14 ff.; BSG, 2.11.2012 – B 4 AS 39/12 R - juris Rn. 21; BVerwG, 10.4.2003 – 5 C 4.02 – juris Rn. 16 ff.)

Ausnahme

Die Heranziehung zum Kostenersatz kann unterbleiben, soweit sie eine Härte bedeuten würde (§ 34 Abs. 1 Satz 3 SGB II; § 103 Abs. 1 Satz 3 SGB XII).

Kostenerstattung der Vertreter im SGB II und SGB XII

Zum Ersatz rechtswidrig erbrachter Leistungen nach SGB II/SGB XII ist verpflichtet, wer – beispielsweise als Vertreter – diese durch vorsätzliches oder grob fahrlässiges Verhalten an Dritte herbeigeführt hat (§ 34a SGB II; § 104 SGB XII).

Kostenerstattung der Erben im SGB II und SGB XII

Zum Ersatz der Leistungen nach dem SGB II bzw. den Kosten der Sozialhilfe, die in den 10 Jahren vor dem Erbfall erbracht wurden, sind die Erben des Empfängers verpflichtet. Die Ersatzpflicht ist gemäß § 35 SGB II bzw. § 102 SGB XII beschränkt.

Schadensersatz nach SGB II

Schadensersatzpflichtig sind Personen, die dem Leistungsträger unrichtige Auskünfte über Einkommen/Vermögen eines Leistungsberechtigten erteilen (§§ 62 Nr. 2, 60 SGB II).

## L Verwaltungszwang/Verwaltungsvollstreckung/ Sanktionen



Beispiele

Das Jobcenter droht dem Partner einer Alg II-Berechtigten an, ein Zwangsgeld in Höhe von 200 Euro zu verhängen, falls er nicht binnen zwei Wochen Auskunft über sein Einkommen und Vermögen erteilt (§ 60 Abs. 4 SGB II; → S. 414).
Das Sozialamt fordert 8.000 Euro zurück, die es als Hilfe zum Lebensunterhalt zu Unrecht gezahlt hatte, und pfändet den PKW des Sozialhilfeberechtigten (→ S. 420).

### 1 Abgrenzung: Vollziehung, Mitwirkung, Verwaltungsvollstreckung

Zweck der Verwaltungsvollstreckung

Die Verwaltungsvollstreckung verfolgt den Zweck, durch Verwaltungsakt begründete Gebote und Verbote, also Pflichten des Bürgers, die freiwillig nicht erfüllt worden sind, zwangsweise durchzusetzen. Verwaltungsbehörden können Verpflichtungen des Bürgers, soweit sie durch Verwaltungsakt festgesetzt werden können, also selbst vollstrecken. Die Vollstreckungsgewalt der Verwaltung reicht so weit wie ihre Verfügungsgewalt. Die Verwaltungsvollstreckung kann außerdem auf der Grundlage eines sofort vollstreckbaren öffentlich-rechtlichen Vertrages erfolgen (s. § 60 SGB X).

Aufgrund der besonderen Rolle von SozA/SozP im Verhältnis zum Klienten sollte auch bei Beschäftigung im öffentlichen Dienst Zwang gleichwohl stets nur das letzte Mittel sein.

Vollziehbare Verwaltungsakte

Zahlreiche Verwaltungsakte können von der Verwaltung selbst vollzogen werden. Die Vollziehung besteht in der faktischen Umsetzung der Regelung des Verwaltungsakts.

Beispiele

Auszahlung der monatlichen Grundsicherung in Vollziehung des Bewilligungsbescheids gemäß § 44 SGB XII.
Kürzung des Auszahlungsbetrags des Arbeitslosengeldes II in Vollziehung eines Absenkungsbescheids gemäß § 31a SGB II.
Durchführung der sozialpädagogischen Familienhilfe nach Bewilligung im Hilfeplan (§ 31 SGB VIII).

Nichtvollziehbare Verwaltungsakte

Manche Verwaltungsakte, insbesondere feststellende, werden mit ihrem Erlass wirksam. Weitere Verwaltungshandlungen zu ihrer Vollziehung sind nicht erforderlich.

Beispiele

Feststellung eines Grads der Behinderung von 50 durch das Versorgungsamt.
Staatliche Anerkennung als Sozialpädagogin.

Keine zwangsweise Durchsetzung von Mitwirkungspflichten

Werden in gesetzlichen Vorschriften demjenigen, der Sozialleistungen beantragt oder erhält, Mitwirkungshandlungen auferlegt, so wird dadurch kein Anspruch des Leistungsträgers auf Vornahme dieser Handlung begründet. Vielmehr kann die Nichtvornahme der Mitwirkungshandlung Sanktionen bis zum vollständigen Verlust des Leistungsanspruchs auslösen (→ S. 336). Eine zwangsweise Durchsetzung der Mitwirkung ist aber unzulässig.

Beispiel

Die Vollstreckung der Anordnung, eine zusätzliche Tätigkeit aufzunehmen, ist unzulässig; denn das Gesetz sieht für diesen Fall als Rechtsfolge die Absenkung des Arbeitslosengeldes II vor (§§ 31 Abs. 1 Satz 1 Nr. 2, 31a Abs. 1 Satz 1 SGB II).

## 2 Rechtsgrundlagen der Verwaltungsvollstreckung

Rechtsgrundlage im Sozialrecht

Rechtsgrundlage der Vollstreckung im Sozialrecht ist § 66 SGB X. Danach bestehen zwei Wege für die Verwaltungsvollstreckung:

- zum einen die **Vollstreckung nach dem Verwaltungsvollstreckungsgesetz** (§ 66 Abs. 1 SGB X),
- zum anderen die **Zwangsvollstreckung** aus einem Verwaltungsakt in entsprechender Anwendung der **Zivilprozessordnung** (§ 66 Abs. 4 SGB X).

Verschiedene Verwaltungs-vollstreckungs-gesetze

Für die Verwaltungsvollstreckung bestehen unterschiedliche Rechtsgrundlagen: Bundesbehörden vollstrecken nach dem Verwaltungsvollstreckungsgesetz des Bundes, Landes- und Gemeindebehörden nach dem Vollstreckungsgesetz des jeweiligen Bundeslandes; nach § 5 Abs. 2 VwVG-Bund auch wenn Sie im Wege der Amtshilfe für eine Bundesbehörde handeln. In einigen Landes-Verwaltungsvollstreckungsgesetzen wird die konkrete Vollstreckung nicht selbst geregelt, sondern auf die Verwaltungsvollstreckung nach dem Gesetz zur öffentlichen Sicherheit und Ordnung verwiesen; in einigen anderen Ländern gibt es allgemeine Verwaltungsgesetze, die neben dem Verwaltungsverfahren auch die Verwaltungsvollstreckung regeln. Die Landesregelungen entsprechen im Wesentlichen dem Bundesgesetz.

Arten der Verwaltungs-vollstreckung

In der Verwaltungsvollstreckung ist zu unterscheiden zwischen:

- dem **Verwaltungszwang**, d.h. der Erzwingung von Handlungen, Duldungen oder Unterlassungen (→ S. 414),
- der **Vollstreckung von Geldforderungen** (→ S. 420).

Im Sozialrecht werden Handlungen nur selten unter Anwendung des Verwaltungszwangs erzwungen. Da die Rechtsgrundlagen weitgehend übereinstimmen, werden im folgenden Abschnitt auch andere praxisbedeutsame Rechtsbereiche einbezogen.

## 3 Erzwingung von Handlungen, Duldungen und Unterlassungen

Beispiele

Das Versorgungsamt verlangt die Herausgabe des Schwerbehindertenausweises unter Androhung eines Zwangsgeldes in Höhe von 100 Euro für den Fall, dass der Ausweis nicht binnen zwei Wochen zurückgegeben wird.
Die Polizei führt einen gewalttätigen Mann unter Anwendung unmittelbaren Zwangs aus der Wohnung.
In einem kommunalen Altenheim wird nachts am Bett einer Frau ein Bettgitter angebracht. Tagsüber wird die Frau mit einer Personenortungsanlage beaufsichtigt.

### 3.1 Voraussetzungen des Verwaltungszwangs (§§ 6–8, 13–18 VwVG-Bund)

Bund

Der Bundesgesetzgeber hat die Verwaltungsvollstreckung in ihren Voraussetzungen und in ihrer Durchführung strengen Vorschriften unterworfen, damit der Bürger vor rechtswidriger Gewalt möglichst bewahrt bleibt (§§ 6–18 VwVG-Bund).

In den Bundesländern gelten in Einzelheiten abweichende Verwaltungsvollstreckungsgesetze, die aber im Kern vergleichbare Regeln beinhalten.

Länder

Zwangsweise durchgesetzt werden kann ein Verwaltungsakt, der ein Tun, eine Duldung oder ein Unterlassen zum Inhalt hat. Gegenstand der Handlungspflicht kann sein:

1. Voraussetzung: Vollstreckungsfähigkeit

- die **Herausgabe einer Sache**;

  Beispiele

  Der Schwerbehindertenausweis ist herauszugeben, wenn der Grad der Behinderung neu festgesetzt worden ist (§ 51 SGB X; § 69 Abs. 5 Satz 4 SGB IX).
  Die Krankenversicherungskarte bzw. die elektronische Gesundheitskarte sind bei Beendigung des Versicherungsschutzes herauszugeben (§ 291 Abs. 4 SGB V).

- die **Vornahme einer Handlung**;

  Beispiele

  Das Jobcenter fordert den Partner einer Leistungsberechtigten auf, über seine Einkommens- und Vermögensverhältnisse Auskunft zu geben (§ 60 Abs. 4 SGB II; BSG, 24.2.2011 – 14 AS 87/09 R – juris Rn. 14).
  Ein Polizist spricht einen Wohnungsverweis aus.
  Die Ausreisepflicht eines Ausländers wird durch Abschiebung durchgesetzt (§ 58 AufenthG).

- eine **Duldung**;

  Beispiel

  Wird ein Pflegekind wegen akuter Gefährdung vom Jugendamt in Obhut genommen, haben die Pflegeeltern die Wegnahme zu dulden (§ 42 SGB VIII).

- eine **Unterlassung**.

  Beispiel

  Ein Beamter des Ordnungsamts verbietet einem Jugendlichen, der in alkoholisiertem Zustand Passantinnen belästigt, sich auf dem Markt aufzuhalten.

Ein vollstreckungsfähiger Verwaltungsakt ist erst dann vollstreckbar, wenn

2. Voraussetzung: Vollstreckbarkeit

- er **unanfechtbar** ist oder
- sein **sofortiger Vollzug besonders angeordnet** wurde (§ 80 Abs. 2 Nr. 4 VwGO; § 86a Abs. 2 Nr. 5 SGG; → S. 369) oder
- ein gegen den Verwaltungsakt eingelegter **Rechtsbehelf keine aufschiebende Wirkung** hat (§ 80 Abs. 2 Nr. 1–3 VwGO; § 86a Abs. 2 Nr. 1–4 SGG; § 39 SGB II; → S. 455).

3. Voraussetzung: Bestandskräftige Verwaltungsakte

Sind Vollstreckungsfähigkeit und Vollstreckbarkeit gegeben, darf Verwaltungszwang grundsätzlich erst dann angewandt werden, wenn folgende drei Verwaltungsakte vorher bestandskräftig geworden sind:

Aufforderung

- die **Aufforderung** kann schon im ursprünglichen Verwaltungsakt enthalten sein;

Beispiel

»Sie werden aufgefordert, über Ihre Einkommens- und Vermögensverhältnisse Auskunft zu erteilen.« (§ 117 SGB XII).

Androhung

- die **Androhung** kann auch bereits im ursprünglichen Verwaltungsakt erfolgen, aber ebenfalls getrennt ausgesprochen werden;

Beispiel

»Falls die vollständige Auskunft nicht spätestens bis zum 2.12.2014 eingereicht wird, wird ein Zwangsgeld in Höhe von 300 Euro verhängt.«

Festsetzung

- die **Festsetzung** berechtigt zur Anwendung des angedrohten Zwangsmittels und soll erst nach Ablauf der in der Androhung genannten Frist vorgenommen werden. Sie kann mit der Androhung eines weiteren Zwangsmittels verbunden werden.

Beispiel

»Da Sie die Auskunft nicht fristgemäß erteilt haben, wird das angedrohte Zwangsgeld in Höhe von 300 Euro festgesetzt. Sollten Sie weiterhin unsere Aufforderung nicht befolgen, wird hiermit ein weiteres Zwangsgeld von 500 Euro angedroht, falls Sie die Auskunft nicht bis zum 15.1.2015 erteilen.«

Rechtsmittel

**Aufforderung, Androhung und Festsetzung** können getrennt erfolgen und sind **selbständig anfechtbar** (BVerwG, 21.8.1996 – 4 B 100.96 – juris Rn. 12 ff.). Meist werden Aufforderungen und Androhung verbunden, während die Festsetzung nach fruchtlosem Ablauf der mit der Androhung gesetzten Frist erfolgt. Rechtsmittel gegen die Androhung und Festsetzung haben in den meisten Fällen keine aufschiebende Wirkung.

Verwaltungszwang ohne vorhergehenden Verwaltungsakt?

Ohne vorausgehenden Verwaltungsakt ist Verwaltungszwang nur ausnahmsweise zulässig, wenn der sofortige Vollzug zur Verhinderung strafbarer Handlungen oder zur Abwendung drohender Gefahren erforderlich ist (§ 6 Abs. 2 VwVG-Bund).

Beispiel

Wegtragen eines Demonstranten, Einziehung des Führerscheins eines PKW-Fahrers, Abschleppen eines verkehrswidrig abgestellten PKW.

Der Betroffene soll benachrichtigt werden. Die Benachrichtigung ist kein Verwaltungsakt.

Rechtsmittel

Der Betroffene kann gegen die Ausführung selbst mit **Widerspruch** und **Klage** vorgehen (§ 18 Abs. 2 VwVG-Bund). Ist die Ausführung abgeschlossen, kann er die **Rückgängigmachung** verlangen oder – wenn er ein berechtigtes Interesse an der Feststellung der Rechtswidrigkeit hat – **Fortsetzungsfeststellungsklage** erheben (§ 113 Abs. 1 Satz 2, 3 und 4 VwGO, § 131 Abs. 1 SGG; → S. 468).

## 3.2 Zwangsmittel (§§ 9–12 VwVG-Bund)

Die Verwaltungs-Vollstreckungsgesetze sehen als Zwangsmittel

- **Zwangsgeld**;
- **Ersatzvornahme** und
- **unmittelbaren Zwang**

vor.

Zweck

Dieses System der Zwangsmittel ist darauf ausgerichtet, die Vollstreckung einerseits möglichst einfach und wirksam, aber andererseits auch unter größtmöglicher Rücksicht auf berechtigte Belange des Vollstreckungsschuldner durchzuführen (OVG Meck.-Vorpom., 11.6.2012 – 3 O 24/12 – juris Rn. 19).

Bei der Auswahl der Zwangsmittel steht der Verwaltung ein **Ermessensspielraum** zu (SG Hamburg, 23.11.2004 – S 13 AL 5/99 – juris Rn. 35). Sie muss bei der Ausübung des Ermessens insbesondere den Grundsatz der Verhältnismäßigkeit beachten (§ 9 Abs. 2 VwVG-Bund). Unmittelbarer Zwang gegen Personen kommt deshalb nur als letztes Mittel in Betracht.

Zwangsgeld

Ein Zwangsgeld kann verhängt werden, wenn eine Handlung, Duldung oder Unterlassung erzwungen werden soll.

Höhe

Der Höchstbetrag richtet sich nach den einschlägigen Vorschriften (Bund: 25.000 Euro; in den meisten Bundesländern: 50.000 Euro; aber 25.000 Euro in Sachsen, 100.000 Euro in NRW, 250.000 Euro in Thüringen und 1.000.000 Euro in Hamburg).

Keine Strafe

Das Zwangsgeld ist keine Strafe, sondern ein Beugemittel. Es darf grundsätzlich nicht im Voraus »für jeden Fall der Zuwiderhandlung« angedroht werden (BVerwG, 26.6.1997 – 1 A 10.95 – juris Rn. 33). Ist aber eine Androhung für jeden Fall der Zuwiderhandlung gesetzlich zugelassen, darf es solange immer wiederholt angedroht, festgesetzt und beigetrieben werden, bis der Betroffene die Aufforderung befolgt.

Ersatzzwangshaft

Kann das Zwangsgeld nicht beigetrieben werden, ist ausnahmsweise Ersatzzwangshaft möglich, sofern bei Androhung des Zwangsgeldes darauf hingewiesen wurde (Mindestdauer ein Tag, Höchstdauer zwei Wochen nach § 16 VwVG-Bund).

Beispiel

Hat ein Mann nach einer Wohnungsverweisung mehrfach gegen das Rückkehrverbot verstoßen und seine Lebensgefährtin körperlich misshandelt, ist Ersatzzwangshaft gerechtfertigt (OVG NRW, 30.1.2006 – 5 E 1392/05 – juris Rn. 2).

Ersatzvornahme

Ersatzvornahme ist nur bei vertretbaren Handlungen möglich, d.h. bei solchen, deren Vornahme durch einen Dritten möglich ist.

Beispiele

Entfernung von gesundheitsgefährdenden Abfällen und Müll zur Abwendung einer akuten Seuchengefahr anstelle des Eigentümers (OVG NRW, 12.5.2010 – 13 A 97/09 – juris Rn. 31).

Bestattung einer Verstorbenen durch die Friedhofsverwaltung anstelle der bestattungspflichtigen Tochter (Nieders. OVG, 1.8.2008 – 8 LB 55/07 – juris Rn. 19).
Abschleppen eines verbotswidrig auf einem Behindertenparkplatz abgestellten Autos (Sächs. OVG, 30.1.2013 – 3 A 711/12 – juris Rn. 3 ff.; BVerwG, 18.2.2002 – 3 B 149.01 – juris Rn. 4).

Kosten

Die Höhe der voraussichtlichen Kosten der Ersatzvornahme ist bei der Androhung mitzuteilen. Auf die Androhung kann bei Gefahr im Verzug verzichtet werden.
Die Kosten der Ersatzvornahme werden durch Verwaltungsakt festgesetzt und im Verwaltungszwangsverfahren beigetrieben. Die Kosten sind auch dann zu erstatten, wenn der veranschlagte Kostenbetrag wesentlich überschritten wird (BVerwG, 13.4.1984 – 4 C 31.81 – juris Rn. 16 ff.). Aus Billigkeitsgründen kann auf die Erstattung verzichtet werden, wenn die Ersatzvornahme eine Störung beseitigt, die für den Betroffenen nicht vorhersehbar war und nicht in seine Risikosphäre fällt (Sächs. OVG, 23.3.2009 – 3 B 891/06 – juris Rn. 31).

Durchsetzung

Der Vollstreckungsbeamte kann Widerstand, der gegen die Durchführung der Ersatzvornahme geleistet wird, mit Gewalt brechen.

Unmittelbarer Zwang

Unmittelbarer Zwang kann sich gegen Personen (z. B. gewaltsame Entfernung eines gewalttätigen Manns aus der Wohnung) oder gegen Sachen (Beschlagnahme von Rauschgift) richten.

Durchsetzung

Er wird ausgeübt durch körperliche Gewalt oder durch Hilfsmittel (z. B. Wasserwerfer, Diensthunde, Dienstpferde, Hieb- und Schusswaffen, Reizstoffe, Explosivmittel).

Beispiele

Festhalten einer Person, Fesselung, polizeilicher Gewahrsam, Faustschläge, Eintreten einer Tür.

Die Anwendung unmittelbaren Zwangs ist überwiegend Aufgabe der Polizei bzw. der Ordnungsbehörden. Diese haben u. a. den Grundsatz der Verhältnismäßigkeit zu beachten und dürfen in Grundrechte der Betroffenen nur eingreifen, soweit dies zur Abwehr einer erheblichen Gefahr für wesentliche Rechtsgüter erforderlich ist.

Beispiele

Regelmäßig unverhältnismäßig sind polizeiliche Kessel, wenn zahlreiche Personen unter menschenunwürdigen Bedingungen festgehalten werden (BVerfG, 11.11.2009 – 1 BvR 2853/08 – juris Rn. 19 ff.; OLG Hamburg, 12.1.2007 – 1 U 85/06).
Unzulässig ist der zwangsweise Einsatz von Brechmitteln auch bei Verdacht des Drogenschmuggels (EGMR, 11.7.2006 – 54810/00).

Rechtliche Grundlagen

Die Ausübung des unmittelbaren Zwangs ist durch Bundes- und Landesrecht weitgehend übereinstimmend geregelt. Für die Vollzugsbeamten des Bundes gilt das Gesetz über den unmittelbaren Zwang bei Ausübung öffentlicher Gewalt (UZwG). Für die Polizei gelten die jeweiligen Polizeigesetze, für die übrige Verwaltung die Verwaltungsvollstreckungsgesetze bzw. allgemeinen Verwaltungsgesetze.

Nachrang

Unmittelbarer Zwang ist regelmäßig nachrangig gegenüber den anderen Zwangsmitteln (s. § 12 VwVG-Bund).
Oftmals werden an die Anwendung unmittelbaren Zwangs noch weitere Bedingungen gestellt.

Beispiel

In **Nordrhein-Westfalen** kommt gemäß §§ 62, 66 ff. VwVG-NRW unmittelbarer Zwang nur in Betracht, wenn

- Zwangsgeld oder Ersatzvornahme nicht zum Ziele führen oder untunlich sind und
- er eigens gesetzlich zugelassen ist,
- er der Ausführung von Vollzugs-, Vollstreckungs- oder Sicherungsmaßnahmen der Staatsanwaltschaften und Gerichte dient oder
- Vollstreckungs-, Aufsichts-, Pflege- oder Erziehungsaufgaben gegenüber Personen durchgeführt werden, deren Unterbringung in einem psychiatrischen Landeskrankenhaus, einer Entziehungsanstalt für Suchtkranke oder in einem abgeschlossenen Krankenhaus/Teil eines Krankenhauses angeordnet ist.

Unzulässig ist nach dieser Regelung also unmittelbarer Zwang gegenüber Personen, die nicht aufgrund behördlicher oder gerichtlicher Anordnung untergebracht sind, sondern sich freiwillig in Behandlung begeben haben, sowie in Einrichtungen der Jugend- und Behindertenhilfe. Zulässig ist er ausnahmsweise bei erheblicher Selbst- oder Fremdgefährdung (s. auch Gesetz über Hilfen und Schutzmaßnahmen bei psychischen Krankheiten – PsychKG NRW).

SozA/SozP als Vollzugsdienstkräfte

SozA/SozP können Vollzugsdienstkräfte sein, wenn sie im Rahmen ihrer jeweiligen dienstlichen Aufgabe als Vertreter der Behörde handeln, die den zu vollziehenden Verwaltungsakt erlassen hat (s. § 7 VwVG-Bund). In Nordrhein-Westfalen ist in § 68 VwVG-NRW eigens geregelt, wer unter die Vollzugsdienstkräfte fällt. Danach sind SozA/SozP Vollzugsdienstkräfte, wenn

- sie mit der Durchführung von Vollstreckungs-, Aufsichts-, Pflege- oder Erziehungsaufgaben in den genannten Einrichtungen beauftragt sind,
- ihnen die Befugnisse der Dienstkräfte der Ordnungsbehörden übertragen sind.

Sie müssen bei der Ausübung unmittelbaren Zwangs einen behördlichen Ausweis bei sich führen und außerdem einen von der Vollzugsbehörde ausgestellten Vollzugsauftrag, falls ein Verwaltungsakt vollstreckt werden soll.

Alle anderen SozA/SozP sind somit nicht befugt, unmittelbaren Zwang auszuüben. Sie setzen sich der Gefahr strafrechtlicher Verfolgung wegen Körperverletzung, Freiheitsberaubung usw. und arbeits-/dienstrechtlicher Sanktionen aus, wenn sie ihre Befugnisse überschreiten.

Durchsetzung

Der Vollzugsbeamte kann notfalls körperliche Gewalt anwenden. Die Polizei hat ihm auf Verlangen Amtshilfe zu leisten (s. § 15 Abs. 2 Satz 2 VwVG-Bund).

Rechtsfolge bei Widerstand

Der Betroffene, der Widerstand leistet, macht sich nach § 113 StGB strafbar. Das gilt nicht, wenn die Diensthandlung nicht rechtmäßig ist (§ 113 Abs. 3 und 4 StGB).

Rechtsschutz

Bei rechtswidrig schuldhaftem Verhalten der Polizei/Vollzugsdienstkraft steht dem Betroffenen evtl. Anspruch auf **Schadensersatz** und **Schmerzensgeld** wegen Amtspflichtverletzung zu (BVerfG, 11.11.2009 – 1 BvR 2853/08 – juris Rn. 19 ff.; → S. 432).

## 4 Vollstreckung wegen Geldforderungen (§§ 1 – 5 VwVG-Bund)

Beispiele

Gepfändet wird der neue Flachbildfernseher des Arbeitslosen, der zur Erstattung von 3.000 Euro überzahlten Arbeitslosengeldes verpflichtet ist. Im Austausch erhält er ein einfaches gebrauchtes Gerät.
Gepfändet wird der Arbeitslohn des Angestellten, der die Unterhaltsverpflichtung gegenüber seinem Kind nicht erfüllt hat, so dass vom Jugendamt Unterhaltsvorschuss gezahlt werden musste.

Beitreibung von Forderungen

Im Verwaltungsvollstreckungsverfahren werden öffentlich-rechtliche Forderungen und – nach Maßgabe des jeweiligen Landesrechts – auch privatrechtliche Forderungen beigetrieben.

Beispiele

**Für öffentlich-rechtliche Forderungen:**
Rückforderung von überzahlten Sozialleistungen.
Gebühren für die Nutzung einer städtischen Notwohnung.
Zwangsgelder.
Kosten der polizeilichen Räumung eines besetzten Hauses.

**Für privatrechtliche Forderungen:**
Übergegangene Unterhaltsansprüche.
Elternbeitrag für Kita bei privatrechtlichem Benutzungsverhältnis.
Entgelt für Betreuung und Pflege im kommunalen Altenheim aufgrund des Heimvertrags.

Voraussetzungen der Vollstreckung

Die Einleitung der Vollstreckung durch Vollstreckungsanordnung ist nur zulässig, wenn folgende Voraussetzungen erfüllt sind (§ 3 VwVG-Bund):

- **Leistungsbescheid**, auch wenn er keine Aufforderung zur Leistung enthält (BSG, 7.10.2004 – B 11 AL 43/03 R – juris Rn. 23);
- **Fälligkeit der Leistung**;
- **Ablauf einer Woche** seit Bekanntgabe des Leistungsbescheides (bei späterer Fälligkeit: eine Woche nach Fälligkeit).
- Außerdem soll eine **Mahnung mit einer weiteren Zahlungsfrist** von einer Woche vorausgehen.

Durchführung der Vollstreckung

Das Verwaltungsvollstreckungsgesetz des Bundes verweist für die Durchführung der Vollstreckung auf Vorschriften der Abgabenordnung (§ 5 Abs. 1 VwVG-Bund). Zuständig für die Vollstreckung sind die Haupt-

zollämter als Vollstreckungsbehörden der Bundesfinanzverwaltung (§ 4 Buchstabe b VwVG-Bund, § 249 Abs. 1 Satz 3 AO, § 1 Nr. 4 Finanzverwaltungsgesetz; s. auch Feddern, in: jurisPK-SGB X, § 66 Rn. 12).
Die Verwaltungsvollstreckungsgesetze der Länder treffen eigene Regelungen. Diese (z. B. Verwaltungsvollstreckungsgesetz NRW) ähneln z.T. weitgehend den Regelungen des Verwaltungsvollstreckungsgesetzes des Bundes. Zum Teil gibt es aber auch substantielle Unterschiede (z. B. Bayerisches Verwaltungszustellungs- und Vollstreckungsgesetz, das neben der eingeschränkten Zuständigkeit eigener Vollstreckungsbediensteter in Art. 26 Abs. 2 und 7 für die Vollstreckung von Geldforderungen der Gemeinden und Gemeindeverbände nach Erteilung einer Vollstreckungsanordnung durch den Gläubiger die Zuständigkeit der ordentlichen Gerichte und die Geltung der Zivilprozessordnung anordnet).

Durchsuchung der Wohnung

Der Vollziehungsbeamte darf die Wohnung des Schuldners (nicht aber eines unbeteiligten Dritten) betreten. Durchsuchen darf er die Wohnung ohne Einwilligung des Schuldners grundsätzlich nur auf richterliche Anordnung (§ 5 Abs. 1 VwVG-Bund i.V.m. § 287 Abs. 4 AO bzw. Landesrecht, z. B. § 14 Abs. 4 VwVG NRW). Bei der Durchsuchung darf er verschlossene Türen und Behältnisse öffnen lassen (s. § 5 Abs. 1 VwVG-Bund i.V.m. § 287 Abs. 1 und 2 AO bzw. Landesrecht, z. B. § 14 Abs. 1 VwVG NRW).

Rechtsfolgen bei Widerstand oder Abwesenheit

Bei Widerstand kann der Vollziehungsbeamte Gewalt anwenden und hierbei um Unterstützung durch die Polizei nachsuchen (§ 5 Abs. 1 VwVG-Bund i.V.m. § 287 Abs. 3 AO bzw. Landesrecht z. B. § 14 Abs. 3 VwVG NRW). Bei Abwesenheit des Schuldners oder bei Widerstand muss er zwei Zeugen hinzuziehen (§ 5 Abs. 1 VwVG-Bund i.V.m. § 288 AO bzw. Landesrecht, z. B. § 15 VwVG NRW).

Vollstreckung in Sachen durch Pfändung

Die Vollstreckung in Sachen geschieht durch Pfändung. Sie muss unterbleiben, wenn zu erwarten ist, dass die Kosten der Zwangsvollstreckung höher sind als der zu erwartende Erlös aus der Verwertung (§ 5 Abs. 1 VwVG-Bund i.V.m. § 281 Abs. 3 AO bzw. Landesrecht, z. B. § 21 VwVG NRW).
Geld, Wertpapiere und Kostbarkeiten sind wegzunehmen.
Andere Sachen bleiben meist im Gewahrsam des Schuldners und werden dann mit einem Pfandsiegel versehen (§ 5 Abs. 1 VwVG-Bund i.V.m. § 286 Abs. 2 AO bzw. Landesrecht, z. B. § 28 VwVG NRW). Sie sind frühestens eine Woche später nach öffentlicher Bekanntmachung öffentlich zu versteigern (§ 5 Abs. 1 VwVG-Bund i.V.m. §§ 296, 298 AO bzw. Landesrecht, z. B. §§ 30, 31 VwVG NRW).

Versteigerung

Für das Verwaltungszwangsverfahren gelten die §§ 811–813 der ZPO über die Unpfändbarkeit (§ 5 Abs. 1 VwVG-Bund i.V.m. § 295 AO bzw. Landesrecht, z. B. § 27 VwVG NRW). Sie konkretisieren zum Schutz des Schuldners die in Art. 1 und 2 GG normierten Grundrechte und das Sozialstaatsprinzip (BFH, 30.1.1990 – VII R 97/89 – juris Rn. 10).

Unpfändbare Sachen

Unpfändbar sind Gegenstände, die im Rahmen einer bescheidenen Lebensführung dem persönlichen Gebrauch des Vollstreckungsschuldners dienen oder zum notwendigen Hausrat gehören, also insbesondere Haushaltsvorräte für vier Wochen, Arbeitsgeräte, Prothesen, Haustiere und auch ein Farbfernsehgerät im Hinblick auf die Grundrechte in Art. 2 und 5 GG (BFH, 30.1.1990 – VII R 97/89 – juris Rn. 11 ff.). Unpfändbar ist auch der PKW eines außergewöhnlich Gehbehinderten (BGH, 19.3.2004 – IXa ZB 321/03 – juris Rn. 5 f.) und der PKW, den der Ehegatte des Schuldners zur Fortsetzung der Erwerbstätigkeit benötigt (BGH, 28.1.2010 – VII ZB 16/09 – juris Rn. 8 ff.).

Austauschpfändung

Gepfändet werden darf ein notwendiger Gegenstand in einer besonders kostspieligen Ausführung gegen Überlassung einer Normalausführung, z. B. Luxus-Fernseher gegen einfaches Modell.

Pfändung von Forderungen

Die Pfändung von Forderungen (z. B. Lohnpfändung) erfolgt durch Pfändungsverfügung der Vollstreckungsbehörde; zudem wird die Einziehung der Forderung verfügt (§ 5 Abs. 1 VwVG-Bund i.V.m. §§ 309 ff. AO bzw. Landesrecht, z. B. §§ 40 ff. VwVG NRW).

Auskunftspflicht

Der Schuldner hat der Vollstreckungsbehörde alle notwendigen Auskünfte zu erteilen und kann dazu durch Erzwingungshaft angehalten werden (§ 5 Abs. 1 VwVG-Bund i.V.m. §§ 315 Abs. 2 Satz 1 und 4, 284 Abs. 8 AO bzw. Landesrecht, z. B. § 44 Abs. 2 i.V.m. § 5a VwVG NRW).

Zur Pfändung von Sozialleistungen und der Kontenpfändung: → S. 306 und → S. 308.

Vollstreckung in Grundstücke

Die Vollstreckung in Grundstücke (unbewegliches Vermögen) erfolgt nach den Vorschriften für gerichtliche Zwangsversteigerungen (Gesetz über die Zwangsversteigerung und Zwangsverwaltung, s. § 5 Abs. 1 VwVG-Bund i.V.m. § 322 Abs. 1 AO bzw. Landesrecht, z. B. §§ 51 ff. VwVG NRW) durch das Amtsgericht auf Antrag der Vollstreckungsbehörde.

## 5 Stundung, Niederschlagung, Erlass

Die Haushaltsgesetze/-ordnungen des Bundes, der Länder und der Gemeinden sehen weitgehend übereinstimmend Möglichkeiten der finanziellen Entlastung des Bürgers vor, die den SozA/SozP häufig nicht bekannt sind und deshalb nicht genutzt werden (§ 59 Bundeshaushaltsordnung; landesrechtliche Regelungen, z. B. § 59 Landeshaushaltsordnung NRW und § 26 Gemeindehaushaltsverordnung NRW sowie Art. 59 Bayerische Haushaltsordnung und § 31 Bayerische Kommunalhaushaltsverordnung-Doppik; für die Sozialversicherung § 76 Abs. 2 SGB IV). Die Vorschriften gelten entsprechend auch für zivilrechtliche Erstattungs- und Regressansprüche der Sozialleistungsträger und anderer Behörden (BSG, 13.6.1989 – 2 RU 32/88 – juris Rn. 20).

Ermessensentscheidung

Das Bundessozialgericht leitet daraus ein subjektives öffentliches Recht auf fehlerfreie **Ermessensentscheidung** über die Stundung, den

Erlass oder die Niederschlagung von Forderungen ab, wenn die Durchsetzung des Anspruchs den Verpflichteten so hart treffen würde, dass der Leistungsträger von der sofortigen Einziehung absehen muss.

Ist schon bei der Entscheidung über die Aufhebung und Rückforderung zu erkennen, dass im Beitreibungsverfahren eine Stundung, Niederschlagung oder ein Erlass auszusprechen wäre, hat der Leistungsträger gleichzeitig über den Zahlungsaufschub bzw. den teilweisen oder vollständigen Erlass zu entscheiden. Hat der Leistungsträger darüber noch nicht entschieden, kann der Betroffene darlegen, dass er nicht oder nur unter großen Schwierigkeiten in der Lage wäre, seinen Zahlungspflichten nachzukommen, und beantragen, dass die Rückzahlungsmodalitäten seinen finanziellen Möglichkeiten angepasst werden (BSG, 23.3.1995 – 13 RJ 39/94 – juris Rn. 57 f.).

Von Amts wegen

Zulässig sind:

- die Stundung, wenn die sofortige Einziehung bei Fälligkeit eine erhebliche Härte für den Schuldner bedeuten würde und der Anspruch durch die Stundung nicht gefährdet erscheint. Der geschuldete Betrag ist ggf. zu verzinsen (§ 76 Abs. 2 SGB IV);

  Stundung

  Die Agentur für Arbeit bewilligt einem schwerbehinderten Menschen, der wegen vorsätzlich unterlassener Mitteilung von Einkünften aus der Tätigkeit in einer Trinkhalle 6.000 Euro Arbeitslosengeld I zu Unrecht erhalten hatte (s. § 155 SGB III), monatliche Rückzahlungsraten von 25 Euro.

  Beispiel

- die Niederschlagung, d.h. die befristete oder unbefristete Zurückstellung der Weiterverfolgung eines Anspruchs, wenn feststeht, dass die Einziehung keinen Erfolg haben wird oder die Kosten der Einziehung außer Verhältnis zur Höhe des Anspruchs stehen.

  Niederschlagung

  Die Niederschlagung ist ein verwaltungsinterner Vorgang, der in der Regel dem Schuldner nicht mitgeteilt wird. Die spätere Verfolgung des Anspruchs wird hierdurch nicht ausgeschlossen;

  Kein Verwaltungsakt

  Ein Sachbearbeiter vermerkt in der Akte über die Rückzahlung der BAföG-Darlehen, dass der Rückzahlungspflichtige einen schweren Unfall erlitten hat und deshalb nach Ablauf eines Jahres erneut geprüft werden soll, ob die Rückzahlung des Darlehens verlangt wird.

  Beispiel

- der Erlass, wenn die Einziehung der Forderung nach Lage des einzelnen Falles unbillig wäre (BSG, Urteil vom 4.3.1999 – B 11/10 AL 5/98 R – juris Rn. 19).

  Erlass

  Der Empfänger überzahlter Sozialleistungen hätte ohne diese Bezüge Anspruch auf Sozialhilfe gehabt, deren Nachzahlung er nicht verlangen kann (BSG, 27.2.1996 – 10 RKg 18/95 – juris Rn. 14).
  Verlangt die Berufsgenossenschaft von einem PKW-Fahrer, der ohne Fahrerlaubnis fahrend einen unfallversicherten Arbeitnehmer auf dem Weg zur

  Beispiele

Arbeit bei einem Verkehrsunfall schuldhaft verletzt hatte, 10.000 Euro Schadensersatz, kann der zur Zeit zahlungsunfähige PKW-Fahrer den Erlass des Regressanspruchs nach § 76 Abs. 2 Nr. 3 SGB IV beantragen (BSG, 13.6.1989 – 2 RU 32/88 – juris Rn. 20 ff.).
Das Sozialamt erlässt einem durch frühere Ratenzahlungsverpflichtungen hoch verschuldeten Wohnungslosen einen Teil der nichtgezahlten Nutzungsgebühr unter der Bedingung, dass er die anderen Schulden regelmäßig abträgt.

Der Erlass wird meist nur bei »unverschuldeter« wirtschaftlicher Notlage und nur dann gewährt, wenn die Voraussetzungen für eine Stundung nicht gegeben sind (BSG, 9.2.1995 – 7 RAr 78/93 – juris Rn. 62).

Verwaltungsakt

Die Entscheidung über den Erlass erfolgt durch Verwaltungsakt.

## 6 Weitere Sanktionen

Beispiele

Dem Partner einer Alg II-Berechtigten wird ein Bußgeld von 200 Euro auferlegt, weil er dem Jobcenter sein Sparguthaben nicht angegeben hat (§ 63 Abs. 1 Nr. 4 SGB II).
Ein Student, der im BAföG-Antrag sein Vermögen von ca. 25.000 Euro nicht angegeben hatte, wird wegen Betrugs zu einer Geldstrafe von 120 Tagessätzen zu 46 Euro verurteilt (BayObLG, 23.11.2004 – 1 St RR 129/04 – NJW 2005, 309).

Die Verwaltungsbehörden können in der Regel mit ihren eigenen Mitteln einschließlich der Zwangsmittel ihre Aufgaben erfüllen. Sie können aufgrund entsprechender Vorschriften aber zusätzlich auch Bußgelder verhängen bzw. Strafverfahren einleiten.

### 6.1 Bußgelder

Bei Verwaltungsungehorsam

Bei Verstoß gegen Verhaltenspflichten, die den Bürgern in verwaltungsrechtlichen Vorschriften bzw. durch Verwaltungsakt auferlegt sind, kann von der zuständigen Verwaltungsbehörde aufgrund der §§ 111 ff. des Gesetzes über Ordnungswidrigkeiten (OWiG) bzw. besonderer gesetzlicher Regelung eine Geldbuße verhängt werden. Im Sozialrecht finden sich derartige Vorschriften meist am Ende eines Gesetzes: § 63 SGB II; § 404 SGB III; § 306 ff. SGB V; § 320 SGB VI; § 209 SGB VII; § 104 SGB VIII; § 156 SGB IX; § 121 SGB XI; § 117 Abs. 6 SGB XII; § 58 BAföG; § 98 AufenthG; § 86 AsylVfG.

Beispiel

Ein Ausländer, dem der Aufenthalt im Bereich des Landes NRW gestattet ist, besucht eine befreundete Familie in Hessen. Ihm wird ein Bußgeld von 300 Euro auferlegt (§ 86 AsylVfG).

Der Bußgeldbescheid ist zwar ein Verwaltungsakt. Jedoch sind dagegen nicht die verwaltungsrechtlichen Rechtsbehelfe statthaft, sondern der **Einspruch** nach § 67 ff. des Gesetzes über Ordnungswidrigkeiten (OWiG), über den das Amtsgericht entscheidet.

Rechtsschutz

## 6.2 Geld- oder Freiheitsstrafen

Schwere Verstöße gegen verwaltungsrechtliche Pflichten werden als kriminelles Unrecht nach besonderen gesetzlichen Vorschriften mit Geld- oder Freiheitsstrafe bedroht, z. B. durch § 105 SGB VIII; §§ 95 ff. AufenthG; §§ 84, 84a, 85 AsylVfG.

Bei kriminellem Unrecht

Leistungsberechtigte können im Rahmen ihrer Kontakte mit der Verwaltung auch gegen allgemeine Strafvorschriften verstoßen und sich strafbar machen.

Beispiele

Widerstand gegen Vollstreckungsbeamte (§ 113 StGB).
Hausfriedensbruch durch unbefugtes Eindringen in öffentliche Gebäude (§ 123 StGB).
Beleidigung eines Sachbearbeiters (§ 185 StGB).
Körperverletzung an einem Amtsleiter (§ 223 StGB).
Betrug durch falsche Angaben im Antrag auf Sozialleistungen (§ 263 StGB).
Urkundenfälschung durch Vorlage gefälschter Belege (§ 267 StGB).
Sachbeschädigung durch Zerstörung des Büromobiliars (§ 303 StGB).

## 6.3 Einleitung von Strafverfahren durch SozA/SozP?

Grundsatz

SozA/SozP haben – darin unterscheiden sie sich von Polizisten – weder den beruflichen noch den gesetzlichen Auftrag, Straftaten zu verfolgen.

Ausnahme

Schutz von Kindern und Jugendlichen

Jedoch kann in äußersten Fällen die Einleitung eines Strafverfahrens im psychosozialen Hilfeprozess ein Mittel zum Schutz gefährdeter Menschen sein. Besteht der dringende Verdacht, dass ein Kind misshandelt oder sexuell missbraucht wird, lehnen die Eltern jeden Kontakt mit dem Jugendamt ab und ist das Familiengericht nicht bereit, in der Sache tätig zu werden, kommt als letzte Möglichkeit zum Schutz des Kindes die Einschaltung der Polizei in Betracht, die Sofortmaßnahmen zum Schutz des Kindes ergreifen und ein Strafverfahren einleiten kann (§ 8a Abs. 3 und 4 SGB VIII; → S. 244).
Zu bedenken ist, dass die Einschaltung der Polizei und die Einleitung eines Strafverfahrens gegen ein Familienmitglied durch SozA/SozP in der Regel jede weitere soziale Arbeit mit den Eltern und Kindern unmöglich macht und damit letztlich eventuell auch nicht dem Kindeswohl dienen, sondern dem Kind schaden kann.

Selbstbestimmungsrecht des Opfers

SozA/SozP haben das Selbstbestimmungsrecht des Opfers zu respektieren. Sie dürfen es nicht zum Objekt ihrer persönlichen Rachegefühle machen und haben dessen Interessen auch gegen den häufig starken öffentlichen Druck zu verteidigen. Nach aller Erfahrung erleben Opfer von körperlicher oder sexueller Misshandlung ein Strafverfahren häufig als neue Misshandlung: Vernehmungen, Untersuchungen, Begutachtungen und die Teilnahme an Gerichtsverhandlungen in Konfrontation mit aggressiven Strafverteidigern in Anwesenheit des Täters können sie außerordentlich belasten und als massiven Eingriff in ihre Intimsphäre erleben.

Schutz sonstiger bedrohter Menschen

Eine Strafanzeige werden SozA/SozP – in aller Regel nur in Abstimmung mit dem Opfer – erstatten, wenn Menschen in krimineller Weise ausgenutzt, ausgebeutet, diskriminiert oder misshandelt werden.

Beispiele

Strafanzeige gegen Arbeitgeber (Lohnwucher; BAG 22.4.2009 – 5 AZR 436/08 – juris Rn. 17), Vermieter (Mietwucher), betrügerische Geschäftemacher, Drogendealer, Zuhälter.

Strafanzeigen können sich auch gegen Mitarbeiter der öffentlichen Verwaltung richten, die Menschen misshandeln, beleidigen oder betrügen.

Beispiel

Der Betreuer von Wohnungslosen, die Spuren von körperlichen Misshandlungen aufweisen, erstattet mit Zustimmung der Opfer Strafanzeigen gegen die Polizisten der Altstadtwache und erreicht dadurch die Verurteilung der Polizisten und eine Beendigung der Misshandlungen.

Allerdings ist große Vorsicht geboten; denn der in einer solchen Anzeige Beschuldigte kann u. U. mit einer Gegenanzeige reagieren, die für den Anzeigenden zu einer Bestrafung führen kann (zu den strafrechtlichen Risiken der Anzeigeerstattung: Koch, NJW 2005, 943).

Beispiel

Fehlen einem Demonstranten nach einer Fahrt im polizeilichen Streifenwagen einige Zähne und beschuldigt er die Polizisten der Körperverletzung, so kann das Strafverfahren gegen die Polizisten mit einem Freispruch enden, während der Demonstrant auf die Strafanzeige der Polizisten wegen übler Nachrede im Sinne von § 186 StGB zu einer Geldstrafe von 300 Euro verurteilt wird, wenn er nicht die Körperverletzung durch die Polizisten nachweisen kann.

# M Staatshaftung und sonstige öffentlich-rechtliche Ausgleichsverhältnisse



## 1 Grundfragen der Staatshaftung

Beispiel

Mit einer wegen langjähriger Misshandlung psychisch kranken und dauerhaft erwerbsunfähigen jungen Frau überlegt die Sozialpädagogin, ob und welche staatlichen Hilfen ihr zustehen.

Ein Sozialarbeiter »übersieht«, als ihn eine Witwe wegen ihrer niedrigen Witwenrente um Rat fragt, dass die Witwe Wohngeld und eine Rente wegen ihrer eigenen Erwerbstätigkeit und Kindererziehung beantragen könnte. Sie fordert später Schadensersatz.

Der Staat haftet und zahlt Schadensersatz bzw. Entschädigungen, wenn Menschen durch Gewaltakte anderer Menschen, bei sozial als wertvoll eingeschätzten Tätigkeiten, durch Verwaltungsmaßnahmen bzw. durch Verhalten von Verwaltungsmitarbeitern Schäden erleiden.

Bedeutung für SozA/SozP

SozA/SozP sollten Grundkenntnisse des Rechts der Staatshaftung und der anderen Ausgleichsansprüche besitzen, damit sie Betroffene entsprechend informieren können; denn oft wissen diese nicht, dass sie Ausgleichsansprüche haben bzw. wie und mit welchem Risiko sie sich gegen schädigende Verwaltungsmaßnahmen wehren können.

Komplizierte und lückenhafte Regelungen

Das Staatshaftungsrecht gehört zu den kompliziertesten Materien des Verwaltungsrechts. Die Entscheidungskriterien und Tatbestandsmerkmale, manchmal die gesamte Anspruchsgrundlage, findet man nicht in Paragraphen. Vielmehr müssen die Anspruchsgrundlagen aus der höchstrichterlichen Rechtsprechung entwickelt werden. In der Regel wird bei den öffentlich-rechtlichen Ausgleichsverhältnissen Verschulden gefordert. Ein bürgerfreundliches Staatshaftungsrecht müsste auf den Nachweis des Verschuldens und der anderweitigen Ersatzmöglichkeit verzichten (Ossenbühl/Cornils, 739 ff.).

## 2 Spezielle Grundlagen für staatliche Ausgleichsleistungen

### 2.1 Opferentschädigungsgesetz (OEG)

Voraussetzungen

Gesundheitsschäden durch einen vorsätzlichen, rechtswidrigen tätlichen Angriff auf eine Person werden nach dem Gesetz über die Entschädigung für Opfer von Gewalttaten ausgeglichen. Das Gesetz gilt auch für Gewalttaten im Ausland (§ 1 OEG).

Beispiele

Seelische und körperliche Misshandlungen (BSG, 17.4.2013 – B 9 V 1/12 R); sexueller Missbrauch (BSG, 16.4.2002 – B 9 VG I/01 R); Gewaltopferentschädigung nach misslungener Schönheitsoperation (BSG, 29.4.2010 – B 9 VG 1/09 R); Mobbing (BSG, 14.2.2001 – B 9 VG 4/00 R); keine Gewaltopferentschädigung bei »gewaltlosen« Nachstellungen durch einen Stalker (BSG, 7.4.2011 – B 9 VG 2/10 R).

Haftungsausschlüsse

Bei überwiegendem Selbstverschulden des Opfers, z.B. bei bewusstem Einlassen auf eine Schlägerei (LSG NRW, 17.2.2012 – L 13 VG 68/11) oder AIDS-Erkrankung nach freiwilligem, ungeschütztem Geschlechtsverkehr mit einer Zufallsbekanntschaft (BSG, 18.10.1995 – 9 RVg 5/95) ist der Anspruch ausgeschlossen.

Die Entschädigung umfasst Heilbehandlung, Psychotherapie, Beschädigtenrente, Pflegezulage, Hinterbliebenenversorgung, Bestattungsgeld gemäß dem Bundesversorgungsgesetz.

Umfang der Entschädigung

Sie muss binnen eines Jahres nach Eintritt der Schädigung beantragt werden. Die Jahresfrist verlängert sich um den Zeitraum, während dessen der Beschädigte unverschuldet verhindert war, die Entschädigung zu beantragen (§ 60 Abs. 1 Satz 2 BVG). Bei Verletzung des sexuellen Selbstbestimmungsrechts beginnt die Frist entsprechend § 208 BGB mit Vollendung des 21. Lebensjahres bzw. mit Aufhebung der häuslichen Gemeinschaft mit dem Täter (BSG, 28.4.2005 – B 9a/9 VG 1/04 R, NJW 2005, 2574; LSG Baden-Württemberg, 15.12.2011 – L 6 VG 584/11).

Antragsfrist

Neben der sozialrechtlichen Entschädigung ist an einen zivilrechtlichen Schadensersatzanspruch gegen den Täter zu denlen. Diese Schadensersatzansprüche, die auf der vorsätzlichen Verletzung der sexuellen Selbstbestimmung beruhen, verjähren in 30 Jahren (§ 197 Abs. 1 Nr. 1 i.d.F. StORMG vom 26.6.2013, BGBl I, 1805).

Verjährungsfrist: 30 Jahre

## 2.2 Gesetzliche Unfallversicherung (SGB VII)

Anspruch auf Leistungen nach dem SGB VII, haben zunächst alle Arbeitnehmer, die einen Arbeitsunfall erleiden oder an einer Berufskrankheit erkranken.

Voraussetzung

Die Unfallversicherten erhalten u.a. Heilbehandlung, Leistungen zur Teilhabe am Arbeitsleben und am Leben in der Gemeinschaft, Leistungen bei Pflegebedürftigkeit sowie Verletztengeld und Verletztenrenten (§§ 2, 26 ff. SGB VII).

Leistungsumfang

Kinder sind während des Besuchs von Kindertageseinrichtungen, Schüler während des Besuchs von allgemeinbildenden Schulen und Studierende während der Aus- und Fortbildung an Hochschulen gesetzlich unfallversichert (§ 2 Abs. 1 Nr. 8 SGB VII).

Kinder
Schüler
Studierende

Erleidet ein Kind auf dem Weg zur Kita, ein Schüler bei einer Schlägerei während einer Klassenfahrt oder eine Studentin in der Hochschule einen Unfall, der eine Behinderung zur Folge hat, ist außer Heilbehandlung evtl. lebenslang eine Verletztenrente zu zahlen (BSG, 26.10.2004 – B 2 U 41/03 R).

Beispiel

Eine selbständige Tagesmutter, die für das Jugendamt Kinder betreut, ist gemäß § 2 Abs. 1 Nr. 9 Altern. 2 SGB VII in der Wohlfahrtspflege tätig und damit gesetzlich unfallversichert (BSG, 31.1.2012 – B 2 U 3/11 R).

Gesetzlich unfallversichert sind weiter Personen, die bei Unglücksfällen oder gemeiner Gefahr oder Not Hilfe leisten oder einen anderen aus erheblicher gegenwärtiger Gefahr für Körper oder Gesundheit retten sowie Blut- und Organspender (§ 2 Abs. 1 Nr. 13 SGB VII; BSG, 27.3.2012 – B 2 U 7/11 R).

Nothelfer

Blut-/Organspender

Auch Verwaltungshelfer sind gesetzlich unfallversichert.

Verw.-Helfer

Ehrenamtlich Tätige?

Der gesetzliche Unfallversicherungsschutz ehrenamtlich Tätiger ist lückenhaft. Zwar sind nach dem Gesetzeswortlaut ehrenamtlich in der Wohlfahrtspflege (§ 2 Abs. 1 Nr. 9 SGB VII) und ehrenamtlich für öffentliche Träger oder öffentlich-rechtliche Religionsgemeinschaften Tätige gesetzlich unfallversichert (§ 2 Abs. 1 Nr. 10b SGB VII).

Ehrenamtliche, die als Mitglied eines Vereins Verantwortung übernehmen, sind aus der gesetzlichen Unfallversicherung ausgeschlossen, weil die Erfüllung der Pflichten eines Vereinsmitglieds vom Gesetz nicht erfasst wird.

Beispiel

Ein gemeinnütziger Heimatverein in Hessen vermietet mehrmals im Jahr das vereinseigene Zelt an andere Vereine und erhält dafür ein Entgelt. Mindestens vier bis fünf Mitglieder des Heimatvereins bauen als erfahrene »Zeltmannschaft« das Zelt auf. Der Vereinsvorsitzende war gleichzeitig der Chef der »Zeltmannschaft«. Beim Aufbau des Zeltes für einen anderen Verein stürzte der Mann aus vier Metern Höhe von der Leiter und verletzte sich dabei tödlich. Die von seiner Witwe beantragte Anerkennung als Arbeitsunfall lehnte die Berufsgenossenschaft ab. das LSG wies die Klage ab und gab der Berufsgenossenschaft Recht (30.4.2013 – L 3 U 231/10).
Für Mitglieder eingetragener Vereine besteht kein gesetzlicher Versicherungsschutz, wenn sie Tätigkeiten verrichten, die nach der Vereinssatzung oder den tatsächlichen gegebenheiten von den Mitglieder erwartet werden und von diesen auch ausgeübt werden. Entscheidend ist es nach Auffassung des LSG, dass mit dem Auf- und Abbau des Zeltes vertraute Vereinsmitglieder über Jahre hinweg bereit waren, das Vereinszelt auch zu Vermarktungszwekken auf- und abzubauen und in dieser Art und Weise zu Gunsten ihres Vereins tätig werden. nach § 6 Abs. 1 Nr. 3 SGB VII hätte eine freiwillige Unfallversicherung beantragt werden können, was aber der Verein unterlassen hat.

Kraft Satzung haben einige Länder den Versicherungsschutz auf ehrenamtlich Tätige und bürgerschaftlich Engagierte ausgedehnt (§ 3 Abs. 1 Nr. 4 SGB VII; BMAS, Zu Ihrer Sicherheit, Stand Januar 2014, S. 12). Allerdings ist dieser Versicherungsschutz nur nachrangig und ist insbesondere ausgeschlossen, wenn Engagierte sich in der gesetzlichen Unfallversicherung freiwillig versichern können (BMAS, a.a.O., S. 13). Daneben gibt es in allen Ländern mit Ausnahme von Schleswig-Holstein und Hamburg private Unfallversicherungsverträge (BMAS, a.a.O., S. 48).

## 2.3 Infektionsschutzgesetz (IfSG)

Verdienstausfälle, die ansteckungsverdächtigte Beschäftigte, z. B. in Kinderheimen, Kindergärten, Jugendwohnheimen, Ferienlagern, durch ein Beschäftigungsverbot erleiden, werden nach §§ 56 ff. des IfSG entschädigt.

Beispiel

Der Betreuer in einem Kinderferienlager hat Anspruch auf Entschädigung in Geld, wenn das Gesundheitsamt ihm ein Beschäftigungsverbot erteilt.

## 2.4 Gesetz über die Entschädigung für Strafverfolgungsmaßnahmen (StrEG)

Schäden, die durch Strafverfolgungsmaßnahmen entstanden sind, die sich als nicht gerechtfertigt erweisen, werden nach dem StrEG ausgeglichen.

Ein Erzieher wird wegen des (ungerechtferigten) Verdachts sexuellen Missbrauchs festgenommen und mehrere Stunden verhört. Ihm entsteht dadurch ein Verdienstausfall. Beispiel

Vermögensschäden werden ersetzt. Für den Nichtvermögensschaden wird für jeden angefangenen Tag der Freiheitsentziehung eine Entschädigung von (lediglich) 25 Euro gewährt, wenn die Freiheitsentziehung nicht gerechtfertigt war.

## 2.5 Gesetz über den Rechtsschutz bei überlangen Gerichtsverfahren und strafrechtlichen Ermittlungsverfahren

Art. 19 Abs. 4 GG garantiert die Effektivität des Rechtsschutzes. Wirksam ist nur ein zeitgerechter Rechtsschutz.
Der EGMR hatte die BRD verpflichtet, binnen eines Jahres einen Rechtsbehelf bei überlanger Verfahrensdauer zu schaffen (EGMR, 2.9.2010 – Nr. 46344/06).
Die §§ 198 ff. GVG; §§ 97a–97e BVerfGG geben einen Anspruch auf eine angemessene Entschädigung, wenn ein Verfahrensbeteiligter infolge der unangemessenen Dauer des Verfahrens einen Nachteil erleidet. Voraussetzung
Wann ein Verfahren unangemessen lang dauert, beurteilt sich nach den Umständen des Einzelfalls, z.B. wenn ein Gericht über fünf Jahre zur Entscheidung braucht und über zwei Jahre das Verfahren ohne erkennbaren Grund nicht gefördert hat (BVerfG, 7.6.2011 – 1 BvR 194/11). Eine Verfahrensdauer von einem Jahr bei einer Verfassungsbeschwerde ist nicht als unangemessen lang anzusehen (BVerfG, 1.10.2012 – 1 BvR 170/06 – Vz 1/12).

Der Entschädigungsanspruch umfasst sowohl Vermögens- als auch Nichtvermögensnachteile und ist verschuldensunabhängig. Entschädigung

## 2.6 Landesrechtliche Polizei- und Ordnungsbehördengesetze

Entschädigung für Gesundheits- und Vermögensschäden durch rechtmäßige bzw. rechtswidrige Maßnahmen der Polizei/Ordnungsbehörden wird nach den landesrechtlichen Polizei- bzw. Ordnungsbehördengesetzen gewährt (Überblick bei: Pieroth u.a., § 26). Die Ansprüche setzen ein Verschulden der Polizei nicht voraus (BGH, 3.3.2011 – III ZR 174/10).

Beispiele

Bei einer polizeilichen Durchsuchung werden Schränke aufgebrochen.
Irrtümlicherweise dringen Polizisten in das Zimmer eines harmlosen Hotelgastes ein und erschießen ihn.

## 3 Allgemeine Grundlagen für staatliche Ausgleichsleistungen

Die allgemeinen Haftungsgrundlagen für staatliche Ausgleichsleistungen sind von Bedeutung, wenn eine spezielle Haftungsgrundlage nicht anwendbar ist oder nur zu einer teilweisen Entschädigung führt.

- Schadensersatz wegen Amtspflichtverletzung.
- Schadensersatz wegen Verletzung der Pflichten aus einem Verwaltungsrechtsverhältnis/Sozialrechtsverhältnis.
- Beseitigung der Folgen rechtswidrigen Verwaltungshandelns – Folgenbeseitigungsanspruch.
- Beseitigung der Folgen, die wegen fehlerhafter Beratung durch die Verwaltung entstanden sind – Herstellungsanspruch.
- Entschädigung wegen Enteignung, Aufopferung bzw. enteignungs- oder aufopferungsgleichem Eingriff.

### 3.1 Schadensersatz wegen Amtspflichtverletzung

Beispiel

Eine Sozialarbeiterin weiß im Sozialrecht kaum Bescheid. Deshalb informiert sie eine Frau, die von ihrem arbeitslosen Mann für sich und ihre Kinder keinen Unterhält erhält, nicht über die Möglichkeiten, den Kindergeldanspruch überzuleiten, Unterhaltsvorschuss und Wohngeld zu beantragen und einen Teilbetrag des Arbeitslosengeldes abzuzweigen.

Der Anspruch auf Schadensersatz wegen Amtspflichtverletzung kann für SozA/SozP durchaus unterschiedliche Bedeutung haben.
Werden Bürger beraten, die durch rechtswidriges Verwaltungshandeln einen Schaden erlitten haben, gehört es zu ihren Pflichten, die Betroffenen auf die Möglichkeit der Amtshaftung hinzuweisen.
Arbeiten sie aber im öffentlichen Dienst und verletzen sie ihre Amtspflicht, so kann der Betroffene seinen Amtshaftungsanspruch gegenüber dem Arbeitgeber des SozA/SozP geltend machen.

Nach § 839 BGB hat ein Beamter, der eine ihm einem Dritten gegenüber obliegende Amtspflicht schuldhaft verletzt, diesem den Schaden zu ersetzen.

Haftung des Anstellungsträgers

Trotz des Wortlauts dieser Vorschrift haftet der Beamte dem Geschädigten aber nicht persönlich; denn aufgrund Art. 34 GG wird die Ersatzpflicht des Beamten bei öffentlich-rechtlicher Tätigkeit grundsätzlich von dem öffentlichen Anstellungsträger übernommen.

Regress

Dieser kann allerdings vom Beamten Erstattung verlangen (Regress), wenn die Amtspflichtverletzung vorsätzlich oder grob fahrlässig begangen wurde (Art. 34 Satz 2 GG).

Ein Anspruch auf Schadensersatz wegen Amtspflichtverletzung gegen den staatlichen Träger besteht, wenn die im Folgenden behandelten Voraussetzungen erfüllt sind:

### 3.1.1 Ausübung öffentlich-rechtlicher Tätigkeit

Beamter im haftungsrechtlichen Sinn

Beamter im Sinne dieser Vorschrift ist jeder, der öffentlich-rechtlich handelt, d. h. auch Angestellte, Arbeiter, Praktikanten im öffentlichen Dienst und alle Verwaltungshelfer. Es ist also nicht erforderlich, dass die Handlung von einem Beamten im Sinne des Beamtenrechts vorgenommen wird. Maßgebend ist die Funktion, die er wahrnimmt (BGH, 15.9.2011 – III ZR 240/10).

Verwaltungshandeln

Die Amtspflichtverletzung ist durch jede Art öffentlich-rechtlichen Verwaltungshandelns möglich.

Beispiel

Die Veranstaltung einer Kinderferienmaßnahme durch das städtische Jugendamt ist den öffentlich-rechtlichen Aufgaben der Stadt zuzuordnen. Die hierbei eingesetzten Sozialpädagoginnen, die betreuenden Studentinnen und Schülerinnen sind Beamte im Sinne des § 839 BGB (OLG Dresden, 4.12.1996 – 6 U 1393/96, NJW-RR 1997, 857).

Die Schädigung muss in Ausübung eines öffentlichen Amtes erfolgen. Auch der Missbrauch des Amtes durch Vorgesetzte zu schikanösen, persönlichen oder strafbaren Zwecken gegenüber Unterstellten wird der Amtsausübung zugerechnet.

Beispiel

Systematisches und fortgesetztes Schikanieren und Beleidigen (Mobbing: BGH, 1.8.2002 – III ZR 277/01, Versicherungrecht 2003, 67).

### 3.1.2 Verletzung einer gegenüber dem Geschädigten bestehenden Amtspflicht

Eine Amtspflicht gegenüber dem Geschädigten ist stets verletzt, wenn in ein subjektiv- öffentliches Recht eingegriffen wird. Besteht ein Ermessenspielraum, kann eine Pflicht nur bei Ermessensfehlgebrauch verletzt werden.

Drittbezogenheit

Die Amtspflicht kann auf Gesetz oder sonstiger Rechtsvorschrift, Verwaltungsvorschrift oder Einzelweisung beruhen. Stets ist Drittbezogenheit erforderlich, d.h. die Amtspflicht darf nicht nur dem Schutz der Allgemeinheit oder dem Interesse des Staates an einer ordentlichen Amtsführung dienen, sondern muss zumindest auch die Interessen des Einzelnen berücksichtigen (BGH, 11.1.2007 – III ZR 302/05).

Beispiel

Die Aufsichtspflicht der in einer kommunalen Kindertagesstätte beschäftigten Erzieherinnen dient auch dem Schutz Dritter (BGH, 13.12.2012 – III ZR 226/12).

Zu den Amtspflichten zählen u.a.:

Informations- und Beratungspflicht

- Die Pflicht aller staatlichen Stellen, Bürger über ihre Rechte richtig, klar, unmissverständlich und vollständig zu informieren (§§ 13–15 SGB I).

Beispiele

Zur Haftung des Rentenversicherungsträgers wegen einer falschen Auskunft: BGH, 10.7.2003 – III ZR 155/02.
Zur Haftung des Sozialhilfeträgers: OLG Naumburg, 16.8.2007 – 1 U 80/06.
Zur Haftung der Bundesagentur für Arbeit: OLG München, 21.4.2011 – 1 U 133/41).

Pflicht zur Gesetzestreue

- Die Pflicht, keine im Sinne der §§ 823 ff. BGB unerlaubte oder strafbare Handlung zu begehen, z. B. durch Verletzung des Persönlichkeitsrechts, der persönlichen Freiheit, der sexuellen Selbstbestimmung, der Gesundheit, des Eigentums.

SGB VIII-Pflicht

- Der Schutzauftrag bei Kindeswohlgefährdung nach § 8a SGB VIII.

Beispiel

Eine Sozialpädagogin muss zeitnah nach einem Umzug in eine Pflegefamilie prüfen, ob das Kindeswohl gesichert ist (BGH, 21. 10.2004 – III ZR 254/03).

### 3.1.3 Verschulden/Mitverschulden

Verschulden

Objektiver Verschuldensmaßstab

Der Bedienstete muss schuldhaft (vorsätzlich oder fahrlässig) gehandelt haben. Hierbei kommt es nicht darauf an, ob dem Bediensteten ein persönlicher individueller Vorwurf gemacht werden kann. Entscheidend ist, ob der Bedienstete die Verhaltensstandards verletzt hat, die für die Aufgabenerfüllung gelten.

Beispiel

Eine erhebliche Arbeitsüberlastung kann das Verschulden eines Sozialarbeiters ausschließen. In diesem Fall verlagert sich die Haftung auf die vorgesetzten Stellen, denen die Überlastung bekannt war oder bekannt sein musste (»Organisationsverschulden« BGH, 11.1.2007 – III ZR 302/05).

Überlastungsanzeige

Überlastete können durch eine Überlastungsanzeige ihr Haftungsrisiko beschränken, werden aber in der Regel damit den Arbeitgeber verärgern.

Verschulden liegt z. B. dann vor, wenn der Bedienstete die für seinen Tätigkeitsbereich erforderlichen fachlichen Kenntnisse nicht besitzt, zu denen die Rechts- und Verwaltungskenntnisse gehören, und wegen seiner Unkenntnis rechtswidrig handelt.

Der »pflichtgetreue Durchschnittsbeamte«

Die Rechtsprechung stellt auf den »pflichtgetreuen Durchschnittsbeamten« ab, der die für sein Aufgabengebiet geltenden Gesetze kennt, klare Vorschriften richtig auslegt und die höchstrichterliche Rechtsprechung beachtet. Deshalb liegt kein Verschulden vor, wenn ein Gesetz unklar und die Auslegung noch nicht geklärt ist (BGH, 3.2.2000 – III ZR 296/98). Verschulden ist aber gegeben, wenn Sozialarbeiterinnen geltende und geplante Rechtsvorschriften und Gerichtsentscheidungen nicht kennen bzw. nicht anwenden können, die für die Menschen in ihrem Arbeitsbereich wichtig sind.

Andere Ersatzmöglichkeit bei fahrlässiger Pflichtverletzung

Bei nur fahrlässigem Handeln entfällt der Ersatzanspruch, wenn der Geschädigte auf andere Weise Ersatz erlangen kann, z.B. von einem anderen Schädiger (BGH, 5.4.1984 – III ZR 19/83). Die Verweisung, z.B. auf Versicherungsansprüche, wird als problematisch empfunden, weil der Geschädigte den Versicherungsanspruch durch eigene Leistung erworben hat (BGH, 2.4.1987 – III ZR 149/85, NJW 1987, 2664).

Mitverschulden

Hat der Betroffene den Schaden mitverschuldet, ist § 254 BGB zu prüfen.

Nichteinlegung eines Rechtsmittels

Eine Sonderregelung des Mitverschuldens enthält § 839 Abs. 3 BGB. Versäumt der Geschädigte schuldhaft, den Schaden durch Einlegung eines Rechtsmittels abzuwenden, so entfällt der Ersatzanspruch.
Ist ein Schaden durch Einlegung von Rechtsbehelfen nicht abzuwenden, liegt kein Mitverschulden vor, wenn kein Rechtsbehelf eingelegt wird (BGH, 16.1.1986 – III ZR 77/84; BVerfG, 22.2.2011 – 1 BvR 409/09 zur menschenunwürdigen Haftunterbringung und zur Einlegung von Rechtsbehelfen nach StVollzG).

### 3.1.4 Schaden

Kausalität

Als Folge der Amtspflichtverletzung muss ein Schaden entstanden sein.
Für den Inhalt des Ersatzanspruchs aus § 839 BGB gelten die allgemeinen Grundsätze des §§ 249 ff. BGB. Jedoch ist der Anspruch grundsätzlich nicht auf Naturalrestitution, sondern auf Schadensersatz in Geld gerichtet (BGH, 18.2.1999 – III ZR 272/96).

Schadensersatz in Geld

Im Falle der Körperverletzung oder Freiheitsentziehung ist gemäß § 253 BGB auch der Nichtvermögensschaden (Schmerzensgeld) zu ersetzen.

Schmerzensgeld

Eine Geldentschädigung bei Verletzung des Persönlichkeitsrechts gemäß Art. 1 und 2 GG ist nur zu zahlen, wenn die Verletzung schwerwiegend und ein Ausgleich auf andere Weise nicht möglich ist (BVerfG, 27.12.2005 – 1 BvR 1359/05, NJW 2006, 1580).

Beispiel

Geldentschädigung für medienbegleitete Steuerschuldvollstreckung (Kammergericht Berlin, 21.1.2011 – 9 W 76/10).

### 3.1.5 Verjährung

Zuständig: Landgerichte

Für Klagen auf Schadensersatz wegen Amtspflichtverletzung sind die Landgerichte zuständig. Es besteht Anwaltszwang und Kostenvorschusspflicht.

Verjährungsfrist: i.d.R. 3 Jahre

Der Anspruch auf Schadensersatz wegen Amtspflichtverletzung verjährt in der Regel nach drei Jahren (§ 195 BGB). Die Verjährungsfrist

beginnt mit dem Schluss des Jahres, in dem der Geschädigte von dem Schaden und der Person des Ersatzpflichtigen Kenntnis erlangt (§ 199 Abs. 1 BGB).
Schadensersatzansprüche, die auf der Verletzung des Lebens, des Körpers, der Gesundheit oder der Freiheit beruhen, verjähren in 30 Jahren nach dem schädigenden Ereignis (§ 199 Abs. 2 BGB).

### 3.2 Schadensersatz wegen Verletzung der Pflichten aus einem Verwaltungsrechtsverhältnis

Verwaltungsrechtsverhältnis

Verwaltungsrechts-/Sozialrechtsverhältnisse bestehen u.a., wenn öffentliche Einrichtungen benutzt werden, wenn durch Antragstellung ein Verwaltungsverfahren eingeleitet wird sowie bei öffentlich-rechtlicher Beaufsichtigung und öffentlich-rechtlicher Verwahrung (Sicherstellung von Bargeld zum Schutz eines unbekannten Eigentümers, BVerfG, 24.10.2011 – 1 BvR 723/11).

Schadensersatzpflicht

Verletzt eine Behörde rechtswidrig und schuldhaft die Sorgfalts-, Treue- oder Fürsorgepflichten aus einem Verwaltungsrechts- bzw. Sozialrechtsverhältnis, so ist sie in entsprechender Anwendung der §§ 275 ff. BGB bei schuldhafter Vertragsverletzung zum Ersatz des daraus entstehenden Schadens verpflichtet (BGH, 21.6.2007 – III ZR 177/06).
Für die Verletzung der Pflichten aus einem öffentlich-rechtlichen Vertrag gelten die §§ 54 ff. VwVfG bzw. §§ 53 ff. SGB X.

Beispiel

Infolge einer Verwechslung wird der Koffer, in dem sich die Kleidung und Wäsche eines Jugendlichen befindet, vom Erzieher in einem städtischen Kinderheim zum Müll gegeben.

Diese als Gewohnheitsrecht anerkannten Schadensersatzansprüche sind von der Rechtsprechung entwickelt worden, weil der Schadensersatzanspruch nach § 839 BGB wegen Amtspflichtverletzung von den Geschädigten häufig nicht durchgesetzt werden konnte, weil z. B. das Verschulden eines bestimmten Beamten nicht nachweisbar war oder weil nach langen Auseinandersetzungen mit der Behörde der Anspruch verspätet geltend gemacht wurde.

Vorteile für Geschädigte

Durch die entsprechende Anwendung der BGB-Vorschriften über Verträge ergeben sich bedeutsame Unterschiede zum Amtshaftungsanspruch: Nicht der Geschädigte ist beweispflichtig für das Verschulden, sondern die Behörde muss ihr Nichtverschulden beweisen (§§ 282, 285 BGB). Ist eine Sache aus ungeklärten Gründen abhanden gekommen, haftet die Behörde (BGH, 5.10.1989 – III ZR 126/88).
Die Behörde haftet für Verschulden der von ihr eingesetzten Bediensteten. Kommunen können allerdings die Haftung durch Satzung auf Vorsatz und grobe Fahrlässigkeit beschränken (BGH, 21.6.2007 – III ZR 177/06).

Der Schadensersatzanspruch wegen schuldhafter Verletzung verwaltungsrechtlicher Schuldverhältnisse steht selbständig neben dem Anspruch aus schuldhafter Amtspflichtverletzung. Durch dieselbe Verwaltungshandlung kann deshalb u.U. die Staatshaftung wegen schuldhafter Verletzung eines verwaltungsrechtlichen Schuldverhältnisses und die Staatshaftung wegen schuldhafter Amtspflichtverletzung begründet werden.

Anspruchs-konkurrenz

Für Schadensersatzansprüche aus verwaltungsrechtlichen Schuldverhältnissen sind die ordentlichen Gerichte zuständig (§ 40 Abs. 2 Satz 1 VwGO).
Dagegen sind für Schadensersatzansprüche aus öffentlich-rechtlichen Verträgen die Verwaltungsgerichte zuständig (BVerwG, 22.4.2003 – 3 A 5.02).

Zuständig: Ordentlichen Gerichte

## 3.3 Folgenbeseitigungsanspruch

Das Ordnungsamt, das einen Wohnungslosen für drei Monate in eine leer stehende beschlagnahmte Wohnung eingewiesen hat, muss nach Ablauf der Einweisungsfrist dafür sorgen, dass der Wohnungslose die Wohnung räumt (BGH, 13.7.2005 – III ZR 160/94, NJW 1995, 2918).
Eine Behörde, die öffentlich vor einer »neuen Jugendsekte« gewarnt hat, obwohl es sich dabei um einen religiösen Verein handelte, der sich kritisch mit der Amtskirche auseinandersetzte, ist zu einer korrigierenden Darstellung verpflichtet (BVerwG, 7.8.1997 – 3 C 49.96).

Beispiele

Der Folgenbeseitigungsanspruch ist vom BVerwG als verfassungsrechtliches Rechtsinstitut anerkannt, das Lücken im Haftungssystem schließen soll (BVerwG, 12.7.2004 – 7 B 86.04). Ein besonderer Vorteil für den Bürger besteht darin, dass der Anspruch kein Verschulden voraussetzt. Es genügt der Nachweis rechtswidrigen Verwaltungshandelns.

Rechtsgrundlage

Der Anspruch setzt voraus:
- Es muss ein hoheitlicher Eingriff vorliegen, der ein subjektives Recht des Betroffenen verletzt.
- Für den Betroffenen muss dadurch ein rechtswidriger Zustand entstanden sein, der andauert.

2 Voraus-setzungen

In diesem Falle ist die Verwaltung verpflichtet, die tatsächlichen Folgen eines nichtigen bzw. als rechtswidrig aufgehobenen Verwaltungsakts oder eines rechtswidrigen sonstigen Verwaltungshandelns zu beseitigen und den früheren Zustand wiederherzustellen, soweit das möglich und zumutbar ist (BVerwG, 12.7.2004 – 7 B 86.04).
Es kann weder Schadensersatz noch Entschädigung verlangt werden, wenn die Wiederherstellung des ursprünglichen Zustands nicht möglich ist (BVerwG, 26.8.1993 – 4 C 24.91).

Wiederherstellung des früheren Zustands

2 Fallgruppen

Zwei Fallgruppen sind zu unterscheiden:

1. Fallgruppe

- Die Behörde hat die Folgen eines rechtswidrigen oder durch Zeitablauf unwirksam gewordenen Verwaltungsaktes zu beseitigen.

Beispiele

Anwohner haben einen Anspruch auf Folgenbeseitigung, d.h. auf Verhinderung unzumutbarer Belästigungen, wenn eine Gemeinde eine öffentliche Einrichtung errichtet hat, z.B. Spielplatz, Sportplatz, Wohnheim für Asylbewerber oder Aussiedler (zum Sportplatz: BVerwG, 30.1.1990 – 7 B 162.89; zur öffentlichen Spielfläche: OVG Münster, 7.2.2004 – 21 A 2435/02, NVwZ-RR 2005, 100).

Der für drei Monate in eine beschlagnahmte Wohnung eingewiesene Wohnungslose zieht nicht aus.

2. Fallgruppe

- Die Behörde ist verpflichtet, die Folgen eines sonstigen rechtswidrigen hoheitlichen Verwaltungshandelns zu beseitigen.

Beispiel

Die in einer hessischen Kommune angelegte Sammlung erkennungsdienstlicher Daten von Kindern, die alterstypische Rechtsbrüche begangen haben, verletzt das Recht auf informationelle Selbstbestimmung. Sie ist rechtswidrig und muss gelöscht werden.

Zuständig: Verwaltungsgerichte

Zuständig für Ansprüche auf Folgenbeseitigung sind die Verwaltungsgerichte (BAG, 14.12.1988 – 7 AZR 773/87).

## 3.4 Herstellungsanspruch

Beispiele

Klärt das Jobcenter einen Leistungsberechtigten bei der Vorsprache anlässlich eines beabsichtigten Umzugs nicht darüber auf, dass die Übernahme einer Mietkaution nur erfolgen kann, wenn eine vorherige schriftliche Zusicherung erteilt worden ist, und schließt der Berechtigte den Mietvertrag ohne vorherige Zusicherung des Jobcenter ab, ist dieses aufgrund des Herstellungsanspruchs verpflichtet, die Kaution zu übernehmen (SG Lüneburg, 9.11.2006 – S 25 AS 163/06).

Eine Witwe macht 10 Jahre lang den Anspruch auf Witwenrente nicht geltend, weil sie im Versicherungsamt der Stadt die falsche Auskunft erhalten hatte, die Anwartschaft auf die Witwenrente sei nicht erfüllt. Sie hat Anspruch auf Nachzahlung der Rente, allerdings nur für vier Jahre.

Rechtsgrundlage

Der Herstellungsanspruch ist von den Sozialgerichten entwickelt worden, um Lücken im Rechtsschutz bei Verletzung »behördlicher« Auskunfts-, Beratungs- und Betreuungspflichten im Sozialversicherungsverhältnis zu schließen (BSG, 27.3.2007 – B 13 R 58/06 R). Es gibt keine ausdrückliche gesetzliche Grundlage.

Die Grundsätze des sozialrechtlichen Herstellungsanspruchs wendet das BVerwG bei einem Beratungsfehler der Rehabilitationsbehörde an (BVerwG, 30.6.2011 – 3 C 36.10).

Der Herstellungsanspruch besteht, wenn folgende fünf Voraussetzungen erfüllte sind:

5 Voraussetzungen

- **Bestehen einer Haupt- oder Nebenpflicht** insbesondere zur Auskunft und Beratung durch den Leistungsträger aus dem Sozialleistungsverhältnis.
- **Objektive Verletzung der Pflicht** durch Nicht- oder Schlechterfüllung.

  Unrichtige oder unvollständige Auskunft oder Beratung; unterlassener Hinweis auf naheliegende Gestaltungsmöglichkeiten; Ausgabe eines unrichtigen oder missverständlichen Merkblattes.

  Beispiele

  Die Pflichtverletzung einer anderen Behörde, die in das Verwaltungsverfahren eingeschaltet ist, muss sich der Leistungsträger zurechnen lassen.

  Krankenkasse berät falsch über Rentenfragen (BSG, 26.4.2005 – B 5 RJ 6/04 R).

  Beispiel

  Jedoch muss sich ein Rentenversicherungsträger nicht zurechnen lassen, dass seine Sachbearbeiterin nicht auf Ansprüche nach dem OEG hingewiesen hat (BSG, 26. 4. 2005 – B 5 RJ 6/04 m. w. N.).
- Eintritt eines rechtlichen **Schadens** oder Nachteils beim Berechtigten. Der Schaden kann darin bestehen, dass eine Leistung in geringerer Höhe oder für eine kürzere Zeit gewährt oder eine Verpflichtung auferlegt wurde.
- **Kausalität** zwischen rechtswidrigem Verhalten des Leistungsträgers und dem Nachteil oder Schaden.
  Es wird vermutet, dass der richtig beratene Bürger den Rat befolgt hätte.
- **Möglichkeit der Herstellung des Zustands**, der ohne die Pflichtverletzung bestehen würde, wenn der Leistungsträger sich rechtmäßig verhalten hätte. Die Herstellung des früheren Zustands kann nicht verlangt werden (BSG, 28.9.2010 – B 1 KR 31/09 R).

Ausgeschlossen ist der Anspruch bei grober Fahrlässigkeit und Vorsatz, z. B. wenn der Berechtigte unvollständige oder falsche Angaben gemacht hat (BSG, 10.5.2007 – B 7a AL 12/06 R), bei verspäteter oder unzweckmäßiger Antragstellung, unzweckmäßiger Beitragsentrichtung.

Haftungsausschluss

Der Herstellungsanspruch verpflichtet die Verwaltung zur Gewährung der Leistung, die wegen des pflichtwidrigen Verhaltens der Verwaltung nicht schon früher gewährt worden ist, wenn die Nachgewährung wegen der Verjährung oder wegen des Ablaufs von Antrags- oder Ausschlussfristen an sich rechtlich nicht zulässig ist. Die Verwaltung hat den Bürger in diesem Falle so zu stellen, als sei der Antrag rechtzeitig gestellt worden (BSG, 27.3.2007 – B 13 R 58/06 R).

Herstellungspflicht

Beispiel

Hat eine Witwe ihren Rentenanspruch aufgrund falscher Beratung vor drei Jahren nicht gestellt, ist ihr die Rente nachzuzahlen, die bei richtiger Beratung und entsprechender Antragstellung gezahlt worden wäre.

Im Einklang mit Gesetzeszweck

Jedoch wird der durch ein Fehlverhalten des Leistungsträgers bewirkte Nachteil nur dann ausgeglichen, wenn die Korrektur bzw. Ersetzung der fehlenden Anspruchsvoraussetzung mit dem jeweiligen Gesetzeszweck in Einklang steht. Das kann u. a. bei verspäteter Antragstellung, verspäteter Beitragsentrichtung oder verspäteter Vorlage von Unterlagen der Fall sein.
Ein Herstellungsanspruch besteht aber nicht, wenn eine gesetzliche Anspruchsvoraussetzung nachträglich nicht ersetzt werden kann (BSG, 11.3.2004 – B 13 RJ 16/03 R).

Beispiele

Ein Arbeitsloser hat sich nicht persönlich arbeitslos gemeldet, er hat die Anwartschaftszeit nicht erfüllt oder ist nicht verfügbar.
Anders ist die Rechtslage, wenn ein Arbeitnehmer sich persönlich bei der Agentur für Arbeit arbeitsuchend meldet und bei dieser Gelegenheit nicht darüber informiert wird, dass der Anspruch auf Alg I die persönliche Arbeitslosmeldung voraussetzt (LSG Rheinland-Pfalz, 28.2.2008 – L 1 AL 59/07).

Bei schuldhafter Verletzung von Auskunfts- oder Beratungspflichten kann ein Anspruch auf Schadensersatz wegen Amtspflichtverletzung gegeben sein.

Nachzahlungsbefristung

Für den Herstellungsanspruch gilt § 44 Abs. 4 SGB X entsprechend. Nachzahlungen werden deshalb nur für vier Jahre gewährt (BSG, 27.3.2007 – B 13 R 58/06 R).

Zuständig: Sozialgerichte

Für den Herstellungsanspruch sind i. d. R. die Sozialgerichte zuständig (BSG, 27.3.2007 – B 13 R 58/06 R).

## 3.5 Enteignung und enteignungsgleicher Eingriff

Beispiele

Bei ordnungsgemäß im Auftrag der Gemeinde durchgeführten Kanalbauarbeiten wird die Außenwand des Kinderheims eines freien Trägers eingedrückt.
Nachbarn klagen nach Einrichtung eines Bolzplatzes wegen unzumutbaren Lärms gegen die Gemeinde (OVG Rheinland-Pfalz, 22.8.2007 – 8 B 10784/07).

Geringe Bedeutung für SozA/SozP

Ansprüche auf Entschädigung wegen Enteignung und enteignungsgleichen Eingriffs haben in der sozialen Beratung keine große Bedeutung. Soweit Sonderregelungen bestehen – z. B. über Entschädigungen wegen polizeilicher Maßnahmen – haben diese Vorrang.

Enteignung

Enteignung ist ein rechtmäßiger hoheitlicher Eingriff in das Eigentum oder ein vermögenswertes Recht, der dem Betroffenen entgegen dem Gleichheitssatz ein Sonderopfer zugunsten der Allgemeinheit auferlegt. Aus fiskalischen Gründen oder allgemeinen Zweckmäßigkeitserwägungen heraus darf nicht enteignet werden (BVerfG, 18.11.1998 – 1 BvR 21/97).

Enteignungsgleicher Eingriff

Enteignung kann durch Entziehung, Zerstörung oder Beschädigung von Sacheigentum erfolgen, ein enteignungsgleicher Eingriff durch Nutzungs- oder Verfügungsbeschränkungen (BGH, 11.1.2007 – III ZR 302/05).
Zu den vermögenswerten Rechten gehören auch die auf eigenen Beitragsleistungen beruhenden Ansprüche gegen die gesetzliche Rentenversicherung und auf Arbeitslosengeld (BVerfG 20.1.2003 – 1 BvR 1689/03, BVerfGE 88, 384).

Enteignung zur Schaffung von Arbeitsplätzen?

Das BVerfG hat es bisher abgelehnt, Enteignungen zugunsten gewerblicher Unternehmen zuzulassen, die sich verpflichten, Arbeitsplätze zu schaffen, weil die Enteignung nur zulässig ist, wenn ein »besonders schwerwiegendes, dringendes öffentliches Interesse« besteht (BVerfG, 24.3.1987 – 1 BvR 1046/85).

Anspruch auf Entschädigung

Bei einer Enteignung bzw. einem enteignungsgleichen Eingriff hat der Betroffene Anspruch auf angemessene Entschädigung (OLG Frankfurt/Main, 26.3.2007 – 100 U 3/96). Der EGMR erkennt grundsätzlich Entschädigung in voller Höhe zu (EGMR, 29.3.2006 – Nr. 36813/97).

Zivilrechtsweg

Für die Höhe der Entschädigung ist der Zivilrechtsweg gegeben.

Verjährungsfrist

Die Verjährungsfrist beträgt regelmäßig 3 Jahre.

## 3.6 Aufopferung

Beispiel

Wird ein Ausländer in Auslieferungshaft genommen und erklärt ein Strafsenat des Oberlandesgerichts später die Auslieferung für unzulässig, kommt ein Ausgleich aufgrund des allgemeinen Aufopferungsanspruchs in Betracht (OLG Frankfurt am Main, 4.5.2009 – 1 W 10/09).

Sinkende Bedeutung

Ansprüche auf Entschädigung wegen Aufopferung haben zunehmend an Bedeutung verloren, weil gesetzliche Vorschriften in Kraft getreten sind, die Versicherungs- bzw. Entschädigungsleistungen für früher vom Aufopferungsanspruch erfasste Schäden vorsehen (Impfschäden, unschuldig erlittene Freiheitsstrafe, Verletzung eines Passanten bei der Verbrecherjagd).

Ein Anspruch auf Entschädigung wegen Aufopferung wird vom BVerfG u.a. aus Art. 2 Abs. 2 Satz 1 GG abgeleitet.

Voraussetzungen

Der Entschädigungsanspruch besteht, wenn
- durch **hoheitlichen Eingriff**, rechtmäßig oder rechtswidrig, schuldlos oder schuldhaft (BGH, 27.5.1993 – III ZR 142/02),
- in ein **nichtvermögenswertes Rechtsgut** wie Leben, Gesundheit und Freiheit **eingegriffen** wird.

Eine Ausweitung der Aufopferungsansprüche auf andere als die in Art. 2 Abs. 2 GG genannten Rechtsgüter hat das BVerfG abgelehnt (4.2.1997 – 1 BvR 391/93) und
- dem Betroffenen ein **Sonderopfer** in Gestalt eines Vermögensschadens auferlegt wird.

Beispiel

Ein Jugendlicher wird infolge einer Namensverwechslung zwangsweise in ein Aufnahmeheim überführt und bis zur Aufdeckung des Irrtums eine Woche festgehalten.

Kausalität

Zur Beschränkung der Entschädigungspflicht hat die Rechtsprechung das Erfordernis der Unmittelbarkeit entwickelt, d.h. die hoheitliche Maßnahme muss die einzige wesentliche Bedingung des Schadens sein. Eine adäquate Verursachung reicht nicht aus (BGH, 15.10.1970 – III ZR 169/67, BGHZ 54, 332).

Umfang der Entschädigung

Wie bei dem enteignungsgleichen Eingriff ist der Anspruch auf angemessene Entschädigung beschränkt. Bei dauerhaften Körperschäden hat der BGH das Bundesversorgungsgesetz entsprechend angewandt (BGH, 11.1.1968 – III ZR 140/65).
Die Entschädigung umfasst nach bisheriger Rechtsprechung kein Schmerzensgeld (BGH, 31.1.1966 – III ZR 118/64; offengelassen von OLG Frankfurt am Main, 4.5.2009 – 1 W 10/09).
Ein Anspruch auf Schmerzensgeld besteht aber, wenn der eingreifende Hoheitsträger auch wegen Amtspflichtverletzung haftet.

Zuständig: Zivilgerichte

Für den Aufopferungsanspruch sind die Zivilgerichte zuständig (§ 40 Abs. 2 VwGO).

Verjährungsfrist: 3 Jahre

Die regelmäßige Verjährungsfrist beträgt 3 Jahre; denn die 30-jährige Verjährungsfrist gemäß § 199 Abs. 2 BGB gilt für Schadensersatzansprüche wegen Verletzung des Lebens, der Gesundheit und der Freiheit, nicht aber für Entschädigungsansprüche.

## 4 Haftung für privatrechtliches Verwaltungshandeln

Beispiel

In einem städtischen Kinderhort mit privatrechtlicher Benutzungsordnung verlässt die Erzieherin den Gruppenraum bei geöffnetem Fenster. Ein vierjähriges Kind klettert auf die Fensterbank, stürzt aus dem Fenster und bricht sich ein Bein.

### 4.1 Haftung des Dienstherrn

Bei privatrechtlichem Handeln haftet der Staat grundsätzlich nicht anders als juristische Personen des Privatrechts.

Bewahrung vor Schäden

Durch den Vertrag zwischen dem Träger des Kindergartens und den Personensorgeberechtigten hat der Kindergarten u.a. die Verpflichtung übernommen, das Kind während der Betreuungszeit im Kindergarten zu beaufsichtigen. Das bedeutet, dass der Träger wie die Personensorgeberechtigten (§ 1631 BGB) das Kind vor einer Selbstgefährdung und einer Gefährdung durch Dritte zu bewahren hat. Die Aufsichtspflicht hat der Träger auf die Leitung und die Mitarbeiterinnen des Kindergartens übertragen.

Inhalt und Umfang der Aufsichtspflicht

Der Inhalt und der Umfang der Aufsichtspflicht ist nach der Rechtsprechung daran zu orientieren, wie vernünftige Eltern oder Erzieher in der konkreten Situation handeln würden (BGH, 13.12.2012 – III ZR 226/12). Das Maß der gebotenen Aufsicht bestimmt sich nach Alter, Eigenart, Charakter und der gesamten Entwicklung des Kindes. Bei einem normal entwickelten Kind kann je nach Sachlage eine Überwachung auf »Schritt und Tritt« oder eine in zeitlichen Abständen regelmäßige Kontrolle erforderlich sein (BGH, 18.3.1997 – VI ZR 91/96).

Beispiel

In dem vorgenannten BGH-Fall hatten drei Betreuerinnen eine Gruppe von zehn z.T. verhaltensgestörten Kindern auf einem Bauernhof zu beaufsichtigen. Während die Kinder für fünf Minuten unbeaufsichtigt blieben, verursachten drei Kinder auf dem Bauernhof einen Großbrand mit einer Schadenssumme von umgerechnet ca. 260.000 €. Der BGH urteilte, dass die Aufsichtspflicht nicht verletzt wurde. Selbst für Kinder im Kindergartenalter ist eine ständige Überwachung auf »Schritt und Tritt« nicht erforderlich (OLG Düsseldorf, 12.10.1995 – 18 U 225/94, NVwZ 1997, 207).
Im Fenstersturzfall hätte aber die Erzieherin vor dem Verlassen des Gruppenraums das Fenster schließen müssen. Es liegt zumindest insoweit eine Verletzung der Aufsichtspflicht vor.

Im Folgenden werden die Haftungsfragen bei einem öffentlichrechtlichen Träger mit privatrechtrechtlicher Benutzungsordnung dargestellt. Für das Handeln im privaten Rechtsverkehr werden die juristischen Personen des öffentlichen Rechts den juristischen Personen des Privatrechts gleichgestellt. Rechtsgrundlage ist das BGB.

**Haftung des Dienstherrn bei privatrechtlichem Verwaltungshandeln**

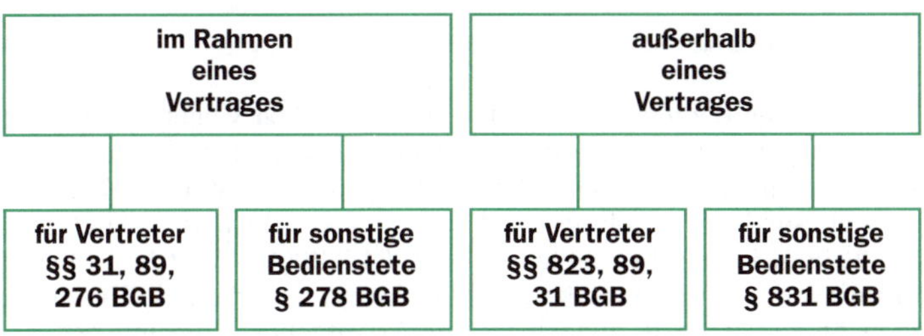


Vertragliche Haftung

Nach § 89 BGB findet § 31 BGB Anwendung. Danach ist ein Verein für den Schaden verantwortlich, den der Vorstand, ein Mitglied des Vorstands oder ein anderer verfassungsmäßig berufener Vertreter durch eine in Ausführung der ihm zustehenden Verrichtungen begangene, zum Schadensersatz verpflichtende Handlung einem Dritten zufügt. Die vertragliche Haftung des öffentlichen Trägers hängt davon ab, ob für ihn ein »verfassungsmäßig berufener Vertreter« im Sinne des § 31 BGB oder ein sonstiger Bediensteter gehandelt hat.

Vertreter

Als Vertreter sind die Bediensteten anzusehen, die aufgrund von Rechtsvorschriften zur Vertretung der juristischen Person befugt sind; aber auch die nicht vertretungsberechtigten Personen, die bedeutsame Aufgaben selbständig, d.h. ohne Überwachung wahrnehmen und dadurch die juristische Person repräsentieren. Das ist u.U. auch durch einen Sachbearbeiter, Leiter einer Einrichtung usw. möglich (BGH, 21.9.1971 – VI ZR 122/70; 3.5.2007 – IX ZR 218/05).

Sonstige Bedienstete

**Für die verfassungsmäßig berufenen Vertreter haftet der Dienstherr innerhalb eines Schuldverhältnisses nach §§ 276, 89, 31 BGB.** Für alle anderen Bediensteten haftet der öffentliche Träger nach § 278 BGB.

Haftung wegen unerlaubter Handlung

**Außerhalb eines Schuldverhältnisses** haftet der öffentliche Träger für das Handeln der Vertreter nach §§ 823, 89, 31 BGB. Für sonstige Bedienstete hafte er nach § 831 Abs. 1 Satz 1 BGB, da er einen anderen, z.B. die Erzieherin, im Rahmen ihres Arbeitsvertrags zur Betreuung der Kinder und zur Wahrnehmung der Aufsicht bestellt hat und dem Kind widerrechtlich bei der Betreuung ein Schaden zugefügt wurde. Der öffentliche Träger haftet jedoch nicht, wenn er beweist, dass er bei der Auswahl und Überwachung der bestellten Person, z.B. der Erzieherin, seine Sorgfaltspflicht beachtet hat (Entlastungsbeweis, § 831 Abs. 1 Satz 2 BGB).

Beispiel

Weist die Stadtverwaltung im Falle des aus dem Fenster gestürzten Kindes nach, dass sie bei Auswahl und Überwachung einer Erzieherin in der Kita nicht fahrlässig gehandelt hat, bestehen keine Ansprüche gegen die Stadtverwaltung aus unerlaubter Handlung. Wohl aber haftet die Stadt aufgrund des Kita-Vertrags mit den Eltern nach § 278 BGB auf Schadensersatz.

### 4.2 Haftung des Bediensteten

Haftung aus unerlaubter Handlung, nicht aus Vertrag

Der Bedienstete haftet nicht persönlich wegen Verletzung der Pflichten aus dem Vertrag, den der Arbeitgeber abgeschlossen hat, z.B. Kindergarten- oder Heimvertrag; denn er ist nicht Vertragspartner, sondern Erfüllungsgehilfe nach § 278 BGB (zur Aufsichtspflicht bei Kindern/Jugendlichen BGH, 24.3.2009 – VI ZR 51/08). Er haftet zwar gegebenenfalls persönlich wegen unerlaubter Handlung nach §§ 823 ff. BGB. Jedoch ist der Arbeitgeber aufgrund des Arbeitsvertrags in der Regel zur teilweisen oder vollständigen Haftungsfreistellung verpflichtet. Das gilt auch, wenn der öffentliche Träger den Entlastungsbeweis nach § 831 BGB führen kann. In diesem Falle haftet zwar nur der Mitarbeiter dem Geschädigten. Jedoch kann er vom Arbeitgeber in der Regel Freistellung von der Haftung verlangen, z. B. bei leichter Fahrlässigkeit.

Haftungsbeschränkung

Beamte und Angestellte im öffentlichen Dienst haften bei privatrechtlicher Tätigkeit nur, wenn sie den Schaden vorsätzlich oder grob fahrlässig herbeigeführt haben (§ 48 BeamtStG; § 3 Abs. 6 TVöD). Wird der Dienstherr von einem Geschädigten in Anspruch genommen, kann er nur bei grober Fahrlässigkeit sowie bei Vorsatz des Beamten/Angestellten Rückgriff nehmen.

Beispiel

Eine Sozialpädagogin haftet nach §§ 823 und 278 BGB persönlich, wenn sie die Aufsichtspflicht im städtischen Kinderheim verletzt und ein Kind dadurch einen Körperschaden erlitten hat. Wird die Stadt in Anspruch genommen, kann sie bei Vorsatz oder grober Fahrlässigkeit der Sozialpädagogin Rückgriff nehmen und Erstattung verlangen.

Grob fahrlässig handelt, wer die erforderliche Sorgfalt nach den gesamten Umständen in ungewöhnlich hohem Maße verletzt.

Beispiele

Grob fahrlässig ist es, eine Geldtasche oder einen anderen Wertgegenstand unbeaufsichtigt an einer Stelle abzulegen, an der Publikumsverkehr herrscht (BAG, 15.11.2001 – 8 AZR 95/01).
Zum Verlust des Generalschlüssels, VG Gelsenkirchen, 13.12.2011 – 12 K 1876/06).

Grobe Fahrlässigkeit liegt nicht vor, wenn der Schaden zurückzuführen ist z.B. auf Arbeitsüberlastung infolge zu hoher Gruppenstärke, ständige personelle Unterbesetzung, plötzlich auftretende Gefahrensituation, unzureichende Information und Fortbildung.
Bei grober Fahrlässigkeit wird der Rückgriff der Höhe nach beschränkt, wenn ein ein deutliches Missverhältnis zwischen Schaden und Entgelt des Arbeitnehmers vorliegt und es dem Bediensteten wegen der geringen Höhe seines Einkommens nicht zumutbar ist, den gesamten Schaden zu tragen. Jedoch hat das Bundesarbeitsgericht bei einer geringfügig Beschäftigten einen Rückgriff in Höhe von 12 Monatsgehältern gebilligt (BAG, 28.10. 2010 – 8 AZR 418/09).

Der Dienstherr kann keinen Rückgriff bei dem Bediensteten nehmen, soweit eine Haftpflichtversicherung den Schaden trägt und der Dienstherr dem Geschädigten keinen Schadensersatz leisten muss. Fast alle Träger sozialpädagogischer Einrichtungen haben entsprechende Haftpflichtversicherungen abgeschlossen (Schleicher, 26).
Die Bediensteten selbst können sich durch den Abschluss einer Berufshaftpflichtversicherung gegen das Risiko von Schadensersatzzahlungen absichern. Allerdings sind die arbeitsrechtlichen Folgen aus einer Verletzung der arbeitsvertraglichen Pflichten, wie z.B. Abmahnung, oder die strafrechtlichen Folgen, wie z.B. Verletzung der Fürsorge- oder Erziehungspflicht (§ 171 StGB), nicht versicherbar.
Eine Rechtsschutzversicherung übernimmt aber die Kosten der zivil-, arbeits-, dienst- und strafrechtlichen Verfahren. In den Gewerkschaf-

ten und in den Berufsverbänden sind die Mitglieder haftpflichtversichert und erhalten Rechtsschutz in ihren beruflichen Angelegenheiten.

Schädigung Dritter

Abschließend wird darauf hingewiesen, dass die Rechtsprechung sich sehr viel häufiger mit Fallkonstellationen beschäftigen muss, bei denen nicht die Selbstgefährdung von Kindern, sondern die Fremdgefährdung im Vordergrund steht. Exemplarisch ist der Fall, dass Kindergartenkinder sich unbemerkt der Beaufsichtigung durch die Erzieherin bei Gartenarbeit entziehen und herumliegende Kieselsteine auf ein parkendes Auto werfen und es beschädigen. Geht man davon aus, dass in diesem Fall die Stadt das Benutzungsverhältnis öffentlich rechtlich geregelt hat, kommt eine Amtspflichtverletzung in Betracht (BGH, 13.12.2012 – III ZR 226/12, NJW 2013, 1233).

# N Rechtsschutz durch Verwaltung, Volksvertretung und Gerichte

## 1 Überblick

Beispiele

Ein Sachbearbeiter des Jobcenters bearbeitet den Antrag eines Alg II-Berechtigten auf Erstausstattung für die Wohnung mit Elektroherd und Kühlschrank drei Monate nicht.
Das Amt für Ausbildungsförderung fordert das BAföG zurück, weil der Student Einkünfte verschwiegen habe.

Garantie gerichtlichen Rechtsschutzes

Der Bürger hat ein Grundrecht auf gerichtlichen Rechtsschutz gegen Maßnahmen der Verwaltung und der Volksvertretung, die ihn in seinen subjektiven Rechten verletzen (Art. 19 Abs. 4 GG).

Einflussnahme durch Bürgerbegehren

Auf der Ebene der Bundespolitik ist eine direkte Mitwirkung des Bürgers im Grundgesetz nicht vorgesehen.
Auf der Ebene der EU ist eine direkte Bürgerbeteiligung in Art. 11 Abs. 4 EUV geregelt.
Auf der Länderebene steht dem Bürger, soweit er nicht unmittelbar betroffen ist, nach unterschiedlichen Vorschriften die Möglichkeit zu, ein Bürgerbegehren bzw. einen Bürgerentscheid einzuleiten, um das Kommunal- bzw. Landesparlament zu zwingen, bestimmte Beschlüsse zu fassen bzw. aufzuheben. Erforderlich ist in der Regel eine große Zahl von Unterschriften.
Zu weiteren Einzelheiten: www.datenbank-buergerbegehren.de

Petitionsrecht

Jedermann hat das Recht, sich mit Bitten oder Beschwerden an die zuständigen Stellen und die Volksvertretung zu wenden (Art. 17 GG und entsprechende Vorschriften der Länderverfassungen und der Gemeindeordnungen). Daraus ergibt sich, dass jeder berechtigt ist, die Verwaltung darauf hinzuweisen, dass bestimmte Maßnahmen rechtswidrig, unzweckmäßig, anderweitig belastend oder verfehlt sind.

Verwaltungsinterne Kontrollen

Unabhängig von Rechtsbehelfen, die von Bürgern eingelegt werden, ist die Verwaltung gemäß dem Grundsatz der Gesetzmäßigkeit verpflichtet, durch interne Kontrollen sicherzustellen, dass das Verwaltungshandeln rechtmäßig ist.

**Rechtsschutzmöglichkeiten durch Verwaltung und Volksvertretung**

| Formlose Rechtsbehelfe | Förmliche Rechtsbehelfe | Verwaltungsinterne Kontrollen |
|---|---|---|
| ▪ Gegenvorstellung | ▪ Widerspruch | ▪ durch Vorgesetzte |
| ▪ Fachaufsichtbeschwerde | ▪ Einspruch | ▪ durch Rechnungsprüfung |
| ▪ Dienstaufsichtsbeschwerde | ▪ Beschwerde | ▪ durch übergeordnete Behörde |
| ▪ Petition | | ▪ durch Aufsichtsbehörde |

## 2 Formlose Rechtsbehelfe

Formlose Rechtsbehelfe sind an keine Form und keine Frist gebunden. Sie können nicht nur von dem Betroffenen, sondern von jedem Interessierten oder von mehreren Interessierten, z. B. von einer Bürgerinitiative, eingelegt werden.
Sie können auch neben einem förmlichen Rechtsbehelf, wie z. B. dem Widerspruch, eingesetzt werden. Durch Einschaltung von Presse, Rundfunk, Fernsehen wird es der Verwaltung erschwert, die Problemlösung ohne Sachargumente abzulehnen.

Formlos, fristlos von jedemann einlegbar

Will ein Bürger sich gegen einen Verwaltungsakt wenden, so ist darauf zu achten, dass die Frist zur Anfechtung des Verwaltungsakts nicht abläuft. Deshalb ist sorgfältig zu klären, ob der Bürger

Rechtsbehelf gegen Verwaltungsakt

- den zulässigen Rechtsbehelf (z.B. Widerspruch) einlegen will, der u.U. Kosten verursacht, andererseits aber die einzige Möglichkeit ist, eine gerichtliche Prüfung zu erzwingen, oder
- sich mit einem formlosen Rechtsbehelf begnügen will, der nichts kostet, aber weiteren Rechtsschutz ausschließt, wenn die Rechtsmittelfristen abgelaufen sind.

In Zweifelsfällen muss die Verwaltung den Bürger unter Hinweis auf die unterschiedlichen Rechtsfolgen aufklären.

### 2.1 Gegenvorstellung, Fachaufsichts-, Dienstaufsichtsbeschwerde

Die Gegenvorstellung wendet sich unmittelbar an die handelnde Behörde mit der Bitte, die beanstandete Maßnahme zu überprüfen, ggfs. zu ändern oder aufzuheben, oder im Falle einer Unterlassung tätig zu werden.

Gegenvorstellung

Ein Arbeitsloser, der seine Miete nicht bezahlt hat, bittet das Jobcenter, die Ablehnung der Übernahme der Mietschulden aufzuheben, damit seine Familie nicht in eine Notunterkunft eingewiesen werden muss.

Beispiel

Die Fachaufsichtsbeschwerde richtet sich an die Behörde, der die Aufsicht über die Behörde zusteht, die für eine Einrichtung zuständig ist, bzw. eine Maßnahme getroffen hat. Sie wendet sich gegen den sachlichen Inhalt einer Maßnahme bzw. gegen die Unterlassung.

Fachaufsichtsbeschwerde

Eine Bürgerinitiative hat erfolglos bei der Kreisverwaltung gegen gesundheitsgefährdende Zustände in einer Gemeinschaftsunterkunft für Asylbewerber protestiert. Sie legt Aufsichtsbeschwerde bei der Bezirksregierung ein.

Beispiel

Die Dienstaufsichtsbeschwerde richtet sich gegen einen Verwaltungsmitarbeiter persönlich. Sie hat zum Ziel, dass der Bedienstete ange-

Dienstaufsichtsbeschwerde

wiesen wird, sich ordnungsgemäß zu verhalten und – weitergehend – dass eine dienstrechtliche Sanktion verhängt wird.

Beispiele

Ein Sachbearbeiter des Jobcenters äußert öffentlich, die Bewohnerinnen eines Frauenhauses hätten die Prügel ihrer Männer verdient.
Ein anderer macht einer behinderten schwangeren Studentin zum Vorwurf, dass sie nicht abgetrieben habe, um der Gesellschaft nicht zur Last zu fallen.

Die Gegenvorstellung bzw. die Aufsichtsbeschwerden sind an die erlassende Behörde bzw. die vorgesetzte Behörde zu richten. Diese entscheidet über die Eingabe nach pflichtgemäßem Ermessen. Es besteht deshalb kein Rechtsanspruch des Bürgers auf dienstaufsichtliche Maßnahmen gegen einen Verwaltungsbediensteten.
Allerdings hat die angegangene Stelle die Eingabe nicht nur entgegenzunehmen, sondern sachlich zu prüfen und dem Bürger zumindest die Art der Erledigung innerhalb einer angemessenen Frist schriftlich mitzuteilen (BVerfG, 15.5.1992 – 1 BvR 1533/90; VG Köln, 16.9.2013 – 4 L 1016/13). Jedoch sind derartige Mitteilungen oft formelhaft und nichtssagend.

»Formlos, fristlos, fruchtlos«

Aus diesem Grunde werden die formlosen Rechtsbehelfe als »formlos, fristlos, fruchtlos« bezeichnet. Diese Einschätzung ist oft, aber durchaus nicht in allen Fällen, zutreffend.

(Mittelbare) Wirkung formloser Rechtsbehelfe

Trotz der oft geringen sichtbaren Wirkung formloser Rechtsbehelfe sollten SozA/SozP nicht stets darauf verzichten, gegen Verwaltungsmitarbeiter vorzugehen, die Menschen rechtswidrig behandeln. Die Einschaltung von Vorgesetzten und Aufsichtsbehörden wird von den Bediensteten, gegen die sich der formlose Rechtsbehelf richtet, meist als unangenehm empfunden. Dies kann dazu führen, dass sie das beanstandete Verhalten ändern. Außerdem kann der formlose Rechtsbehelf interne Rügen und Maßnahmen auslösen, die dem Bürger zwar nicht mitgeteilt werden, jedoch durchaus wirksam sein können. Stets muss aber mit den Betroffenen abgeklärt werden, ob ein derartiges Vorgehen letztlich in deren Interesse liegt. Insbesondere in den Fällen, in denen der Betroffene weiterhin von Entscheidungen der Verwaltung abhängt (z. B. im Rahmen der Grundsicherung), kann selbst eine berechtigte Beschwerde dazu führen, dass der Betroffene anschließend lange Zeit von Verwaltungsangehörigen, z. B. durch Nichtbearbeitung oder »Verlust« von Anträgen, Auferlegung unverhältnismäßiger Nachweispflichten, ungünstige Ausfüllung von Handlungsspielräumen, »bestraft« wird.

Beispiel

»Ich habe aus den Akten entnommen, dass Sie häufig Schwierigkeiten mit dem Sozialamt hatten. Das ist sehr schlecht für Sie; denn meist hat das Sozialamt einen großen Entscheidungsspielraum, den es gegen Sie nutzen kann. Dann kann kein Gericht Ihnen mehr helfen« (Vorsitzender Richter des OVG NRW zu einer Frau, die sich beharrlich dagegen gewehrt hatte, dass ihre nach Auffassung des OVG berechtigten Ansprüche vom Sozialamt nicht anerkannt wurden).

## 2.2 Petition

Nach Art. 17 GG kann sich jedermann schriftlich auch an die Volksvertretung wenden (Bundestag, Landtag, Kreistag, Gemeinderat oder deren Ausschüsse). Rechtsgrundlage

Eine Petition kann sich gegen eine konkrete Verwaltungsmaßnahme richten oder auf eine Gesetzeslücke oder eine verfehlte gesetzliche Regelung hinweisen, auch im Gesetzgebungsverfahren. Ziel

Petitionen werden normalerweise schriftlich eingereicht. Dem Petitionsausschuss des Bundestags (Art. 45c GG) können Petitionen auch per E-Mail zugesandt werden (Informationen über Rechtsgrundlagen, Einreichung Petitionen und deren Erledigung: www.bundestag.de/Petitionen). Form

Bei Petitionen an die Volksvertretung kann in der Regel mit einer sachlichen Prüfung gerechnet werden. Der Petitionsausschuss des Bundestags veröffentlicht Petitionen von allgemeinem Interesse im Internet und stellt sie zur Diskussion. Prüfung

Den Petitionsausschuss des Bundestags erreichten 2013 fast 16.000 Petitionen. Mehr als ein Drittel der Petitionen wurden im Sinne der Petenten entschieden (Der Jahresbericht des Petitionsausschusses, Ausgabe 2013). Beispiel

Oft kritisieren die Petitionsausschüsse des Bundestags und der Länderparlamente die Verwaltung oder weisen das Parlament auf gesetzgeberische Fehlleistungen oder Unterlassungen hin.

Erst nach Anrufung des Petitionsausschusses durch ein Ehepaar hob eine Agentur für Arbeit einen rechtswidrigen Rückforderungsbescheid über 10.000 € Alg II auf. Rechtswidrig war der Bescheid, weil die Agentur für Arbeit Rentenzahlungen nicht berücksichtigt hatte, die von den Eheleuten korrekt im Antrag angegeben worden waren, und weil die Aufhebung erst nach Ablauf der Jahresfrist gemäß § 45 Abs. 3 SGB X erfolgt war (BT-Drs. 16/13200, 41). Beispiel

Für Streitigkeiten über die ordnungsgemäße Behandlung einer Petition ist der Verwaltungsrechtsweg gegeben (BVerfG, 27.9.2011 – 2 BvR 1558/11). Rechtsschutz und Rechtsweg

Betrifft die Petition eine Frage, für die besondere Beschwerdestellen bestehen, ist es meist zweckmäßig, diese zunächst anzurufen bzw. anzuschreiben. Derartige Stellen, die über sich z. B. im Internet informieren, sind u. a.: Besondere Beschwerdestellen

- Gleichstellungsbeauftragte des Bundes, der Länder und der Kommunen.
- Datenschutzbeauftragte des Bundes, der Länder und der Kommunen.
- Bundesbeauftragter für Informationsfreiheit.

- Beauftragte der Bundesregierung für Migration, Flüchtlinge und Integration.
- Beauftragte der Bundesregierung für die Belange behinderter Menschen.
- Beauftragte der Bundesregierung für die Belange der Patientinnen und Patienten.
- Kinderschutzkommission des Bundestags, Kinderbeauftragte der Kommunen.
- Unabhängiger Beauftragter für Fragen des sexuellen Kindesmissbrauchs.
- Bürgerbeauftragte/r (in mehreren Bundesländern).

## 3 Förmlicher Rechtsbehelf: der Widerspruch

### 3.1 Rechtsgrundlagen und Bedeutung

Beispiel

Die Bundesagentur für Arbeit (BA) hat in ihrem Methodenbericht angegeben, dass für den Oktober 2012 in über 35 % der Verfahren den Widersprüchen im Bereich SGB II ganz oder teilweise stattgegeben wurde. Die Erfolgsquote für Widerspruchsverfahren entspricht einem langjährigen Trend. Die Widersprüche waren in über 40 % der Fälle erfolgreich, weil die Rechtsanwendung fehlerhaft oder der Sachverhalt unzureichend aufgeklärt worden war (BA, Methodenbericht, Statistik zu Widersprüchen und Klagen im SGB II, Dezember 2012, 20).

Gegen einen belastenden Verwaltungsakt gibt es grundsätzlich nur einen einzigen förmlichen Rechtsbehelf, den Widerspruch (im Steuerrecht: Einspruch).

Rechtsgrundlagen

Rechtgrundlagen für den Widerspruch sind gemäß § 62 SGB X:

- für den Bereich des SGG, der u. a. die Grundsicherung für Arbeitsuchende, Arbeitsförderung, die Sozialversicherung, die Sozialhilfe und das Kindergeld umfasst, die §§ 83–86 SGG;

- für die sonstigen Verwaltungsbereiche, z. B. Ausbildungsförderung, Wohngeld-, Kinder- und Jugendhilfe-, Schul-, Hochschul-, Polizei-, Ausländerrecht, die §§ 68–77 VwGO.

Folgen eines Widerspruchs

Im Gegensatz zum formlosen Rechtsbehelf verpflichtet der Widerspruch die Verwaltung nicht nur zu einer – oft nichtssagenden – Mitteilung über die Art der Erledigung, sondern zu einer sachlichen Entscheidung über Rechtmäßigkeit und Zweckmäßigkeit des angefochtenen Verwaltungsakts.
Außerdem verhindert er, wenn er aufschiebende Wirkung hat, bis zur Entscheidung über den Widerspruch die Vollziehung des Verwaltungsakts.

Seine besondere Bedeutung liegt schließlich darin begründet, dass ohne vorheriges Widerspruchsverfahren (= Vorverfahren) meist eine Klage gegen den Verwaltungsakt nicht zulässig ist.

Ohne Widerspruch i.d.R. keine Klage

Ausnahmsweise sind Vorverfahren nicht erforderlich (§ 68 VwGO, § 78 SGG), wenn

Ausnahmen

- ein Bundes- oder Landesgesetz dies bestimmt.

  Der Widerspruch ist ausgeschlossen gegen die Versagung des Visums (§ 83 AufenthG) sowie gegen Maßnahmen nach dem Asylverfahrensgesetz (§ 11 AsylVerfG).

  Beispiele

  Die Mehrzahl der Bundesländer hat den Widerspruch insbesondere für Bereiche ausgeschlossen, in denen die Länder für die Gesetzgebung zuständig sind (Steinbeiß-Winkelmann/Ott, NVwZ 2011, 914). Die Betroffenen haben nur die Möglichkeit, sofort Klage gegen belastende Bescheide zu erheben. Die Abschaffung des Widerspruchsverfahrens hat zu einer starken Zunahme von Klagen vor den Verwaltungsgerichten geführt (Peilert in Stober II, § 102, Rn. 15). Jedoch werden viele Betroffene sich scheuen, gegen rechtswidrige Bescheide im Klagewege vorzugehen;

- der Verwaltungsakt von einer obersten Bundes- oder Landesbehörde erlassen worden ist, sofern nicht ein Gesetz die Nachprüfung anordnet (z. B. § 54 BeamtStG);

- ein Dritter durch einen Widerspruchsbescheid beschwert ist (gilt nur im Anwendungsbereich der VwGO).

## 3.2 Erfolgsaussichten

Ein Widerspruch hat Aussicht auf Erfolg, wenn er zulässig und begründet ist.
Er ist zulässig, wenn die unter 3.2.1. genannten Voraussetzungen erfüllt sind.
Er ist begründet, wenn der angefochtene Verwaltungsakt rechtswidrig oder unzweckmäßig ist.

### 3.2.1 Zulässigkeit

Der Widerspruch ist zulässig, wenn folgende Voraussetzungen erfüllt sind (§ 70 VWGO, § 84 SGG):

Voraussetzungen

Die angefochtene Maßnahme muss ein Verwaltungsakt sein.

Verwaltungsakt

Bezeichnet der Sachbearbeiter der Agentur für Arbeit einen Arbeitslosen als arbeitsscheuen Alkoholiker, ist dies kein Verwaltungsakt; ein Widerspruch ist nicht zulässig. Der Betroffene muss deshalb überlegen, ob er sich auf formlo-

Beispiel

se Rechtsbehelfe beschränken (Dienstaufsichtsbeschwerde) oder gerichtlichen Rechtsschutz wahrnehmen will (Abwehrklage in Form der Leistungsklage erhebt, Schadensersatz wegen Amtspflichtverletzung verlangt und/oder Strafanzeige wegen Beleidigung erstattet).

Beschwer

Der Widerspruchsführer muss durch den Verwaltungsakt beschwert sein. Eine Beschwer (analog § 42 Abs. 2 VwGO) liegt vor, wenn der Widerspruchsführer geltend macht, dass der Verwaltungsakt

- seine subjektiv-öffentlichen Rechte beeinträchtigt, also rechtswidrig ist oder
- zweckwidrig ist, d.h. den Ermessensspielraum in einer für ihn ungünstigen Weise ausnutzt.

Der Widerspruch kann sich also nicht nur gegen rechtswidrige, sondern auch gegen rechtmäßige, aber den Bürger unnötig belastende Verwaltungsakte richten.

Form

Der Widerspruch muss in der richtigen Form eingelegt sein, d.h. schriftlich oder zur Niederschrift bei der Behörde, die den Verwaltungsakt erlassen hat.

Beispiel

Ein Widerspruch, der mit einfacher E-Mail ohne qualifizierende elektronische Signatur übermittelt wird, genügt nicht der geforderten Schriftform (VGH Kassel, 3.11.2005 – 1 TG 1668/05, NVwZ-RR 2006, 377; für die Klage: Bayerisches LSG, 29.3.2011 – L 8 AS 75/11).

Er muss in deutsch oder in einer Amtssprache der EU abgefasst sein (Art. 76 Abs. 7 VO (EG) Nr. 883/2004). Darüber hinaus sind in einigen Sozialversicherungsabkommen Erleichterungen vorgesehen (Türkei – Art. 45; Schweiz – Art. 32). Im Übrigen kann jeder Ausländer, der nicht in der Lage ist, einen Widerspruch zu schreiben bzw. zu formulieren, die zuständige Behörde aufsuchen und sein Anliegen erklären. Die Behörde hat dann den Widerspruch zu Protokoll zu nehmen (§ 70 Abs. 1 VwGO).

Widerspruchsfrist: i.d.R. 1 Monat

Der Widerspruch muss fristgerecht eingelegt werden, d.h. innerhalb eines Monats nach Bekanntgabe.
Enthält der Verwaltungsakt allerdings keine oder nur eine unvollständige bzw. unrichtige Rechtsbehelfsbelehrung, kann der Widerspruch innerhalb eines Jahres seit der Bekanntgabe eingelegt werden.
Bei unverschuldeter Nichteinhaltung der Monatsfrist kann Wiedereinsetzung in den vorigen Stand beantragt werden.

Beispiel

Die Frist wurde wegen fehlerhafter Rechtsbehelfsbelehrung bzw. unrichtiger Rechtsauskunft der Behörde versäumt (BVerwG, 18.4.1997 – 8 C 38.96, NJW 1997, 2966).

Nach Ablauf der Jahresfrist kommt Wiedereinsetzung grundsätzlich nicht in Betracht, es sei denn, dass höhere Gewalt vorliegt.

Zuständige Widerspruchsbehörde

Der Widerspruch ist bei der zuständigen Behörde einzulegen, und zwar bei der Behörde, die den Verwaltungsakt erlassen hat oder bei der Behörde, die den Widerspruchsbescheid zu erlassen hat. Ist jedoch die nächsthöhere Behörde eine oberste Bundes- oder Landesbehörde, so erlässt den Widerspruchsbescheid die Behörde, die den Verwaltungsakt erlassen hat.
In Selbstverwaltungsangelegenheiten des eigenen Wirkungskreises erlässt den Widerspruchsbescheid die Selbstverwaltungsbehörde, soweit nicht durch Gesetz anderes bestimmt wird. Sie legt fest, wer den Widerspruch bearbeiten soll (»Widerspruchsstelle«) und kann bestimmen, dass der für den Erlass des Verwaltungsaktes zuständige Sachbearbeiter auch über den Widerspruch entscheidet bzw. diesen weitgehend beeinflusst.

Folgen fehlender Voraussetzungen

Erfüllt ein Widerspruch eine oder mehrere der genannten Voraussetzungen nicht, so ist er unzulässig.
Bei Einlegung des Widerspruchs bei einer unzuständigen Behörde hat diese die Sache allerdings an die zuständige Behörde abzugeben.
Ist ein Widerspruch unzulässig, hat die Verwaltung zu prüfen, ob die Eingabe des Bürgers nicht als formloser Rechtsbehelf zu behandeln ist.

### 3.2.2 Begründetheit und Wirkung

Begründetheit

Ein Widerspruch hat Erfolg, wenn er nicht nur zulässig, sondern auch begründet ist. Begründet ist er, wenn der angefochtene Verwaltungsakt im Zeitpunkt seines Erlasses rechtswidrig oder unzweckmäßig war (§§ 72, 73 VwGO; § 85 SGG).
Hält die erlassende Behörde den Widerspruch für begründet, so entspricht sie ihm und entscheidet über die Kosten.

Hilft die erlassende Behörde nicht ab oder kann sie über den Widerspruch nicht selbst entscheiden, so gibt sie die Sache an die Widerspruchsbehörde ab. Diese überprüft die Rechtmäßigkeit und die Zweckmäßigkeit des Verwaltungsakts.
Die Widerspruchsbehörde kann regelmäßig (Ausnahmen bestehen z.B. für den Bereich der Selbstverwaltungskörperschaften in Bayern, Baden-Württemberg, Saarland) auch Ermessensentscheidungen der Ausgangsbehörde durch eine andere ersetzen.
So ermöglicht der Widerspruch schnelle, weitgehende und endgültige Abhilfe.

Wirkung

Die Wirkung des Widerspruchs ist in der VwGO und im SGG unterschiedlich geregelt:

Aufschiebende Wirkung nach § 80 VwGO

Der **Widerspruch nach der VwGO** hat in der Regel aufschiebende Wirkung, d. h. die Behörde darf den Verwaltungsakt nicht vollziehen. Jedoch ist der Verwaltungsakt mit der Bekanntgabe wirksam (§ 37 SGB X).

Beispiel

Der Arbeitgeber kann einem schwerbehinderten Mitarbeiter die Kündigung erklären, sobald ihm die Zustimmung des Integrationsamtes zugestellt ist, auch wenn der Mitarbeiter gegen die Entscheidung des Integrationsamtes Widerspruch einlegt (BAG, 12. 5. 2005 – 2 AZR 159/04).

Ausnahmen

Die aufschiebende Wirkung entfällt aber u.a.:

- bei der Anforderung von öffentlichen Abgaben und Kosten (Steuern, Gebühren, Kostenbeiträgen), nicht aber bei anderen öffentlich-rechtlichen Geldforderungen wie Erstattung überzahlter Sozialleistungen;
- bei unaufschiebbaren Anordnungen und Maßnahmen der Polizeivollzugsbeamten.
  Das gilt nicht, wenn die Polizei für eine andere Behörde (z.B. Jugendamt) im Wege der Vollzugs- oder Amtshilfe tätig wird;
- wenn sie durch Bundes- oder Landesgesetz ausgeschlossen ist;
- wenn die erlassende oder die Widerspruchsbehörde die sofortige Vollziehung angeordnet hat, weil dies im öffentlichen Interesse oder im überwiegenden Interesse eines Beteiligten geboten ist.

Rückausnahme

Die Widerspruchsbehörde bzw. das Gericht können jedoch auf Antrag des Betroffenen die aufschiebende Wirkung des Widerspruchs anordnen bzw. wiederherstellen (§ 80 Abs. 4–8 VwGO). Die Gerichte setzen die Vollziehung aus, wenn nach summarischer Prüfung ein Obsiegen des Antragstellers im Hauptverfahren wahrscheinlicher ist als sein Unterliegen (BVerwG, 17.9.2002 – 4 VR 19.01; BVerfG, 24.8.2011 – 1 BvR 1611/11).

Aufschiebende Wirkung nach § 86a SGG

Der **Widerspruch nach dem SGG** hat ebenfalls grundsätzlich aufschiebende Wirkung. Dies gilt auch für rechtsgestaltende und feststellende Verwaltungsakte sowie für Verwaltungsakte mit Drittwirkung (§ 86a Abs. 1 SGG; Berlit, info also 2005, 3).

Ausnahmen

Die aufschiebende Wirkung entfällt u.a. bei Entscheidungen (§ 86a Abs. 2 SGG):

- über Versicherungs-, Beitrags- und Umlagepflichten;
- über die Entziehung oder Herabsetzung einer laufenden Leistung der Sozialversicherung oder der Bundesagentur für Arbeit;
- wenn die Behörde die sofortige Vollziehung angeordnet hat;
- in anderen durch Bundesgesetz vorgeschriebenen Fällen, z.B. bei Entscheidungen über Leistungen der Grundsicherung für Arbeitsuchende und über den Übergang eines Anspruchs (§ 39 SGB II; siehe auch § 88 Abs. 4 SGB IX).

Aussetzung der Vollziehung nach § 86a Abs. 3 und § 86b SGG

Die zuständige Behörde kann die Vollziehung des Verwaltungsakts einstweilen ganz oder teilweise gemäß § 86a Abs. 3 SGG, das für die Hauptsache zuständige Gericht kann gemäß § 86b Abs. 1 und 2 SGG die Vollziehung aussetzen bzw. aufheben.

## 3.3 Der Widerspruchsbescheid

Die Widerspruchsbehörde entscheidet nach Prüfung der Rechtmäßigkeit und Zweckmäßigkeit des Verwaltungsakts durch Widerspruchsbescheid.
Für das Widerspruchsverfahren gelten in erster Linie die Vorschriften der VwGO und des SGG, soweit nicht durch Gesetz etwas anderes bestimmt ist. Im Übrigen gelten die Vorschriften des Sozialgesetzbuches (§ 62 SGB X).

Keine »Verböserung«

Aufgrund eines Widerspruchs darf der Verwaltungsakt nur zu Gunsten des Betroffenen geändert werden (streitig). Eine unzulässige Verböserung (reformatio in peius) liegt vor, wenn die Rechtsposition des Betroffenen im Widerspruchsbescheid gegenüber derjenigen im Ausgangsbescheid insgesamt (und nicht nur hinsichtlich einzelner Berechnungsfaktoren) verschlechtert wird.

Aber Leistungsherabsetzung

Eine Herabsetzung der Leistung ist aber zulässig, wenn gleichzeitig eine ausdrückliche Aufhebungsentscheidung getroffen wird und die Voraussetzungen der §§ 44 ff. SGB X vorliegen (BSG, 18.6.2008 – B 14/11b AS 67/06 R).

Entscheidung über den Widerspruch

Die Entscheidung kann lauten:

»Der Widerspruch wird als unzulässig zurückgewiesen.«
»Der Widerspruch wird als unbegründet zurückgewiesen.«
»Der angefochtene Bescheid wird aufgehoben (abgeändert).«

Form und Inhalt

Der Widerspruchsbescheid ist ein Verwaltungsakt.
Er muss nach § 73 Abs. 3 VwGO bzw. § 85 Abs. 3 SGG:

- schriftlich erlassen werden;
- begründet werden;
- eine Rechtsmittelbelehrung enthalten;
- zugestellt werden;
- eine Kostenentscheidung enthalten, soweit diese rechtlich zulässig ist.

Klagefrist: i.d.R. 1 Monat Ausnahmen

Die Klage ist binnen eines Monats nach Zustellung bzw. Bekanntgabe des Widerspruchsbescheids zu erheben.
Bei Zustellung oder Bekanntgabe im Ausland beträgt die Klagefrist im Geltungsbereich des SGG drei Monate (§ 87 SGG). Klagen gegen Entscheidungen nach dem AsylVfG sind binnen zwei Wochen nach Zustellung der Entscheidung zu erheben. Die Klage gegen die Ablehnung der Anordnung der aufschiebenden Wirkung einer Abschiebungsandrohung muss binnen einer Woche erhoben werden (§ 74 AsylVfG).
Fehlt die Rechtsmittelbelehrung oder unterbleibt die Zustellung, gilt für die Klagefrist nicht die Monats-, sondern die Jahresfrist.
Die in deutscher Sprache erteilte Rechtsmittelbelehrung setzt die Klagefrist auch gegenüber Ausländern regelmäßig in Gang (BVerfG, 19.4.1995 – 2 BvR 2295/94, NVwZ-RR 1996, 120).

Untätigkeitsklage

Wird innerhalb angemessener Zeit über den Widerspruch nicht entschieden, kann der Betroffene unmittelbar klagen (§ 75 VwGO bzw. § 88 SGG).

### 3.4 Kosten

Kostenfreiheit des Widerspruchsverfahrens nach SGB

Der Widerspruchsführer hat im Anwendungsbereich des SGB keine Gebühren und Auslagen für das Widerspruchsverfahren zu zahlen, weil das Verfahren einschließlich des Widerspruchsverfahrens im SGB kostenfrei ist (§ 64 SGB X).
Jedoch können ihm persönlich Kosten entstanden sein. Notwendige Kosten werden ihm erstattet, soweit der Widerspruch erfolgreich war. Soweit er nicht erfolgreich war, hat der Betroffene diese Kosten selbst zu tragen.

Kostenpflicht außerhalb des SGB

Außerhalb des SGB hat der Widerspruchsführer der Behörde die notwendigen Aufwendungen zu erstatten, soweit der Widerspruch erfolglos geblieben ist (§ 80 Abs. 1 Satz 3 VwVfG). In diesem Falle hat aber der Widerspruchsführer evtl. einen Schadensersatzanspruch aus § 839 BGB, falls ein Amtsträger durch z.B. falsche Rechtsmittelbelehrung oder falsche Sachbehandlung den Widerspruch ausgelöst hat.

Beratungshilfe

Zur Vermeidung der Kostenrisiken ist es für Bürger mit geringem Einkommen empfehlenswert, Beratungshilfe zu beantragen, um die Kosten des Anwalts zu decken.

Kostenentscheidungen

Im Widerspruchs- bzw. Abhilfebescheid entscheidet die Behörde nach § 63 SGB X, wer die Kosten zu tragen hat.

Rechtsschutz

Die Kostenentscheidung ist als Verwaltungsakt durch Widerspruch und Verwaltungsakt anfechtbar (BSG, 17.10.2006 – B 5 RJ 66/04 R).

Wird der Rechtsstreit vor dem Verwaltungsgericht fortgesetzt, kann dieses in seiner Kostenentscheidung auch über die Kosten des Widerspruchsverfahrens einschließlich der Kosten der Vertretung durch einen Bevollmächtigten entscheiden (§§ 161, 162 VwGO bzw. § 193 SGG).

Erstattung von Aufwendungen

Die Entscheidung darüber, in welcher Höhe Aufwendungen zu erstatten sind, ergeht nur, wenn sie von Erstattungsberechtigten beantragt wird (§ 63 Abs. 3 SGB X bzw. § 80 Abs. 3 VwVfG). Sie ist ebenfalls ein Verwaltungsakt und selbständig anfechtbar (BSG, 14.11.1984 – 1 RJ 54/84).
Dem Widerspruchsführer sind gemäß § 63 SGB X bzw. § 80 VwVfG die notwendigen Aufwendungen zur zweckentsprechenden Rechtsverteidigung zu erstatten:
- soweit der Widerspruch erfolgreich ist;
- wenn der Widerspruch nur deshalb keinen Erfolg hat, weil die Behörde einen Verfahrens- bzw. Formfehler nach § 41 SGB X bzw. § 45 VwVfG geheilt hat.

Zuziehung eines Anwalts

Die Zuziehung eines Anwalts oder eines sonstigen Bevollmächtigten ist notwendig, wenn es dem Leistungsberechtigten nach seinen individuellen Kenntnissen und Fähigkeiten und wegen der Schwierigkeit der Sache nicht zuzumuten ist, das Vorverfahren selbst zu führen, z. B. wenn er nicht ohne Weiteres in der Lage ist, den Bescheid zu verstehen, zu überprüfen und einen Widerspruch schriftlich zu begründen. Sobald im Vorverfahren Fragen anstehen, die über einfache Tatsachenfragen hinausgehen, darf er nicht auf die behördliche Beratung des Leistungsträgers verwiesen werden (BVerfG, 11.5.2009 – 1 BvR 1517/08).
Die Notwendigkeit der Zuziehung eines Bevollmächtigten ist deshalb nicht nur in schwierigen und umfangreichen Sachen, sondern für eine rechtsunkundige Partei in der Regel zu bejahen. Das BVerfG hat im Rahmen der Prozesskostenhilfe in ständiger Rechtsprechung darauf abgestellt, ob ein Bemittelter in der Lage eines Unbemittelten vernünftigerweise einen Rechtsanwalt mit der Wahrnehmung seiner Interessen beauftragt hätte. Davon ist regelmäßig dann auszugehen, wenn im Kenntnisstand und in den Fähigkeiten der Parteien ein deutliches Ungleichgewicht besteht (BVerfG, 24.3.2011 – 1 BvR 1737/10). Auf die Höhe der strittigen Beträge kommt es nicht an.

Beispiel

Die Beiordnung eines Rechtsanwalts ist notwendig, auch wenn es nur um einen Betrag von 42 € geht (BVerfG, 24.3.2011 – 1 BvR 2493/10).

Erstattungsfähige Kosten

Erstattungsfähig sind Gebühren und Auslagen aller Personen, die auf Grund Bevollmächtigung für den Widerspruchsführer im Vorverfahren tätig geworden sind, wenn die Zuziehung notwendig war (§ 63 Abs. 2 SGB X).

Nach § 63 Abs. 1 SGB X können auch die Auslagen des Mitarbeiters eines freien Verbandes erstattungsfähig sein, der nach dem Rechtsdienstleistungsgesetz zur Vertretung befugt ist, wenn die Satzung des Verbandes die Verpflichtung des Mitglieds zur Tragung der Kosten klar und deutlich bestimmt (BSG, 29.3.2007 – B 9a SB 3/05 R).
Zu den notwendigen und erstattungsfähigen Kosten gehören z. B. Reisekosten, Verdienstausfall, Telefon-, Schreib-, Fotokopie-, Portokosten, Kosten für Dolmetscher.

## 4 Verwaltungsinterne Kontrollen des Verwaltungshandelns

Umfang der Kontrolle

Die Verwaltung ist einem System von Kontrollen unterworfen, die je nach der Stellung der Behörde und der Art der jeweiligen Aufgabe sich erstrecken auf:
- die Rechtmäßigkeit und Zweckmäßigkeit;
- die Rechtmäßigkeit allein;
- die Prüfung der Rechnung sowie der Wirtschaftlichkeit und Ordnungsmäßigkeit der Haushalts- und Wirtschaftsführung.

Kein Anspruch des Bürgers

Der Bürger hat keinen Anspruch darauf, dass die Verwaltung Kontrollen durchführt.
Dennoch ist die Kenntnis der Kontrollinstanzen auch für SozA/SozP von Bedeutung, weil u. U. schon der Hinweis auf die beabsichtigte Mitteilung an die Kontrollinstanzen einen Sachbearbeiter zu einer anderen Entscheidung bewegen kann.

## 4.1 Kontrolle der Rechtmäßigkeit und Zweckmäßigkeit

Eine umfassende Kontrolle der Rechtmäßigkeit und Zweckmäßigkeit findet statt z. B.:

- durch die übergeordneten gegenüber den untergeordneten Behörden.

Beispiel

Führt eine örtliche Polizeibehörde Kontrollen in Jugendzentren durch Polizeibeamte in Zivil durch, so kann der Innenminister dies verbieten;

- bei Auftragsangelegenheiten;
- durch den Vorgesetzten gegenüber den untergeordneten Beamten, Angestellten und Arbeitern.

Beispiel

Benötigt ein Sachbearbeiter zwei Monate bis zur Entscheidung über einen Antrag auf Grundsicherung, hat der Vorgesetzte sicherzustellen, dass derartige gesetzwidrige Verzögerungen der Antragsbearbeitung nicht eintreten, indem er z. B. Bericht über alle nichterledigten Anträge verlangt (im Neuen Steuerungsmodell würden derartige Verzögerungen durch Controlling sichtbar und möglicherweise vermeidbar);

- durch den Bundesrechnungshof und die Landesrechnungshöfe, die allerdings auf die Einhaltung des Haushaltsrechts und der ordnungsgemäßen und sparsamen Wirtschaftsführung beschränkt sind (www. bundesrechnungshof.de).

Beispiel

Der Bundesrechnungshof informiert den Bundestag über Mängel bei der Festsetzung der Leistungen für Unterkunft und Heizung nach dem SGB II und fordert eine einheitliche Vorgehensweise der Jobcenter.

## 4.2 Kontrolle allein der Rechtmäßigkeit

Eine auf die Rechtmäßigkeit allein beschränkte Kontrolle ist z. B. gegeben:

- im Rahmen der staatlichen Aufsicht über kommunale und andere Träger der Selbstverwaltung (der Bezirksregierung über Kreise und kreisfreie Städte und des Landrats über die kreisangehörigen Gemeinden);
- durch Beanstandungsrechte gegenüber rechtswidrigen Beschlüssen von Selbstverwaltungsgremien, z.B. des Bürgermeisters, gegenüber einem Ratsbeschluss.

### 4.3 Kontrolle der Wirtschaftlichkeit

Die im Interesse ordnungsgemäßer Verwaltung eingerichteten Kontrollen sollen auch die Wirtschaftlichkeit der Verwaltungstätigkeit überprüfen und sichern.

Bei einer Rechnungsprüfung wird festgestellt, dass eine Mitarbeiterin des Landesjugendamts »Zuwendungen an freie Träger« in Höhe von 100.000 Euro auf eigene Konten überwiesen hat. Beispiel

Andererseits kann die Tätigkeit eines Rechnungsprüfungsamtes dazu führen, dass die SozA/SozP in der Behörde die gesetzlichen Vorschriften nicht gemäß ihrem fachlichen Verständnis anwenden, obwohl dies ausdrücklich vorgeschrieben ist (§ 72 SGB VIII; § 6 SGB XII).

Beanstandet das Rechnungsprüfungsamt ohne Prüfung der Einzelfälle, dass Sozialarbeiter im ASD zu oft die Fremdunterbringung gefährdeter Kinder verlangen und können oder wollen sich die Sozialarbeiter gegen diese fachfremde Bevormundung nicht wehren, wird das SGB VIII in der Folgezeit nach den restriktiven Vorstellungen des Rechnungsprüfungsamts und nicht gemäß den gesetzlichen Vorschriften durchgeführt (§ 72 SGB VIII; dazu Nonninger in: LPK-SGB VIII, § 72 Rn. 23 ff.). Beispiel

### 4.4 Politische Kontrolle

Die Amtsträger, die keiner bzw. einer beschränkten Aufsicht unterliegen, weil sie an der Spitze einer Verwaltungsorganisation stehen, sind politisch verantwortlich.

Der Bundeskanzler ist dem Bundestag, der Ministerpräsident dem Landtag, der Leiter einer Kommunalverwaltung dem Kommunalparlament politisch verantwortlich. Beispiele

## 5 Rechtsschutz durch die Gerichte

### 5.1 Verfassungsrechtliche Grundlagen

Die verwaltungsinternen Kontrollen führen häufig nicht zu dem vom Betroffenen gewünschten Ergebnis. Dann bleibt ihm die Möglichkeit, ein Gericht anzurufen; denn dem Bürger ist durch Art. 19 Abs. 4 GG ein umfassender Rechtsschutz gegen Rechtsverletzungen durch die öffentliche Hand garantiert.

Eine alleinerziehende Frau beantragt für sich und ihre Tochter im Juni Grundsicherung für Arbeitsuchende. Im November ist darüber noch nicht entschieden. Sie befragt die Sozialpädagogin eines freien Trägers, was sie tun könne. Beispiele

Ein Student ist empört über einen offenbar rechtswidrigen Widerspruchsbescheid, der ihn zur Rückzahlung von BAföG verpflichtet. Er hat aber Angst, Klage zu erheben, weil er mit einem hohen Kostenrisiko rechnet.

Rechtsprechung durch unabhängige Gerichte

Die Rechtsprechung wird in der Bundesrepublik durch organisatorisch von der Legislative und Exekutive getrennte Gerichte (Art. 20 Abs. 2 GG) ausgeübt, die mit persönlich und sachlich unabhängigen Richtern (Berufs- und Laienrichtern) besetzt sind (Art. 92, 97 f. GG).

Garantie effektiven Rechtsschutzes

Im sozialen Rechtsstaat sind alle staatlichen Stellen verpflichtet, dafür zu sorgen, dass jeder Bürger Rechtsschutz unter zumutbaren Bedingungen und in angemessener Zeit erlangen kann (Art. 19 Abs. 4 GG). Diese Verpflichtung ist trotz der Fortschritte durch Beratungshilfe (→ S. 226) und Prozesskostenhilfe für viele Menschen, mit denen SozA/SozP es zu tun haben, nur unzureichend erfüllt. So hat das BVerfG immer wieder Entscheidungen von Gerichten aufheben müssen, mit denen die berechtigten Anliegen von Bürgern abgeschmettert wurden.

Beispiel

Erfolgreich war die Verfassungsbeschwerde gegen die strafgerichtliche Verurteilung wegen Nötigung durch Sitzblockade auf einer befahrenen Straße gegen die militärische Intervention der USA (BVerfG, 7.3.2011 – 1 BvR 388/05)

Rechtliche Vertretung

Das Rechtsdienstleistungsgesetz hat die rechtliche Vertretung in Gerichtsverfahren weitgehend den Rechtsanwälten vorbehalten. SozA/SozP können nach wie vor grundsätzlich nicht als Prozessbevollmächtigte in gerichtlichen Verfahren auftreten.

## 5.2 Rechtsprechung

Die Rechtsprechung wird von europäischen Gerichtshöfen, Gerichten des Bundes und Gerichten der Länder ausgeübt (Art. 92 ff. GG).
Die Gerichte der Länder entscheiden in den weitaus meisten Fällen in erster und zweiter Instanz auf der Grundlage des Landes-, Bundes- und EU-Rechts.
Der Gerichtshof der Europäischen Union und der Europäische Gerichtshof für Menschenrechte sind zuständig in Angelegenheiten des Rechts der Europäischen Union bzw. der Europäischen Menschenrechtskonvention.

Die verschiedenen Gerichtszweige (Art. 95 GG) gewähren Rechtsschutz nach jeweils eigenen Prozessordnungen, z.B. ZPO, StPO, VwGO, SGG. Eine Sonderstellung nimmt das BVerfG als eines der obersten Staatsorgane ein (Art. 93 GG; BVerfGG).

### Übersicht: Gerichte

| Europäische Gerichte | Bundesgerichte | Gerichte der Länder | |
|---|---|---|---|
| Gerichtshof der Europäischen Union | Bundesverfassungsgericht | Verfassungsgerichtshöfe | |
| Europäischer Gerichtshof für Menschenrechte | Bundesgerichtshof | Oberlandesgerichte | Landgerichte, Amtsgerichte |
| | Bundesarbeitsgericht | Landesarbeitsgerichte | Arbeitsgerichte |
| | Bundesverwaltungsgericht | Oberverwaltungsgerichte (Verwaltungsgerichtshöfe) | Verwaltungsgerichte |
| | Bundessozialgericht | Landessozialgerichte | Sozialgerichte |
| | Bundesfinanzhof | | Finanzgerichte |

Gerichtshof der Europäischen Union (EuGH)

Der Gerichtshof der Europäischen Union (EuGH) in Luxemburg entscheidet beispielsweise aufgrund einer Klage eines Mitgliedstaates, eines EU-Organs, eines Unternehmens oder eines Bürgers, ob in einem Einzelfall gegen EU-Recht verstoßen wurde (»Anwendung der Verträge«). Er entscheidet aber auch endgültig, wie strittige Texte in den Verträgen zu verstehen sind (»Auslegung der Verträge«).
Außerdem kann ein nationales Gericht in einem anhängigen Verfahren eine Vorabentscheidung des EuGH zu der Frage beantragen, ob eine deutsche Rechtsvorschrift mit EU-Recht vereinbar ist.

Beispiel

Auf Vorlagebeschluss des LAG Düsseldorf stellt der EuGH fest, dass der Urlaubsanspruch mehrjährig arbeitsunfähig kranker Arbeitnehmer entgegen deutschem Recht und deutscher Rechtsprechung nicht verfällt (EuGH, 20.1.2009 – C 350/06 und – C 520/06).

Europäischer Gerichtshof für Menschenrechte (EGMR)

Der Europäische Gerichtshof für Menschenrechte (EGMR) in Straßburg ist zuständig, wenn die Konvention zum Schutz der Menschenrechte und Grundfreiheiten vom 4.11.1950 einschließlich ihrer Zusatzprotokolle verletzt ist.
Der Gerichtshof kann von den Betroffenen mit einer Individualbeschwerde angerufen werden, jedoch erst nach Erschöpfung des innerstaatlichen Rechtsweges.

Beispiel

Der EGMR verpflichtete die Bundesrepublik Deutschland, binnen eines Jahres Rechtsbehelfe gegen überlange Verfahren zu schaffen (EGMR, 2.9.2010 – Nr. 46344/06)

### 5.3 Zuständigkeit und Verfahrensarten

Je nach Art des Verwaltungshandelns kann ein Verwaltungsgericht, ein Sozialgericht, ein Finanzgericht, ein ordentliches Gericht, ein Arbeitsgericht oder ein Verfassungsgericht zuständig und nur eine bestimmte Klageart bzw. ein bestimmter Antrag im konkreten Fall zulässig und zweckmäßig sein.

Zuständigkeit der Gerichte

Im Bereich der sozialen Arbeit sind für Anträge und Klagen auf dem Gebiet des Verwaltungsrechts meist die Verwaltungsgerichte, die Sozialgerichte oder die ordentlichen Gerichte zuständig (§ 40 VwGO; § 51 SGG; §§ 23 ff. und 71 ff. GVG).

**Übersicht: Zuständigkeiten der Gerichte**

| Verwaltungsgerichte | Sozialgerichte | Ordentliche Gerichte |
|---|---|---|
| Jugendhilfe<br>Unterhaltsvorschuss<br>Ausbildungsförderung<br>Wohngeld<br>Heimgesetz<br>Ausländerrecht<br>Asylverfahren<br>Öffentlich-rechtliche Verträge | Arbeitsförderung<br>Grundsicherung für Arbeitssuchende<br>Krankenversicherung<br>Unfallversicherung<br>Rentenversicherung<br>Pflegeversicherung<br>Sozialhilfe<br>Kindergeld<br>Elterngeld<br>Opferentschädigung<br>Asylbewerberleistungen | Privatrechtliches Verwaltungshandeln<br>Staatshaftung auf Schadensersatz wegen Amtspflichtverletzung<br>Aufopferung<br>Enteignungsentschädigung<br>Öffentlich-rechtliche Verwahrung |

Klageerhebung

Klagen und Anträge müssen schriftlich oder zur Niederschrift des Urkundsbeamten der Geschäftsstelle des Gerichts erhoben werden (§ 81 VwGO bzw. § 90 SGG).

Rechtsantragsstelle

Für Menschen, die Schwierigkeiten haben, eine Klage- oder Antragsschrift zu formulieren, besteht die Möglichkeit, die bei jedem Gericht bestehende »Rechtsantragsstelle« aufzusuchen und die Klage »zur Niederschrift des Urkundsbeamten zu erheben« (§ 81 VwGO bzw. § 90 SGG).

**Übersicht: Rechtsschutz durch die Gerichte gegen rechtswidriges Verwaltungshandeln**

| Klageart/Antrag | Ziel der Klage bzw. des Antrags | Zuständigkeit |
|---|---|---|
| Anfechtungsklage | Aufhebung eines Verwaltungsakts | VG/SG |
| Verpflichtungsklage | Erlass eines abgelehnten oder unterlassenen Verwaltungsakts | VG/SG |
| Allgemeine Leistungsklage | Vornahme, Unterlassung oder Beseitigung der Folgen einer schlicht hoheitlichen Handlung | VG/SG |
| Feststellungsklage | – Feststellung des Bestehens oder Nichtbestehens eines Rechtsverhältnisses<br>– Fortsetzungsfeststellungsklage zur Feststellung der Rechtswidrigkeit eines erledigten Verwaltungsakts | VG/SG |
| Antrag auf Erlass einer einstweiligen Anordnung | Vorläufige Anordnung oder Regelung zur Sicherung eines Rechts oder zur Verhinderung wesentlicher Nachteile | VG/SG |
| Antrag auf Aussetzung der sofortigen Vollziehung | Anordnung der aufschiebenden Wirkung des Widerspruchs bzw. der Anfechtungsklage | VG/SG |
| Zahlungsklage wegen Amtspflichtverletzung | Verurteilung zum Schadensersatz wegen Amtspflichtverletzung oder Verletzung anderer öffentlich-rechtlicher Pflichten | LG |
| Zahlungsklage wegen Aufopferung bzw. Enteignung | Verurteilung zur Entschädigung wegen Aufopferung bzw. Enteignung | LG |
| Verfassungsbeschwerde | Aufhebung eines Verwaltungsakts wegen Verstoß gegen Grundrechte | BVerfG |
| Antrag auf Erlass einer einstweiligen Anordnung | Vorläufige Regelung zur Abwehr schwerer Nachteile, zur Verhinderung drohender Gewalt oder aus einem anderen wichtigen Grund zum gemeinen Wohl | BVerfG |
| Nichtigkeitsklage | Aufhebung einer EU-Verordnung oder Entscheidung | EuGH |
| Individualbeschwerde und anschließende Klage | Feststellung der Verletzung eines durch die Europäische Menschenrechtskonvention garantierten Grundrechts durch den Mitgliedsstaat (EMRK) | EGMR |

## 5.4 Rechtsschutz durch die Verwaltungs- und die Sozialgerichtsbarkeit

Die Klage- und Antragsmöglichkeiten nach der Verwaltungsgerichtsordnung (VwGO) stimmen mit denen nach dem Sozialgerichtsgesetz (SGG) weitgehend überein. Deshalb werden sie in diesem Abschnitt gemeinsam dargestellt. Da die Darstellung auf die Grundzüge beschränkt ist, ist es stets ratsam nachzuprüfen, ob Unterschiede in Einzelregelungen bestehen (s. dazu Palsherm, Sozialrecht, 2015, Rn. 23-139).

### 5.4.1 Die Anfechtungsklage

Ziel

Ziel der Anfechtungsklage ist die Aufhebung bzw. Änderung eines belastenden Verwaltungsakts.

Voraussetzung

Sie setzt voraus, dass der Kläger geltend macht, durch den angefochtenen Verwaltungsakt in seinen subjektiv-öffentlichen Rechten verletzt zu sein (§ 42 VwGO, § 54 SGG). Der Kläger muss Tatsachen vortragen, die es als möglich erscheinen lassen, dass er in seinen Rechten verletzt ist (sog. Möglichkeitstheorie BSG, 11.5.1999 – B 11 AL 45/98 R).

Anfechtung von Ermessensentscheidungen

Die Anfechtung einer lediglich ungünstigen Ermessensentscheidung ist unzulässig, weil sie kein Recht des Betroffenen verletzt. Dagegen kann eine rechtsfehlerhafte Ermessensentscheidung angefochten werden (→ S. 140).

Keine Anfechtung vollzogener VAe, nur Fortsetzungsfeststellungsklage

Ist ein Verwaltungsakt bereits vollzogen, ohne dass noch eine Dauerbelastung für den Betroffenen besteht, ist nicht die Anfechtungsklage, sondern die Feststellungsklage zulässig, wenn die nachträgliche Feststellung der Rechtswidrigkeit für den Betroffenen noch von Interesse ist.

Klagefrist: i.d.R. 1 Monat

Die Anfechtungsklage muss innerhalb eines Monats nach Zustellung des Widerspruchsbescheids oder – falls kein Vorverfahren stattgefunden hat – nach Bekanntgabe des Verwaltungsakts erhoben werden (§ 74 VwGO; § 87 SGG).
Bei fehlender, unvollständiger oder unrichtiger Rechtsbehelfsbelehrung kann die Klage innerhalb eines Jahres erhoben werden (§ 58 VwGO; § 66 SGG).
Die Klagefrist gegen Entscheidungen nach dem Asylverfahrensgesetz beträgt zwei Wochen, gegen die Ablehnung der Anordnung der aufschiebenden Wirkung einer Abschiebungsandrohung eine Woche (§ 74 AsylVfG)

Begründetheit

Die Anfechtungsklage ist begründet, wenn der Verwaltungsakt in der Gestalt, die er durch den Widerspruchsbescheid gefunden hat, rechtswidrig ist und der Kläger in seinen Rechten verletzt ist (§ 113 Abs. 1 Satz 1 VwGO).

Für den Zeitpunkt der Rechtswidrigkeit kommt es in der Regel auf die Sach- und Rechtslage zur Zeit des Erlasses des Widerspruchsbescheids an (BSG, 2.11.1999 – B 2 U 25/98 R). Ausnahmsweise entscheidet bei Verwaltungsakten mit Dauerwirkung der Zeitpunkt der letzten mündlichen Verhandlung vor dem Verwaltungs-/Sozialgericht.

### 5.4.2 Die Verpflichtungsklage

Ziel

Die Verpflichtungsklage ist auf die Verpflichtung zum Erlass eines begünstigenden Verwaltungsakts gerichtet.

Voraussetzung

Sie setzt voraus, dass die Behörde einen Antrag auf Erlass eines Verwaltungsakts

- nach sachlicher Prüfung abgelehnt hat oder es ablehnt, über den Antrag sachlich zu entscheiden oder (Weigerungsklage)
- keinen Bescheid erteilt hat und der Bürger ein subjektiv-öffentliches Recht auf den begehrten Verwaltungsakt geltend macht (§ 42 VwGO; § 54 SGG). (Untätigkeitsklage)

Vorverfahren und Klagefrist

Der Weigerungsklage, nicht aber der Untätigkeitsklage nach § 75 VwGO, muss in aller Regel das Widerspruchsverfahren vorausgehen. Die Weigerungsklage ist innerhalb eines Monats nach Zustellung des Widerspruchsbescheides zu erheben (§§ 68 Abs. 2, 74 Abs. 2 VwGO, § 87 Abs. 2 SGG). Die Untätigkeitsklage kann in der Regel frühestens drei bzw. sechs Monate nach Einlegung des Widerspruchs bzw. nach Beantragung der Vornahme des Verwaltungsakts erhoben werden (§ 75 VwGO bzw. § 88 SGG).

Begründetheit

Die Verpflichtungsklage hat Erfolg, wenn der Kläger zum Zeitpunkt der gerichtlichen Entscheidung Anspruch auf Erlass des Verwaltungsakts hat (BSG, 18.10.2004 – B 2 U 176/04 B).

### 5.4.3 Die Leistungsklage

Ziel

Die Leistungsklage zielt darauf ab, die Verwaltung zu einem bestimmten Tun, Dulden oder Unterlassen zu verpflichten (§ 54 Abs. 5 SGG; §§ 43 Abs. 2, 111, 113 Abs. 3, 169 Abs. 2 VwGO).

Fallgruppen

Typische Ziele der Leistungsklage sind:

- Vornahme schlicht hoheitlicher Verwaltungshandlungen, z.B. Auszahlung eines bewilligten Geldbetrags.
- Widerruf ehrverletzender Behauptungen (BVerfG, 17.8.2010 – 1 BvR 2585/06; 11.12.2013 – 1 BvR 194/13).
- Beseitigung der Folgen rechtswidrigen Verwaltungshandelns.
- Unterlassung eines Verwaltungshandelns, sofern dieses noch andauert bzw. die Gefahr der Wiederholung besteht (vorbeugende Unterlassungsklage). (Vorbeugende Unterlassungsklage)

Beispiel

Ein Leistungsbezieher kann durch Unterlassungsklage erreichen, dass dem Leistungsträger untersagt wird, auf Postanweisungen die überwiesenen Beträge als Sozialleistung erkennbar zu machen (BVerwG, 23.6.1994 – 5 C 16.92, NJW 1995, 410).

Voraussetzungen

Die Leistungsklage setzt voraus, dass dem Bürger ein öffentlich-rechtlicher Anspruch auf das verlangte Verwaltungshandeln zusteht und dass er vorher einen entsprechenden Antrag gestellt hat. Sie ist nicht zulässig, wenn der Bürger den Erlass eines Verwaltungsakts begehrt; denn dafür ist die Verpflichtungsklage gegeben.

### 5.4.4 Die Feststellungsklage

Ziel

Ziel der Feststellungsklage ist die Feststellung des Bestehens oder Nichtbestehens eines öffentlich-rechtlichen Rechtsverhältnisses oder die Feststellung der Nichtigkeit eines Verwaltungsakts (§ 55 SGG; § 43 VwGO).

Beispiel

Ein Aussiedler erhebt Klage auf Feststellung, dass er die deutsche Staatsangehörigkeit besitzt.

Voraussetzung

Zulässig ist die Feststellungsklage, wenn der Kläger ein berechtigtes Interesse an der baldigen Feststellung hat. Darunter ist jedes hinreichend wichtige Interesse rechtlicher, wirtschaftlicher oder ideeller Art zu verstehen (§ 55 SGG; § 43 VwGO).
Dieses Interesse hat ein Kläger in der Regel nicht, wenn er sein Ziel mit einer Leistungsklage erreichen kann.

Fortsetzungsfeststellungsklage

Besondere Bedeutung hat die Feststellungsklage für vollzogene Verwaltungsakte (§ 131 Abs. 1 SGG; § 113 Abs. 1 Satz 4 VwGO).
Nach ständiger Rechtsprechung des BVerfG kann das Fortsetzungsfeststellungsinteresse gestützt werden auf:

- ein Rehabilitierungsinteresse (BVerfG, 5.12.2001 – 2 BvR 527/99, NJW 2002, 2456; OVG NRW, 21.2.2014 – 12 A 2838/12).

Beispiel

Ein Freiheitsverlust durch Inhaftierung (hier: Abschiebungshaft) begründet ein Rehabilitierungsinteresse des Inhaftierten für die Feststellung der Rechtswidrigkeit auch dann, wenn die Maßnahme erledigt ist (BVerfG, 8.2.2011 – 1 BvR 1946/09);

- eine Wiederholungsgefahr oder fortbestehende Beeinträchtigung.

Beispiele

Unterbringung eines Gefangenen in einem Haftraum mit rassistischen Schmierereien (BVerfG, 15.7.2010 – 2 BvR 1023/08).
Unterbringung eines Häftlings in einer Gemeinschaftszelle mit Rauchern (BVerfG, 20.3.2013 – 1 BvR 67/11);

- die Absicht, einen Schadenersatzanspruch geltend zu machen, sofern Aussicht auf Erfolg besteht (VGH München, 14.1.1991 – 2 B 90.1756, NVwZ – RR 1991, 519; BVerwG, 21.3.2013 – 3 C 6.12).

Erledigt sich allerdings der Verwaltungsakt erst nach Erhebung z.B. einer Anfechtungsklage, stellt das Gericht auf Antrag fest, dass der Verwaltungsakt rechtswidrig gewesen ist (§ 113 Abs. 1 Satz 4 VwGO);

- ein berechtigtes Feststellungsinteresse jedenfalls dann, wenn die erledigte Maßnahme eine fortdauernde faktische Grundrechtsbeeinträchtigung nach sich zieht (effektiver Rechtsschutz gemäß Art. 19 Abs. 4 GG: BVerfG, 4.2.2005 – 2 BvR 308/04).

Nach Beendigung einer freiheitsentziehenden Maßnahme und bei anderen schwerwiegenden Grundrechtseingriffen besteht ein Rechtsschutzinteresse des Betroffenen, die Berechtigung der Maßnahme sachlich überprüfen zu lassen (BVerfG, 16.5.2007 – 2 BvR 2106/05). Beispiel

Die oft unerträglich lange Dauer der Verfahren vor den Verwaltungs- und Sozialgerichten widerspricht der grundgesetzlichen Garantie des effektiven Rechtsschutzes (Art. 19 Abs. 4 GG) und der Europäischen Menschenrechtskonvention (Art. 6 EMRK). Gerade im Sozialleistungsbereich verzichten viele Bürger auf ihre gesetzlichen Rechte, weil für sie eine erst in zwei oder vier Jahren ergehende gerichtliche Entscheidung keine Hilfe bringt (ausführlich Becker/Hauser, 217 ff.). Dieser verfassungswidrige Zustand führt zu erheblichen »Einsparungen« in öffentlichen Haushalten. Garantie eines effektiven Rechtsschutzes

### 5.4.5 Die einstweilige Anordnung

In besonderen Fällen lässt sich eine schnelle gerichtliche Entscheidung in Form der einstweiligen Anordnung erreichen. Ziel

Durch einstweilige Anordnung können Verwaltungs- und Sozialgerichte eine vorläufige Regelung treffen, um wesentliche Nachteile abzuwenden oder drohende Gewalt zu verhindern (§ 123 VwGO; § 86b Abs. 2 SGG). Durch VG/SG

Versagen die Fachgerichte einstweiligen Rechtsschutz, kann das Bundesverfassungsgericht eine einstweilige Anordnung erlassen, wenn anders eine erhebliche Grundrechtsverletzung nicht beseitigt werden kann, bzw. irreparable Schäden zu befürchten sind (§ 32 BVerfGG). Durch BVerfG

Der Antrag auf einstweilige Anordnung ist bei dem zuständigen Gericht zu stellen. Verfahren

Der Antrag kann schriftlich gestellt oder zur Niederschrift erklärt werden. Bei irgendwelchen Zweifeln über Inhalt und Formulierung sollte die Rechtsantragsstelle des zuständigen VG/SG aufgesucht werden. Form

Der Erlass einer einstweiligen Anordnung setzt voraus, dass Voraussetzungen
- ein Anordnungsanspruch und
- ein Anordnungsgrund

  vorliegen und
- die dafür erheblichen Tatsachen glaubhaft gemacht werden.

Anordnungsanspruch

Ein Anordnungsanspruch besteht, wenn Tatsachen glaubhaft gemacht werden, aus denen ein Anspruch des Antragstellers abgeleitet werden kann. Die Gerichte dürfen die Anforderungen an die Glaubhaftmachung nicht überspannen. Die Anforderungen haben sich vielmehr am Rechtsschutzziel zu orientieren, insbesondere wenn es um die Wahrung der Grundrechte geht (BVerfG, 29.7.2003 – 2 BvR 311/03, NVwZ 2004, 95).
Die Glaubhaftmachung der Angaben kann durch Vorlage von Unterlagen und, falls nicht vorhanden, durch eidesstattliche Versicherung erfolgen (§ 294 ZPO).

Beispiel

Verlangt eine schwangere Antragstellerin mit zwei Kindern Leistungen zur Grundsicherung, so hat sie darzulegen, dass sie kein Einkommen und kein Vermögen hat. An Unterlagen sind erforderlich: Personalausweis, Geburtsurkunden der Kinder, Belege über Einkünfte und Unterhaltszahlungen, Mietvertrag, Abrechnung über Heiz- und Nebenkosten, Schwangerschaftsattest.

Steht der Behörde ein Ermessensspielraum zu, hat ein Antrag auf einstweilige Anordnung nur im Falle der Ermessensschrumpfung Erfolgsaussichten.

Anordnungsgrund

Ein Anordnungsgrund besteht, wenn glaubhaft gemacht wird, dass eine sofortige Regelung erforderlich ist, um wesentliche Nachteile oder drohende Gewalt zu verhindern, bzw. wenn die Gefahr besteht, dass die Verwirklichung eines Rechts vereitelt oder wesentlich erschwert werden könnte.

Ist dem Gericht eine vollständige Aufklärung der Sach- und Rechtslage im Eilverfahren nicht möglich, so muss es eine Verletzung der grundgesetzlich gewährleisteten Menschenwürde, auch wenn sie nur möglich erscheint oder nur zeitweilig andauert, verhindern, d.h., es muss im Eilverfahren Leistungen trotz bestehender Zweifel zusprechen, um schwere und unzumutbare Nachteile zu vermeiden, die durch eine spätere Entscheidung im Klageverfahren nicht mehr beseitigt werden können (BVerfG, 26.10.2010 – 1 BvR 2539/10).

Inhalt

Grundsätzlich darf die einstweilige Anordnung die spätere Entscheidung in der Hauptsache nicht vorwegnehmen.

Beispiel

Wird eine Sozialleistung beantragt, darf die Behörde grundsätzlich nicht zur Zahlung verpflichtet werden.

Ausnahmen zur Abwendung unzumutbarer Folgen

Ist wegen der Dauer des normalen Klageverfahrens ein wirksamer Rechtsschutz nicht erreichbar und würde dies unzumutbare Folgen haben, dann müssen die Gerichte ausnahmsweise durch eine einstweilige Anordnung der Entscheidung in der Hauptsache vorgreifen.

Beispiele

Beeinträchtigung der Menschenwürde durch völlige Bewegungsunfähigkeit (BVerfG, 25.2.2009 – 1 BvR 120/09) bzw. Existenzgefährdung wegen völliger Mittellosigkeit (BVerfG, 12.5.2005 – 1 BvR 569/05).

Eine auf Grundsicherung angewiesene Frau hat nach der Geburt eines Kindes kein Geld, um Nahrungsmittel für sich und das Kind zu kaufen. Der zuständige Sachbearbeiter lehnt die sofortige Gewährung von Alg II mit der Begründung ab, solange keine Geburtsurkunde vorgelegt werde, sei das Kind für ihn nicht existent. Zahlungen könnten frühestens in ca. zwei Wochen erfolgen.

Geht es um die Zahlung einer Sozialleistung, ordnet das Gericht allerdings regelmäßig nicht die Zahlung in voller Höhe und auf Dauer an, sondern nur in der zur Existenzsicherung erforderlichen Höhe und nur bis zur Entscheidung im Klageverfahren.

## 5.5 Rechtsschutz durch die ordentliche Gerichtsbarkeit

Beispiele

Das Amtsgericht ist zuständig, wenn die stadteigene Wohnungsgesellschaft das Mietverhältnis wegen Nichtzahlung der Miete gekündigt hat.
Das Landgericht – Zivilkammer – entscheidet über die Klage auf Schadensersatz wegen Amtspflichtverletzung gegen die Stadt, bei der eine Sozialpädagogin beschäftigt ist, der vorgeworfen wird, ihre Aufsichtspflicht im Kinderheim verletzt zu haben.

Zuständig für Privatrechts- und Strafrechtssachen

Die ordentlichen Gerichte (Amtsgerichte, Landgerichte, Oberlandesgerichte, Bundesgerichtshof) sind zuständig für Rechtsstreitigkeiten zwischen Bürgern und Verwaltung auf den Gebieten des Privatrechts und für Strafsachen.

Beispiele

Privatrechtliche Angelegenheiten: Eheverträge; Mietverträge; Schadensersatz wegen Sachbeschädigung oder Körperverletzung.
Strafrechtliche Angelegenheiten: Beleidigung; Schweigepflichtverletzung; Körperverletzung; Sachbeschädigung; Diebstahl; Raub.

Zuständig für Angelegenheiten des öffentlichen Rechts

Außerdem entscheiden die ordentlichen Gerichte über eine Reihe von öffentlich-rechtlichen Ansprüchen, z. B. über:
- Schadensersatzansprüche aus der Verletzung öffentlich-rechtlicher Pflichten, die nicht auf einem öffentlich-rechtlichen Vertrag beruhen, u. a. über vermögensrechtliche Ansprüche aus öffentlich-rechtlicher Verwahrung;
- Schadensersatzansprüche aus Amtspflichtverletzung;
- Entschädigung wegen Enteignung und Aufopferung sowie
- Entschädigung wegen enteignungsgleichen Eingriffs (§ 40 Abs. 2 VwGO).

Zuständig für Familien-, Betreuungs-, Freiheitsentziehungssachen

Die ordentlichen Gerichte sind z. B. als Familiengerichte bzw. Betreuungsgerichte auch zuständig für die Angelegenheiten, die nach dem Gesetz über das Verfahren in Familiensachen und in den Angelegenheiten der freiwilligen Gerichtsbarkeit – FamFG – zu entscheiden sind.

## 5.6 Rechtsschutz durch die Verfassungsgerichtsbarkeit

Verfassungsbeschwerde

Jedermann kann mit der Behauptung, durch die öffentliche Gewalt in seinen Grundrechten und grundrechtsähnlichen Rechten verletzt zu sein, Verfassungsbeschwerde beim BVerfG erheben (§ 90 Abs. 1 BVerfGG).
Durch die Verfassungsbeschwerde geschützt werden die Grundrechte und die grundrechtsähnlichen Rechte (Art. 20 Abs. 4, 33, 38, 101, 103, 104 GG).

Beispiel

Es ist mit den Grundrechten aus Art. 2 Abs. 1 GG i.V.m. dem Sozialstaatsprinzip und aus Art. 2 Abs. 2 Satz 1 GG nicht vereinbar, einen gesetzlich Krankenversicherten, für dessen lebensbedrohliche oder regelmäßig tödliche Erkrankung eine allgemein anerkannte und medizinischem Standard entsprechende Behandlung nicht zur Verfügung steht, von der Leistung einer von ihm gewählten, ärztlich angewandten Behandlungsmethode auszuschließen, wenn eine nicht ganz entfernt liegende Aussicht auf Heilung oder eine spürbar positive Entwicklung auf den Krankheitsverlauf besteht (BVerfG, 6.12.2005 – 1 BvR 347/98); Leistungspflicht nur bei lebensbedrohlicher Erkrankung, BVerfG, 26.3.2014 – 1 BvR 2415/13; inzwischen gesetzlich geregelt in § 2 Abs. 1a SGB V).

I.d.R erst Rechtsweg ausschöpfen

Ist gegen die Verletzung dieser Rechte der Rechtsweg zulässig, kann die Verfassungsbeschwerde grundsätzlich erst nach Erschöpfung des Instanzenzugs erhoben werden, es sei denn, dass dem Beschwerdeführer ein schwerer und unabwendbarer Nachteil entstünde, wenn er zunächst den Rechtsweg einschlägt, oder dass die Verfassungsbeschwerde von allgemeiner Bedeutung ist.
Der Bürger kann somit in aller Regel gegen eine behördliche Entscheidung erst Verfassungsbeschwerde einlegen, wenn entweder Widerspruch bzw. Klage nicht möglich sind oder wenn darüber rechtskräftig entschieden worden ist. Gegen eine gesetzliche Regelung kann er nur dann mit der Verfassungsbeschwerde vorgehen, wenn er durch die Regelung unmittelbar und gegenwärtig betroffen ist (BVerfG, 25. 2. 2004 – 1 BvR 2016/01).
Zusätzlich fordert das BVerfG vom Beschwerdeführer, dass er schon im Instanzenzug verfassungsrechtliche Einwände substanziiert vorträgt und verfahrensrechtliche Rügen bereits im fachgerichtlichen Verfahren geltend macht (BVerfG, 11.3.2004 – 2 BvR 1394/00).

Annahme der Verfassungsbeschwerde

Eine Verfassungsbeschwerde ist zur Entscheidung anzunehmen (§ 93a BVerfGG),

- soweit ihr grundsätzliche verfassungsrechtliche Bedeutung zukommt;
- wenn es zur Durchsetzung der in § 90 Abs. 1 BVerfGG genannten Rechte angezeigt ist; dies kann auch der Fall sein, wenn dem Beschwerdeführer durch die Versagung der Entscheidung zur Sache ein besonders schwerer Nachteil entsteht.

Die Vertretung durch einen Rechtsanwalt ist nicht zwingend vorgeschrieben.

Kein Anwaltszwang

Die Verfassungsbeschwerde ist binnen eines Monats nach Bekanntgabe der Entscheidung einzulegen und zu begründen (§ 93 BVerfGG). Die angefochtene Entscheidung ist beizufügen.

Beschwerdefrist: 1 Monat

Die Begründung muss sich mit dem zugrunde liegenden einfachen Recht sowie mit der verfassungsrechtlichen Beurteilung des vorgetragenen Sachverhalts auseinandersetzen und hinreichend substanziiert darlegen, dass eine Grundrechtsverletzung möglich erscheint. Sehr viele Verfassungsbeschwerden scheitern, weil das Gericht Anforderungen stellt, die ohne spezielle Kenntnisse nicht zu erfüllen sind.

Begründung

Nicht zur Entscheidung angenommen wurde die Verfassungsbeschwerde eines Alg II-Empfängers. Eine Verfassungsbeschwerde müsse grundlegend darstellen, dass die staatlichen Leistungen nicht für die Sicherung des Existenzminimums ausreichten. Dies sei wegen der Schwierigkeiten notwendig, die unerlässlichen Mindestvoraussetzungen für ein menschenwürdiges Dasein zu bestimmen (BVerfG, 7.11.2007 – 1 BvR 1840/07; ablehnend Bieback, SGb 2008, 410).

Beispiel

Die Verfassungsbeschwerde hat zwar keine aufschiebende Wirkung. Jedoch erlässt das BVerfG zunehmend und oft bald nach Einlegung der Beschwerde zur Abwehr schwerer Grundrechtsbeeinträchtigungen einstweilige Anordnungen, mit denen es behördliche bzw. gerichtliche Maßnahmen korrigiert, z. B.:

- Aussetzung einer Abschiebung (BVerfG, 8.9.2009 – 1 BvQ 56/09);
- Aussetzung einer Zwangsbehandlung (BVerfG, 22.6.2009 – 2 BvR 882/09);
- Sofortgewährung eines Spezial-Rollstuhls (BVerfG, 25.2.2009 – 1 BvR 120/09).

Vorläufiger Sofortrechtsschutz

Das Verfahren ist grundsätzlich kostenfrei.

Kosten

Hat die Verfassungsbeschwerde Erfolg, sind dem Beschwerdeführer die notwendigen Auslagen zu erstatten. Hat die Verfassungsbeschwerde keinen Erfolg, werden Auslagen, die z. B. durch die Inanspruchnahme eines Rechtsanwalts entstanden sind, grundsätzlich nicht erstattet. Jedoch kann das BVerfG gemäß § 34a Abs. 3 BVerfGG die Erstattung von Auslagen anordnen, wenn die Verfassungsbeschwerde zur Klärung einer Frage von grundsätzlicher Bedeutung geführt hat und diese Frage im Sinne des Beschwerdevortrags zu beantworten war (BVerfG, 31.5.2006 – 2 BvR 1673/04).

Auslagen

Die Erfolgsaussichten von Verfassungsbeschwerden sind gering. Im Jahre 2013 wurden 6.238 Verfassungsbeschwerdeverfahren, bei einem Eingang von 6.686, entschieden. In 91 Fällen, knapp 1,5 %, konnte der Verfassungsbeschwerde stattgegeben werden (https://www.bundesverfassungsgericht.de/organisation/gb2013/vorwort.html) Die rest-

Erfolgsaussichten

lichen Verfassungsbeschwerden wurden nicht zur Entscheidung angenommen bzw. zurückgewiesen. In manchen Fällen enthält die Begründung einer Nicht-Annahme-Entscheidung wichtige Hinweise. Nicht selten sind diese Entscheidungen aber recht dürftig begründet.

Beispiel

Aus der Begründung des Beschlusses zum Zeugnisverweigerungsrecht von Sozialarbeitern wird deutlich, dass die Verfassungsrichter die seit 1972 eingetretenen Rechtsänderungen – Einführung der strafrechtlichen Schweigepflicht und des Sozialdatenschutzes – in ihrer Bedeutung für das Zeugnisverweigerungsrecht der Sozialarbeiter nicht wahrgenommen haben (BVerfG, 31.5.1988 – 2 BvR 367/88; kritisch dazu Papenheim in: Lehmann 2006, 285).

Jedoch haben die wenigen erfolgreichen Verfassungsbeschwerden z. T. Auswirkungen gehabt, die weit über den entschiedenen Einzelfall hinausreichen und die gesamte Rechtsordnung beeinflussen.

Beispiele

Erfolg hatte der Vater dreier ehelicher Kinder, über dessen Antrag auf Einräumung des Umgangsrechts nach 18 Monaten noch nicht entschieden worden war. Das BVerfG hielt dies für verfassungswidrig, weil jeder Bürger einen Anspruch auf effektiven Rechtsschutz hat. Daraus folge, dass strittige Rechtsverhältnisse in angemessener Frist geklärt werden müssten (BVerfG, 24.8.2010 – 1 BvR 331/10).
Auf die Verfassungsbeschwerde eines Strafgefangenen stellte das BVerfG fest, dass der Schutz der Privatsphäre bei der Briefzensur im Strafvollzug zu beachten ist. Der Schutz erstrecke sich nicht nur auf Familien- und Liebesbeziehungen, sondern könne auch eine »Cliquenfreundschaft« umfassen, wenn diese sich aus der Vielzahl gleichartiger Gruppenkontakte durch ein besonderes Näheverhältnis heraushebe (BVerfG, 27.7.2009 – 2 BvR 2186/07).

## 5.7 Kostenrisiko gerichtlicher Verfahren

Jedes Verfahren vor den Gerichten ist mit einem Kostenrisiko verbunden, das sich insbesondere für Einkommensschwache als faktische Rechtswegsperre auswirkt.

Kostenarten

Zu unterscheiden ist zwischen den:

- **Gerichtskosten** (Gebühren und Auslagen nach dem GKG) und den
- **außergerichtlichen Kosten** (Gebühren und Auslagen für einen Rechtsanwalt oder andere Bevollmächtigte nach dem RVG).

Abhängig von Rechtsweg

Ob und welche Kosten entstehen können und wie hoch das Risiko eines gerichtlichen Verfahrens ist, hängt entscheidend davon ab, welches Gericht zuständig ist, welche Ansprüche geltend gemacht werden, ob ein Anwalt erforderlich ist und ob Prozesskostenhilfe erwartet werden kann (Enders, RVG, Rn. 2524).

### 5.7.1 Kosten im Verwaltungsgerichtsverfahren

Z. T. Gerichtskostenfreiheit

Gerichtskosten werden von den Verwaltungsgerichten in Verfahren nicht erhoben, die folgende Sachgebiete betreffen (§ 188 VwGO):

- Unterhaltsvorschuss (BVerwG, 14.10.1993 – 5 C 10.91, NVwZ 1995, 81);
- Kinder- und Jugendhilfe (nicht aber Kita-Gebühren, weil diese dem Abgabenrecht zuzurechnen sind, OVG Münster, 15.11.2002 – 16 B 2228/02, NVwZ-RR 2003, 607);
- Kriegsopferfürsorge;
- Schwerbehindertenfürsorge;
- Ausbildungsförderung.

Kein Anwaltszwang

Für das Verfahren vor dem Verwaltungsgericht besteht kein Anwaltszwang, d.h., der Bürger kann selbst Klage erheben und sein Anliegen vertreten. Auch die Behörden lassen sich in aller Regel nicht durch Rechtsanwälte vertreten, sondern durch Sachbearbeiter oder Juristen des Rechtsamts, die – wenn der Bürger den Prozess verliert – meist keine oder nur geringe Auslagen, z.B. Fahrtkosten, geltend machen können.

Der Bürger ist zur Erstattung der Auslagen der Gegenseite nur verpflichtet, wenn er den Prozess verliert. Gewinnt er, kann er von der Behörde Erstattung seiner notwendigen Kosten verlangen (§ 154 VwGO).

Geringeres Kostenrisiko bei Gerichtskostenfreiheit

Bei einem Streitwert von 5.000 Euro besteht kein Kostenrisiko, wenn keine Gerichtskosten anfallen und kein Anwalt bestellt wird.
Bei Bestellung eines Anwalts beträgt das Risiko ca. 925 Euro und erhöht sich auf ca. 1.850 Euro, wenn auch die Behörde sich anwaltlich vertreten lässt.

Gerichtskosten in nicht kostenfreien Verfahren

Besteht keine Gerichtskostenfreiheit, hat der Kläger bei Klageerhebung drei Verfahrensgebühren als Vorschuss zu zahlen.
Die Gebühren werden nach dem Streitwert bemessen. Dieser richtet sich nach der Bedeutung der Sache. Betrifft der Antrag des Klägers eine bezifferte Geldleistung, ist deren Höhe maßgebend. Bei Fehlen genügender Anhaltspunkte ist ein Streitwert von 5.000 Euro anzunehmen (§ 52 GKG; Streitwertkatalog: www.bverwg.de).

Regelstreitwert

Die Gerichtsgebühr bei einem Streitwert von 5.000 Euro beträgt für Klageverfahren erster Instanz 146 Euro. Sie wird in erster Instanz dreifach angesetzt, so dass die Gerichtskosten insgesamt 3.0 x 146 = 438 Euro betragen. Hinzu kommen evtl. gerichtliche Auslagen und die Entschädigungen für Zeugen und Sachverständige nach dem Justizvergütungs- und -entschädigungsgesetz (JVEG in der Neufassung seit 1.8.2013).
Gewinnt der Kläger den Prozess, wird ihm sein Vorschuss zurückgezahlt. Unterliegt er, hat er die Gerichtskosten unter Anrechnung des Vorschusses zu tragen.

Anwaltskosten

Bei einem Streitwert von 5.000 Euro beträgt eine Anwaltsgebühr 303 Euro. Diese Gebühr ist 1,3 + 1,2fach für das verwaltungsgerichtliche

Verfahren zu zahlen, insgesamt also 2,5fach Euro. Hinzu kommen eine Auslagenpauschale von 20 Euro und die Mehrwertsteuer von 19 %. Das ergibt ein Gesamthonorar von ca. 925 Euro.

### 5.7.2 Kosten im Sozialgerichtsverfahren

Gerichtskostenfreiheit

Im Sozialgerichtsverfahren besteht nach § 183 SGG in Verbindung mit § 51 SGG für Versicherte, Leistungsberechtigte und behinderte Menschen grundsätzlich Gerichtskostenfreiheit; in Rechtsstreitigkeiten mit Leistungsträgern beispielsweise über:
- Grundsicherung für Arbeitsuchende;
- Leistungen und Maßnahmen der Agentur für Arbeit;
- Sozialhilfe und Asylbewerberleistungen;
- Angelegenheiten der Sozialversicherung;
- soziale Entschädigung, z. B. nach dem Bundesversorgungsgesetz, und dem Opferentschädigungsgesetz (OEG);
- Feststellung des Grads der Behinderung und Erteilung der Ausweise (BSG, 24.4.2008 – B 9/9a SB 10/06 R).

»Mutwillenskosten«

Ausnahmsweise kann das Gericht gemäß § 192 SGG »Mutwillenskosten« auferlegen,
- wenn durch Verschulden des Beteiligten die Vertagung einer mündlichen Verhandlung oder die Anberaumung eines neuen Termins zur mündlichen Verhandlung nötig geworden ist oder
- der Beteiligte den Rechtsstreit fortführt, obwohl ihm vom Vorsitzenden die Missbräuchlichkeit der Rechtsverfolgung oder -verteidigung dargelegt worden und er auf die Möglichkeit der Kostenauferlegung bei Fortführung des Rechtsstreites hingewiesen worden ist. Mutwillig sind nur Klagen, die offensichtlich keinerlei rechtliche oder tatsächliche Vorteile bringen können. Der Kostenbeitrag beträgt mindestens 150 € (§§ 192 Abs. 1 Satz 3, 184 Abs. 2 SGG; LSG Baden-Württemberg, 18.11.2005 – L 8 SB 3940/05 AK-A).

Kein Anwaltszwang

Vor dem Sozialgericht und dem Landessozialgericht besteht kein Anwaltszwang.

Kostenrisiko

Das Gericht hat im Urteil zu entscheiden, ob und in welchem Umfang die Beteiligten einander Kosten zu erstatten haben. Kosten sind die zur zweckentsprechenden Rechtsverfolgung oder Rechtsverteidigung notwendigen Aufwendungen der Beteiligten (§ 193 SGG). Bei der Kostenentscheidung stellen die Sozialgerichte in erster Linie auf den Erfolg bzw. den Misserfolg des Klägers ab (BSG, 24.5.1991 – 7 R Ar 2/91).

Aufwendungen

Gewinnt der Leistungsberechtigte/Versicherte den Prozess, sind ihm in aller Regel die notwendigen Aufwendungen einschließlich der Kosten eines Rechtsanwalts zu erstatten. Zu den notwendigen Kosten gehören Schreib-, Kopier-, Porto- und Fahrtkosten, nicht aber Verdienstausfall.

Anwaltsgebühren

Der Anwalt erhält für die Tätigkeit vor dem Sozialgericht eine Verfahrensgebühr von 50–550 € (Mittelwert = 300 €) und eine Terminsgebühr von je 50–510 € (Mittelwert = 280 €). Bei Abschluss eines Vergleichs ist eine Einigungsgebühr in Höhe der Verfahrensgebühr zu zahlen. Eine höhere als die Mittelgebühr steht dem Anwalt nur bei schwieriger Sach- und Rechtslage zu (Betragsrahmengebühren im SGG-Verfahren, Mayer/Kroiß, 1794 f.).

Beispiel

Der Anwalt, der im Verwaltungs-, Widerspruchs- und Klageverfahren Mandanten vertreten und einen Vergleich über eine Rente abgeschlossen hat, kann unter Zugrundelegung der Mittelgebühr ca. 1.450 € an Anwaltsgebühren, Mehrwertsteuer und Auslagenersatz geltend machen.

Verliert der Leistungsberechtigte/Versicherte den Prozess, hat er dem Leistungsträger dessen außergerichtliche Kosten nicht zu ersetzen (§ 193 Abs. 4 SGG; vgl. zur Verfassungsmäßigkeit: BVerfG, 31.1.2008 – 1 BvR 1806/02). Deshalb besteht für den Leistungsberechtigten/Versicherten letztlich kaum ein Kostenrisiko.

### 5.7.3 Kosten im Zivilgerichtsverfahren

Hohes Kostenrisiko

Im Zivilprozess besteht für den Bürger das höchste Kostenrisiko. Er hat bei Erhebung der Klage einen Kostenvorschuss zu zahlen. Kostenrisiko-Rechner: www.justiz-nrw.de

Keine Gerichtskostenfreiheit für den Bürger

Im Verfahren vor den Zivilgerichten besteht keine allgemeine Gerichtskostenfreiheit für den Bürger. Allerdings hat er, sofern er mit seiner Klage Aussicht auf Erfolg hat und sein Einkommen und Vermögen die gesetzlich bestimmten Grenzen nicht überschreiten, die Möglichkeit, Prozesskostenhilfe zu beantragen.

Gerichtskostenfreiheit nur für Behörden

Gerichtskostenfreiheit besteht nach Bundesrecht nur für Bundes- und Landesbehörden sowie für die Träger der Sozialhilfe, Jugendhilfe und Kriegsopferfürsorge (§ 2 GKG; § 64 Abs. 3 Satz 5 SGB X).

Kirchen und freie Träger

Befreit von der Zahlung der Gerichtsgebühren in Zivilsachen und Justizverwaltungssachen sind nach landesrechtlichen Vorschriften Kirchen, Religionsgemeinschaften und freigemeinnützige Träger (z. B. § 122 Justizgesetz NRW).

Anwaltszwang

Der Bürger kann das Verfahren vor dem Landgericht und in Familiensachen (nach Maßgabe des § 78 ZPO) nicht selbst betreiben, weil insoweit Anwaltszwang besteht.

Kosten

Gewinnt der Bürger den Prozess, werden ihm die notwendigen Kosten einschließlich der Kosten eines Rechtsanwalts erstattet.
Verliert er, hat er die eigenen Kosten, die Gerichtskosten und die Kosten der Gegenseite zu tragen (§ 91 ZPO).
Die Anwaltsgebühren entsprechen denen, die in Verfahren vor den Verwaltungsgerichten anfallen.
Die Gerichtskosten richten sich nach dem Streitwert.

### 5.8 Prozesskostenhilfe (PKH)/Verfahrenskostenhilfe (VKH)

Anspruch auf PKH und VKH

Rechtsuchende mit geringem Einkommen haben in gerichtlichen Verfahren Anspruch auf PKH gemäß §§ 114 ff. ZPO oder VKH gemäß §§ 76 ff. FamFG. PKH und VKH verwirklichen das sozial- und rechtsstaatliche Gebot einer weitgehenden Gleichstellung wirtschaftlich Starker (sog. Bemittelter) und Schwacher (sog. Unbemittelter) in Gerichtsverfahren (BVerfG, 24.7.2002 – 2 BvR 2256/99, NJW 2003, 576).

Auch für Ausländer

PKH/VKH werden auch Ausländern gewährt.

VKH vor EuGH und EGMR

VKH ist vor den Gerichten der Europäischen Union und vor dem EGMR vorgesehen (Art. 256 AEUV i.V.m. Art. 115 ff. EuGH – Verfahrensordnung; Art. 34 EGMK i.V.m. Art. 100 ff. der Verfahrensordnung des EGMR).

PKH für juristische Personen

PKH steht auch einer juristischen Person (e.V., GmbH, Stiftung) zu, wenn die Prozesskosten weder von ihr noch von den am Gegenstand des Rechtsstreits wirtschaftlich Beteiligten aufgebracht werden können und wenn die Unterlassung der Rechtsverfolgung allgemeinen Interessen zuwiderlaufen würde (§ 116 Nr. 2 ZPO; BGH, 5.11.1985 – X ZR 23/85, NJW 1986, 2058; BVerfG, 14.12.2010 – 1 BvR 404/10; OVG Greifswald, 3.5.2012 – 2 O 152/11). Das ist der Fall, wenn ein erheblicher Kreis von Personen betroffen sein würde (BFH, 31.7.1973 – VII R 125/71, NJW 1974, 256).

Beispiel

Der Trägerverein einer Beratungsstelle für sexuell missbrauchte Jungen und Mädchen kann PKH beantragen, wenn er die einzige Fachberatungsstelle am Ort unterhält und sich gegen die Streichung der Personalkostenzuschüsse durch das Jugendamt wehren will.

Anwendungsbereich

PKH/VKH soll jedem Bürger eine chancengleiche Rechtsverfolgung ermöglichen. Sie wird gewährt für folgende Verfahren:

- vor dem Zivilgericht (§§ 114 ff. ZPO);
- in Familiensachen und Angelegenheiten der freiwilligen Gerichtsbarkeit (VKH nach §§ 76 ff. FamFG);
- vor dem Arbeitsgericht (§ 11a ArbGG);
- vor dem Verwaltungsgericht (§ 166 VwGO);
- vor dem Sozialgericht (§ 73 a SGG);
- vor dem Finanzgericht (§ 142 FGO).

PKH/VKH im Verfassungsbeschwerdeverfahren

Wegen der fehlenden Bestimmungen über PKH/VKH im Bundesverfassungsgerichtsgesetz (BVerfGG) wendet das BVerfG die §§ 114 ff. ZPO analog an (BVerfG, 5.2.2014 – 2 BvR 953/12; 14.7.2011 – 1 BvR 932/10).

Im Straf- und Ordnungswidrigkeitenrecht ist die Bewilligung von PKH bis auf wenige Ausnahmen, z.B. als Nebenkläger (§ 397a Abs. 2 StPO) ausgeschlossen.

PKH wird gemäß § 114 ZPO gewährt, wenn:

Voraussetzung für die PKH

- der Antragsteller nach den persönlichen und wirtschaftlichen Verhältnissen die Kosten der Prozessführung nicht, nur zum Teil oder nur in Raten aufbringen kann und
- die beabsichtigte Rechtsverfolgung oder -verteidigung hinreichende Aussicht auf Erfolg bietet und
- der Prozess nicht mutwillig ist und
- der Antragsteller keinen Anspruch auf Übernahme der Prozesskosten gegen einen Dritten hat.

Keine PKH

Kein Anspruch auf PKH besteht, wenn der Bürger Anspruch auf Kostentragung gegen einen Dritten hat, z.B. gegen eine Rechtsschutzversicherung (BSG, 14.6.2006 – B 7b AS 22/06 B), gegen seine Gewerkschaft oder einen anderen zum Rechtsschutz verpflichteten Verband. Ist es aber z.B. einem Gewerkschaftsmitglied aus nachvollziehbaren Gründen nicht zumutbar, den gewerkschaftlichen Rechtsschutz in Anspruch zu nehmen, muss PKH gewährt werden (BAG, 18.11.2013 – 10 AZB 38/13; 5.11.2012 – 3 AZB 23/12).

Der Anspruch ist ferner ausgeschlossen, wenn Anspruch auf Prozesskostenvorschuss gegen den Ehegatten besteht (BAG, 5.4.2006 – 3 AZB 61/04).

Volle Kostenbefreiung

Für Rechtsuchende mit geringem Einkommen und Vermögen ist völlige Kostenfreiheit vorgesehen.

Darlehen mit Ratenzahlungen

Bei höherem Einkommen und Vermögen werden Prozesskosten zunächst vom Staat übernommen; sie sind vom Rechtsuchenden durch Ratenzahlungen ganz oder teilweise zu erstatten (§ 115 ZPO).

Einsatz des Einkommens

Zum Einkommen gehören alle Einkünfte in Geld oder Geldeswert. Vom Einkommen sind u.a. abzusetzen die Beträge, die in der Prozesskostenhilfebekanntmachung (PKHB) 2014 vom 6.12.2013 genannt sind (BGBl I, 4088). Die Einzelheiten zur Bestimmung der Einkommens- und Vermögensgrenzen sind bei der Beratungshilfe dargestellt (→ S. 227).

Festsetzung der Monatsraten

Übersteigt das zu berücksichtigende Einkommen die Einkommensgrenze für Beratungshilfe, sind Monatsraten in Höhe der Hälfte des einzusetzenden Einkommens festzusetzen. Die Monatsraten sind auf volle € abzurunden. Bei einem einzusetzenden Einkommen von mehr als 600 € beträgt die Monatsrate 300 € zuzüglich des Teils des einzusetzenden Einkommens, der 600 € übersteigt.

Beispiele

Das einzusetzende Einkommen beträgt 250 €. Es ist eine hälftige PKH-Rate von 125 € festzusetzen.
Das einzusetzende Einkommen beträgt 775 €. Die hälftige Ratenberechnung endet bei 600 €. Damit sind 300 € einzusetzen zuzüglich des Betrags, der 600 € übersteigt (= 175 €). Die Rate ist auf 475 € festzusetzen.

Höchstens 48 Monatsraten

Gemäß § 115 Abs. 2 Satz 4 ZPO sind höchstens 48 Monatsraten aufzubringen. Die Partei ist danach von der Verpflichtung zur Zahlung eines Restbetrags endgültig befreit.

Einsatz des Vermögens

Die Partei hat zur Begleichung der Prozesskosten ihr Vermögen einzusetzen, soweit dies zumutbar ist (→ S. 226).

Erfolgsaussichten

Eine hinreichende Aussicht auf Erfolg ist dann gegeben, wenn das Gericht den Rechtsstandpunkt der Partei, die PKH beantragt, aufgrund der Sachverhaltsdarstellung und der eingereichten Unterlagen mindestens für vertretbar hält und von der Möglichkeit der Beweisführung überzeugt ist.

Keine überspannten Anforderungen an Erfolgsaussicht

An die Prüfung der Erfolgsaussicht dürfen keinen überspannten Forderungen gestellt werden (BVerfG, 13.7.2005 – 1 BvR 1041/05, NVwZ 2005, 1418). Die Prüfung der Erfolgsaussicht darf nicht dazu dienen, die Rechtsverfolgung oder Rechtsverteidigung selbst in das PKH-Verfahren vorzuverlagern. Die Fachgerichte verletzen den Anspruch auf Rechtsschutzgleichheit, wenn sie PKH nicht bewilligen, weil sie schwierige, bislang ungeklärte Rechts- und Tatfragen zum Nachteil des Antragstellers entscheiden (BVerfG, 30.8.2006 – 1 BvR 955/06, NVwZ – RR 2007, 352; OVG Münster, 31.1.2013 – 9 E 1060/12). Das PKH-Verfahren will nämlich nicht selbst den Rechtsschutz bieten, sondern ihn erst zugänglich machen (BVerfG, 28.1.2013 – 1 BvR 274/12).

Mutwilligkeit

Mutwillig ist die Rechtsverfolgung oder -verteidigung gemäß § 114 Abs. 2 ZPO, wenn eine verständige, nicht hilfebedürftige Partei ihre Rechte nicht in der gleichen Weise verfolgen würde (BVerfG, 21.3.2013 – 1 BvR 68/12, 1 BvR 965/12).

Beispiele

Mit der Klage wandte sich die Klägerin gegen die Rückforderung von Wohngeld. Sie hatte gegenüber der Wohngeldbehörde vorsätzlich falsche Angaben über ihr Einkommen gemacht und dadurch zu Unrecht Wohngeld erhalten. Hätte sie von Anfang an zutreffende Angaben gemacht, wäre der Behörde eine Überprüfung der Bescheide möglich gewesen und das Klageverfahren hätte damit vermieden werden können. Die Bewilligung von PKH wurde wegen Mutwilligkeit abgelehnt (OVG Berlin-Brandenburg, 8.3.2013 – OVG 6 M 16.13).

In einer Umgangsauseinandersetzung sind die Kindeseltern nicht verpflichtet, das Jugendamt einzuschalten. Das Unterlassen naheliegender und erfolgversprechender Bemühungen kann aber im konkreten Einzelfall mutwillig sein und zur Versagung der VKH führen. Hier: Kein Eingehen auf die ausdrückliche Mitteilung des anderen Elternteils über die erfolgte Einschaltung des Jugendamtes und die Bereitschaft zu ersten, von dort begleiteten Umgangskontakten und anschließender Umgangsvereinbarung (OLG Celle, 27.4.2012 – 10 WF 323/11).

Keine Mutwilligkeit trotz geringer Beträge

Bei Beziehern von Hilfe zum Lebensunterhalt nach SGB II oder SGB XII sind auch kleine Geldbeträge existenzsichernd. Auch bei geringen Beträgen, insbesondere im Sozialrecht, ist eine Rechtsverfolgung nicht mutwillig, selbst wenn Gerichts- und Anwaltskosten ein Mehrfaches des einzuklagenden Betrags ausmachen (BT-Drs. 17/ 11472, 29).

Beispiel

Ein Antragsteller nahm auf Aufforderung des Grundsicherungsträgers an zehn Beratungsgesprächen teil. Ihm entstanden Fahrtkosten von insgesamt 42 € durch die Benutzung öffentlicher Verkehrsmittel, deren Erstattung die Behörde ablehnte. Nach Erschöpfung des Rechtswegs hat das BVerfG der Verfassungsbeschwerde stattgegeben und die Beiordnung eines Rechtsanwalts für erforderlich gehalten (BVerfG, 24.3.2011 – 1 BvR 1737/10).

Antrag auf PKH/VKH

Der Antrag auf Bewilligung ist beim Prozessgericht zu stellen, d.h. bei dem Gericht, das für das Hauptsacheverfahren zuständig ist. In dem Antrag ist das Streitverhältnis unter Angabe der Beweismittel darzustellen.
Die Erklärung über die persönlichen und wirtschaftlichen Verhältnisse ist auf dem vorgeschriebenen Formular gemäß § 117 Abs. 4 ZPO abzugeben (Prozesskostenhilfeformularverordnung – PKHFV – vom 6.1.2014, BGBl I, 34).

Mitwirkungspflicht

Der Antragsteller ist verpflichtet, bei der Aufklärung seiner persönlichen und wirtschaftlichen Verhältnisse mitzuwirken (§§ 117 Abs. 2 Satz 1, 118 Abs. 2 ZPO). Kommt er dieser Mitwirkungspflicht nicht nach, kann das Gericht die Bewilligung von PKH ablehnen (BGH, 10.1.2012 – IV ZB 16/12).

Weitergabe von Unterlagen an den Gegner?

Die Erklärung und die Belege über die persönlichen und wirtschaftlichen Verhältnisse dürfen dem Gegner nur mit Zustimmung der Partei übermittelt werden, es sei denn der Gegner hat gegen den Antragsteller nach BGB einen Anspruch aus Auskunft über Einkünfte und Vermögen des Antragstellers (§ 117 Abs. 2 Satz 2 ZPO). Ein derartiger Anspruch kann insbesondere aufgrund familienrechtlicher Vorschriften wie §§ 1361 Abs. 4 Satz 4, 1580, 1605 Abs. 1 Satz 1 BGB gegeben sein. Damit kann das Gericht in fast allen familienrechtlichen Verfahren die Unterlagen auch ohne Zustimmung des Antragstellers an den Antragsgegner weitergeben (Viefhues, juris PR – FamR 26/2013, Anm. 1). Dem Antragsteller ist vor der Übermittlung seiner Erklärung Gelegenheit zur Stellungnahme zu geben. Er ist über die Übermittlung seiner Erklärung an den Antragsgegner zu unterrichten.

Glaubhaftmachung

Das Gericht kann verlangen, dass der Antragsteller seine tatsächlichen Angaben glaubhaft macht; es kann auch die Abgabe an Eides statt fordern (§ 118 Abs. 2 ZPO).

Vorlage von ungeschwärzten Kontoauszügen

Im Rahmen der Einkommensprüfung kann das Gericht die Vorlage von ungeschwärzten Kontoauszügen für einen bestimmten Zeitraum anordnen. Dies setzt keinen konkreten Verdacht über falsche oder unvollständige Angaben voraus. Kommt der Antragsteller dieser Aufforderung nicht nach, kann das Gericht die Bewilligung ablehnen (OLG Celle, 9.3.2010 – 17 WF 28/10, FamRZ 2010, 1751). Allerdings dürfen die Gerichte die Ablehnung von PKH und VKH nicht auf eigene überspannte Anforderungen an den Nachweis tatsächlicher Angaben des Antragstellers stützen. Der Grundsatz des fairen Verfahrens gebietet, dass die Anforderungen, welche die Gerichte an die Verfahrensbeteiligten stellen, in einem angemessenen Verhältnis zu der in Anspruch genommenen Sozialleistung Prozesskostenhilfe (§ 65 Abs. 1 Nr. 1 SBG I) stehen und ihre Erfüllung dem Hilfesuchenden nicht aus einem wichtigen Grund i.S.v. § 65 Abs. 1 Nr. 2 SGB I unzumutbar ist (BSG, 9.10.2012 – B 5 R 168/12 B, NJW 2013, 1904).

Stellungnahme des Gegners

Vor der Entscheidung über die Bewilligung ist in der Regel dem Gegner Gelegenheit zur Stellungnahme zu geben, ob er die Voraussetzungen für die Bewilligung von PKH für gegeben hält (§ 118 Abs. 1 Satz 1 ZPO).

Reichweite der Kostenbefreiung

Die Bewilligung der PKH erfolgt für jede gerichtliche Instanz besonders (§§ 119, 122 ZPO). Sie umfasst die Befreiung von den Gerichts- und Gerichtsvollzieherkosten, den Kosten für einen beigeordneten Rechtsanwalt und den Kosten der Zwangsvollstreckung.

Kostenrisiko bei verlorenem Prozess

Ausgenommen sind die Kosten, die im Falle des Unterliegens dem obsiegenden Gegner zu erstatten sind (§ 123 ZPO). Insoweit besteht auch bei Bewilligung von PKH und VKH ein Kostenrisiko.

Beiordnung eines Rechtsanwalts

Ist die Vertretung durch einen Rechtsanwalt gesetzlich vorgeschrieben, z.B. nach § 114 FamFG, wird der Partei ein Rechtsanwalt ihrer Wahl beigeordnet.
Auch soweit kein Vertretungszwang besteht, ist ein Rechtsanwalt nach Wahl des Bürgers auf Antrag beizuordnen, wenn die Vertretung erforderlich erscheint oder der Gegner durch einen Anwalt vertreten ist. Ob eine Vertretung durch einen Rechtsanwalt erforderlich ist, beurteilt sich nicht nur nach Umfang und Schwierigkeit der Sache, sondern auch der Fähigkeit des Beteiligten, sich mündlich und schriftlich auszudrücken. Ein Rechtsanwalt ist beizuordnen, wenn die besonderen persönlichen Verhältnisse dazu führen, dass der Grundsatz der »Waffengleichheit« verletzt ist. Davon ist regelmäßig auszugehen, wenn im Kenntnisstand und den Fähigkeiten der Parteien ein deutliches Ungleichgewicht besteht oder wenn Fragen im Streit sind, die möglicherweise durch ein Sachverständigengutachten geklärt werden müssen (BVerfG, 22.6.2007 – 1 BvR 681/07; 24.3.2011 – 1 BvR 1737/10).

Änderung der Bewilligung

Das Gericht soll die Entscheidung über die zu leistenden Zahlungen ändern, wenn sich die für PKH maßgebenden persönlichen und wirtschaftlichen Verhältnisse wesentlich verändert haben (§ 120a Abs. 1 ZPO).

Änderung der Regelsätze

Eine Änderung aufgrund der jährlichen Neufestsetzung der Beträge durch die PKH-Bekanntmachung ist nur auf Antrag und nur dann zu berücksichtigen, wenn sie dazu führt, dass keine Raten mehr zu zahlen sind.

Verbesserung der wirtschaftlichen Verhältnisse/ Änderung der Anschrift

Verbessern sich vor Ablauf von vier Jahren die wirtschaftlichen Verhältnisse der Partei wesentlich oder ändert sich die Anschrift, hat sie dies dem Gericht unverzüglich mitzuteilen (§ 120a Abs. 2 Satz 1 ZPO). Die Einkommensverbesserung bei einem laufenden monatlichen Einkommen ist nur dann wesentlich, wenn die Differenz zu dem bisher zugrunde gelegten Bruttoeinkommen nicht nur einmalig 100 € übersteigt. Dies gilt ebenfalls, wenn abzugsfähige Belastungen entfallen. Hierüber und über die Folgen eines Verstoßes ist die Partei bei der Antragstellung auf dem Formular zu belehren (§ 120a Abs. 2 Satz 4 ZPO).

Einsatz des im PKH finanzierten Prozess »Erlangten«

Das Gericht soll nach der rechtskräftigen Entscheidung oder sonstigen Beendigung des Verfahrens prüfen, ob eine Änderung der Entscheidung über die zu leistenden Zahlungen mit Rücksicht auf das durch die Rechtsverfolgung oder Rechtsverteidigung Erlangte, z.B. Zahlungen, geboten ist (§ 120a Abs. 3 Satz 2 ZPO).

Verschlechterung der Verhältnisse

Bei Verschlechterung der wirtschaftlichen Verhältnisse sollte der Antragsteller bei Gericht die Neufestsetzung der Raten oder ggf. die Aufhebung der Ratenverpflichtung beantragen.

Das Gericht soll die Bewilligung der PKH aufheben, wenn die folgenden Aufhebungstatbestände des § 124 ZPO vorliegen:

- **Vortäuschung der Voraussetzungen für die Bewilligung**
  Die Partei hat durch unrichtige Darstellung des Streitverhältnisses die für die Bewilligung der PKH maßgebenden Voraussetzungen vorgetäuscht (§ 124 Abs. 1 Nr. 1 ZPO).

  Beispiel

  In einem Arzthaftungsprozess hat die Antragstellerin auf PKH verschwiegen, dass ein vorangegangenes Schlichtungsverfahren mit mehreren für sie ungünstigen Gutachten durchgeführt worden war (OLG Oldenburg, 19.11.1992 – 5 W 106/92, NJW 1994, 807).

- **Unrichtige Angaben über die persönlichen oder wirtschaftlichen Verhältnisse**
  Die Partei hat absichtlich oder aus grober Nachlässigkeit unrichtige Angaben über die persönlichen oder wirtschaftlichen Verhältnisse gemacht oder die vorgeschriebene Erklärung nicht oder nur ungenügend abgeben (§ 124 Abs. 1 Nr. 2 ZPO).

  Beispiel

  Eine alleinerziehende Frau verschweigt Einkünfte aus Putztätigkeit.

  Verschulden nicht notwendig

  Die Aufhebung setzt in diesem Falle nicht voraus, dass die falschen oder unterbliebenen Angaben des Antragstellers zu einer objektiv unrichtigen Bewilligung geführt haben, diese mithin auf den Falschangaben beruht (BGH, 10.10.2012 – IV ZB 16/12, NJW 2013, 68).

- **Voraussetzungen für die Bewilligung objektiv nicht gegeben**
  Nach § 124 Abs. 1 Nr. 3 ZPO soll das Gericht die Bewilligung aufheben, wenn die persönlichen oder wirtschaftlichen Voraussetzungen nicht vorgelegen haben.

  Verschulden nicht notwendig

  Die Aufhebung ist auch dann zulässig, wenn dem Betroffenen kein Schuldvorwurf gemacht werden kann. Es genügt vielmehr, dass die subjektiven Bewilligungsvoraussetzungen objektiv nicht vorgelegen haben. Der Antragsteller hat z.B. erst später erfahren, dass er Erbe geworden ist (Gottschalk in Büttner u.a., Rn. 845).

- **Nichtbeachtung von Mittteilungspflichten**
  Die Aufhebung der Bewilligung ist zulässig, wenn die Partei dem Gericht wesentliche Verbesserungen ihrer Einkommens- und Vermögensverhältnisse oder Änderungen ihrer Anschrift absichtlich oder aus grober Nachlässigkeit unrichtig oder nicht unverzüglich mitgeteilt hat (§ 124 Abs. 1 Nr. 4 ZPO). Ist die Partei, z.B. im Antragsformular zur Bewilligung von PKH, nachdrücklich über ihre Mitteilungspflichten und über die Rechtsfolgen aus deren Verletzung belehrt worden, wird sich der Vorwurf des grob fahrlässigen Unterlassens in aller Regel kaum entkräften lassen (Viefhues, juris PR – FamR 26/2013, Anm.1).

- **Zahlungsrückstand**
  Verschulden notwendig

  Die Partei ist länger als drei Monate mit der Zahlung einer Monatsrate oder mit der Zahlung eines sonstigen Betrags im Rückstand (§ 125 Abs. 1 Nr. 5 ZPO). Allerdings setzt eine Aufhebung der PKH in diesem Fall voraus, dass die Nichtzahlung der Partei auf einem Verschulden der bedürftigen Partei beruht. Verschulden liegt nicht vor, wenn die festgesetzten Raten wegen Verschlechterung der Vermögensverhältnisse der Leistungsfähigkeit der bedürftigen Partei nicht mehr entsprechen (LAG Köln, 15.9.2014 – 1 Ta 176/14).

Rechtsfolgen der Aufhebung

Wird die Bewilligung aufgehoben, hat der/die Betroffene die Gerichts- und Anwaltskosten zu tragen (§ 122 ZPO).

4-Jahresfrist

Die Aufhebung ist ausgeschlossen, wenn seit der rechtskräftigen Entscheidung oder sonstiger Beendigung des Verfahrens vier Jahre vergangen sind.

# 0 Öffentliche Sachen



## 1 Entstehung und Arten öffentlicher Sachen

Ein Bürger erhält vom Landrat Hausverbot für das Kreisgebäude, weil er einen Sachbearbeiter des Sozialamts tätlich angegriffen hat. Beispiel

Öffentliche Sachen sind alle Sachen, die der öffentlichen Verwaltung zur Erfüllung ihrer Aufgaben dienen. Begriff
Je nach Nutzung können unterschieden werden: Arten

- Verwaltungsvermögen.
- Anstaltsvermögen.
- Sachen im Gemeingebrauch.
- Finanzvermögen.

Eine Sache oder Sachgesamtheit wird eine öffentliche Sache durch Widmung. Die Widmung ist der Staatsakt, der den öffentlichen Zweck der Sache bestimmt. Widmung

## 2 Verwaltungsvermögen

Das Verwaltungsvermögen umfasst die Sachen, die ausschließlich und unmittelbar Verwaltungszwecken dienen.

Beispiele

Rathaus mit Inventar; Agentur für Arbeit mit Inventar; Dienstfahrzeug.

Benutzerkreis

Die Sachen des Verwaltungsvermögens werden von den Verwaltungsbediensteten benutzt. Jedoch darf jede Person, die ein rechtliches Interesse an der Benutzung hat, die Verwaltungsgebäude innerhalb der Sprechstunden, in dringenden Fällen auch außerhalb der Sprechstunden, betreten.

Beispiele

Antragsteller; Arbeitsuchende; Personen, die eine Auskunft oder eine Beratung wünschen, ein Formular abholen wollen.

Benutzungsrecht = Verwaltungsrecht

Dieses Benutzungsrecht wird stillschweigend jedem verliehen, der das Verwaltungsgebäude betritt.

Hausverbot

Wird einer Person durch Hausverbot untersagt, eine Sache des Verwaltungsvermögens zu betreten, hängt der Rechtsschutz davon ab, ob das Hausverbot auf privatem oder auf öffentlichem Recht, also Verwaltungsakt beruht.

Nach öffentlichem Recht

Ein von einem Träger öffentlicher Verwaltung ausgesprochenes Hausverbot ist dem öffentlichen Recht zuzuordnen, sofern es den Zweck hatte, den ordnungsgemäßen Amtsbetrieb zur Erfüllung der Verwaltungsaufgaben aufrecht zu erhalten bzw. wiederherzustellen (BVerwG, 13.3.1970 – VII C 80.67, BVerwGE 35, 103). Auch gegen ein Hausverbot durch den Leiter des Jobcenters ist der Verwaltungsrechtsweg eröffnet, da es sich nicht um eine Angelegenheit der Grundsicherung handelt (§ 51 Abs. 1 Nr. 4a SGG). Im Vordergrund steht die Sicherheit der Bediensteten und die Sicherung des Dienstbetriebs, mithin die Aufrechterhaltung der Sicherheit und Ordnung im Verwaltungsgebäude, die der eigentlichen Tätigkeit der Behörde, Angelegenheiten des SGB II zu bearbeiten, vorgelagert ist (streitig: wie hier OVG Hamburg, 17.10.2013 – 3 So 119/13; OVG Münster, 13.5.2011 – 16 E 174/11; a.A. BSG, 1.4.2009 – B 1 14 SF 1/08; VG München, 16.2.2012 – M 17 K 11.6025).

In der Regel darf das Betreten der Diensträume einschließlich der Flur- und Warteräume nur für einen bestimmten Zeitraum, z. B. für sechs Monate, untersagt werden (Grundsatz der Verhältnismäßigkeit). Gleichzeitig kann ein Zwangsgeld für den Fall der Zuwiderhandlung angedroht werden. Zum Hausverbot nach erstmaliger Beschimpfung eines Jobcenter-Mitarbeiters: SG Heilbronn, 19.11.2014 – S 10 AS 3793/14.

Nach privatem Recht

Kein hoheitliches Handeln liegt vor, wenn z.B. die Sparkasse (Anstalt des öffentlichen Rechts) gegenüber einem Kunden ein zeitlich begrenztes Hausverbot ausspricht. Es handelt sich um eine zivilrechtliche Streitigkeit.

# 3 Anstaltsvermögen

## 3.1 Begriff und Arten

Begriff

Zum Anstaltsvermögen gehören alle Einrichtungen, d.h. alle Sachen und Sachgesamtheiten öffentlicher Träger, die von einzelnen oder Vereinigungen benutzt werden können und dem kulturellen, sozialen oder sonstigen Wohl der Bürger und Einwohner dienen (BVerwG, 21.7.1989 – 7 B 184.88, NJW 1990, 134). In der sozialen Praxis haben die kommunalen Einrichtungen besondere Bedeutung.

Arten

Kindertagesstätten; Jugendzentren; Kinderspielplätze; Sportplätze; Schwimmbäder; Altenheime; Krankenhäuser; Sammelunterkünfte für Asylbewerber; Unterkünfte für Wohnungslose; Bibliotheken; Verkehrs- und Versorgungsbetriebe, Friedhöfe.

Beispiel

Zwischen 2001 und 2005 verklagten Nachbarn die Kita »Marienkäfer«. Nach einem Urteil wegen Lärmbelästigung musste sie am Ende schließen. Ein paar Straßen weiter baute die Kita neu; doch auch hier gab es schon vor der Eröffnung Klagen. Seit Sommer 2008 spielen die Kinder hinter einer 60 Meter langen Schallschutzwand (OVG Hamburg, 15.10.2008 – 2 Bs 171/08).

## 3.2 Organisationsformen

Öffentlich-rechtliche Organisation

Die meisten öffentlichen Einrichtungen der Jugend- und der Sozialhilfe sind rechtlich unselbständige Organisationseinheiten der öffentlichen Verwaltung.

Privatrechtliche Organisation

Träger der öffentlichen Einrichtungen können auch juristische Personen des Privatrechts sein. Die Einrichtungen sind dann aus der öffentlichen Verwaltung ausgegliedert. Jedoch muss sich der Träger einen maßgebenden Einfluss auf die Willensbildung der juristischen Person des Privatrechts sichern, damit die Erfüllung der öffentlichen Aufgabe gewährleistet ist.

Beispiel

Steht eine Stadthallen-Betriebs-GmbH im alleinigen Eigentum einer Stadt, muss diese sicherstellen, dass bei der Vermietung der Räume der Gleichheitssatz eingehalten wird. Der privatrechtliche Grundsatz der Vertragsfreiheit gilt demnach nicht für gemeindliche Einrichtungen, auch wenn diese in privatrechtlicher Form betrieben werden (BVerwG, 21.7.1989 – 7 B 184.88, NJW 1990, 134).

Zunehmend werden auch öffentliche Einrichtungen der Jugend- und Sozialhilfe privatrechtlich, z.B. als Kita-GmbH oder Jugendhilfe gGmbH, organisiert.

### 3.3 Nutzungsberechtigung

Recht auf Nutzung durch alle Einwohner

Anspruch auf Zulassung zur Benutzung der öffentlichen Einrichtungen der Gemeinde haben alle Einwohner der Gemeinde. Dies ist inhaltlich übereinstimmend im Kommunalrecht aller Bundesländer bestimmt, z. B. für NRW in § 8 Abs. 2 der Gemeindeordnung: »Alle Einwohner sind im Rahmen des geltenden Rechts berechtigt, die öffentlichen Einrichtungen zu benutzen.« Es ist darauf zu achten, dass auch behinderte Menschen die Einrichtungen nutzen können (§ 1 SGB IX).

Kein Recht auf öffentliche Einrichtungen

Es besteht kein subjektives Recht auf Schaffung, Aufrechterhaltung oder Erweiterung von öffentlichen Einrichtungen (VGH München, 21.12.2012 – 4 ZB 11.2496). Dafür sind Entscheidungen des Rechtsträgers, z.B. des Gemeinderats, notwendig. Hier sind Aktionen auf politischer Ebene, z.B. zur Schaffung eines Jugendzentrums in der Kommune, gefordert.

Zulassung zur Benutzung durch Verwaltungsakt

Die Zulassung zur Benutzung erfolgt durch Verwaltungsakt, der über den kommunalrechtlichen Anspruch des Einwohners auf Benutzung entscheidet. Das gilt unabhängig davon, ob das Nutzungsverhältnis öffentlich-rechtlich oder privatrechtlich geregelt ist (VGH München, 10.10.2012 – 12 CE 12.2170).

Zulassung als Ermessensentscheidung

Der Anspruch auf Zulassung besteht nicht, wenn die Kapazität einer Einrichtung nicht ausreicht, um alle interessierten Anspruchsberechtigten zuzulassen (VGH München, 21.12.2012 – 4 ZB 11.2496).

Beispiel

Auf einem städtischen Platz findet ein Volksfest statt. Eine Bürgerinitiative beantragt die Zuweisung eines Standplatzes. Der Antrag wird wegen Kapazitätserschöpfung abgelehnt, da alle Plätze schon vergeben sind.

Bei der Vergabe eines Kita-Platzes ist der Einwand der Kapazitätserschöpfung rechtlich unbedeutsam, da der Gesetzgeber seit dem 1.8.2013 einen bedingungslosen Rechtsanspruch auf frühkindliche Förderung in einer Tageseinrichtung (Kita-Platz) geschaffen hat (Kaiser in: LPK-SGB VIII, § 24 Rn. 24).

Beispiel

Bei Nichtzuteilung eines Kita-Platzes hat das BVerwG den Eltern einen Anspruch auf Zahlung der Kosten einer selbstbeschafften Kinderbetreuung in einer privaten Kinderkrippe zugebilligt (BVerwG, 12.9.2013 – 5 C 35.12).

Die Gemeinde hat die Auswahl aufgrund vernünftiger, sachlich einleuchtender Gründe unter Berücksichtigung des Gleichheitssatzes zu treffen und den Anspruch des Bürgers auf gerechte Teilhabe an der öffentlichen Einrichtung sicherzustellen (VGH München, 15.3.2004 – 22 B 03.1362). Sie muss über die Zulassung selbst entscheiden, z.B. durch Losverfahren (VGH München 12.8.2013 – 22 CE 13.970, NVwZ-RR 2013, 933).

Ausschluss des Anspruchs

Ein Anspruch auf Zulassung ist beispielsweise ausgeschlossen, wenn die Gefahr besteht, dass die Benutzer, Veranstalter oder deren Gäste die

Einrichtung und das Mobiliar demolieren bzw. andere Straftaten oder Ordnungswidrigkeiten begehen (VGH München, 21.1.1988 – 4 CE 87.03883, NJW 1989, 2491). Der Anspruch auf Zulassung ist ebenfalls ausgeschlossen, wenn der Gemeinderat beschließt, dass Räume der städtischen Schule für Parteiveranstaltungen jeglicher politischer Gruppierung nicht zur Verfügung gestellt werden (VGH München, 4.1.2012 – 4 CE 11.3002). Unzulässig ist es aber, die Miet- und Benutzungsordnung kurzfristig zu ändern, um bereits gestellte Nutzungsanträge ablehnen zu können (Niedersächsisches OVG, 14.4.2011 – 10 ME 47/11).

## 3.4 Nutzungsverhältnis

Öffentlich- oder privatrechtlich

Bei öffentlich-rechtlicher Organisationsform kann der Verwaltungsträger das Benutzungsverhältnis entweder privatrechtlich oder öffentlich-rechtlich regeln. Im Zweifel ist davon auszugehen, dass bei öffentlichen Einrichtungen einer Gemeinde das Benutzungsverhältnis öffentlich-rechtlich geregelt ist (VGH München, 17.8.2011 – 4 BV 11.785).

Beispiele

**Privatrechtliches Benutzungsverhältnis**: Stromlieferung durch Stadtbetrieb; Beförderung in öffentlichen Verkehrsmitteln; Behandlung in einem kommunalen Krankenhaus; Benutzung von städtischen Hallen; Bibliotheken.
**Öffentlich-rechtliches Benutzungsverhältnis**: Unterbringung im Übergangswohnheim für Asylbewerber und Flüchtlinge.

Privatrechtliche Organisationsform

Bei privatrechtlicher Organisationsform (GmbH, AG) bestimmen sich die Rechte und Pflichten im Rahmen der Benutzung zwar grundsätzlich nach den Vorschriften des Privatrechts, insbesondere des BGB, z. B. über die Haftung, den Haftungsausschluss, die Zahlung eines Entgelts. Aktivitäten öffentlicher Unternehmen, die vollständig oder überwiegend im Eigentum der öffentlichen Hand stehen, stellen aber eine Form staatlicher Aufgabenwahrnehmung dar, bei der die Unternehmen selbst unmittelbar an die Grundrechte gebunden sind. Deshalb trifft für öffentliche Unternehmen in Privatrechtsform die Grundrechtsbindung nicht nur den oder die Träger des jeweiligen Unternehmens, sondern das Unternehmen selbst (BVerfG, 22.2.2011 – 1 BvR 699/06).

## 3.5 Benutzungsordnung

Die Rechts- und Pflichtenstellung der Benutzer einer Einrichtung bestimmt sich nach der Benutzungsordnung. Der durch das Grundgesetz normierte Standard, z. B. der Grundsatz der Verhältnismäßigkeit, darf durch die Benutzungsordnung nicht abgesenkt werden.

Grundrechtseingriffe setzen eine hinreichend bestimmte gesetzliche Grundlage voraus (BVerfG, 9.5.1972 – 1 BvR 518/62). Dabei sind an die Bestimmtheit umso höhere Anforderungen zu stellen, je schwerwiegender die Auswirkungen für den Betroffenen sind (BVerfG, 27.2.2008 – 1 BvR 370/07, NJW 2008, 822).

Beispiel

Problematisch und angreifbar wegen ihrer Unbestimmtheit ist die Regelung: »Bedienstete der Stadt sind berechtigt, im Rahmen ihrer dienstlichen Obliegenheiten die benutzten Räumlichkeiten zu betreten.«

### 3.6 Gebühr und Entgelt

Die Zulassung und Benutzung kann von der Zahlung einer Gebühr nach dem Kommunalabgabengesetz oder eines privatrechtlichen Benutzungsentgelts abhängig gemacht werden. Bei den kommunalen Einrichtungen wird eine solche Regelung vom Gemeinderat üblicherweise durch Satzung getroffen.
Hierbei müssen die allgemeinen Grundsätze über Gebühren beachtet werden. Gebührenermäßigungen aus sozialen Gründen sind zulässig. Kindergartengebühren dürfen nach dem Familieneinkommen gestaffelt werden (BVerfG, 10.3.1998 – 1 BvR 178/97, NJW 1998, 2128; OVG Berlin-Brandenburg, 15.4.2014 – OVG 6 S 18/14).

### 3.7 Rechtsschutz

Zulassung und Widerruf

Die Zulassung und der Widerruf der Zulassung sind stets, d.h. auch bei privatrechtlicher Regelung des Benutzungsverhältnisses, Verwaltungsakte, weil dadurch über den Anspruch auf Benutzung entschieden wird.

Ausschluss von Benutzung

Der Ausschluss von der Benutzung erfolgt nach den Regeln über die Aufhebung von Verwaltungsakten mit Dauerwirkung (§§ 44 ff. SGB X; §§ 48, 49 VwVfG).
Der Ausschluss von der Benutzung ist der stärkste Eingriff in das Recht auf Benutzung. Er ist nach dem Grundsatz der Verhältnismäßigkeit nur bei einem schwerwiegenden Fehlverhalten und auch nur dann zulässig, wenn vorher alle milderen Möglichkeiten, z.B. Gespräch, Ermahnung, Abmahnung erfolglos geblieben sind. Ein unbefristeter Ausschluss wird in aller Regel nicht schon nach dem ersten Fehlverhalten gerechtfertigt sein.

Beispiele

Hausverbot für einen betrunkenen, aggressiven Jugendlichen, der das Mobiliar der OT zerschlägt.
Dagegen kann einem Jugendlichen der Besuch einer OT nicht für die Zukunft verboten werden, wenn er versehentlich eine Fensterscheibe zertrümmerte.

Ausnahmsweise können der Leiter einer öffentlichen Einrichtung oder seine verantwortlichen Mitarbeiter berechtigt sein, ohne vorausgehenden Verwaltungsakt einen Benutzer zwangsweise zu entfernen, wenn dieser »sofortige Vollzug« zur Abwendung einer gegenwärtigen Gefahr notwendig ist (§ 6 Abs. 2 VwVG und entsprechende landesrechtliche Vorschriften). Notfalls kann die Polizei ersucht werden, Vollzugshilfe zu leisten.

Rechtsschutz gegen Nichtverwaltungsakte

Maßnahmen der Anstaltsorgane, die lediglich den allgemeinen Betriebsablauf betreffen, sind mangels Außenwirkung keine Verwaltungsakte.
Der Benutzer hat gegen diese Maßnahmen, sofern sie seine Rechte/Grundrechte verletzen, die Möglichkeit, eine allgemeine Leistungs- bzw. Unterlassungsklage zu erheben.

Beispiel

Befindet sich in einer OT ein Abspielgerät für Videokassetten zur freien Benutzung durch die Besucher, so können die Eltern eines Kindes, das die OT besucht, den Verschluss des Gerätes und dessen ausschließlich kontrollierte Verwendung verlangen, wenn Jugendliche darauf Kassetten vorführen, die ihr Kind schwer gefährden und deshalb nicht als Mittel der öffentlichen Jugendhilfe qualifiziert werden können.

### 3.8 Haftung

Die Fragen der Haftung zu öffentlich-rechtlichen und privatrechtlichen Regelungen des Benutzungsverhältnisses werden in → Kapitel M dargestellt.

Zuständig: Verwaltungsgerichte

Soweit es sich um Zulassung zu einer öffentlichen Einrichtung handelt, ist die Verwaltungsgerichtsbarkeit zuständig. Ist auch das Benutzungsverhältnis öffentlich-rechtlich ausgestaltet, sind Handlungsformen der Verwaltungsakt oder der Verwaltungsvertrag. Streitigkeiten über das Wie der Benutzung sind ebenfalls vor den Verwaltungsgerichten auszutragen.

Ordentliche Gerichte

Ist das Benutzungsverhältnis privatrechtlich ausgestaltet, entscheiden bei Streitigkeiten die ordentlichen Gerichte.

## 4 Sachen im Gemeingebrauch

Begriff

Sachen im Gemeingebrauch sind öffentliche Sachen, die wegen ihrer natürlichen Beschaffenheit oder aufgrund besonderer Herstellung dem Gebrauch ohne besondere Zulassung durch jedermann im Rahmen der durch die Widmung bestimmter Zwecke offenstehen, z. B. Verkehrsflächen wie Straßen, Plätze, Wege; Wasser als Verkehrsweg; Strand; Luft; Parkanlagen; Kinderspielplätze.
Private Grundstücke stehen im Gemeingebrauch, wenn sie für den öffentlichen Verkehr freigegeben worden sind. Der Gemeingebrauch verdrängt die Eigentümerrechte, z. B. das Hausrecht des privaten Eigentümers (zur Grundrechtsbindung der privaten Betreiber öffentlicher Räume: BVerfG, 22.2.2011 – 1 BvR 699/06; zu den Grenzen des Einsatzes privater Sicherheitsdienste im öffentlichen Raum: Pieroth u.a., § 5 Rn. 55).

### 4.1 Nutzung ohne Zulassung

Im Rahmen des Gemeingebrauchs ist jedermann ohne besondere Zulassung berechtigt, die Sache zu nutzen.

Gemeingebrauch von Straßen, Plätzen, Wegen

Der Gebrauch der öffentlichen Straßen ist jedermann erlaubnisfrei im Rahmen der Widmung und der verkehrsrechtlichen Vorschriften gestattet (§ 14 StrWG NRW, §§ 32, 33 StVO).
Inhalt und Umfang des Gemeingebrauchs richten sich, soweit keine gesetzliche Regelung besteht, nach den jeweiligen örtlich und zeitlich unterschiedlichen Verkehrsverhältnissen und Verkehrsanschauungen. Gemeingebräuchlich ist, was unter Berücksichtigung der Gemeinverträglichkeit verkehrsüblich ist (OLG Düsseldorf, 8.4.1998 – 5 Ss (OWi) 394/97).

Beispiele

Öffentliche Wege, Straßen und Plätze dienen üblicherweise dem fließenden und dem ruhenden Verkehr; eine Bank im Park zur Rast beim Spaziergang.

Kommunikativer Verkehr

Verkehr im Sinne des Gemeingebrauchs ist auch der sog. kommunikative Verkehr. Vor allem innerörtliche Straßen, Plätze und Fußgängerzonen sind Stätten des Informations- und Meinungsaustausches und haben den Charakter eines erweiterten Lebensraumes für die Bevölkerung, in dem politische, religiöse und künstlerische Kommunikation stattfindet (BVerfG, 18.10.1991 – 1 BvR 1377/91, NVwZ 1992, 53; VGH Mannheim, 31.1.2002 – 5 S 3057/99). Somit besteht grundsätzlich für jedermann das Recht, in dem der Öffentlichkeit zur Verfügung gestellten Raum seine Meinung zu äußern und Flugblätter oder andere Medien mit politischem oder religiösem Inhalt zu verteilen. (OLG Düsseldorf, 8.4.1998 – 5 Ss (OWi) 394/97; VG Leipzig, 16.4.2004 – 1K 522/04).

Beispiele

Das Verbot der Verteilung von Flugblättern mit meinungsäußerndem Inhalt aus Gründen der Reinhaltung der Straßen ist unzulässig (BVerwG,7.6.1978 – 7 C 45.74, BVerwGE 56, 24).
Die Erteilung eines Hausverbots gegenüber »Abschiebeprotestlern« durch die Fraport AG wegen »Beeinträchtigung des Flugbetriebs« hat der BGH zwar gebilligt, (BGH, 20.1.2006 – V ZR 134/05). Jedoch hatte die dagegen erhobene Verfassungsbeschwerde wegen Verletzung der Art. 8 und 5 Abs. 1 Satz 1 GG Erfolg: Das BVerfG bejahte die unmittelbare Grundrechtsbindung für Unternehmen in Privatrechtsformen wie z.B. Fraport AG, wenn sie von der öffentlichen Hand beherrscht oder im Alleineigentum stehen (BVerfG, 22.2.2011 – 1 BvR 699/06).

Die Grundrechte der Meinungs- und Glaubensfreiheit verleihen im Rahmen des Gemeingebrauchs allerdings nicht das Recht, Passanten, z. B. im Rahmen gewerblicher Werbung, anzusprechen (BGH, 01.04.2004 – I ZR 227/01), sie zur Kontaktaufnahme zu nötigen oder an der Fortbewegung zu hindern (OLG Köln, 28.7.1999 – 16 Wx 97/99). Die Grenzen sind fließend.

Ein Verein, der sich intensiv gegen den Schwangerschaftsabbruch einsetzt, hat sich vor einer anerkannten Schwangerschaftskonfliktberatungsstelle positioniert und Passanten verbal offensiv auf sein Anliegen hingewiesen. Dabei wurden im Rahmen dieser sog. Gehsteigberatung Plastikembryonen verteilt und drastisches Bildmaterial gezeigt. Straßenrechtlich ist diese Tätigkeit des Vereins nicht mehr dem Gemeingebrauch zugeordnet worden. (VGH Baden-Württemberg, 11.10.2012 – 1 S 36/12). Da Passanten angehalten werden und damit der Verkehrsraum für die Fußgänger unerträglich eingeengt wird, liegt eine Störung der Sicherheit und Leichtigkeit des Verkehrs vor. Eine Sondernutzungserlaubnis ist notwendig (OVG Hamburg, 19.1.2012 – 4 Bf 269/10). Beispiel

Unzulässig ist es auch, Bücher mit politischem oder religiösen Inhalt zu verkaufen (OVG Lüneburg, 15.3.2004 - 12 LA 410/03, NVwZ-RR, 2004, 884). Schließlich umfasst der Gemeingebrauch nicht das Aufstellen von Ständen oder Plakatwänden (BVerwG, 7.6.1978 - 7 C 5.78, NJW 1978, 1933).

Das Aufstellen eines Info-Standes und das Anbringen von Plakatträgern sind gebührenpflichtige Sondernutzungen. Beispiel

## 4.2 Sondernutzung

Geht die Nutzung der Sache über den Gemeingebrauch hinaus, handelt es sich um eine Sondernutzung (z.B. § 18 StrWG NRW). Die Sondernutzung ist nur aufgrund einer besonderen Erlaubnis zulässig. Ihre Erteilung liegt im Ermessen der zuständigen Behörde (z.B. Straßenbaubehörde). An die Erlaubnis sind diejenigen Bedingungen zu knüpfen, die im Interesse der Sicherheit und Leichtigkeit des Verkehrs erforderlich sind. Nur mit Erlaubnis

Jugendliche wollen ihr von Schließung bedrohtes Jugendzentrum retten und beabsichtigen, in der Fußgängerzone Tische mit Informationsmaterial aufzustellen, um die Bevölkerung zu gewinnen und so Druck auf den Gemeinderat auszuüben. Beispiel

Das Aufstellen von Tischen geht über den Gemeingebrauch hinaus. Es ist eine Sondernutzungserlaubnis notwendig, wobei die Behörde bei der Erteilung auch zu beachten hat, dass Menschen mit Behinderungen durch das Aufstellen der Tische nicht in der Ausübung des Gemeingebrauchs beeinträchtig werden. Die Jugendlichen können sich auf das Grundrecht der Meinungsfreiheit nach Art. 5 GG berufen, so dass sich das Ermessen der Behörde u.U. auf Null reduziert. Eine Ermessensreduzierung tritt ein, wenn durch die Sondernutzung weder die Nutzung des Straßenraums durch andere Passanten, noch der Anliegergebrauch der Grundeigentümer und die schutzwerten Interessen anderer nicht oder nur unerheblich beeinträchtigt werden (BVerwG, 9.11.1989 – 7 C 81.88; OVG Münster, 16.6.2014 – 11 A 1097/12).

Beispiele

Spendensammeln auf der Straße (VGH München, 22.6.2010 – 8 BV 10.182, NVwZ – RR 2010, 830).
Politische Werbung durch Informationsstände (BVerwG, 13.12.1974 – VII C 42.72, BVerwGE 47, 280).
Informationstand zum kostenlosen Verteilen deutschsprachiger Koran-Ausgaben (OVG Münster, 8.6.2012 – 11 B 694/12).
Die Veranstaltung von Straßenmusik in Fußgängerzonen ist eine erlaubnispflichtige Sondernutzung (BVerwG, 19.12.1986 – 7 B 144.86).

Gebühren

Für die Erteilung der Sondernutzungserlaubnis kann eine Gebühr erhoben werden (§ 8 Abs. 3 Satz 1 BFStrG und einschlägige Landesgesetze; VGH München, 22.1.2006 – 8 BV 05.1918).

Kosten

Werden durch die Nutzung die Straßen und Plätze über das übliche Maß hinaus verunreinigt, kann sich eine Reinigungs- und Kostenerstattungspflicht ergeben.

Beispiele

Nach einer Großdemonstration waren Straßen und Sammelplätze mit Büchsen, Handzetteln und Papierabfällen übersät. Das Straßenreinigungsamt forderte vom Veranstalter 1.900 Euro Reinigungskosten. Das BVerwG ließ offen, ob und inwieweit das Veranstalten einer Versammlung Haftungsfolgen des Veranstalters auslöst. Die Haftung des Versammlungsleiters hat es verneint (BVerwG, 6.9.1988 – 1 C 15.86, NJW 1989, 53).

## 4.3 Platzverweisung, Aufenthaltsverbot und Wohnungsverweisung

In den Städten wird mit den Mitteln des Polizei- und Ordnungsrechts durch Platzverweise, Aufenthalts- und Bettelverbote versucht, Wohnungslose, Drogenabhängige, Randalierer aus den Innenstädten zu vertreiben.

Beispiel

»Am Mittag nahmen Mitarbeiter des Bezirksamts einem verkrüppelten Bettler in der Mönckebergstraße das Bettelgeld ab und erteilten dem Mann einen Platzverweis. Bei dem Betroffenen handelte es sich um ein Mitglied einer bulgarischen Bande, die vor knapp drei Monaten aus dem Bezirk verwiesen wurde. Damals erteilte das Bezirksamt der gewerbsmäßig organisierten Bettlerbande eine Untersagungsverfügung. Dabei wurde ein Bußgeld von 120 Euro fällig. Doch die Bettler verschwanden damals, bevor das Bußgeld erhoben werden konnte. Deshalb würde nun das erbettelte Geld gepfändet, bis diese Summe erreicht ist« (www.welt.de vom 31.8.2006).

Im Vordergrund polizei- und ordnungsbehördlicher Aktivitäten steht traditionell die präventive Gefahrenabwehr. Die Schutzgüter der öffentlichen Sicherheit und der öffentlichen Ordnung nehmen einen zentralen Platz ein.

Schutz der öffentlichen Sicherheit bedeutet Schutz der objektiven Rechtsordnung, das heißt:

Schutz der öffentlichen Sicherheit

- Schutz der subjektiven Rechte und Rechtsgüter des Einzelnen (wie Leben, Gesundheit, Freiheit, Ehre und Vermögen);
- Schutz der Unverletzlichkeit der Rechtsordnung;
- Schutz des Bestandes des Staates und seiner Einrichtungen und Veranstaltungen.

Im Schutzgut der öffentlichen Ordnung sieht man traditionellerweise den Inbegriff der nicht durch positive Rechtsnormen erfassten Verhaltensweisen, die nach den jeweils herrschenden Anschauungen zu den unerlässlichen Voraussetzungen eines gedeihlichen menschlichen Zusammenlebens gehören.

Schutz der öffentlichen Ordnung

Polizei- und Ordnungsbehörden ist durch Landesrecht die Befugnis verliehen, zum Schutz der öffentlichen Sicherheit und Ordnung Verordnungen bzw. Satzungen zu erlassen.

durch Satzungen und Verordnungen

Straßenordnungen gegen aggressives Betteln, Lärmen, übermäßiger Alkoholgenuss, Spucken, Urinieren in der Öffentlichkeit, Wegwerfen von Zigarettenschachteln.

Beispiel

Verstöße gegen die Verbote können als Ordnungswidrigkeit mit einer Geldbuße geahndet werden.

Bußgeldgefahr

Die Generalermächtigung des Polizeigesetzes erlaubt eine Freiheitseinschränkung durch Verordnung nur, wenn typischerweise von jedem Normadressaten auch eine Gefahr ausgeht.

Nur zur Abwehr konkreter Gefahren

Es müssen danach für ein allgemeines Alkoholverbot hinreichende Anhaltspunkte vorliegen, dass alle, die von dem Verbot erfasst werden, regelmäßig gewalttätig werden bzw. in anderer Weise eine Gefahr darstellen. Die enthemmende Wirkung von Alkohol kann zwar zu aggressivem Verhalten führen, aber nicht typischer Weise bei jedem, der der Norm unterworfen ist. Das Eingreifen der Polizei kann in Einzelfällen gerechtfertigt sein, wenn es zu alkoholbedingten Ausschreitungen kommt.

Für eine öffentliche Grünanlage kann die Gemeinde nicht in einer Benutzungsordnung ein generelles Alkoholverbot im öffentlichen Raum vorschreiben (OVG Thüringen, 21.6.2012 – 3 N 653/09; OLG Braunschweig, 20.3.2013 – Ss (OWiZ) 28/13, NJW-Spezial 2013, 762).

Beispiel

Verbote in Verordnungen können auch wegen inhaltlicher Unbestimmtheit unwirksam sein, wenn keine hinreichend eindeutige Abgrenzung zwischen dem verbotenen und dem erlaubten Verhalten möglich ist (VGH Mannheim, 28.7.2009 – 1 S 2200/08 und – 1 S 2340/08; Hecker, NVwZ 2010, 359).

Bestimmtheitsgebot

Nicht aggressives Betteln stellt keine Störung der öffentlichen Sicherheit und Ordnung dar (VGH Mannheim, 6.7.1998 – 1S 2630/97, dazu Hecker, NVwZ 1999, 261).

Platzverweisung, Aufenthalts- und Betretungsverbot

Die Polizei kann nach den Landespolizeigesetzen zur Abwehr einer konkreten Gefahr eine Person vorübergehend von einem Ort verweisen oder ihr vorübergehend das Betreten eines Ortes verbieten (z.B. § 16 PolG Brandenburg, § 17 SOG Niedersachsen; § 34a PolG NRW).

Beispiele

Die Polizei kann einem 18-jährigen Hooligan verbieten, sich in den nächsten drei Monaten in der Zeit von zwei Stunden vor bis zwei Stunden nach den Spielen seines Fußballclubs in der Nähe des jeweiligen Bahnhofs aufzuhalten, wenn der Betroffene in einer Vielzahl von Fällen mit außergewöhnlich aggressivem Verhalten gegenüber anderen – friedlichen – Fans, Ordnern und der Polizei aufgefallen ist (VG Arnsberg, 1.7.2009 – 3 L 345/09; EGMR, 7.3.2013 – Nr. 15598/08, NVwZ 2014, 43).
Die Polizei kann ein öffentliches Skin-Head-Konzert durch einen Platzverweis beenden, wenn konkrete Tatsachen die Annahme rechtfertigen, dass bei der Veranstaltung die konkrete Gefahr der Begehung von Straftaten besteht (VG Hamburg 20.10.2011 – 17 K 3395/08).

Verweisung aus einer Wohnung

Die Polizei kann den gewalttätigen Ehemann aus der Wohnung sowie aus der unmittelbaren Umgebung der Wohnung verweisen und ihm die Rückkehr in diesen Bereich untersagen (§ 34a PolG NRW), soweit vom Ehemann eine gegenwärtige Gefahr für Leib und Leben der Ehefrau und der Kinder ausgeht.
Die Verweisung aus der Wohnung durch die Polizei ermöglicht der Behörde eine erste kurzfristige Krisenintervention mit dem Ziel, akute Auseinandersetzungen mit Gefahren für Leib, Leben oder Freiheit einer Person zu entschärfen, den Beteiligten Wege aus der Krise zu eröffnen und ihnen die Möglichkeiten zu verschaffen, in größerer Ruhe und ohne das Risiko von Gewalttätigkeiten Entscheidungen über ihre künftige Lebensführung, sowie gegebenenfalls die Inanspruchnahme gerichtlichen Schutzes nach dem Gewaltschutzgesetz zu treffen (BVerfG, 22.2.2002 – 1 BvR 200/02, NJW 2002, 2225; BGH, 26.2.2014 – XI ZB 373/11; OLG Celle, 21.8.2014 – 10 UF 183/14; Pieroth u.a., § 16 Rn. 28).
Die Dauer der Verweisung aus einer Wohnung ist daran auszurichten, für welche Zeit eine Gefahr droht, die es abzuwehren gilt. Unter Berücksichtigung des Verhältnismäßigkeitsgrundsatzes ist zu prüfen, ob die gesetzliche Höchstgrenze von 14 Tagen ausgeschöpft werden muss (Niedersächsisches OVG, 12.7.2010 – 11 LA 362/09).
Im Übrigen ist auf das am 14.3.2012 in Kraft getretene Gesetz zur Einrichtung und zum Betrieb eines bundesweiten Hilfetelefons »Gewalt gegen Frauen« hinzuweisen (BGBl I, 448, siehe auch Gesetzesbegründung, BT-Drs. 17/7238; Loheide, NDV 2014, 271).

## 5 Finanzvermögen

Zum Finanzvermögen gehören die Sachen, die nicht unmittelbar öffentlichen Ausgaben dienen (Verwaltungsvermögen). Finanzvermögen ist öffentliches Vermögen, das nicht unmittelbar bestimmten Verwaltungsaufgaben dient, sondern nur mittelbar durch den Ertrag (Gewinn).

Begriff

Grundstücke und Mietshäuser; Forsten; Ratskeller; Beteiligung an Kapitalgesellschaften.

Beispiele

Die Verwaltung des Finanzvermögens erfolgt zwar grundsätzlich nach Privatrecht (→ S. 145). Jedoch hat das BVerfG klargestellt, dass jedes Handeln staatlicher Organe oder Organisationen an die Grundrechte gebunden ist, weil es in Wahrnehmung ihres dem Gemeinwohl verpflichteten Auftrags erfolgen muss. Das BVerfG hat sich auf Unternehmen bezogen, die ganz oder überwiegend im öffentlichen Eigentum stehen (BVerfG, 22.2.2011 – 1 BvR 699/06).

Verwaltung nach Privatrecht

Bei der Vermietung von Wohnungen aus städtischem Besitz sind einkommensschwache kinderreiche Familien bevorzugt zu berücksichtigen.

Beispiel

Eine Berücksichtigung sozialer Belange bei gewinnorientierten Unternehmen lässt sich allerdings nicht selten erst durch den Einsatz der politischen Mandatsträger (Mitglieder des Gemeinderates) oder den Druck der öffentlichen Meinung erreichen.

# LITERATUR


Arbeitslosenprojekt TuWas, Leitfaden für Arbeitslose, Frankfurt am Main 2014

Arbeitslosenprojekt TuWas, Leitfaden zum Arbeitslosengeld II, Frankfurt am Main 2014

Bandemer, v./Blanke/Nullmeier/Wever (Hrsg.), Handbuch zur Verwaltungsreform, Opladen 1998

BAGFW (Hrsg.), Die Freie Wohlfahrtspflege – Profil und Leistungen, Freiburg 2002

Barabas, Beratungsrecht, Frankfurt am Main 2003

Barabas, Sexualität und Recht, Frankfurt am Main 2006

Becker/Hauser, Dunkelziffer der Armut – Ausmaß und Ursachen der Nicht-Inanspruchnahme zustehender Sozialhilfeleistungen, Berlin 2005

Beck'scher Online-Kommentar (= BeckOK) Sozialrecht, Rolfs/Giesen/Kreikebohm/Udsching, Stand 1.12. 2014

Boeßenecker/Trube/Wohlfahrt (Hrsg.), Verwaltungsreform von unten, Münster 2001

Bogumil/Grohs/Kuhlmann/Ohm, Zehn Jahre Neues Steuerungsmodell. Eine Bilanz kommunaler Verwaltungsmodernisierung, Berlin 2007

Brand, Sozialgesetzbuch Arbeitsförderung SGB III, München 2012

Brensky, Aktivitäten auf dem Gebiet der Staats- und Verwaltungsmodernisierung in den Ländern und beim Bund, Speyer 2004

Büttner/Wrobel-Sachs/Gottschalk/Dürbeck, Prozess- und Verfahrenskostenhilfe, Beratungshilfe, München 2014

Bundesbeauftragter für Datenschutz und Informationsfreiheit (Hrsg.), 25 Jahre Volkszählungsurteil/Datenschutz/Durchstarten in die Zukunft, Berlin 2009

Bundeskonferenz für Erziehungsberatung (Hrsg.), Rechtsfragen in der Beratung, Fürth 1997

Busch, Der Schutz von Sozialdaten in der Jugendhilfe, Stuttgart, München, Hannover, Berlin, Weimar, Dresden 1997

Butterwegge (Hrsg.), Kinderarmut in Deutschland, Frankfurt am Main 2000

Eicher (Hrsg.), SGB II, München 2013

Enders, RVG für Anfänger, München 2014

Fachet, Datenschutz in der katholischen Kirche, Neuwied 1998

Fachbereich Soziale Arbeit und Gesundheit, FH Frankfurt am Main (Hrsg.), Grenzverletzungen, Frankfurt am Main 2011

Frings, Sozialrecht für Zuwanderer, Baden-Baden 2008

Frings/Ludemann/Papenheim, Sozialpädagogische Familienhilfe in freier Trägerschaft, Freiburg 1993

Gagel (Hrsg.), SGB II/SGB III, München, Stand 12/2014

Gola/Wronka, Handbuch zum Arbeitnehmerdatenschutz, Frechen 2004

Griep/Renn, Das Recht der freien Wohlfahrtspflege, Freiburg 2011

Grube/Wahrendorf (Hrsg.), SGB XII, München 2014

Hammer, Kirchliches Arbeitsrecht, Köln 2002

Heinze, Rückkehr des Staates?, Wiesbaden 2009

Handkommentar Verwaltungsrecht (= Hk-VerwR), Fehling/Kastner/Störmer (Hrsg.), Baden-Baden 2013

Igl/Jachmann/Eichenhofer, Ehrenamt und bürgerschaftliches Engagement im Recht – ein Ratgeber, Opladen 2002

Jäger/Thome, Leitfaden Alg II/Sozialhilfe, Frankfurt am Main 2013

jurisPraxiskommentar SGB X (= jurisPK), Schlegel/Voelzke/Mutschler/Palsherm (Hrsg.), Saarbrücken 2013.

Kasseler Kommentar zum Sozialversicherungsrecht, München, Stand 6/2011

Kost, Kommunale Gemeinschaftsstelle für Verwaltungsvereinfachung, Verwaltungsorganisation der Gemeinden, Köln 1981

Kost/Wehling (Hrsg.), Kommunalpolitik in den deutschen Ländern, Wiesbaden 2010

Krahmer/Trenk-Hinterberger (Hrsg.), LPK-SGB I, Baden-Baden 2014

Kreikebohm (Hrsg.), SGB VI, München 2013

Kunkel (Hrsg.), Sozialgesetzbuch VIII – Lehr- und Praxiskommentar, Baden-Baden 2014

Lehmann (Hrsg.), Recht sozial, Hannover 2006

LPK-SGB I, siehe Krahmer/Trenk-Hinterberger

LPK-SGB II, siehe Münder

LPK-SGB VIII, siehe Kunkel

Luthe/Palsherm, Fürsorgerecht, Berlin 2013

Maas, Soziale Arbeit als Verwaltungshandeln, Weinheim/München 1996

Mayer/Kroiß (Hrsg.), Rechtsanwaltsvergütungsgesetz, Baden-Baden 2013

Meinhold/Matul, Qualitätsmanagement aus der Sicht von Sozialarbeit und Ökonomie, Baden-Baden 2003

Meyer-Ladewig/Keller/Leitherer, SGG, München 2014

Meysen/Schönecker/Kindler, Frühe Hilfen im Kinderschutz, München 2009,

Michael/Morlok, Grundrechte, Baden-Baden 2014

Mörsberger/Restemeier, Helfen mit Risiko, Neuwied 1997

Münder (Hrsg.), Sozialgesetzbuch II, Baden-Baden 2013

Neumann/Pahlen/Majerski-Pahlen, SGB IX, München 2010

Niesel/Herold-Tews, Der Sozialgerichtsprozess, München 2012

Ossenbühl/Cornils, Staatshaftungsrecht, München 2013

Oxenknecht-Witzsch/Ernst/Horlbeck (Hrsg.), Soziale Arbeit und Soziales Recht, Köln 2009

Palsherm, Sozialrecht, Stuttgart 2015?

Papenheim, Arbeitsrecht für Sozialarbeiter und Sozialpädagoginnen im kommunalen Dienst, Frankfurt am Main 2007 mit Ergänzungsblatt 9/2009

Papenheim, Schweigepflicht, Datenschutz und Zeugnisverweigerung im sozial-caritativen Dienst, Freiburg 2008

Pieroth/Schlink/Kniesel, Polizei- und Ordnungsrecht mit Versammlungsrecht, München 2014

Plagemann (Hrsg.), Münchener Anwaltshandbuch Sozialrecht, München 2013

Proksch, Sozialdatenschutz in der Jugendhilfe, Münster 1996

Reinhardt, Grundkurs Sozialverwaltungsrecht für die Soziale Arbeit, München 2014

Schleicher, Jugend- und Familienrecht, München 2014

Simitis (Hrsg.), Bundesdatenschutzgesetz, Baden-Baden 2014

Spiegelhalter, Die sozialwirtschaftliche Bilanz der Freien Wohlfahrtspflege, Köln 1999

Stahlmann (Hrsg.), Recht und Praxis der Ein-Euro-Jobs, Frankfurt am Main 2006

Stober, Bearbeiter von
Wolff/Bachof/Stober/Kluth, Verwaltungsrecht, Band 1, München 2007 (zitiert: Stober I)
Wolff/Bachof/Stober, Verwaltungsrecht, Band 2, München 2010 (zitiert: Stober II)

Tettinger/Erbguth/Mann, Besonderes Verwaltungsrecht, Heidelberg 2012

Udsching, SGB XI, München 2010

Verein für Kommunalwissenschaften e. V.: »... und schuld ist im Ernstfall das Jugendamt«, Berlin 1999

Vogelsang, Kommunale Selbstverwaltung, Berlin 2005

Wabnitz (Hrsg.), Kinder- und Jugendhilferecht, Baden-Baden, 2004

Wabnitz, Recht der Finanzierung der Jugendarbeit und Jugendsozialarbeit, Baden-Baden 2003

Wiesner (Hrsg), SGB VIII, München 2011

Wilmers-Rauschert, Datenschutz in der freien Jugend- und Sozialhilfe, Stuttgart 2004

Wollmann/Roth (Hrsg.), Kommunalpolitik, Bonn 1998

Wulffen, v./Schütze (Hrsg.), SGB X, München 2014

# STICHWORTVERZEICHNIS

## A

## B

## C

## D



## E

## F

## G

## H



## I

## J



## K

## P



## Q

## R



## S

## T



## U

## V

## W



## Z